MANUAL DE INTRODUÇÃO AO DIREITO

Volume I

Principais Obras Jurídicas do Autor

A utilização do domínio público pelos particulares, Coimbra, 1965.
A execução das sentenças dos tribunais administrativos, Lisboa, 1967.
Conceito e natureza do recurso hierárquico, Coimbra, 1983.
Comentário à lei dos terrenos do domínio hídrico (com José Pedro Fernandes), Coimbra, 1978.
Curso de Direito Administrativo, vol. I, Coimbra, 1987; 2ª ed., 1994.
Curso de Direito Administrativo, vol. II (com a colaboração de Lino Torgal), Coimbra, 2002.
História das Ideias Políticas, vol. I, Coimbra, 2000; vol. II (apontamentos), Lisboa, 1998.
Código do Procedimento Administrativo anotado (em colaboração), Coimbra, 1993; 2ª ed., 1997; 3ª ed., 1997; 4ª ed., 2003.
Estudos sobre concessões e outros actos da Administração (com Lino Torgal), Coimbra, 2002.
Grandes linhas da Reforma do Contencioso Administrativo (com Mário Aroso de Almeida), Coimbra, 3ª ed., 2004.
Estudos de Direito Público e matérias afins, 2 vols., Coimbra, 2004.

DIOGO FREITAS DO AMARAL
Professor Catedrático da Faculdade de Direito
da Universidade Nova de Lisboa

MANUAL DE INTRODUÇÃO AO DIREITO

VOLUME I

REIMPRESSÃO

Com a colaboração de
Ravi Afonso Pereira

MANUAL DE INTRODUÇÃO AO DIREITO – VOL. I

AUTOR
DIOGO FREITAS DO AMARAL

EDITOR
EDIÇÕES ALMEDINA, SA
Rua Fernandes Tomás, nºs 76, 78, 80
3000-167 Coimbra
Tel.: 239 851 904
Fax: 239 851 901
www.almedina.net
editora@almedina.net

DESIGN DE CAPA
FBA.

PRÉ-IMPRESSÃO
G.C. – GRÁFICA DE COIMBRA, LDA.

IMPRESSÃO|ACABAMENTO
DPS -DIGITAL PRINTING SERVICES, LDA

Dezembro, 2021

DEPÓSITO LEGAL

218807/04

Os dados e as opiniões inseridos na presente publicação são da exclusiva responsabilidade do(s) seu(s) autor(es).

Toda a reprodução desta obra, por fotocópia ou outro qualquer processo, sem prévia autorização escrita do Editor, é ilícita e passível de procedimento judicial contra o infractor.

Biblioteca Nacional de Portugal – Catalogação na Publicação

AMARAL, Diogo Freitas do, 1941-

Manual de introdução ao direito / Diogo Freitas do Amaral ; colab. Ravi Afonso Pereira. – Reimp. - v.

1º v.: p. - ISBN 978-972-40-2378-6

I – PEREIRA, Ravi Afonso

CDU   340

Aos meus alunos da cadeira de *Introdução ao Direito* na Faculdade de Direito da Universidade Nova de Lisboa, de 1997 a 2003, com quem discuti horas a fio a maioria dos problemas essenciais tratados neste livro – que, por isso, em parte também é deles.

PREFÁCIO

Quando, em 1996, promovi a criação da Faculdade de Direito da Universidade Nova de Lisboa e, nos começos de 1997, como presidente da sua Comissão Instaladora, participei nas reuniões em que, definido o plano de estudos da licenciatura em Direito, se procedeu à distribuição das disciplinas do 1º ano pelos diferentes professores, para 1997-98, ano lectivo em que lá entraram os nossos primeiros alunos, estava muito longe de supor que viria a ficar incumbido da regência da cadeira de Introdução ao Direito. Mas, após forte insistência de todos os membros da Comissão, foi essa a tarefa que me acabou por ser distribuída, com o argumento de que tal cadeira – pelo seu objecto generalista e pela sua função propedêutica – devia ser posta a cargo de um professor dos mais antigos, com longa prática das lides académicas e da vida extra-universitária.

Aceitei. E gostei tanto da tarefa que, nos anos seguintes, fui eu a pedir que a cadeira me continuasse confiada. Regi, assim, Introdução ao Direito durante seis anos consecutivos; e com a particularidade – rara, senão única, entre nós – de, como é de regra na referida Faculdade, me caberem a mim, exclusivamente, as aulas teóricas, as aulas práticas, os testes a meio de cada semestre, e os exames finais.

Acumulei, pois, uma intensa experiência no ensino desta disciplina. Por isso, quando no sétimo ano lectivo após o arranque da nova Escola, pedi para gozar a licença sabática a que tinha direito, não me ocorreu melhor ideia do que redigir, de uma ponta à outra, um Manual de Introdução ao Direito.

Dele sai agora o volume I, correspondente ao programa do que ensino no 1º semestre. Dentro de ano e meio, aproximadamente, conto publicar o volume II, com a matéria do programa do 2º semestre.

*
* *

O presente trabalho, sem fazer nenhuma revolução no ensino da Introdução ao Direito, traz no entanto algumas inovações de certa monta.

A primeira — quiçá a mais importante de todas — é a preocupação prioritária com os aspectos pedagógicos e didácticos da cadeira, que assim o exige, pelas suas características, mais do que qualquer outra do 1º ano. Ao que já sabia sobre os temas tratados, e ao que estudei para aprofundar e completar as noções que possuía, há sobretudo que acrescentar o enorme manancial de informação e conhecimento que me foi dado absorver nas aulas práticas — pelas dúvidas postas pelos alunos, pelos debates travados entre eles, ou comigo, e pelo amadurecimento que senti dentro de mim ao testar, no concreto, as teorias e conceitos abstractos que expunha — sem contraditório... — nas aulas teóricas, apesar de dialogadas. Muito do que de novo se encontra nas páginas deste livro provém dessa fonte muito rica, quase inesgotável e anualmente renovada.

Em segundo lugar, pus ao serviço da regência desta cadeira mais de 30 anos de experiência como docente universitário, como parecerista, como membro do Governo e do Parlamento, como líder partidário, como titular de dois altos cargos internacionais, e cerca de oito anos de experiência intensa no sector empresarial privado. É inegável que esse contacto, nu e cru, com a realidade da vida nos dá, quer queiramos quer não, uma perspectiva bem diferente e muito mais rica e realista do que a que temos quando só lemos livros e mais livros numa biblioteca.

Em terceiro lugar, e por ocasião de estadias prolongadas em Londres e em Nova Iorque, pude adquirir uma vasta literatura jurídica de matriz anglo-saxónica, que muito me ajudou também a alargar horizontes e a conhecer melhor o Direito. Como se enganam os juristas europeus continentais que ousam afirmar, apenas por desconhecimento, que os anglo-saxónicos são maus juristas, superficiais e incultos... É precisamente o contrário, posso afiançá-lo.

Em quarto lugar, tive a preocupação – para ligar o ingresso na linguagem esotérica do Direito aos conhecimentos (aliás, pobres) de alunos que acabam de completar o ensino secundário – de fazer apelo frequente à História, à Filosofia e à Literatura, de modo a transmitir aos estudantes a sensação de que não estavam a entrar num mundo totalmente desconhecido, antes pelo contrário, ajudando-os (como preconizava Platão no Ménon*) a recordar e utilizar conhecimentos que, embora adormecidos ou distantes, afinal já possuíam no fundo da sua alma.*

Em quinto lugar, e por último, tendo aderido, há uma quinzena de anos, ao "realismo crítico" de Karl Popper, fui levado, uma e mais vezes, a rejeitar idealismos puramente imaginários e conceptualismos não sujeitos ao crivo da razão crítica, para procurar captar, com o máximo de autenticidade possível, a verdadeira realidade das coisas no mundo do Direito vivo e vivido que nos rodeia. Não só do Direito estadual português – como tem sido hábito entre nós –, mas também dos direitos estaduais estrangeiros (quer ocidentais, quer africanos, quer muçulmanos), dos direitos supra-estaduais (desde logo, o Direito Internacional e o Direito Comunitário Europeu), e dos direitos infra-estaduais (públicos, privados e mistos). Procurei, assim, colocar os meus alunos diante de uma realidade plural, muito mais rica do que normalmente se dá a entender, e encaminhá-los para exercitar a sua capacidade de utilizar a razão crítica para validar ou refutar teorias e conceitos, por muito respeitáveis que aparentem ser.

Se a Faculdade de Direito da Universidade Nova de Lisboa tem procurado, no meio de muitas dificuldades, contribuir para encontrar "uma nova maneira de estudar e ensinar o Direito", o presente Manual *é o meu modesto contributo para, dentro desse espírito, procurar uma nova maneira de estudar e ensinar a cadeira de* Introdução ao Direito.

O meu antigo aluno, hoje licenciado em Direito pela U.N.L., dr. Ravi Afonso Pereira, aceitou colaborar comigo neste livro, lendo todo o texto,

detectando falhas, propondo aqui ou além breves aditamentos, e completando as referências legislativas e bibliográficas que ainda estivessem em branco. Foi do maior valor essa colaboração, sem a qual este trabalho me teria levado bastante mais tempo a finalizar. Fico-lhe muito grato por tudo.

Agradeço também as várias pesquisas de jurisprudência efectuadas pelo dr. Pedro Paulino Pereira, que foram de grande utilidade.

O texto das partes I e III foi lido e objecto de crítica pelos meus colegas de Faculdade e amigos, Professores Carlos Ferreira de Almeida e Rui Pinto Duarte. Pela paciência e minúcia com que o fizeram, bem como pelas numerosas sugestões de melhoria que me apresentaram e que eu segui quase sempre, quero deixar-lhes aqui um abraço de profundo agradecimento.

Escusado será dizer, é claro, que a responsabilidade pelo texto ora publicado – e, sobretudo, pelos erros e omissões que eventualmente contenha – é apenas minha.

Diogo Freitas do Amaral

Lisboa, Cascais e Vila Viçosa,
Abril de 2003 a Julho de 2004

Plano da Obra

Volume I
(1º semestre)

Parte I   — Conceito de Direito
Parte II   — Os ramos do Direito
Parte III — As fontes do Direito
Parte IV   — A vida do Direito

Volume II
(2º semestre)

Parte V   — Os tribunais e o processo
Parte VI   — Teoria da norma jurídica
Parte VII — A natureza do Direito
Parte VIII — O Direito em debate
Parte IX   — A Ciência do Direito

ABREVIATURAS

CC	...	Código Civil
C.Com.	...	Código Comercial
C.Est.	...	Código da Estrada
CEE	...	Comunidade Económica Europeia
CP	...	Código Penal
CPA	...	Código do Procedimento Administrativo
CPC	...	Código de Processo Civil
CPP	...	Código de Processo Penal
CPTA	...	Código de Processo nos Tribunais Administrativos
CRP	...	Constituição da República Portuguesa
CSC	...	Código das Sociedades Comerciais
ETAF	...	Estatuto dos Tribunais Administrativos e Fiscais
ONU	...	Organização das Nações Unidas
UE	...	União Europeia

NB – A frequente utilização de expressões latinas ao longo do texto deste Manual (com as respectivas traduções no Glossário, a final) resulta de três razões específicas: a tradição jurídica existente nesse sentido nos países do sistema romano--germânico, a utilização porventura mais intensa ainda do latim jurídico nos países do sistema anglo-saxónico e, por fim, o quase completo desaparecimento do ensino, nos cursos de Direito actuais, da cadeira de Direito Romano. O contacto assíduo com os principais brocardos latinos servirá, ao menos, para dar aos estudantes do 1º ano uma primeira ideia dos grandes juristas que os romanos foram.

BIBLIOGRAFIA GERAL

I – Doutrina portuguesa

Alarcão (Rui de), *Introdução ao Estudo do Direito* (policop.), Coimbra, 1972-73.
Ascensão (José de Oliveira), *O Direito: Introdução e Teoria geral. Uma perspectiva luso--brasileira*,"Almedina", Coimbra, 11ª ed., 2001, reimp. 2003.
Bronze (Fernando José), *Lições de Introdução ao Direito*, "Coimbra Editora", Coimbra, 2002.
Chorão (Mário Bigotte), *Introdução ao Direito*, I, "Almedina", Coimbra, 1994.
Coelho (Luís Pinto), *Súmulas das lições de Introdução ao Estudo do Direito* (policop.), Lisboa, 1956.
Cunha (Paulo), *Cadeira de Introdução ao Estudo do Direito* (apontamentos de Maurício Canelas), "F.D.U.L.", 2 vols., Lisboa, 1946-47; "Alfa", Lisboa, 1997.
Idem, *Introdução ao Estudo do Direito* (apontamentos de António Maria Pereira, Filho), I, "F.D.U.L.", Lisboa, 1948-49.
Cunha (Paulo Ferreira da), *Princípios de Direito*, "Rés Editora", Porto, 1993.
Galvão (Sofia) – v. Sousa (Marcelo Rebelo de).
Gomes (Nuno Sá), *Introdução ao Estudo do Direito,* "Lex", Lisboa, 2001.
Justo (A. Santos), *Introdução ao Estudo do Direito*, "Coimbra Editora", Coimbra, 2001.
Lima (F. A. Pires de) e Varela (J. M. Antunes), *Noções fundamentais de Direito Civil*, 2 vols., "Coimbra Editora", Coimbra, 4ª ed., 1957.
Machado (J. Baptista), *Introdução ao Direito e ao discurso legitimador*, "Almedina", Coimbra, 1983; 13ª reimp., 2002.
Marques (José Dias), *Introdução ao Estudo do Direito*, 3ª ed. (ed. do autor), Lisboa, 1970.
Idem, idem, "Pedro Ferreira", 2ª ed., Lisboa, 1994.
Mendes (João de Castro), *Introdução ao Estudo do Direito*, revisão de Miguel Teixeira de Sousa, "Pedro Ferreira", Lisboa, 1994.
Moncada (Luís Cabral de), *Lições de Direito Civil. Parte geral*, 4ª ed., "Almedina", Coimbra, 1995.
Idem, *Filosofia do Direito e do Estado*, 2ª ed., "Coimbra Editora", 1995.

Neves (A. Castanheira), *Digesta: escritos acerca do Direito*, 2 vols., "Coimbra Editora", Coimbra, 1995.
Idem, *Introdução ao Estudo do Direito* (policop.), Coimbra, 1968-69.
Moreira (Adriano), *Direito Social. Princípios gerais de Direito*, Lisboa, 1967-68.
Otero (Paulo), *Lições de Introdução ao Estudo do Direito*, I, 2 tomos, "Pedro Ferreira", Lisboa, 1998-99.
Proença (J. J. Gonçalves de), *Introdução ao Estudo do Direito* (policop.), "Universidade Lusíada", Lisboa, 1995.
Sousa (Marcelo Rebelo de) e Galvão (Sofia), *Introdução ao Estudo do Direito*, 5ª ed., "Lex", Lisboa, 2000.
Telles (Inocêncio Galvão), *Introdução ao Estudo do Direito*, 2 vols., 11ª ed., "Coimbra Editora", Coimbra, 2001.
Varela (J. M. Antunes), *Introdução ao Estudo do Direito* (policop.), "Almedina", Coimbra, 1954.
Idem – v. Lima (F. A. Pires de) ([1]).

II – Doutrina estrangeira

a) *Antiguidade clássica*

Aristóteles, *Obra jurídica*, trad. de Carlos E. Rodrigues, "Ícone", S. Paulo, 1997.
Cícero, *De la République, Des Lois*, trad. de Ch. Appuhn, "Garnier", Paris, s.d..

b) *França e Bélgica*

Aubert (J.-L.), *Introduction au Droit*, 6ª ed., "Armand Colin", Paris, 1995.
Ghestin (J.) e Goubeaux (G.), *Traité de Droit Civil*, I, 4ª ed., «L.G.D.J.», Paris, 1994.
Gilissen (J.), *Introdução histórica ao Direito*, trad. port., «F. Gulbenkian», 4ª ed., Lisboa, 2003.
Hue (J.-P.), *Introduction élémentaire au Droit*, "Editions du Seuil", Paris, 1997.
Miaille (M.), *Introdução crítica ao Direito*, trad. port. de Ana Prata, «Moraes» Lisboa, 1979; há outra edição, da «Editorial Estampa», Lisboa, 1989.
Petit (B.), *Introduction générale au Droit*, 3ª ed., "Presses Universitaires de Grenoble", Grenoble, 1994.

([1]) Pelo seu carácter de meros sumários, ou por se tratar de pequenos livros que não cobrem a totalidade da matéria, ou versam conjuntamente outras matérias, não mencionamos no texto as obras de J. de Assumpção (1952-53), A. J. Lopes de Brito (1998), Maria Luisa Duarte (2003), Pedro Eiró (1997), M. Reis Marques (1992), M. Neves Pereira (1992), Eduardo Santos Silva, 2ª ed. (2000), A. M. Pinheiro Torres (1998) e M. Almeida Ribeiro (2004).

Sourioux (J. L.), *Introduction au Droit*, 2ª ed., «P.U.F.», Paris, 1990.
Starck (B.), Roland (H.) e Boyer (L.), *Introduction au Droit*, 4ª ed., "Litec", Paris, 1996.
Terré (F.), *Introduction générale au Droit*, 3ª ed., «Dalloz», Paris, 1996.

c) *Itália*

Bianca (C. M.), *Diritto Civile*, I, reimp., "Giuffrè", Milão, 1996.
Bobbio (N.), *Contribución a la Teoria del Derecho*, trad. esp., "Editorial Debate", Madrid, 1990.
Idem, *Teoria del'ordinamento giuridico*, «Giappichelli», Turim, 1960.
Idem, *Teoria General del Derecho*, trad. esp., 3ª reimp., "Editorial Debate", Madrid, 1995.
Catania (A.), *Manuale di Teoria Generale del Diritto*, "Editori Laterza", Roma, 1998.
Falzea (A.), *Introduzione alle scienze giuridiche*, 5ª ed., "Giuffrè", Milão, 1996.
Gavazzi (G.), *Elementi di Teoria del Diritto*, 2ª ed., "Giappichelli", Turim, 1984.
Grossi (P.), *Prima lezione di Diritto*, 2ª ed., "Editori Laterza", Roma, 2003.
Italia (V.), *Cosa è il diritto?*, "Giuffrè", Milão, 2003.
Jori (M.) e Pintore (A.), *Manuale di Teoria Generale del Diritto*, 2ª ed., "Giappichelli", Turim, 1995.
Levi (A.), *Teoria Generale del Diritto*, 2ª ed., reimp., "Cedam", Pádua, 1978.
Mondugno (F.), *Appunti per una Teoria Generale del Diritto*, reimp., "Giappichelli", Turim, 1994.
Montanari (B.), *Profili di Teoria Generale del Diritto*, 2ª ed., "Giappichelli", Turim, 1995.

d) *Alemanha, Áustria e Suiça*

Arzt (G.), *Einführung in die Rechtswissenschaft*, "Helbing & Lichtenhan", Basileia, 1980.
Canaris (C.-W.), *Pensamento sistemático e conceito de sistema na Ciência do Direito*, trad. port., 3ª ed., "F. Gulbenkian", 2002.
Engisch (K.), *Introdução ao pensamento jurídico*, trad. port., 8ª ed., "F. Gulbenkian", 2001.
Holzhammer (R.) e Roth (M.), *Einführung in die Rechtswissenschaft*, I, 3ª ed., "Springer", Viena, 1986.
Koller (P.), *Theorie des Rechts. Eine Einführung*, 2ª ed., "Böhlau Verlag", Viena, 1997.
Larenz (K.), *Metodologia da Ciência do Direito*, trad. port., 3ª ed., «F. Gulbenkian», Lisboa, 1997.
Mayer-Mali (T.), *Rechtswissenschaft*, 5ª ed., "R. Oldenbourg", Munique-Viena, 1991.

Teubner (G.), *O Direito como sistema autopoiético*, trad. port., "F. Gulbenkian", Lisboa, 1993.
Zippelius (R.), *Juristische Methodenlehre, eine Einführung*, 5ª ed., "Beck", Munique, 1990.

e) *Inglaterra e Estados Unidos*

Curzon (L. B.), *Jurisprudence*, 2ª ed., "Cavendish Publishing", Londres, 1995.
Dworkin (R. M.), *The Philosophy of Law*, "Oxford University Press", Oxford, 1977.
Fuller (L. L.), *The morality of Law*, 2ª ed., "Yale University", Yale, 1969.
Hart (H.), *O conceito de Direito*, trad. port., 3ª ed., "F. Gulbenkian", Lisboa, 2001.
Kelly (J. M.), *A short history of Western Legal History*, "Clarendon Press", Londres, 1992, reimp. 1996.
Lloyd (Lord L. of Hampstead), *Introduction to Jurisprudence*, 4ª ed., "Stevens & Sons", Londres, 1979.
McCoubrey (H.) e White (N. D.), *Jurisprudence*, 2ª ed., "Blackstone Press", Londres, 1993.
Padfield, *Law*, 2ª ed., "W. H. Allen", Londres, 1972.
Riddal (J. G.), *Jurisprudence*, "Butterworths", Londres, 1991.
Schubert (F. A.), *Introduction to Law and the legal system*, 8ª ed., "Houghton Mifflin", Boston, 2004.
Walston-Dunham (B.), *Introduction to Law*, 2ª ed., "West Publishing Comp.", Minneapolis-St. Paul, 1994.

f) *Espanha e América Latina*

AAVV, *Introducción a la Teoría del Derecho*, coord. Javier de Lucas, "Tirant Lo Blanch", Valencia, 3ª ed., 1997.
Alvaro d'Ors, *Una introducción al estudio del Derecho*, "Ediciones Rialp", Madrid, 1963.
Atienza (M.), *Las piezas del Derecho. Teoria de los enunciados jurídicos*, "Ariel", Barcelona, 2000.
Latorre (A), *Introdução ao Direito*, trad. port., «Almedina», Coimbra, 5ª reimp., 2002.
Pérez Luño (A.-E.), *Teoría del Derecho. Una concepción de la experiencia jurídica*, "Tecnos", Madrid, 1997.
Pietro Sanchís (L.) e outros, *Lecciones de Teoría del Derecho*, "McGraw-Hill", Madrid, 1997.
Rodríguez Molinero (M.), *Introducción a la Ciencia del Derecho*, "Libreria Cervantes", Salamanca, 4ª ed., 2001.

Santiago Nino, *Introducción al análisis del Derecho*, 2ª ed., «Editorial Astrea», Buenos Aires, 1996.
Soriano (R.), *Compendio de Teoría General del Dereho*, "Ariel", Barcelona, 1993.

g) Brasil

Diniz (M. H.), *Compêndio de Introdução à Ciência do Direito*, 11ª ed., "Editora Saraiva", S. Paulo, 1999.
Gusmão (P. D.), *Introdução ao Estudo do Direito*, 26ª ed., "Editora Forense", Rio de Janeiro, 1999.
Poletti (R.), *Introdução ao Direito*, 3ª ed., "Editora Sairava", S. Paulo, 1996.
Reale (M.), *Lições preliminares de Direito*, 24ª ed., "Editora Saraiva", S. Paulo, 1999.
Toledo (C.), *Direito adquirido e Estado Democrático de Direito*, "Landy Editora", S. Paulo, 2003.

h) Outros países

Cain (N.) e Hunt (A.), *Marx and Engels in Law*, "Academic Press", Londres, etc., 1979.
Farberov (N. P.), coord., *Noções do Estado e do Direito soviéticos*, trad. port., "Edições Progresso", Moscovo, 1980.
Gordillo (A.), *An introduction to Law*, pref. de Spyridon Flogaitis, "Esperia Publications Ltd.", Londres, 2003.
Weeramantry (C. G.), *Islamic Jurisprudence. An international perspective*, "Sarvodaya Visha Lekha Publishers", com a "Macmillan", Londres, e "St. Martin's Press", Nova Iorque, 1988 e 1999.

III – Obras auxiliares

Enciclopedia del Diritto, 46 + 2 vols., "Giuffrè", Milão.
Digesto – Quarta Edizione, 71 vols., 1990, reimp., "Utet", Turim, 2003.
Prata (A.), *Dicionário Jurídico*, 3ª ed., reimp., "Almedina", Coimbra, 1998.
Correia (A. Simões), *Dicionário de adágios e princípios jurídicos*, 2 vols., "Livraria Ferin", Lisboa, 1959.
Almeida (C. Ferreira de), *Introdução ao Direito Comparado*, 2ª ed., "Almedina", Coimbra, 1998.
Hespanha (António M.), *Cultura Jurídica Europeia – Síntese de um milénio*, 3ª ed., "Publicações Europa-América", Mem Martins, 2003.
Oliveira (F.), *Breve glossário de latim para juristas*, 4ª ed., "Edições Cosmos", Lisboa, 1996.

Nicoliello (N.), *Diccionario del latín jurídico*, "J. M. Bosch-Julio Cesar Faira", Barcelona, 1999.
Polis – Enciclopédia do Direito e do Estado, 5 vols., «Editorial Verbo», Lisboa, 1983 – 1987.
Vilar (A.), Bruto da Costa (F.), José Magalhães, Lopes Rocha (M.), Ohen Mendes (M.) e Pupo Correia (M.), *O melhor da Internet para o Direito*, "Centro Atlântico Lda.", Vila Nova de Famalicão, 2ª ed., 2001.

PARTE I
CONCEITO DE DIREITO

Capítulo 1

A VIDA DO HOMEM EM SOCIEDADE

1. Observações preliminares

É um dado da experiência comum – e que todos podemos confirmar pela simples observação do que se passa à nossa volta – que o ser humano vive em sociedade.

Comecemos por pensar na terra onde nascemos: pode ter sido uma cidade, uma vila ou uma aldeia; mas foi com certeza um aglomerado humano, com muitas ou algumas famílias, cujos membros se conhecem, se falam e se entreajudam.

Os dez milhões de habitantes que Portugal tinha, na passagem do século XX para o século XXI, estavam repartidos pelo Continente e pelos arquipélagos dos Açores e da Madeira. E, em cada um destes três territórios, encontravam-se distribuídos por 20 capitais de distrito ou de Região Autónoma, por 308 concelhos ou municípios, e por 4.241 freguesias [1] –, sendo certo que em cada uma destas havia povoações, aldeias e lugares, habitados por seres humanos.

O mesmo se passa no mundo inteiro: a ONU tem hoje cerca de 200 países membros, somando aproximadamente 6 mil milhões de pessoas. Uma parte vive em cidades ou zonas urbanas; outra vive em aldeias ou zonas rurais. Mas todos vivem em aglomerados humanos, coabitando, convivendo, cooperando.

Tudo isto porquê?

---

[1] Fonte: Instituto Nacional de Estatística.

Porque faz parte da natureza humana a *sociabilidade*, a tendência para viver em sociedade, a necessidade de o Homem se juntar e organizar em comunidades. Esta tendência tem várias causas:

– Em grupo, os homens falam, conversam, geram amizades e afectos, constituem família: é uma necessidade vital e psicológica;

– Em grupo, os homens defendem-se melhor dos perigos da Natureza e dos ataques de indivíduos com tendências agressivas: é uma necessidade de segurança;

– Em grupo, os homens podem proceder à chamada "divisão do trabalho" e, fazendo cada um apenas o seu ofício, trocar os seus bens e serviços pelos dos outros e adquirir assim aquilo de que todos precisam para viver: é uma necessidade económica;

– Em grupo, os homens organizam-se melhor para fazer frente às agressões ou ameaças violentas provenientes de comunidades exteriores, vizinhas ou distantes, que os pretendam destruir ou dominar: é uma necessidade de defesa militar;

– Finalmente, em grupo, os seres humanos sentem-se integrados num projecto colectivo e geram lideranças capazes de os manter unidos no essencial e empenhados na satisfação das suas principais necessidades colectivas: é uma necessidade política.

O Homem, pois, precisa e gosta de viver em sociedade. Aristóteles – o grande filósofo grego que, nascido na Macedónia, viveu em Atenas no século IV a.C. – exprimiu muito correcta e sinteticamente a condição humana, escrevendo:

"O Homem é, naturalmente, um animal político". Porque foi "feito para viver em sociedade". É-o mesmo "mais do que as abelhas ou qualquer outra espécie que viva em estado gregário". Assim, "aquele que pela sua natureza (...) não o for, ou é uma criatura degradada ou um ente superior ao homem": "aquele que não pode pôr nada em comum na sociedade, ou que não sente necessidade de nada [da parte dos outros homens], não é membro da Cidade – não pode deixar de ser um bruto, ou um deus". Porque, "como cada um é incapaz de se bastar a si próprio em situação de isolamento", há necessariamente "em todos os homens uma tendência natural para uma tal associação" [a vida em comum com outros homens] ([2]).

Mas será sempre assim? Podemos interrogar-nos: não haverá excepções? O Homem – mesmo sem ser um bruto, ou um deus – não poderá viver sozinho? Não há exemplos de vida solitária – aventureiros, indivíduos perdidos no deserto ou na floresta, eremitas vivendo isolados na gruta de uma montanha?

O caso mais conhecido, tornado famoso por uma das obras--primas da literatura universal, é o de *Robinson Crusoé*, que terá vivido completamente só, numa ilha deserta, durante cerca de 28 anos! A verdade, porém, é que, mesmo nessa hipótese extrema – e supondo que tenha de facto acontecido na vida real –, Robinson só sobreviveu porque levava consigo, quando chegou, numerosos instrumentos e bens que tinha adquirido a outrem quando vivia em sociedade; e passou todo o tempo com medo de ser atacado por selvagens ou por feras, tentou constantemente arranjar uma maneira de escapar daquele "cativeiro", sofreu com a falta de "ao menos um" outro ser humano com quem falar, e considerava a sua situação de isolamento naquela ilha "como a mais miserável que podia haver". Só durante poucos anos se sentiu feliz, "sem quaisquer desejos" e "afastado de toda a maldade do mundo"; passado esse curto período, voltou-lhe a infelicidade e a obsessão com a fuga para fora dali. Logo que surgiu a oportunidade, abandonou a ilha e voltou para Inglaterra, onde casou e teve três filhos. "Não me arrependi", comenta ([3]).

Não parece que se possa acreditar, pois, como tese geral, extensível a toda a Humanidade e a todas as épocas, na viabilidade e na comodidade da vida solitária.

O Homem é, de facto, um animal social.

([2]) Aristóteles, *Política*, trad. franc. por Jean Tricot, "Vrin", Paris, 1962, livro I, 1 a 12 (versão portuguesa *ad hoc* da nossa autoria).

([3]) V. Daniel Defoe, *Robinson Crusoé* [Londres, 1719], trad. portug., "Publicações Europa-América", 4ª ed., Mem Martins, 1998, pp. 62, 68, 130, 134, 187, 196, 200-207, 212, 225, 264-269, 293.

2. Características da vida humana em sociedade

E como se caracteriza a vida do Homem em sociedade?

Comecemos pela célula mais pequena, embora fundamental, da sociedade humana – a família.

A família moderna – pais e filhos – constitui uma comunidade humana em que, sobretudo quando os filhos são ainda menores ou, sendo adultos, são doentes, os pais têm o direito de educar e orientar os filhos, e estes têm o dever de os respeitar e de lhes obedecer. Os pais constituem a *autoridade* natural na comunidade familiar: estabelecem as regras, tomam decisões em nome do conjunto, e aplicam sanções (ainda que moderadas) aos filhos que desobedecerem.

Olhemos agora para a principal comunidade local de base – o município, ou concelho. Aí torna-se mais nítida a distinção entre os dirigentes, denominados "autarcas" (presidentes de câmara municipal, vereadores), e os simples habitantes ("munícipes"). Os primeiros aprovam e põem em vigor regras de conduta obrigatórias para os segundos (posturas de trânsito, regulamentos de mercados, escolha do "feriado municipal"); tomam decisões concretas em nome da comunidade (conferir uma licença de construção, proibir um loteamento urbano, ordenar a demolição de um edifício que ameaça ruína); e aplicam sanções aos funcionários e aos munícipes que violarem as regras em vigor, desobedecendo-lhes (demissão de um contabilista da câmara por ter falsificado as contas do município, multa de trânsito por estacionamento proibido, coima aplicada aos promotores de uma construção clandestina).

Mudemos agora o ângulo de visão e fixemos o nosso olhar no Estado: aqui é ainda mais clara a diferenciação entre os governantes e os governados, entre os eleitos e os eleitores. Os primeiros fazem as leis, através do Parlamento ou do Governo, e executam-nas, através dos numerosos serviços públicos existentes; os segundos têm o dever de obedecer às leis do Parlamento e aos decretos do Governo; se o não fizerem, se violarem a lei ou desobedecerem a um decreto, ficam sujeitos a sanções de vários tipos, que podem ir de uma simples multa aplicada por um guarda da GNR até à condenação por um tribunal a uma pena de prisão a cumprir num estabelecimento prisional.

A vida em sociedade desenvolve-se, assim, em torno de grupos sociais bem determinados − a família, o município, o Estado, e tantos outros (igrejas, clubes, associações, escolas, empresas).

Em todos eles tem de haver uma *autoridade social*, que recebe um *poder directivo* destinado a:

a) Estabelecer regras de conduta para todos os membros do grupo (*poder normativo*);
b) Tomar decisões concretas em relação a cada problema do dia-a-dia (*poder decisório*);
c) Impor, com autoridade, as regras de conduta e as decisões concretas aos respectivos destinatários e, caso estes as não cumpram, aplicar-lhes as correspondentes sanções (*poder sancionatório*).

Fazer regras, tomar decisões, e aplicar sanções − eis as funções em que se traduz o exercício do *poder directivo* pela *autoridade social* no seio de uma *comunidade humana*.

Note-se que, no âmbito da comunidade nacional, essas três funções são desempenhadas pelos clássicos "três poderes do Estado" de que falava Montesquieu no século XVIII − o Poder Legislativo (constituído pelo Parlamento, que faz as regras de conduta) ([4]), o Poder Executivo (constituído pelo Governo, que executa as leis mediante decisões concretas) e o Poder Judicial (constituído pelos Tribunais, que declaram se a lei foi ou não violada ou se a decisão administrativa foi ou não ilegal e, em caso afirmativo, aplicam aos infractores as sanções previstas).

Como já resulta do que dissemos até aqui, não é só ao nível do Estado-Nação, como tantas vezes se pensa, que é indispensável o

---

([4]) Hoje em dia, os Governos também exercem, em certa medida, o poder legislativo.

poder directivo de uma autoridade social: acima dele, o mesmo acontece nas *sociedades supra-estaduais* (a comunidade internacional, a Igreja Católica universal, as federações desportivas mundiais, as empresas multinacionais, etc.); abaixo do Estado-Nação, e no seu seio, é idêntica a necessidade de uma autoridade social dotada de poder directivo (nas famílias, nas paróquias e igrejas, nos clubes desportivos e associações profissionais, nas escolas, nas empresas, nas freguesias e municípios, nas regiões administrativas e nas Regiões Autónomas, nos Estados-federados se o país tiver uma estrutura federal, etc.) ([5]).

Cabe agora perguntar: porquê? Porque é necessária, em cada grupo humano, uma autoridade social dotada de um poder directivo? Não seria possível que os homens, vivendo em sociedade, prescindissem de uma autoridade acima deles? Não poderiam os homens entender-se, livre e espontaneamente, quanto às regras mínimas a observar por todos, quanto às decisões concretas indispensáveis e, também, quanto às sanções a aplicar em caso de desobediência?

O tema foi objecto de um vigoroso e interessante debate intelectual entre três grandes filósofos dos séculos XVII e XVIII, que vale a pena conhecer com algum pormenor: referimo-nos a Thomas Hobbes (inglês, 1588-1679), a John Locke (também inglês, 1632-1704) e a Jean-Jacques Rousseau (suíço, 1712-1778).

3. O que seria a vida dos homens em sociedade sem uma autoridade social?

A resposta a esta pergunta surge-nos espontaneamente se pensarmos por uns instantes no que sucederia:

– Numa família, onde os jovens irmãos, na ausência dos pais, se envolvessem em conflito físico dentro de sua casa;

([5]) Sobre a dintinção entre sociedades estaduais, supra-estaduais e infra-estaduais, cfr. Marcelo Rebelo de Sousa e Sofia Galvão, *Introdução ao Estudo do Direito*, 5ª ed., "Lex", Lisboa, 2000, pp. 18-22.

– Num jogo de futebol, de carácter competitivo, se não houvesse árbitro;

– Numa empresa, pública ou privada, onde as regras elementares da contabilidade não fossem cumpridas, e onde a fiscalização do seu cumprimento não fosse assegurada pelo respectivo conselho fiscal, ou por um revisor oficial de contas, ou pela competente inspecção do Ministério das Finanças;

– Numa grande cidade, à hora de ponta, onde o tráfego intenso tivesse de circular sem a intervenção da polícia e com os semáforos avariados;

– Na capital de um país invadido por uma força de ocupação estrangeira, que se abstivesse de manter a ordem pública, assistindo passivamente aos saques, roubos e pilhagens de casas particulares, de embaixadas estrangeiras e de museus e bibliotecas públicas (como sucedeu, em Abril de 2003, na cidade de Bagdad, ocupada – mas não controlada – pelas tropas norte-americanas).

Instintivamente, sentimos dentro de nós, pelo raciocínio e pela experiência, que o resultado seria sempre, necessariamente, a anarquia e o caos.

Mas nem todos pensam assim. E nos que pensam como nós, que são a maioria, as explicações não são sempre as mesmas.

Vejamos então as opiniões dos três autores acima citados – que têm em comum o facto de, a fim de encontrarem um fundamento racional para a existência do Estado (questão de Teoria Política, que aqui ficaria deslocada, e por isso não discutiremos), procurarem imaginar como viveu – ou como viveria – o Homem, antes de existir o Estado, ou qualquer outra forma de comunidade política. Chamaram os três a essa situação – histórica, para uns, ou meramente hipotética, para outros – a vida do Homem em *estado de natureza* (do qual passaria ou teria passado, mais tarde, ao *estado de sociedade*, no qual já havia poder político, ou Estado).

Por razões pedagógicas, não seguiremos na exposição a ordem cronológica dos autores, mas uma certa ordem lógica que se nos afigura mais útil à compreensão da matéria.

a) *A doutrina de Hobbes*. – Hobbes era um pessimista. Para ele, o Homem é essencialmente egoísta ou, pelo menos, egocêntrico: só pensa em si e nos seus familiares e amigos; ou, pelo menos, pensa sempre em si e neles antes de pensar nos outros, e dá sempre preferência aos seus interesses e aos dos seus mais próximos sobre os interesses dos outros, ou da comunidade em geral.

Numa situação de *estado de natureza*, Hobbes considera que, não havendo regras de conduta definidas por ninguém, nem uma autoridade social para impor o seu respeito e uma ordem ou disciplina geral, os homens tendem naturalmente para a anarquia: para não serem agredidos ou mortos, têm de agredir ou matar primeiro; para não serem roubados ou prejudicados, têm de roubar ou prejudicar primeiro; e, quando ofendidos na sua pessoa ou nos seus bens, têm de se vingar, punindo directa e pessoalmente os infractores, pois não há uma autoridade que os sancione e, se nada fizerem, serão novamente atacados. O resultado de tudo isto será "a guerra de todos contra todos" ou, no mínimo, a insegurança geral e a intenção individual de entrar em guerra logo que isso se torne necessário ou aconselhável.

A vida, no *estado de natureza*, será um horrível pesadelo: "Numa tal condição, não há lugar para as actividades produtivas, porque os seus frutos são incertos; e consequentemente não existe agricultura, nem navegação, nem utilização das riquezas que possam ser importadas pelo mar, nem habitações cómodas (...), nem contagem do tempo, nem artes e letras, nem convivência. E o que é pior de tudo, verifica-se um medo e um risco permanente de morte violenta. E a vida do homem é, então, solitária, pobre, penosa, embrutecida e curta" ([6]).

([6]) e ([7]) – Thomas Hobbes, *Leviathan*, "Penguin Books", Londres, 1982, I, 13 (tradução nossa das passagens citadas). Há uma boa tradução portuguesa, de J. P. Monteiro e M. B. Nizza da Silva, na "Imprensa Nacional – Casa da Moeda", Lisboa, 1995. Para maiores desenvolvimentos sobre o pensamento jurídico-políti-

Enfim, na opinião de Hobbes, no *estado de natureza* também não há justiça para todos, nem está garantida a propriedade dos bens de cada um: "Nesta guerra de todos os homens contra todos os homens, há também esta consequência: é que nada pode ser injusto. As noções de certo ou errado, justo ou injusto, não têm ali qualquer lugar; onde não há um Poder comum, não há lei; e onde não há lei, não há injustiça (...). A justiça e a injustiça não são faculdades do corpo ou do espírito; são qualidades que se relacionam com o homem em sociedade, não em solidão". "(...) Também é uma consequência da mesma condição que aí não há propriedade, nem domínio, nem distinção entre o *meu* e o *teu*; só pertence a cada homem aquilo de que ele puder apossar-se, e só pelo tempo por que o puder manter" ([7]).

Em consequência desta visão pessimista, Hobbes defende que os homens sentem necessidade de passar do *estado de natureza* ao *estado de sociedade*, abdicando de quase todos os seus direitos e liberdades individuais em favor do Estado, pois só um poder absoluto e muito forte, com a mão pesada, conseguirá manter os indivíduos em respeito e, desse modo, garantir a paz, a segurança pessoal e a tranquilidade pública, que devem ser os principais fins do Estado.

b) *A doutrina de Rousseau*. – No pólo oposto ao de Hobbes, o autor suíço Rousseau, nascido em Genebra (e por isso frequentemente chamado "o filósofo genebrino"), é um optimista acerca da natureza humana. Todos os homens nascem livres e iguais, e são pessoas de bem. O *estado de natureza* é, pois, um autêntico paraíso na terra: paz, liberdade, felicidade, bem-aventurança. É a chamada "teoria do bom selvagem".

Criticando frontalmente Hobbes, embora sem o citar aqui, Rousseau escreve: "Eu sei que nos dizem repetidamente que nada teria sido tão miserável como o homem no *estado de natureza* (...).

---

co de Hobbes, cfr. Diogo Freitas do Amaral, *História das Ideias Políticas*, I, "Almedina", Coimbra, 2ª reimp., 2001, p. 351 e segs.

Mas eu gostaria muito que alguém me explicasse: que espécie de miséria pode haver para um ser livre cujo coração está em paz e cujo corpo está de boa saúde? Eu pergunto qual das duas, a vida civil ou a vida natural, pode mais provavelmente tornar-se insuportável para aqueles que a vivem? Nós não vemos entre nós praticamente ninguém que não se queixe sobre a sua existência; muitos até se suicidam. Eu pergunto se alguém já alguma vez ouviu contar que um selvagem vivendo em liberdade tenha sonhado em queixar-se da sua vida ou em matar-se. Deixem, pois, que se faça com menos orgulho um são julgamento sobre qual das situações é mais miserável".

E Rousseau descreve um *estado de natureza* que é o oposto, ponto por ponto, do de Hobbes: "Esse estado é o mais apropriado para a paz e o mais indicado para a raça humana. (...) Podemos dizer que os selvagens não são maus precisamente porque eles não sabem o que é ser bom. (...) É muito mais útil para os selvagens a ignorância do vício do que para os homens civilizados o conhecimento do vício. (...) O selvagem tem uma repugnância inata pelo sofrimento dos seus companheiros". Tem "piedade" e é um ser "sensível e dotado de compaixão". "(...) A piedade é o que nos leva a, sem reflectir, ajudar aqueles que sofrem. Por isso, é a piedade que, no *estado de natureza*, toma o lugar das leis, dos costumes e da virtude, com a vantagem de que ninguém se sente tentado a desobedecer à sua voz doce. A piedade é o sentimento que impedirá todo o selvagem robusto de roubar uma criança frágil ou um velho doente dos bens dificilmente obtidos para a respectiva subsistência".

Sendo isto assim, na situação de *estado de natureza*, "com as paixões tão minimamente activas e com uma auto-limitação salutar, sendo mais bravios do que maus, e mais atentos à protecção de si próprios do que dispostos a ofender os outros, os homens não estavam sujeitos a conflitos perigosos. (...) Não conheciam a vaidade, nem a submissão, nem a estima, nem a desobediência; não tinham a menor noção do meu e do teu, nem qualquer verdadeira ideia de justiça; e consideravam os actos de violência que podiam atingi-los como um mal facilmente remediado e não como uma ofensa que devesse ser punida; e nem sequer sonhavam com a ideia de vingança (...) – encontravam-se, pois, na mais feliz situação da história da humanidade".

Por conseguinte, concluimos nós, não havendo leis, nem desobediência, nem crimes, não era necessária a autoridade. O mundo podia viver, pacificamente, em "anarquia" ("sem governo").

Acrescentaremos apenas que, para Rousseau, tudo isto mudou quando o Homem começou a dedicar-se à agricultura e, com medo dos roubos e assaltos, passou a delimitar com muros ou cancelas a sua propriedade, para a separar da dos outros: "A primeira pessoa que, tendo demarcado um lote de terra, meteu na sua cabeça dizer "isto é meu", e encontrou gente suficientemente simples para acreditar nisso, essa pessoa foi o verdadeiro fundador do *estado de sociedade*. Quantos crimes, guerras, assassinatos, desgraças e horrores não teriam sido poupados à raça humana" se isso não tivesse acontecido!"

Mas, como aconteceu, os homens tornaram-se possessivos, egoístas, invejosos – e daí nasceu o crime. O Homem, bom no estado selvagem, foi corrompido pela sociedade. Foi preciso, então, pôr de pé uma autoridade social para manter a paz e a segurança [8].

c) *A doutrina de Locke.* – Este autor inglês, que viveu cinquenta anos depois de Hobbes e cinquenta antes de Rousseau, tomou sobre o mesmo tema uma posição intermédia, mais moderada. Acerca da natureza humana, não era tão pessimista quanto o primeiro, nem tão optimista quanto o segundo – era o que hoje chamamos um realista. A sua doutrina sobre o *estado de natureza* nem configurava este como uma guerra total e permanente, nem o apresentava como um paraíso idílico e benigno.

---

[8] Jean-Jacques Rousseau, *Discours sur l'origine et les fondements de l'inégalité parmi les hommes et si elle est autorisée par la loi naturelle* [1755], in *Du Contrat Social*, "Classiques Garnier", Paris, 1962, pp. 25-122 e p. 243. Sobre o pensamento jurídico-político de Rousseau, mais desenvolvidamente, ver Diogo Freitas do Amaral, *História das Ideias Políticas*, II (apontamentos), Lisboa, 1998, p. 450 e segs.

Ouçamos as suas reflexões.

Locke parte também do que julga ser (ou ter sido) o comportamento do homem no *estado de natureza*. Implicitamente, considera que em cada homem há aspectos bons e aspectos maus, tendências para a prática do bem e tendências para a prática do mal: se o temperamento for calmo, se a educação tiver desempenhado adequadamente o seu papel, se as circunstâncias da vida não o empurrarem para a prática de algum crime ou delito, o homem será justo, correcto e cumpridor, respeitando o seu semelhante; mas se o temperamento for irascível, se a educação tiver falhado ou se as circunstâncias lhe forem adversas, o homem poderá ser um "delinquente" ou causar "prejuízos" ao próximo.

Assim sendo, o *estado de natureza* tende a ser mais pacífico do que bélico: nele, todos os homens são livres, iguais e capazes de preservar a sua vida, a sua saúde, o seu corpo e os seus bens. A maioria deles respeita as leis da Natureza e os outros homens. Mas como, numa minoria de casos, aparecem indivíduos que são delinquentes ou causadores de prejuízos, todo o ser humano possui, naquele estado, dois direitos fundamentais que lhe são conferidos pela Natureza: (a) o direito de preservar tudo o que lhe pertence (vida, liberdade, família, bens) contra as depredações e interferências dos outros homens; e (b) o direito de julgar os outros e puni-los, ainda que com a pena de morte, pelas ofensas que deles recebam.

Ora bem: esta situação não é conforme à razão. Um homem não pode ser, simultaneamente, vítima e juiz, ou juiz e carrasco. Faltam-lhe os conhecimentos, falta-lhe a serenidade e – sobretudo – falta-lhe a imparcialidade. Ferido na sua pessoa ou nos seus bens, pode a inteligência enganá-lo quanto à identidade do criminoso, e pode o espírito de vingança conduzi-lo a aplicar punições demasiado gravosas e injustas. Além de que, se o criminoso for mais forte ou mais astuto do que a vítima, esta dificilmente conseguirá submeter aquele, que assim escapará impune.

São estes, no dizer de Locke, os "inconvenientes" do *estado de natureza*: por um lado, o perigo que representam para os homens honestos os delinquentes e causadores de prejuízos, ainda que em número relativamente reduzido; por outro, a falta de competência de quem não é juiz, e a falta de imparcialidade de quem é vítima, para aplicar a justiça com correcção e equilíbrio; e, enfim, a falta de força dos ofendidos para muitas vezes conseguirem aprisionar e punir os infractores.

Por isso os homens compreendem que não lhes é útil continuar a viver em *estado de natureza*, apesar das suas vantagens, e decidem remediar os respectivos inconvenientes passando ao *estado de sociedade*, mediante a criação de uma autoridade social com poder directivo, que faça as leis e as aplique, mediante o recurso à força pública se necessário.

A autoridade social, em Locke, não pode ser absoluta e tão forte como em Hobbes: porque se a *falta de autoridade* gera a *anarquia*, o *excesso de autoridade* conduz à *tirania*. A solução ideal está, pois, num regime intermédio, em que a autoridade recebe dos homens o direito de julgar e punir os infractores e delinquentes, mas é obrigada, por sua vez, a respeitar os direitos individuais naturais de cada homem, a saber, o direito à vida, o direito de liberdade, e o direito de propriedade.

Por seu turno, os homens, no *estado de sociedade*, não renunciam a favor do Soberano a nenhum destes seus direitos individuais naturais, mas perdem o direito de fazer justiça por suas mãos: "nenhum membro, tomado individualmente, pode continuar a julgar por sua conta [os outros homens] e o Estado assume a função de árbitro; (...) todos formam assim um único corpo, com um sistema jurídico e judicial comum, ao qual podem recorrer, e que tem competência para resolver os diferendos que se suscitem entre eles e para punir os delinquentes" [9].

---

[9] John Locke, *Two Treatises of Government*, 1690, capítulos II e VII. Há uma boa tradução portuguesa do Segundo Tratado, feita no séc. XIX mas reeditada agora, com actualização ortográfica: *Ensaio sobre a verdadeira origem, extensão e fim do Governo Civil*, por João Oliveira Carvalho, "Edições 70", Lisboa, 1999. Mais desenvolvimentos sobre o pensamento jurídico-político de Locke em Diogo Freitas do Amaral, *História...*, cit., II, p. 15 e segs. V., também da nossa autoria, *Nota*

4. Idem: apreciação crítica das doutrinas expostas. A nossa opinião

Como se viu, o debate intelectual sobre o *estado de natureza* é em si mesmo bastante interessante e, além disso, tem a vantagem de nos permitir perceber melhor a necessidade indispensável da *autoridade social*, dotada de um *poder directivo*, em qualquer sociedade humana.

A doutrina de Rousseau é, em nossa opinião, manifestamente exagerada. Nem todos os homens são por natureza bons para com o seu semelhante: é o caso dos grandes criminosos, dos portadores de psicopatias hereditárias, e dos delinquentes habituais. E alguns outros, por defeitos de temperamento ou de educação, ou por efeito de circunstâncias negativas, atentam contra a vida ou contra os bens do próximo. Se isto é assim no *estado de sociedade*, onde há leis, tribunais, polícia e prisões – e, apesar disso, nada os detém –, quanto pior não será (ou não terá sido) no *estado de natureza*? Pode ser que, nesta condição, haja bons selvagens; mas é razoável supor que haja também pelo menos tantos maus selvagens quantos maus cidadãos existem no *estado de sociedade*; provavelmente, neste último haverá até menos criminalidade do que no primeiro, porque a família e a escola fornecem uma educação que encaminha os indivíduos para um comportamento recto e justo, diminuindo o número dos delinquentes, que, por sua vez, a polícia e a ameaça da sanção penal travam até certo ponto. E não esqueçamos, como diz Locke, que, além dos delinquentes, há ainda a considerar os que, sem cometerem qualquer crime, causam, voluntária ou involuntariamente, prejuízos a outrem: quem julga as ofensas? Quem aplica as sanções? A própria vítima, sendo juiz em causa própria? É evidente que não pode ser.

---

sobre o conceito de propriedade em Locke, inserida nos *Estudos em homenagem ao Professor Doutor Inocêncio Galvão Telles*, "Almedina", Coimbra, vol. I, 2002, p. 795 e segs.

Mas isto não significa que se deva cair no extremo oposto, sustentado por Hobbes, e considerar que todos os homens são maus uns para com os outros e, deixados à solta, envolver-se-ão forçosamente numa feroz guerra de todos contra todos. Primeiro, nem todos os homens são maus por natureza: felizmente, a maioria dos seres humanos é composta por gente séria, honesta e justa. Depois, mesmo que os actos criminosos ou prejudiciais sejam em número excessivo, daí não se segue que toda a população saia à rua para se envolver numa guerra civil: o que se passou em Bagdad nos dias seguintes à ocupação americana do Iraque (Abril de 2003) mostra que os actos de destruição, saque, pilhagem e fogo posto foram obra de algumas centenas ou de um milhar de indivíduos; os cinco milhões de habitantes da capital do país ficaram em casa, por maneira de ser, medo, ou prudência, e não participaram em actos reprováveis. Terceiro: a experiência de mais de uma centena de democracias, respeitadoras dos direitos individuais dos cidadãos, prova que para manter a paz e a ordem pública, garantindo a segurança das pessoas e dos bens, é indispensável uma autoridade, sem dúvida, mas não é de modo nenhum necessário que essa autoridade seja tão forte que esmague a liberdade individual e se transforme em ditadura ou tirania.

Parece-nos, pois, mais realista a visão de Locke, que repousa na confiança no bom comportamento espontâneo da maioria, mas considera (e bem) que é necessária a existência do aparelho protector do Estado – com as suas leis, os seus tribunais, a sua polícia e as suas prisões – para tentar evitar, ou reduzir ao mínimo, a prática de crimes, bem como para, após o facto consumado, descobrir, julgar e punir os delinquentes, além de julgar os causadores de prejuízos a outrem a fim de os condenar a reparar os danos produzidos. Tudo isto feito nos tribunais, sob a égide de juízes tecnicamente competentes, pessoas independentes e imparciais, capazes de aplicar as sanções mais justas e adequadas à gravidade dos abusos ou ofensas cometidos. É curioso notar que Locke, não sendo formado em direito (mas antes em medicina e filosofia), constrói a sua doutrina com base numa terminologia essencialmente jurídica – leis, tribunais, juízes imparciais, penas justas, direitos individuais naturais, crimes e actos causadores de prejuízos, etc. Isso facilita, naturalmente, a adequação do seu pensamento ao dos juristas, em geral e, também, ao de quem inicia os seus estudos em Direito. Quase se poderia dizer que, em Locke, o fenómeno da passagem do *estado de natureza* ao *estado de sociedade* faz deste último um autêntico *Estado de Direito* (v. *infra*, n° 5).

Perfilhamos, pois, no essencial, a doutrina de John Locke sobre o que aconteceria se o Homem voltasse a viver (ou o que terá acontecido enquanto viveu) numa sociedade humana não dirigida por qualquer autoridade social.

E somos de opinião que, nos nossos dias, a existência da autoridade social com o seu poder directivo – ou seja, a nível nacional, o Estado – é ainda mais necessária do que no tempo de Locke, fundador do liberalismo. É que, entretanto, como se sabe, o Estado Liberal deu lugar ao Estado Social: e este já não tem a seu cargo, como aquele, apenas a garantia dos direitos e liberdades individuais e da ordem e segurança públicas, antes vai mais longe, e empenha a maior parte dos seus recursos financeiros na promoção do desenvolvimento económico, no combate às desigualdades sociais e no progresso da educação, da ciência e da cultura. O Estado deixou de ter somente funções de polícia e de juiz, para assumir também as funções de activo promotor do bem-estar, da solidariedade social e da qualidade de vida. Já não é apenas, como em Locke, um *Estado de Direito*, mas, mais do que isso, um *Estado Social de Direito* (ver, a propósito, os artigos 9°, 53° a 72°, 80° e 81° da CRP).

Ora, é evidente que, para actuar como Estado Social, o Estado tem de promover e fazer funcionar grandes serviços públicos nacionais – de saúde, segurança social, habitação económica, transportes colectivos, educação, bolsas de estudo, fomento da economia, etc. –, que os cidadãos isolados, ou mesmo agrupados em pequenas cooperativas ou associações, nunca seriam capazes de obter.

A autoridade social é, pois, mais do que nunca, indispensável: em primeiro lugar, para evitar a anarquia e o caos, garantindo a paz, a segurança pública e uma justiça imparcial; mas também, em segundo lugar, para combater a pobreza, a incultura, e as desigualdades sociais, assegurando o desenvolvimento económico, a justiça social, e o progresso educativo, cultural e científico.

O Estado já não é apenas, como se entendia nos séculos XVIII e XIX, um garante da paz, da segurança e da justiça, mas também – e de modo cada vez mais acentuado – um agente do progresso e da civilização dos povos.

Tanto dos povos desenvolvidos, em busca de maior progresso económico, tecnológico e científico e do acesso das massas à arte, à ciência e à cultura, como dos povos em desenvolvimento, na sua luta empenhada por um mínimo de condições básicas de educação, saúde e assistência social, que os retirem da miséria e proporcionem aos seus cidadãos um nível de vida compatível com a dignidade da pessoa humana.

5. Sociedade e Direito

Temos, pois, que o Homem é um animal social, na expressão de S. Tomás de Aquino ([10]). Vive em sociedade: *ubi homo, ibi societas* ([11]). E esta forma de vida não dispensa uma autoridade social, dotada de um poder directivo.

Tal autoridade, como vimos, estabelece as regras de conduta a observar por todos os membros do grupo; toma as decisões que forem necessárias em nome de todos; e impõe o respeito por aquelas regras e por estas decisões, levando a julgamento os infractores e aplicando-lhes as sanções pré-estabelecidas. *Ubi societas, ibi jus* ([12]).

Às regras de conduta, ou normas jurídicas, a observar por todos os membros da sociedade – chamamos *Direito*.

([10]) Cfr. Diogo Freitas do Amaral, *História...*, cit., I, p. 174.

([11]) "Aí onde está o homem, haverá uma sociedade". [*Societas* lê-se "socíêtas"].

([12]) "Aí onde há uma sociedade, aí haverá um Direito".

Ao conjunto articulado de órgãos de produção e de aplicação do Direito, bem como às respectivas regras – chamamos *sistema jurídico*.

Porque é necessário o Direito? Porque é que *ubi societas, ibi jus*? Por três razões fundamentais:

– Primeiro, porque um grupo social, para se manter coeso e unido, bem como para desempenhar eficazmente os seus fins, precisa de ser conduzido por uma autoridade social com poder directivo, e este actua, antes de mais, pela elaboração e aplicação de normas de conduta obrigatórias para todos os membros do grupo;

– Segundo, porque a autoridade social, para ser legítima e ter de ser obedecida por todos, deve ser escolhida e designada de acordo com regras pré-estabelecidas, e só deve exercer sobre os membros do grupo os poderes que as normas de Direito lhe tiverem conferido, a fim de evitar excessos de poder e abusos tirânicos;

– Terceiro, porque os membros do grupo precisam de saber, antecipadamente, que poderes e deveres têm para com a autoridade, bem como uns para com os outros, de modo a conhecerem os seus direitos e obrigações para poderem agir licitamente e evitar violar o Direito, e precisam igualmente de saber de que garantias dispõem para fazer valer e defender os seus direitos, quando estes forem violados ou ofendidos, quer pela autoridade, quer pelos seus companheiros de grupo.

Por estas razões, torna-se indispensável que *ubi societas, ibi jus*. Se o Homem não pode viver em *estado de natureza*, precisando de organizar-se em *estado de sociedade*, também não pode viver sem regras de conduta que lhe definam claramente o lícito e o ilícito (o permitido e o proibido): não pode, pois, o Homem viver confiante e protegido num *estado de arbítrio*, tem de poder viver num *Estado de Direito*.

É certo que, teoricamente, seria concebível a vida num *estado de sociedade* que, possuindo uma autoridade social com poder directivo, não fosse regulada pelo Direito. Houve exemplos históricos disso: a monarquia absoluta, as ditaduras, os Estados totalitários. Mas as consequências seriam nefastas: ninguém saberia *a priori*, antes de efectuar determinada operação, se estava a proceder bem ou mal; a autoridade social teria sempre um poder arbitrário para declarar *a posteriori* ilegítimos actos praticados de boa fé, na sincera convicção de que eram legítimos, ou para fechar os olhos a qualquer acto ilegítimo praticado por amigos, familiares ou correligionários políticos. Seria o reino da incerteza, da desigualdade e do arbítrio. As regras de conduta social, que constituem o Direito, visam precisamente criar a certeza e a igualdade na definição, para todos, do lícito e do ilícito, do justo e do injusto, do permitido e do proibido.

A verdade é que sempre que se constitui um novo grupo social, logo surge a necessidade, por todos sentida, de estabelecer, desde o início, as regras da sua organização e do seu funcionamento: cria-se uma associação de estudantes, uma Universidade, uma empresa comercial... e logo se percebe que é necessário elaborar os estatutos, o regulamento financeiro, e o regulamento disciplinar – tudo normas jurídicas que passam a constituir o direito interno e privativo dessa instituição.

Até nos grupos informais e de curta duração – uma excursão de camioneta, uma festa escolar, uma cerimónia oficial no "dia nacional" de certo país – é preciso nomear uma "comissão organizadora", e dar-lhe poderes para estabelecer algumas regras e tomar decisões (data, horário, programa, etc.).

> Um exemplo muito interessante de como, num grupo informal que tem de conviver durante algumas semanas em circunstâncias difíceis, começam a surgir as primeiras normas jurídicas, que brotam espontaneamente da necessidade de regular a convivência entre as pessoas, é o que vem descrito por um grande romancista americano, vencedor do Prémio Nobel da Literatura em 1962, John Steinbeck (n.1902), no romance "As vinhas da ira" (de 1939), que conta a deslocação maciça de agricultores atingidos pela Grande Depressão de 1929, em caravanas, com carroças puxadas por bois e cavalos, à conquista do Oeste, em procura de uma nova vida na Califórnia:
>
> "(...) As carroças dos migrantes saíam para fora das estradas e deslocavam-se atravessando os campos. (...) Eles juntavam-se; falavam uns com os outros; partilhavam as suas vidas, a sua comida, e as suas esperanças comuns na nova terra para onde iam. (...) Quando o sol se punha, talvez vinte famílias e vinte carroças se agrupassem.
>
> À noite uma coisa estranha acontecia: as vinte famílias tornavam-se numa só família, as crianças eram filhas de todos. As saudades de casa eram uma única saudade, e os sonhos dourados sobre o Oeste eram um único sonho (...).

A princípio, as famílias eram tímidas na construção e destruição dos seus mundos, mas gradualmente a técnica de construção de mundos transformou-se numa só técnica. Então, emergiram líderes, foram feitas regras, os códigos de comportamento surgiram. (...)

As famílias aprenderam que direitos tinham de ser respeitados – o direito à privacidade em cada tenda; o direito de manter o passado negro escondido no coração; o direito de falar e de ouvir; o direito de recusar ajuda ou de a aceitar, de oferecer ajuda ou de a rejeitar; o direito do filho de namorar e da filha de ser namorada; os direitos das grávidas e dos doentes, bem acima de todos os outros direitos.

E as famílias aprenderam, embora ninguém lhes dissesse, que direitos eram monstruosos e deviam ser eliminados: o direito de se intrometer na privacidade dos outros, o direito de ser barulhento enquanto o grupo dormia, o direito de sedução e violação, o direito ao adultério, ao roubo e ao homicídio. Estes direitos foram excluídos porque aqueles pequenos mundos não podiam existir, nem por uma noite, com tais direitos em vigor.

E à medida que as pessoas caminhavam para oeste, as regras tornaram-se leis, apesar de ninguém dizer às famílias: é proibido sujar as zonas próximas do local de estacionamento; é proibida qualquer maneira de poluir a água potável; é proibido comer uma boa e rica refeição ao pé de alguém com fome, a não ser que se lhe ofereça a partilha da comida.

E com as leis vinham as sanções – e só havia duas: uma rápida luta que podia ser mortal, ou o ostracismo [expulsão da caravana]. E o ostracismo era a pior. Porque se alguém violasse as leis o seu nome e a sua face ficavam só para si, e ele não tinha nenhum lugar em nenhum mundo, para onde quer que fosse (...).

As famílias moveram-se para ocidente, e a técnica de construção do seu mundo aperfeiçoou-se muito, de modo que as pessoas se podiam sentir seguras nos seus mundos; e as fórmulas eram de tal modo claras que uma família que actuasse segundo as regras sabia que estava segura com elas" ([13]).

Assim, se, na vida do Homem em sociedade, a autoridade é necessária, o Direito não o é menos.

Autoridade e Direito, Poder e Direito, Estado e Direito – eis os binómios inseparáveis, na fase histórica em que vivemos. Não mais se pode aceitar, hoje em dia, o que os antigos romanos diziam do seu Imperador, e que depois os europeus repetiram, desde a Idade Média até à Revolução Francesa, dos seus Reis: *princeps a legibus solutus est* ([14]). Hoje o princípio geral é o oposto: a autoridade, o

---

([13]) John Steinbeck, *The grapes of wrath* [1939], ed. "Penguin Books", 1988, Nova Iorque, cap. 17, pp. 249-251 (tradução nossa das passagens citadas).

([14]) "O Príncipe está desobrigado da lei".

Poder, o Estado, devem obediência às leis – tanto no que elas estabelecem quanto a eles, governantes, como no que elas estipulam quanto aos cidadãos, os governados. A lei é igual para todos: ninguém está isento dela, ou pode deixar de lhe obedecer, sob pena das sanções por ela própria fixadas.

O Estado contemporâneo, em que vivemos, é, assim, um autêntico *Estado de Direito*.

6. Primeira noção (aproximada) de Direito

De tudo o que ficou dito nos números anteriores deste capítulo podemos agora extrair, em síntese, uma primeira noção (ainda aproximada) do que seja o Direito.

O "Direito" é – dizemos nós, para já – o *conjunto das regras de conduta social aplicáveis aos indivíduos em cada sociedade humana*.

Se estivéssemos no ensino secundário, esta definição, embora apenas aproximada e insuficiente, seria talvez aceitável. A Universidade, porém, tem outras exigências de rigor e profundidade científica. No próximo capítulo tentaremos ir mais longe, recortando uma noção mais rigorosa e mais completa de Direito.

BIBLIOGRAFIA

Amaral (Diogo Freitas do), *História das Ideias Políticas*, I e II, 2001 e 1998, *passim*.
Ascensão (José de Oliveira), *O Direito. Introdução e teoria geral*, 11ª ed., Coimbra, 2001, pp. 17-35.
Caetano (Marcello), *Manual de Ciência Política e Direito Constitucional*, 6ª ed., Lisboa, 1970, reimpressão de 2003, p. 1 e segs.
Cunha (Paulo), *Cadeira de Introdução ao Estudo do Direito*, apontamentos de Maurício Canelas, vol. I, Lisboa, 1946-47, pp. 1-6.
Prélot (Marcel) e Lescuyer (Georges), *Histoire des Idées Politiques*, "Dalloz", 9ª ed., Paris, 1986, *passim*. Há trad. portug., da "Editorial Presença", Lisboa, 2000.
Telles (Inocêncio Galvão), *Introdução ao Estudo do Direito*, vol. I, 11ª ed., 1999, pp. 32-47.

Numa perspectiva antropológica, ver Claude Lévi-Strauss, *Les structures élementaires de la parenté*, "P.U.F.", Paris, 1949; Edmund Leach, *Political Systems of Highland Burma*, "The Athlone Press", Londres, 1952; e Lucy Mair, *An introdution to Social Anthropology*, "Clarendon Press", Oxford, 2ª ed., 1972, especialmente p. 139 e segs.

QUESTIONÁRIO

1 – Conhece algum ser humano que não viva em sociedade? Se conhece, acha que a experiência dessa pessoa se poderia generalizar? Porquê?
2 – Quais as causas da tendência humana para viver em sociedade? Como as hierarquiza, em razão da respectiva importância?
3 – Os aventureiros, os eremitas, os homens perdidos num grande deserto ou numa floresta imensa, não poderão viver para sempre isolados?
4 – Que lições podemos colher da experiência de Robinson Crusoé?
5 – Quais as funções principais de qualquer autoridade social?
6 – Haverá verdadeiramente autoridade social nas sociedades supra-estaduais? E nas sociedades infra-estaduais? O poder directivo não existirá apenas no Estado-Nação?
7 – Procure encontrar três semelhanças, em aspectos importantes, entre o pensamento de Hobbes, de Rousseau e de Locke. E, depois, procure encontrar as principais diferenças entre eles.
8 – Sente-se mais inclinado a concordar com Hobbes, com Rousseau, ou com Locke? Porquê?
9 – Há quem diga que um país em guerra civil ou em revolução se assemelha ao *estado de natureza* de Hobbes. Concorda?
10 – Será mesmo verdadeiro o brocardo romano *ubi societas, ibi jus*? Não poderá haver uma sociedade humana sem Direito, apenas baseada na moral, ou em contratos voluntários de cooperação paritária entre os homens?
11 – As tribos nómadas que ainda existem em vários cantos do mundo também se submeterão ao Direito?
12 – Na caravana que Steinbeck descreve a caminho do Oeste, emerge primeiro a Autoridade ou o Direito? E quem gera o Direito – a autoridade dos líderes, ou a prática adoptada pelos migrantes, nascida da necessidade de disciplinar a convivência entre eles?
13 – Por que razões é necessário o Direito? Como as hierarquiza, em função da sua importância relativa?
14 – Para Aristóteles, a actividade característica do ser humano consiste no bom uso da razão (v. *Ética a Nicómaco*). Significa isso que todo o ser humano é virtuoso? Significa isso que, para o filósofo grego, o Direito se torna dispensável?
15 – O que é, na acepção estudada neste capítulo, um *Estado de Direito*?

Capítulo 2

DEFINIÇÃO DE DIREITO

7. Os três sentidos da palavra Direito

Importa começar por esclarecer que a palavra Direito não tem apenas um sentido, mas pelo menos três:

a) No capítulo anterior, falámos do Direito enquanto conjunto de regras de conduta social: *Direito*, aí, é um conjunto de regras que se impõem aos homens; regras que são estabelecidas objectivamente para todos os indivíduos, ou sujeitos, e a que todos eles devem obediência. É o *Direito objectivo* ou, como também se pode dizer, o *Direito em sentido objectivo*. É neste sentido que se fala do Direito português, das suas proximidades com o Direito francês, italiano ou alemão, ou da pertença do Direito português ao sistema romano--germânico;

b) De outras vezes, falamos em direito para significar um poder ou faculdade de agir de cada pessoa: *direito*, aqui, já não é um conjunto de regras objectivas, mas uma posição pessoal de vantagem atribuída ou reconhecida a cada sujeito. É o *direito subjectivo* ou, como também se diz, o *direito em sentido subjectivo*. É neste sentido que se pode dizer que, para Locke, os principais direitos individuais no estado de natureza eram o direito à vida, o direito à liberdade e o direito à propriedade; ou que se afirma que em Portugal, hoje, o direito de voto se adquire aos 18 anos; ou que o Código Civil determina que, por efeito do contrato de compra e venda, o comprador tem o direito de receber o bem adquirido, enquanto o vendedor tem o direito de receber o preço estabelecido;

c) Finalmente, também se usa falar em Direito num terceiro sentido. Aqui o Direito é uma ciência, uma ciência social e humana (não uma ciência exacta ou da natureza), que estuda e teoriza cientificamente o Direito objectivo e os direitos subjectivos. É o Direito como ciência, ou melhor, a *Ciência do Direito*. É neste terceiro sentido que se diz que *A* é professor de Direito, ou que *B* é estudante de Direito, ou que *C* está a preparar o seu doutoramento em Direito.

São estes os três sentidos principais da palavra Direito. A fim de evitar confusões, escreveremos *Direito* (com maiúscula inicial) para significar o Direito objectivo; *direito* (com minúscula inicial) para referir o direito subjectivo; e *ciência do direito* quando quisermos utilizar o terceiro sentido da expressão.

A cadeira de "Introdução ao Direito" – ou, como outros lhe chamam, de "Introdução ao Estudo do Direito" – debruça-se principalmente sobre o Direito objectivo e sobre a Ciência do Direito. Quanto aos direitos subjectivos, serão sobretudo estudados nas cadeiras de Teoria Geral do Direito Civil e de Direito Administrativo.

Convém conhecer, desde já, algumas outras expressões próximas da palavra *Direito*, que são de uso muito frequente na linguagem dos juristas. Assim:
– *Sistema jurídico*: é o nome dado ao conjunto formado pelo Direito objectivo e pelos órgãos que o elaboram (Parlamento, Governo) ou que o aplicam (Administração Pública, Polícia, Tribunais);
– *Ordem jurídica*: tanto pode ter um sentido restrito, significando o mesmo que Direito objectivo (por ex., os tratados internacionais, validamente assinados por Portugal e devidamente aprovados e ratificados pelos nossos órgãos competentes, fazem parte da ordem jurídica portuguesa), como pode revestir um sentido muito mais amplo, significando – além do Direito objectivo – o conjunto dos actos jurídicos praticados por todos os indivíduos e dos efeitos que eles produzem (por ex., um contrato nulo não produz, na ordem jurídica, os efeitos típicos do contrato válido; um acto administrativo anulável, quando efectivamente anulado pelo tribunal competente, desaparece da ordem jurídica como se nunca tivesse sido praticado; um testamento só produz efeitos na ordem jurídica quando o seu autor morre);

– *Ordenamento jurídico*: combina os significados de Direito objectivo e sistema jurídico (por ex., no ordenamento jurídico português, os tribunais não têm tanto peso político e jurídico como nos ordenamentos jurídicos anglo-saxónicos, porque entre nós não vigora a "regra do precedente obrigatório");

– *Mundo do Direito*: é uma expressão polivalente, que tanto equivale a Direito objectivo, como a sistema jurídico, como a ordem jurídica em sentido amplo (por ex., um acto nulo ou anulado não produz os seus efeitos típicos no mundo do Direito), como ainda a comunidade profissional dos juristas (por ex., os juízes e os advogados são os principais protagonistas do mundo do Direito);

– *Aplicação do Direito*: uma coisa é o Direito (objectivo), constituído por regras gerais e abstractas, obrigatórias para todos; outra coisa é a aplicação desse Direito aos casos concretos da vida real (por ex., *A* matou *B*? Então, é-lhe aplicável o artigo 131° do Código Penal, pelo que se conclui que *A* cometeu o crime de *homicídio*, estando sujeito a uma pena de prisão de 8 a 16 anos. A sentença judicial que, após o devido processo com todas as garantias de defesa, punir *A* com uma pena de 12 anos, é um acto de aplicação do Direito; e o tribunal que profere essa sentença é um órgão de aplicação do Direito).

8. Algumas definições de Direito

Os autores variam muito acerca da melhor definição a dar do Direito (em sentido objectivo):

– Assim, para uns, o Direito é uma arte ou virtude – *jus est ars boni et aequi* ([1]) (Celso, Ulpiano, Baldo);

– Para outros, o Direito é sinónimo de justiça – *jus nihil aliud sit quod ipsa justitia* ([2]) (Tomás Mieres);

– Para outros, próximos dos anteriores, o Direito é a coisa justa, por exemplo a lei justa, a decisão administrativa justa, o contrato justo, a sentença justa – *jus est ipse res justa* ([3]) (S. Tomás de Aquino, Michel Villey) ou, noutra formulação próxima dessa, *jus est quod justum et aequum est* ([4]) (Vallet de Goytisolo);

– Um grupo diferente de autores define o Direito como conjunto de regras de conduta social: mas, dentro deste grupo – decerto o mais numeroso –, há variantes que cumpre conhecer. Para uns (os jusnaturalistas), o Direito é o conjunto das regras de conduta social extraídas pelos governantes do Direito Natural e, portanto, conformes à justiça e à moral (S. Tomás de Aquino, Francisco Suárez); para

---

([1]) O Direito é a arte do bom e do justo.
([2]) O Direito não é outra coisa senão a própria justiça.
([3]) O Direito é a própria coisa justa.
([4]) O Direito é aquilo que é justo e equitativo.

outros, o Direito é o conjunto das regras de conduta social impostas pela vontade do Soberano, independentemente do seu conteúdo justo ou injusto, moral ou imoral (Hobbes, Stammler, Hart); para outros ainda, o Direito é o conjunto das regras de conduta social engendradas pela consciência colectiva do povo (Sauer), ou pela classe dominante no intuito de explorar as classes dominadas (Karl Marx);

– Ainda entre aqueles que vêem no Direito um conjunto de regras de conduta social, há a distinguir, agora noutro plano, entre os que se contentam com a validade formal dessas regras, regularmente elaboradas, aprovadas e postas em vigor (Kelsen), e os que só consideram como verdadeiro Direito as regras que alcancem e mantenham uma aplicação efectiva na comunidade social a que se destinam, e com as modificações ou distorções que o uso ou o não-uso lhes introduzirem na prática (Duguit, Jèze);

– Há, por outro lado, os juristas que só encontram o Direito no caso concreto: o Direito são as regras de conduta social elaboradas ou aplicadas pelos tribunais (Von Bülow, Holmes), ou são as próprias condutas humanas conformes à lei (Cossío);

– Há ainda aqueles que adoptam uma noção complexa, a "teoria tridimensional do Direito", para quem o Direito é um fenómeno de articulação integrada entre *valores, normas e factos*, considerando que a justiça é o fim do Direito, a conduta social é o seu objecto, e as normas são um meio para atingir o fim em relação ao objecto (Miguel Reale) ([5]).

Para tentarmos ver claro neste emaranhado de definições tão diferentes, há que tecer alguns comentários prévios.

Em primeiro lugar, cumpre distinguir entre a definição do *conceito* de Direito (em que consiste o Direito?) e o debate intelectual sobre as suas funções, a sua essência ou natureza, a sua legitimidade, e a sua validade e eficácia. Assim, por exemplo, saber se o Direito (correctamente definido) constitui expressão da Justiça, ou da Moral, ou do Direito Natural, ou do circunstancialismo histórico que o produz, ou da vontade do Povo, ou do domínio de uma Raça ou de uma Classe – tudo isso são questões muito importantes, mas que são logicamente posteriores à definição do conceito de Direito. Primeiro averigua-se o que o Direito é; depois apura-se ou discute-se o que ele significa do ponto de vista filosófico, histórico, político, económico ou social.

([5]) Sobre as diferentes noções de Direito referidas no texto (e outras que omitimos) v., por todos, Juan Vallet de Goytisolo, *Las definiciones de la palabra Derecho y los múltiplos conceptos del mismo*, "Real Academia de Jurisprudencia y Legislación", Madrid, 1998.

Em segundo lugar, não devem confundir-se os conceitos de Direito e de Justiça: como veremos no capítulo 5, as duas noções não coincidem – embora sejam muito próximas –, e seria um grave erro metodológico fazer coincidir uma com a outra: o Direito é um conjunto de normas obrigatórias cuja violação acarreta a imposição de sanções, enquanto a Justiça é um conjunto de valores ou ideias, que todos anseiam por alcançar, mas que ninguém impõe a ninguém, e cuja ofensa ou menosprezo não dá lugar à aplicação de quaisquer sanções.

Em terceiro lugar, e como já vimos há pouco, uma coisa é o Direito (objectivo), outra é a sua aplicação aos casos concretos da vida real: o Direito é constituído por regras de conduta social, obrigatórias para todos os membros de uma certa comunidade, e por isso expressas em termos gerais e abstractos (por ex.; "quem matar outra pessoa é punido..."; "é proibido construir habitações em zonas agrícolas ou na reserva ecológica nacional"; "podem contrair casamento os indivíduos com a idade de 16 anos ou superior"). Os actos e decisões concretos é que aplicam, ou violam, essas regras (por ex., um homicídio; uma construção feita de harmonia ou em contradição com a lei; um casamento nulo entre nubentes de 14 anos, ou válido entre nubentes de 17 anos). Mas o Direito são as regras abstractas, não são os actos concretos; o Direito é o conjunto das normas genéricas, não é o conjunto das sentenças judiciais que as aplicam, ou dos actos lícitos que as respeitam, ou dos actos ilícitos que as violam.

O Direito é, pois, quanto a nós – e julgamos que esta é a opinião largamente maioritária entre os juristas – *um conjunto de regras de conduta social* (também chamadas *normas jurídicas*).

Mas, para que a definição seja cientificamente adequada e completa, entendemos que falta ainda discutir e resolver os problemas seguintes:

– 1º, o Direito é um qualquer *conjunto de regras* de conduta social, ou está estruturado por forma a constituir um *sistema de regras*?;

– 2º, quais os *fins* que o Direito visa alcançar?;

– 3º, as regras de conduta em que o Direito consiste são, ou não, *obrigatórias* para todos os seus destinatários? E, se forem violadas, que consequências advêm daí para os infractores?

Abordaremos estes problemas, um por um, nos números que se seguem.

9. O carácter sistemático do Direito

Há juristas que definem o Direito como um *conjunto* de regras ou de normas. Nós preferimos defini-lo como um *sistema*. Porquê?

Um conjunto pode ser constituído apenas por uma soma de objectos, dispostos de qualquer forma, desarticulados uns dos outros, e sem qualquer unidade entre eles (por ex., um conjunto de brinquedos espalhados no sótão de uma casa). Pelo contrário, um sistema é um conjunto articulado de objectos, dispostos de uma determinada forma, e constituindo uma certa unidade entre si.

Ora o Direito é um *sistema normativo*. Por várias razões principais.

Em primeiro lugar, porque o conjunto das regras ou normas que o compõem se encontra articulado em termos de coerência, em torno de uma ideia central – *a ideia de Direito*. No Estado Absoluto, a ideia de Direito era a de uma forma de o Soberano impor deveres aos súbditos, sem preocupação com a garantia dos direitos individuais destes perante ele; no Estado Liberal, a ideia de Direito era a da limitação da autoridade do Soberano para proteger a liberdade e a propriedade dos cidadãos; no Estado Autoritário, a ideia de Direito consistia em que a autoridade dos governantes devia prevalecer sobre a liberdade dos governados, e o Poder pertencia legitimamente a quem o detinha por um golpe de Estado militar ou por um levantamento popular; enfim, no Estado Democrático, a ideia de Direito baseia-se em os governantes serem escolhidos e substituídos em virtude de eleições livres, que exprimem a soberania popular, e no princípio de que o Poder tem de respeitar os direitos fundamentais dos cidadãos, bem como promover o seu bem-estar económico, social e cultural.

Em segundo lugar, o Direito é um sistema, porque as suas regras objectivas têm de ser interpretadas de acordo com certos critérios lógicos e técnicos, em harmonia com a sua função num dado conjunto, e não apenas segundo o mero teor literal de cada uma das disposições normativas aplicáveis, desinseridas do todo a que pertencem (v. *infra*, vol. II).

Em terceiro lugar, o carácter sistemático do Direito revela-se também na circunstância de os casos omissos, de que a legislação não trata, terem de ser resolvidos de harmonia com determinados métodos integradores, que em última análise se reconduzam à descoberta e aplicação do "espírito do sistema", isto é, do todo integrado que o ordenamento jurídico constitui (CC, art. 10°, n° 3).

Em quarto lugar, o Direito é um sistema, e não uma mera soma aritmética de regras soltas e desconexas, porque o conjunto das normas que o compõem está organizado, enquadrado e enformado por *princípios gerais*, que condicionam o legislador e orientam os órgãos de aplicação do Direito. Os princípios gerais são como os alicerces e as traves-mestras de uma obra, que dela fazem um edifício sólido e coerente, em vez de um simples amontoado de pedras e tijolos prontos a desabar ao primeiro sopro de vento.

Em quinto lugar, o Direito é um sistema porque, em cada comunidade humana, vigora o *princípio da unidade da ordem jurídica* (para alguns, controverso), que fundamenta soluções, forma categorias, reforça conexões, e permite eliminar, por diversos meios (hierarquia das fontes, revogação e derrogação de normas, regras sobre concurso e conflito de normas, interpretação abrogante, etc.), as contradições que logicamente se possam detectar, mas que juridicamente não podem subsistir, pelo que têm de ser suprimidas ou harmonizadas.

Em sexto lugar, o Direito é um sistema porque, mesmo ao nível da sua aplicação aos milhares de casos concretos suscitados na vida real, o ordenamento jurídico preocupa-se em assegurar, tanto quanto possível, "uma interpretação e aplicação *uniformes* do direito" (CC, art. 8°, n° 3), estando previstos diversos modos de garantir a *uniformização da jurisprudência* (decisões judiciais com força obrigatória geral; assentos; acórdãos de uniformização de jurisprudência; recurso por oposição de julgados; dever de contribuir para a uniformização do Direito, etc.).

Em sétimo e último lugar, o Direito é um sistema porque nele vigora o *princípio da plenitude da ordem jurídica*, que garante a todos os cidadãos, por um lado, a existência de uma norma jurídica capaz de resolver toda e qualquer questão que deva ser regulada pelo Direito (v., nomeadamente, o art. 10º do CC) e, por outro, o direito de acesso à Justiça e o direito a uma tutela jurisdicional efectiva (CRP, art. 20º), não podendo nenhum tribunal "abster-se de julgar, invocando a falta ou obscuridade da lei ou alegando dúvida insanável acerca dos factos em litígio" (CC, art. 8º, nº 1). A ordem jurídica – isto é, o Direito objectivo – caracteriza-se pela sua *plenitude*, pelo que tem sempre uma solução adequada para oferecer ao cidadão que reclama justiça, mesmo que não haja lei expressa directamente aplicável ao caso, ou que a lei aplicável seja obscura, ou que o tribunal tenha uma dúvida insolúvel sobre os factos em disputa ([6]). Para todas estas hipóteses, o Direito está apto a fornecer uma solução adequada, justa e proferida em tempo oportuno (CRP, art. 20º, nº 5), o que não sucederia se ele não fosse um *sistema coerente, global e completo*.

Isto – é claro – se se tratar de um caso que deva ser juridicamente regulado, pois há matérias em que o Direito não pretende (ou não deve) intervir: é o chamado "espaço livre de Direito" (*rechtsfreier Raum*) ([7]).

([6]) Pode parecer estranho, à primeira vista, que o Direito se proponha ter sempre uma solução, mesmo no caso de o tribunal ter uma "dúvida insanável acerca dos factos em litígio": como decidir em situações dessas? A solução provém, em algumas hipóteses, de certos princípios gerais de Direito (por ex., in *dubio pro reo*★ e, noutras, das regras sobre o *ónus da prova*: quem invoca um facto que lhe é favorável, tem de prová-lo, sob pena de o facto ser dado como não provado; quem vê alegar contra si um facto que lhe é desfavorável, tem de conseguir refutá-lo, sob pena de o facto ser dado como provado; etc., etc. (Esta matéria será aprofundada nas cadeiras de Direito Processual Penal e Direito Processual Civil).

([7]) Arthur Kaufmann, *Filosofia do Direito*, 2ª ed., 1997, trad. portug., "F. Gulbenkian", 2004, p. 337 e segs.

10. Os fins do Direito

Vimos que a maior parte dos juristas clássicos, mencionados acima (n° 8), consideram que o fim principal – ou mesmo único – do Direito é a Justiça. Pela parte que nos toca, e reconhecendo embora que a Justiça é o fim principal do Direito, não podemos aceitar que seja o único.

As respostas ao problema dos fins do Direito têm variado ao longo da História e não podem ser desligadas da consideração que é devida ao regime constitucional vigente em certa época num dado país – o liberalismo dá primazia à liberdade, a ditadura confere o primeiro lugar à autoridade, a democracia concilia o respeito pelos direitos fundamentais do cidadão com a necessária afirmação da autoridade democrática do Estado.

Vejamos como se coloca o problema actualmente em Portugal.

a) *A Justiça*. – O primeiro e principal fim do Direito é, sem qualquer dúvida, a Justiça (v. sobre a noção de justiça, adiante, o cap. 5). Esta é, para o Direito, uma bússola e um farol. Segundo os maiores juristas medievais, a Justiça é anterior e superior ao Direito: *primus fuit justitia quod jus* ([8]) (Accursio); *jus a justitia ortum hubuisse* (Baldo) ([9]).

Esta tradição multissecular, que já vem da Grécia antiga e dos juristas romanos, encontra hoje expressão muito forte nas aspirações basilares de todos os povos. Tenha-se presente o artigo 1° da nossa Constituição: "Portugal é uma República (...) empenhada na construção de uma sociedade livre, *justa* e solidária".

---

[8] "A justiça existiu primeiro que o direito".
[9] "O direito nasce da justiça". Sobre esta nota e a anterior, ver Juan Vallet de Goytisolo, *Las definiciones de la palavra Derecho...*, cit., pp. 27 e 31.

Em consequência, a Constituição impõe específicos deveres de justiça ao Estado e seus órgãos:

– Artigo 9º: "São tarefas fundamentais do Estado:

. .. .

d) Promover o bem-estar e a qualidade de vida do povo e a igualdade real entre os portugueses (...)";

– Artigo 266º, nº 2: "Os órgãos e agentes da Administração Pública devem actuar, no exercício das suas funções, com respeito pelos princípios da igualdade, da proporcionalidade, da justiça e da imparcialidade"([10]);

– Artigo 205º, nº 1: "Os tribunais são os órgãos de soberania com competência para administrar a justiça em nome do povo";

– Artigo 23º, nº 1: "Os cidadãos podem apresentar queixas por acções ou omissões dos poderes públicos ao Provedor de Justiça (...)".

O Direito tem de ser justo, porque deriva da Justiça: *jus a justitia derivatur* ([11]) (Bártolo). E a Ciência do Direito é, em larga medida, "a ciência do justo e do injusto": *justi atque injusti scientia* (Ulpiano) ([12]).

Assim, as leis devem ser justas, as decisões administrativas devem ser justas, as sentenças judiciais devem ser justas: o *Estado de Direito* é, antes de mais, um Estado que tem o dever de ser justo, ou seja, um *Estado de Justiça*.

([10]) Ver Diogo Freitas do Amaral, *Curso de Direito Administrativo*, II, Almedina, Coimbra, 2001, p. 116 e segs.

([11]) "O direito é derivado da justiça".

([12]) Sobre esta citação e a da nota anterior, ver Juan Vallet de Goytisolo, *ob. cit.*, pp. 19 e 30.

Por isso os tribunais são hoje denominados "casas da justiça", e os advogados terminam as suas alegações ao juiz, em nome do cliente, com a frase: "Peço Justiça".

b) *A Segurança.* – Mas a Justiça não é, nem pode ser, o único fim do Direito: com ela é preciso combinar, em harmonização sempre difícil de estabelecer, os imperativos da Segurança. Tais imperativos são vários:

- A segurança internacional, sem a qual não haverá paz entre os povos;
- A segurança pública interna, sem a qual ficam perturbadas a ordem e tranquilidade públicas;
- A segurança individual, que as autoridades e a polícia devem garantir para prevenir a prática de crimes contra a vida, a liberdade ou a propriedade das pessoas;
- A segurança económico-social, que se consegue através do estímulo à poupança individual e do recurso às companhias de seguros, bem como ao sistema público de segurança social, contra os principais riscos que tornam insegura a vida humana (maternidade, doença, invalidez, velhice, acidentes, morte, etc.);
- E, enfim, a segurança jurídica, que impõe a criação de mecanismos capazes de contribuir para a certeza do Direito (clareza e publicidade das leis, fundamentação das decisões administrativas e judiciais, "caso julgado", recursos para uniformização da jurisprudência, etc.).

Frequentemente, a prossecução simultânea e paralela da Justiça e da Segurança, por parte do Direito, é possível e fácil de conseguir. Por exemplo, a justa punição de um homicida com uma adequada pena de prisão é, ao mesmo tempo, um acto de justiça (castigo do culpado de um crime grave) e uma garantia da segurança (detenção do condenado, aviso sério aos outros potenciais delinquentes).

Mas, por vezes, o Direito tem, por razões excepcionais, de autorizar a tomada de certas medidas só justificadas por motivos de segurança e, porventura, até contrárias à justiça. Por exemplo: *a prisão preventiva* de um suspeito da prática de um crime, imposta por razões de segurança (impedir a continuação da actividade criminosa, impedir a fuga do suspeito, ou impedir a destruição da prova ainda não recolhida pela polícia), pode vir a revelar-se ter sido injusta, se o arguido for, no final do julgamento, absolvido pelo Tribunal. O mesmo se passa com os *prazos* estabelecidos por lei por razões de certeza jurídica: se o cidadão tem um prazo para intentar uma acção em juízo, e não o faz dentro desse prazo, perde a possibilidade de efectivar a tutela jurisdicional dos seus direitos – o que não é justo, mas é necessário por razões de segurança e certeza do Direito, já que a ordem jurídica não pode ficar eternamente à espera de saber quem tem razão, em cada conflito de interesses que contrapõe duas partes com pretensões contraditórias.

Cabe ao legislador, no uso da sua prudência e sabedoria, limitar ao mínimo necessário os casos de prevalência da Segurança sobre a Justiça e, quando não puder evitá-los, regular a matéria pela forma menos gravosa para a Justiça.

c) *Protecção dos Direitos Humanos*. – Desde 1948, data em que a Assembleia Geral da ONU aprovou a "Declaração Universal dos Direitos Humanos"[13], o mundo passou a mostrar uma nova sensibilidade relativamente à problemática dos direitos humanos.

A doutrina dos direitos humanos – direitos individuais, conferidos por Deus ou pela Natureza, reconhecidos pela Razão, inerentes à condição de pessoa humana, e por isso mesmo anteriores e superiores ao próprio Estado, a quem são oponíveis pelos indivíduos – nasceu em Inglaterra com John Locke (1690), e foi proclamada pela primeira vez num grande texto internacional, em 1776, na

---

[13] Também conhecida por "Declaração Universal dos Direitos do Homem", expressão que foi entretanto substituída para atender as reclamações feitas nesse sentido pelos movimentos feministas.

"Declaração de Independência dos Estados Unidos da América", redigida por Thomas Jefferson:

> "Nós temos por evidentes por si próprias as verdades seguintes: todos os homens são criados iguais; são dotados pelo Criador de certos direitos inalienáveis; entre estes direitos contam-se a vida, a liberdade e a procura da felicidade".

A escola do positivismo estatizante – que encontraremos várias vezes ao longo deste curso – só reconhece a existência daqueles direitos subjectivos que sejam criados e outorgados pelo Direito objectivo. As "declarações de direitos" (catálogos normativos de direitos fundamentais) terão, assim, natureza *constitutiva*: criam o que antes delas não existe.

Pelo contrário, a escola jusnaturalista – que também encontraremos mais adiante no nosso estudo – considera que os direitos fundamentais são inerentes à dignidade da pessoa humana, não são produto do legislador ou oferta generosa do Estado, e este tem o dever de os reconhecer e proteger. As "declarações de direitos" terão, neste caso, natureza meramente *declarativa*: reconhecem o que antes delas já existe.

Em nossa opinião, é a segunda concepção que está certa, quer se perfilhe um jusnaturalismo de carácter religioso, quer de carácter laico. Por várias razões essenciais: em primeiro lugar, a existência do Homem, com a sua dignidade de pessoa, é anterior à existência do Direito; não é, pois, o Direito que cria a dignidade da pessoa humana, mas é esta que se impõe ao reconhecimento do Direito. Em segundo lugar, se os direitos subjectivos dependessem sempre de uma norma objectiva para existirem, eles não existiriam antes de uma lei surgir a criá-los: ora a verdade é que o direito à vida, por exemplo, existe independentemente de uma lei que o declare. Em terceiro lugar, se os direitos fundamentais fossem criados pelo Direito, como uma oferta generosa do Estado, também poderiam ser retirados pelo Direito, sempre que prevalecesse uma postura autoritária do poder político: ora, direitos tão essenciais à dignidade da pessoa humana como o direito à vida e à integridade física, o direito à liberdade individual, ou o direito de constituir família, não podem estar à mercê da generosidade ou severidade dos governantes, e mesmo que uma lei os pretenda eliminar, ou esvaziar do seu conteúdo essencial, eles têm de continuar a existir e a poder ser proclamados e reivindicados contra um Estado que os pretenda calcar a seus pés.

Tal como vimos acontecer com o conflito potencial entre Justiça e Segurança, há também sempre um conflito latente entre Direitos Humanos e Segurança. Aí onde a segurança estiver bem garantida, tanto nas leis como na prática quotidiana, os direitos humanos em geral, e as liberdades individuais em especial, podem ser amplamente reconhecidos e exercer-se sem grandes limitações. Mas, aparecendo uma grave ameaça à segurança – como sucedeu, nos EUA e no resto do mundo, em consequência dos graves atentados terroristas de 11 de Setembro de 2001 –, imediatamente os governantes propõem, os parlamentos aprovam, e as opiniões públicas aceitam, algumas restrições às liberdades individuais (que são direitos humanos) para garantir maiores condições de segurança.

Quando tais restrições forem razoáveis, temporárias e proporcionais à ameaça existente (por ex., maiores e mais demorados controlos dos passageiros e suas bagagens nos aeroportos), ninguém porá em causa a sua necessidade e adequação. Mas se as restrições forem excessivas, permanentes e manifestamente desproporcionadas (por ex., uma directiva presidencial à CIA em 2002, autorizando-a a matar, sem interrogatório nem julgamento prévio, qualquer indivíduo estrangeiro suspeito – meramente suspeito – de eventuais ligações a uma organização terrorista), então o nosso juízo de legitimidade terá de ser negativo, não apenas à luz do Direito Natural, mas até (no exemplo dado) em face da própria Constituição norte-americana, que garante a todos o *due process of law* [o devido processo judicial] em qualquer caso de natureza criminal (5ª Emenda à Constituição dos EUA, 1791).

Também aqui, como no conflito entre Justiça e Segurança, cabe ao legislador uma função muito delicada de garantia dos grandes equilíbrios. Pois que, no dizer de um autor (Aharon Barak), "não podemos manter um verdadeiro equilíbrio quando os direitos humanos recebem toda a protecção como se não houvesse terrorismo, [nem] quando a segurança nacional recebe toda a protecção como se não existissem direitos humanos" [14].

Ou, por outras palavras – e como afirmou Benjamim Franklin, um dos pais fundadores da nação americana –, "homem que trocar liberdade por segurança não merece nem uma nem outra".

Em suma: na fase histórica em que nos encontramos, os fins do Direito são a Justiça, a Segurança, e a protecção dos Direitos Humanos – fins que devem ser sempre conciliados pelo Direito por forma a assegurar que nenhum deles elimine, ou reduza excessivamente, qualquer dos outros. Todos têm de ser prosseguidos em simultâneo e, portanto, todos devem ser harmonizados, na lei e na prática.

Do que antecede já resulta que, com os dois aprofundamentos feitos na análise até aqui empreendida (nºs 9 e 10), a nossa definição de Direito pode ser enriquecida: o Direito é *um sistema* de regras de conduta social, aplicáveis aos indivíduos em cada sociedade humana, e tem por fins garantir *a Justiça, a Segurança e os Direitos Humanos* nessa sociedade.

Falta-nos considerar um terceiro elemento, que tem a ver com a obrigatoriedade do Direito e com as consequências da sua violação.

11. A obrigatoriedade do Direito. O problema da sua coercibilidade

a) *A obrigatoriedade do Direito*

O Direito não existe para ser contemplado, como um belo quadro num museu: existe, sim, para ser aplicado aos homens na

---

[14] Aharon Barak, *The Jerusalem Post*, de 1-2-02, cit. no *Diário de Notícias*, 2-2-02, p.3.

vida real, a fim de garantir que as relações entre eles decorram sob a égide da Justiça, da Segurança e dos Direitos Humanos.

O Direito não cumpriria essa sua função se os homens fossem livres de o respeitar ou desrespeitar, de o cumprir ou não cumprir, de o acatar ou de o violar: o Direito tem de ser, por natureza, *obrigatório*. E obrigatório para todos, sem excepção.

Tão obrigatório o Direito tem de ser que ninguém pode ser desculpado da sua violação, alegando que desconhecia a regra violada: *a ignorância da lei não aproveita a ninguém*. Ou, como determina imperativamente o artigo 6º do Código Civil, "a ignorância ou má interpretação da lei não justifica a falta do seu cumprimento nem isenta as pessoas das sanções nela estabelecidas" ([15]).

O Direito, pois, para ser eficaz e poder cumprir a sua missão cívica, tem de ser obrigatório para todos os membros da sociedade humana a que respeita – seja ela supra-estadual, estadual, ou infra-estadual. Nisto se distingue da Religião, da Moral e dos usos sociais, que também impõem deveres ou proibições aos homens, mas em termos não obrigatórios – ou, pelo menos, não juridicamente obrigatórios.

Como assegurar que o Direito é respeitado e acatado por todos? Através da previsão (e eventual aplicação) de *sanções* para quem o violar.

b) *A ameaça e a aplicação de sanções*

Uma "sanção" é a *imposição de uma medida jurídica desfavorável à pessoa que violar uma regra de Direito*.

([15]) Este princípio geral tem uma importante excepção em Direito Penal, onde a "falta de consciência da ilicitude" pode ser causa de exclusão da culpa. Mas a isenção da pena criminal, nesse caso, não dispensa o agente da sujeição a "medidas de segurança", que podem consistir num internamento em hospital psiquiátrico.

Exemplos:
– É proibido matar: quem matar outra pessoa é punido com pena de prisão de 8 a 16 anos (CP, art. 131º);
– É obrigatório cumprir os contratos validamente celebrados: o devedor que faltar culposamente ao cumprimento de uma obrigação torna-se responsável pelos prejuízos que causar ao credor (CC, art. 798º);
– Quem circular de automóvel, ou noutro veículo, pelas estradas e vias públicas, deve circular pela mão direita: se for apanhado a circular na faixa esquerda, pagará uma coima (importância em dinheiro) e ser-lhe-á apreendida a carta de condução (C. Est., arts. 13º, 139º-1 e 146º, al. a)).

A sanção incluída numa norma jurídica desempenha uma dupla função – preventiva e repressiva.

A função *preventiva* consiste em a simples existência, conhecida, da ameaça da sanção constituir um elemento dissuasor para os potenciais infractores: não violam o Direito porque não querem sofrer a respectiva sanção.

A função *repressiva* traduz-se em a aplicação da sanção a quem tiver violado o Direito constituir um elemento punitivo ou reparador do mal realizado: quem viola o Direito sofre um determinado castigo ou tem a obrigação de reparar os danos que tiver causado a outrem.

Ora, a existência de sanção é um elemento essencial em todo o Direito: onde uma regra de conduta social não contiver a previsão da sanção aplicável a quem a violar, ou é uma regra jurídica incompleta (*lex imperfecta**), ou nem sequer é uma regra de Direito. Pode ser uma regra religiosa, ou uma regra moral, ou uma regra de cortesia, mas não é uma regra jurídica.

Na verdade, o Direito, para ser eficaz, tem de ser obrigatório; e, para ser obrigatório, tem de conter a definição imperativa, não apenas das condutas humanas permitidas ou proibidas, mas também das consequências negativas que a respectiva violação acarretará para o infractor. Sem sanções não há Direito.

c) As normas sem sanção: "soft-law"

Os anglo-saxónicos chamam *soft-law* ([16]) a todas as modalidades de normas reguladoras da conduta dos homens em sociedade que não sejam dotadas de qualquer sanção para o respectivo incumprimento. É esse o caso das *leges imperfectae** e, nomeadamente:

a) Das simples propostas, conselhos e opiniões;
b) Das resoluções não vinculativas, como a maioria das resoluções da Assembleia Geral da ONU;
c) Das normas técnicas desprovidas de sanção;
d) Dos "códigos de conduta" adoptados por empresas e por associações profissionais, também desprovidos de sanções;
e) Etc., etc.

Quanto a nós, o *soft-law* não é verdadeiro Direito, por lhe faltar o elemento sancionatório, que é essencial ao conceito de Direito. Mas é uma realidade próxima do Direito: não se trata de normas jurídicas, mas de *recomendações jurídicas*.

O seu valor prático consiste apenas em que, se tais recomendações forem ignoradas, e se isso for a causa adequada da prática de um acto ilícito, a desconsideração das recomendações pode constituir elemento de prova de *negligência*, sob a forma de descuido, imperícia ou incompetência profissional. O que terá consequências para o agente.

Assim, a inobservância do *soft-law*, não implicando directamente a aplicação de uma sanção, pode ter efeitos indirectos negativos para quem o ignorar ou desprezar.

d) Sanções e uso da força

Os tipos de sanções jurídicas existentes num dado ordenamento são muito variáveis, e nem sempre envolvem o uso da força pública.

([16]) "Direito mole, suave, fraco".

Há numerosas sanções cuja aplicação aos infractores não implica o uso da força: ou porque consistem em decisões tomadas por uma autoridade competente que produzem, por si sós, os efeitos pretendidos (por ex., a aplicação da suspensão por um ano da licença de condução de automóvel); ou porque são medidas por natureza insusceptíveis de ser impostas através do uso da força (por ex., a pena espiritual de excomunhão aplicada por um tribunal eclesiástico ao abrigo do Direito Canónico; a suspensão dos direitos de associado no âmbito de um clube desportivo; a proibição de ir ao cinema imposta pelos pais ao filho que teve más notas na escola; etc.).

A questão que se põe – e que tem sido muito discutida entre os juristas – é saber se o uso da força, ou pelo menos a sua possibilidade, para obter a efectiva aplicação das sanções aos infractores das normas jurídicas, é ou não uma nota essencial do conceito de Direito.

e) *O problema da coercibilidade do Direito*

Para uma *concepção estatista* do Direito, em que este é visto apenas como o direito estadual, a resposta é positiva: a coercibilidade faz parte do conceito de Direito. Note-se que se fala aqui em *coercibilidade* e não em *coacção*: não pretendem estes autores defender que o Direito é sempre imposto pela força (coacção), mas sustentam que só pertencem ao Direito aquelas normas de conduta social que forem susceptíveis de ser impostas pela força (coercibilidade). Como o Estado tem – na fase histórica actual (para além dos direitos coercitivos da ONU, no plano internacional) – o monopólio do uso legítimo da força, e visto que sem esta as normas de conduta social podem não ser respeitadas, conclui-se que a coercibilidade é um elemento essencial do conceito de Direito.

Por exemplo: a sanção da pena de prisão, que a lei prevê para os crimes mais graves (homicídio, ofensa à integridade física, roubo, abuso sexual de menores, etc.), não pode ser aplicada sem o uso da força (a força da polícia que detém o suspeito e que, após a condenação, o encaminha para um estabelecimento prisional, bem como a força dos guardas prisionais que impedem o condenado de fugir ou de maltratar os outros reclusos detidos na cadeia).

Para uma *concepção pluralista do Direito*, não existe apenas o direito estadual, mas muitos outros direitos, quer supra-estaduais, quer infra-estaduais. Ora, a possibilidade do recurso à força para fazer respeitar as normas destes ordenamentos, e para assegurar a aplicação efectiva das sanções por eles previstas, não existe: a FIFA e a UEFA não podem usar a força física para conseguir o respeito das suas normas desportivas e das respectivas sanções; a Igreja Católica não pode usar a força física para impor o respeito do Direito Canónico; e as famílias, os clubes desportivos, as associações de estudantes, não podem usar a força física para se fazerem obedecer: ou os respectivos membros cumprem espontaneamente as regras internas da instituição a que pertencem, e acatam voluntariamente as sanções que lhes forem aplicadas, ou então têm de ser expulsos da instituição. Quanto a estas normas e a estas sanções, não há tribunais, nem polícia, nem prisões com muros altos e guardas prisionais, para impor pela força o respeito do Direito. E, contudo, o Direito supra-estadual e infra-estadual também é Direito.

A conclusão a que chegamos é esta: a coercibilidade é um elemento essencial do conceito de Direito estadual; mas não o é do conceito genérico de Direito, porque falta (ou pode faltar) nos direitos não-estaduais. Por outras palavras – parafraseando S. Tomás de Aquino –, todo o Direito está dotado de força directiva (*vis directiva*); mas só o Direito estadual dispõe, além dessa, também da força coactiva (*vis coactiva*).

Há quem entenda que a coercibilidade não é um elemento essencial, sequer, do Direito estadual, pois há variadas normas que não são imperativas (*v.g.*, as normas permissivas, as normas supletivas, as normas estatuidoras de efeitos jurídicos automáticos independentemente da vontade do indivíduo, etc.) ([17]).

([17]) É neste sentido o ensino do Prof. Carlos Ferreira de Almeida, por ex.

Mas, a nosso ver, sem razão. Aceitamos que nem todas as normas jurídicas impõem um dever de agir aos seus destinatários, que possa ser sancionado por via coactiva. Mas, se a existência ou a aplicação dessas normas for contestada ou ignorada por quem deva respeitá-las, há sempre maneira de obter as respectivas sentenças declarativas e meios executivos em tribunal. E aqui já a coercibilidade aparece.

Ou seja: admitimos, sem custo, que a coercibilidade não é elemento essencial de todas e cada uma das normas jurídicas; mas é um elemento essencial do Direito estadual, no seu conjunto, porque há sempre uma forma de obter em tribunal uma sentença susceptível de execução forçada.

12. Definição de Direito

Estamos finalmente em condições de poder recortar uma definição mais completa e rigorosa do conceito de Direito – de todo o Direito, e não apenas do Direito estadual.

Assim, e de acordo com os elementos e noções que fomos adquirindo ao longo deste capítulo e do anterior, podemos agora apresentar a seguinte definição: o "Direito" é *o sistema de regras de conduta social, obrigatórias para todos os membros de uma certa comunidade, a fim de garantir no seu seio a Justiça, a Segurança e os Direitos Humanos, sob a ameaça das sanções estabelecidas para quem violar tais regras.*

(Se, por hipótese, quiséssemos definir *Direito estadual*, teríamos de substituir a frase "para todos os membros de uma certa comunidade" pela frase "para todos os cidadãos de um certo Estado", bem como acrescentar no final: " (...) regras, as quais poderão ser impostas coactivamente, se necessário").

BIBLIOGRAFIA

Caetano (M.), *Manual de Ciência Política e Direito Constitucional*, vol. I, 6ª ed., Lisboa, 1970, reimpressão de 2003, pp. 1-10.

Dworkin (R.), *Law's Empire*, 1986, cap. 7, pp. 225-275.
Engisch (K.), *Introdução ao Pensamento Jurídico*, trad. portug. de João Baptista Machado, 8ª edição, "Fundação Calouste Gulbenkian", 2001, p. 275-342.
Evans (T.), ed., *Human rights fifty years on. A reappraisal*, "Manchester University Press", Manchester e Nova Iorque, 1998.
Goytisolo (J.V.), *Las definiciones de la palabra Derecho y los múltiples conceptos del mismo*, cit., Madrid, 1998.
Las Naciones Unidas y los derechos humanos: 1945-1995, "ONU", Nova Iorque, 1995.
Moncada (L. C.), *Lições de Direito Civil*, 4ª ed., Coimbra, 1995.
Idem, *Filosofia do Direito e do Estado*, 2ª ed., Coimbra, 1995.
Neves (A. C.), *A Unidade do Sistema Jurídico: o seu Problema e o seu Sentido*, in *Digesta*, vol. II, Coimbra, 1995, pp. 95-180.
Villey (M.), *La formation de la pensée juridique moderne. Cours d'histoire de la philosophie du Droit*, Paris.

QUESTIONÁRIO

1 – Haverá alguma relação entre Direito objectivo e direitos subjectivos?
2 – A Ciência do Direito estuda apenas o Direito objectivo, ou também estuda os direitos subjectivos?
3 – Direito e sistema jurídico serão expressões sinónimas?
4 – Ordem jurídica e ordenamento jurídico serão a mesma coisa?
5 – Distinga entre Direito, elaboração do Direito, e aplicação do Direito.
6 – Quais as diferenças entre Direito e Justiça?
7 – Qual a principal razão pela qual o Direito aparece aqui definido como um "sistema de normas", e não apenas como um "conjunto de normas"?
8 – Porque é que, nas sociedades modernas (pelo menos), o Direito não pode ter como único fim a realização da Justiça?
9 – Porque é que o Estado Português é, actualmente, um *Estado de Justiça*?
10 – As normas que estabelecem adequadas medidas policiais de segurança preventiva, para combater a criminalidade, são "excepções ao Direito", ou são verdadeiras normas jurídicas?
11 – O conflito potencial entre Justiça e Segurança, ou entre Segurança e Direitos Humanos, pode ser sempre resolvido pelo Direito ou, em circunstâncias excepcionais, exigirá medidas de coacção à margem do Direito, ou até, contrárias ao Direito estabelecido para épocas normais?
12 – Será que todo o Direito terá de ser obrigatório? Não poderá conceber-se uma sociedade humana cujo Direito seja apenas proposto pelos governantes e mereça a adesão voluntária e livre dos cidadãos?

13 – A proibição de exercício da Medicina ou da Advocacia, imposta pela Ordem dos Médicos ou pela Ordem dos Advogados aos profissionais nelas inscritos que tenham prevaricado no exercício das suas funções, constitui uma sanção, em termos jurídicos? Porquê?

14 – E a interdição de um campo desportivo por três jogos, em consequência de perturbações graves ocorridas no local em jogo anterior, é uma sanção jurídica? Porquê?

15 – O que é a dupla função das sanções? A função repressiva não significa, necessariamente, o fracasso da função preventiva?

Capítulo 3

CARACTERÍSTICAS DO DIREITO

13. Preliminares

Uma vez apresentada a nossa definição de Direito, segue-se pôr em evidência as suas principais características.

Mas estas não são todas idênticas: variam conforme o ponto de vista que se adopte para as identificar.

Assim, começaremos por apontar, antes de mais, as características do Direito em geral – isto é, de todo o Direito.

Depois, indicaremos as características do Direito estadual.

Em terceiro lugar, focaremos as características dos Direitos não--estaduais.

Por fim, enunciaremos as características do Direito estadual português actualmente em vigor.

14. Características do Direito, em geral

São dez as principais características do Direito em geral, que importa aqui sublinhar:

a) *Sistema normativo.* – O Direito é, como vimos no capítulo anterior, um sistema, isto é, um conjunto articulado e coerente de soluções ditadas por princípios e orientadas para certos fins. E é um sistema normativo: o que constitui o Direito são normas de conduta, são normas jurídicas. Há outros sistemas normativos para além do

Direito: as regras da Religião, as regras da Moral, as regras da Contabilidade. Mas estes outros sistemas normativos não constituem Direito, porque não possuem as restantes características que apontaremos a seguir. Há, pois, vários sistemas normativos que orientam a vida humana em sociedade; o Direito é um deles. Porventura, será um dos mais importantes, mas não é o único.

b) *A direcção superior das condutas humanas.* – O Direito visa, em última análise, dirigir as condutas humanas na vida em sociedade, orientá-las num certo sentido, repartir os direitos e deveres que os homens têm de adoptar para que reine a Justiça, a Segurança e a protecção dos Direitos Humanos entre todos os membros de um dado grupo social. Isso já levou um autor a caracterizar o Direito como "técnica de direcção pública das condutas humanas" ([1]). Em nossa opinião, o Direito não é propriamente uma *técnica* – mas pode ser caracterizado como um *instrumento*. Por outro lado, o adjectivo "pública" não deve ser usado: quer como equivalente a "estadual", pois o costume é uma fonte do Direito que não emana do Estado, mas directamente do Povo (v. *infra*, cap. 18), quer como equivalente a "proveniente de uma entidade pública", pois também as organizações privadas produzem e aplicam o seu Direito interno, e este nada tem de público. Preferimos, pois, falar em *direcção superior*, para significar que há uma orientação geral emanada de uma autoridade social que exerce supremacia sobre os destinatários das suas normas – seja ela o Povo, o Estado, uma autarquia local, ou uma entidade de direito privado, como por exemplo um clube desportivo ou uma empresa comercial.

c) *Carácter necessário do Direito.* – O Direito é indispensável e co-natural à vida das sociedades humanas, que não podem viver descoordenadas e sem regras. Já vimos que a hipótese solitária de

---

([1]) Paul Amselek, *Le Droit, téchnique de direction publique des conduites humaines*, in *Droits-Revue française de théorie juridique*, Paris, "P.U.F.", n° 10, 1989, p. 7 e segs.

Robinson Crusoé não é viável, e muito menos será generalizável. Como diz S. Tomás de Aquino, se o Homem pudesse viver uma vida solitária, seria como que o rei de si próprio; mas como ele é um animal social e político, tem de haver uma direcção, uma autoridade, que oriente a actuação do conjunto. E dá o clássico exemplo do navio: se não houver ninguém ao leme, o navio seguirá agora um curso e depois outro, de acordo com os ventos e as marés, sem nunca atingir o seu destino; para alcançar o porto seguro a que se dirige, o navio terá de ter alguém ao leme (²). Ora, nós já vimos (*supra*, cap. 1) que a autoridade social que dirige um certo grupo humano, para ser eficiente, tem de formular regras gerais e abstractas, ou normas jurídicas, e de tomar decisões individuais e concretas. As primeiras constituem o Direito, que se revela tão necessário e indispensável à existência, coesão e progresso das sociedades humanas como a autoridade social que as dirige: sem ele, essas sociedades dissolvem-se e caminham para a sua própria extinção.

d) *Resolução de conflitos de interesses.* – O Direito tem por missão resolver, pacificamente, os múltiplos conflitos de interesses que caracterizam a vida do homem em sociedade – conflitos internacionais, conflitos entre os poderes públicos e os cidadãos, conflitos dos particulares entre si. A vida em sociedade comporta necessariamente numerosos e constantes conflitos: tem natureza conflitual. Por isso, se não se quiser cair no arbítrio ou na violência – no arbítrio ou violência dos governantes e governados –, tem de se recorrer ao Direito. É função do Direito permitir resolver pacificamente os conflitos de interesses numa sociedade humana. E fá-lo por uma de duas formas:

(1) *Por via geral e abstracta*: as normas jurídicas definem, pela atribuição de poderes a uns e pela imposição de deveres a outros, quais são, em cada tipo de conflitos, os inte-

---

(²) S. Tomás de Aquino, *De Regimine Principum*, I, 1, citado in Diogo Freitas do Amaral, *História das Ideias Políticas*, I, Coimbra, 1998, pp. 174-175.

resses que merecem a protecção do Direito e os que a não recebem;

(2) *Por via de decisões individuais e concretas*: o Direito prevê mecanismos institucionais, organizados e permanentes (de que os principais são *os tribunais*), para, no dia a dia, nos conflitos entre *A* e *B*, ou entre *C* e *D*, fazer aplicação das normas gerais e abstractas aos casos individuais e concretos, declarando, com força obrigatória para as partes, quem tem razão ou não tem, isto é, quem tem o Direito a seu favor e quem o tem contra si. Se a sentença judicial absolve, isso significa que o Direito está do lado do *réu* e não do *autor*; se condena, é porque o Direito protege o interesse do *autor* e não apoia o interesse do *réu*. Ao declarar o Direito nos casos concretos, os tribunais resolvem os conflitos de interesses, de acordo com o desenho abstracto contido nas normas jurídicas, e – administrando a justiça em nome do povo soberano – contribuem para que reine entre todos uma paz social justa, em vez do arbítrio do Poder ou da violência dos cidadãos uns contra os outros. O sistema jurídico bem descrito por Locke evita o pesadelo anárquico e belicista antevisto por Hobbes (v. *supra*).

e) *Obrigatoriedade do Direito*. – O Direito, para ser eficaz e atingir os seus fins, tem de ser obrigatório para todos os membros do grupo social a que se aplica. Se ele não fosse obrigatório, se fosse meramente facultativo, se apenas contivesse simples propostas ou recomendações de boa conduta, o Direito não se distinguiria da Moral, ou da Cortesia, ou da Boa Educação. O Direito é um fenómeno social específico, distinto de todos os demais, porque tem carácter obrigatório – existe para ser cumprido, respeitado, acatado. Todos têm o dever de lhe obedecer – mesmo os turistas estrangeiros, mesmo os menores que circulem na via pública, mesmo os cidadãos desatentos que não conheçam os deveres a que estão obrigados. Por isso se costuma dizer que "a ignorância da lei não aproveita a ninguém": o turista inglês apanhado numa estrada do Algarve a conduzir pela esquerda será multado, pelo menos, e de nada lhe aproveitará tentar defender-se alegando que, habituado a conduzir pela esquerda no seu país, ignorava dever a circulação nas estradas portuguesas fazer-se pela direita. Se esta defesa fosse válida, estaria encontrada uma boa forma para os transgressores escaparem à Justiça: "eu não sabia que havia essa lei..."

O Direito, para ser obrigatório, tem de prever a aplicação de sanções a quem lhe desobedeça: já o vimos no capítulo anterior. O carácter obrigatório do Direito implica a sua natureza sancionatória. E as sanções não podem ser apenas espirituais, como na Religião ou na Moral: têm de ser materiais, físicas, aplicadas em vida e neste mundo, por uma autoridade social legitimamente investida de poder sancionatório (pena de prisão ou multa, indemnização de prejuízos, inibição de condução automóvel, etc.).

f) *Natureza violável do Direito.* — Vimos que o Direito é obrigatório e que, para levar todos os seus destinatários a cumpri-lo, ele próprio estabelece *sanções*, cuja função preventiva é induzir, pelo receio de as sofrer, o cumprimento das normas jurídicas e cuja função repressiva é punir, pela aplicação efectiva de sanções aos infractores, aqueles que não acatarem as normas em vigor, isto é, todos os que violarem o Direito.

O Direito é, pois, obrigatório — mas é violável. A norma jurídica é um comando dirigido a homens livres: tudo faz para que eles a conheçam, compreendam, aceitem e cumpram; mas dificilmente conseguirá evitar que alguns deles a violem (ou porque a não conhecem, ou porque não a compreendem bem, ou porque, pura e simplesmente, não a aceitam).

A liberdade humana comporta, na Moral, a faculdade de optar livremente entre o Bem e o Mal; no Direito, essa mesma liberdade inclui a possibilidade de optar entre o cumprimento da norma jurídica e a sua violação.

Não há, pois, contradição lógica ou filosófica entre o carácter obrigatório do Direito e a sua natureza violável.

Mas a violabilidade do Direito ajuda a distinguir facilmente as *leis jurídicas* das chamadas *leis naturais*, ou leis da Natureza. Exemplos destas últimas: "um objecto pesado, quando solto no ar, cai ao chão"; "a água ferve à temperatura de 100 graus"; "a área de um rectângulo corresponde à multiplicação da sua largura pelo seu comprimento"; etc.

Ora bem: as leis naturais não são comandos de uma autoridade para serem obedecidos pelos homens; são expressões de certas correlações entre fenómenos. Tais leis não são violáveis: ou são verdadeiras ou falsas. Se são verdadeiras, os fenómenos da Natureza não as acatam, confirmam-nas; se são falsas, tais fenómenos não as violam, desmentem-nas.

As normas ou leis jurídicas, diferentemente, não visam retratar a Natureza, mas dirigir os comportamentos humanos. Por vezes, até procuram contrariar certos impulsos ou instintos naturais — proibindo o homicídio, o roubo, a agressão física, etc. Nestes casos, se forem violadas, isso não quer dizer que estejam mal formuladas; só quer dizer que houve quem não aceitasse cumpri-las, e que há que aplicar ao infractor as sanções previstas.

As leis naturais exprimem a realidade do *ser*; as normas ou leis jurídicas exprimem a imperatividade do *dever-ser*.

g) *Aplicação por órgãos independentes e imparciais.* — De nada valeria ter um Direito justo, moderno, eficaz, se a sua aplicação aos casos concretos da vida quotidiana fosse deixada ao arbítrio do Poder, ou à vingança dos ofendidos. Hoje em dia, vigora o princípio de que "ninguém pode fazer justiça por suas próprias mãos"; e também o princípio de que "ninguém pode ser juiz em causa própria"; e ainda o princípio de que "quem aplica o Direito aos casos concretos não pode ser quem o elabora em abstracto".

Houve tempos — nomeadamente, na Idade Média — em que o poder de fazer as leis (poder legislativo), o poder de as executar (poder executivo) e o poder de as aplicar em julgamento aos casos concretos (poder judicial) pertenciam todos em conjunto ao Rei (sistema da "concentração de poderes"). Onde a justiça do Rei não estivesse presente, ou não chegasse a tempo, as vítimas podiam usar da força física para exercer vingança por suas mãos ("justiça privada").

Com o reforço do poder real – concretizado sobretudo desde o Renascimento até ao Absolutismo – os reis chamaram a si o monopólio da justiça ("justiça pública"). E com a Revolução Francesa, estabeleceu-se o princípio da "separação dos poderes" – ficando o legislativo para o Parlamento, o executivo para o Governo e seus delegados, e o judicial para os Tribunais. Estes passaram a ser compostos por juízes dotados de fortes garantias de independência e imparcialidade – *independência* face aos outros poderes políticos, económicos e sociais, e *imparcialidade* face às partes em conflito no processo judicial.

> Também na Grécia antiga, a viragem de uma justiça feita pelas próprias mãos para uma justiça de natureza pública – motivada pela maior serenidade de espírito de quem a aplica, aliada a um maior respeito pelos direitos de defesa do acusado da prática de um crime, bem como a uma evolução da moral social, de que o deus Apolo se faz eco, no sentido de que nenhum crime deve ficar impune – é muito bem ilustrada pela belíssima tetralogia de Ésquilo, *Oresteia* (de que infelizmente só restam as três primeiras peças). A primeira destas chama-se *Agamémnon*.
>
> Agamémnon era o rei de Micenas e o chefe supremo dos Aqueus na expedição a Tróia para destruir a cidade sagrada. De lá regressa vitorioso para encontrar a morte nos braços de sua mulher, a horrível Clitemnestra, que entretanto se juntou com Egisto, o qual há muito se quer vingar do que Atreu, pai de Agamémnon, fez a seu pai e a seus irmãos.
>
> Na segunda peça, chamada *Coéforas*, Egisto reina sobre Micenas até que de Atenas regressa o filho de Agamémnon, Orestes, que se encontra numa situação dramática, pois depara com a delicada escolha de, por um lado, ter de vingar a morte do pai – por ordem profética de Apolo – e, por outro lado, ter de, para cumprir essa ordem, tirar a vida à própria mãe. Encontra-se naquilo que em Direito se chama "conflito de deveres". Orestes acaba por obedecer a Apolo. Ao fazê-lo, começa a ser perseguido por certas divindades terríveis, chamadas Erínias.
>
> Aqui começa a terceira peça, *Euménides*, em que Orestes se vai refugiar em Delfos, pedindo a protecção a Apolo. Este assume as suas responsabilidades no matricídio e diz a Orestes que vá ter com a deusa Atena para que esta julgue o seu caso.
>
> Atena decide constituir um tribunal a cuja autoridade submete o caso, de tão difícil resolução. Orestes acaba assim por ser julgado não pelo arbítrio dos deuses mas pela justiça dos homens, já que o Areópago (nome por que ficou conhecido o tribunal), embora presidido por Atena, é composto por homens.
>
> O tribunal divide-se e a igualdade dos votos determina a absolvição de Orestes.

Como se pode ver, Atena apercebe-se da necessidade de resolver um caso muito complicado através de um julgamento. Apercebe-se igualmente de que o Areópago não pode ser composto por deuses, já que estes também são partes na causa – de um lado, as Erínias que perseguem Orestes, do outro, Apolo que quer a morte de Agamémnon vingada –, por isso confia a justiça da decisão aos homens que, daí em diante, com imparcialidade, terão de julgar os seus pares.

A *Oresteia* pode assim considerar-se como o momento de viragem da justiça privada para a justiça pública, na Grécia antiga ([3]).

Em suma: o Direito não se caracteriza apenas por ser igual para todos (normas gerais e abstractas), mas também por ser aplicado a todos por autoridades que gozam de plena autonomia funcional (independência e imparcialidade).

h) *Carácter influenciável do Direito por factores extra-jurídicos.* – Se é verdade, como vimos, que o Direito é um sistema normativo imposto aos membros de um dado grupo social, e obrigatório para eles sob pena de lhes serem aplicadas as sanções previstas para a desobediência; se é verdade, portanto, que o Direito pretende dirigir e orientar a vida e o comportamento dos homens em sociedade; também é verdade, em sentido inverso, que o Direito é fortemente influenciado – no seu conteúdo – por numerosos factores, a saber, factores culturais, políticos, económico-sociais, etc.

Desde logo, o Direito é influenciado por factores de ordem cultural, nomeadamente religiosos, morais e civilizacionais: não são idênticos os conteúdos dos Direitos ocidental, muçulmano, hebraico ou hindú. E na civilização ocidental, não é o mesmo o conteúdo do Direito num Estado laico, baseado na separação entre as Igrejas e o Estado, do que foi na época da "Respublica Christiana", chefiada pelo Papa, ou na do Absolutismo régio, assistido pelos tribunais da Inquisição.

Depois, o Direito é influenciado por factores de carácter político: não são idênticos os conteúdos dos Direitos dos países demo-

---

([3]) Ver Homero, *Odisseia*, I, 298-300, e III, 253-310; e Ésquilo, *Oresteia*, "Edições 70", Lisboa, 1992.

cráticos, dos países comunistas, ou dos países governados por ditaduras conservadoras.

Enfim, cabe mencionar que o Direito é também influenciado, fortemente, por factores económicos e sociais, quer no plano estrutural – diferenças entre o Direito das sociedades agrárias e das sociedades industriais, ou entre o Direito dos países capitalistas e dos países comunistas –, quer no plano conjuntural – em fases de expansão, podem subir os impostos e podem ser aumentadas as pensões sociais aos mais desfavorecidos; ao passo que, em fases de recessão, os impostos tendem a manter-se ou a diminuir, para incentivar o investimento produtivo, e pode não haver verbas suficientes no Orçamento do Estado para aumentar significativamente as pensões sociais.

Mas as pressões dos grupos de interesses (patronais ou sindicais, corporativos ou regionais, públicos ou privados) podem obrigar os órgãos legislativos a ceder mais a uns ou a outros do que os consultores económicos e financeiros do Governo recomendam.

O Direito não é, pois, como durante muitos séculos se pensou, uma mera emanação (mais ou menos pura, e perpétua) dos princípios da Religião, da Moral, ou da Justiça – mas um produto em cuja elaboração se combinam várias dessas influências culturais com factores de ordem política, económica e social.

O Direito é, simultaneamente, um elemento condicionado e condicionante: é influenciado pela sociedade de que emana, e procura influenciá-la nos aspectos que considera interessarem aos seus fins. Há épocas em que consegue fazer valer os seus princípios e valores; noutras épocas é submerso pela evolução das ideias e das mentalidades ou por revoluções políticas ou sociais. O Direito evolui ao sabor da História.

i) *Carácter histórico do Direito*. – Resulta do que acaba de ser dito que o Direito não é um sistema permanente, constante, imutável, antes evolui com a História Universal, Regional ou Nacional de cada área ou país, assim como com a história de cada organização ou instituição a que diga respeito.

Para falarmos apenas num aspecto de todos mais conhecido, observemos o que se passou nos países da Europa Ocidental: o Direito neles vigente mudou – e mudou muito substancialmente – ao longo da evolução histórica dos tipos de Estado que aí se sucederam, a saber: o Estado grego, o Estado romano, o Estado medieval, o Estado moderno, o Estado absoluto, o Estado liberal, o Estado autoritário (ou o Estado totalitário, conforme os casos) e, finalmente, o Estado democrático.

Alguns exemplos: começou por haver sobretudo Monarquias, depois surgiram e multiplicaram-se as Repúblicas; começou por não haver Constituições escritas, depois passou a havê-las; o Soberano concentrava todos os poderes, mais tarde veio a separação dos poderes; os súbditos não tinham direitos fundamentais perante o Estado, hoje têm; começou por haver pena de morte para os crimes mais graves, hoje não há (pelo menos, nos países da União Europeia); o Papa mandava nos Reis, hoje os Estados são laicos e estão separados das Igrejas; os casamentos começaram por ser apenas religiosos, hoje são também civis, ou apenas civis; o divórcio já foi proibido para os casados catolicamente, hoje é-lhes permitido; as uniões de facto não eram reconhecidas por lei, hoje são-no; a mulher viúva não era herdeira do marido, só os filhos o eram, mas hoje a viúva concorre com os filhos à herança do marido; dantes os desempregados nada recebiam do Estado e viviam da caridade individual ou morriam de fome, hoje têm direito a um subsídio de desemprego por parte do Estado; etc., etc.

Não se pense, porém, do que fica dito que a evolução histórica do Direito constitui uma linha ininterrupta de progresso e de melhorias: essa é uma forte aspiração do espírito humano que a História, infelizmente, não confirma. Na verdade, há bastante mais casos de retrocesso político, social ou cultural do que seria para desejar: por exemplo, a supressão das liberdades individuais de cada vez que uma ditadura substitui uma democracia; o restabelecimento da pena de morte em países onde já fora abolida; a redução ou eliminação de direitos adquiridos no plano social ou laboral em consequência de uma dada crise económica; e até – pasme-se! – a adopção de medidas de privação da liberdade mais gravosas num regime democrático do que num regime autoritário.

É, infelizmente, o que se passa em Portugal com a *prisão preventiva* dos suspeitos da prática de um crime: o prazo-limite dessa medida era, no CPP de 1929 (em plena ditadura), de 3 meses, prorrogáveis por igual período – total, 6 meses; esse prazo foi sendo sucessivamente alargado, já depois do 25 de Abril de 1974, e pode ir hoje, nos termos do artigo 215° do CPP de 1987, de 6 meses a 4 anos, conforme os casos. Por exemplo: um arguido pelo crime de furto de automóvel, em certas circunstâncias, pode ficar sujeito a prisão preventiva, sem condenação em 1ª instância, durante 3 anos! (cfr. os artigos 215°, n° 2, al. b), e n° 3, do CPP). É verdadeiramente lamentável!

A História do Direito, como toda a história, regista assim avanços e recuos, pelo que o progresso do Direito – embora incontestável no longo prazo – não é linear e contínuo. Porque se não divisa uma progressão constante e uniforme da História no sentido da afirmação definitiva das instituições democráticas, reveste-se de importância decisiva a reflexão filosófica e a crítica ética da História, tarefas a que o Direito não é alheio, quando ancorado na Filosofia Política e na fundamentação ética do sistema ([4]). Resta-nos a consolação de que, em Democracia, é legítimo criticar as leis – quaisquer leis – e lutar pacificamente pela sua revogação ou alteração. Recorde-se a célebre campanha, que durou anos, das "sufragistas" a favor do direito de voto das mulheres, que começou em finais do séc. XIX e acabou por triunfar em 1928 na Inglaterra (mas, em França, só em 1944).

j) *Direito consuetudinário, legislado, codificado*. – O Direito pode apresentar-se corporizado em *costumes* ou tradições orais, em *leis* escritas, ou em compilações cientificamente sistematizadas, chamadas *códigos*. Na Europa medieval, predominava o direito consuetudinário; nos séculos XIII e seguintes, foram surgindo as leis, que na

---

([4]) V., sobre as tarefas a que a Filosofia da História se pode hoje propor, José de Sousa e Brito, *A democracia e o fim da história*, em Themis, Ano I, n° 1, 2000, pp. 127-136.

Idade Moderna já eram mais numerosas e abrangentes do que os costumes; os séculos XIX e XX trouxeram-nos os códigos. Mas, apesar desta evolução – ao nível estadual –, ainda hoje há importantes segmentos do Direito regulados pelo costume, quer no âmbito do Direito Internacional, quer na generalidade dos países africanos (e de outras zonas do Hemisfério Sul), onde o direito legislado tende a prevalecer nas grandes e médias cidades, mas o direito consuetudinário tribal continua a aplicar-se nas zonas rurais e nos pequenos meios urbanos (em Angola e Moçambique, por exemplo, calcula-se que o direito legislado pelo poder central abranja apenas cerca de 20 a 30 por cento da população e o direito consuetudinário tribal se aplique a 70 ou 80 por cento da mesma).

Não se esqueça, por último, que a mais antiga Constituição da mais antiga democracia do mundo – a Constituição inglesa – ainda hoje é, predominantemente, uma constituição não-escrita, de natureza consuetudinária.

15. Características do Direito estadual

Apuradas as principais características de todo o Direito em geral, vamos agora examinar como se caracterizam, em particular, algumas modalidades especiais do Direito – o Direito estadual do nosso tempo; os Direitos não-estaduais; e o actual Direito estadual português.

Comecemos pelas mais importantes características do Direito estadual contemporâneo, que é sem dúvida o tipo de Direito mais completo, mais aperfeiçoado e mais importante da actualidade.

a) *O Direito como emanação dos órgãos políticos do Estado.* – Por influência da ideologia do Iluminismo, desde o século XVIII que os governantes – primeiro em Monarquia, depois também em República – assumem que, possuindo eles as "luzes" da razão, e estando o "povo miúdo" mergulhado nas "trevas" da ignorância, compete ao Estado derramar pelos cidadãos os benefícios da civilização – educando-os, assistindo-os na doença e no infortúnio, e promovendo o constante *progresso* da economia, da justiça social e da cultura. O Estado é uma emanação do povo soberano; o Direito é uma emanação dos órgãos políticos do Estado (Parlamento e Governo), que lideram os destinos e o desenvolvimento do país.

b) *A aplicação do Direito como tarefa do Estado.* — Se é ao Estado que cumpre fazer as leis em nome do povo, e para bem dele, é também ao Estado que compete aplicar o Direito aos casos concretos, ainda e sempre em nome do povo, e para seu bem. Ao Poder Legislativo incumbe fazer as leis; ao Poder Executivo e ao Poder Judicial pertence executá-las, nos casos concretos da vida quotidiana. A diferença entre as tarefas destes dois poderes, ambos subordinados ao Poder Legislativo, está em que o Poder Executivo cuida da "boa execução das leis" para promover a segurança, a cultura e o bem-estar económico e social da população, ao passo que o Poder Judicial resolve, por sentença, os diferendos que oponham em questões de direito os particulares uns aos outros (contratos, responsabilidade civil, problemas familiares e sucessórios, questões comerciais e laborais) ou que oponham o Estado e os cidadãos (punição dos criminosos, pagamento de impostos, anulação de decisões ilegais da Administração que sejam lesivas dos particulares).

c) *Será o Direito estadual um "discurso legitimador"?* — O falecido e ilustre professor João Baptista Machado, nas suas lições de Introdução ao Direito, defendeu que este, o Direito, além de ser um sistema normativo que dirige a conduta dos homens em sociedade, constitui também um "discurso legitimador" [5], ou seja, é na realidade uma linguagem que confere legitimidade ao Poder que governa os indivíduos e que, nessa medida, torna o próprio Direito num sistema legítimo. Em nosso entender, esta concepção é, em

---

[5] J. Baptista Machado, *Introdução ao Direito e ao discurso legitimador*, p. 273 e segs.

parte, verdadeira e, em parte, insuficiente. Ela é verdadeira, desde logo, na medida em que o Direito Internacional, o Direito Constitucional e, em geral, o direito público contêm normas que conferem legitimidade ao Poder e, portanto, também ao sistema jurídico. Mas já o direito privado, os direitos processuais, ou o Direito Comunitário (europeu), não são legitimadores do Poder estadual e, por isso, também o não são em relação ao Direito. Acresce que, em última análise, a legitimidade do Direito positivo provém, quanto a nós (*infra*, cap. 8), do Direito Natural: este é, pois, o principal "discurso legitimador", não passando o Direito positivo de um sub-discurso, ou de um discurso de 2º grau. Não se esqueça, por último, que o Direito é, por vezes, um "discurso deslegitimador": após uma Revolução, o novo Direito instituído, ao mesmo tempo que procura legitimar a nova ordem estabelecida, intenta simultaneamente desvalorizar e deslegitimar a ordem anterior e o respectivo Direito, entretanto revogado – uma e outro apresentados, no discurso do Poder e nas leis, como antiquados, opressores e injustos, ou corroídos pela corrupção.

d) *Predominância da lei sobre o costume*. – Se o Direito deixa de ser a vontade individual do monarca para traduzir a vontade colectiva do povo soberano e se, por outro lado, o Estado vê acrescer às suas tarefas clássicas de garantia da Justiça e da Segurança, as novas funções de promoção do bem-estar, do desenvolvimento e do progresso, então o país já não pode mais ter como Direito, a nível central, os *estilos da Corte* e, a nível local, os usos e tradições das pequenas comunidades populares. A *lei* prevalece sobre o *costume* como fonte principal do Direito. E já não se trata da lei como vontade pessoal do Rei, mas sim da "vontade geral" do Povo (Rousseau), obtida através dos seus representantes eleitos no Parlamento. A predominância da lei não significa, no entanto, exclusividade: continuam a vigorar numerosos costumes na comunidade internacional, a que os Estados devem obediência, e mesmo em muitas comunidades nacionais e locais, embora numas mais do que noutras.

e) *Grande extensão da codificação.* – Por razões que a seu tempo explicaremos, as grandes áreas do Direito estadual não se encontram hoje em dia dispersas por *leis avulsas*, mas organizadas e condensadas em *códigos*, como por exemplo o Código Civil, o Código Penal, os Códigos do Processo Civil e do Processo Penal, o Código do Procedimento Administrativo, o Código de Processo nos Tribunais Administrativos, o Código do Procedimento e do Processo Tributário, o Código das Sociedades Comerciais, o Código do Trabalho, o Código da Estrada, etc. A codificação do Direito torna-o mais conhecido e mais certo e, por isso mesmo, mais obedecido: é um reforço da autoridade da lei e do Direito estadual.

f) *O ensino universitário do Direito estadual.* – Com raras e pouco significativas excepções, é sobretudo o Direito estadual de cada país que é investigado e ensinado nas respectivas Universidades. Claro que também se ensina o Direito Internacional, o Direito Comunitário (europeu) ou os Sistemas Jurídicos Comparados. Mas na grande maioria das cadeiras jurídicas das Faculdades de Direito ensina-se o Direito estadual nacional: assim, entre nós, Direito Constitucional significa Direito Constitucional português, Direito Administrativo significa Direito Administrativo português, Direito Civil significa Direito Civil português, Direito Penal significa Direito Penal português, etc. A globalização e a integração europeia vão, provavelmente, conduzir, nas próximas décadas, a uma evolução "internacionalizante" dos *curricula* das Faculdades de Direito, ainda muito marcados pela ideologia que sustentou o Estado-Nação no seu apogeu, mas que entretanto já começou uma certa linha em parte descendente.

g) *Submissão do Direito estadual a normas internacionais.* – A soberania do Estado-Nação dos nossos dias já não é absoluta ou ilimitada, designadamente no plano internacional. O Direito interno de cada Estado, ainda que independente, está limitado por numerosas regras de Direito Internacional, a saber:

– As normas *consuetudinárias* e os *princípios gerais* do Direito Internacional geral ou comum (CRP, art. 8°, n° 1);

– As normas constantes de *tratados ou convenções internacionais* regularmente ratificados ou aprovados (*idem*, n° 2);
– As normas emanadas dos órgãos competentes das *organizações internacionais* de que Portugal seja parte (*idem*, n° 3). Por ex., os regulamentos e directivas da União Europeia.

Todas estas normas internacionais vinculam e limitam o Estado Português, como os demais países-membros da ONU ou da UE, e mostram como a soberania externa do Estado-Nação está longe de ser absoluta ou ilimitada. Por outro lado, o grau crescente de integração política e económica que caracteriza a União Europeia faz dos seus membros – entre os quais Portugal, desde 1 de Janeiro de 1986 – países que em grande número de sectores da sua vida (economia, finanças, ambiente) são hoje regulados pelo Direito Comunitário europeu, por sua vez aplicado pelos tribunais europeus, cuja jurisprudência vincula também os Estados-membros.

h) *Aceitação, pelo Estado, da aplicação de normas próprias de países estrangeiros*. – Já antes do recente fenómeno da globalização era aceite pacificamente pelos Estados-Nação que, em conflitos levados perante os seus tribunais e envolvendo situações jurídicas privadas que estivessem em contacto com várias ordens jurídicas, se pudesse considerar competente para resolver o conflito o direito de um ou mais países estrangeiros (por ex.: um pedido de divórcio entre dois alemães, decidido em Portugal por um tribunal português, será aceite ou recusado consoante o que a propósito determinar o código civil alemão). É o que estabelecem, a respeito dos chamados "conflitos de leis", os artigos 15° a 65° do nosso CC (v., quanto ao exemplo do divórcio de alemães em Portugal, os arts. 55°, n° 1, e 52°, n° 1).

i) *Monopólio estadual do uso da força*. – Apesar destas e de outras significativas limitações à soberania dos Estados, estes continuam a ser, na nossa época, os principais agentes da vida política e jurídica internacional e interna. O Estado-Nação, formado na Idade Moderna contra a fragmentação política do poder típica da época feudal, chamou a si o monopólio do uso legítimo da força – há um só exército nacional, só há polícias públicas, os principais tribunais são do Estado, e o mesmo acontece com as prisões e com os estabelecimentos de reeducação de menores delinquentes.

Está, pois, proibida a "justiça privada"; vivemos num sistema de "justiça pública".

Contudo, esta regra tem algumas excepções:

1) *Acção directa*: "é lícito o recurso à força com o fim de realizar ou assegurar o próprio direito, quando a acção directa for indispensável, pela impossibilidade de recorrer em tempo útil aos meios coercitivos normais" [polícia ou tribunais] (CC, art. 336º, nº 1);

2) *Legítima defesa*: "considera-se justificado o acto [de uso da força] destinado a afastar qualquer agressão actual e contrária à lei (..), desde que não seja possível fazê-lo pelos meios normais" [polícia ou tribunais] (CC, art. 337º, nº 1);

3) *Estado de necessidade*: "é lícita a acção [de força] daquele que destruir ou danificar coisa alheia com o fim de remover o perigo actual de um dano manifestamente superior" (CC, art. 339º, nº 1);

4) *Tribunais arbitrais*: são órgãos jurisdicionais criados por particulares em conflito, que confiam a certos profissionais especializados a resolução desse conflito (CRP, art. 209º, nº 2). Das decisões arbitrais pode caber recurso para os tribunais do Estado ([6]);

5) *Segurança privada*: a lei permite, em certos casos e dentro de dados limites, que a segurança de pessoas e bens possa ser organizada por empresas privadas, especialmente licenciadas para o efeito; mas tais empresas não constituem *corpos de polícia* na plena acepção da palavra.

Em todos estes casos, o controlo último sobre a legalidade ou ilegalidade do uso da força pelos particulares, para aplicação do Direito, é sempre confiado pela lei a órgãos administrativos ou

---

([6]) Ver, contudo, o art. 29º, nº 2, da Lei nº 31/86, de 29 de Agosto.

judiciais do Estado, o que deixa intacto o monopólio estadual do uso da força ao serviço do Direito.

j) *A coercibilidade como característica do Direito estadual.* – Todo o Direito é estabelecido para ser cumprido: é obrigatório e a sua inobservância dá lugar à aplicação de sanções, já o sabemos. Se os destinatários das normas jurídicas as acatam voluntariamente, a adesão dos cidadãos torna praticamente eficaz o Direito. Mas que acontece se há quem viole o Direito? Se o infractor não aceita a norma aplicável ou não obedece à sanção prevista? Só pela força, legitimada pelo Direito, se pode impor, em último termo, o respeito pelo Direito. Mas só o Estado dispõe, por via de regra, dos "meios coercitivos" ou "meios de coacção" que permitem colocar a força ao serviço do cumprimento do Direito – polícias, tribunais, prisões. Assim, é correcto e adequado dizer que o Direito estadual se caracteriza, além do mais, pela *coercibilidade,* isto é, pela susceptibilidade de imposição coerciva, ou coactiva (por via da força física), das suas próprias normas jurídicas.

Já não seria correcto e adequado dizer que a *coacção* – isto é, o efectivo emprego da força física – é uma característica do Direito estadual: pois, felizmente, na grande maioria dos casos, as normas jurídicas são obedecidas espontaneamente pelos homens na sua vida em sociedade: por ex., com uma ou outra excepção (punível), todos os condutores de veículos circulam na estrada pela direita (em Portugal e na Espanha) ou pela esquerda (na Inglaterra e em Moçambique), sem que para tanto seja necessário pôr um polícia em cada rua ou em cada estrada; do mesmo modo, as pessoas não andam por aí a matar-se umas às outras, sendo muitíssimo mais frequentes os casos em que elas se vêem e cruzam umas com as outras em termos pacíficos do que em situação de agressão ou morte – e isto também sem ter de pôr-se um polícia em cada esquina. A coacção só é usada pelo Estado quando necessária; mas a possibilidade de coacção, essa, existe sempre no Direito estadual. Por isso se diz que é característica deste, não a coacção, mas a *coercibilidade.*

E os Direitos não-estaduais? Também gozam de coercibilidade? Se a resposta for afirmativa, então a coercibilidade será uma característica essencial de todo o Direito em geral; se for negativa, isso não acontecerá, e a coercibilidade ficará apenas como nota característica do Direito estadual. É o que vamos apurar no número seguinte.

16. Características dos Direitos não-estaduais

Vimos mais atrás que os Direitos não-estaduais se dividem em dois grandes grupos – os supra-estaduais e os infra-estaduais.

Exemplos de Direitos *supra-estaduais*: o Direito Internacional Público, o Direito Comunitário europeu, o Direito Canónico (direito privativo da Igreja Católica universal), os Direitos próprios das federações desportivas internacionais (futebol, ténis, automobilismo) etc., etc.

Exemplos de Direitos *infra-estaduais*: os Direitos privativos de cada região autónoma, de cada município, de cada freguesia, de cada escola, de cada hospital, de cada museu, de cada associação, de cada fundação, de cada empresa, etc., etc. Nos países africanos, há ainda a apontar os Direitos privativos de cada *tribo*; nos países hindús, os Direitos privativos de cada *casta*; e, em países de vários continentes, os Direitos privativos de cada *etnia* (como o Direito "cigano", por ex.).

A escola do positivismo estatizante, de que já falámos, não via ou não queria ver todo este rico e variado *pluralismo jurídico*. Para ela, só o Direito estadual era verdadeiro Direito: o Direito Internacional assentava na livre cooperação dos Estados; o Direito Canónico era um conjunto de normas religiosas, mero fenómeno interno da Igreja Católica; e os Direitos privativos das comunidades menores (públicas ou privadas) só eram verdadeiro Direito se, e na medida em que, fossem reconhecidos e incorporados no ordenamento jurídico estadual. Fora deste, eram meros usos sociais desprovidos de relevância jurídica.

Pelo contrário, uma visão realista e pluralista do Direito, como a que preconizamos, reconhece natureza e relevância jurídica a esses múltiplos direitos, porque neles vê todas as notas características do conceito de Direito – são sistemas normativos; dirigem a conduta dos homens na vida em sociedade; têm por fim garantir a justiça, a segurança e os direitos humanos; são obrigatórios e prevêem sanções para quem os viole. Só não dispõem de coercibilidade.

Deveremos concluir daí que não são Direito? Ou, pelo contrário, devemos concluir que não são Direito estadual – e por isso lhes falta a coercibilidade –, mas que, não obstante isso, são verdadeiro Direito?

Para nós, a essência do Direito está na regulação das condutas humanas para certos fins sociais e sob a ameaça de determinadas sanções; não está na coacção, nem sequer na coercibilidade.

E as razões para este nosso entendimento são três:

– Primeira: é esse o sentimento colectivo da comunidade jurídica. Por isso se fala em *Direito* Internacional, em *Direito* Canónico, em *Direitos* desportivos, em *Direitos* regionais e municipais, em *Direitos* corporativos. Estarão os juristas redondamente enganados ao dar a designação de *Direito* a todos esses sistemas normativos não-estaduais?

– Segunda: o próprio Direito estadual, que está especialmente protegido pela coercibilidade, não usa a coacção na esmagadora maioria dos casos para que as suas normas sejam cumpridas. Os pais educam os filhos, os herdeiros repartem entre si as heranças, os devedores pagam aos credores, os vizinhos respeitam a propriedade alheia, os mancebos prestam serviço militar, os contribuintes pagam impostos, os cidadãos cumpridores abstêm-se de praticar crimes, os condutores de veículos acatam o Código da Estrada – sem que, na grande maioria dos casos, haja qualquer transgressão ou infracção que tenha de ser sancionada. É isso que caracteriza uma sociedade civilizada e em paz: a quase totalidade dos cidadãos e suas organizações aceitam e cumprem espontaneamente o Direito. Felizmente, os crimes, as infracções, as ilegalidades são fenómenos excepcionais e muito minoritários (tenha-se presente, por ex., que em Portugal, com 10 milhões de habitantes, há apenas cerca de 14.000 reclusos nas prisões: ou seja, 0,15%...).

– Terceira: tanto nos Direitos não-estaduais como no próprio Direito estadual, uma vez violada a norma jurídica, quando se passa à fase da aplicação da sanção, a grande maioria dos infractores aceita voluntariamente sujeitar-se a ela (o condutor apanhado em excesso de velocidade paga a multa devida, o contribuinte notificado para liquidar o imposto em dívida paga-o, e até o suspeito da prática de um crime convocado para comparecer na polícia normalmente comparece e, quando condenado, não precisa de ser algemado para aceitar ser encarcerado na prisão). Os casos de efectiva necessidade de uso da força pública para coagir um transgressor a cumprir a sanção que lhe foi aplicada são minoritários, mesmo dentro da minoria que as transgressões constituem face à elevada taxa de cumprimento espontâneo e voluntário das normas jurídicas.

Sendo assim, não nos parece adequado definir o Direito por aquilo que nele é excepcional, antes nos parece mais adequado defini-lo por aquilo que nele é normal e constitui a regra nas sociedade civilizadas e em paz – e que é (1) o cumprimento espontâneo das normas jurídicas em vigor e (2) o acatamento voluntário das sanções aplicáveis.

E não se diga, contra este nosso entendimento, que é precisamente a coercibilidade – pelo receio, que provoca, de se sofrer a coacção – que leva a maioria das pessoas a cumprir "voluntariamente" o Direito. Não conhecemos estatísticas que comprovem empiricamente a nossa opinião, mas temos a profunda convicção de que factores socialmente tão importantes como a educação, o civismo, a moral, a religião, o reconhecimento da legitimidade das normas jurídicas e, sobretudo, o desejo geral de paz e concórdia entre os Homens – e, portanto, a ideia comum de que o Direito tem de ser cumprido sob pena de desordens e injustiças de toda a espécie – são os factores determinantes do acatamento generalizado do Direito e da voluntária sujeição da maioria dos infractores às sanções estabelecidas para quem o violar.

Quer dizer: em nossa opinião, a coacção – e, por conseguinte, a coercibilidade – são a *ultima ratio**, o último argumento, para que o Direito seja respeitado. Só funciona, só tem de funcionar – por via de regra – para psicopatas, para transgressores empedernidos, para devedores falidos, para delinquentes dominados pelo efeito da droga, do álcool ou de algum vício inveterado que os perturbe num sentido anti-social e, de um modo geral, para pessoas em estado de grande desespero, que precisem do bastão ou da pistola à vista para cumprir as ordens da polícia.

Que consequências resultam deste modo de ver para definir as características dos Direitos não-estaduais? É mais fácil, agora, sintetizá-las:

a) *Diversidade dos Direitos não-estaduais.* – Existe uma grande diversidade de Direitos não-estaduais: uns são de carácter supra--estadual, outros de natureza infra-estadual; uns são públicos, outros privados; uns são religiosos, outros laicos; uns são de conteúdo predominantemente jurídico (por ex., o regulamento disciplinar de uma escola), outros de conteúdo predominantemente técnico (por ex., as normas sobre como evitar acidentes com máquinas perigosas, numa empresa de construção civil); uns revestem forma escrita (regulamentos, circulares, instruções), outros assumem forma oral e consuetudinária (instruções verbais dadas pelo engenheiro responsável de uma obra aos seus trabalhadores; direitos tribais, etc.).

b) *Natureza genuinamente jurídica.* – Todos estes Direitos não--estaduais constituem verdadeiro Direito, no sentido em que definimos este conceito no capítulo anterior. Não são meros usos sociais, nem regras de Moral, nem normas técnicas sem carácter jurídico. São autêntico Direito; os seus preceitos são normas jurídicas.

c) *Falta de coercibilidade própria.* – Ao contrário do que vimos acontecer com o Direito estadual, os vários Direitos não-estaduais não dispõem, por si mesmos, de coercibilidade, e muito menos podem recorrer à coacção efectiva. É certo que as suas normas são espontaneamente acatadas na grande maioria dos casos (os católicos cumprem, de um modo geral, o Direito Canónico; os clubes desportivos acatam, em regra, as normas das respectivas federações nacionais e internacionais; os trabalhadores observam, habitualmente, os regulamentos internos da sua empresa). Mas, quando tais normas são violadas, e caso os infractores não aceitem voluntariamente a respectiva sanção, as instituições não-estaduais não podem, em princípio, recorrer ao uso da força física para impor as sanções estabelecidas. Se considerarem absolutamente necessário o uso da força, têm de a solicitar a um ou vários Estados, pois só estes dispõem da força pública para ser licitamente usada ao serviço do Direito.

d) *Possibilidade de recorrer aos Estados para obter o uso da força.* – É o que sucede, tipicamente, com o Direito Internacional: não havendo um exército da ONU, quando esta decide recorrer ao uso da força, para fazer impor as suas normas ou as respectivas sanções, tem de obter a formação de uma "coligação de Estados", dispostos a usar da força para impor a observância do Direito (foi o que sucedeu, por ex., na primeira guerra do Golfo, em 1991, ou na intervenção em defesa da autodeterminação de Timor-Leste, em 2001). É o que sucede, também, no caso do direito consuetudinário. Ou no Direito Canónico e nos direitos infra-estaduais: se um tribunal eclesiástico da Igreja Católica quiser ver reconhecida pelo Estado uma sentença, para posterior execução na esfera civil; ou se uma associação pedir a colaboração do Estado para a auxiliar a impedir um motim em plena assembleia geral de associados; ou se um árbitro de futebol se vir obrigado a solicitar a intervenção da PSP para impor a expulsão de um jogador que se recusa a abandonar o campo; ou se um trabalhador de uma empresa recorrer a um Tribunal de Trabalho (órgão do Estado) para fazer respeitar um direito subjectivo que lhe advém de um regulamento interno da empresa. Em todos esses casos, é a força do Estado ou dos Estados – e não a das instituições não-estaduais – que é, excepcionalmente, posta ao serviço do respeito de um Direito não-estadual, sem coercibilidade própria.

e) *As normas jurídicas infra-estaduais como "normas corporativas".* – As normas escritas de Direito infra-estadual, porque emanam de *corporações* em sentido amplo (públicas ou privadas), podem ser denominadas como *normas corporativas*, na acepção que o conceito parece ter hoje no artigo 1°, n°s 2 e 3, e no artigo 3°, n° 2, do CC. Adiante aprofundaremos este ponto (v. *infra*, cap. 22).

17. Características do Direito estadual português em vigor

Trataremos agora de enunciar, de modo sintético, as principais características do Direito estadual português actualmente em vigor:

a) *Evolução histórica*. – Embora com antecedentes (sobretudo dos direitos romano, visigótico [germânico] e muçulmano), o Direito Português propriamente dito tem cerca de 860 anos de vida (1143--2003) e atravessou sete grandes períodos:

1) *Monarquia feudal* (1143-1481): de D. Afonso Henriques a D. Afonso V ([7]);
2) *Monarquia renascentista* (1481-1750): de D. João II a D. João V;
3) *Monarquia absoluta* (1750-1820): de D. José até à Revolução Liberal;
4) *Monarquia constitucional* (1820-1910): de D. João VI até à proclamação da República;
5) *República liberal* (1910-1926): da proclamação da República até ao golpe militar de 28 de Maio de 1926;
6) *República autoritária* (1926-1974): período ditatorial chamado do "Estado Novo", dominado pelas chefias pessoais de Salazar e Marcello Caetano;
7) *República democrática* (de 1974 para cá): desde a Revolução de 25 de Abril de 1974 até ao presente. Vigora a Constituição da República Portuguesa, de 1976 ([8]).

([7]) Sobre as razões que nos levam a situar em 1143 a data do início da História de Portugal, v. Diogo Freitas do Amaral, *Em que momento se tornou Portugal um país independente* [2001], ed. "Edições Tenacitas", Coimbra, 2ª ed., 2002.

([8]) A qual já vai na sua 7ª versão: a 1ª foi a de 1976, a 2ª foi a de 1982, a 3ª foi a de 1989, a 4ª foi a de 1992, a 5ª foi a de 1997, e a 6ª foi a de 2001. A 7ª e actual versão resulta da RC de 2004. As alterações mais profundas foram as de 1982 e 1989.

b) *Direito europeu, ocidental, da família romano-germânica*. – Muitas vezes os juristas pensam e escrevem sobre o Direito Português como se ele fosse o único do mundo, o paradigma de todos os Direitos estaduais existentes. E, no entanto, nada de mais errado: o nosso Direito insere-se apenas numa das muitas "famílias jurídicas" que convivem no planeta: o nosso Direito é, intrinsecamente, europeu, ocidental e da família romano-germânica – o que o distingue, não apenas dos Direitos correspondentes a outras grandes civilizações (ortodoxa, muçulmana, hindú, budista, etc.), mas também, dentro dos Direitos europeus ocidentais, da outra família que os integra, a família anglo-saxónica ([9]). O que significa, além do mais, que temos um Direito fortemente influenciado, do ponto de vista religioso, pelo Cristianismo; do ponto de vista filosófico, pelo Iluminismo; do ponto de vista político, pelo constitucionalismo liberal e pelo socialismo democrático; do ponto de vista ético, pelo kantismo; e do ponto de vista técnico, pela herança jurídica do Direito Romano e do Direito Germânico. Os sistemas jurídicos que mais têm influenciado o nosso ordenamento, nos séculos XIX e XX, são o francês, o italiano e o alemão (mais recentemente, também o espanhol). Na última década, a globalização tem penetrado no nosso Direito com múltiplas soluções provenientes do mundo anglo-saxónico, via União Europeia, que as tem largamente perfilhado.

c) *Direito legislado e codificado*. – Acompanhando a evolução que marcou o continente europeu, o costume perdeu grande parte da sua influência – embora a mantenha, secundariamente, aqui e além – e a principal fonte do Direito Português é a lei, produto da vontade dos dois principais órgãos políticos do Estado: o Parlamento ou o Governo. Cá como nos outros países da mesma família romano--germânica, a principal legislação encontra-se reunida e sistematizada em *códigos*, que aliás vão sendo regularmente actualizados, e costumam ser substituídos por outros, mais modernos, ao fim de algumas décadas.

([9]) Ver, sobre estes vários Direitos, Carlos Ferreira de Almeida, *Introdução ao Direito Comparado*, 2ª ed., Coimbra, 1998, pp. 33 e 35.

d) *Jurisprudência pouco criativa.* – Diferentemente do que sucede na família anglo-saxónica, onde o Direito é feito sobretudo pelos juízes (*"judge-made law"*), e dos grandes países da nossa própria família jurídica, a romano-germânica (França, Alemanha, Itália), onde a jurisprudência é muito criativa e constitui uma importantíssima fonte do Direito, em Portugal (tanto antes como depois de 25 de Abril de 1974) a jurisprudência dos tribunais é pouco criativa, porque muito apegada à letra da lei e às opiniões da doutrina. Em consequência disso, o ensino do Direito nas universidades baseia-se pouco nas decisões judiciais e centra-se principalmente na interpretação (por vezes exegética) da lei e na discussão das teorias dos grandes jurisconsultos. Esta tendência só na última década tem começado a ser contrariada, num combate difícil onde o ensino livresco e puramente teórico está longe de ter sido definitivamente vencido.

e) *Projecção da influência do Direito Português nos PALOP's.* – Após o período revolucionário subsequente à independência, os PALOP's (países africanos de língua oficial portuguesa) iniciaram o seu processo de democratização. Sem embargo de importantes particularidades, todos revelam uma influência significativa do Direito Português, quer no plano do Direito Constitucional (semi-presidencialismo) e do Direito Administrativo (separação de poderes, sistema de administração executiva, princípio da legalidade), quer no plano do Direito Privado (CC, sociedades comerciais, títulos de crédito e valores mobiliários).

O mesmo se não pode dizer do Brasil, onde a influência norte--americana se faz sentir com grande peso no direito público (presidencialismo, federalismo, unidade jurisdicional), apesar de se manter no essencial a influência europeia ocidental no campo do direito privado.

Felizmente, a cooperação inter-universitária no domínio do Direito tem sido positiva e revela-se crescente, tanto de Portugal com o Brasil como com os PALOP's.

f) *Situação actual e perspectivas.* – No ano em que é publicada em Portugal a 1ª edição deste *Manual* (2004), encontra-se estabilizado o nosso Direito Constitucional, mas foram recentemente introduzidas, ou estão em preparação, ou já prontas para entrar em vigor, profundas reformas do Direito Civil e Processual Civil, do Direito Penal e Processual Penal, do Direito Processual Administrativo e do Direito do Trabalho. Continuam carecidos de larga revisão o Direito Comercial, o Direito Financeiro e Fiscal, e o Direito Público da Economia.

Parece, assim, que tudo o que toca ao *business law* ("direito dos negócios") tem merecido pouca atenção do legislador português, apesar do seu carácter prioritário numa óptica desenvolvimentista. Esta, contudo, evidencia-se mais no discurso oficial do que no plano da legislação, que poderia, de resto, ser bastante eficaz para induzir um crescimento económico mais rápido.

BIBLIOGRAFIA

O tema deste capítulo não tem sido normalmente tratado em obras de "Introdução ao Direito".

Sobre as características do Direito veja Paulo Otero, *Lições de Introdução ao Estudo do Direito*, vol. I, tomo 2º, Lisboa, 1999, *passim*; J. Baptista Machado, *Introdução ao Direito e ao discurso legitimador*, Coimbra, 2002, pp. 7-43 e 273-357; e *Définir le Droit*, nº 10 da *Droits-Revue Française de Théorie Juridique*, "P.U.F.", 1989, *passim*.

Sobre a história do Direito veja Marcello Caetano, *História do Direito Português. Sécs. XII-XVI*, vol. I, 4ª ed., "Verbo", Lisboa, 2000, e M.J. Almeida Costa, *História do Direito Português*, 3ª edição, reimpressão de 2003.

Sobre os vários sistemas e famílias jurídicos, e a inserção neles do nosso Direito, consulte Carlos Ferreira de Almeida, *Introdução ao Direito Comparado*, 2ª ed., Coimbra, 1998.

Enfim, sobre o pluralismo dos ordenamentos jurídicos, é muito importante conhecer a obra pioneira e fundamental de Santi Romano, *L'ordinamento giuridico*, 2ª ed., Florença, 1977.

QUESTIONÁRIO

1 – Porque haverá tantos sistemas normativos que se propõem regular a conduta humana? O que os distingue do Direito?

2 – Porque é que o Direito não deve ser definido como *uma técnica*?
3 – Todo o Direito pressupõe, na sua base, um conflito de interesses? Haverá conflitos de interesses entre pais e filhos, entre irmãos, entre amigos?
4 – O Direito é sempre obrigatório? O que é que faz do Direito um sistema normativo obrigatório?
5 – A independência e a imparcialidade são essenciais nos órgãos de aplicação do Direito. Porquê?
6 – O poder de influência dos factores políticos, económicos e sociais na conformação do conteúdo do Direito não tornará este num produto impuro e, eventualmente, injusto? Não seria preferível que todo o Direito fosse apenas uma emanação ou reflexo da Justiça?
7 – O carácter histórico e evolutivo do Direito abrangerá apenas as suas manifestações mais sensíveis à conjuntura ou envolverá mesmo todo o Direito? Isso não impede o estudioso de apurar as constantes invariáveis de um dado Direito nacional? Estarão os filósofos impedidos de encontrar normas jurídicas de conteúdo permanente e de validade universal? "É proibido matar" não será uma dessas normas?
8 – A história do Direito será realmente feita de avanços e recuos no plano dos valores? Não será possível defender que tais avanços e recuos são fenómenos de superfície, mas que em profundidade os traços específicos caracterizadores do conteúdo do Direito seguem, ao longo da História, uma linha geral de continuidade no sentido do progresso, do melhoramento e da humanização do Direito?
9 – A passagem do direito consuetudinário ao direito legislado constitui ou não, sempre, um progresso do Direito? Porquê?
10 – O Direito estadual é necessariamente um direito democrático?
11 – Porque é que se diz que os Poderes Executivo e Judicial são subordinados ao Poder Legislativo? Não há, então, igualdade entre os três poderes do Estado?
12 – Porque é que os tempos modernos trouxeram consigo a codificação do Direito?
13 – Não seria desejável ensinar, nas Faculdades de Direito, os Direitos supra--estaduais e os Direitos infra-estaduais? E será isso possível?
14 – Quais os mais importantes limites, na actualidade, à autonomia e independência plenas do Direito estadual?
15 – O Direito Internacional, uma vez que prevê o emprego da força pelos Estados-membros da ONU, por decisão desta, para fazer cumprir as respectivas normas, não gozará afinal de coercibilidade?

Capítulo 4

DIREITO, RELIGIÃO E MORAL

18. Preliminares

Conhecemos já o que é o Direito, porque existe e para que existe, e que características possui.

Para melhor o identificarmos naquilo que tem de essencial, vamos agora estabelecer o confronto entre o Direito – tal como o definimos – e outros conceitos distintos, mas próximos, que exprimem realidades que com ele podem ter afinidade ou manter relações de influência.

Assim, vamos sucessivamente distinguir os conceitos de Direito, de Religião e de Moral, no presente capítulo; vamos depois confrontar as noções de Direito, Justiça e Equidade (cap. 5); a seguir, compararemos Direito, usos sociais, e normas técnicas e profissionais (cap. 6); e por último, num plano algo diferente, confrontaremos as noções de Direito com as de Economia, Sociologia e Política (cap. 7).

Só após este significativo conjunto de comparações ficaremos de posse de todos os elementos indispensáveis para saber delimitar, com o possível rigor, as *fronteiras do Direito*, face a outras realidades vizinhas, por vezes muito próximas e, frequentemente, em vigorosa inter-acção com o Direito.

19. Direito e Religião

a) *Confusão e distinção entre Direito e Religião*

Nas mais antigas civilizações, a Religião e o Direito estavam confundidos – por ex., no antigo Egipto, o Faraó era um deus e, ao mesmo tempo, o governante supremo que estabelecia as leis, as interpretava e aplicava.

Nas chamadas religiões do Livro – hebraica, cristã e muçulmana, todas ligadas ao profeta Abraão –, sempre se acreditou que Deus transmitiu aos homens, através dos Dez Mandamentos, as principais normas religiosas e jurídicas a respeitar por eles. Exemplo de norma religiosa: "honrarás o Senhor teu Deus"; exemplo de norma jurídica: "não matarás".

Os governantes procuraram, durante muito tempo, impor aos súbditos a fé do reino. É que professar uma fé diferente significava, implicitamente, não reconhecer na íntegra o poder do monarca. Como se sabe, este era de origem divina, sendo encarado como uma escolha da Providência. A religião não podia, pois, deixar de ser instrumentalizada com vista à legitimação do poder instituído.

Depois, na Europa pós-reformista, assistimos a uma luta constante entre monarcas para expandir a sua religião, em ordem a alargar os seus domínios. É um conflito deste tipo que em parte está na origem da Guerra dos Trinta Anos (1618-1648). Esta termina com o Tratado de Westefália, o qual vem expressamente consagrar o princípio *cujus regio ejus religio* ([1]), o que aliás não agradou muito ao Papa de então, Inocêncio X.

Actualmente, a situação é diferente, consoante as religiões: no Cristianismo, aceita-se a separação entre a Igreja e o Estado, entre as matérias "espirituais" e "temporais" – ou seja, entre a Religião, por um lado, e a Política e o Direito, por outro. Já no Judaísmo e no Islamismo idêntica separação não existe e, nos países muçulmanos

---

([1]) "Conforme o príncipe, assim a religião do seu país".

mais radicais, a "*xaría*" é um conjunto de normas religiosas que os tribunais do Estado devem aplicar à vida privada dos cidadãos.

Contudo, no contexto da civilização ocidental, a Religião e o Direito são fáceis de distinguir: pela *fonte*, que naquela é considerada divina e neste é humana; pelo *conteúdo*, que na primeira é constituído por normas relativas ao respeito pela palavra de Deus e pelas exigências do culto que lhe deve ser prestado, ao passo que no segundo é composto por normas relativas à regulação e disciplina da vida dos homens em sociedade, para assegurar entre eles o respeito da justiça, da segurança e dos direitos humanos; e pela *eficácia*, porque as normas religiosas só obrigam os crentes e só são dotadas de sanções espirituais, enquanto as normas jurídicas obrigam todos os cidadãos de certo país (e mesmo os estrangeiros que nele habitem ou por ele transitem), sob a ameaça de sanções "temporais", ou "terrenas", próprias do mundo laico – tais como penas de prisão, multas, indemnizações pecuniárias, etc.

Num país como Portugal – onde vigoram os princípios da liberdade religiosa e da separação entre as Igrejas e o Estado (CRP, art. 41º) e onde, por conseguinte, o Estado é laico e "não adopta qualquer religião nem se pronuncia sobre questões religiosas" (art. 4º, nº 1, da Lei da Liberdade Religiosa, Lei nº 16/2001, de 22 de Junho) –, a distinção entre Direito e Religião é clara e nítida. A Religião não prevalece sobre o Direito, nem o Direito prevalece sobre a Religião.

b) *Relações entre o Direito e a Religião*

Mesmo assim, há que reconhecer a existência de relações entre as duas esferas: há normas jurídicas de clara origem religiosa (por ex., a proibição de matar, a fixação do dia de descanso semanal ao Domingo, ou a consagração dos dias do Natal e da Páscoa como feriados *oficiais*), assim como há – em sentido contrário – normas jurídicas contrárias a preceitos religiosos claros (por ex., a permissão do casamento civil, do divórcio nos casamentos católicos, da eutanásia – nos países que já a tenham legalizado –, etc.). Também há atitudes oficiais das igrejas que mudaram por influência das ideias seculares e do Direito estadual (por ex., o próprio princípio da separação, a liberdade religiosa, o tratamento de igualdade dado às diferentes confissões religiosas, etc.)

A plena distinção entre as esferas da Religião e do Direito fica ainda bem vincada pela existência de numerosas normas jurídicas cujo conteúdo ou substância são completamente irrelevantes do ponto de vista religioso (por ex., a regra que manda conduzir pela direita em Portugal, ou pela esquerda em Inglaterra e em Moçambique).

Temos estado a pensar, até aqui, sobretudo no Direito estadual. As coisas carecem, todavia, de uma análise mais fina no que toca aos direitos supra-estaduais e infra-estaduais.

A nível supra-estadual, o Direito Canónico (sistema de normas jurídicas que regulam a organização e a vida interna da Igreja Católica a nível mundial) é, como não podia deixar de ser, um direito profundamente influenciado pela Religião, e tecnicamente subordinado a ela e destinado a servi-la.

A nível infra-estadual, há numerosos Direitos privativos de organizações não governamentais (ONG's), que acatam e reproduzem normas de carácter religioso: por ex., os conventos e paróquias, as escolas eclesiásticas, as associações de fiéis para a sustentação de um certo culto, etc.

Por último, sublinhe-se que o próprio Direito estadual não é insensível ao fenómeno religioso (por ex., veja-se a já citada Lei da liberdade religiosa, de 2001, a Concordata entre Portugal e a Santa Sé, de 1940 ([2]), o regime especial do casamento canónico previsto no Código Civil, de 1966, a oficialização pelo Estado dos mais importantes feriados religiosos, e até – pormenor curioso – as excepções à regra da inumação de cadáveres em cemitérios públicos,

---

([2]) Já foi negociada e assinada, em 2004, uma nova Concordata com a Santa Sé, mas ainda não foi ratificada nem entrou em vigor.

decretadas a favor dos "patriarcas de Lisboa", que gozam de panteão privativo, ou de particulares que disponham de "capelas privativas (...) tradicionalmente destinadas ao depósito do cadáver ou ossadas dos familiares dos respectivos proprietários", apenas sujeitas a autorização da competente câmara municipal – Dec.-Lei nº 411/98, de 30 de Dezembro, art. 11º, als. a) e c)).

A Religião e o Direito são, pois – em Portugal e nos países pertencentes ao mesmo tipo de civilização que o nosso –, realidades distintas, mas não indiferentes e insensíveis uma à outra. Veja-se ainda, para mencionar mais dois ou três exemplos, o caso da "Rádio Renascença", a atribuição inicial da licença de exploração da TVI a uma sociedade pertencente à Igreja Católica, a firme oposição desta à total abertura dos supermercados ao Domingo, ou à secundarização de alguns feriados religiosos na lista dos feriados oficiais; bem como, no plano de outras confissões religiosas, o apoio financeiro público dado à construção da principal Mesquita (muçulmana) em Lisboa, ou o reconhecimento oficial pelo Estado da Fundação Aga-Khan (ismaelita).

É um facto, porém, que a Igreja Católica, pela sua influência decisiva na História de Portugal e por ser, ainda hoje, sociologicamente maioritária em Portugal (mais de 90 por cento dos portugueses se afirmam católicos, ainda que muitos não sejam praticantes), goza de um estatuto jurídico especial face às demais confissões radicadas no país (por ex., Concordata com a Santa Sé, subtracção à aplicação da Lei de liberdade religiosa – v. o respectivo art. 58º –, regime privilegiado da Religião e Moral católicas no ensino secundário oficial, etc.).

O pluralismo religioso, no entanto, vai-se impondo e alargando paulatinamente – e o Estado Português não deixa de legislar, quando assim o entende, contra a doutrina católica oficial (casamento civil, divórcio, aborto, uso do "preservativo", uniões de facto, bioética, etc).

Uma coisa é certa (e a ela voltaremos noutro capítulo): para a nossa actual ordem jurídica, ao contrário do que aconteceu do século XII ao século XIX, a *lei divina* não constitui direito positivo do Estado Português, que se proclama como *Estado laico*. Já não vale, hoje, a concepção do Doutor Francisco Suárez – espanhol, mas professor em Coimbra e em Évora, nos séculos XVI e XVII – que expressamente ensinava ser Deus *o primeiro legislador* ([3]). Os crentes poderão partilhar essa convicção; as Igrejas, suas instituições e suas escolas, também; o Direito estadual e os tribunais do Estado é que não.

Um caso recente, ocorrido nos Estados Unidos da América, ilustra bem o que acabamos de dizer.

O presidente do Supremo Tribunal do Estado do Alabama (o juiz Roy Moore) mandou colocar, no largo interior de acesso ao edifício do tribunal, um monumento de pedra contendo uma das versões dos *Dez Mandamentos* que, segundo o Antigo Testamento, foram entregues por Deus a Moisés.

Um grupo de três advogados adeptos da laicidade do Estado, proclamada na 1ª Emenda à Constituição federal dos EUA, propôs uma acção popular, junto de um tribunal de apelação federal, pedindo a declaração de inconstitucionalidade da decisão do juiz-presidente.

A acção foi ganha, em Julho de 2003 ([4]), com base em três razões: primeira, o sistema jurídico norte-americano baseia-se na Constituição e na soberania do povo americano, e não em qualquer "lei divina"; segunda, havendo várias versões (judaica, católica, ortodoxa, luterana e outras) dos *Dez Mandamentos*, preferir uma delas em detrimento das demais viola o princípio da igualdade e não-discriminação entre religiões, inscrito na Constituição; terceira, se esta decisão do juiz-presidente fosse aceite, qualquer tribunal ou edifício público poderia ser decorado com uma cruz, ou um símbolo judaico, ou um Buda, reduzindo a zero o carácter laico e não confessional do Estado.

O juiz-presidente do Alabama não acatou a sentença contra ele proferida, e anunciou a intenção de recorrer para o Supremo Tribunal Federal. Mas, entretanto, apenas quatro meses volvidos, o *Court of the Judiciary* do Alabama (de 9 membros) destituiu do seu cargo o juiz-presidente do Supremo Tribunal, por unanimidade, por este se ter recusado a cumprir uma decisão judicial que lhe ordenara a remoção do monumento dos *Dez Mandamentos*; a destituição implicou a perda da condição de juiz, passando o sr. Roy Moore à situação de cidadão comum ([5]).

Em Portugal, o princípio da separação das Igrejas e do Estado, consagrado no artigo 41º da CRP, e o corolário dele extraído pelo artigo 4º, já citado, da Lei da liberdade religiosa, de 2001 – "o Estado não adopta qualquer religião nem se pronuncia sobre questões religiosas" – levariam provavelmente a conclusão idêntica, por parte do nosso Tribunal Constitucional, se uma questão semelhante lhe viesse a ser submetida.

([3]) Francisco Suárez, *Tratado das Leis e de Deus Legislador*, Coimbra, 1612 (versão original em latim; há tradução espanhola, Madrid, 1968).

([4]) V. *International Herald Tribune*, de 3-7-03, pp. 3 e 8.

([5]) Cfr. *International Herald Tribune*, de 15/16-11-03, p. 4.

20. Direito e Moral

Esta distinção tem algumas semelhanças com a anterior, mas não é idêntica: pois, se é certo que todas as religiões têm uma moral, não é menos verdade que houve e há diversas morais não--religiosas (o estoicismo, o epicurismo, o hedonismo, etc.).

a) *Como distinguir o Direito da Moral?*

Sublinhe-se, antes de mais, que existem entre um e outra alguns pontos comuns: tanto o Direito como a Moral são sistemas normativos, isto é, conjuntos de regras de conduta dirigidas aos seres humanos; por outro lado, se a *moral individual* tem pouco ou nada a ver com o Direito, já a *moral social* ou *moral colectiva* cobre, em larga medida, o mesmo campo de aplicação do Direito, que também é um sistema de regulação social; enfim, tanto a Moral como o Direito são compostos por normas de conduta assistidas de sanções para quem as violar – só que, como veremos, essas sanções são de natureza muito diferente num caso e noutro.

Estas, as semelhanças. E quais as diferenças entre o Direito e a Moral?

Há a considerar, sobre o assunto, as concepções *dualistas* e as concepções *monistas*: para as primeiras, Direito e Moral são ordens normativas separadas e distintas, independentes entre si, sem que qualquer delas possa reivindicar supremacia sobre a outra; para as segundas, há somente uma ordem normativa dos comportamentos humanos em sociedade – a Moral –, sendo o Direito apenas uma parte ou um capítulo da Moral.

Temos para nós que, nesta matéria, o *dualismo* é a posição mais acertada: nem a Moral está subordinada ao Direito, nem este depende daquela, ou constitui um mero capítulo dela; ambos os sistemas são independentes, cada um na sua esfera própria – o que não quer dizer que o Direito não possa incorporar no seu domínio regras morais. Pode fazê-lo, mas também pode impor normas jurídicas contrárias à Moral ou, pelo menos, a uma certa moral tradicional em dado país.

O *monismo* (⁶) constitui, quanto a nós, uma visão errada das coisas, já porque os fundamentos e os fins da Moral e do Direito são diferentes, já porque os meios de que dispõem para garantir a eficácia dos seus preceitos também divergem profundamente. E o Direito, mormente o Direito estadual, não pode estar subordinado a uma determinada moral – porque o Direito é um só para todos os cidadãos (unidade da ordem jurídica, igualdade jurídica entre os indivíduos), ao passo que cada pessoa é livre de adoptar a moral que quiser, sendo pois a Moral uma matéria de opção individual, resultante da *liberdade de consciência*, direito fundamental garantido a todos pela Constituição (CRP, art. 41°, n° 1).

Numa palavra: cada indivíduo opta pela moral que quiser, mas está sujeito ao Direito que lhe for aplicável, e este não deve obediência a nenhum sistema moral em particular.

Justificada a nossa opção pelo *dualismo*, façamos então a distinção que se impõe entre o Direito e a Moral.

Quanto aos fundamentos, o Direito resulta da vontade colectiva de uma certa comunidade humana, enquanto a Moral resulta da opção livre da consciência individual de cada pessoa.

Quanto aos fins, o Direito visa regular a convivência dos homens em sociedade à luz da justiça, da segurança e dos direitos humanos, enquanto a Moral visa conduzir cada indivíduo à prática do bem e à recusa do mal, cumprindo os deveres que a sua moral (ou sistema de valores) lhe impuser.

Quanto aos meios, o Direito serve-se de sanções físicas ou materiais (multas, privação de direitos, perda de bens, etc.), enquanto a Moral se serve de sanções interiorizadas pela própria consciência (culpa, remorso, escrúpulos) ou aplicadas por meio de uma reprovação da consciência alheia (corte de relações, esfriamento de amizades, recusa de convivência social com o culpado). No caso específico do Direito estadual, as sanções aplicáveis são reforçadas pela coercibilidade (polícia, tribunais, prisões).

(⁶) Defendido entre nós, por ex., por M. Bigotte Chorão, *Introdução ao Direito*, I, p. 195 e segs.

Não é correcta a distinção que aponta para a "interioridade" da Moral e para a "exterioridade" do Direito (Thomasius), porquanto a Moral social contém imperativos de conduta para com terceiros (por ex., dar de comer a quem tem fome) e o Direito penetra frequentemente no interior psicológico das acções humanas (por ex., é mais grave a pena do homicídio doloso, ou intencional, do que a do homicídio involuntário, cometido por distracção, imperícia ou negligência; e a pena aplicável ao assassino, em caso de homicídio, é agravada se houver da sua parte premeditação, crueldade, avidez, ou um motivo torpe ou fútil (CP, art. 132º, nº 2), avaliação que depende dos motivos interiores da acção humana, e não da exterioridade desta.

Não se nos afigura, tão-pouco, correcta a distinção que vê no Direito a regulação da coexistência das liberdades e na Moral um sistema de instituição de deveres (Kant), porque, por um lado, o Direito não regula apenas as liberdades individuais e a sua coexistência, também estabelece deveres para com a comunidade (por ex., pagar impostos ou prestar serviço militar) e deveres de solidariedade para com outrem (por ex., os deveres dos pais perante os filhos menores, ou o dever de auxílio a pessoa em perigo grave); e, por outro, a Moral não consiste somente na imposição de deveres, ela também confere direitos (direitos dos mais desfavorecidos à protecção da Sociedade) e legitima um amplo espaço de liberdade – a começar pela própria liberdade de consciência.

b) *Relações entre o Direito e a Moral*

Estabelecida a distinção entre o Direito e a Moral, e conhecidas as suas principais afinidades e diferenças, vejamos agora as relações que se estabelecem entre aquele e esta:

– Há normas de Moral que o Direito não recebe nem impõe: por ex., dar esmola aos pobres, visitar os doentes e os presos, ajudar os cegos a atravessar a rua, etc.;

– Há normas de Direito que não revestem qualquer significado moral: por ex., a regra do Código da Estrada que manda circular pela direita (ou pela esquerda, noutros países); as regras sobre prazos processuais; as regras técnicas relativas à segurança e salubridade das edificações urbanas;

– Há normas de Direito que coincidem com normas importantes da Moral: por ex., a norma do CP que consagra o direito de legítima defesa perante uma agressão (art. 32º) ([7]); a norma do C. Est. que confere prioridade no trânsito às ambulâncias que transportem feridos (art. 65º); a norma do CC que considera ilegítimo o exercício de qualquer direito que seja contrário aos bons costumes (art. 334º); a norma do CC que atribui ao doador o direito de revogar a doação feita se houver, posteriormente, *ingratidão* do donatário (arts. 974º e segs.), bem como as normas do mesmo diploma que determinam os casos de incapacidade sucessória por motivo de *indignidade* (arts. 2034º e segs.); a norma legal que impõe a nulidade dos negócios jurídicos, contratos e testamentos que sejam *ofensivos dos bons costumes* (CC, arts. 281º e 2186º); a norma constitucional que confere aos tribunais o poder de, contra a regra geral de que as suas audiências são abertas ao público, decidirem fazer o julgamento à porta fechada, "para salvaguarda da dignidade das pessoas e da *moral pública*" (CRP, art. 206º);

– Há normas jurídicas que remetem para determinados conceitos que provêm da Moral ou só com a ajuda desta podem ser definidos: assim, por ex., a Lei Orgânica das Ordens Honoríficas Portuguesas (Dec.-Lei nº 414-A/86, de 15 de Dezembro) impõe aos agraciados o "dever de regular o seu procedimento, público e privado, pelos *ditames da virtude e da honra*" (art. 44º, al. b)), dever esse cuja violação poderá implicar a perda da condecoração recebida (art. 45º, nos 5 e 7); e o Código de Justiça Militar (aprovado pelo Dec.-Lei nº 141/77, de 9-4) considera crime essencialmente militar a *cobardia perante o inimigo* (arts. 39º e segs.), *v.g.* por falta às exigências *da honra e do dever militares* (sublinhados nossos);

([7]) Referimo-nos à moral cristã. Já os estóicos, por ex., consideravam que era melhor sofrer uma injustiça do que praticá-la...

– Enfim, há normas jurídicas que violam as regras de certos sistemas morais, designadamente o da moral cristã: a permissão legal do aborto, seja ilimitadamente, seja em certas circunstâncias tipificadas na lei; a permissão do nudismo nas praias; a legalização das uniões de facto; em certos países, o casamento entre duas pessoas do mesmo sexo, a eutanásia, etc., etc.

Como se vê, o Direito e a Moral são, na realidade, sistemas normativos distintos – que ora coincidem, ora se afastam, ora se ignoram, e que por vezes entram abertamente em conflito.

Qualquer cidadão pode, individualmente, adoptar uma moral diferente daquela que inspira o Direito do seu país: mas não pode desobedecer à lei alegando o carácter *imoral* da norma jurídica (CC, art. 8°, n° 2). Exceptuam-se deste princípio geral de Direito as situações, excepcionais, mas previstas na lei, de *objecção de consciência* (dos jovens ao serviço militar, dos médicos à prática do aborto, etc.).

c) *Caracterização da moral social "recebida" pelo Direito português actual*

De que Moral fala o Direito, quando expressa ou implicitamente remete para a Moral e a "recebe" no seu seio?

A resposta da maioria dos autores portugueses é: o Direito estadual português, quando remete para a Moral, tem em vista a "moral cristã tradicional no país" (⁸).

Discordamos desta posição.

Reconhecendo que assim foi durante séculos e, por último, durante o Estado Novo, à luz da Constituição de 1933 (⁹), consideramos que não é mais assim, hoje em dia, por força da "liberdade de

---

(⁸) Ver, por todos, Paulo Otero, *Lições de Introdução ao Estudo do Direito*, I, 1° tomo, Lisboa, 1999, p. 300.

(⁹) Cfr. o artigo 43°, § 3°, da Constituição de 1933, com a redacção introduzida pela revisão constitucional de 1935 (Lei n° 1990, de 23-5), que mandava orientar "o ensino ministrado pelo Estado [nas escolas públicas](...) pelos princípios da doutrina e moral cristãs, tradicionais do País".

consciência" assegurada a todos os portugueses pela actual Constituição (art. 41°, n° 1), o que implica, como vimos, um legítimo pluralismo de opções morais individuais, e uma moral pública não derivada de nenhuma religião em particular.

A moral pública, os bons costumes, ou a moral pura e simples, para que remete o Direito português actual, nos casos em que o faça, deverá ser entendida como uma *moral humanista laica*, que possa ser um denominador comum entre crentes e não crentes, num Estado não-confessional que acolhe o princípio da liberdade religiosa (o qual inclui o direito de ter ou não ter qualquer religião).

Só à luz desta ideia de que a moral social, hoje, em Portugal, é uma moral humanista laica, é que se pode entender e explicar a legislação parlamentar e as decisões do Tribunal Constitucional em matérias como o divórcio, o aborto, as uniões de facto, a pornografia, a ausência de limites morais na televisão, no cinema e no teatro, o nudismo nas praias, etc. – práticas e fenómenos consentâneos com a moral humanista laica hoje predominante no mundo ocidental, mas todos em maior ou menor contradição com os preceitos da moral cristã tradicional.

Esta pode (e deve) continuar a pautar o comportamento individual dos católicos praticantes, mas deixou de ser a Moral colectiva inspiradora do Direito estadual, tal como vem sendo produzido pelos órgãos legislativos portugueses e aplicado ou criado pelos nossos tribunais.

d) *Crítica da concepção do Direito como "mínimo ético". A tendência para a "eticização do Direito"*

Vários autores de grande nomeada, desde S. Tomás de Aquino até Jellinek, têm considerado o Direito (estadual) como o *mínimo ético*, ou seja, como a consagração oficial pelo Estado, acompanhada do inerente reforço decorrente da coercibilidade, daquele mínimo de preceitos da Moral ([10]) que em cada momento sejam considera-

---

([10]) Ética e moral são palavras sinónimas.

dos indispensáveis para garantir a paz social justa que o Direito visa assegurar.

Não podemos acompanhar esta concepção.

É certo que o Direito é menos exigente, em termos éticos, do que a Moral – e, portanto, só recebe e incorpora na ordem jurídica uma parte, não a totalidade, das regras morais. Mas o facto de o Direito não acolher todas as regras morais, e de até contrariar algumas, não permite extrair a ilação de que o Direito seja equivalente a um "*mínimo ético*".

Por um lado, com efeito, se nos colocarmos de um ponto de vista moral, talvez cheguemos facilmente à conclusão de que o Direito não assegura nem garante o mínimo ético que, desejavelmente, deveria assegurar: alguma norma jurídica impõe aos cidadãos ou ao Estado o dever de dar de comer a quem tem fome? De dar de beber a quem tem sede? De dar um tecto para viver aos sem abrigo? De visitar os doentes internados nos hospitais e os reclusos nas prisões? De arranjar trabalho a quem está desempregado? De contribuir financeiramente para o sustento das Misericórdias e das outras instituições particulares de solidariedade social? De partilhar a riqueza, quem a tenha, com os pobres e indigentes? Não, decididamente, o Direito fica muito longe de garantir um mínimo ético à vida social. (Apesar de, em certas circunstâncias, ser crime a "omissão de auxílio" a outrem, quando esteja em perigo a sua vida, integridade física ou liberdade": CP, art. 200°).

Há, contudo, uma interessante perspectiva moderna que vê no *princípio democrático* uma forte exigência ética no Direito.

Não podemos deixar de concordar com esta ideia e por isso escrevemos mais atrás (*supra*, n° 17) que o nosso Direito é influenciado, no plano ético, pelo kantismo. Kant, como se sabe, fazia depender da autonomia da vontade a liberdade da pessoa humana; e a autonomia para ele significava a submissão da razão àquela lei que ela se dá a si própria. Daqui nasce o imperativo categórico que, numa certa formulação (a que parte da natureza racional do indivíduo como um fim em si), afirma: "Age de tal maneira que uses a humanidade, tanto na tua pessoa como na pessoa de qualquer outro, sempre e simultaneamente como fim, e nunca simplesmente como meio".

Ora, o princípio democrático traduz precisamente a igual autonomia ética das pessoas, de onde decorre a igual liberdade de todos de participar na "*res publica*": a cada membro da comunidade um voto (*one man, one vote*).

Um segundo corolário do princípio democrático é o princípio da maioria, que exprime o igual valor de cada um na decisão maioritária. Mesmo quem tenha votado contra a decisão da maioria reconhece a sua legitimidade, pois esta resulta de se atribuir o mesmo valor à participação *livre* de cada um. O "livre" aparece em sublinhado, na medida em que viria bulir com o princípio democrático uma "ditadura da maioria", isto é, uma maioria que viesse oprimir os direitos das várias minorias no seio da sociedade. Por essa razão, a decisão maioritária há-de ser encontrada (kantianamente) aprovando-se uma máxima susceptível de universalização.

É por as minorias contarem com isto, isto é, com a razoabilidade da decisão (Rawls), que aceitam a decisão maioritária. Uma decisão não é razoável se contender com os direitos fundamentais da pessoa, tal como vêm consagrados na Constituição. Logo, corolário do princípio democrático é também o respeito pelas liberdades básicas (liberdade de consciência, de expressão, de reunião e associação, etc.).

Por outro lado, há outra razão que explica porque hão-de as minorias aceitar a decisão maioritária. É que elas sabem que há um órgão que vai controlar a conformidade dessa decisão com aquelas liberdades e com o princípio democrático no seu conjunto e, assim, nele confiam. Esse órgão, entre nós, chama-se *Tribunal Constitucional*. Também a maioria sabe que ele existe.

Se assim é, então temos de concluir que o Direito se move em espaços livres de Ética sempre que esteja em causa a opção por uma decisão política expressa pela maioria parlamentar ou, entre nós, também pelo Governo. Nestes terrenos, a validade do Direito determina-se politicamente. Confirma-se, pois, tudo o que dissemos anteriormente sobre a independência entre o Direito e a Moral.

Há, contudo, uma restrição a este princípio da independência: aquela que decorre da igual dignidade da pessoa humana, que surge assim como um colete de forças para o legislador. Certas matérias não podem ser, sequer, objecto de decisão por parte da maioria. São matérias insensíveis à escolha (*choice-insensitive*, como lhes chama Dworkin). Se assim não fosse, qualquer maioria teria caminho livre para sepultar o princípio democrático, justamente aquele de onde deriva a sua legitimidade, caindo em auto-contradição. (Voltaremos a este ponto mais à frente, quando tratarmos do Direito Natural).

Dizíamos, pois, que o Direito estadual não garante, em muitos aspectos – nomeadamente, no campo da justiça e solidariedade social – o que deveria ser o *mínimo ético*. Mas, por outro lado, em certos sectores particularmente importantes da vida social, o Direito tem vindo, nos últimos 20 ou 30 anos, a introduzir cada vez maiores exigências éticas no comportamento dos indivíduos incumbidos de funções relevantes no Estado e no sector privado. Por exemplo:

– Imposição de regras severas que impedem os titulares de cargos públicos (seja no Estado, seja nas autarquias locais) de tomar

decisões que envolvam pessoas da sua família, ou sócios de empresas suas (v. o CPA, arts. 44º e segs.);
– *Idem*, para os juízes (cfr. o CPC e o CPP);
– *Idem*, para os administradores de empresas privadas cujos negócios particulares possam estar em conflito com os interesses da empresa (v. o CSC, arts. 64º e 72º, 254º e 398º);
– Reforço das acções de fiscalização sobre o cumprimento das regras deontológicas das profissões liberais (Ordem dos Médicos, dos Advogados, dos Engenheiros, etc.);
– Adopção de *códigos de conduta* em numerosas empresas e associações profissionais, cujas normas são predominantemente de natureza ética;
– Atenção inovadora concedida em número crescente de Universidades ao ensino da Ética, nomeadamente nos ramos da *Legal Ethics* e da *Business Ethics*;
– Criação de órgãos, consultivos ou reguladores, de carácter independente, sobre os novos problemas postos pela bioética (ver, entre nós, o *Conselho Nacional de Ética para as Ciências da Vida*: Lei nº 14/90, de 9 de Junho).

Vemos, assim, que a *eticização do Direito* tem crescido muito nos últimos tempos – e corresponde a uma exigência de moralidade pública na Administração, nas empresas e no enquadramento legal do progresso tecnológico e científico. Infelizmente, este movimento tão positivo vai de par com uma degradação ética dos comportamentos individuais, familiares e de solidariedade humana e social.

O que só comprova, a nosso ver, quer se goste disso quer não, a autonomia e a separação do Direito e da Moral – ainda que possamos pugnar por uma maior proximidade entre ambos, nos sectores onde o distanciamento choca mais fortemente a nossa sensibilidade humanista.

BIBLIOGRAFIA

Adragão (Paulo), *A liberdade religiosa e o Estado*, "Almedina", Coimbra, 2002.
Aristote, *Politique*, trad. de J. Tricot, ed. "Vrin", Paris, 1962.
Berman (H. J.), *Religious Freedom and the Challenge of the Modern State*, in Berman (H. J.), *Faith and Order: The Reconciliation of Law and Religion*, "Scholar Press", Atlanta, Georgia, 1993.
Brito (J. Sousa e), *Razão Democrática e Direito*, in *Ética e o Futuro da Democracia*, Lisboa, "Edições Colibri", 1998, p. 143-150.
Chorão (M. Bigotte), *Introdução ao Direito*, vol. I.
Hart (H.), *O Conceito de Direito*, 1961, "Fundação Calouste Gulbenkian", 3ª edição, 2001, p. 5-31 e 201-228.
Kant (I.), *Fundamentação da Metafísica dos Costumes*, 1785, trad. port., "Edições 70", Lisboa, 1995.
Machado (Jónatas), *Liberdade religiosa numa comunidade constitucional inclusiva*, Coimbra, 1996.
Moncada (L. Cabral de), *Filosofia do Direito e do Estado*, "Coimbra Editora", Coimbra, 2ª ed., reimp. 1995, II, pp. 134-144 e 292-298.
Perelman (C.), *Ética e Direito*, "Instituto Piaget", Lisboa, 2002.
Rawls (John), *Political Liberalism*, "Columbia University Press", Nova Iorque, cap. VI, 1993.
Ver, por último, as interessantes considerações sobre Direito e Moral expendidas na fundamentação do Acórdão nº 144/2004, de 10 de Março de 2004, Proc. nº 566/2003, publicado em *www.tribunalconstitucional.pt* (relatora, Consª. Maria Fernanda Palma).

QUESTIONÁRIO

1 – Na Antiguidade Oriental, era o imperador que se afirmava deus para melhor obter a obediência dos súbditos às suas leis, ou era a divindade que promulgava simultaneamente leis divinas e leis humanas?
2 – Como se distingue, na actualidade, entre Religião e Direito?
3 – Haverá normas jurídicas de origem religiosa? E normas religiosas com origem no Direito profano?
4 – Justificar-se-á que em Portugal a Igreja Católica beneficie de um estatuto jurídico diferente, mais favorável, do que a generalidade das outras confissões religiosas?
5 – Qual o sentido e o alcance do princípio da separação entre as Igrejas e o Estado?

6 – Será que a liberdade religiosa provém da liberdade de consciência, ou é esta que decorre daquela?
7 – Suponha que o presidente do Tribunal da Relação de Lisboa tomava uma decisão semelhante à do seu homólogo do Alabama, e que o caso chegava ao Tribunal Constitucional português: como deveria este decidir? Com que fundamentos jurídicos?
8 – Como se distingue, na actualidade, o Direito da Moral?
9 – Haverá normas jurídicas provenientes da Moral? E regras éticas inspiradas em normas jurídicas?
10 – Concorda com os autores que sustentam que todas as normas jurídicas têm, na sua base, uma opção moral?
11 – Quais serão os fundamentos, os critérios e os limites de uma "moral humanista laica"?
12 – Porque é que é incorrecto aceitar, hoje em dia, a concepção do Direito como "mínimo ético"?
13 – Quando a Constituição (art. 1º) se refere à "dignidade da pessoa humana", está a utilizar um conceito ético ou um conceito jurídico?
14 – Pode, perante uma maioria democraticamente eleita, recusar-se a sua legitimidade para decidir sobre certas matérias?
15 – Direito e Moral nem sempre foram conceitos irredutíveis. A partir de quando julga ter-se o Direito autonomizado da Moral? Ou terá antes sido a Moral a ganhar autonomia face ao Direito?

Capítulo 5

DIREITO, JUSTIÇA E EQUIDADE

21. Direito e Justiça

Já vimos (*supra*, cap. 2) que a Justiça é o fim principal do Direito, embora não o único. É agora o momento de procurar aprofundar o conceito de justiça.

a) *Evolução histórica do conceito de Justiça*

Em síntese, pode dizer-se que de uma breve análise das várias concepções apresentadas e defendidas ao longo da História sobre a justiça resultam os seguintes tópicos principais:
Desde que o homem começou a pensar sobre si próprio, sobre o Mundo e sobre a vida, o ideal de justiça andou sempre associado à reflexão do ser humano. A justiça é uma ideia que acompanha a história da Humanidade desde o início da meditação do homem sobre o Mundo.
Primeiro, a justiça surge ligada à ideia de repressão do mal, e nomeadamente de castigo dos crimes, porque toda e qualquer sociedade, quando começa a dar os primeiros passos, tem de garantir aos seus membros a paz e a segurança colectiva e individual e, portanto, é natural que se ocupe primeiro do problema da repressão dos crimes que sejam cometidos (*justiça punitiva*).
Depois, a justiça aparece como uma função do Estado e da lei, a quem compete dizer o que é justo e o que não é justo. E, por isso, a justiça surge-nos como justiça vertida na própria lei, como justiça

que consta da lei, e actuar justamente é actuar de acordo com o que a lei estabelece (*justiça legal*).

Mas Aristóteles salta para fora dos limites da lei e apresenta-nos a ideia de que, para se ser justo, é preciso, além da obediência à lei, respeitar a igualdade e a proporcionalidade das soluções. Desde Aristóteles, a igualdade e a proporcionalidade aparecem como os grandes critérios da justiça, para além daquilo que a própria lei possa dizer sobre o justo e o injusto (*justiça extra-legal*).

Aristóteles faz ainda outra distinção importante, entre *justiça comutativa* (a equivalência das prestações num contrato) e *justiça distributiva* (a justa repartição das riquezas, dos cargos e dos privilégios entre todos os cidadãos).

Com Platão, abandona-se a concepção tradicional da justiça individual, ou justiça no plano dos comportamentos individuais, e formula-se a concepção da justiça como critério igualitário da organização geral do Estado e da sociedade, passando-se a falar em Estado justo e em sociedade justa (o que hoje chamamos *justiça social*).

Com S. Tomás de Aquino, surge a ideia de uma justiça acima da lei, uma justiça que orienta a elaboração das leis e que, se não for respeitada por elas, permite ao cidadão criticar a lei, contestá-la, procurar alterá-la e, nos casos mais extremos, desobedecer-lhe (*justiça supra-legal*).

Assim, deparamos com três noções em que a ideia de justiça se pode desdobrar, em relação às leis do Estado:

a) A justiça enquanto valor ou conjunto de valores assumidos nas leis – *a justiça legal*;

b) A justiça como critério ou conjunto de critérios que obrigam os homens para além do que consta das leis – a *justiça extra-legal*;

c) E, finalmente, a justiça como valor ou conjunto de valores que são anteriores e superiores à lei e que, portanto, devem orientar a elaboração das leis pelos governantes, e permitem aos cidadãos criticá-las e, eventualmente, desobedecer-lhes – a *justiça supra-legal*.

Fora do plano das relações entre a justiça e as leis, encontra-se a concepção original de Platão (mais tarde retomada pelos socialistas, e hoje aceite por quase todas as correntes do pensamento político), que situa a justiça num plano diferente – o plano das relações de igualdade ou desigualdade económica e social dos homens entre si – com vista à construção de uma sociedade mais justa: é o que hoje em dia denominamos a *justiça social*.

b) *Definição actual de Justiça*

Mas o que significa, então, a justiça?
Encontrar uma definição é sempre a parte mais difícil de qualquer construção teórica. Não vamos fugir à dificuldade, mesmo sabendo que nenhuma definição é perfeita e que a nossa pode ser criticada de vários ângulos.

A "Justiça" deve ser definida, em nosso entender, como o *conjunto de valores que impõem ao Estado e a todos os cidadãos a obrigação de dar a cada um o que lhe é devido em função da dignidade da pessoa humana*.

Expliquemos os vários elementos desta definição.

A justiça é *um conjunto de valores*. Não julgamos necessário tomar aqui posição sobre se são valores estabelecidos pela lei divina, ou pelo direito natural, ou pela razão humana, ou pela consciência universal, ou pelo sentimento jurídico colectivo, ou por qualquer outra fonte normativa última: isso dependerá das opções filosóficas e intelectuais de cada um. O nosso conceito de justiça pretende ser suficientemente abrangente para poder ser adoptado por todos. Numa reflexão filosófica aprofundada seria necessário ir mais longe, e tentar determinar a fonte última donde emanam os valores em que a justiça consiste.

Os valores que integram o conceito de justiça impõem *uma obrigação, quer ao Estado, quer aos cidadãos*: trata-se, pois, de uma obrigação que o Estado deve cumprir para com os seus cidadãos, e que cada indivíduo deve cumprir para com o seu semelhante.

Em terceiro lugar, a obrigação que decorre da justiça é a obrigação *de dar a cada um o que lhe é devido*. Tanto os gregos como os romanos usaram uma fórmula próxima desta: *suum cuique tribuere*★. A ideia parece-nos certa, mas a fórmula não é inteiramente feliz: pois se algo já é de alguém – já é "seu" – a obrigação de lho "dar" (ou restituir) existe, e é conforme à justiça, mas não esgota toda a noção de justiça. Tão importante como dar a cada um o que já lhe pertence, é dar a cada um *o que lhe deva pertencer segundo um critério de justiça*. Por isso usamos a fórmula, que se nos afigura mais correcta, de dar a cada um *o que lhe é devido* – o que abrange não apenas o que já *seja seu*, mas também o que a justiça exija que *passe a ser seu*. Isto é muito importante para abarcar as dimensões modernas da justiça, nomeadamente a noção de justiça social: quando o Estado assegura aos cidadãos mais desfavorecidos direitos sociais – como o direito à saúde, à segurança social, à educação –, não está a devolver-lhes algo que eles já possuam, mas sim a atribuir-lhes algo que lhes falta, e que a justiça impõe que lhes deva ser dado.

O critério geral orientador acerca do que, em nome da justiça, é ou não devido a cada um, julgamos que há-de ser definido em função da *dignidade da pessoa humana*. Acolhemos assim, neste ponto, a proposta formulada entre nós por Castanheira Neves ([1]) e que remonta pelo menos à concepção dos estóicos, representada por Cícero, tendo sido depois acolhida e trabalhada pelos doutores da Igreja, a partir, nomeadamente, de S. Tomás de Aquino. A ideia de "respeito pela dignidade humana" tornou-se, entretanto, património comum dos humanistas, e não tem necessariamente uma conotação religiosa (ver a CRP, art. 1º).

c) *Critérios da Justiça*

Uma vez definido o conceito de justiça, incluindo o seu critério geral orientador, importa agora apurar quais são os critérios específicos que decorrem da noção de justiça.

([1]) *Justiça e Direito*, in A. Castanheira Neves, *Digesta*, vol. I, Coimbra, 1995, p. 241 e segs.

Se ela é um conjunto de valores que devem orientar os homens, quais os critérios específicos que decorrem dessa orientação geral?

Entendemos que esses critérios variam consoante se trate da justiça colectiva ou da justiça individual.

No plano da *justiça colectiva*, cremos ser pacífico o entendimento de que o principal critério da justiça, como forma de organização de um Estado justo e de uma sociedade justa, é *o respeito pelos Direitos Humanos*. Um Estado, um regime político, uma sociedade, dir-se-ão justos se respeitarem todos e cada um dos direitos humanos – não apenas os direitos de natureza pessoal e política, mas também os direitos de natureza económica, social e cultural. Nem sempre se entendeu assim ao longo da História, mas actualmente verifica-se um consenso amplo sobre este ponto.

No plano da *justiça individual*, julgamos serem de aceitar as duas principais ideias de Aristóteles – para além da lei, a igualdade e a proporcionalidade –; mas afigura-se-nos que cumpre acrescentar ainda a *boa fé* e a *protecção da confiança*. Isto significa que quem actuar contra os valores da justiça, apurados por aplicação de qualquer um destes critérios, estará a actuar injustamente; estará, pois, a cometer uma injustiça.

d) *Consequências práticas do princípio da Justiça*

Destas ideias podemos extrair alguns corolários:

– A Constituição, para ser justa, deve garantir um equilíbrio razoável entre os necessários *poderes de autoridade* do Estado sobre os cidadãos e os inalienáveis *direitos fundamentais* dos cidadãos face ao Estado;

– A Sociedade, para ser justa, deve assegurar a todos os seus membros, não apenas a vida, a liberdade e a propriedade, como defendeu Locke no final do século XVII [2], mas também um

---

[2] John Locke, *Ensaio sobre a verdadeira origem, extensão e fim do governo civil* [1689-90], trad. portug., Lisboa, 1999. Cfr. Diogo Freitas do Amaral, *Nota sobre o*

esforço constante no sentido de combater a pobreza e reduzir as desigualdades sociais, como sustentou John Rawls na segunda metade do século XX ([3]);

– O Direito, para ser justo, deve conter normas (em regra, elaboradas pelo Poder Legislativo) que respeitem e traduzam, para cada problema que regulam, os valores que integram a ideia de Justiça;

– Os órgãos e agentes da Administração Pública (Poder Executivo) estão obrigados pela Constituição, não apenas a respeitar as leis em vigor, mas também – nos aspectos não regulados pela lei – os valores da Justiça, designadamente o princípio da igualdade, o princípio da proporcionalidade e o princípio da boa fé (CRP, art. 266º, nº 2);

– Os Tribunais, constituídos por juízes independentes (Poder Judicial), não são apenas, como na visão tradicional, órgãos de aplicação da lei aos casos concretos, mas sobretudo "órgãos de administração da justiça" (CRP, art. 202º);

– Os negócios jurídicos celebrados pelos particulares entre si serão inválidos ou modificáveis quando forem *injustos* – ou por serem usurários (CC, art. 282º); ou por se terem alterado as circunstâncias em que as partes fundaram a decisão de contratar (*id.*, art. 437º); ou por se ter vendido coisa defeituosa (*id.*, art. 913º ss.); etc.

e) *O problema da lei injusta*

Importa acrescentar ao que acabamos de expor que para quase todas as situações concretas de injustiça existem mecanismos, organizados pelo Direito, para obter o restabelecimento da Justiça: se um acto da Administração Pública é injusto, é tratado como acto ilegal

---

conceito de propriedade em Locke, in *Estudos em homenagem ao Prof. Inocêncio Galvão Telles*, 2002, vol. I, p. 795 e segs.

([3]) John Rawls, *Uma Teoria da Justiça* [1971], trad. portug., 2ª edição, "Editorial Presença", Lisboa, 2001.

e pode ser impugnado num tribunal administrativo (⁴); se uma sentença judicial é injusta, pode ser objecto de *recurso* para os tribunais superiores, que têm o poder de a modificar, e, mesmo depois de formado o caso julgado, ainda pode, em certos casos, ser objecto de *revisão*; se um negócio jurídico privado é injusto, pode ser anulado ou modificado em tribunal, a pedido da parte lesada.

Resta um grande problema por resolver: como pode um cidadão defender-se contra uma *lei injusta*?

Durante muito tempo, pensou-se que a lei era, por definição, justa, por ser igual para todos. E ainda hoje certas correntes do pensamento jurídico consideram que a lei é a expressão da vontade suprema do Povo, pelo que não há nenhuma instância superior ao Poder Legislativo que possa ajuizar da justiça ou injustiça das leis.

O nosso actual CC, de 1966, influenciado por esse pensamento, declara peremptoriamente no seu artigo 8°, n° 2:

> "O dever de obediência à lei não pode ser afastado sob pretexto de ser injusto (...) o conteúdo do preceito legislativo".

Portanto, segundo o código, a lei injusta é obrigatória para todos: como já diziam os romanos, *dura lex sed lex*★.

Hoje, porém, já não se pensa assim.

É claro que a grande maioria das leis são justas e têm origem no voto maioritário do Parlamento, fonte de legitimidade democrática, ou na aprovação do Governo, que também possui legitimidade democrática indirecta. Mas suponhamos que, não obstante isso, é elaborada uma lei injusta – ou uma lei que contenha um preceito injusto. Que fazer?

Há duas maneiras de procurar resolver o problema.

A primeira consiste em apurar se a injustiça da lei se traduz na violação de alguma norma contida na Constituição. Numa Constituição como a nossa – programática, extensa e minuciosa, que con-

---

(⁴) Ver Diogo Freitas do Amaral, *Curso de Direito Administrativo*, II, p. 233.

sagra e protege os direitos fundamentais dos cidadãos (e não apenas os seus direitos, liberdades e garantias de carácter pessoal e político, mas também os seus direitos económicos, sociais e culturais) – é bem possível que a lei injusta seja, simultaneamente, uma lei inconstitucional. Nesse caso, o cidadão lesado por tal lei poderá utilizar os mecanismos previstos na própria Constituição para atacar em juízo as leis inconstitucionais (matéria estudada, em pormenor, na cadeira de Direito Constitucional).

A segunda maneira de reagir contra uma lei injusta, ou contra um preceito injusto de uma lei mais vasta, consiste em invocar a inconstitucionalidade dessa lei, ou desse preceito, por violação do princípio do *Estado de Direito democrático* (CRP, art. 2º), com base no seguinte raciocínio: o Estado de Direito democrático começa por ser, antes de mais, um Estado de Direito; o Estado de Direito é o tipo de regime político em que o Estado, e todos os seus poderes, estão subordinados ao Direito; mas o Direito está, por sua vez, subordinado à Justiça, seu principal fim e critério; portanto, todos os poderes do Estado, incluindo o Poder Legislativo, e não apenas os Poderes Executivo e Judicial, têm de respeitar o princípio da justiça; logo, uma lei injusta é uma lei inconstitucional, por violar o princípio do Estado de Direito democrático ([5]). Daqui concluímos que o artigo 8º, nº 2, do CC de 1966 é hoje inconstitucional, podendo e devendo as leis injustas ser desaplicadas pelos tribunais, com fundamento na sua inconstitucionalidade, por violação do princípio do Estado de Direito democrático (CRP, art. 204º).

Veja-se neste sentido, expressamente, o Acórdão do Tribunal Constitucional nº 635/99, de 23 de Novembro de 1999, Procº nº 1111/98, publicado em *www.tribunalconstitucional.pt* (relator, Consº V. Nunes de Almeida). Implicitamente, e por violação do princípio

---

([5]) Gomes Canotilho e Vital Moreira, na sua *Constituição da República Portuguesa anotada*, 3ª ed., Coimbra, 1993, sem irem tão longe quanto vamos no texto, reconhecem que "aquilo que constitui o cerne do Estado de Direito democrático (é) a protecção dos cidadãos contra a prepotência, o arbítrio e *a injustiça (especialmente por parte do Estado)*" (sublinhado nosso): cfr. p. 63.

da igualdade – que é uma componente da justiça – ver também no mesmo sentido o Acórdão do Tribunal Constitucional n° 308/2001, de 3 de Julho de 2001, publicado no DR, I-A, n° 269, de 20-11-01, p. 7427 e ss. (relator, o Cons° A. Tavares da Costa).

É óbvio que, para além destes modos de reacção nos tribunais, haverá sempre outros meios de luta legítima contra leis injustas, no quadro das liberdades individuais consagradas pela Constituição: crítica, manifestação, petição, publicação de livros e artigos, utilização da Comunicação Social, etc.

f) *Conflito entre Justiça e Segurança*

Como vimos no capítulo anterior, a Justiça é o fim principal do Direito, mas não é o único: também a garantia da Segurança é um fim do Direito.

Ora, na maior parte dos casos, Justiça e Segurança combinam bem uma com a outra, conjugando-se ambas para se alcançar um Direito justo e seguro. Por ex.: se a sanção aplicável ao homicídio simples é a pena de prisão de 8 a 16 anos (CP, art. 131°), esta norma jurídica concilia perfeitamente a prossecução de um fim de justiça – a punição dos criminosos, como castigo do mal que cometeram – com a prossecução de um fim de segurança – manter em reclusão o culpado, evitando assim que ele continue ou repita a sua actividade criminosa, e procurando recuperá-lo para, após o cumprimento da pena, poder reintegrar-se dignamente na vida social como homem livre e honesto.

Muitos outros exemplos se poderiam dar no mesmo sentido.

Há casos, porém, em que a finalidade da Segurança limita ou prejudica a prossecução da Justiça e, não obstante isso, o Direito tem de dar prevalência, nessas situações, ao objectivo da Segurança. É o que sucede, por exemplo – como vimos atrás –, com a *prisão preventiva*, isto é, a reclusão em estabelecimento prisional, por prazos que podem ser de meses ou de anos, de cidadãos suspeitos da prática de certos crimes, antes de serem julgados e condenados pelo tribunal competente.

Outros casos há, em qualquer ordem jurídica, de necessária sobreposição da Segurança à Justiça: a imposição de certas restrições a alguns direitos fundamentais para manter a ordem pública, ou para prevenir o terrorismo (desde que não anulem o "núcleo essencial" do direito fundamental afectado); a fixação de prazos curtos para o exercício de certos direitos ou para o cumprimento de determinadas obrigações, bem como a perda de direitos ao fim de prazos mais ou menos longos de inacção; o estabelecimento de certas regras sobre a forma dos negócios jurídicos ou sobre a prova de certos factos; etc., etc.

Do exposto podemos extrair pelo menos, três conclusões: primeira, confirma-se que, como tínhamos dito, a Justiça, sendo o principal fim do Direito, não é o único, tendo de ser harmonizada com a Segurança; segunda, percebe-se que a Segurança, não sendo o fim principal do Direito, tem por vezes de prevalecer sobre a Justiça, para que reine a paz social na comunidade, de tal forma que o excesso de insegurança não faça nascer novas formas de injustiça; e terceira, quando excepcionalmente a Segurança deva prevalecer sobre a Justiça, nomeadamente limitando ou restringindo algumas liberdades individuais, o sacrifício destas não pode ser levado tão longe que redunde, na prática, na sua negação pura e simples. Como determina o nº 3 do artigo 18º da Constituição portuguesa, "as leis restritivas de direitos, liberdades e garantias (...) não podem diminuir a extensão e o alcance do *conteúdo essencial* dos preceitos constitucionais" que reconhecem esses "direitos, liberdades e garantias" (sublinhado nosso).

Segurança, sim, mas não à custa do conteúdo essencial da Justiça e dos Direitos Humanos: caso contrário, já não estaríamos num Estado de Direito democrático, mas numa ditadura ou num Estado totalitário, onde a Segurança é o objectivo único ou principal, e as liberdades individuais são reduzidas ao mínimo, ou mesmo a zero.

22. Direito e Equidade

a) *Observações preliminares*

Justo e equitativo são palavras sinónimas na linguagem corrente. Não o são, porém, na terminologia científica do Direito. Vejamos, pois, em que consiste a *Equidade* e como se distingue do Direito.

A primeira nota que importa frisar é que tanto o Direito como a Equidade são modos de resolver problemas jurídicos concretos da vida real. Com efeito, tais problemas podem ser resolvidos – como costuma dizer-se – através da aplicação do *direito estrito* ou pelo *recurso à equidade* (mediante uma decisão *ex aequo et bono*★).

b) *Casos em que se pode recorrer à equidade*

De acordo com o artigo 4º do CC, "os tribunais só podem resolver segundo a equidade:
a) Quando haja disposição que o permita;
b) Quando haja acordo das partes e a relação jurídica não seja indisponível;
c) Quando as partes tenham previamente convencionado o recurso à equidade, nos termos aplicáveis à cláusula compromissória".

Em síntese, a decisão jurídica de um caso concreto que oponha duas partes em litígio é, regra geral, obtida por aplicação do direito estrito; pode, no entanto, ser obtida por recurso à equidade em duas situações – quando a própria lei permita ou ordene o julgamento de equidade (alínea a)), ou quando as partes nisso concordem, desde que o possam fazer (alíneas b) e c)).

Exemplos de casos em que a lei manda julgar segundo a equidade: quando, num contrato de longa duração, as circunstâncias que foram a base do negócio sofrerem uma alteração anormal (variação brusca dos preços, alteração significativa das taxas de câmbio, grande escassez de mão-de-obra ou de materiais no mercado, etc.), o artigo 437º do CC confere à parte lesada o direito à rescisão do contrato "ou à modificação dele segundo juízos de equidade"; se alguém for vítima de um acto ilícito praticado por outrem (agressão, acidente), e por causa disso sofrer danos morais (sofrimento físico ou psíquico, desfiguração da cara ou do corpo), tem direito a ser indemnizado, para além dos danos materiais, também pelos danos morais, caso em que "o montante da indemnização será fixado equitativamente pelo tribunal", segundo o artigo 496º, nº 3, do CC; nos casos de "negócios usurários", em que o lesado tem direito à anulação judicial do negócio, diz o artigo 283º, nº 1, que "em lugar da anulação, o lesado pode requerer a modificação do negócio segundo juízos de equidade" ([6]).

Quanto ao recurso à equidade por acordo das partes, ele dá-se sobretudo em matéria de contratos (civis, comerciais, administrativos) e, principalmente, nos casos em que as partes decidam proceder a uma *arbitragem* que haja de ser feita segundo a equidade – casos em que o julgamento é feito por um tribunal arbitral (v. *infra*, vol. II).

c) *Conceito de Equidade*

Vejamos agora o que é, em si mesma, a Equidade.

Este conceito vem já da Antiguidade Clássica, onde era conhecido e aplicado pelos gregos e romanos.

Nessa altura, porém, como se pode ver em Aristóteles, a equidade era concebida como uma forma de resolução dos casos omissos na lei. A lei não pode prever todos os casos carecidos de tutela jurídica; sempre que ela for omissa, a equidade ditará a solução (*Ética a Nicómaco*, livro V, cap. X).

Por influência do Cristianismo, o conceito veio a evoluir para significar sobretudo "piedade, bondade, humanidade". A equidade seria uma espécie de doçura, ou caridade, destinada a suavizar os rigores e a rudeza da lei escrita.

Para outros, a equidade era sinónimo de Direito Natural (v. o capítulo 8), ou de Moral, ou de Justiça ([7]).

([6]) Ver, ainda, os artigos 339º, nº 2, 400º, nº 1, 489º, nº 1, 566º, nº 3, 812º, 883º, 992º, nº 3, 993º, nº 1, 1158º, nº 2, 1215º, nº 2, e 2016º, nº 2, todos do CC.

([7]) Sobre esta evolução histórica, v. José H. Saraiva, *Equidade*, na Enciclop. Verbo, vol. 7, c. 731-732.

Em nossa opinião, a equidade não é hoje uma forma de integração das lacunas da lei (v. *infra*, vol. II), nem uma suavização bondosa ou caritativa da dureza excessiva da lei, nem sinónimo de Direito Natural ou de Moral.

A equidade é um modo jurídico de resolver litígios suscitados na vida real – mas um *modo alternativo* ao da aplicação do direito estrito, modo esse que se caracteriza pela atribuição ao órgão jurisdicional competente de dois poderes que ele em regra não tem:

a) O poder de não aplicar, no todo ou em parte, as normas legais que de outro modo seriam aplicáveis por si mesmas àquele caso concreto;

b) O poder de decidir, pelos seus próprios critérios, o caso concreto que tem para solucionar.

Mas de que critérios pode o juiz lançar mão ao fazer um julgamento segundo a equidade: dos critérios que a sua imaginação criadora lhe fornecer, ou de critérios seguros, ancorados em princípios sólidos e em valores reconhecidos?

Em nossa opinião, se o Direito permite que problemas jurídicos sejam resolvidos pelos tribunais, não segundo o Direito estrito, mas segundo a Equidade – e portanto renuncia, a favor desta, à sua própria força imperativa –, isso só pode dever-se ao facto de a Equidade assentar em valores que o Direito considera iguais ou superiores aos seus. E só há um conjunto de valores que o Direito pode, sem se contradizer, reconhecer que lhe são iguais ou superiores – são os valores da Justiça.

A Equidade não equivale, porém, a qualquer forma de Justiça: ela é a justiça adequada a cada situação concreta, aplicada conforme as circunstâncias específicas de cada caso.

A Equidade deve, pois, ser entendida como *a forma de solução de conflitos jurídicos que assenta na aplicação da Justiça conforme as circunstâncias específicas de cada caso concreto.*

d) *Dois entendimentos possíveis da Equidade*

Tenha-se presente o que escrevemos, conjuntamente com dois outros autores, num acórdão arbitral proferido em Outubro de 2001 ([8]):

"Existem, basicamente, duas grandes concepções acerca da relação entre equidade e direito.

Para uma concepção ampla, "forte", "mais intensa", ou "substitutiva", fundada, sobretudo, na reflexão sobre o próprio conceito de equidade, o julgamento de equidade, "contrastando com o jurídico, é por isso não jurídico e corresponde à sentença que surge do espírito do julgador perante os factos, à decisão salomónica que vale para o caso *sub judice* e para mais nenhum outro. Enfim, ao juízo que supõe a aceitação do *"summum jus, summa injuria""* (Rita Amaral Cabral, *Anotação ao Acórdão Arbitral de 31 de Março de 1993, in Revista da Ordem dos Advogados*, Janeiro de 1995, pp. 194-195). Nesta concepção, "(...) a devolução para a equidade investe o julgador no poder de criar, *ex novo* e autonomamente, o critério decisório, cometendo-lhe a tarefa de fixar, à revelia do direito constituído, a máxima ou norma segundo a qual decidirá o caso concreto. O Tribunal realizará (...) uma acção constitutiva ou ordenante, procedendo, para lá do plano da aplicação e execução do direito constituído, como se fosse o "legislador" do caso concreto. Em vez de agir como *viva vox legis*, o juiz passa a ser a própria *vox legislatoris*, muito embora lhe seja exigido que, nesta sua *inventio* jurídica, não abandone completamente o "espírito do direito" (Afonso Queiró) – como, aliás, deve fazer o legislador do Estado de direito democrático" (*Acórdão Arbitral de 22 de Agosto de 1988, cit.*, p. 601) ([9]).

([8]) V. Diogo Freitas do Amaral, Fausto de Quadros e José Carlos Vieira de Andrade, *Aspectos jurídicos da empreitada de obras públicas (Decisão arbitral sobre a obra hidráulica Beliche-Eta de Tavira)*, Coimbra, 2002, pp. 33-37.

([9]) In *O Direito*, ano 121, 1989, p. 600 e segs.

Em suma, para esta concepção, o julgador pode, na sua decisão, se necessário, ignorar por completo o direito positivo ou contrariá-lo.

Para uma concepção restrita, "fraca", "moderada", ou "integrativa", que parte da concepção aristotélica, e que também "colhe os contributos do *jus praetorium* romano definido como aquele *"quod praetores introduxerunt adiuvandi vel supplendi vel corrigendi iuris civili gratia"* ([10]), e da *equity* inglesa, formada de acordo com o célebre aforismo *"equity follows the law"*, existe um *continuum* entre direito e equidade, aparecendo esta como uma correcção de lacunas e inadequações que inevitavelmente surgem por força da generalidade da lei" (Rita A. Cabral, *ob. cit.*, p. 195). "Isto é: quando a aplicação estrita da norma em foco conduzir a consequências injustas, em virtude de na formulação dela não ter sido possível tomar em conta todas as circunstâncias juridicamente relevantes no caso concreto, o julgador segundo a equidade deve introduzir no texto aplicável as especificações necessárias para que a sua decisão se torne concretamente justa. Este trabalho de afinamento e completamento, por parte do juiz de equidade, de normas jurídicas já constituídas, assenta, ao fim e ao cabo, na suposição de que o autor delas teria feito o mesmo se tivesse presente ou se tivesse previsto a ocorrência de um caso com as características deste" (*Acórdão Arbitral de 22 de Agosto de 1988*, *cit.*, pp. 600-601). Por outras palavras: o julgador que recorre à equidade pode adaptar, em face das circunstâncias do caso, mas não ignorar, o espírito do Direito.

O Tribunal, na esteira da jurisprudência arbitral dominante (cfr. as indicações de Menezes Cordeiro, *Anotação ao Acórdão Arbitral de 31-3-1993*, *cit.*, pp. 166-172; e cfr. também o *Acórdão Arbitral de 22 de Agosto de 1988*, *cit.*, p. 603), acolhe, no essencial, a segunda concepção mencionada.

([10]) "Aquele [o "direito pretoriano"] que os pretores introduziram com o fim de ajudar, completar ou corrigir o direito civil".

Efectivamente, entende-se que, ao celebrarem um compromisso arbitral que confere aos árbitros o poder de decidir segundo a equidade, as partes não quiseram uma solução casual ou arbitrária, mas uma solução justa tirada a partir de certas regras. Ora, na busca "das regras que prossigam, possibilitem ou permitam a obtenção da justiça, em qualquer das suas acepções, acaba por se encontrar sempre o Direito" (Menezes Cordeiro, *ob. cit.*, p. 161).

Na verdade, "(...) o Direito vigente, num ordenamento devidamente estruturado, conforme às aspirações do seu tempo e dotado de um nível constitucional capaz, exprime, no seu grau mais elevado de desenvolvimento, aquilo que, numa sociedade, é considerado justo, ético, adequado e convincente. Apenas ficam de fora certas regras técnicas, como as atinentes a formalidades, a prazos ou a deveres instrumentais que, operando nos problemas uma simplificação excessiva, ditada pelas necessidades de celeridade, confrontadas com a complexidade do tráfego social, correspondem a outra ordem de carências que a equidade pode ignorar" (Menezes Cordeiro, *Da Boa Fé no Direito Civil*, II, Coimbra, 1984, p. 1204).

Partir-se-á, pois, no presente acórdão, "do Direito estrito, expurgado de regras formais e limado de aspectos demasiado rígidos; o resultado assim obtido poderá ser adaptado, dentro de certos limites, de modo a melhor corresponder ao equilíbrio buscado pelas partes" (cfr. Menezes Cordeiro, *Anotação ao Acórdão Arbitral de 31-3-1993, cit.*, p. 162).

De resto, entende o Tribunal, à luz dos contextos jurídico-metodológicos actualmente dominantes, que é deste modo que se deve aplicar normalmente o Direito ordinário. De facto, o legislador, tendo uma capacidade de previsão limitada, cria regras apenas para situações típicas ou mais comuns. Logo, ao julgador, estadual ou arbitral, tem de reconhecer-se a possibilidade de, perante os casos concretos que lhe são submetidos, e interpretando aquelas regras em conformidade com os princípios estruturantes do sistema jurídico, adaptá-las e eventualmente corrigi-las, dentro de certos limites, por forma a procurar realizar uma justa e equilibrada composição dos específicos interesses em confronto (v. António Castanheira Neves, *Questão-de-Facto – Questão-de-Direito*, ou *o Problema Metodológico da Juridicidade*, vol. I, *A Crise*, Coimbra, 1967, pp. 312-332, referindo os pensamentos de Aristóteles, Kant e Stammler)".

e) *Manifestações concretas da diferença entre Direito e Equidade*

Continuemos a citar o mesmo acórdão arbitral, que subscrevemos em Outubro de 2001:
"Exemplificando, entende o Tribunal que a *equidade* difere do *direito estrito*, fundamentalmente, nos aspectos seguintes:

1) Ponderação exaustiva das circunstâncias específicas do caso concreto;
2) Predomínio da substância sobre a forma;
3) Possível desconsideração de certas exigências legais quanto a prazos, formalidades e condicionamentos formais de direitos substantivos;
4) Atendimento, mesmo quando a lei para eles não remeta, dos usos, costumes, praxes e regras técnicas de uma certa arte ou profissão, ou de um dado sector da vida económica e social, que devam considerar-se aplicáveis;
5) Apelo constante, no domínio dos contratos, à ideia de *justiça comutativa*, com os seus corolários da equivalência das prestações, equilíbrio financeiro e justa repartição de riscos e responsabilidades;
6) Maior atenção à consideração de argumentos de razoabilidade das soluções e de confiança nas legítimas expectativas das partes;
7) Possibilidade de aplicação da lei com as necessárias adaptações (argumentos *cum grano salis**, *mutatis mutandis**, *exceptis excipiendis**, etc.);

8) Orientação do julgamento para obter a solução justa do caso concreto" ([11]).

Repare-se, a concluir, no que o acórdão arbitral acabado de citar afirma, sintetizando, na mencionada alínea 8): *"orientação do julgamento para obter a solução justa do caso concreto"*. Eis uma boa síntese do que, em nosso entender, constitui a Equidade.

f) *A chamada "justiça salomónica" será uma aplicação da Justiça ou da Equidade?*

É de todos conhecido o exemplo bíblico da "justiça salomónica": perante duas mulheres que reivindicavam ser sua uma criança de tenra idade, o Rei Salomão decretou que se partiria a criança em duas metades, uma para cada mulher; a verdadeira mãe, horrorizada, opôs-se à morte da criança, que assim o Rei percebeu ser filha dela.

É claro que a primeira sentença de Salomão não foi uma decisão definitiva, mas um expediente para conseguir descobrir quem era a verdadeira mãe. Mas, injustamente, o gesto passou à História com o significado de "justiça salomónica", isto é, decisão de um diferendo atribuindo metade da razão (ou metade dos bens em causa) a cada uma das partes.

> Por ex.: dois sócios dissolvem a sua sociedade; um deles reclama para si 80% dos lucros finais e o outro reclama 30%; a decisão "salomónica" será dividir ao meio a diferença que os separa, e atribuir 75% a um e 25% ao outro. Um credor exige do devedor 200; o devedor entende que nada tem a pagar, além do que já pagou; a decisão "salomónica" consistirá em condenar o devedor a pagar 100. Os pais separados reivindicam para cada um deles o direito de guarda da sua filha menor; o juiz proferirá uma decisão salomónica se atribuir o direito de guarda a ambos, ficando cada um com a criança em semanas alternadas.

([11]) V. o acórdão citado, pp. 36-37.

Cumpre esclarecer que, por via de regra, a decisão judicial de um diferendo deve basear-se na lei, e esta só raramente dá metade da razão a cada uma das partes.

Porém, nos julgamentos por equidade, é mais frequente o tribunal, na falta de outro critério adequado, inclinar-se para a solução intermédia dos 50/50 (*fifty-fifty*). Esta ideia inspira-se nos princípios da igualdade das partes e da equivalência das prestações, constituindo, pois, uma aplicação da noção de Justiça. Se for feita após minuciosa análise das circunstâncias do caso concreto, e em função destas, será obviamente um caso de aplicação da Equidade.

Mas importa advertir os leitores contra a tendência "facilitista" que consiste em procurar resolver todos os diferendos pelo critério dos *fifty-fifty*. Não deve ser assim. Primeiro, há que indagar se o Direito protege a pretensão de *A* ou antes a pretensão de *B*, e decidir em conformidade; só quando essa solução não for, de todo em todo, possível, é que haverá legitimidade para tentar encontrar uma solução de "harmonização concreta" das pretensões em conflito, que pode eventualmente consistir – entre outros – no método do recurso ao critério "salomónico" dos 50/50.

BIBLIOGRAFIA

Aristóteles, *Ética a Nicómaco*, Livro V. Cfr. a versão inglesa, *Nicomachean Ethics*, Roger Crisp (ed.), "Cambrige University Press", Cambridge, 2000.
Barbas Homem (A. P.), *O justo e o injusto*, "Associação Académica da Faculdade de Direito de Lisboa", Lisboa, 2001.
Brito (J. Sousa e), *O Direito como conceito limitado da Justiça*, in "Telos", vol. II, n° 2, 1996, pp. 9-20.
Dworkin (R.), *Sovereign Virtue. The Theory and Practice of Equality*, 2000, pp. 11-119.
Fontes (J. A. S. M.), *Súmula de uma leitura do conceito de Justiça no livro V da Ética Nicomaqueia de Aristóteles*, in *Ab uno ad omnes: 75 anos da Coimbra Editora (1920-1995)*, "Coimbra Editora", Coimbra, 1998, pp. 167-174.
Hart (H.), *O Conceito de Direito*, 2ª edição [1994], trad. portug., 3ª edição, "Fundação Calouste Gulbenkian", 2001, pp. 169-199.
Kant (I.), *Fundamentação da Metafísica dos Costumes*, 1785, trad. port., "Edições 70", Lisboa, 1995.

Kelsen (H.), *A Justiça e o Direito Natural*, 1960, trad. portug. de João Baptista Machado, Coimbra, 2001.
Leoni (M.), *Giustizie. Diece riflessioni sulla non giustizia*, "Experta", Forli, 2002.
Rawls (J.), *Uma Teoria da Justiça* [1971], trad. portug., 2ª edição, "Editorial Presença", 2001.
Idem, *Lectures on the History of Moral Philosophy*, Barbara Herman (ed.), "Harvard Univerty Press", Cambridge, Mass., 2000.
Ross (A.), *Diritto e Giustizia*, trad. ital., 5ª ed., "Giulio Einaudi editore", Turim, 1965.

QUESTIONÁRIO

1 – Porque será que, nos primórdios do pensamento grego clássico, a justiça foi entendida como castigo dos criminosos e só com Aristóteles passou a ser vista, essencialmente, como igualdade e proporcionalidade?

2 – A ideia aristotélica de justiça distributiva não será equivalente à noção platónica de justiça colectiva, a que hoje chamamos justiça social?

3 – Porque será que a ideia de uma justiça supra-legal, colocada acima do direito estadual, e capaz de fundamentar a sua crítica, ou mesmo a sua invalidade, se afirmou sobretudo com os teólogos católicos da Idade Média?

4 – Será possível conceber, no plano lógico-jurídico, e num Estado democrático, a ideia de lei injusta?

5 – O ideal da Justiça será atingível nas sociedades humanas? Se não, para quê tentar caminhar para ele?

6 – As normas jurídicas ditadas por imperativos de Segurança são necessariamente ofensas, ou sinais de menosprezo, em relação ao primado da Justiça?

7 – A máxima romana *dura lex sed lex*★ não será, tudo visto e ponderado, a que melhor concilia o ideal da Justiça com as exigências da Segurança?

8 – Quando o artigo 496º, nº 3, do CC manda fixar "equitativamente" o montante de uma indemnização, estaremos realmente perante um caso de equidade, ou antes diante de um poder de decisão livre do juiz, a exercer segundo o seu "prudente arbítrio"?

9 – A Equidade, acabando sempre por traduzir-se numa solução menos dura, menos rígida, menos implacável, de um certo caso concreto, não será afinal – como defenderam vários autores cristãos – uma "correcção humanitária ou caritativa" dos rigores e durezas da lei?

10 – Como se distinguem as noções ampla ou intensa, e restrita ou moderada, de Equidade?

11 – Na medida em que, num julgamento segundo a equidade, acaba por prevalecer o critério subjectivo do julgador, a concepção dita restrita ou moderada da Equidade não se reconduzirá sempre, afinal, à concepção ampla ou intensa?

12 – Muitas vezes, nos julgamentos feitos segundo a Equidade, acaba por aplicar-se a chamada "justiça salomónica". Será que esta noção cabe no conceito de Equidade, ou representa antes a sua negação?
13 – Como se distingue a Moral da Equidade?
14 – Será que nos casos em que o tribunal julga fora dos termos da Equidade, isto é, segundo o Direito estrito, a decisão é por isso menos justa?
15 – Poderá dizer-se que o Direito estrito é predominantemente formal, enquanto a Equidade se norteia por critérios materiais ou substanciais?

Capítulo 6

DIREITO, USOS SOCIAIS, E NORMAS TÉCNICAS E PROFISSIONAIS

23. Direito e usos sociais

a) *Os usos sociais: conceito e espécies*

São muitos e variados os *usos sociais* que se observam nas comunidades humanas: os "usos sociais", em nossa opinião, são *as práticas habitualmente seguidas pelo Homem na vida em sociedade, por tradição, cortesia ou simples conveniência, mas que não têm, em regra, obrigatoriedade jurídica*.

Exemplos de usos fundados na *tradição popular*: as feiras de mercadores ambulantes que alternam semanalmente em Sintra e em Cascais; as festas da Semana Santa em Braga e Guimarães; os casamentos de Santo António, a 13 de Junho, em Lisboa; etc.

Exemplos de usos fundados na *cortesia*: a regra de que toda a carta tem resposta (se não for anónima); a prática da oferta de presentes de aniversário ou de casamento para que se é convidado; o agradecimento em prazo breve dos convites ou presentes recebidos; etc.

Exemplos de usos fundados em *simples conveniência*: numa excursão de automóvel, quem tem carro dá boleia a quem não tem; uma pessoa muito apressada por motivos sérios não tem de parar na rua para ouvir um grupo de propaganda política ou religiosa; na generalidade dos serviços públicos e empresas privadas, a maioria dos trabalhadores costuma ter férias em Agosto; etc.

Uma grande parte dos usos sociais, em qualquer das modalidades referidas, não tem nenhuma relevância para o Direito: o Direito não regula as formas de começar e terminar namoro, as regras de cortesia entre parentes, amigos ou conhecidos, ou as práticas habituais em certos sectores da vida nacional.

Há casos, no entanto, em que os usos sociais se podem tornar juridicamente relevantes. Atentemos na seguinte hipótese.

> Carlos e Maria, ao fim de 3 anos de namoro, decidem casar, celebram uma "promessa de casamento" e marcam a data da boda nupcial.
> Os pais da noiva encomendam um grande almoço – e têm de fazer um primeiro pagamento adiantado. Por seu lado, os convidados começam a enviar presentes aos noivos.
> Subitamente, a duas semanas da data do casamento, Carlos apaixona-se por outra rapariga, ou zanga-se com Maria, e o casamento é cancelado.
> Problema meramente social, juridicamente irrelevante? À primeira vista, parece que sim. Mas não: aqui o Direito interessa-se, porque se fizeram despesas, de vários lados, na fundada convicção de que o casamento se realizaria, e este pressuposto falhou. Por isso o CC determina, nos artigos 1591º a 1595º, que: cada um dos noivos deve restituir ao outro os donativos que lhe tiver feito; os noivos devem devolver os presentes que tiverem recebido dos convidados, em vista do casamento; se a promessa de casamento for rompida por um dos noivos "sem justo motivo" ou se um deles, "por culpa sua", der lugar a que o outro rompa, o noivo "culpado" deve indemnizar o noivo "inocente", ou os pais deste, quer das despesas feitas, quer das obrigações contraídas em função da previsão do casamento; a indemnização é fixada segundo "o prudente arbítrio" do tribunal.

b) *Valor jurídico de certos usos sociais*

O exemplo acima dado (e muitos outros se poderiam acrescentar) levanta a seguinte questão de fundo: se há usos sociais que são irrelevantes para o Direito, e outros pelos quais o Direito especialmente se interessa, como havemos de distinguir os primeiros dos segundos?

Uma resposta possível é a que consta, expressamente, do artigo 3º, nº 1, do CC, que diz assim:

"Os usos que não forem contrários aos princípios da boa fé são juridicamente atendíveis quando a lei o determine".

Quer isto dizer que o Direito considera que certos usos sociais – não todos – podem ser juridicamente relevantes. De que requisitos depende essa relevância? De acordo com o citado preceito legal, ela depende de dois requisitos:

1) Que a lei mande atender aos usos em determinadas matérias;
2) Que o conteúdo desses usos não seja contrário aos princípios da boa fé.

Há numerosos casos em que a lei civil remete a solução de problemas jurídicos para os *usos*: por exemplo, no contrato de compra e venda, na falta de fixação do preço da coisa vendida, "vale como preço contratual o que o vendedor normalmente praticar à data da conclusão do contrato (...)" (CC, art. 883°, n° 1); atende-se ainda aos usos, na falta de estipulação das partes, quanto à determinação do lugar em que deve ser pago o preço, se não for pago no momento e lugar da entrega da coisa (idem, art. 885°, n° 2); também a lei manda atender aos usos nas vendas sobre amostra (idem, art. 919°), nas vendas de animais defeituosos (idem, art. 920°), na garantia de bom funcionamento da coisa vendida (idem, art. 921°), na venda a contento, isto é, feita sob reserva de a coisa agradar ao comprador (idem, arts. 923° e 924°) e na venda sujeita a prova da idoneidade da coisa para o fim a que é destinada (idem, art. 925°); ainda o artigo 218° do mesmo diploma vem conferir relevância jurídica aos usos: segundo esse artigo, pode o *silêncio* valer como declaração negocial (por ex., como aceitação de uma proposta contratual), se por uso lhe for de atribuir esse valor. Tenha-se presente, entretanto, que as normas relativas ao contrato de compra e venda são aplicáveis, em princípio, a todos os outros contratos pelos quais, mediante um preço, se alienem bens ou se estabeleçam encargos sobre eles (CC, art. 939°).

No Direito Comercial, por seu turno, entende-se hoje que numerosos casos de lacuna da lei se devem resolver pelo recurso aos *usos do comércio* ("lex mercatoria").

E, no Direito Administrativo, a lei determina que, sempre que um órgão da Administração Pública decidir um caso concreto "de modo diferente da *prática habitualmente seguida* [sublinhado nosso] na resolução de casos semelhantes, ou na interpretação e aplicação dos mesmos princípios ou preceitos legais", deve tal órgão *fundamentar* – de modo claro, coerente e completo – as razões por que se afasta dos usos administrativos existentes (CPA, arts. 124°, n° 1, al. d), e 125°, n° 2).

Em todos os exemplos citados, os *usos sociais* tornam-se juridicamente relevantes *por força da lei*, isto é, porque a lei os manda ter em conta.

Noutros casos, porém, os tribunais socorrem-se do auxílio de certos usos sociais, mesmo sem que a lei ou o contrato para eles remetam. Saber qual o fundamento jurídico dessa solução é uma questão delicada, que deixamos para tratar mais à frente (*infra*, cap. 22).

O sistema, porém, é claro – *há duas espécies de usos sociais: uns, enquanto tais, não constituem Direito*; são práticas habitualmente seguidas à margem do Direito, isto é, sobre matérias que o Direito não regula, nem pretende regular; mas *outros são relevantes para o Direito*, que para eles remete a solução de certos casos concretos da vida real. Voltaremos a este assunto.

24. Direito, normas técnicas e normas profissionais

a) *Conceito e espécies*

O que acabamos de dizer sobre "usos sociais" é, de um modo geral, aplicável também às "normas técnicas" e às "normas profissionais".

Chamamos "normas técnicas" às *regras de conduta estabelecidas no âmbito das várias ciências, artes e ofícios acerca do modo correcto de proceder para evitar acidentes ou para produzir bens ou serviços de qualidade.*

> Exemplos: as regras da "engenharia civil" destinadas a evitar acidentes durante a construção de obras públicas ou privadas; as regras ditadas pela "marinharia" para evitar acidentes entre navios no alto mar, ou pela "aeronáutica civil" para evitar acidentes aéreos; e, por outro lado, as regras da engenharia civil, da engenharia naval e da engenharia aeronáutica que visam orientar os técnicos e os trabalhadores de cada sector sobre a melhor forma de efectuar trabalhos de construção civil, de construção naval ou de construção de aeronaves, que possam no final receber, justificadamente, "certificados de qualidade" (segurança, salubridade, serviços eléctricos, telecomunicações, higiene, estética do produto acabado, etc.).

Chama-se tradicionalmente a estas normas *leges artis*★ – as leis de certa arte, ou ofício –, que os respectivos profissionais, sobretudo os de maior prestígio e competência técnica, devem conhecer bem e na íntegra.

Designamos, por outro lado, como "normas profissionais" as *regras de conduta aprovadas por organismos reguladores de certas profissões, que visam disciplinar o comportamento ético, deontológico e contratual dos indivíduos habilitados a exercer essas profissões.*

Exemplos: as regras éticas aprovadas pela "Ordem dos Médicos" para os seus membros; em geral, as normas deontológicas estabelecidas pelas Ordens ou pelos Sindicatos para os respectivos associados; os modelos-tipo para os contratos a celebrar com os clientes pelos profissionais abrangidos por organismos reguladores; as tabelas de preços fixos, ou de preços máximos, impostas por alguns desses organismos a todas ou a parte das actividades profissionais dos seus membros de acordo com a lei, por forma a evitar a prática de preços abusivos ou especulativos; e, por fim, os chamados "códigos de conduta", elaborados em concertação com todas as partes interessadas, para regular em termos justos e equitativos as relações de serviço entre os profissionais abrangidos e os respectivos clientes, de modo a que estes recebam produtos ou serviços de qualidade e não sejam enganados ou manipulados pela parte mais forte.

b) *Irrelevância ou relevância jurídica destas normas*

As normas técnicas e profissionais – de que existem hoje milhares, senão milhões, em praticamente todos os domínios da actividade humana – não têm, por via de regra, carácter jurídico: não emanam de uma fonte do Direito autorizada, não revestem a forma devida de lei ou regulamento administrativo, não estão publicadas em nenhum "boletim oficial", e não são obrigatórias em termos de preverem sanções jurídicas para quem não lhes obedecer.

Algumas delas excluem mesmo, expressamente, o seu carácter jurídico ou obrigatório: é o caso, por ex., dos "códigos de conduta" – que em regra têm apenas a natureza de *orientações* ou *recomendações*, que os seus destinatários se esforçarão por seguir, mas que não criam para eles quaisquer deveres jurídicos, e cujo incumprimento não os sujeita a quaisquer sanções. Tudo o que se lhes pede são os seus *best efforts*, mas não uma conduta certa e determinada, e muito menos um dado resultado pré-fixado. (Trata-se, pois, de *soft-law*: v. *supra*, nº 11).

Mas também há muitas normas técnicas ou profissionais que são juridicamente vinculativas:

– Ou porque a lei as faz suas (v. o Regulamento Geral das Edificações Urbanas, aprovado pelo Dec.-Lei n° 38 382, de 7 de Agosto de 1951);

– Ou porque as partes as incluíram, ou para elas remeteram, num contrato validamente celebrado;

– Ou porque estão abrangidas nos deveres gerais de prudência, diligência, zelo profissional, etc., estatuídos em normas disciplinares juridicamente obrigatórias;

– Ou porque fazem parte de regulamentos internos de Ordens, Sindicatos ou outras associações profissionais, e constituem, nessa medida pelo menos, Direito infra-estadual;

– Ou, finalmente, porque a inobservância dessas normas pode ser fundamento bastante para imputar, a um qualquer profissional que as não tenha acatado, uma conduta negligente que o pode responsabilizar civil, disciplinar ou até criminalmente.

> Por exemplo: António, operário da construção civil, trabalhador permanente da firma "Mais Alto – Projectos e Construções, SA", está a prestar serviço na construção de uma ponte rodoviária no rio Sado, em execução de uma empreitada de obras públicas celebrada pela sua empresa com o IEP-Instituto das Estradas de Portugal.
>
> Entretanto, António morre, ao cair de uma plataforma metálica suspensa de um guindaste, e vem a apurar-se, no inquérito subsequente, que nem o operador--principal do guindaste nem o seu adjunto cumpriram determinada norma de segurança constante de um "Manual Técnico de Segurança para Construtores de Pontes e Viadutos", da autoria de dois prestigiados professores do Instituto Superior Técnico, de Lisboa, o qual era de há muito seguido pela empresa "Mais Alto", entre muitas outras; e que foi apenas pela falta de cumprimento dessa norma que o acidente se verificou.
>
> Directamente, não foi violada nenhuma norma jurídica – mas apenas uma norma técnica, elaborada por dois cidadãos particulares, especialistas na matéria, com base nos seus amplos conhecimentos científicos e na sua larga experiência prática.
>
> Mas, indirectamente, a inobservância daquela norma técnica pode ter produzido vários efeitos jurídicos, a saber:
>
> – Pode ter sido uma infracção disciplinar dos operadores do guindaste, punível com uma sanção interna da empresa ou com a rescisão do contrato de trabalho;

- Pode ter sido um crime de homicídio involuntário (CP, art. 137°) ou o crime previsto e punido no artigo 277° do CP, agravado pelo resultado (art. 285°);
- Pode ter constituído os operadores, bem como a empresa para a qual trabalhavam, em responsabilidade civil para com a família das vítimas;
- E pode ter originado a aplicação de uma sanção contratual pelo IEP à empresa "Mais Alto", por não ter respeitado, ou feito respeitar, todas as normas de segurança "habituais neste tipo de empreitadas".

Vê-se, por conseguinte, que muitas vezes, e por muitas formas diferentes, as normas técnicas, bem como as normas profissionais, ainda que em si mesmas não tenham carácter jurídico, podem ganhar, a vários títulos, relevância jurídica – sendo, nessa medida, consideradas como fazendo parte do ordenamento jurídico e, portanto, constituindo verdadeiro Direito.

No entanto, há que ter presente que, apesar de tudo o que fica dito, a maior parte das normas técnicas e das normas profissionais não são – directamente, pelo menos – normas jurídicas.

Mas, tal como vimos acontecer com os "usos sociais", podem em certas circunstâncias ser chamadas pelo juiz a resolver problemas complexos, não expressamente regulados por qualquer norma jurídica.

Aprofundaremos o assunto mais adiante (*infra*, cap. 22).

BIBLIOGRAFIA

Ancora (F.), *Normazione tecnica, certificazione di qualitá e ordinamento giuridico*, "Giappichelli", Turim, 2000.
Andreini (P.), Caia (G.), Elias (G.) e Roversi-Monaco (F. A.) (coord.), *La normativa tecnica industriale*, "Il Mulino", Bolonha, 1995.
Azzoni (G. M.), *Cognitivo e normativo: il paradosso delle regole tecniche*, "Franco Angeli", Milão, 1991.
Balossini (C. E.), *La rilevanza giuridica delle "regole sociali"*, "Giuffrè", Milão, 1965.
Carnevali (U.), *La norma tecnica da regola di esperienza a norma giuridicamente rilevante*, in *Responsabilità civile e previdenza*, 1997, n°s 2-3, pp. 257-268.
Cecchetti (M.), *Note introduttive allo studio delle normative tecniche nel sistema delle fonti a tutela dell'ambiente*, in De Siervo (U.) (coord.), *Osservatorio sulle fonti*, "Giappichelli", Turim, 1996.

Charbonneau (S.), *Norme juridique et norme tecnique*, in *Archives de Philosophie du Droit*, XXVIII, 1983.
D'Avack (L.), *Ordine giuridico e ordine tecnologico*, "Giappichelli", Turim, 1998.
Garri (F.), *La normazione tecnica in Italia*, in *Il foro amministrativo*, 1977, n° 4, pp. 1007-1012.
Gonçalves (M. Eduarda), *Direito da Informação*, "Almedina", Coimbra, 2003.
Mortati (C.), *Norme non giuridiche e merito amministrativo*, in *Stato e Diritto*, Roma, 1941.
Mongenot (E.), *L'obstacle des normes techniques allemandes: mythes et réalités*, in *Problèmes Économiques*, "La Documentation francaise", Paris, 1990.
Pereira (J. Matos), *Direito e normas técnicas na Sociedade de Informação*, "Universidade Autónoma de Lisboa", Lisboa, 2001.
Pollack (M.), *La régulation technologique: le difficile mariage entre le droit et la technologie*, in *Revue Française de Science Politique*, 1982.
Predieri (A.), *Le norme tecniche nello Stato pluralista e prefederativo*, in *Il diritto dell'economia*, 1996, n° 2, pp. 251-306 e segs.
Previdi (E.) e Medrielan (J.), *Reglamentos técnicos: normalización y certificación en la Comunidad Europea*, in *Economía Industrial*, n° 247, 1986, pp. 63-72.
Salmoni (Fiammeta), *Le norme techniche*, "Giuffrè", Milão, 2001.
Waelbroeck (D.), *L'harmonisation des règles et normes techniques dans la CEE*, in *Cahiers de droit europeén*, 1988.

QUESTIONÁRIO

1 – Porque é que haverá tantos usos sociais em qualquer sociedade humana? Será porque o Direito não é suficiente para regular o comportamento dos indivíduos em sociedade?

2 – Se os usos sociais são tão importantes como se diz, porque não convertê-los em lei?

3 – Porque é que, no exemplo da ruptura ocorrida entre Carlos e Maria, a lei civil intervém para impor certas obrigações de restituir coisas ou de indemnizar despesas? Será que, para o Direito, as questões da vida social só se tornam relevantes quando há aspectos patrimoniais em jogo, nomeadamente dinheiro?

4 – Porque é que, segundo o nosso actual CC, os usos sociais só são atendíveis nos casos em que a lei expressamente o determinar?

5 – Se fosse encarregado de encontrar uma nova redacção, mais moderna e mais atenta à realidade da vida social, para o artigo 3°, n° 1, do CC, como se exprimiria? Qual a razão de ser das inovações introduzidas?

6 – Por que razão a Administração Pública está, nos termos expostos no texto, semi-vinculada à regra do precedente, enquanto os Tribunais o não estão

(segundo o entendimento corrente)? Não contribuirá isto para uma jurisprudência muito contraditória? E o facto não desmentirá o princípio da unidade do ordenamento jurídico?

7 – As chamadas "normas técnicas" serão leis naturais ou científicas, ou regras de conduta que indicam aos seres humanos como devem proceder? Se a resposta dada for a segunda, tais normas não caberão no conceito de Direito?

8 – E as "normas profissionais", não serão "direito corporativo", no sentido apontado no capítulo 3?

9 – Será legítimo às associações profissionais em geral – e, de modo especial, às "ordens" profissionais, que têm natureza pública e contribuem para a realização dos fins do Estado – aprovar "códigos de conduta" sem carácter obrigatório e, portanto, incitar os respectivos destinatários ao desleixo e ao incumprimento de regras que, por hipótese, deviam ser imperativas?

10 – Será correcto e são que a nossa ordem jurídica incorpore no seu seio diversas normas técnicas e profissionais, desinteressando-se de outras que podem ser pelo menos tão importantes como elas? Porque não declara o Direito que todas as normas técnicas e profissionais são juridicamente relevantes, quando a sua violação ofenda os direitos das pessoas ou cause prejuízo a outrem?

11 – No exemplo da construção de uma ponte sobre o rio Sado, como se justifica que tenha relevância jurídica, a ponto de poder ser aplicado pelos tribunais, um simples livro científico escrito por dois professores universitários, que são meros particulares, não investidos em qualquer parcela de Poder Legislativo?

12 – No mesmo exemplo, se se provar que o engenheiro-chefe que fiscalizava a execução da obra estava desatento às condições de segurança da operação em que morreu António, poderá aquele ser objecto de uma sanção disciplinar por parte da Ordem dos Engenheiros?

13 – Se isso acontecer, como se explica que uma Ordem profissional – entidade pública a exercer funções delegadas pelo Estado – possa sancionar um dos seus filiados por inobservância de uma regra apenas enunciada numa obra científica de carácter particular?

14 – Os usos sociais, as normas técnicas, e as normas profissionais, não serão tudo regras de direito infra-estadual, embora por vezes o Direito estadual se aproveite delas quando não tenha sido capaz de prever as situações que as primeiras souberam adequadamente regular?

15 – Imagine que recebe um SMS de um dos seus maiores amigos do seguinte teor: "Estou aqui no Monumental com a Joana. Vamos agora ao cinema. Se não responderes, compramos também um bilhete para ti". Perante o seu silêncio, acha que se formou algum contrato, por ser esse o entendimento usual entre aqueles amigos? (Antes de responder, leia atentamente as disposições dos artigos 218° e 1157° e segs. do CC).

Capitulo 7

DIREITO E ECONOMIA, SOCIOLOGIA, E POLÍTICA

25. Direito e Economia

a) *Preliminares*

Desde sempre houve relações estreitas entre o Direito e a Economia: o Direito regula múltiplos aspectos das actividades económicas; a conjuntura económica leva muitas vezes a alterar certas normas jurídicas; e os interesses económicos pressionam o Poder político para que elabore normas mais favoráveis às suas pretensões.

No nosso país, como noutros, o ensino científico da Economia começou por se fazer nas Faculdades de Direito, mas depois autonomizou-se com a criação de Institutos Superiores de Economia (ou de Economia e Gestão), a que, mais tarde, acresceram várias Faculdades de Economia. Contudo, em França, a evolução deu-se noutro sentido: os estudos universitários de ambas as matérias continuam a ser feitos, embora em cursos parcialmente separados, em "Faculdades de Direito e de Ciências Económicas".

De qualquer modo, e dada a grande complementaridade existente entre o Direito e a Economia, está hoje generalizado – entre nós – o ensino de cadeiras de Direito nas Faculdades de Economia e, vice-versa, o ensino de cadeiras de Economia nas Faculdades de Direito.

b) *Distinção entre o Direito e a Economia*

Trata-se, é claro, de duas realidades em si mesmas bastante diferentes. O Direito é um sistema de normas de conduta social a que os homens devem obedecer, ao passo que a Economia é um conjunto de actividades humanas tendentes à satisfação de necessidades de carácter material. Numa palavra, o Direito regula actividades humanas; a Economia é uma dessas actividades humanas reguladas pelo Direito.

É certo que, noutro plano, tanto o Direito como a Economia podem ser expressões equivalentes a "ramos do saber" – a Ciência do Direito, ou Ciência Jurídica, e a Ciência da Economia, ou Ciência Económica. Mas também aqui as diferenças são patentes: o objecto da ciência jurídica são as normas jurídicas, ao passo que o objecto da ciência económica são os fenómenos económicos (produção de bens, sua comercialização e transporte, consumo, formação dos preços, poupança, investimento, crédito, moeda, comércio internacional).

A produção dos fenómenos económicos obedece a determinadas leis – as chamadas "leis económicas". Por ex.: segundo a conhecida *lei da oferta e da procura*, num mercado de concorrência perfeita, o aumento da oferta de um bem, mantendo-se a procura constante, conduz à descida do preço desse bem; correlativamente, o aumento da procura do mesmo bem, mantendo-se a oferta constante, leva à subida do seu preço.

Não há, porém, qualquer semelhança entre as *leis económicas* (como esta) e as *normas jurídicas*, já o vimos (*supra*, cap. 3): as primeiras são leis naturais, como as da física ou da química, que exprimem as correlações entre certos fenómenos; as segundas são comandos dirigidos aos homens para que estes se comportem de certa maneira. As leis naturais revelam o *ser*; as leis jurídicas estabelecem um *dever-ser*. Aquelas retratam a realidade; estas pretendem orientar e conformar a realidade.

c) *Influências recíprocas entre o Direito e a Economia*

Apesar das grandes diferenças acabadas de enunciar, não se pode ignorar que o Direito e a Economia são realidades muito próximas e exercem entre si influências recíprocas.

Em primeiro lugar, o Direito regula as actividades económicas e o estatuto profissional dos agentes económicos: há normas jurídicas específicas sobre os bancos, as companhias de seguros, os comerciantes, os agricultores e os industriais; e são actividades económicas reguladas pelo Direito a produção de bens, o seu transporte, a sua comercialização, o seu consumo, as importações e as exportações, a moeda, o crédito, as operações bancárias, etc. (Tenha-se em atenção que nem todo o Direito se ocupa de regular a Economia. É o caso, por ex., do Direito Internacional geral, da maior parte do Direito Penal ou do Direito da Família, do Direito da Educação ou da Saúde, etc.).

Em segundo lugar, a Economia escapa muitas vezes ao Direito: ou porque nada tem a ver com ele (estudo técnico das condições financeiras de uma operação bancária), ou porque intencionalmente o pretende ignorar ou tornear (evasão fiscal, não-facturação de serviços prestados, esquemas de contabilidade "criativa"), o que dá origem à chamada *economia clandestina*.

Em terceiro lugar, a Economia influencia o Direito, pelo menos por duas formas: por um lado, a evolução natural dos fenómenos económicos leva muitas vezes os governantes a estabelecer normas jurídicas para os regular, incentivando-os ou contrariando-os (por ex., medidas de reactivação da actividade económica em fases de recessão, e medidas de arrefecimento da economia em fases de inflação excessiva); por outro lado, os agentes económicos e sociais pressionam o Poder político para que altere o Direito no sentido de favorecer os seus interesses – como sucede quando os empresários reivindicam reduções de impostos, e os sindicatos exigem aumentos de salários; ou quando os primeiros lutam por maior flexibilidade nos despedimentos de trabalhadores e os segundos combatem essas propostas, exigindo menos amplitude no direito de despedir).

d) *Quem condiciona quem?*

Na concepção tradicional, o Poder político é independente dos poderes económicos e sociais e, portanto, legisla com toda a liberdade no sentido de procurar atingir o Bem Comum.

Para Karl Marx, porém, a realidade depende sobretudo do sistema económico em que se vive: no sistema capitalista, o Direito protege os interesses da burguesia capitalista, favorecendo a exploração do proletariado trabalhador; no sistema socialista, o Direito protegerá os interesses dos trabalhadores e, enquanto subsistirem burgueses, combaterá os interesses da burguesia.

Em nossa opinião, nem a concepção tradicional (cega à influência dos *lóbis* junto dos governos capitalistas), nem a concepção marxista (unilateral, porque apostada na destruição da "democracia burguesa" pela "ditadura do proletariado"), vêem com exactidão a realidade tal como ela objectivamente é. Procuremos, então, ser realistas.

A primeira observação a fazer é a de que, tanto nos sistemas capitalistas como nos sistemas socialistas, uma parte muito significativa das normas do Direito não tem nada a ver com a Economia ou com a defesa dos interesses de qualquer classe social: visa efectivamente o Bem Comum. Por exemplo: as normas constitucionais que definem o estatuto jurídico do Presidente da República; as normas penais que definem e punem os crimes de homicídio, ofensa à integridade física, ou violação; as normas do Código da Estrada que mandam os veículos circular pela direita ou que concedem prioridade no trânsito às ambulâncias que transportam feridos; etc.

Depois – e ao contrário do que pensava a concepção tradicional –, há de facto normas jurídicas que nos sistemas capitalistas favorecem os interesses dos empresários em detrimento dos interesses dos trabalhadores (por ex., as normas de Direito Fiscal que tributam mais levemente os investimentos em capital do que o trabalho assalariado ou independente), porque são normas inerentes à lógica do sistema – o pensamento capitalista considera que o motor do crescimento económico é o investimento privado, e por isso tenta atraí-lo para que se não refugie no aforro doméstico, nem se transfira para países estrangeiros. Do mesmo modo, há nos sistemas socialistas normas jurídicas que favorecem os trabalhadores oriundos do proletariado (têm a maior quota no acesso às Universidades) ou os militantes do partido único, apresentado como representativo do proletariado (só os filiados têm acesso aos mais altos cargos no Estado, nas autarquias locais e nas empresas públicas); são normas logicamente decorrentes da filosofia do próprio sistema socialista.

Mas – e este é um aspecto que Marx não soube ou não pôde reconhecer – também há exemplos significativos do contrário: normas jurídicas que, no sistema capitalista, protegem os trabalhadores contra os interesses dos empresários (horário de trabalho, férias pagas, assistência na doença, pensões de reforma, subsídio de desemprego); assim como há normas jurídicas que, no sistema socialista, protegem o interesse empresarial contra os interesses dos trabalhadores (baixos salários, proibição de emigrar, imposição obrigatória de horas extraordinárias para alcançar os objectivos do Plano).

A realidade é, pois, muito complexa e não consente generalizações de base ideológica: só caso a caso, norma a norma, país a país, é que se pode determinar – com objectividade – se o Direito é o elemento condicionante e a Economia o elemento condicionado, ou se, pelo contrário, a Economia condiciona o Direito, e em que medida.

e) *O Direito da Economia e a Economia do Direito*

Como já dissemos, muitos e importantes aspectos da Economia são regulados normativamente pelo Direito: a isso se chama, genericamente, *Direito da Economia*, ou *Direito Económico*.

Cabem neste Direito da Economia, *lato sensu**, por exemplo, o Direito Constitucional Económico, o Direito Administrativo Económico, o Direito Penal Económico, uma boa parte do Direito Civil patrimonial, o Direito Financeiro, o Direito Fiscal, o Direito Bancário, o Direito do Consumo, o Direito do Mercado de Valores

Mobiliários, o Direito do Comércio Internacional, o Direito Agrário, o Direito dos Transportes, etc.

Mas – em sentido contrário –, de há duas ou três dezenas de anos para cá, partindo dos Estados Unidos e chegando depois à Europa, começou um movimento no sentido de estudar, investigar e ensinar a *Economia do Direito*, ou *Análise Económica do Direito* (*"Law and Economics"*). De que se trata nesta nova disciplina, ou neste novo método científico?

Trata-se de pôr os economistas com um bom conhecimento do Direito, e os juristas com um bom conhecimento da Economia, a estudar – *de um ponto de vista económico* – certas regras ou grupos de regras jurídicas, para verificar se (independentemente das razões históricas, políticas ou jurídicas que as ditaram) tais normas fazem sentido, e que consequências têm, numa perspectiva económica. Vejamos alguns exemplos.

- O Estado intervencionista gere dezenas ou centenas de empresas públicas: consegue geri-las bem? Não as endivida excessivamente? A produtividade é boa? As empresas dão lucro? Ou só se mantêm à custa de volumosos subsídios do Orçamento do Estado? Devem permanecer no sector estatal, porque prestam um serviço público, ou devem ser privatizadas, para que possam ser geridas segundo critérios de racionalidade económica?
- O Estado pune os crimes mais graves com a pena de prisão (na Europa, ao contrário dos EUA, não há actualmente pena de morte). Mas as prisões custam muito dinheiro aos contribuintes. Justificar-se-á a pena de prisão para todos os crimes a que a lei manda aplicar tal pena? (Por ex.: um preso custa ao Estado, em Portugal, cerca de 50 euros por dia; uma pena de prisão de 3 meses custará, pois, 4.500 euros; se tal pena foi aplicada por o indivíduo em causa não ter pago ao Estado uma multa de 500 ou 1.000 euros, importa concluir que, *de um ponto de vista económico*, a prisão não se justifica: ela redundará num prejuízo financeiro para o Estado. No *Law and Economics* não se discute se haverá outras razões, *v.g.* de política criminal, que levem, apesar de tudo, a optar por mandar o indivíduo para a cadeia; mas chama-se a atenção para a "irracionalidade económica" da solução;
- Outro campo de estudo privilegiado pelos cultores da "Análise Económica do Direito" é o da *responsabilidade civil*, isto é, a obrigação de indemnizar os danos causados a outrem por força de uma actuação lesiva de direitos alheios. Gozarão de racionalidade económica as normas jurídicas que disciplinam a matéria? Por ex., é correcta a forma de calcular os danos? E o apuramento do "dano indemnizável"? E o cálculo do montante devido a título de indemnização? A responsa-

bilidade civil funciona, na prática, como verdadeira sanção que afasta os agentes económicos da prática de actos ilícitos, ou antes como um "custo" financeiro decorrente da opção pela prática de um facto ilícito?

– E muitas outras questões se podem estudar nesta perspectiva: os custos e benefícios da regulamentação exaustiva de certas actividades económicas; os danos causados à Economia pela lentidão da burocracia da Administração ou pelos atrasos crescentes no funcionamento dos Tribunais; as vantagens e inconvenientes do tabelamento oficial de certos preços, *v.g.* no mercado do arrendamento de imóveis para habitação; etc., etc.

O estudo da "Análise Económica do Direito" é hoje em dia indispensável. Em Portugal, foi introduzido inovadoramente, na década de 90 (do séc. XX), pelas Faculdades de Economia e de Direito da Universidade Nova de Lisboa.

f) *Necessidade de reforçar a interdisciplinaridade entre o Direito e a Economia*

A Economia invadiu as preocupações do homem moderno, sempre em busca do progresso e da melhoria das suas condições de vida; o Direito regula cada vez mais a Economia e é influenciado por ela; donde, é indispensável acentuar a complementaridade, a cooperação, a interdisciplinaridade entre os estudos de Direito e os de Economia.

Assim, torna-se necessário: ensinar mais Economia nas Faculdades de Direito, e mais Direito nas Faculdades de Economia; abrir mais cadeiras de Direito Económico (e seus sub-ramos), tanto nas escolas de Direito como nas de Economia; aprofundar nos dois lados a investigação e o ensino da "Análise Económica do Direito"; promover e aprofundar abordagens conjuntas de certos temas de interesse comum (finanças públicas, fiscalidade, contabilidade); e – logo que possível – avançar para cursos mistos de Economia e Direito, ou de Direito e Economia, através do sistema conhecido por "*major-minor*".

Consideramos que as Faculdades de Economia e de Direito da Universidade Nova de Lisboa estão particularmente vocacionadas, e desde já preparadas, para esse grande salto qualitativo no nosso Ensino Superior. Oxalá o queiram e saibam dar.

26. Direito e Sociologia

a) *Direito e Sociologia*

A *Sociologia* estuda cientificamente os comportamentos típicos dos seres humanos na vida em sociedade: por ex., a evolução da natalidade e da mortalidade, as migrações internas e externas, o fenómeno da urbanização e suas consequências, o novo fenómeno dos "bairros sub-urbanos", a evolução do número de casamentos, divórcios e uniões de facto, suas causas e efeitos, etc.

Como se vê da noção e dos exemplos dados, a Sociologia, como a Economia, ou a Física, ou a Química, é uma ciência que descobre e descreve os fenómenos da vida real, tal como eles se produzem – e não uma ciência normativa, como o Direito, que estuda as normas jurídicas enquanto comandos dirigidos a exigir dos homens um certo comportamento.

> Vejamos o exemplo da *família*. O Direito define o casamento, diz quem pode e quem não pode casar (os menores, os parentes muito próximos entre si, os portadores de doença mental grave, etc.), estabelece os requisitos de validade formal e substancial do casamento, fixa os casos de inexistência ou invalidade do casamento, decide se confere ou não às pessoas casadas o direito ao divórcio, se reconhece ou não as uniões de facto e, em caso positivo, determina quais os seus efeitos jurídicos, regula os direitos e deveres dos cônjuges um para com o outro, bem como os dos pais para com os filhos e os destes para com aqueles, etc.
>
> A Sociologia, se quiser estudar a família, não vai analisar em profundidade as normas do Código Civil sobre essa instituição. Vai, sim, estudar assuntos como os seguintes: a família ainda é hoje o que era no século XVIII ou no século XIX? Com que idade se casam as pessoas? Qual a percentagem de solteiros, casados, divorciados e viúvos? Quantos casamentos se dissolvem, anualmente, por morte e por divórcio? Entre os que se casam, quantos optam pelo casamento civil e quantos preferem o casamento católico? Porquê? Qual o número das uniões de facto? E, dentro destas, quantas respeitam a indivíduos heterossexuais e a homossexuais? Há mais homossexualidade masculina ou feminina nas uniões de facto? E quais as

causas e efeitos de todos estes fenómenos? Como evoluem no curto, no médio e no longo prazo? Estamos, nesta matéria, coincidentes com as médias europeias ou não? E porquê?

Confronte-se agora o Direito com a Sociologia.

O Direito actual diz-nos se as pessoas de sexo diferente, de certa idade, com determinado grau de parentesco, podem casar ou não. A Sociologia dir-nos-á, diferentemente, se essas pessoas, podendo casar, casam ou não e, não podendo casar, desistem da vida em comum ou optam pela união de facto, procura explicações para estes fenómenos, e mede-os estatisticamente.

Numa palavra: o Direito é uma ciência normativa, que estuda as regras de conduta que impõem o *dever-ser*; a Sociologia é uma ciência social, que estuda os factos e os fenómenos da vida real, procurando entendê-los, retratá-los e explicá-los, formulando as leis que descrevem o *ser*.

b) *A Sociologia Jurídica*

Como acontece com a generalidade das ciências, também a Sociologia se tem vindo a dividir em ramos ou sectores diferenciados em função do objecto do estudo – e assim chegamos à Sociologia demográfica, urbana, rural, migratória, política, jurídica, religiosa, cultural, educativa, militar, etc.

Interessa-nos aqui referir a *Sociologia Jurídica*.

Cremos que esta pode ser encarada sob duas perspectivas diferentes: (a) o estudo sociológico do Direito como um todo – que factores o produzem e condicionam, que grau de vigência efectiva tem, que tipo de influência consegue atingir numa dada sociedade, etc.; e (b) o estudo sociológico das instituições que o Direito regula primacialmente – os contratos, a propriedade, a família, as sucessões, as operações comerciais, as relações de trabalho, o funcionamento real do Parlamento, da Administração Pública, dos Tribunais, a criminalidade, o sistema prisional, etc.

Ambas as perspectivas (a que podemos chamar, respectivamente, "macro-sociologia jurídica" e "micro-sociologia jurídica") têm o maior interesse para o jurista. O Direito não pode mais – como no passado – viver numa torre de marfim, fechado nas suas leis, nos seus códigos e na jurisprudência dos tribunais. O Direito tem de ser analisado, estudado e compreendido no quadro mais vasto da civilização a que o país pertence, da cultura (tradicional ou em mutação) do seu povo, e das formas efectivas como este conhece ou desconhece, e acata ou viola, o Direito que o enquadra e procura dirigir. É a isto que os anglo-saxónicos chamam *Law in context*, ou seja, o Direito no seu contexto social (em sentido amplo).

Durante algum tempo os juristas consideraram a Sociologia Jurídica como mera ciência auxiliar do Direito, quando não fizeram mesmo os possíveis por ignorá-la de todo.

Pessoalmente, não consideramos que a Sociologia Jurídica seja uma simples ciência auxiliar do Direito – ela é, quanto a nós, uma irmã siamesa desta, e ambas têm de ser estudadas e ensinadas em conjunto. Expliquemo-nos.

c) *A interdisciplinaridade necessária entre a Ciência do Direito e a Sociologia Jurídica*

Comecemos pela macro-sociologia jurídica.

Problemas como o conceito de Direito e suas modalidades, o do Direito Natural, o da consideração do costume, ou não, como fonte do Direito, têm sido vistos, entre nós, numa perspectiva exclusivamente jurídica, ocidental, portuguesa.

Porém, não é mais possível continuar amarrado a essa visão estreita e paroquial.

O conceito de Direito será o mesmo em todas as civilizações que coexistem no mundo?

Os Direitos supra-estaduais e infra-estaduais, com toda a sua riqueza, variedade e pujança, podem continuar a ser ignorados?

O problema do Direito Natural, nos termos em que costuma ser posto e debatido entre nós, só existe no contexto da civilização ocidental, graças à herança greco-romana e à influência cristã. Mas o que se passa sobre esse tema no Direito Muçulmano, por exemplo? Que semelhanças e diferenças tem o "nosso" Direito Natural com a *xaría* islâmica? E no resto do mundo: que se pensa sobre tal problema, se é que ele é considerado?

Quanto ao costume, tem sido largamente maioritária entre nós, ao longo do século XX, a tese da exclusão do costume como fonte do Direito – mesmo na época em que Portugal ainda tinha um império colonial, em cujas possessões africanas cerca de 70 a 80 por cento do Direito aplicado era constituído por direito consuetudinário tribal...

Isto para já não falar – em pleno território europeu de Portugal – no costume como primeira fonte do Direito Internacional Público, como fonte importante do Direito Constitucional e do Direito Administrativo, como fonte ignorada mas efectiva do Direito Civil e Comercial, etc.

E a avaliação do grau de aplicação efectiva do direito legislado, quem a faz? Vivemos num mundo de fantasia, na convicção idealista de que basta legislar para obter a aplicação generalizada e efectiva da lei por toda a população e em todo o território nacional. Pura ilusão! Grande número de leis, decretos-leis e regulamentos – centrais, regionais ou locais – não têm qualquer aplicação. São letra morta. Não saem das páginas do "Diário da República", ou dos boletins municipais, para as páginas da vida. Uns nunca chegam a vigorar; outros rapidamente caem em desuso.

Atente-se bem no que dizia, desde 1948/51, com a sua argúcia de grande jurista, o prof. Marcello Caetano:

> "É necessário que o sistema construído [teoricamente] corresponda ao *Direito efectivamente aplicado*, sem esquecer que, se a lei procura impor à vida uma disciplina racional, os elementos irracionais da vida (sentimentos, paixões, hábitos) e até a oposição doutras concepções (...) produzem muitas vezes na prática a deformação do preceito jurídico, conduzindo a um *direito vulgar*, muito diferente do que resultaria do rigoroso entendimento e da aplicação exacta do *direito legislado* (...)".
>
> "É, pois, indispensável o exame da sua *deformação prática*, da aceitação social do mesmo sistema, da sua eficiência, através da

prática corrente e da jurisprudência dos tribunais e dos órgãos administrativos.

"Este exame da *reacção da vida social sobre a lei* reveste-se de enorme importância, não só como correctivo da tendência inevitável do dogmatismo para a pura abstracção (...), mas ainda porque põe em evidência os *interesses reais do homem concreto*, do Homem-centro do Direito (...)".

"A reacção popular deformante dos preceitos legais, considerada na sua forma natural e espontânea (rotina, repugnância sub-consciente, ou resistência consciente de maneiras de ser e interesses), (...) desempenha hoje em dia, a par do direito legislado, um papel análogo ao do *costume* de outras eras, que convém não desprezar ou desconhecer" ([1]).

Tudo isto são boas e prementes razões para que nas Faculdades de Direito se passe a cultivar, e a ensinar, a "macro-sociologia jurídica".

Quanto à "micro-sociologia jurídica", ela já se vai fazendo entre nós, aos poucos, através das disciplinas de Ciência Política, junto do Direito Constitucional, de Ciência da Administração Pública, junto do Direito Administrativo, e de Relações Internacionais, junto do Direito Internacional Público.

Mas restam graves lacunas no campo do Direito Privado e do Direito Criminal e Penitenciário.

Disciplinas como Sociologia da Família, Sociologia das Empresas, e Criminologia são absolutamente indispensáveis para que os juristas que estamos a formar para o século XXI não sejam tão formalistas e desligados da realidade como foram, em regra, os do século XX. A actual crise da Justiça (sobre a qual falaremos, mais desenvolvidamente, no vol. II) tem aí uma das suas causas profundas.

([1]) V. Marcello Caetano, *O problema do método no Direito administrativo português*, 1948 (separata de *O Direito*, 80, n°s 1 e 2), bem como *Manual de Direito Administrativo*, 3ª ed., 1951, pp. 57-61.

27. Direito e Política

a) *Preliminares*

Desde sempre o Direito e a Política foram, não apenas conceitos próximos, mas também realidades vizinhas e inter-activas.

O povo soberano, em democracia, elege os seus representantes, que constituem o Poder Legislativo; este, inspirado por determinadas opções políticas, faz as leis; mas, se a Política gera ou produz o Direito, este não só não é inspirado apenas por razões políticas – na feitura das leis atende-se também à história, ao direito comparado, à justiça, à moral, à economia, à técnica –, como passa a vincular os próprios políticos que fizeram as leis.

Um Deputado, como membro do Parlamento, tem o poder de fazer as leis; como cidadão, tem o dever de lhes obedecer. Já o dizia o escritor António Ferreira (séc. XVI): "deve à lei, o que a faz, obediência".

Cabral de Moncada – que foi professor da Universidade de Coimbra, porventura o maior filósofo do Direito que Portugal teve até hoje – descreve muito bem esse duplo fenómeno:

> "Não só, como é evidente, a política tem no direito positivo [estadual] o seu instrumento mais apropriado e útil para a realização dos seus fins, como ainda o direito positivo, uma vez formulado e definido, retroage sobre a política que o inspirou, com uma força própria; como a de muitos filhos que, chegados a uma certa idade, mandam mais nos pais do que os pais neles. Foi, como se sabe, o que se passou na Revolução Francesa com as ideologias da liberdade e igualdade. Depois de estas ideias terem sido proclamadas só no interesse da burguesia ou *terceiro estado* contra os privilégios das classes nobres, não se ficou por aí. (...) Não tardaram em aproveitar a todos os homens, incluindo o *quarto estado* [o povo, os trabalhadores, o proletariado], e a influir ainda sobre toda a evolução política posterior da Europa

(...). Há no direito, por assim dizer, só por ser direito, uma como que "ideia-força" imanente, uma força de expansão própria, que faz com que ele, depois de ter sido utilizado como instrumento, venha, por sua vez, a impor também algo da sua lei ao poder que o utilizou" (²).

b) *Todo o Direito é político?*

A escola jusnaturalista sempre defendeu que o Direito (estadual) era uma continuação ou prolongamento da lei divina, uma particular concretização desta em cada país e em cada época.

Outros, ainda que desligados de uma concepção metafísica, têm defendido – um pouco na mesma linha – que o Direito é uma manifestação ou expressão da Justiça, ao serviço do Bem Comum.

De seu lado, Karl Marx, como vimos, negou radicalmente esse ponto de vista e considerou o Direito como um produto do sistema económico, uma "super-estrutura" criada para corresponder aos interesses e exigências da "infra-estrutura" da sociedade – numa palavra, um instrumento eficaz de domínio da classe dominante e de exploração das classes oprimidas.

(Já vimos atrás, porém, que uma boa parte das normas jurídicas, ou não têm significado ideológico, ou funcionam contra os interesses da classe dominante).

Por último, uma escola de pensamento jurídico de cunho neo--marxista e pós-moderno, oriunda dos EUA – e denominada "*Critical Legal Studies*" –, defende que todo o Direito é político, que há sempre uma opção política na origem e na finalidade intencional de cada norma jurídica, mas que quem discordar dessa opção pode (e deve) "virar o bico ao prego" e fazer um *uso alternativo do Direito*, voltando-o contra os interesses de classe, ou de grupo, ou de qualquer outra natureza, que o produziram.

(²) Luís Cabral de Moncada, *Filosofia do Direito e do Estado*, II, Coimbra [1966], 2ª ed., reimp. de 1995, pp. 151-152.

O ponto que aqui mais nos interessa examinar é este: *todo o Direito é político*? Toda a norma jurídica tem sempre na sua génese e no seu conteúdo uma opção política (no sentido de uma opção de defesa de interesses de grupo, sectoriais, contra o interesse geral da colectividade, contra o Bem Comum)?

Como já resulta do que acima dissemos a propósito da concepção marxista do Direito, cremos que a resposta a esta questão deve ser negativa.

Há, evidentemente – seria cegueira negá-lo – muitas normas jurídicas estaduais que assentam sobre a opção política da maioria conjuntural que as aprovou: o nosso recente Código do Trabalho (2003), aprovado por uma maioria de direita contra os votos de toda a oposição de esquerda, é um bom exemplo de um diploma legal destinado a favorecer os interesses empresariais (na convicção de que assim se beneficiará a economia nacional como um todo), à custa da redução ou limitação de certos direitos dos trabalhadores.

Mas as coisas não se passam sempre assim:
– Há normas jurídicas sem qualquer conteúdo ou alcance de carácter político: por ex., como vimos, as que mandam circular nas estradas pela direita ou pela esquerda;
– Há normas jurídicas cujo conteúdo e alcance é meramente técnico: por ex., as regras destinadas a garantir a segurança e a salubridade das habitações;
– Há normas jurídicas cujo conteúdo e alcance é simplesmente humanitário: por ex., as normas, já referidas, que conferem prioridade no trânsito às ambulâncias que transportam feridos, ou que atribuem poderes de intervenção dos bombeiros nas casas vizinhas daquela que arde para combater o incêndio;
– Há normas jurídicas cujo conteúdo e alcance resulta de uma intenção estética cuja necessidade é reconhecida por todos os partidos e movimentos políticos: por ex., o poder das câmaras municipais de recusar uma licença de construção privada com fundamento em que o projecto apresentado viola a "estética da povoação" ou a "beleza da paisagem";

– Há normas jurídicas que, embora de carácter político, são aprovadas por unanimidade no Parlamento e, portanto, não são normas sectárias ou de grupo: por ex., a aprovação do tratado que instituíu a CPLP – "Comunidade de Países de Língua Portuguesa".

Há, pois, que não confundir o carácter político do órgão legislativo – o Parlamento resulta de uma eleição, que é por natureza política – com a natureza do conteúdo de cada norma jurídica, que pode ser político ou não o ser, e muitas vezes não o é.

Nem toda a Política consiste em produzir Direito; nem todo o Direito tem conteúdo ou alcance político; mas há óbvias conexões e influências da Política no Direito e do Direito na Política.

Quanto ao chamado "uso alternativo do Direito", deixaremos o seu exame para o capítulo sobre a interpretação das leis (*infra*, vol. II).

Uma nota final para sublinhar que, assim como a História, a Filosofia, a Sociologia ou a Economia são ciências auxiliares da Ciência do Direito, assim também a Política – no sentido de *Ciência Política* – é uma indispensável e utilíssima ciência auxiliar da Ciência do Direito [2].

BIBLIOGRAFIA

Adler (M. D.) e Posner (E. A.), *Cost-Benefit Analysis. Legal, economic and philosophical perspectives*, "The University of Chicago Press", Chicago-Londres, 2001.
Ascensão (J. Oliveira), *O Direito – Introdução e Teoria Geral*, 11ª ed., pp. 11 e 95-104.
Caetano (Marcello), *Manual de Ciência Política e Direito Constitucional*, 6ª ed., Lisboa, 1972, reimpressão de 2003, pp. 12-42.

---

[3] Em Portugal, foi o Prof. Marcello Caetano – ilustre catedrático da Universidade de Lisboa, provavelmente o melhor juspublicista português do séc. XX – quem iniciou os estudos de Ciência Política nas Faculdades de Direito portuguesas: v. a 1ª edição da obra *Ciência Política e Direito Constitucional*, de 1955, e as referências aí feitas nas pp. 15-20 e 33-35.

Carbonnier (J.), *Sociologia Jurídica*, trad. port. de Diogo Leite de Campos [1972], "Almedina", Coimbra, 1979.
Chorão (M. Bigotte), *Introdução ao Direito*, I.
Curzon (L.B.), *Jurisprudence*, 2ª ed., Londres, 1995.
Luhmann (N.), *Das Recht der Gesellschaft*, "Suhrkamp", Frankfurt, 1993.
Moncada (L. Cabral de), *Filosofia do Direito e do Estado*, II.
Radbruch (G.), *Filosofia do Direito*, 6ª ed., Coimbra, 1997.
Telles (I. Galvão), *Introdução ao Estudo do Direito*, I e II.

Um bom exemplo de um trabalho de Sociologia Jurídica feito por um professor português de renome internacional é o artigo *Sociologia na primeira pessoa: fazendo pesquisa nas favelas do Rio de Janeiro*, de Boaventura Sousa Santos, publicado na OAB-Revista da Ordem dos Advogados do Brasil, nº 49, 1988, pp. 39-79.

QUESTIONÁRIO

1 – Pode o Direito regular, exaustivamente, todos os aspectos da actividade económica nacional? Porquê?
2 – Como se justifica que, num sistema capitalista, haja normas jurídicas contrárias aos interesses do capital e, num sistema socialista, normas jurídicas contrárias aos interesses dos trabalhadores?
3 – O "Law and Economics" interessará mais, do ponto de vista profissional, aos economistas ou aos juristas?
4 – Se tivesse, como governante, de encomendar um estudo de "Análise Económica do Direito" a uma determinada Universidade, a que matéria daria preferência: vantagens e inconvenientes da liberalização das rendas de casa para habitação, ou determinação dos casos em que a pena de prisão não tem racionalidade económica? Porquê?
5 – Se, na sua Faculdade, fosse permitido preencher 2/3 do curso com cadeiras jurídicas e 1/3 com cadeiras económicas, frequentadas numa Faculdade de Economia, acha que isso beneficiaria ou pioraria as suas probabilidades de vir a ser um bom jurista nas próximas décadas?
6 – O Direito e a Sociologia são considerados, segundo uma certa classificação, como sendo ambos "ciências sociais ou humanas", em contraste com as "ciências exactas ou da Natureza". Dada, porém, a diferente natureza e função dos estudos jurídicos e sociológicos, a Sociologia não deveria passar para as "ciências exactas ou da Natureza"?
7 – A Sociologia Política interessa ou não à Ciência do Direito?
8 – E a Sociologia Jurídica?

9 – Estabeleça as diferenças e semelhanças entre o Direito da Família e a Sociologia da Família.
10 – Procure determinar as semelhanças e as diferenças entre o Direito Penal e a Criminologia.
11 – A Política condiciona o Direito, ou é o Direito que condiciona a Política?
12 – Há quem diga que o Direito, entre outras funções, tem a de estabelecer "o estatuto jurídico da Política". Concorda?
13 – Todo o Direito é político?
14 – Em Democracia, uma lei aprovada no Parlamento por unanimidade tem mais legitimidade jurídica do que outra aprovada apenas pela maioria que apoia o Governo?
15 – Porque é que, hoje em dia, e diferentemente do que acontecia no Império Romano ou na Idade Média, os governantes devem obediência plena ao Direito que eles próprios propõem e aprovam?

Capítulo 8

O PROBLEMA DO DIREITO NATURAL

28. Em que consiste o problema

Desde a Grécia antiga até aos nossos dias, os juristas e filósofos do mundo ocidental sempre se colocaram a si próprios o seguinte problema: será que, acima do *direito positivo* (aquele que é *posto* em vigor pelas autoridades oficiais, ou pela vontade colectiva de uma comunidade), haverá um *Direito Natural*, superior ao primeiro, de onde este retira o fundamento da sua validade, e que permite aos cidadãos aferir a legitimidade ou ilegitimidade do direito positivo e, portanto, obedecer-lhe ou não?

Por outras palavras, será que só existe o Direito (estadual) emanado do povo soberano ou dos seus representantes legítimos – Parlamento e Governo –, ou será que, acima dele, e condicionando-o, existe um outro direito – o Direito Natural –, decorrente da vontade de Deus, ou dos deuses, ou da Natureza, ou da Razão, fontes de legitimidade superiores às do direito positivo?

Um breve exemplo servirá para ilustrar o sentido deste problema.

Suponhamos que um regime democrático – baseado em eleições livres e no pleno respeito dos Direitos Humanos – é derrubado e substituído por uma ditadura militar, a qual de imediato faz nova legislação, fortemente restritiva dos Direitos Humanos (censura, polícia política, proibição de partidos e sindicatos, etc.).

É claro que os democratas poderão, em nome da sua ideologia política, combater a ditadura e considerar ilegítimas as suas leis: mas estarão a actuar apenas no terreno *político* ou também no campo *jurídico*? O juízo de ilegitimidade que fizerem das leis da ditadura é apenas político, ou é também um juízo jurídico?

Por outras palavras: o direito positivo emanado do Governo ditatorial é válido e obrigatório, como Direito, porque emana do Poder político vigente, que controla o país? Ou é inválido e pode ser juridicamente desobedecido, porque é contrário ao Direito Natural, na medida em que viola de modo flagrante a Democracia e os Direitos Humanos?

Existe um Direito Natural, superior ao direito positivo, que permite aos cidadãos considerarem inválido e não obrigatório o direito positivo que contrarie ou ofenda o primeiro? Ou não existe nenhum direito acima do direito positivo e, por consequência, este só pode ser considerado ilegítimo – e porventura desobedecido – na base de convicções extra-jurídicas (religiosas, morais, políticas, sociais, ideológicas)?

Derrubada a ditadura e restaurada a Democracia, se os juízes, diplomatas e militares que tiverem aceitado cargos de confiança política do Governo ditatorial forem julgados pelos crimes da ditadura, podem defender-se alegando que tinham o dever de obedecer ao direito positivo, ou podem ser acusados de não ter desobedecido como lhes impunha o Direito Natural? Este dilema foi um dos principais temas dos *julgamentos de Nuremberga*, após a queda do nazismo na Alemanha, a seguir a 1945, quando se apreciou o comportamento "colaboracionista" de muitos juízes e outros altos funcionários do regime nazi ([1]).

A este problema, duas respostas, diametralmente opostas, têm sido dadas ao longo da História – e continuam a ser dadas na actualidade – por juristas, filósofos e cidadãos em geral:

a) Sim, o Direito Natural existe, e é superior ao direito positivo, condicionando-o: é a corrente de pensamento chamada *jusnaturalismo*;

b) Não, o Direito Natural não existe, ou não é verdadeiro direito, pelo que em nada interfere com o direito positivo, e não o condiciona, sendo que só o direito positivo é verdadeiro *Direito*: é a corrente de pensamento chamada *positivismo*.

Vamos ver como nasceu e evoluiu historicamente esta querela jurídico-filosófica, para depois debatermos o tema face aos dados mais relevantes da actualidade.

([1]) V., por todos, Heydecker (J. J.) e Leeb (J.), *O julgamento de Nuremberga*, "Editorial Ibis" e "Editorial Bruguera", Rio de Janeiro, 1968.

29. Origem do problema: Antígona e Sócrates

É na Grécia antiga – e, mais precisamente, na Grécia do século V antes de Cristo, mais ou menos no chamado "século de Péricles" – que nasce o problema e se afirmam, com inteligência e vigor, as duas teses opostas.

Sófocles, um dos maiores escritores do teatro grego clássico (494-406 a.C.), escreveu a sua obra prima, *Antígona*, algures por volta de 440 a.C. Foi a primeira tragédia do autor, representada quando ele tinha perto de 55 anos de idade, e é considerada por muitos como "a mais bela peça de teatro jamais escrita" ([2]).

Nessa peça, a cidade de Tebas está em guerra civil. O seu chefe, um tirano, *Creonte*, procura dominar a sublevação animada por dois irmãos de Antígona, sobrinhos dele. Outro dos irmãos está com o tio. Num recontro sangrento, morrem dois dos irmãos, um de cada lado: a Etrocles, defensor de Creonte, este reserva cerimónias gloriosas; a Polinices, seu adversário, o tirano impõe uma decisão cruel – ninguém lhe poderá fazer qualquer funeral, e o seu cadáver insepulto ficará, fora das muralhas da cidade, à disposição dos abutres que o tragarão em pedaços.

Antígona, irmã de Polinices, sente na sua consciência que não pode aceitar um decreto tão desumano. E, desobedecendo ao rei, seu tio, sai da cidade às escondidas e dá sepultura condigna ao cadáver do irmão. Descoberto o facto pelos guardas de Creonte, e identificada a sua autora, esta é levada à presença do rei, que a repreende severamente e descarrega sobre ela a sua ira:

"*Creonte* – E tu, tu que estás para aí, de cabeça baixa, confessas ou negas o facto?

Antígona – Confesso-o, e não me ocorre, de modo nenhum, negá-lo.

([2]) É a opinião, entre outros especialistas, de Nicole Loraux, na sua introdução a Sophocle, *Antigone*, ed. "Les belles lettres", Paris, p.VIII.

Creonte – (...) Responde-me, sem rodeios, numa palavra. Conhecias a proibição que eu tinha feito proclamar?
Antígonas – Sim, conhecia-a: poderia eu ignorá-la? Era claríssima.
Creonte – Então, tu ousaste violar a minha lei?
Antígonas – Sim, pois não tinha sido Zeus que a proclamara. Nem a Justiça, sentada ao lado dos deuses celestiais. Não. Não são essas as leis que eles determinaram para sempre aos homens; e eu nunca pensei que as tuas proibições fossem tão poderosas que pudessem permitir a um simples mortal violar outras leis, as leis não escritas e invioláveis dos deuses. Tais leis não datam de hoje nem de ontem, são eternas, e ninguém sabe o dia em que apareceram. Ofendendo essas leis, poderia eu, por medo de algum homem, expor-me à vingança dos deuses? Que eu deva agora morrer, pouco me importa (...). Padecer a morte, para mim, não é um sofrimento. Sê-lo-ia, pelo contrário, se eu tivesse tolerado que o corpo de um filho da minha mãe não tivesse obtido um túmulo, após a sua morte. Por isso, sim, eu teria sofrido; pelo que me destinas, nada sofro. Talvez eu te pareça agir como uma louca. Mas louco poderá bem ser aquele mesmo que me considera louca".

Creonte não se deixa convencer, e condena Antígona à morte, por desobediência.

Eis aqui a primeira defesa, conhecida, do jusnaturalismo: as leis naturais, provenientes dos deuses, são eternas e invioláveis; as leis positivas, emanadas dos governantes, seres humanos, se ofenderem as primeiras, nada podem contra elas, não são obrigatórias, não se lhes deve obediência; Antígona preferiu obedecer ao Direito Natural que a sua consciência lhe ditava, mesmo sabendo que por isso podia ser condenada; e optou contra o direito positivo, embora sujeitando--se às respectivas sanções, que moralmente desdenhou.

Estava descoberto o Direito Natural; tinha nascido o *jusnaturalismo*.

Apenas quarenta anos mais tarde, vai surgir, com todo o seu vigor, o positivismo. Defendê-lo-á um dos maiores nomes da Filosofia – Sócrates (470-399 a.C.) –, a propósito do julgamento em que ele próprio foi condenado à morte.

Há variadas interpretações sobre os verdadeiros motivos da acusação e condenação de Sócrates. A mais convincente parece-nos ser a de que o grande filósofo criticava severamente a democracia ateniense e defendia uma forma de governo autoritária ou ditatorial, pelo que passou a ser considerado pelas entidades oficiais como um revolucionário, subversivo, e por isso "corruptor da juventude" (no amor desta ao regime democrático). Consequentemente, Sócrates foi julgado e condenado à morte apenas pelas suas ideias e respectiva expressão pública, o que era contrário à liberdade de pensamento e à liberdade de expressão ([3]).

Um jusnaturalista não teria dificuldade em considerar que essa condenação era uma *sentença injusta*, contrária ao Direito Natural, e que portanto o condenado não lhe devia obediência, tendo o direito de fugir.

Assim pensavam, e tentaram até ao último minuto, os principais amigos de Sócrates. Mas este não se deixou convencer, apresentando-lhes muitas e variadas razões no sentido de que tinha de morrer – deixando que a sentença fosse executada ([4]).

Entre essas razões aparece o principal argumento do positivismo – é melhor para o país que a lei (ou a sentença que aplica a lei a um caso concreto) seja cumprida e obedecida por todos, mesmo que alguém a considere injusta ou imoral, do que reconhecer a cada cidadão o direito à desobediência.

Ao direito positivo ateniense em vigor no momento em que é julgado e vai ser executado chama Sócrates "as Leis". Eis como ele se lhes refere, no diálogo de Platão, *Créton*:

([3]) Neste sentido, ver, por todos, I. F. Stone, *The trial of Socrates*, "Picados-Pan Books", Londres, 1989.

([4]) V. os principais argumentos de Sócrates na obra citada na nota anterior.

"*Sócrates* – Imagina que eu estou disposto a fugir (...) e as Leis e o governo vêm e me interrogam: "Diz-nos, Sócrates, afirmam eles; o que estás a preparar-te para fazer? Vais tu, por um acto teu, deitar-nos abaixo – as Leis e todo o Estado –, na medida em que isso te diz respeito? Acaso consideras que um Estado pode subsistir e não ser derrubado, se nele as decisões legais não têm poder, mas são postas de lado e ultrapassadas pelos indivíduos? Qual será a nossa resposta, Créton, a estas e semelhantes palavras? (...) Nós podíamos responder: "Sim, mas o Estado lesou-me ao proferir uma sentença injusta". Supõe que eu digo isso?

Créton – Muito bem, Sócrates.

Sócrates – "E foi esse o nosso acordo contigo?", as Leis haveriam de dizer, "ou tu devias acatar as sentenças do Estado?" E se eu quisesse exprimir o meu espanto pela questão delas, as Leis provavelmente acrescentariam: "Responde, Sócrates, em vez de abrir tanto os olhos: é teu hábito fazer e responder a perguntas. Diz-nos que queixas tens para nos fazer que justifiquem a tua tentativa de nos destruir, e ao Estado? Em primeiro lugar, não fomos nós que te trouxemos à existência? O teu pai casou com a tua mãe com a nossa ajuda, e deram-te à luz. Diz-nos se tens alguma objecção a levantar contra aquelas de nós que regulam o casamento?" Nenhuma, responderia eu. "Ou contra aquelas de nós que regulam o sistema de alimentação e educação dos jovens em que foste criado? Não foram as Leis, que se ocupam disto, justas em obrigar o teu pai a dar-te a devida educação (...)?" Claro, responderia eu. "Pois bem, uma vez que tu foste trazido ao mundo, alimentado e educado por nós, consegues tu negar que és como se fosses nosso filho (...), como foram os teus pais antes de ti? E que, se isto é verdade, então tu não estás em igualdade connosco, nem tens nenhum direito de nos fazer a nós o que nós te estamos a fazer a ti? (...) Só porque nós consideramos certo destruir-te, pensas tu que tens algum direito de nos destruir em troca, e também o teu país, na medida em que o puderes? Será que um filósofo como tu não consegue perceber que o nosso país tem de ter mais valor e ser considerado superior e mais sagrado do que a tua mãe e o teu pai e os seus antecessores? (...) E, se somos punidos pelo nosso país, será que não devemos obedecer e acatar em silêncio? (...) Quem desobedecer às Leis, está três vezes errado: primeiro, porque ao desobeceder-nos a nós está a desobedecer aos seus pais; segundo, porque nós fomos os agentes da sua educação; e terceiro, porque todo o cidadão fez connosco um acordo segundo o qual obedecerá devidamente aos nossos comandos ("porque tem experiência da forma como prestamos justiça e administramos o Estado, e não muda para outro país"). (...) Como havemos de responder a tudo isto, Créton? Não temos de concordar?

Créton – Não há outra saída, Sócrates.

Sócrates – E as Leis ainda podem dizer mais: "Tu, Sócrates, estás a violar os acordos e contratos que fizeste connosco, não por qualquer motivo de última hora ou de força maior, mas tendo usufruído setenta anos de vida para pensar neles, tempo mais que suficiente para que com toda a liberdade deixasses esta cidade, se não concordasses connosco, ou se os acordos que fizemos contigo te parecessem injustos. (...) E é só agora que foges e violas os teus compromissos?" ([5]).

Eis como Sócrates – sem referir expressamente o Direito Natural – defende de modo vigoroso o positivismo: é maior e mais perigoso o *dano colectivo* da desobediência às leis, por alguns cidadãos que se sentem lesados, do que o *dano individual* suportado por aqueles que de facto forem lesados por uma lei injusta ou por uma sentença injusta; por outro lado, quem, sendo maior de idade, vive há décadas num país e não se muda para outro, é porque aceita as leis desse país e, logo, não tem o direito de lhes desobedecer. (Repare-se no

---

[5] Tradução nossa, para este livro, de Shane Weller, *Plato: the trial and death of Socrates: four dialogues*, "Dover Publications, Inc.", Nova Iorque, 1992, p. 50-53.

contratualismo que está na base desta concepção de Sócrates/Platão, e que antecede em muitos séculos os nossos já conhecidos Hobbes, Rousseau e Locke) [6].

E, assim, desde há 2500 anos, os homens discutem, apaixonadamente, o problema do Direito Natural: existe ou não existe? É direito ou não é? É superior ao direito positivo ou não? Permite ou não desobedecer às leis injustas?

A reflexão e o debate então iniciados não mais pararam até hoje. É o que vamos ver, resumidamente, nos números seguintes.

30. As várias fases de afirmação do jusnaturalismo

Roma: Cícero. – Na Roma clássica, ainda antes de Cristo, o Direito Natural é proclamado, descrito e explicado em palavras de forte vigor intelectual, e de elevada beleza literária, pelo grande político e advogado, pertencente à escola estóica, Cícero (106-43 a.C.).

Retomando a lição da Antígona, de Sófocles, e também o pensamento de Aristóteles – que distinguiu claramente a lei positiva da lei natural [7] –, mas refinando-os e aperfeiçoando-os, no seu tratado *De Republica* (III, 22), Cícero escreve:

"Existe, pois, uma lei verdadeira, que é a recta razão, conforme à Natureza, presente em todos os homens, constante e sempre eterna.

Esta lei conduz-nos imperiosamente a fazer o que devemos, e proíbe-nos o mal, desviando-nos dele. O homem honesto não é nunca surdo aos seus comandos e proibições: estas só não têm efeito sobre o homem perverso.

---

[6] Sobre as posições de Sócrates face às Leis e ao Estado, v. o excelente estudo de Richard Kraut, *Socrates and the State*, "Princeton University Press", New Jersey, 1984.

[7] V. Aristóteles, *Ética a Nicómaco*, V, 7, 1134b18-1135a4.

A essa lei nenhuma alteração é permitida, e não é lícito revogá-la, no todo ou em parte. Nem o Senado nem o Povo podem dispensar-nos de lhe obedecer, não sendo de todo necessário procurar um *Sextus Aelius* ([8]) para a explicar ou interpretar.

Essa lei não é uma em Atenas e outra em Roma; não é hoje uma e outra amanhã; é uma só e mesma lei, eterna e imutável, que rege todas as nações em todos os tempos.

Para a ensinar e impor a todos os homens há um deus único: pertence-lhe a concepção, a deliberação e a aplicação dessa lei.

Quem não obedecer a essa lei ignora-se a si mesmo; e, por ter desconhecido a natureza humana, sofrerá o maior castigo, mesmo que escape a outras sanções" ([9]).

Eis, em toda a sua riqueza e extensão, a concepção clássica, greco-romana, pré-cristã, do Direito Natural: "existe uma Natureza, uma ordem natural, que foi criada por Deus; essa ordem natural é descoberta pela razão humana; dela resulta um Direito Natural, que impõe direitos e deveres aos homens, e que estes têm de acatar, sob pena de desrespeitarem a própria natureza humana [e de sofrerem o maior castigo]; os principais imperativos decorrentes do Direito Natural são universais, eternos e invariáveis; o direito positivo, o Estado, os governos, não podem alterar essa lei, nem podem dispensar ninguém da obediência aos seus preceitos" ([10]).

Como se vê, não é verdadeira a afirmação crítica de alguns positivistas, segundo os quais o Direito Natural é uma invenção

---

([8]) Nome de um famoso jurista romano.

([9]) Tradução nossa do latim e do francês, a partir de Cicéron, *De la République. Des Lois*, trad. de Ch. Appunh, "Librairie Garnier Frères", Paris, s.d., e "Garnier Flammarion", Paris, 1965.

([10]) Diogo Freitas do Amaral, *História das Ideias Políticas*, vol. I, "Almedina", Coimbra, 1998, pp. 146-147.

medieval da Igreja Católica, para melhor poder dominar o poder temporal dos Estados. A ideia de um Direito Natural, descoberto pela razão humana, mas criado e imposto por um deus único (ou pelos deuses), é uma ideia oriunda da civilização greco-romana, bem anterior ao nascimento de Cristo.

Ela está presente em Cícero, que, como sabemos, pregou a moral estóica entre os romanos ([11]). Também o célebre jurista romano Ulpiano (séc. III d.C.) aparece a definir, embora em termos algo diversos, o Direito Natural: "[...] aquele que a natureza ensina a todos os animais. Na verdade, este direito não é próprio do género humano, mas comum a todos os animais que vivem na terra e no mar, incluídas as aves. Daqui decorre a união entre macho e fêmea, a que chamamos matrimónio, a procriação, e a educação dos filhos. Vemos, na verdade, que os restantes animais, mesmo as feras, mostram ter conhecimento deste direito".

Idade Média: Stº Agostinho e S. Tomás de Aquino. – O Cristianismo veio dar ainda mais força à ideia de Direito Natural: primeiro, porque substituíu o politeísmo dominante na Grécia e na Roma antigas pelo monoteísmo; segundo, porque apresentou o seu Deus, único e verdadeiro, como supremo arquitecto do universo e, portanto, como supremo legislador; e terceiro, porque proclamou categoricamente a superioridade da lei divina sobre a lei humana – e, por consequência, a necessária subordinação do Estado e do direito positivo, não necessariamente à Igreja ou ao Papa, mas à ordem natural criada por Deus e às exigências dela decorrentes, conformes à natureza humana.

Os primeiros autores cristãos foram algo confusos a respeito do Direito Natural. Santo Agostinho, por seu lado, também não elaborou teoricamente o tema, embora já tenha distinguido claramente três tipos de leis – a *lex aeterna*★, a *lex naturalis*★ e a *lex humana*★. Só

([11]) Sobre a doutrina jusnaturalista estóica, v. António Manuel Hespanha, *Cultura Jurídica Europeia – síntese de um milénio*, 3ª ed., 2003, p. 209 e segs.

com S. Tomás de Aquino (1255-1274 d. C.) se logrou uma teoria coerente e completa do Direito Natural cristão ([12]).

Conforme escrevemos já noutro lugar, "para S. Tomás de Aquino, o mundo e o homem foram criados por Deus. Mas a actuação divina não se esgotou nesse primeiro momento genético: continua todos os dias a exercer-se, pois Deus governa o mundo.

"Não o governa, porém, intervindo caso a caso: Deus actua "por causas segundas", isto é, estabelece as leis gerais do universo e deixa que os acontecimentos decorram, depois, de acordo com essas leis e com a vontade dos homens.

"E o que são as leis? De acordo com S. Tomás, "a lei é uma ordem de razão imposta para o bem comum e promulgada por aquele que tem a seu cargo uma comunidade" (*Sum. Th.*, I,II, 90,4).

"Para o Aquinatense, há quatro espécies de leis – a lei eterna, a lei natural, a lei humana, e a lei divina:

(1) "A *lei eterna* é a lei geral do universo estabelecida por Deus para todos os seres por ele criados.

Se a lei é uma ordem da razão emanada do soberano que governa uma comunidade, então, como o mundo é governado pela providência divina, toda a comunidade do universo se rege pela razão de Deus" (*idem*, I, II, 91, 1);

(2) "A *lei natural*, por sua vez, é a participação dos seres criados na razão estabelecida pela lei eterna. Todos os seres têm em si impressa uma inclinação natural para os seus próprios fins. Por isso o homem participa na razão eterna pela qual se inclina naturalmente ao ordenamento dos seus actos para os seus fins. E tal participação da criatura racional na lei eterna é o que se chama *lei natural*" (*idem*, I, II, 91, 2);

(3) "Mas a lei natural contém essencialmente um preceito fundamental: fazer o bem e evitar o mal. Compete seguidamente aos homens, através da sua razão, extrair dela todas as consequências,

---

([12]) Cfr. Giovanni Ambrosetti, *Diritto Naturale Cristiano. Profili di metodo, di storia e di teoria*, 2ª ed., "Giuffrè", Milão, 1985.

corolários e desenvolvimentos, isto é, todas as normas de aplicação daquele preceito fundamental. Daí a necessidade da *lei humana* ([13]), que é imposta pela razão [dos governantes terrenos] para aplicar a regra essencial da lei natural, que manda fazer o bem e evitar o mal. Em que circunstâncias, de que modos, em que termos? Eis o que incumbe à lei humana particularizar" (*idem*, I, II, 91, 3);

(4) "Finalmente, a *lei divina* é constituída pelas normas que Deus expressamente formulou [e comunicou aos homens] para orientar a lei humana sobre questões essenciais. Por exemplo, os Dez Mandamentos. Divide-se [a lei divina] em duas, a lei antiga e a lei nova (Antigo Testamento e Novo Testamento)" (*idem*, I, II, 91, 4 e 5).

"Esta, a concepção do mundo e do homem delineada por S. Tomás de Aquino. De notar a forma como se articulam logicamente a concepção de um universo criado por Deus, o lugar do Homem nesse mundo, e as (diferentes) leis que regulam tanto um como o outro" ([14]).

Repare-se na subtil distinção, nas leis elaboradas por Deus, entre lei eterna, lei natural, e lei divina; repare-se também no carácter óbvio, porque escrito, da lei divina (por ex., os Dez Mandamentos); repare-se, por último, no conteúdo mínimo do Direito Natural – "fazer o bem e evitar o mal" –, em contraste com o conteúdo amplíssimo deixado por S. Tomás à lei humana – estabelecer todas as regras necessárias ao cumprimento da regra básica de "fazer o bem e evitar o mal".

Não era esta a concepção greco-romana: o Direito Natural tinha aí um conteúdo muito mais cheio, denso, pleno de regras universais e eternas. Recordemos que uma delas era, segundo Sofócles na *Antígona*, "dar sepultura condigna aos mortos"; e que Cícero falava dos vários "comandos e proibições", no plural, do Direito Natural. S. Tomás de Aquino reduz consideravelmente o conteúdo

---

([13]) Ou *direito positivo*, como hoje dizemos.
([14]) Diogo Freitas do Amaral, *História das Ideias Políticas*, I, cit., pp. 172-173.

do Direito Natural, aumentando na mesma proporção a função e a importância do direito positivo, ou lei humana. E como, noutro passo da sua obra, S. Tomás exclui a subordinação (defendida por St°. Agostinho) do poder temporal ao poder espiritual – salvo no que disser respeito à salvação das almas –, afirmando expressamente que, "nas matérias respeitantes ao bem civil, deve-se obedecer mais ao poder temporal do que ao espiritual" ([15]), pode concluir-se com segurança (embora talvez com surpresa para muitos) que S. Tomás de Aquino confere um conteúdo muito restrito ao Direito Natural e um conteúdo muito mais amplo ao direito positivo. Note-se, em todo o caso, que o segundo também estava, segundo este Doutor da Igreja, subordinado à lei divina, expressa nomeadamente nos Dez Mandamentos, bem como no Antigo e no Novo Testamento, que constituíam a palavra revelada de Deus.

O Renascimento e o racionalismo: Grócio. – Em meados do século XV, cerca de duzentos anos depois da época de S. Tomás de Aquino, dá-se uma das maiores revoluções espirituais, morais e intelectuais que o Ocidente conheceu – o Renascimento. E à grande religiosidade envolvente típica da Idade Média sucede um humanismo de tendências algo pagãs, centrado no culto do Homem: como escreveu um grande nome do Renascimento italiano, Pico della Mirandola, "nada é mais admirável do que o Homem" (1487).

A razão humana, que em S. Tomás se integrava na razão universal criada por Deus e a ele subordinada, emancipa-se da tutela religiosa, e dá origem ao racionalismo individualista. O homem tem liberdade individual de pensamento, e já não está sujeito à doutrina oficial da Igreja quanto ao modo de entender o seu lugar no mundo, e a explicação deste. A Reforma protestante, o amoralismo político de Maquiavel, a centralização do poder real contra o feudalismo medieval, e a afirmação crescente da *"razão de Estado"*, desli-

---

([15]) V. a nossa *História das Ideias Políticas*, I, cit., pp. 187-188.

gada da religião e da moral, frente ao clero e à nobreza, estão na origem da grande transformação operada ([16]).

Todas estas transformações tinham obviamente de repercutir-se no modo de pensar o Direito. Elas não foram ao ponto de negar o jusnaturalismo: mas dividiram-no em duas correntes distintas. A par do *jusnaturalismo religioso*, com fundamento divino, que era o tradicional, surge o *jusnaturalismo racionalista*, de carácter filosófico, com fundamento humano. O seu principal arauto será o grande jurista e diplomata holandês, criador do moderno Direito Internacional, Hugo Grócio (1583-1645).

Não se pense que este autor foi um racionalista ateu: ele era e permaneceu sempre um homem religioso. Mas o carácter inovador do seu pensamento está em que conseguiu desligar o fundamento do Direito Natural da fonte ou autoria divina que todos lhe davam até aí, deslocando-o para a pura razão humana.

Eis a frase em que o fez, no célebre tratado *De jure belli ac pacis* ([17]) (1623): "assim como Deus não pode evitar que dois e dois sejam quatro, também não pode fazer que o justo deixe de ser justo ou o direito, direito". (...) "O direito natural é imutável, mesmo para Deus, e *sempre existiria, mesmo que Deus não existisse*" ([18]).

Portanto, o Direito Natural é um produto da razão humana, e não da vontade divina: existiria, ainda que Deus não existisse, e o seu conteúdo não pode ser alterado por Deus, mesmo que ele o quisesse alterar.

Porquê? Porque Grócio sustenta a autonomia do humano, face ao divino, e do racional, face ao religioso. Ao contrário da escolástica medieval, sobretudo tomista, para quem a razão (humana) era serva da revelação (divina), agora a primeira é uma fonte autónoma

---

([16]) Diogo Freitas do Amaral, *História das Ideias Políticas*, I, cit., pp. 193-194; e Luís Cabral de Moncada, *Filosofia do Direito e do Estado*, I, 2ª ed., "Coimbra Editora, Lda", Coimbra, 1955, pp. 92-96.

([17]) "Sobre o Direito da guerra e da paz".

([18]) V. a *ob. cit.*, I, I, 5 e *Prolegomena*, 11. Cfr. a versão de Cabral de Moncada, *ob. cit.*, pp. 162-163 (sublinhado nosso).

e independente do conhecimento em geral, e do conhecimento do justo e do injusto, em especial. "Como Galileu fundou a autonomia do conhecimento físico-matemático, Grócio fundou a autonomia do conhecimento do direito" ([19]). Foi um *homo modernus**; foi também um "laicizador de muitos conteúdos espirituais de certas soluções escolásticas" ([20]).

A partir dele, o *jusnaturalismo racionalista* teve continuadores e desenvolvimentos que lhe deram um novo fôlego.

A escola racionalista do Direito Natural (século XVIII). – Continuadores e inovadores, ao mesmo tempo, em relação a Hugo Grócio, foram os nossos já conhecidos Hobbes, Locke e Rousseau ([21]). Só que, enquanto até estes três grandes filósofos do Iluminismo, o Direito Natural era encarado, na perspectiva do Estado, como um tipo de direito *superior* ao direito positivo estadual, com eles o Direito Natural começa por ser encarado como *anterior* ao Estado, por isso que nasce e se afirma, primeiro que tudo, na situação de *estado de natureza*, em que ainda não há Estado, ou poder político. Por outro lado, com estes autores, já não se fala apenas, como dantes, numa lei ou direito natural *objectivos*, mas também na existência de certos direitos naturais *subjectivos*, pertencentes a todos os homens (o que hoje chamamos "direitos fundamentais", ou "direitos humanos").

a) Em Hobbes, no *Leviathan*, devido à concepção pessimista que ele perfilha sobre a condição humana, quando o Homem vive em *estado de natureza*, cada indivíduo procura sempre o máximo de felicidade e poder para si e para os seus, ainda que para tanto tenha de prejudicar, ou mesmo agredir, os outros homens. E como todos

---

([19]) Cassirer, citado por Cabral de Moncada, *ob. cit.*, I, p. 163.
([20]) Cabral de Moncada, *ob. cit.*, p. 164.
([21]) Ver António Truyol y Serra, *Compêndio de História da Filosofia do Direito*, suplemento da R.F.D.L., Lisboa, 1954, p. 84 e segs.

têm medo de todos, haverá sempre uma "guerra de todos contra todos". Daí resulta o medo permanente da morte.

A primeira lei da Natureza (*"law of nature"*) consiste, pois, em que "a cada homem é proibido fazer tudo quanto for destrutivo da sua vida ou reduzir os meios de a preservar". Isto gera a insegurança geral.

De onde decorre que a todos os homens o Direito Natural impõe o dever de procurarem a paz, e mantê-la; e que a todos ele confere o direito (subjectivo) de, por todos os meios ao seu alcance, se defenderem a si próprios, mesmo fazendo a guerra aos outros.

Mas, se os homens viverem em permanente "guerra civil", nenhum deles poderá estar seguro da sua vida ou dos seus bens. Surge, assim, a segunda lei da Natureza: que os homens consintam, quando os outros o consentirem também, em renunciar a uma parcela importante das suas liberdades, transferindo-as em conjunto para um Poder eficaz (o Estado), capaz de garantir – pela força, se necessário – a vida e a segurança de todos. Os homens devem, pois, associar-se e passar do *estado de natureza* ao *estado de sociedade*, criando um Poder absoluto, que a todos mantenha em respeito. Eis como o individualismo racionalista conduz, em Hobbes, a um *jusnaturalismo autoritário* [22].

b) Em Locke (1632-1704), sobretudo nos *Two Treatises on Civil Government* (1690), não há uma concepção pessimista, mas realista, da natureza humana: a maioria dos homens são bons, honestos, amantes da paz e respeitadores dos outros; mas há uma minoria de homens que são maus, desonestos e agressivos para com os outros. Daí que o Estado, ou *civil government*, seja indispensável, para proteger os primeiros e punir, ou até encarcerar, os segundos.

No *estado de natureza*, os homens nascem livres e iguais em dignidade e em direitos. E todos têm interesse em conservar a sua vida, a sua liberdade e a sua propriedade, para o que – se não forem

---

[22] Ver Truyol y Serra, *Compêndio*..., cit., pp. 87 a 91; e Diogo Freitas do Amaral, *História das Ideias Políticas*, I, cit., p. 351 e segs.

criminosos – respeitarão também a vida, a liberdade e a propriedade alheias. São estas as leis da Natureza. Em síntese, como diz alguém, "o princípio de cada um é a sua conservação pessoal; o princípio de todos é a conservação do género humano" ([23]).

O problema está em que a violação por alguns das leis da Natureza (ou Direito Natural) fica sujeita a uma punição anárquica, levada a efeito pelas vítimas contra os agressores, se estes não levarem a melhor, por serem mais fortes ou mais espertos. Para que a violação das leis da Natureza seja apreciada e julgada por órgãos competentes e imparciais, é preciso criar o Estado, ou *civil government*, passando do *estado de natureza* ao *estado de sociedade*.

Mas aqui há uma diferença essencial em relação a Hobbes: neste, os homens renunciam a quase todos os seus direitos para criar um *Estado absoluto*, dotado do poder mais forte possível; em Locke, os homens não renunciam aos seus direitos principais, ou não renunciam a eles na totalidade, mas apenas àquela parcela de direitos, ou naquela medida de restrições, que se revele necessária para criar um *Estado liberal*, dotado apenas do poder que for indispensável para ser eficaz, mas respeitador – em toda a medida do possível – dos direitos individuais dos cidadãos.

Eis como o individualismo racionalista pode conduzir, não já, como em Hobbes, ao jusnaturalismo autoritário, mas, muito diferentemente, a um *jusnaturalismo liberal* ([24]).

c) Finalmente, com Jean-Jaques Rousseau (1712-1778), no seu *Contrato Social* (1762), surge-nos uma visão profundamente optimista da condição humana: o homem é naturalmente bom (doutrina do "bom selvagem") e é a sociedade que o corrompe.

O *estado de natureza* é, aqui, uma paisagem idílica e bucólica: todos os homens livres e iguais, todos bons e pacíficos, todos respei-

---

([23]) Marcel Prélot – Georges Lescuyer, *Histoire des Idées Politiques*, 11ª ed., "Dalloz", Paris, p. 283.

([24]) Cfr. Truyol y Serra, *Compêndio...*, cit., pp. 95-96; e Diogo Freitas do Amaral, *História das Ideias Políticas*, II (apontamentos), Lisboa, 1998, p. 20.

tadores uns dos outros. As leis da Natureza são a liberdade, a igualdade e a paz de todos para com todos.

Dir-se-ia que, sendo isto assim, não haveria nunca necessidade de sair desta situação e de passar ao *estado de sociedade*: para quê submetermo-nos ao Estado, às suas leis, aos seus tribunais, às suas polícias e prisões, se todos podemos viver satisfeitos numa "anarquia benigna" onde reina a felicidade de cada um e o respeito por todos?

Rousseau considera que, em pleno *estado de natureza*, a necessidade de cultivar a terra, para assegurar a alimentação das famílias, e a consequente divisão da terra em lotes, de que cada um se apropria para sobreviver, vão fazer surgir sentimentos de inveja e agressividade que, a pouco e pouco, levam à prática, por alguns, de actos anti-sociais (furto, roubo, assalto, homicídio, etc.). Daí que os homens sintam a necessidade de, mediante um contrato igualitário – o *contrato social* –, criar o Estado, para defender e proteger os direitos de cada um, passando-se assim do *estado de natureza* ao *estado de sociedade*.

Mas Rousseau é um democrata: ele pretende que, no *estado de sociedade*, todos continuem livres e iguais, como nasceram e se mantiveram no *estado de natureza*, e não sejam súbditos submissos de um Poder alheio que os domine. Como alcançá-lo?

Rousseau defende um tipo especial de contrato social, em que os homens se dão ao Todo, ao Estado: "cada um dá-se a todos e portanto não se dá a ninguém, e adquire sobre qualquer associado o mesmo direito que sobre si mesmo lhe cede; todos ganham o equivalente ao que perdem e uma maior força para a conservação daquilo que possuem". Numa palavra, o cidadão submete-se, não a uma *vontade particular* superior, mas ao que Rousseau chama a *vontade geral*. (...) "A sociedade civil [o Estado] consiste na submissão à vontade geral e, quando em nome desta se emprega a força contra um indivíduo recalcitrante, não se faz mais do que *obrigá-lo a ser livre*" [25].

---

[25] Resumo feito por Truyol y Serra, *ob. cit.*, pp. 98-99.

Mas, para que o indivíduo e o Estado se confundam numa mesma democracia, não basta que o segundo seja formado pela vontade do primeiro: é preciso que todos votem as leis e todos elejam o poder executivo. Este pode e deve, na verdade, ser designado por eleição; mas a formação da vontade geral não pode ser delegada pelos cidadãos nos deputados, senão estes apropriam-se dela. "A vontade geral não é susceptível de representação e por isso reside no povo na sua totalidade": todos têm de votar cada lei, para que esta seja de facto uma expressão autêntica da vontade geral. Nasce daqui a *democracia directa*, que está sempre nas mãos dos cidadãos, ao contrário da *democracia representativa*, que fica nas mãos dos deputados (e dos partidos, podíamos hoje acrescentar).

Eis como o individualismo racionalista pode conduzir a um *jusnaturalismo democrático* [26]. Contudo, a democracia de Rousseau repousa apenas na vontade da maioria, e não se preocupa nem com a protecção das *minorias*, nem com o respeito dos *direitos individuais*, que a maioria possa pôr em causa. Por isso se tem chamado à democracia de Rousseau uma "democracia totalitária" – em franco contraste com a "democracia liberal" preconizada por Locke.

d) Que contributo útil deu a escola racionalista do Direito Natural para a afirmação e consolidação do jusnaturalismo? Tal contributo foi triplo.

Primeiro, a afirmação da existência de leis naturais no *estado de natureza* é uma confirmação, e um acrescento, à doutrina do Direito Natural, agora proclamado como anterior (e não apenas superior) ao Estado.

Segundo, a ideia de que a passagem do *estado de natureza* ao *estado de sociedade* se efectua através de um *contrato social*, celebrado entre todos os cidadãos de cada país, coloca o fundamento do poder político no povo soberano e atribui a este o poder constituinte oriundo da soberania popular. Do jusnaturalismo de origem divina

---

[26] Cfr. Truyol y Serra, *ob. cit.*, pp. 98-100.

passa-se para a democracia de origem humana. Recorde-se o pensamento de S. Tomás de Aquino: *omnis potestas a Deo per populum* (todo o poder vem de Deus *através do povo*) ([27]).

Terceiro, o jusnaturalismo racionalista gera a crença nos direitos e liberdades individuais de cada cidadão, que são anteriores e superiores ao próprio Estado, e que, por isso mesmo, este deve respeitar. Está aí a origem da moderna doutrina dos "direitos fundamentais", ou "Direitos Humanos". Estes, e a necessidade da sua protecção, são claríssimos em Locke, mas também não estão ausentes de Hobbes ([28]); só Rousseau os desconsidera.

De harmonia com esta concepção dos direitos individuais naturais, anteriores e superiores à lei positiva do Estado, tanto na Revolução Americana (1776) como na Revolução Francesa (1789) se fizeram *Declarações de Direitos*, inspiradas directamente no jusnaturalismo racionalista: é uma norma de Direito Natural que estabelece que os Homens nascem livres e iguais, e são dotados de direitos individuais inalienáveis, que o Estado deve respeitar ([29]).

O Direito Natural já não é, apenas, como no jusnaturalismo greco-romano e cristão, um conjunto objectivo de regras superiores, que validam ou invalidam as normas do direito positivo: ele é, também, agora, uma fonte de direitos subjectivos do indivíduo, que este pode contrapor vitoriosamente em tribunal face ao Estado, se o Estado os desrespeitar.

31. A fase da contestação do jusnaturalismo: o positivismo

O jusnaturalismo fez o seu caminho – longo, amplo e bem seguro de si –, como doutrina jurídica dominante no pensamento

---

([27]) Ver Diogo Freitas do Amaral, *História das Ideias Políticas*, I, cit., p. 177 e segs.
([28]) *Idem, idem*, p. 381 e segs.
([29]) V. a *Declaração de Independência* dos EUA, de 1776, § 2°; e a *Declaração dos Direitos do Homem e do Cidadão*, França, 1789, arts. 1°, 2° e 16°.

filosófico e teológico ocidental, desde o século V antes de Cristo até ao século XVI depois de Cristo.

No século XVII, porém, várias correntes de pensamento contestaram a existência do Direito Natural, sobretudo em França. Os "libertinos" chamaram a atenção para o ponto fraco de um Direito Natural eterno e universal: com efeito, segundo eles, "a variedade existente entre as opiniões humanas acerca do que é bom e justo prova suficientemente que nada o é por natureza" ([30]). Por outro lado, o católico Blaise Pascal (1623-62), pessimista como St°. Agostinho, não acreditava na capacidade do homem para, através da sua razão, descobrir verdades absolutas; nada mais díspar e contraditório do que as opiniões humanas sobre o justo e o injusto: "se fosse possível conhecer a justiça pela razão natural, a todos os povos ela se teria imposto. (...) Vê-la-íamos estabelecida por todos os Estados do mundo, e em todos os tempos, ao passo que [na realidade objectiva] não se vê nada de justo ou injusto que não mude de qualidade ao mudar de clima" ([31]). E o exemplo mais citado é o da escravatura: se esta é contrária à dignidade humana, e portanto deve ter-se por proibida pelo Direito Natural, como se explica que tenha existido na Grécia, em Roma, na Idade Média, e até mais tarde, sem crítica ou reacção de ninguém?

O certo é que estas formas variadas de contestação ao jusnaturalismo no século XVII não tiveram grande êxito: prova-o o enorme sucesso, na Europa e na América do Norte, obtido pelo jusnaturalismo racionalista, nas revoluções liberais do século XVIII (inglesa, americana e francesa).

A grande contestação, em força, do jusnaturalismo – ou dos dois jusnaturalismos – só viria a ter lugar, de ambos os lados do Atlântico, nos séculos XIX e XX, com o movimento filosófico do *positivismo*, que veio a ter uma inegável repercussão no campo do Direito, sob as vestes do chamado *positivismo jurídico*.

([30]) A. Truyol y Serra, *Historia da Filosofia do Direito e do Estado*, II, ed. "Instituto de Novas Profissões", Lisboa, 1990, p. 193.

([31]) Cfr. Truyol y Serra, *História...*, cit., II, pp. 193-194.

Nesta forte, e desde então muito influente, corrente de pensamento, destacaram-se os nomes de Léon Duguit (França), Hans Kelsen (Áustria) e dos ingleses John Austin e Herbert Hart.

Não sendo possível desenvolver aqui em pormenor o pensamento particular de cada um deles – que divergiam bastante entre si –, procuraremos fazer uma breve síntese do positivismo jurídico, na medida da sua negação do jusnaturalismo:

– Segundo a lei dos 3 estados (Comte), ao "estado teológico" seguiram-se, na história da humanidade, o "estado metafísico" e, por último, o "estado positivo ou científico", em que nos encontramos, que só aceita as regras ou verdades baseadas em factos reais, e não em supostas vontades divinas ou conjecturas meramente hipotéticas sobre a natureza humana;

– O chamado Direito Natural não é direito, porque não pode ter origem divina (Deus não existe), nem é aceitável como mera dedução feita pela razão humana de cada indivíduo (dado que "cada cabeça, sua sentença" e, portanto, qualquer pessoa pode inventar à sua maneira um Direito Natural diferente do do vizinho);

– O Direito Natural não é direito, porque não é promulgado por nenhuma autoridade social legitimada e reconhecida para o fazer;

– O Direito Natural não é direito, porque pretende colocar-se antes e acima do Estado, quando este é, na verdadeira realidade das coisas, o supremo legislador e o supremo juiz;

– O Direito Natural não é direito, porque o seu exacto conteúdo é desconhecido, e não há qualquer consenso (doutrinário ou jurisprudencial) sobre qual seja ou deva ser tal conteúdo;

– O Direito Natural não é uma lei eterna e universal, válida e imutável em todas as épocas e em todos os lugares: a experiência mostra que as leis e os costumes positivos variam de época para época, de lugar para lugar, de país para país, ou de tribo para tribo, não havendo nenhuma norma de conduta social (nem mesmo o mandamento "não matarás") que seja, e sempre tenha sido, adoptada como lei em todos os tempos e lugares;

– Basta ter presente, quanto à pena de morte, que ela existiu até há poucos anos na Europa e ainda hoje se mantém nos EUA e, quanto à escravatura, que os próprios jusnaturalistas só a condenaram tarde de mais, e que ela só foi efectivamente abolida no século XIX;

– O Direito Natural não é direito, porque a violação das suas regras não acarreta a imposição de quaisquer sanções;

– O Direito Natural não é direito, porque não tem vigência efectiva: não é aplicado, *como tal*, pelas autoridades políticas, administrativas ou judiciais dos vários países;

– O Direito Natural não é direito, porque, sempre que alguém pretende invocá-lo para desobedecer ao direito positivo, é este que acaba por prevalecer, e quem sofre sanções jurídicas por desobediência é o violador do direito positivo, e não o violador do Direito Natural (veja-se o caso exemplar de Antígona);

– A "purificação" do Direito exige o afastamento dele, e do seu estudo, de todos e quaisquer elementos extra-jurídicos, *v.g.* políticos, ideológicos, religiosos, sociais e morais. Ora o chamado Direito Natural é um desses elementos extra-jurídicos, que portanto deve ser expurgado da Ciência do Direito;

– O chamado Direito Natural não passa de um conjunto de valores, ideais, aspirações e concepções do homem, do mundo e da vida, que têm toda a legitimidade nos planos a que pertencem – filosofia, religião ou moral, e política –, mas que não são normas jurídicas;

– O Direito é um sistema de normas jurídicas, promulgadas, conhecidas, vigentes, e cuja violação dá lugar à aplicação de sanções jurídicas. Ora, nada disto se verifica no Direito Natural – que pode ser um conjunto de valores de justiça, de moral, de política, mas não é direito [32].

---

[32] Ver, entre os principais juristas positivistas, Léon Duguit, *Traité de Droit Constitutionnel*, 1911; Hans Kelsen, *Reine Rechtslehre*, 1960 (há trad. port., "Arménio Amado", Coimbra, 6ª. ed., 1984); John Austin, *The province of Jurisprudence determined*, 1832; Herbert L. A. Hart, *The concept of Law*, 1961 (há trad. port., ed. "Fundação Gulbenkian", 3ª ed., 2001).

O renascimento do Direito Natural no século XX. – A partir desta negação frontal, em toda a linha, do jusnaturalismo, os juristas dos séculos XIX e XX dividiram-se claramente em dois campos opostos – jusnaturalistas para um lado, positivistas para o outro.

E pouco ou nada debatiam entre eles: cada um se fechava na sua opinião, e nem sequer se dava ao trabalho de apreciar e tentar refutar a opinião contrária.

Até que, no final da 2ª Guerra Mundial, à luz das horríveis atrocidades cometidas pelos nazis, o jusnaturalismo conheceu uma espécie de renascimento – não era possível aceitar "aquilo" como direito; tinha de haver um Direito Natural que condenasse e invalidasse tal "direito", e que permitisse, ou mesmo impusesse, desobedecer-lhe. Mas os positivistas reagiram.

Os factos deram lugar a um vigoroso e estimulante debate intelectual no mundo anglo-saxónico, lamentavelmente pouco conhecido (ou desprezado...) no mundo latino-germânico. Dele vamos dar notícia – cremos que pela primeira vez em Portugal – no número seguinte.

Acrescentaremos apenas que tal debate, na Alemanha ocidental, profundamente traumatizada pelos horrores do nazismo, foi de tal modo intenso que o grande filósofo do Direito, Gustav Radbruch – positivista antes da guerra – se "converteu" ao jusnaturalismo depois de conhecidas as atrocidades nazis, sempre cometidas com a cobertura do direito positivo (perseguições étnicas, pena de morte aplicada pela polícia sem qualquer julgamento, prisão e deportação dos democratas opositores da ditadura e, pior que tudo, os campos de concentração para judeus, as câmaras de gás, o Holocausto) [33].

---

[33] G. Radbruch, *Filosofia do Direito*, trad. port., 6ª ed., "Arménio Amado", Coimbra, 1997; cfr. o prefácio da 3ª ed., da autoria do prof. Luís Cabral de Moncada.

32. O confronto entre as duas concepções: o debate Fuller--Hart (séc. XX)

O debate foi ainda mais vivo nos Estados Unidos da América. Tudo começou com uma sentença proferida por um tribunal da República Federal Alemã, em 1949. Vale a pena conhecer o caso concreto e as suas circunstâncias.

Mulher e marido viviam casados durante o regime nazi (1933-1945). As autoridades tinham promulgado uma lei que punia com penas pesadas quem proferisse declarações ofensivas para o Governo do *Reich*. Ora, o marido, nuns dias que passou em casa com folga do serviço militar que estava a cumprir, atacou e insultou vivamente Hitler em frente da mulher. Esta, que era uma ferrenha militante nazi, denunciou o marido à polícia. Imediatamente foi movido um processo-crime contra o responsável, que foi levado a julgamento e condenado à morte. (A sentença não chegou a ser executada e ele foi, como militar, logo enviado para a frente Leste).

Passada a guerra, e substituído o regime nazi por uma democracia pluralista na parte ocidental da Alemanha, a mulher do anti-nazi foi levada a julgamento num tribunal em 1949, acusada do crime de "privação de uma pessoa da sua liberdade", crime esse que teria cometido ao denunciar o marido.

A defesa da mulher foi estruturada em termos positivistas: ao tempo, havia uma lei, feita de acordo com as normas em vigor, que qualificava as ofensas ao *Führer* como crimes. Ao denunciá-las, ela limitou-se a cumprir e aplicar essa lei, que era o direito vigente a que ela devia obediência.

O tribunal, porém, decidiu com base numa argumentação jusnaturalista: a citada lei positiva era "contrária à sã consciência e ao sentido de justiça de todos os seres humanos decentes", e por isso não era válida. A mulher não a devia ter cumprido. Violou, pois, o Direito aplicável, ao contribuir para privar o marido da liberdade. Foi condenada [34].

Outros casos semelhantes foram, depois deste, julgados da mesma maneira [35].

O professor Hart criticou a decisão do tribunal alemão, de um ponto de vista positivista (1958) [36]. O professor Fuller respondeu no mesmo ano e no mesmo local, do lado do jusnaturalismo [37].

---

[34] J. G. Riddall, *Jurisprudence*, ed. "Butterworths", Londres, 1991, p. 73.
[35] *Ibidem*, p. 73.
[36] *Harvard Law Review*, n° 71, p. 593.
[37] *Idem, idem*, p. 630.

Hart replicou em 1961 no seu livro *O conceito de Direito* ([38]). Fuller respondeu no livro *A moralidade do Direito* em 1964 ([39]). Hart ainda contra-argumentou em 1967.

E o debate continua, através dos seguidores de um e de outro.

Na impossibilidade de reproduzir aqui, passo a passo, as várias fases do debate, faremos uma síntese dos pontos de vista de cada um.

Fuller, como jusnaturalista, aplaudiu a decisão do tribunal alemão. Citando S. Tomás de Aquino, considerou que *lex injusta non est lex*★. E que o tribunal teve razão ao aferir a validade da lei nazi em função de valores superiores ao direito positivo – aquela lei era contrária à "sólida consciência" e ao "sentido de justiça" de qualquer "pessoa decente". Portanto, violava o Direito Natural. Logo, não tinha de ser cumprida, nem devia sê-lo. Se o foi, por excesso de zelo – levando a mulher a denunciar o próprio marido, por desabafos que este fazia em casa... –, então quem actuou ilegalmente foi a mulher, e é ela que merece ser punida.

O prof. Fuller defende que o Direito, para ser válido, tem de possuir um *conteúdo moral intrínseco* ("the inner morality of law"); se esta faltar, não se pode exigir que as pessoas cumpram a lei. Portanto, a validade e a obrigatoriedade das leis depende da sua "moralidade intrínseca", ou seja, deve ser medida em função de *critérios supra-legais*, que a podem invalidar. É uma posição jusnaturalista típica.

Pelo seu lado, o prof. Hart, como positivista convicto, criticou a sentença do Tribunal alemão de 1949, bem como as posições do seu colega Fuller.

Por um lado, Hart defende que só a lei positiva, devidamente escrita, promulgada e publicada no boletim oficial do Estado, constitui Direito. E sustenta que esse Direito – o direito positivo – é

([38]) Há tradução portuguesa, "Fundação Gulbenkian", 3ª ed., 2001.
([39]) Lon L. Fuller, *The morality of law*, "Yale University Press", New Haven--Londres, 1964-1969.

sempre obrigatório para todos os cidadãos, enquanto estiver em vigor, independentemente de o conteúdo da lei ser imoral ou injusto [40].

Para Hart, portanto, o Tribunal alemão de 1949 decidiu mal: misturou considerações jurídicas com argumentos extra-jurídicos para invalidar uma lei que, do ponto de vista jurídico, era válida e obrigatória. Ora, o Direito torna-se frouxo, inseguro, de obrigatoriedade duvidosa, se for consentido a qualquer autoridade pública, a qualquer tribunal, e a qualquer cidadão, colocar a sua consciência individual, as suas posições políticas ou religiosas, e as suas opções morais meramente pessoais, acima das leis do Estado, podendo, a seu bel-prazer, criticá-las, considerá-las inválidas e, até, desobedecer-lhes: será o princípio da anarquia (recorde-se que já era este o principal argumento de Sócrates).

Por razões de segurança, as leis positivas devem presumir-se morais e justas, e não devem poder ser consideradas inválidas pela consciência do juiz, do funcionário, ou do cidadão.

Quer isto dizer que o prof. Hart aceitava, passivamente, complacentemente, as leis nazis cujo conteúdo fosse imoral ou injusto? De modo nenhum: Hart era um democrata, que não suportava – e sempre condenou – o regime nazi.

O que ele diz é que saber se o conteúdo de uma certa lei positiva é moral ou imoral não é um problema jurídico, mas sim um problema moral. E o mesmo pensa, *mutatis mutandis*, sobre a lei injusta.

Portanto, se o cidadão ou o juiz considera imoral ou injusta uma lei, o que tem a fazer não é considerá-la juridicamente inválida, por suposta violação do Direito Natural, mas sim declará-la inaceitável do ponto de vista moral, ou da justiça, ou de outro qualquer ponto de vista extra-jurídico (político, religioso, filosófico, etc.) – e combater a lei neste plano, mas não enfraquecê-la, ou invalidá-la, no plano jurídico.

---

[40] Cfr. o art. 8º, nº 2, do nosso actual CC, que estranhamente, dado os seus autores serem jusnaturalistas, segue esta mesma orientação.

Hart vai mesmo ao ponto de declarar:

"O que certamente é mais necessário, com vista a tornar os homens clarividentes ao confrontarem-se com o abuso do Poder, é procurar que eles mantenham a clara noção de que a certificação de uma lei como juridicamente válida não é concludente quanto à questão da obediência, e de que, por maior que seja a aura de majestade e autoridade que o sistema jurídico possa aparentar, as suas pretensões devem sempre, no fim de contas, ser sujeitas a um controlo moral. (...) A posição positivista obriga as pessoas a confrontar-se, sem subterfúgios, com a seguinte questão: "Esta lei *é* a lei. É ela tão má que tu estejas disposto a desobedecer-lhe e a sofrer as consequências?"

E a terminar, afirma:

"Esta orientação, segundo a qual há qualquer coisa *fora* do sistema jurídico, por causa da qual, em última análise, o indivíduo tem de resolver os seus problemas de obediência [ou desobediência], é seguramente mais adequada a manter-se viva entre aqueles que estão habituados a pensar que as regras do Direito podem ser iníquas, do que entre aqueles que pensam que nada de iníquo pode em qualquer caso ter o estatuto de direito [válido]" ([41]).

Que pensar deste confronto de ideias tão interessante? Cremos poder começar por sublinhar que tanto Fuller como Hart reconhecem a existência de valores e critérios *supra-legais*, que devem servir para ajudar o cidadão comum, tal como o juiz ou o funcionário, a perguntar a si mesmo e a decidir, por vezes correndo graves riscos, se há-de obedecer ou não a uma determinada lei iníqua. O ponto em que eles divergem é este: Fuller, porque acredita no Direito Natural, deduz deste a *invalidade jurídica* da lei imoral ou injusta, e dessa invalidade extrai o *direito* (às vezes, mesmo, o *dever jurídico*) de

---

([41]) Hart, *O conceito de Direito*, cit., p. 223 e segs. (p. 227 da ed. portuguesa).

os cidadãos e as autoridades se recusarem a cumprir o disposto em tal lei; Hart, porque não acredita no Direito Natural, considera juridicamente *válida* qualquer norma produzida de acordo com as regras em vigor sobre elaboração das leis, independentemente do seu conteúdo; se este for imoral ou injusto, isso não acarreta nem a invalidade jurídica da norma, nem o direito de lhe desobedecer; o que põe é um problema político ou de consciência ao indivíduo, isto é, o problema de saber se há-de ou não desobedecer, sabendo no entanto que, se o fizer, se sujeita às sanções prescritas na lei positiva para quem a desacatar.

No nosso modo de ver, a questão que temos vindo a estudar pode ser sintetizada da maneira seguinte: para os jusnaturalistas, o problema da desobediência à lei iníqua pode ser resolvido, e bem resolvido, dentro do sistema jurídico e, se for caso disso, nos tribunais; para os positivistas, o mesmo problema é insusceptível de solução jurídica, obrigando necessariamente os dissidentes, contrários à lei ou a todo um regime político, a desviarem a sua luta contra a iniquidade para o terreno político. Se aí ganharem, ficarão juridicamente absolvidos das sanções em que incorreriam por violação do direito positivo; se perderem, essas sanções ser-lhes-ão impostas implacavelmente: *dura lex sed lex*★.

33. Situação actual do problema

Actualmente, quase não há debate deste tão importante e interessante problema: em Portugal, os jusnaturalistas defendem abertamente o Direito Natural, os positivistas evitam tomar posição sobre o assunto [42]; no resto do mundo ocidental, os autores de influência

---

[42] No nosso país, dá-se um fenómeno curioso: os jusnaturalistas professam abertamente a sua posição, mas na prática agem quase sempre como verdadeiros positivistas; estes evitam declarar-se como tais, mas obviamente actuam como positivistas. Parafraseando um importante líder do associativismo agrícola, recentemente falecido, poderia dizer-se: os jusnaturalistas professam, mas não praticam; os positivistas não professam, mas praticam.

católica ou, mais amplamente, cristã, tendem a ser jusnaturalistas, ao passo que os agnósticos e os ateus são em regra positivistas.

Mas o problema, como problema da Ciência do Direito e da Filosofia do Direito, permanece. E a cadeira de Introdução ao Direito serve muito bem para uma clara, ainda que breve, discussão do problema.

Vamos, seguidamente, discuti-lo e apresentar – com todo o respeito pelas demais – a nossa opinião pessoal.

Desde sempre nos afirmámos defensores do jusnaturalismo – *cristão*, quanto ao fundamento, e *liberal*, quanto ao conteúdo.

Hoje, porém, o problema tem de ser visto, em parte, a outra luz, porquanto, por um lado, vivemos constitucionalmente num *Estado laico* e, por outro, somos, também por força da Constituição, um *Estado social*.

Apesar de vivermos num Estado laico, ninguém nos impede de, no exercício da nossa liberdade de consciência (CRP, art. 41°, n° 1) e da nossa liberdade de expressão (*id.*, art. 37°, n° 1), continuarmos a acreditar no Direito Natural cristão ([43]).

Mas o facto de o Estado ser laico, e de haver separação entre o Estado e as igrejas e outras comunidades religiosas (CRP, art. 41°, n° 4), impede qualquer advogado de defender, bem como qualquer autoridade ou juiz de aplicar, normas de Direito Natural *por serem de origem divina*: um Estado laico não pode reconhecer, ou negar, a existência de Deus.

De modo que, se quisermos professar um jusnaturalismo susceptível de ser aceite e aplicado pelas autoridades públicas do nosso país, nomeadamente os tribunais, teremos de defender, *nesse plano e para esse efeito*, um jusnaturalismo racionalista (muito embora possamos continuar, *na nossa consciência pessoal, religiosa ou filosófica*, a considerar que em último termo o Direito Natural tem origem divina).

Este dualismo de posições não tem nada de contraditório: eu posso chegar, pela minha razão, à formulação das regras do Direito

---

([43]) Cfr., por todos, Giovanni Ambrosetti, *Diritto Naturale Cristiano*, cit., *passim*★.

Natural e, *simultaneamente*, entender que esse direito se integra na ordem cósmica universal criada por Deus e regida pela lei divina ou pela lei eterna. Aliás, já S. Tomás de Aquino articulou coerentemente um tal dualismo, ao dizer, com todas as letras, que "a lei natural é a participação dos seres criados na razão estabelecida pela lei eterna", definida esta como "lei geral do universo estabelecida por Deus para todos os seres por ele criados" ([44]).

Podemos, pois, legitimamente e sem contradição, *perfilhar* um jusnaturalismo cristão, mas *alegar* em tribunal apenas um jusnaturalismo racionalista, certamente inspirado pelo primeiro. Tal e qual como podemos acreditar que a regra "não matarás" faz parte do Direito Natural e, todavia, num caso de homicídio, limitarmo-nos a alegar em tribunal a proibição de matar constante do artigo 131º do CP português.

Por outro lado, na esteira de Locke, sempre propugnámos, e continuamos a sustentar, um jusnaturalismo *liberal*, no sentido político do termo (Estado democrático, protector dos direitos fundamentais do cidadão, e por eles limitado). Contudo, no plano das funções económico-sociais do Estado, na transição do séc. XIX para o séc. XX, passou-se do *Estado liberal* para o *Estado social*, intervencionista, promotor do desenvolvimento económico, e garante dos direitos económicos, sociais e culturais do cidadão. O nosso jusnaturalismo é, assim, *liberal-social*, quer dizer, liberal no plano político, e social no plano económico.

Definida a nossa posição de base, consideremos agora o debate entre jusnaturalistas e positivistas: esse debate é, a nosso ver, em larga medida, estéril. Porque os defensores de ambas as correntes de pensamento – vimo-lo bem no confronto Fuller-Hart – não aceitam passivamente, como cidadãos, qualquer direito positivo. Não aceitam, nomeadamente, um direito positivo tirânico, autoritário ou totalitário: são todos, *hoc sensu*, politicamente liberais.

([44]) Ver a nossa *História das Ideias Políticas*, I, cit., pp. 172-173.

De facto, uns e outros reconhecem facilmente que há *valores humanos fundamentais* acima do direito positivo, e que este, ou os serve – e é legítimo –, ou os ignora e espezinha – e é ilegítimo. O direito positivo não é a realidade jurídica suprema: acima dele há valores humanistas que o condicionam e que, conforme os casos, o tornam aceitável ou inaceitável, bom ou mau, merecedor de defesa ou de ataque.

Por ex.: se uma lei positiva mandar o Estado matar, por inúteis à sociedade, todas as crianças que até aos 12 anos não tenham conseguido completar a instrução primária, ou, pelo mesmo motivo, ordenar a morte de todos os cidadãos com mais de 70 anos que se tenham tornado inaptos para qualquer actividade económica ou social – tanto os jusnaturalistas (democratas) como os positivistas (democratas) sentirão fortíssima repulsa por essas duas leis, criticá--las-ão com o maior vigor, e tudo farão para que elas nunca venham a ser aplicadas a ninguém.

Sobre isto, que é o essencial, há felizmente acordo, na actualidade, entre os jusnaturalistas e os positivistas, desde que democráticos e humanistas, uns e outros.

A divergência começa neste ponto: tais leis, porque contrárias ao Direito Natural, são inválidas (*lex injusta non est lex**), pelo que se lhes não deve obediência? Ou, sendo leis positivas em vigor, são direito válido e obrigatório, justificando-se no entanto uma fortíssima campanha política que conduza à sua revogação? O problema tem solução *jurídica*, ou só tem solução *política*?

São estes os termos e os limites do debate actual entre os jusnaturalistas democratas e os positivistas democratas (para um totalitário, de direita ou de esquerda, o problema não faz sequer sentido: a lei positiva é sempre obrigatória, porque exprime a vontade do Poder, e este tem de ser sempre obedecido).

Claro está que os nossos alunos – bem como os nossos leitores – têm, nesta como em todas as outras matérias, plena liberdade de opinião, e não têm de concordar connosco. Mas nós julgamos ter o direito – e o dever – de dizer qual é a nossa posição neste debate.

Porque nos inclinamos para o jusnaturalismo, e não para o positivismo? Por três razões principais:

a) Em primeiro lugar, porque uma boa parte dos valores humanistas supra-legais, que permitem aferir da legitimidade ou ilegitimidade do direito positivo, são valores essencialmente jurídicos – *v.g.*, a justiça, a segurança, e a protecção dos direitos humanos. Nesta medida, pelo menos, tais valores têm carácter jurídico e podem ser incluídos na camada superior do Direito – na axiologia jurídica ([45]). Só se se tratar de valores religiosos, morais ou meramente políticos, sem qualquer conotação jurídica, é que não têm carácter jurídico, pelo que terão de ficar de fora do Direito Natural, tal como o entendemos: mas isso sempre ficariam. O Direito Natural não é, nem nunca pretendeu ser, constituído por valores ou normas sem carácter "jurídico", sejam elas puramente religiosas, morais ou políticas. (Por ex.: nunca ninguém defendeu que o 1º Mandamento confiado a Moisés – "Adorarás o Senhor teu Deus" – fosse uma norma de Direito Natural; o seu conteúdo é puramente religioso). Temos, portanto, que os valores supra-legais que constituem o Direito Natural são todos os que – mas apenas os que – revestirem a natureza de valores jurídicos.

b) Em segundo lugar, a ideia de Direito Natural é, a nosso ver, a única que permite validar ou invalidar, e por isso fundamentar juridicamente, uma Revolução.

Qualquer Revolução é, por definição, um acto de força: é um modo violento de derrubar um sistema jurídico-político e de o substituir por outro. No plano do positivismo jurídico, uma Revolução é sempre um crime – o crime de "alteração violenta do Estado de Direito" (CP, art. 325º) – e a pena que lhe é aplicável é, nos termos da lei, mais grave se a Revolução triunfar do que se falhar, ou for apenas tentada, ou vier a ser abandonada a meio.

([45]) *Axiologia* significa "filosofia dos valores".

Mas a realidade das coisas não é essa: quem conduz uma Revolução triunfante é considerado como não tendo praticado nenhum crime – é aclamado como vencedor e elevado ao topo do Poder político; criminosos e submetidos a julgamento serão (ou poderão ser) os que tiverem defendido o regime deposto.

O positivismo jurídico não tem uma solução jurídica para este dilema: como explicar que um acto de força, um facto ilícito, contrário ao direito vigente, derrube legitimamente uma ordem jurídica positiva e a substitua por outra, porventura oposta, que de repente passa a ser tão "positiva" e obrigatória como a anterior?

Qual o valor jurídico legitimador de um puro facto violento, ilícito, contrário ao direito positivo? Claro que politicamente a Revolução pode ser defendida; mas como explicá-la e fundamentá-la juridicamente?

A resposta dos positivistas é que o fundamento do Direito é o seu reconhecimento pela comunidade a que se aplica. O que, a nosso ver, resolve meio-problema – quando o reconhecimento é voluntário e livre –, mas deixa sem solução o caso dos regimes totalitários – que se impõem pela força e pelo medo.

O jusnaturalismo tem solução para o mesmo problema: se o regime derrubado era *ilegítimo* (muito ou pouco, não importa), ele não estava em conformidade com o Direito Natural e, portanto, quem o derrubou e substituiu por outro violou o direito positivo vigente, é certo, mas respeitou ou executou o Direito Natural, que lhe dava o direito ou lhe impunha o dever de o fazer. E, segundo o CP (art. 31º), o facto descrito em princípio como crime não é punível – *rectius*: não é crime –, se for praticado ao abrigo de uma "causa de exclusão da ilicitude", nomeadamente o *exercício de um direito* ou o *cumprimento de um dever* (art. 31º, nº 2, als. b) e c)). Do ponto de vista do jusnaturalismo (democrático), portanto, a Revolução não é um crime, desde que vise pôr termo a uma ditadura e substituí-la por uma democracia: é um acto *lícito*, ou mesmo um acto *devido*, assim qualificado (já se vê), não pelo direito positivo derrubado, mas pelo Direito Natural, que a seguir legitimará o estabelecimento de um novo direito positivo, supostamente mais justo.

Já para os positivistas, uma Revolução que substitua uma ditadura por uma democracia tem de ser considerada, *hélas!*, como um acto violento e ilícito à face do Direito, que o triunfo político dos revoltosos apagará e evitará que seja punido, apenas porque de subversivos se transformaram, *de facto*, em vencedores.

Em Portugal, o problema da legitimidade da Revolução de 25 de Abril de 1974 foi posto nos tribunais e chegou até ao Supremo Tribunal de Justiça.

O General Silvino Silvério Marques e mais 17 cidadãos portugueses – todos adeptos do Estado Novo ou, pelo menos, da sua política ultramarina, contrária à descolonização – participaram criminalmente contra os principais dirigentes políticos dos anos de 1974-75 (Mário Soares, Costa Gomes, Otelo Saraiva de Carvalho, membros dos Governos Provisórios, do Conselho de Estado e do Conselho da Revolução), por terem separado da "Mãe-Pátria" as suas colónias ou províncias ultramarinas, no âmbito do "processo de descolonização" então levado a efeito.

Embora perdendo na 1ª instância e na Relação de Lisboa, os queixosos não se conformaram e recorreram da decisão desta para o Supremo Tribunal de Justiça.

Sem entrar aqui em pormenores, diremos apenas que, em 1982, o Supremo ordenou o arquivamento do processo (e, portanto, nem sequer permitiu o julgamento de fundo da queixa), por entender que todo o processo da descolonização foi conduzido em obediência a *leis constitucionais* que o autorizaram, elaboradas pelos órgãos competentes saídos da Revolução (*v.g.*, Presidente da República e Conselho de Estado).

Ora, diz o Supremo Tribunal de Justiça a dada altura, "essas leis são também leis constitucionais – tão válidas como quaisquer outras. *Pôr em causa tais leis é pôr em causa a legitimidade do movimento do 25 de Abril*" (sublinhado nosso) ([46]).

Pois bem: o nosso mais alto tribunal da ordem judicial teve de recorrer, para julgar, à declaração de que "a Revolução do 25 de Abril de 1974 foi legítima". Mas o que é que pode tornar legítima uma Revolução que viola todo o direito positivo em vigor? Só uma permissão especial dada por um direito superior ao direito positivo: isto é, a nosso ver, só pelo Direito Natural – aqui constituído pela regra de que é legítimo derrubar uma ditadura para a substituir por uma democracia.

O S.T.J. teve o cuidado – para evitar polémicas – de não mencionar o Direito Natural: mas o acórdão citado é, manifestamente, em nosso entender, um caso recente de aplicação do jusnaturalismo por uma das mais altas instâncias judiciais do nosso país.

([46]) Ver o acórdão do S.T.J., de 20 de Janeiro de 1982, no B.M.J., 313, pp. 202-208.

c) Em terceiro lugar, o jusnaturalismo tem sobre o positivismo a grande vantagem, no plano da paz social, de permitir conduzir – pelo menos numa primeira fase – o combate contra as leis injustas ou imorais *dentro do aparelho judicial*, enquanto o positivismo não dispõe de armas jurídicas para efectuar essa luta, e só pode travá-la no plano político, porventura em manifestações de rua e com amplas movimentações de massas populares, que comportam sempre um certo risco para a paz social. Transferir da rua para os tribunais a luta contra uma lei injusta ou imoral – é sempre um progresso civilizacional, e constitui, a nosso ver, um privilégio do jusnaturalismo.

Vejamos alguns exemplos:

a) *Durante um regime não-democrático*:
- O Direito Natural fundamenta o direito à crítica das leis e o direito de petição reclamando a sua revogação;
- O Direito Natural fundamenta o direito à desobediência e, em último termo, à insurreição;
- O Direito Natural pode excluir a ilicitude ou a culpa de certos crimes políticos (por ex., recusa de prestação de serviço militar).

b) *Em período pós-revolucionário*:
- Quem for perseguido judicialmente por crimes políticos cometidos antes da Revolução, se não houver amnistia, pode ser absolvido, por, à luz do Direito Natural, tais factos não serem crimes;
- Quem for acusado, depois da Revolução, por factos que eram crimes antes dela mas agora já não o são (por ex., o caso acima citado da descolonização), será absolvido porque o Direito Natural conferiu legitimidade aos factos dantes qualificados como crimes, agora tornados lícitos.

c) *Durante um regime democrático*:
- O Direito Natural pode ser invocado como causa de exclusão da ilicitude ou da culpa, nos casos de desobediência a leis positivas que o violem;

- O Direito Natural fundamenta, em várias situações, a legitimidade da *objecção de consciência* invocada para não cumprir certos deveres legais (por ex., o serviço militar; a prática do aborto por médicos cuja consciência a tal se oponha; amanhã, porventura, a mesma solução contra a eutanásia; etc.).

Note-se que o Direito Natural, embora incorpore no seu âmbito vários preceitos religiosos, morais e de justiça, não pode ser confundido com a Religião, nem com a Moral, nem com a Justiça.

Sendo verdadeiro Direito, distingue-se da Religião e da Moral nos termos que a seu tempo vimos diferenciarem claramente estas três ordens normativas (v. *supra*, cap. 4).

Por outro lado, também não se confunde com a Justiça, porque, enquanto autêntico Direito, abrange igualmente os valores da Segurança e do respeito dos Direito Humanos. A "prisão preventiva" de um suspeito, quando não prolongada por um período desproporcionadamente longo, deve considerar-se permitida pelo Direito Natural – e, contudo, como vimos (cap. 2), o seu fundamento não é a Justiça mas a Segurança. O Direito Natural, como todo o Direito, não tem apenas por fim a prossecução da Justiça, embora esta seja o seu fim principal.

34. Cont.; refutação dos principais argumentos positivistas

Muitos dos argumentos dos positivistas foram, na fase inicial, dirigidos contra o jusnaturalismo cristão, por juristas ou filósofos não--crentes, mas não procedem contra o jusnaturalismo racionalista, que defendemos para fins operacionais adentro do actual sistema jurídico.

Os positivistas também atacam o pretenso carácter universal e perpétuo do Direito Natural: mas parece evidente que só o núcleo duro, o mínimo essencial, do Direito Natural (que tem a ver com o respeito devido à *dignidade da pessoa humana*: CRP, art. 1º) é que deve considerar-se universal e perpétuo; o resto – como tudo o que é humano – vai evoluindo no tempo, tem carácter histórico, e comporta diferenças no espaço. Por isso, um conhecido autor alemão, Stammler, defendeu a existência de um Direito Natural "de conteúdo variável" (para além de um núcleo central, imutável), o que nos parece adequado e razoável ([47])([48]).

Alegam também os positivistas, contra o Direito Natural, que este não pode ser considerado verdadeiro direito, por isso que não impõe sanções aos seus violadores, não tem força ou eficácia jurídica, e não tem vigência.

Ora, parece-nos que a imposição de sanções é uma característica do direito positivo, mas não tem por que ser, necessariamente, um elemento essencial do Direito Natural – que pode ter apenas uma *vis directiva*, mas não dispor, ao menos em regra, de *vis coactiva*. Não se esqueça, em todo o caso, que, em situações como a do tribunal alemão de 1949, ou a do nosso Supremo Tribunal de Justiça em 1982, a vigência efectiva e a *vis coactiva* do Direito Natural são inegáveis.

O conteúdo do Direito Natural é difícil de conhecer e só se encontra, mais ou menos vagamente detalhado, nas obras doutrinárias de alguns juristas? Pois é: é exactamente o mesmo que acontece com o *costume* e com os *princípios gerais de Direito* – e ninguém duvida de que ambos são fontes do Direito (v. adiante).

Também se argumenta contra o Direito Natural, mais recentemente, com a ideia de que pretender fundar esse direito na Razão

---

([47]) Ver Rudolf Stammler (1856-1938). Sobre este autor, cfr. Albert Brimo, *Les grands courants de la philosophie du Droit et de l'État*, 3ª ed., "A.Pedone", Paris, 1978, pp. 156-158.

([48]) O ponto mais frágil (reconhecemo-lo) desta concepção do Direito Natural como sistema centrado na dignidade da pessoa humana é o facto da existência da "escravatura", durante séculos, sem protestos de ninguém. A nossa opinião é a de que nem sempre a ilegitimidade natural de uma instituição humana é imediatamente perceptível pela Razão dos contemporâneos, havendo casos como esse em que só o "julgamento da História" permite extrair conclusões consistentes.

humana é excluir da racionalidade – e, portanto, da humanidade – quem não for capaz de, pelas luzes da sua razão, descobrir o Direito Natural ou acreditar nele: os positivistas seriam, para os jusnaturalistas, homens irracionais ou seres infra-humanos. Este argumento, porém, não nos convence. Não faz parte do Direito Natural, tal como o concebemos, qualquer pretensão absolutista do tipo "ou crês ou morres". Os jusnaturalistas (democráticos) respeitam plenamente quem não pense como eles e, em especial, quem negue a existência do Direito Natural. O que estão é convencidos de que, pelo facto de o Direito Natural existir, quem o violar fica sujeito às consequências sociais e jurídicas de tal violação: nada mais. O mesmo pode acontecer com os positivistas em relação ao direito positivo: se, por razões políticas ou filosóficas, o considerarem ilegítimo, ninguém os considerará irracionais ou infra-humanos; mas arriscam-se a ver-lhes aplicadas as sanções previstas para quem violar a norma positiva.

E qual vem a ser, então, afinal de contas, o núcleo essencial do Direito Natural? Pois, como já demos a entender, tal núcleo é constituído por *todos os valores, normas e princípios que tenham a ver com o respeito devido à dignidade da pessoa humana, na sua tripla dimensão política, económica e social.*

Uma última nota para acentuar que, nos dias de hoje, a importância prática e efectiva do Direito Natural está bastante reduzida, na medida em que a grande maioria dos seus preceitos e valores foram sendo incorporados no direito positivo – Constituição, Declarações de Direitos, e Códigos Penais. É o chamado Direito Natural *positivo* (Paulo Cunha) [49] ou, talvez melhor, *positivado*.

Mas nem assim se perde a importância dos valores e normas que, sendo de Direito Natural, se encontrem positivados: é que, se o legislador positivo as revogar, de novo surgirá aí uma contradição a resolver entre o direito positivo e o Direito Natural, a qual terá de ser decidida – segundo os jusnaturalistas – pela prevalência deste sobre aquele.

---

[49] Paulo Cunha, *Introdução ao Estudo do Direito*, lições recolhidas por António Maria Pereira (Filho), Lisboa, 1948-49, p. 269 e segs., em especial p. 285.

35. Uma concepção mais ampla do Direito

Chegamos, pois, à conclusão de que há duas espécies diferentes (e não apenas uma) de *Direito objectivo*: este reparte-se, com efeito, em Direito Natural e direito positivo.

Ora, se há duas espécies, tem de haver, necessariamente, um género comum. Qual é ele? Como se define?

Por outras palavras: o que é que há de comum entre o Direito Natural e o direito positivo, que faz deles duas espécies do género "direito"?

Temos para nós que a resposta assenta no seguinte: o Direito, em sentido amplo, é o *sistema de valores, normas e princípios que têm em vista a regulação das condutas dos indivíduos e suas organizações na vida em sociedade, a fim de nela fazer respeitar a justiça, a segurança e os direitos humanos.*

Neste Direito em sentido amplo cabem, obviamente, o *direito positivo* (sistema de normas jurídicas cuja violação acarreta a imposição de sanções) [50], mas também outras formas ou modalidades de *direito não positivo* – o Direito Natural, a Equidade (que a lei opõe a "direito estrito", pressupondo a existência de um "direito mais amplo") e, bem assim, os critérios genéricos (se os houver) que orientem o juiz no uso do seu "prudente arbítrio" e a Administração Pública no exercício do seu "poder discricionário" [51].

36. Apontamento final

Como vemos, desde sempre se tem discutido se a par das leis dimanadas das autoridades competentes não há normas superiores que orientam os homens, proibindo-lhes determinados comportamentos ao mesmo tempo que lhes permitem ou mesmo impõem alguns outros.

---

[50] V. *supra*, caps. 2 e 3.
[51] Ver adiante, vol. II.

Do que se trata é de saber se o agir humano é normativamente decalcado do que diz a lei ditada pelo poder instituído na comunidade a que pertence – a lei da cidade, a lei do reino, a lei do Estado – ou se o homem não deve também obediência a uma ordem normativa que é exterior à lei positiva e que com ela coexiste. Se assim é, como deve o homem agir sempre que verifique uma contradição entre essa ordem e a lei? O que devo fazer se, ao mesmo tempo, de acordo com a primeira me é proibido fazer algo que a segunda me impõe como obrigatório?

O problema só faz sentido se questionarmos a legitimidade da própria lei e admitirmos que a circunstância de ela provir da autoridade reconhecida como competente, só por si, não a isenta de ter de ser materialmente conforme a um plano de valores que é representado pela comunidade como padrão de validade das normas a que ela aceita submeter-se. Só essa conformidade faz da lei uma lei justa. Esta ideia está já presente no pensamento de Aristóteles: "[...] tornamo-nos justos praticando justiça, comedidos com acções comedidas, e corajosos revelando coragem. O mesmo se diga em relação ao governo das cidades, onde qualquer legislador procura tornar bons os cidadãos habituando-os a leis boas. Aquele de entre os legisladores que o não faça falha o alvo, e por aqui se pode ver como um sistema político bom se distingue de um mau sistema" ([52]).

Como vemos, já os Antigos não pactuavam com o *voluntarismo* cego que fez curso em períodos posteriores (p. ex., com Santo Agostinho) que afirmava não serem leis justas a fazer do poder instituído um poder justo, mas que as leis são justas por provirem do poder ou, numa outra formulação, *quod principi placuit, legis habet vigorem*★, antes punham a descoberto a contingência do direito positivo – aquele que é posto pelo poder – em relação à imutabilidade (continuidade temporal) e universalidade (continuidade espacial) das leis naturais.

([52]) Aristóteles, *Ética a Nicómaco*, II, 1, 1103a36-1103b6.

A postulação de uma asserção desta natureza decorre de pressupostos que foram variando. É fácil de ver que, enquanto se cria na origem providencial do poder, jamais se podia admitir a injustiça de um rei legítimo.

O fôlego com que a escolástica impregnou o discurso jurídico, levado à conta de uma releitura dos textos aristotélicos, permitiu reintroduzir uma atitude racionalista em que se procura na ordem natural do mundo e na coerência das coisas o suporte para legitimar a decisão política, o que vale por dizer que uma lei que não espelhe essa mesma ordem não pode ser tida como justa.

Em tempos mais recentes, o positivismo, que fez furor nos finais do séc. XIX e que continua ainda hoje a granjear a militância de muitos juristas, pode explicar-se pela necessidade, de então para cá sentida, de purificar o Direito. Um autor, Hans Kelsen (1881--1973), levou mesmo este desiderato ao extremo e concebeu uma "Teoria pura do direito" (*Reine Rechtslehre*).

Como sobre os juristas recaía um arsenal pesado de críticas que punha em causa o carácter científico do seu método, havia que lançar pela borda fora tudo o que no discurso jurídico pudesse pôr em causa a sua filiação na Modernidade. Estava aplanado o terreno para o jurista mais não querer ser do que um fiel intérprete da lei. A sua missão cinge-se, agora, à revelação do direito posto, do direito positivo. Pensar sobre a boa solução ou sobre a solução preferível não é com ele. Essa actividade faz-se no campo da política, a que o jurista sério e rigoroso deve ficar alheio [53].

Hoje já são poucos os que contestam a permeabilidade do direito às ciências sociais, pelo que colocar no horizonte do jurídico uma constelação valorativa suprapositiva já não é heresia nenhuma.

Ainda por uma outra razão se torna menos tensa a oposição entre jusnaturalistas e juspositivistas. É que as ordens jurídico-consti-

---

[53] V. uma incontornável reflexão sobre as raízes do positivismo em Larenz, *Metodologia da Ciência do Direito*, 3ª ed. portug., "Fundação Calouste Gulbenkian", 1997, p. 45 e segs.

tucionais europeias do pós-guerra, ao estabeleceram um catálogo de direitos fundamentais suficientemente densificado para ser directamente aplicável (i.e., sem necessidade de mediação do legislador ordinário), logram o cumprimento do desiderato iluminista de *positivar o Direito Natural* ([54]). Como já vimos noutro momento do curso ([55]), tal só foi possível devido à criação de tribunais constitucionais que fizeram da Constituição uma verdadeira *norma normarum*★, a que a própria lei ordinária passa a dever obediência.

Ainda assim, a ideia de Direito Natural, enquanto categoria que condensa os axiomas que fundam a convivência em sociedade, não pode ficar esquecida nas salas de museu do discurso jurídico: para que se não repitam os horrores totalitários que marcaram o séc. XX, é bom que os defensores do Direito a tragam sempre na bagagem. Para o que der e vier...

37. Nota complementar: o Direito Natural e a "xaría" mulçumana

Nos tempos que correm – infelizmente marcados por uma certa confrontação entre o mundo ocidental e o mundo islâmico –, tem interesse estabelecer uma breve comparação entre o "nosso" Direito Natural e a *xaría* muçulmana ([56]).

Na base da comparação, tem de estar sempre presente esta ideia fundamental: enquanto, no mundo ocidental, desde o século XIII, com S. Tomás de Aquino, a própria Igreja Católica separou as "questões espirituais", que eram da sua esfera própria, das "questões temporais", que eram da competência do Estado, e desde a Revolução

---

([54]) V. o desenvolvimento desta ideia na obra de Maria Lúcia Amaral, *Responsabilidade do Estado e dever de indemnizar do legislador*, Coimbra, 1998, p. 339 e segs.

([55]) V. *supra*, cap. 4.

([56]) Sobre o assunto ver, por todos, Carlos Ferreira de Almeida, *Direitos islâmicos e "direitos cristãos"*, in *Estudos em homenagem ao Prof. Doutor Inocêncio Galvão Telles*, vol. I, "Almedina", Coimbra, 2003, p. 713 e segs.

Francesa, inspirada no Iluminismo, se estabeleceu o princípio da separação entre a Igreja e o Estado (e, portanto, a existência de um "Estado laico"), no mundo islâmico vive-se segundo a concepção oposta, baseada na plena subordinação do Direito, do Estado e da política à religião e aos líderes religiosos.

Neste contexto, a *xaría* ("Shari'ah") é a principal fonte do Direito muçulmano e é constituída pelo conjunto das regras reveladas por Alá ao profeta Maomé, por este incluídas no Corão, as quais regulam os mais variados aspectos da vida de qualquer muçulmano, tanto os de cunho religioso ou moral, como os de índole jurídica, política, económica ou de mero trato social.

A *xaría* prevalece sobre o direito estadual; deve ser directamente obedecida, mas também serve para orientar a interpretação, integração e aplicação do direito estadual; e é ela própria aplicada por uma jurisdição especial – os tribunais da *xaría*, constituídos por juízes eclesiásticos –, distinta da jurisdição dos tribunais do Estado ([57]).

Por aqui já se vê, com bastante clareza, quais são as principais semelhanças e diferenças entre o Direito Natural do mundo ocidental e a *xaría* do mundo islâmico.

As semelhanças são estas:

- Tanto o Direito Natural (se não for de carácter puramente racionalista) como a *xaría* têm origem divina;
- Ambos são concebidos como imutáveis e válidos para todas as épocas e para todos os locais, pelo menos no seu núcleo essencial;
- Ambos são, por definição, superiores ao direito positivo estadual.

As diferenças, por seu turno, são as seguintes:

- O Direito Natural nasce na civilização greco-romana e é depois profundamente marcado pelo cristianismo, enquanto a *xaría* é um sistema normativo exclusivamente islâmico;

([57]) *Idem, idem*, pp. 717-721.

– O Direito Natural é um conjunto de normas descobertas pela razão humana, embora para muitos se reconduza à vontade de Deus, ao passo que a *xaría* constitui uma lei divina revelada por Deus aos homens;
– No mundo ocidental, coexistem pacificamente os jusnaturalistas com os positivistas, que negam a própria existência do Direito Natural; pelo contrário, no mundo muçulmano (e salvas as raras excepções dos Estados laicos), a *xaría* não só não é contestada como é objecto da mais profunda admiração e respeito;
– Enfim, no Ocidente não há, nem nunca houve, tribunais especializados para a aplicação do Direito Natural. No mundo islâmico, pelo contrário, há uma dualidade de jurisdições: tribunais da *xaría*, para aplicação desta, e tribunais do Estado, para aplicação do direito positivo.

Mais próximo da *xaría* muçulmana do que o Direito Natural está, quanto a nós, o *Direito Canónico*, que também tem a sua fonte principal na revelação divina, subtrai certas matérias ao domínio da lei estadual para as regular à sua maneira (por ex., o direito matrimonial canónico), e dispõe de tribunais eclesiásticos para o interpretar, integrar e aplicar, sendo que o Estado laico aceita "receber" no seu ordenamento os efeitos do casamento católico, bem como o conteúdo das sentenças proferidas sobre tal matéria pelos tribunais eclesiásticos competentes, sem necessidade de qualquer "revisão ou confirmação" (cfr. o CC, arts. 1587°, 1625° – 1626°, e 1654° e segs.).

Contudo – e como todos sabemos –, o número de pessoas, mesmo católicas, que no mundo ocidental resolvem os seus problemas matrimoniais nos tribunais eclesiásticos é bastante diminuto; e em caso nenhum o direito canónico é tido como superior ao direito positivo estadual, ou tem actualmente – como teve na Idade Média – por função contribuir para a interpretação, integração ou aplicação do direito estadual. O laicismo da sociedade e do Estado é hoje em dia muito forte no Ocidente, sendo bastante raro e frágil no mundo islâmico.

BIBLIOGRAFIA

Amaral (Diogo Freitas do), *História das Ideias Políticas*, I, "Almedina", Coimbra, 1997; II (Apontamentos), "A.A.F.D.L.", Lisboa, 1998.

Ambrosetti (Giovanni), *Diritto Naturale Cristiano*, Giuffrè, Milão, 1985.

Archiv für Rechts- und Sozialphilosophie (ARSP), *Legal systems and legal science. Proceedings of the 17th World Congress of the IAPLSP*, Bolonha, 1995, vol. IV, "Franz Steiner Verlag", Stuttgart, 1997, p. 22 e ss.

Bobbio (Norberto), *Il positivismo giuridico*, "Giappichelli", Turim, 1996 (texto original de 1960-61).

Finnis (John), *Natural Law and Natural Rights*, "Clarendon Press", 1979.

Fuller (Lon L.), *The morality of Law*, "Yale University Press", New Haven-Londres, 1969.

Goyard-Fabre (Simone), *Les embarras philosophiques du Droit Naturel*, "J.Vrin", Paris, 2002.

Hart (Herbert L. A.), *O conceito de Direito* [1961], trad. port., 3ª ed., "Fundação C. Gulbenkian", Lisboa, 2001.

Hörster (Norbert), *En defensa del positivismo juridico* [1989], trad. esp., "Editorial Gedisa", Barcelona, 2000.

Kelly (J. M.), *A short history of Western Legal Theory*, "Clarendon Press", Oxford, 1992.

Kelsen (Hans), *Teoria pura do Direito*, trad. port., 6ª ed., "Arménio Amado", Coimbra, 1984.

Idem, *Théorie générale du Droit et de l'État [1945] suivie de La doctrine du Droit naturel et le positivisme juridique* [1928], trad. fr., "L.G.D.J.", Paris, 1997.

Idem, *A Justiça e o Direito Natural*, 1960, trad. portug. de João Baptista Machado, "Almedina", Coimbra, 2001.

Larenz (Karl), *Metodologia da Ciência do Direito*, 3ª ed. portug., "Fundação Calouste Gulbenkian", 1997.

Moncada (L. Cabral de), *Filosofia do Direito e do Estado*, 2ª ed., "Coimbra Editora", Coimbra, 1955.

Radbruch (Gustav), *Filosofia do Direito*, trad. port., 6ª ed., "Arménio Amado", Coimbra, 1997.

Riddall (J.G.), *Jurisprudence*, "Butterworths", Londres, 1991.

Truyol y Serra (António), *Compêndio de História da Filosofia do Direito*, suplem. da RFDL, Lisboa, 1954.

Idem, *História da Filosofia do Direito e do Estado*, trad. port., II, "Instituto de Novas Profissões", Lisboa, 1990.

QUESTIONÁRIO

1 – Porque terá surgido na Grécia clássica a ideia de Direito Natural?
2 – Antígona tirou algum benefício do Direito Natural? Não teria sido melhor para ela acatar o direito positivo?
3 – No final da peça, Creonte morre. Poderá tratar-se da "sanção dos deuses" por violação do Direito Natural?
4 – Estabeleça as semelhanças e as diferenças entre o jusnaturalismo pré-cristão de Cícero e o jusnaturalismo cristão.
5 – Independentemente das suas opções morais e religiosas, parece-lhe aceitável a tese de que *lex injusta non est lex*?
6 – Seleccione aqueles que, em sua opinião, lhe pareçam ser os três principais argumentos a favor do jusnaturalismo e os três principais a favor do positivismo.
7 – Qual o principal argumento que o faz inclinar-se para o jusnaturalismo ou para o positivismo?
8 – Quais as semelhanças e as diferenças entre o Direito Natural e a *xaría* no direito muçulmano?
9 – As duas leis dadas como exemplo no nº 33, *supra* (sobre crianças e sobre idosos) poderiam ser declaradas inconstitucionais em Portugal? Com que fundamentos?
10 – Concorda com a posição assumida pelo acórdão do Supremo Tribunal de Justiça, de 1982, sobre o chamado (por alguns) "crime da descolonização"? Acha bem ou mal que o Supremo tenha evitado mencionar o Direito Natural?
11 – Parece-lhe que o chamado Direito Natural positivado está contido sobretudo nas Constituições ou nos Códigos Penais?
12 – Será que o Direito Natural apenas confere direitos aos indivíduos, ou também lhes impõe deveres e proibições?
13 – Suponha que, numa revisão do Código Penal, se suprima o direito de "legítima defesa" perante uma agressão efectiva. Poderia alguém, que matou em legítima defesa, invocar esta como um direito atribuído a todo o ser humano pelo Direito Natural? Porquê?
14 – Como advogado, acha que aceitaria defender alguém em tribunal apenas com base em princípios de Direito Natural? Porquê?
15 – Como juiz, acha que poderia, caso isso se justificasse em sua opinião, julgar um caso que lhe coubesse decidir, fundando-se apenas em princípios de Direito Natural? Porquê?

PARTE II

OS RAMOS DO DIREITO

Capítulo 9

PRELIMINARES

38. Conceito e espécies de ramos do Direito

O Direito objectivo estadual (e inter-estadual) costuma ser simbolicamente concebido como uma árvore, com o seu tronco e com diversos ramos.

A *árvore* representa o conjunto da ordem jurídica, no plano normativo.

O *tronco* é constituído pelos valores jurídicos superiores e, bem assim, pelos princípios gerais comuns a todos os ramos do Direito.

Os *ramos* são as várias partes ou divisões do direito objectivo, diferenciadas em função da matéria que as normas jurídicas regulam (por ex., Direito Constitucional, Direito Administrativo, Direito Penal, Direito Civil, etc.).

Esta divisão do Direito em ramos tem de ser entendida em termos hábeis: não se trata de separar o Direito em compartimentos estanques, sem ligações ou comunicação de uns com os outros, porque a ordem jurídica de cada comunidade é una. A divisão do Direito em ramos é feita para comodidade e benefício do estudo (investigação) e do ensino do Direito (pedagogia).

Cada ramo do Direito tem o seu objecto específico (uma determinada matéria: por ex., assuntos constitucionais, administração pública, crimes e penas correspondentes, vida privada dos indivíduos e suas organizações). Por isso, acaba por ter uma feição peculiar, um espírito próprio, um conjunto de princípios gerais privativos deste ou daquele ramo.

O estudo, o ensino e a construção *teórica* do Direito ganham, assim, em ser feitos de forma especializada, ramo a ramo: o conjunto da ordem jurídica objectiva seria inabarcável de um só trago, quer pelos doutrinadores, quer pelos estudantes, quer pelos práticos do Direito.

Mas importa ter sempre presente que, na *vida prática*, os problemas jurídicos aparecem ao juiz, ao advogado, ao funcionário público, como problemas da vida real que, em regra, só podem ser resolvidos pelo recurso à aplicação combinada, e devidamente articulada, de vários ramos do Direito. Os juristas práticos – juízes, advogados, funcionários públicos –, a quem compete a aplicação do Direito aos casos concretos da vida real, não podem, pois, dar-se ao luxo de lidar isoladamente apenas com um ou outro dos ramos do Direito; sozinhos, ou em equipas de trabalho, têm de habituar-se à *aplicação conjunta* de todos os ramos que forem aplicáveis a cada caso.

Um exemplo ajuda a esclarecer o que pretendemos dizer.

Suponhamos que o Governo decide privatizar uma empresa pública em situação económica difícil e que o grupo empresarial que a adquiriu decide, para sanear a empresa, renegociar a dívida, despedir 1/5 do pessoal, vender duas das sete fábricas que a empresa possui, e pagar todos os impostos em atraso.

São vários os ramos do Direito envolvidos na solução adequada deste caso concreto:

(a) A preparação do processo de privatização, por parte do Governo, implica que os juristas ao serviço do Estado considerem e apliquem as pertinentes normas de Direito Constitucional, de Direito Administrativo e de Direito da Economia;

(b) A aquisição da empresa privatizada constitui, porém, um contrato civil de compra e venda: por isso, tanto os funcionários do Estado (vendedor) como os juristas do grupo adquirente (comprador) terão de ter em conta e aplicar, nessa parte, o Código Civil bem como o Código das Sociedades Comerciais – provavelmente com as excepções e particularidades impostas pelo Direito Administrativo;

(c) Os novos donos da empresa, já privada, vão agora começar a geri-la segundo critérios de estrita racionalidade económica: renegoceiam a dívida com os bancos (Direito Comercial, Direito Bancário), despedem 20% do pessoal (Direito do Trabalho), vendem duas fábricas (Direito Civil) e procuram o regime mais favorável para pagar os impostos em atraso (Direito Fiscal);

(d) Se nalguma destas matérias alguém invocar a inconstitucionalidade de qualquer disposição legal, terá de conhecer-se e aplicar-se o Direito Constitucional;

(e) Se houver conflitos de carácter privado, vai-se para os tribunais cíveis, aplicando o Direito Processual Civil;

(f) Se a Administração ou o Fisco procederem ilegalmente, terá de pôr-se contra eles um processo nos tribunais administrativos ou nos tribunais fiscais, para obter a aplicação judicial do Direito Administrativo ou do Direito Fiscal;

(g) Muitas vezes, a solução aconselhada pelos peritos à luz do Direito Civil terá de ser posta de lado, e substituída por outra, para não incorrer em sanções estabelecidas pelo Direito Administrativo, ou para obter benefícios tributários previstos no Direito Fiscal.

Há, como se vê, não apenas a necessidade de aplicar vários ramos do Direito à resolução do mesmo caso concreto, mas também a conveniência de estabelecer uma inter-acção entre todos ou alguns deles, com vista a obter uma solução global do problema: a *interdisciplinaridade jurídica* constitui, hoje, a regra geral a que os juristas se têm de submeter para resolver um caso concreto.

Por isso, no plano de estudos da Faculdade de Direito da Universidade Nova de Lisboa, sob proposta da nossa autoria, estabeleceu-se uma inovação muito importante no ensino dos dois últimos anos da licenciatura em Direito: a frequência (obrigatória para todos) de duas cadeiras de "*Prática Jurídica Interdisciplinar*" (I e II), onde professores, juízes e advogados ajudam os alunos a resolver casos práticos que exijam a aplicação conjugada e inter-activa de vários ramos do Direito – e não apenas de um só.

Vamos estudar a matéria dos *ramos do Direito* de acordo com o seguinte plano:

– Em primeiro lugar, abordaremos o ramo cimeiro do Direito Internacional;

– Depois, veremos a noção, próxima mas não idêntica, do Direito Comunitário Europeu;

– Em terceiro lugar, e passando ao campo do direito interno estadual português, estudaremos a grande distinção entre direito público e direito privado;

– Em quarto lugar, passaremos em revista os vários sub-ramos do Direito Público;

– Em quinto lugar, lançaremos o olhar sobre os diferentes sub-ramos do Direito Privado;

– E, por último, daremos conta de alguns ramos de Direito mistos.

Todo este plano será cumprido, no presente *Manual,* de forma sintética, pois a grande maioria das cadeiras incluídas no plano de estudos da licenciatura em Direito corresponde aos vários ramos e sub-ramos acima enunciados. Em cada uma dessas cadeiras a matéria será aprofundada: aqui, só temos de fornecer aos alunos do 1º ano uma visão panorâmica do conjunto.

Capítulo 10

O DIREITO INTERNACIONAL

39. **Conceito de Direito Internacional**

A primeira grande distinção a fazer, na perspectiva da divisão do direito em ramos, é a distinção entre Direito Internacional e direito interno (estadual).

O Direito Internacional – também designado por Direito Internacional Público – é *o ramo do direito constituído pelo sistema de normas jurídicas que se aplicam a todos os membros da Comunidade Internacional, para regular os assuntos específicos desta, a fim de garantir os fins próprios da referida Comunidade nas matérias da sua competência.*

Combinamos, nesta definição, três elementos: o dos sujeitos, o do objecto, e o dos fins ([1]).

Pelo contrário, o direito interno (estadual) é constituído pela ordem jurídica de cada país, isto é, de cada Estado soberano: por ex., o direito português, o direito francês, o direito angolano ou o direito moçambicano, etc. A designação de "direito interno" pressupõe que se adopte a perspectiva de um determinado país: para um

---

([1]) V., por todos, André Gonçalves Pereira e Fausto de Quadros, *Manual de Direito Internacional Público*, 3ª ed., "Almedina", Coimbra, 1993, reimp. de 2002, p. 26 e segs.; J. M. da Silva Cunha, *Direito Internacional Público*, 2ª ed., tomo I, "Coimbra Editora", Coimbra, 1967, p. 9 e segs.; Jorge Miranda, *Curso de Direito Internacional Público*, "Principia", Cascais, 2002, p. 9 e segs.; J. Bacelar Gouveia, *Manual de Direito Internacional*, "Almedina", Coimbra, 2003, p. 23 e segs; e Jónatas Machado, *Direito Internacional*, "Coimbra Editora", Coimbra, 2003, pp. 19-23.

cidadão português, o direito português é direito "interno" porque é gerado e vigora *dentro* das fronteiras de Portugal. Se, porém, partirmos de uma perspectiva internacionalista – por ex., olhando para o mundo como dirigente ou funcionário da ONU –, é claro que os direitos de cada país membro são "direitos estaduais", ou "direitos nacionais", e não propriamente "direito interno".

Objecto e âmbito. – O Direito Internacional é, pois, composto por normas que regulam as matérias da competência da Comunidade Internacional – e que não constituam *domínio reservado* dos Estados soberanos, ou de outros sujeitos de direito.

Algumas das matérias regidas pelo Direito Internacional são: a paz e a guerra; o desenvolvimento dos países menos avançados; a protecção dos direitos humanos (com destaque para o direito internacional criminal); a cooperação económica e financeira, social e cultural, científica e tecnológica, entre todos os países do mundo, ou adentro de organizações regionais específicas; o regime jurídico do alto mar, do espaço aéreo e do espaço sideral; a protecção específica dos trabalhadores (OIT-Organização Internacional do Trabalho); a regulamentação da protecção da saúde em todos os países do mundo e, em especial, nos mais desfavorecidos (OMS-Organização Mundial de Saúde); o progresso universal das ciências, da educação e da cultura (UNESCO-Organização das Nações Unidas para a Educação, Ciência e Cultura); a protecção dos direitos das crianças e dos seus níveis mínimos de bem-estar (UNICEF-Fundo das Nações Unidas para as Crianças); a regulamentação do comércio internacional (OMC-Organização Mundial do Comércio); e, noutro plano, mais particular, a cooperação bilateral ou regional entre Estados para a solução de problemas comuns e transfronteiriços; etc., etc.

> Exemplos concretos de normas jurídicas internacionais:
> – A Carta das Nações Unidas, de 1945;
> – A Declaração Universal dos Direitos Humanos, de 1948;
> – As Convenções de Genebra, sobre a humanização da guerra, de 1949;
> – O Tratado do Atlântico Norte (Nato), de 1949;

– As Convenções de Viena sobre relações diplomáticas e sobre relações consulares, respectivamente de 1961 e 1963;
– A Convenção de Viena sobre os Tratados entre Estados, de 1969;
– O Tratado de Roma, de 1957, que criou a Comunidade Económica Europeia (CEE), e o Tratado da União Europeia (UE), Maastricht, de 1992;
– A Convenção de Chicago sobre a Aviação Civil Internacional, de 1944;
– A Convenção das Nações Unidas sobre o Direito do Mar, Montego Bay, de 1948;
– A Declaração de Lisboa, de 1996, que criou a CPLP-Comunidade dos Países de Língua Portuguesa;
– O Tratado de Adesão de Portugal à CEE, de 1985;
– O Tratado de Amizade, Cooperação e Consulta Luso-Brasileiro, de 2000;
– O Estatuto do Tribunal Internacional de Justiça, com sede na Haia, de 1945;
– O Estatuto do Tribunal Penal Internacional, com sede em Roma, de 1998;
– O Tratado de Amizade e Cooperação Luso-Espanhol, de 1977;
– A Declaração do Rio sobre Ambiente e Desenvolvimento, de 1992;
– Etc., etc.

40. Distinção entre Direito Internacional e direitos nacionais

Como se distingue o Direito Internacional do direito interno, isto é, dos vários direitos nacionais?

Quanto ao *âmbito de aplicação*, o primeiro é gerado e aplicado na Comunidade Internacional, ou seja, em todo o mundo, enquanto o direito interno de cada país é gerado e aplicado, fundamentalmente, dentro de cada comunidade nacional – quer a nível estadual, quer a nível infra-estadual (como já sabemos).

Quanto à *finalidade específica*, o Direito Internacional visa garantir a paz e a segurança internacionais, limitar e humanizar a guerra, e promover o desenvolvimento dos países menos favorecidos, enquanto o Direito interno visa garantir a justiça, a segurança e o respeito dos direitos humanos no seio de uma dada comunidade nacional.

Quanto às suas *fontes*, o Direito Internacional decorre principalmente dos costumes e tratados internacionais, enquanto o direito interno de cada país era produzido na Europa medieval (e ainda hoje o é noutras regiões do hemisfério Sul) por costumes nacionais, regionais ou tribais, tendo passado a ter origem, na Idade Moderna, sobretudo na lei, como comando imperativo do Estado.

Quanto à sua *eficácia*, o Direito Internacional não dispõe por enquanto – nem disporá certamente tão cedo – de uma força própria de aplicação contra os Estados que o violam, semelhante à força própria de aplicação do direito interno. Ambos dispõem de *vis directiva*★, e prevêem sanções para quem os violar, mas a *vis coactiva*★ é muito mais forte no direito estadual do que no Direito Internacional: neste, com efeito, por não haver um "Estado mundial" que ponha a sua força pública ao serviço do respectivo Direito, a violação das normas em vigor fica mais vezes impune do que na órbita estadual; também nesta, porém, há numerosos casos de impunidade de todos conhecidos (crimes prescritos, infracções não detectadas, fuga aos impostos). Não se pode, pois, afirmar – como tantos fazem, simplisticamente – que o direito interno é plenamente eficaz, porque dotado de *vis coactiva*★, ao passo que o Direito Internacional é quase sempre ineficaz (ou nem chega a ser verdadeiro *direito*), por nunca ou quase nunca poder ser imposto aos seus infractores devido à falta de *vis coactiva*★. A verdade, a nosso ver, é que ambos dispõem de *vis coactiva*★, e ambos conhecem sucessos e insucessos ao tentar utilizá-la. A diferença não é qualitativa, mas quantitativa: o direito interno, não sendo cem por cento eficaz, é consideravelmente mais eficaz do que o Direito Internacional; este, por seu turno, não sendo cem por cento ineficaz (longe disso), é contudo menos eficaz, na generalidade dos casos, do que o direito interno.

Enfim, quanto à sua *efectivação jurisdicional*, o Direito Internacional concede protecção aos respectivos destinatários através de "tribunais internacionais" (Tribunal Internacional de Justiça, órgão da ONU, com sede na Haia; Tribunal de Justiça das Comunidades Europeias, órgão da UE, com sede no Luxemburgo; o *Dispute Settlement Body*, da Organização Mundial do Comércio, com sede em Genebra), enquanto o direito interno é aplicado e garantido pelos tribunais nacionais de cada Estado (v. adiante, vol. II).

41. Será o Direito Internacional verdadeiro Direito?

Este é o grande problema que se coloca, e se discute vivamente, acerca da natureza do Direito Internacional: será ele verdadeiro, autêntico, genuíno Direito?

Durante séculos, as normas e princípios que regulavam, de modo muito incipiente, as relações entre os povos, não tinham carácter jurídico – foi o que se passou com o *jus gentium* [direito das gentes] dos romanos, bem como com alguns costumes e tratados das épocas medieval e moderna.

O primeiro construtor do Direito Internacional foi o holandês Hugo Grócio, com o seu célebre tratado *De jure belli ac pacis* [Sobre o direito da guerra e da paz], de 1625; e o primeiro acontecimento que criou as condições efectivas para que as principais normas internacionais fossem respeitadas pelos Estados europeus foi a Paz de Westfália, em 1648.

Mas, nessa época, ainda o Direito Internacional era uma criança, mal dando o seus primeiros passos. A cena internacional era quase constantemente ocupada por guerras entre as potências, situação bem retratada por Thomas Hobbes, no *Leviatã* (1651), onde a vida internacional era vista como uma permanente "guerra de todos contra todos", não sujeita a regras de direito, e onde os mais fortes saíam geralmente vencedores, e os mais fracos, derrotados [2].

Data de 1945, com a Carta das Nações Unidas (ONU), a verdadeira maioridade do Direito Internacional como direito positivo, vinculativo e obrigatório para todos os Estados e demais sujeitos internacionais a que se declara aplicável. Nesse ano – pela primeira vez na História –, o Direito Internacional estabeleceu o *princípio*

---

[2] "É manifesto que durante o tempo em que os homens viverem sem um poder comum que os mantenha a todos em respeito, eles estarão naquela condição a que chamamos guerra; e essa é uma guerra de todos contra todos (*bellum omnium contra omnes*)", Leviatã, I, 13. Cfr. Diogo Freitas do Amaral, *História das Ideias Políticas*, I, "Almedina", Coimbra, 1997, reimpr. 2003, p. 363.

geral da proibição da guerra, princípio esse que passou a admitir apenas duas excepções: a do direito natural de legítima defesa (art. 51° da Carta da ONU) e a das sanções aplicadas por via militar, após decisão do Conselho de Segurança, nos termos do capítulo VII da Carta (arts. 39° e segs.).

Há, ainda, no entanto – forçoso é reconhecê-lo – uma ampla escola de *negadores da juridicidade* do Direito Internacional, que se podem agrupar em três núcleos distintos: (a) o primeiro é o dos que, tomando como paradigma o *Estado*, afirmam não ter o Direito Internacional nem um "poder legislativo" que crie as suas normas, nem "poderes executivo e judicial" que as façam cumprir em caso de violação; (b) o segundo é o dos que, considerando como elemento essencial do conceito de Direito a *vigência efectiva* das respectivas normas num dado território, concluem que o Direito Internacional, por falta de eficácia, não pode ser reconduzido à noção de Direito; e (c) o terceiro é o das ditaduras contemporâneas, bem como o de algumas grandes potências, que se auto-excluem dos deveres que o Direito Internacional lhes impõe, muito embora costumem aproveitar-se (e muito) dos direitos e poderes que o mesmo Direito Internacional lhes possa conferir, e constantemente exijam aos outros que cumpram os deveres internacionais que elas próprias não aceitam cumprir.

(a) Quanto ao primeiro grupo, há dois argumentos que deitam inteiramente por terra as suas teorias. O primeiro consiste em recordar que o Estado-Nação dos séculos XVIII a XXI não é o único paradigma em que se pode afirmar e reconhecer a existência de autêntico Direito – para não ir mais longe, no Estado medieval europeu, ou nas organizações tribais de muitos países actuais do Terceiro Mundo, também não existem todos os caracteres específicos do Estado-Nação. Nomeadamente, começou por não haver (e ainda hoje, em muitas zonas do mundo, não há) a tripartição iluminista dos poderes do Estado, tal como nos foi legada por Locke e Montesquieu ([3]): em vez do poder legislativo do rei, havia (ou

---

([3]) Diogo Freitas do Amaral, *História das Ideias Políticas*, II, pp. 15-39.

ainda há) os costumes imemoriais do povo; em vez de um poder executivo concentrado a nível nacional, as funções de administração e polícia estavam profusamente divididas entre o monarca, a Igreja, os senhores feudais e os municípios; e em vez de um sistema centralizado de tribunais do Estado, havia arbitragens livremente acordadas (v.g., as *façanhas* medievais), julgamentos municipais (com açoites no *pelourinho*) e jurisdições eclesiásticas e senhoriais, amplamente dispersas por todo o território nacional.

O segundo argumento que destrói a referida *visão estatista* do Direito – e, por consequência, a negação de carácter jurídico ao Direito Internacional – traduz-se em chamar a atenção para o facto de, embora isso não fosse necessário para ganhar este debate, o moderno Direito Internacional conter, efectivamente, um poder legislativo, um poder executivo e um poder judicial: não tão aperfeiçoados e tão eficazes como os do Estado-Nação, é certo, mas, ainda assim, suficientemente importantes para merecerem essa designação, com todas as respectivas consequências:

– *Poder legislativo*: há decisões do Conselho de Segurança da ONU que constituem verdadeiras *leis internacionais* (por ex., a Resolução nº 1173 (1998), que determinou a aplicação de sanções à UNITA; a Resolução nº 1386 (2001), que legitimou a retaliação americana contra os Talibãs no Afeganistão, após o 11 de Setembro de 2001; a Resolução nº 1483 (2003), que autorizou e incentivou o envio de tropas dos países membros da ONU para o Iraque, com fins de *peace-keeping* (manutenção da paz) e de *peace-building* (construção de paz). Por outro lado, há numerosas organizações internacionais especializadas cujas decisões, em certos termos, são verdadeiras leis para os seus países membros (v.g., as convenções obrigatórias da OIT, os regulamentos da Comissão Europeia, etc.);

– *Poder executivo*: a Carta das Nações Unidas prevê duas modalidades de uso da força (policial ou militar) contra os países violadores do Direito Internacional: o direito de legítima defesa, individual ou colectiva (art. 51º) e a organização de uma força militar própria da ONU para intervir onde for necessário (art. 42º). A verdade porém é que, dada a inexistência de meios militares próprios, o mecanismo previsto no artigo 42° nunca foi accionado. Ao invés, tem-se assistido a uma prática (não prevista mas também não contrariada pela Carta) que consiste em o Conselho de Segurança autorizar a intervenção armada de vários países membros, em coligação. Foi o que aconteceu em 1991 com a Guerra do Golfo, ao abrigo da Resolução n° 678 (1990), que no seu n° 2 autorizava os Estados-membros a utilizar "todas as medidas necessárias" para fazer respeitar resoluções anteriores do Conselho de Segurança. O mesmo se passou em 1999 na sequência dos terríveis massacres a que assistimos em Timor-Leste depois do referendo aí realizado (v. Resolução do Conselho de Segurança n° 1264 (1999)). A Carta prevê ainda o direito de os países membros, ou a própria ONU, aplicarem aos infractores sanções não-militares, por ex., sanções diplomáticas, económicas e outras (art. 41°);

– *Poder judicial*: a Carta das Nações Unidas criou um "Tribunal Internacional de Justiça", com sede na Haia, que constitui o tribunal supremo encarregado de solucionar as disputas entre os Estados, embora com a limitação de a sua jurisdição só ser obrigatória (por enquanto) para os países que voluntariamente declarem aceitá-la [4]; e, mais recentemente, em 1998, foi criado em Roma o "Tribunal Penal Internacional", com competência especializada para julgar os crimes contra a Humanidade cometidos por qualquer indivíduo, seja ele governante, funcionário civil ou militar, no exercício das suas funções. Na última década, cresceu imenso a lista dos tribunais especializados que julgam questões internacionais de forma obrigatória para os países signatários de inúmeras convenções internacionais (o *Dispute Settlement Body* da OMC, o Tribunal Internacional do Direito do Mar, o Tribunal Europeu dos Direitos do Homem, etc.).

---

[4] V. as acções propostas por Portugal junto do TIJ: Acórdão relativo ao direito de passagem sobre território indiano (Portugal v. Índia), de 12 de Abril de 1960, e Acórdão relativo a Timor-Leste (Portugal v. Austrália), de 30 de Junho de 1995. Sobre o primeiro v. também o depoimento de Inocêncio Galvão Telles, *O Caso de Goa: perspectivas jurídicas*, in Constantino Hermanns Xavier (coord.), *O Caso de Goa 40 anos depois (1961-2001), recordando a história*, "NECPRI-UNL", Lisboa, 2003, pp. 65-76.

Eis como, progressivamente, a Comunidade Internacional se vai dotando dos três poderes do Estado-Nação ([5]), nem sempre com a mesma eficácia deste, mas por vezes indo já ao ponto de se lhe sobrepor e de invadir as suas fronteiras (caso das intervenções humanitárias na Bósnia-Herzgovina, na ex-Jugoslávia, no Ruanda, em Timor-Leste, e ainda o julgamento de governantes ou ex-governantes por crimes contra a Humanidade cometidos *durante o exercício das suas funções de governo*: recorde-se o acidentado "caso Pinochet").

(b) O segundo grupo de negadores da juridicidade do Direito Internacional argumenta que este não é eficaz, não dispõe de vigência efectiva, e portanto não é Direito.

A resposta adequada desdobra-se em dois aspectos.

Por um lado, não é verdade que, de um modo geral, o Direito Internacional não seja respeitado como tal pela Comunidade internacional: a regra é ele ser espontânea e voluntariamente acatado, na maior parte dos casos, pela maior parte dos países ([6]). Felizmente para todos nós, a maior parte dos países vive em paz com os seus vizinhos, coopera com múltiplos Estados e organizações internacionais, cumpre os tratados por si celebrados com terceiros, e respeita integralmente o Direito Internacional, na convicção de que está a cumprir as obrigações que este lhe impõe, para o bem de todos.

Por outro lado, nem sequer o Estado-Nação dos nossos dias, apesar de armado até aos dentes, consegue cem por cento de eficácia total para as suas leis e para as decisões administrativas e judiciais da respectiva Administração e dos seus Tribunais. Quantas leis não ficam inertes nas páginas do "Diário da República"? Quantos actos administrativos imperativos não ficam por executar? Quantos criminosos não escapam à perseguição da polícia? Quantos crimes graves

---

([5]) Neste sentido, por todos, Afonso Rodrigues Queiró, *Direito Internacional Público*, segundo as prelecções ao Curso do 2° ano Jurídico de 1959-1960, pp. 19-26.

([6]) Neste sentido, Afonso Rodrigues Queiró, *Direito Internacional Público*, cit., pp. 19 e 26. V. também, do mesmo autor, *O fundamento do Direito Internacional*, Bol. Fac. Dir. Coimbra, vol. XXIV, 1948, p. 297, agora coligido em *Estudos de Direito Público*, vol. II, tomo II, Coimbra, 2002, p. 200.

não prescrevem antes de irem a julgamento? Quantos criminosos não são absolvidos por falta de prova bastante? E, por fim, quantas sentenças judiciais não permanecem meras declarações platónicas, por não haver maneira de promover a respectiva execução forçada contra os réus? (Pense-se, por ex., no devedor que, receando ser condenado, põe os seus "bens ao luar" ou, noutro plano, nos casos em que a Administração Pública invoca, com êxito, uma causa legítima para não executar uma sentença contra ela proferida ([7])).

O Direito não é um sistema cem por cento eficaz: defronta limites, muitas vezes intransponíveis ([8]). E isso é assim, tanto na ordem nacional ou interna, como na ordem internacional. Os casos de violação desta última são, é verdade, mais espectaculares e mediáticos; mas são, certamente, bastante menos numerosos do que as violações que ficam impunes em qualquer comunidade nacional.

(c) O terceiro grupo de negadores da juridicidade do Direito Internacional apoia-se, para sustentar o seu cepticismo, na resistência – por uma questão de princípio, e também por interesse – que tanto as ditaduras contemporâneas como algumas grandes potências (hoje em dia, com especial destaque para os EUA) opõem ao cumprimento das normas de Direito Internacional de que não gostam, ou que julgam ferir os seus "interesses vitais".

Foi assim com a União Soviética, com a Alemanha nazi e com a Itália fascista; é por vezes assim (embora muito menos) com a França, com a Grã-Bretanha, com a Federação Russa e com a República Popular da China; e, de forma inesperadamente muito forte, é assim desde a eleição do Presidente George W. Bush, em 2000, com os Estados Unidos da América.

([7]) Este tema será estudado em Direito Administrativo ou, nalgumas Faculdades de Direito, em Direito Processual Administrativo. Cfr., por todos, Diogo Freitas do Amaral, *A execução das sentenças dos tribunais administrativos*, 2ª ed., "Almedina", Coimbra, 1997, e Mário Aroso de Almeida, *Anulação de actos administrativos e relações jurídicas emergentes*, "Almedina", Coimbra, 2002.

([8]) *Infra*, vol. II.

Tudo isto parecem ser factos incontroversos – e costuma dizer-se que "contra factos não há argumentos". Mas tal proposição é falsa. Ao menos no plano científico (aquele em que aqui nos situamos), os próprios factos evidentes estão sujeitos à reflexão analítica do realismo crítico (Karl Popper).

Vejamos então o que dizer acerca do assunto. Antes de mais, cumpre fazer aqui uma breve chamada de atenção: não são apenas as grandes potências que mandam e as pequenas que obedecem. Por ex., o Portugal do Estado Novo desobedeceu flagrantemente a todas as resoluções da ONU sobre descolonização, até à Revolução de 25 de Abril de 1974, que finalmente as cumpriu; Israel viola diariamente normas e resoluções de Direito Internacional, e nem mesmo os Estados Unidos podem (ou querem) forçá-lo a proceder de acordo com tal direito; os EUA seguiram a via militar unilateral, em 2003, contra o Iraque – provavelmente porque sabiam que não haveria forte resistência –, mas na mesma altura optaram prudentemente pela via diplomática multilateral face à Coreia do Norte – porque recearam desta, decerto com razão, uma retaliação maciça e altamente destrutiva, quer contra si próprios, quer contra a sua aliada Coreia do Sul.

Em segundo lugar, impõe-se ter presente que é uma lei da Natureza (aplicável tanto no reino animal como no mundo dos seres humanos) que os fortes levam quase sempre a melhor contra os fracos. Mas o Direito nasce historicamente, sobretudo, para limitar os abusos de poder dos mais fortes e para proteger, com o maior grau de eficácia possível, os direitos e necessidades dos mais fracos ([9]).

Todo o problema está, assim, em saber se o Direito, na relação conflituosa entre fortes e fracos, consegue obter, não o "mínimo de eficácia" que contentava Kelsen ([10]), mas um "grau de eficácia suficientemente generalizada", como nos parece mais realista defender.

([9]) Ver Platão, *A República*, em especial a fala de Trasímaco (338c-339a) e a discussão subsequente (ed. portug., p. 23 e segs.). Cfr. também 346e (p. 37).
([10]) Cf. Afonso Rodrigues Queiró, *Direito Internacional Público*, cit., p. 33.

Ora, esse grau de eficácia suficientemente generalizada existe, hoje em dia, na Comunidade internacional: veja-se o que sucedeu com as intervenções, a coberto de um mandato da ONU, na Bósnia-Herzgovina, no Ruanda e em Timor-Leste – intervenções militares, a cargo de coligações internacionais, que visaram impor o respeito do Direito Internacional em situações de crise grave, onde facções rivais em luta violavam de modo flagrante os direitos humanos, ou – como no caso de Timor-Leste –, além de semearem a violência e a morte, recusavam respeitar o princípio da "autodeterminação dos povos", depois de o povo timorense ter votado em massa pela sua independência como Estado soberano, e contra a integração na Indonésia como mera província desta, num referendo livre e democrático, controlado pela ONU.

Verifica-se, portanto, que não só há um elevado grau de respeito espontâneo do Direito Internacional pela grande maioria dos seus destinatários (o que, de resto, sucede também – já o vimos – no âmbito do direito interno), como existem numerosos e variados exemplos que demonstram que o Direito Internacional, em casos de crise grave que ponha em perigo a paz e a segurança internacionais, dispõe de diversos meios sancionatórios, e mesmo coactivos, para se fazer respeitar.

Há, é certo, uma dificuldade grande em usar da força física – *maxime**, militar – contra as grandes potências e, hoje em dia, contra a única hiper-potência hegemónica, os Estados Unidos da América. Mas será essa uma situação qualitativamente diferente da que ocorre, dentro das fronteiras de um Estado-soberano, quando se trata de tentar aplicar coercivamente o Direito contra o próprio poder político do Estado?

> Alguns exemplos comezinhos:
> – Um Presidente da República, por motivos de ambição pessoal, recusa-se a marcar a data das próximas eleições presidenciais, já depois de findo o seu mandato: não se pode utilizar contra ele nem a polícia, nem os tribunais;
> – Um Ministro recusa-se obstinadamente a cumprir uma sentença judicial: também não se pode enviar contra ele a polícia, e os tribunais só ao fim de numerosos e complexos procedimentos poderão chegar (talvez) a conseguir condenar o

Ministro a uma pena de prisão (em Portugal, isso está previsto na lei, mas nunca aconteceu...);

– Um sindicato poderoso decreta uma greve ilegal e não há coragem política para aplicar as medidas previstas na lei aos seus dirigentes: a greve faz-se e a violação do Direito fica impune;

– Um empresário sem escrúpulos concebe esquemas sofisticados para fugir ao Fisco e não é detectado: devia 100 milhões, não pagou nada...

Ou seja: em casos-limite, o aparelho jurídico e judicial não funciona contra os detentores do Poder – seja ele político, económico ou social. Há casos em que funciona, mas não há uma garantia de eficácia a cem por cento.

Como já tem sido observado, "não é possível brandir o machado de guerra contra quem o traz à cintura" ([11]).

Ora, se no direito interno, apesar de todos os seus aperfeiçoados mecanismos legais, policiais e judiciais, nem sempre se consegue fazer vergar, por meios jurídicos, os detentores do Poder – só podendo resolver-se a crise, em casos extremos, pelo golpe de Estado ou pela revolta popular –, como não haveria de pôr-se o mesmo problema, porventura em maior escala, no plano do Direito Internacional?

Neste outro plano, só o *equilíbrio de poderes* – e, portanto, na nossa época, a necessária e urgente afirmação, como poderes capazes de firmeza perante os EUA, de novas potências emergentes (União Europeia, Rússia, China, e porventura outras) – pode conter, limitar e "domesticar" o poder absoluto que não quer respeitar as normas jurídicas, e pretende reivindicar o estatuto dos imperadores romanos e dos monarcas absolutos, segundo o qual *"princeps a legibus solutus★"*.

Mas estes casos-limite não depõem, em nosso entender, contra a juridicidade do Direito Internacional: primeiro, porque são raros e excepcionais, não constituindo a regra geral; segundo, porque os dirigentes políticos que os protagonizam têm o cuidado de nunca negar o Direito Internacional nem reconhecer que o estão a violar

---

([11]) Jean Rivero, cit. por Diogo Freitas do Amaral, *A execução das sentenças dos tribunais administrativos*, 2ª ed., "Almedina", Coimbra, 1997, p. 20.

– proclamam sempre que estão a defendê-lo dos seus verdadeiros inimigos, e que estão a actuar "de acordo com os autênticos objectivos e finalidades do Direito Internacional" (mesmo quando violam flagrantemente a letra das disposições aplicáveis); e terceiro, porque cada violação, por uma grande potência, das normas e princípios do Direito Internacional, levanta contra ela uma nova força dos tempos modernos: a opinião pública, expressa nomeadamente em campanhas de imprensa, em milhares de mensagens na Internet, e em manifestações de rua com milhões de pessoas a exigir o respeito do Direito Internacional.

Este constitui mesmo, no nosso modo de ver, o único ramo do direito que o é, não apenas por razões teóricas explanadas no campo científico, mas também por aclamação popular em praticamente todos os países do mundo (como se viu, em 2002, a propósito da guerra dos EUA contra o Iraque) ([12]).

BIBLIOGRAFIA

Cunha (J. M. da Silva), *Direito Internacional Público*, 2ª ed., I, Coimbra, 1967.
Gouveia (J. Bacelar), *Manual de Direito Internacional*, Coimbra, 2003.
Machado (Jónatas), *Direito Internacional*, Coimbra, 2003.
Miranda (Jorge), *Curso de Direito Internacional Público*, Cascais, 2002.
Pereira (André G.) e Quadros (Fausto de), *Manual de Direito Internacional Público*, Coimbra, 3ª ed., reimp. de 2002.
Queiró (Afonso R.), *Direito Internacional Público*, "Polis", vol. 2, cc. 488-491.

([12]) É curioso registar aqui os resultados de uma sondagem publicada pelo *International Herald Tribune*, de 5-12-02, a cerca de três meses do início da guerra contra o Iraque. Todos os países onde a sondagem foi feita consideravam Saddam Hussein um perigo "grande ou moderado" para a paz no mundo. Mas à pergunta se se era a favor ou contra a deposição dele pela força militar americana, as respostas eram as seguintes: nos EUA, a favor 62% e contra 26%; em Inglaterra, 47%/47%; no resto do mundo 25%/70%. Estes resultados revelam bem, a nosso ver, num caso grave e de todos conhecido, que mais de 2/3 da Humanidade, apesar do perigo constituído pelo líder iraquiano, não queriam a violação do Direito Internacional e acreditavam na superioridade moral deste.

Idem, *Direito Internacional Público* (lições policopiadas), Coimbra, 1960.
Idem, *O fundamento do Direito Internacional*, in *Estudos de Direito Público*, vol. II, tomo II, Coimbra, 2002.

QUESTIONÁRIO

1 – Porque será que durante décadas a doutrina jurídica fazia a contraposição entre Direito Internacional e "direito interno", em vez de falar em "direitos nacionais" ou "estaduais"?
2 – O que é a Comunidade Internacional?
3 – Quem são os membros da Comunidade Internacional, hoje em dia: apenas os Estados, ou também as organizações internacionais (ONU, NATO, UNICEF) e, até, os indivíduos?
4 – Será que ainda se justifica, actualmente, haver matérias do domínio reservado dos Estados-soberanos, em que o Direito Internacional não possa interferir?
5 – A nova Concordata entre Portugal e a Santa Sé (assinada em 2004) será constituída por normas de Direito Internacional?
6 – E os regulamentos internos da UEFA e da FIFA?
7 – A promoção do desenvolvimento económico dos países será uma finalidade comum ao Direito Internacional e à generalidade dos Direitos nacionais?
8 – Como se distingue um costume internacional de um costume nacional?
9 – E como se distingue um tratado de uma lei?
10 – Não terão razão os autores que dizem que o Direito Internacional não dispõe de nenhuma *vis coactiva*, porque ela só pode provir da vontade nacional dos Estados soberanos?
11 – A actuação dos EUA no caso da guerra do Iraque (2003), à margem da ONU e contra a sua Carta, não provará que a Política Internacional é mais forte do que o Direito Internacional?
12 – Quando os dirigentes norte-americanos da administração Bush afirmam que a ONU não é uma fonte de legitimidade da acção internacional dos EUA, mas apenas um instrumento da política externa deste país, estarão a negar em absoluto a existência do Direito Internacional ou apenas a tentar capturá-lo em seu benefício próprio?
13 – A exigência popular maciça de respeito pelo Direito Internacional, feita por milhões de pessoas na rua aquando da invasão americana do Iraque, foi uma prova da existência do Direito Internacional enquanto Direito ou, antes, pelo contrário, um protesto pela sua inexistência ou impotência?
14 – Será desejável dotar a ONU de uma força militar própria que intervenha de imediato nas crises internacionais mais graves?
15 – Será possível caminhar para a criação de um Estado Mundial, governado pela ONU ou por outro organismo especialmente criado para o efeito?

Capítulo 11

O DIREITO COMUNITÁRIO EUROPEU ([1])

42. Conceito, história e âmbito

A Carta da ONU, de 1945, permitiu expressamente a criação de organizações de âmbito *regional* para fins de manutenção da paz e da segurança internacionais (art. 52°) – por ex., a NATO – e, implicitamente, *consentiu* que pudesse haver também organizações regionais para fins de cooperação e desenvolvimento económico (arts. 55° e 71°).

Estas *outras* têm vindo a multiplicar-se nas últimas décadas, podendo apontar-se como exemplos a Comunidade Económica Europeia (CEE), que deu lugar à União Europeia (UE), o MERCOSUL na América Latina, a NAFTA na América do Norte (Canadá, EUA e México), a ASEAN no Sudoeste Asiático, e a Organização de Cooperação Económica (dita "mercado comum islâmico"), que agrupa a Turquia, o Irão, o Paquistão e várias repúblicas ex-soviéticas.

Mas é inegável que o tipo e o grau de integração alcançados pela UE são muito mais intensos do que nas outras organizações regionais citadas – porque estas, no plano económico, são meras

---

([1]) Falamos em Direito Comunitário *Europeu*, e não apenas como a maioria dos autores em Direito Comunitário, porque esta expressão releva de uma perspectiva euro-cêntrica, quando a verdade é que, numa perspectiva mundial, há diversas comunidades internacionais com algum grau de integração, pelo que também existe um Direito Comunitário latino-americano, africano, do sudoeste asiático, etc.

formas de cooperação ou simples uniões aduaneiras, enquanto a UE já é uma união económica e monetária; além de que aquelas se confinam ao campo da economia, ao passo que a UE tem já uma dimensão social, ambiental e científica, a que se tem somado, nos últimos anos, uma nascente dimensão de política externa e de segurança comum. Trata-se, numa palavra, de um projecto de integração política – mas que ainda não se sabe se desembocará ou não na transformação em Estado Federal.

A nós, portugueses, interessa-nos mais – como é natural – a CEE, hoje UE, a que aderimos em 1985, tendo passado a ser seus membros de pleno direito a partir de 1 de Janeiro de 1986.

Criada em 1958, com a entrada em vigor do Tratado de Roma, a então CEE visava, essencialmente, dois fins – garantir para o futuro a paz entre os países europeus (dilacerados em 70 anos por três guerras franco-alemãs) e, além disso, instituir um espaço geo-económico sem fronteiras, com um mercado único e políticas comuns, capaz de assegurar a prosperidade dos povos europeus. Começou-se o esforço de união da Europa pelos assuntos económicos, por ser mais fácil de avançar nesse campo, através de um método gradualista, ou "funcionalista". Mas, no seu horizonte, os *founding fathers* desta comunidade apontaram sempre para "uma união cada vez mais estreita entre os povos europeus" ([2]), que tinha inegável carácter político, e que poderia vir a desembocar na criação de uns *Estados Unidos da Europa*, isto é, num Estado federal europeu, ainda que composto – como os EUA – por diferentes Estados federados (os países-membros da comunidade, então e hoje soberanos, se a hipótese federal se concretizasse no futuro, *passariam a ser* Estados não-soberanos, ou de soberania limitada).

A história da CEE/UE tem sido uma "história de sucesso":
– A organização foi criada em 1958;
– Em 1962, foi instituída a PAC – política agrícola comum;

([2]) Fórmula expressa no preâmbulo do Tratado de Roma, de 25 de Março de 1957, o qual entrou em vigor em 1-1-58.

– Em 1964, o Tribunal de Justiça (Luxemburgo) afirmou, em jurisprudência criativa que se mantém até hoje, o princípio do "primado do direito comunitário sobre o direito interno dos Estados-membros", reforçando assim a unidade e a coesão da Comunidade Europeia e da sua ordem jurídica;
– Em 1968, concretizou-se a união aduaneira, com a eliminação das barreiras alfandegárias entre os países membros e a criação de uma tarifa exterior comum;
– Em 1973, foi prevista e montada a estrutura capaz de conduzir a UE à adopção da PESC – política externa e de segurança comum;
– Em 1975, foi celebrada a primeira Convenção de Lomé, que estabelece um regime privilegiado de relações comerciais entre a UE e dezenas de países do Terceiro Mundo;
– Em 1985, celebraram-se os *Acordos de Schengen*, que vieram suprimir o controlo nas fronteiras internas entre sete Estados-Membros. Com a entrada em vigor do Tratado de Amesterdão (1999), esta realidade – que até aí se vinha desenvolvendo à margem do Direito Comunitário – passou a representar um acervo que todos os Estados que a partir de então quisessem aderir à União teriam de acolher (a "Europa sem fronteiras");
– Em 1986, com o Acto Único Europeu, foi prevista a criação do Mercado Único Europeu, que se concretizou em 1993;
– Em 1998, foi criada a moeda única (o Euro) e, para geri-la, um Banco Central Europeu;
– Em 2000, foi adoptada a Carta dos Direitos Fundamentais da União Europeia;
– Em 2004, a UE está em vias de se dotar de uma *Constituição Europeia*, entretanto aprovada pelos governos dos países-membros;
– Já se negoceia, com o apoio inicial da França, do Reino Unido e da Alemanha, a criação de uma força militar europeia, distinta da NATO, embora cooperante com ela;
– Em 1 de Maio de 2004, de 15 países membros passou-se a uma comunidade com 25 países membros, que ainda poderão aumentar numa fase subsequente: a UE começou com 168 milhões de habitantes, em 2003 tinha 379,5 milhões e passou, após o recente alargamento, a ser uma união política, monetária e económica de 457 milhões de pessoas (os EUA têm 289 milhões e a Rússia, 145 milhões).

A UE já é, neste momento, a maior potência comercial do mundo – embora não seja (nem porventura deva aspirar a ser) a maior potência político-militar. O que é preciso é que a Europa unida forje a sua identidade própria e refreie os ímpetos hegemónicos dos EUA, constituindo um polo autónomo no novo equilíbrio de poderes que se está a gerar, após o fim da "guerra fria", a queda do império soviético, a revolução democrática mundial de 1989, e o surgimento da grave ameaça do mega-terrorismo internacional.

Note-se que, se compararmos as etapas da evolução dos Estados Unidos da América com as da União Europeia, esta leva a melhor em rapidez de progressos alcançados e de políticas comuns definidas e aplicadas: por ex., tardou quase um século a definir nos EUA uma política económica e social, através da interpretação judicial da "cláusula do comércio"; e só em 1913 (124 anos depois de aprovada a Constituição norte-americana) foi criado o *Federal Reserve System* para gerir a moeda única, criada apenas durante a Guerra Civil de meados do séc. XIX ... (³).

Porque é que se fala na existência de um Direito Comunitário Europeu?

Por duas razões convergentes: por um lado, os tratados que criaram e têm feito progredir a CEE/UE (Roma 1957, Acto Único 1986, Maastricht 1992, Amsterdão 1997, Nice 2000) constituem o chamado *direito originário*, que é manifestamente um segmento do Direito Internacional (regional), por ser constituído por tratados internacionais de tipo clássico; por outro, os órgãos da UE dotados de poderes normativos têm vindo a produzir milhares de normas jurídicas que executam ou desenvolvem os tratados institutivos, às quais se dá o nome de *direito derivado*, que é um direito interno da UE, mas supranacional, isto é, que prevalece – em caso de contradição – sobre os direitos nacionais dos países membros. (Adiante veremos se este direito derivado ainda pode ser considerado como fazendo parte do Direito Internacional, ou se já tem natureza distinta deste).

O que é, então, o Direito Comunitário Europeu?

Podemos defini-lo como o *sistema de normas jurídicas que regulam a organização e o funcionamento da União Europeia, bem como os direitos fundamentais dos cidadãos europeus, a fim de prosseguir a gradual integração política, económica e monetária dos seus países membros, os quais convencionam, para o efeito, o exercício em comum dos poderes necessários à construção da unidade europeia* (⁴).

(³) Cfr. Stuart E. Eizenstat, *You can take heart from US History,* in *International Herald Tribune,* 29-10-93. V., mais desenvolvidamente, Ana Maria Guerra Martins, *As Origens da Constituição Norte-americana: Uma Lição para a Europa,* "Lex", Lisboa, 1994.

(⁴) Ver os nºs 5 e 6 do artigo 7º da CRP, que dispõem:
"5. Portugal empenha-se no reforço da identidade europeia e no fortaleci-

Esta definição, como se percebe, combina quatro elementos: o do objecto, o do fim, o dos sujeitos e o das competências.

Pelo contrário, o direito nacional ou interno é, como já dissemos (no número anterior), constituído pela ordem jurídica própria de cada país-membro.

Objecto e âmbito. – O Direito Comunitário Europeu começou por regular matérias de carácter quase exclusivamente económico, visando, a curto prazo, estabelecer e regular uma união aduaneira, uma política agrícola comum, e uma comunidade económica (CEE), bem como uma organização estrita da produção do carvão e do aço (CECA) e da energia atómica (CEAA). Mas em menos de meio século evoluiu muito, alargando o seu âmbito a outras questões económicas, sociais e ambientais, e acentuando também o seu carácter político (abolição de fronteiras, moeda única, banco central europeu, cidadania europeia, carta dos direitos fundamentais, política externa e de segurança comum, força militar europeia, projecto de Constituição Europeia).

Eis algumas das políticas comuns definidas, executadas e controladas pela União Europeia, no uso de competências cujo exercício os Estados-membros transferiram para os órgãos comunitários, com vista a uma actuação conjunta: política aduaneira, política agrícola, liberdade de circulação de pessoas, mercadorias, serviços e capitais, política de concorrência, política de protecção ambiental, espaço de liberdade, segurança e justiça, política de garantia da qualidade de bens e serviços, política de defesa do consumidor, política económica e monetária, política de emprego, saúde pública, cultura, coesão económica e social, etc., etc.

---

mento da acção dos Estados europeus a favor da democracia, da paz, do progresso económico e da justiça nas relações entre os povos.

6. Portugal pode, em condições de reciprocidade, com respeito pelo princípio da subsidiariedade e tendo em vista a realização da coesão económica e social, convencionar o exercício em comum dos poderes necessários à construção da união europeia".

Exemplos concretos de normas de *direito derivado*:
— *Regulamentos*: Regulamento (CE) n° 881/2002 do Conselho, de 27 de Maio de 2002, que institui certas medidas restritivas específicas contra determinadas pessoas e entidades associadas a Osama Bin Laden, à rede Al-Qaeda e aos talibã, e que revoga o Regulamento (CE) n° 467/2001;
— *Directivas*: Directiva 89/48/CEE do Conselho, de 21 de Dezembro de 1988, relativa a um sistema geral de reconhecimento dos diplomas de ensino superior que sancionam formações profissionais com uma duração mínima de três anos;
— *Decisões*: Decisão 2003/641/CE da Comissão, de 5 de Setembro de 2003, relativa à utilização de fotografias a cor ou de outras ilustrações como advertências relativas à saúde nas embalagens de tabaco;
— *Decisões-quadro*: Decisão-Quadro 2001/220/JAI do Conselho, de 15 de Março de 2001, relativa ao estatuto da vítima em processo penal;
— *Recomendações*: Recomendação 2001/166/CE do Parlamento Europeu e do Conselho, de 12 de Fevereiro de 2001, sobre a cooperação europeia em matéria de avaliação da qualidade do ensino básico e secundário.

Em face de toda esta evolução, há quem considere que Portugal perdeu uma parte importante da sua soberania ao ingressar na então CEE, em 1985, e ao manter-se no que é hoje a UE–União Europeia. Discordamos desse ponto de vista.

Desde o Renascimento até à 2ª Guerra Mundial, de 1939--1945, o Estado-soberano caracterizou-se sobretudo pelo seu poder de decidir sozinho acerca das grandes questões políticas, nomeadamente o direito de fazer a guerra.

Mas hoje em dia já não é assim: com a proibição da guerra pela Carta da ONU, em 1945, com a criação da NATO, sob comando americano, em 1949, e com a necessidade de uma cooperação e integração económicas cada vez mais intensas e aprofundadas, nenhum país europeu — nem mesmo a França, a Inglaterra ou a Alemanha — pode agir isoladamente na defesa dos seus interesses legítimos. Na época da globalização, a soberania não é mais o poder de decidir sozinho acerca da guerra, mas o poder de promover em aliança o desenvolvimento económico e social num clima de paz.

Quanto mais forte e eficaz for a integração, maior é, pois, a soberania dos países-membros. Estes, ao integrarem as suas economias e, depois, as suas políticas diplomáticas e militares, não perdem peso no concerto mundial: ganham cada vez maior influência. Se assim não fosse, só por uma espécie de "suicídio colectivo" é que praticamente todos os países europeus estariam a embarcar *voluntariamente* num projecto deste tipo.

A nossa conclusão é, assim, a de que Portugal (como os seus outros parceiros europeus) não só não perdeu soberania como tem hoje um peso, uma voz e uma influência no mundo como não tinha desde a era dos Descobrimentos.

43. Será o Direito Comunitário Europeu ainda uma parcela do Direito Internacional ou já um novo Direito Constitucional?

Há, sobre esta questão, dois pontos que para nós são perfeitamente líquidos:

– O Direito Comunitário originário faz parte do Direito Internacional (pactício ou particular), uma vez que consta de autênticos tratados internacionais;

– O Direito Comunitário derivado, sobretudo nos casos em que tem obrigatoriedade directa e recepção automática plena nas ordens jurídicas internas dos Estados-membros, não é Direito Internacional, mas antes *direito interno da União Europeia*, o qual goza, aliás, por força do princípio do primado (v. *supra*), de supremacia hierárquica sobre os direitos nacionais dos países-membros da União.

Tratar-se-á então, como pretendem alguns, de um nascente Direito Constitucional europeu ([5])?

Quer-nos parecer que não. Porque, no estado actual das coisas, a Europa da UE não constitui um Estado-Nação, assente num povo europeu, que, mediante um poder constituinte europeu, tenha feito

---

([5]) Francisco Lucas Pires, *Introdução ao Direito Constitucional europeu*, "Almedina", Coimbra, 1997, e Miguel Poiares Maduro, *A crise existencial do constitucionalismo europeu*, in *Colectânea de Estudos de Homenagem a Francisco Lucas Pires*, "Universidade Autónoma de Lisboa" (ed.), 1999, pp. 201-215.

nascer, por cima das velhas Nações europeias que integram a UE, um Estado soberano europeu – que seria um Estado Federal (como os EUA ou a Federação Russa), passando os países-membros de Estados-soberanos a meros Estados federados (como o Texas, a Virgínia ou a Califórnia). É impossível adivinhar se algum dia se chegará até aí; mas é perfeitamente óbvio, quanto a nós, que *ainda* não se atingiu essa situação hoje em dia.

Basta ter presente, para o comprovar, que os órgãos comunitários não exercem soberania sobre os Estados-membros: estes é que partilham as suas soberanias nacionais uns com os outros, exercendo-as em comum nalgumas matérias, enquanto noutras (a maior parte) continuam a decidir livremente a nível nacional.

Perdemos entretanto as alfândegas, as fronteiras e as moedas nacionais? É verdade. Mas fizemo-lo voluntariamente e não nos colocámos na dependência de um qualquer país estrangeiro: estamos todos sentados à mesma mesa e, em assuntos vitais, retemos o direito de veto, que salvaguarda sempre a nossa possibilidade de dizer a última palavra.

Estamos a caminho, é certo, de ter uma Constituição Europeia. Mas, para além de esta não introduzir grandes alterações no anterior quadro de equilíbrio de poderes, ela própria é mais uma prova de que não chegámos ainda a um Estado Federal.

Com efeito, a projectada Constituição Europeia – ainda não ratificada pelos países-membros – não vai ser aprovada pelo povo europeu, em referendo único, nem sequer pelo Parlamento Europeu, através de deputados eleitos expressamente para esse fim, mas está a seguir todos os passos tradicionais e típicos da elaboração de um tratado internacional: preparação de um projecto por representantes designados maioritariamente pelos Estados, conferência inter-governamental, negociação diplomática entre os Governos dos países-membros e assinatura pelos Governos, ao que se seguirá a aprovação nacional pelos parlamentos e/ou em referendos nacionais, e por fim a ratificação solene pelos Chefes de Estado dos países-membros. Acresce que a referida Constituição só entrará em vigor se, e quando, for ratificada por todos os Estados signatários – o que dá a qualquer deles um poderoso direito de veto, se recusar a ratificação. Se já estivéssemos no processo constituinte de um Estado Federal Europeu, a aprovação da respectiva Constituição competiria à maioria dos cidadãos europeus, possivelmente combinada com o voto favorável da maioria dos Estados signatários. Não seria necessária a unanimidade.

Julgamos, por isso – e ressalvando o respeito pelas opiniões em contrário –, que a União Europeia (agora, ou mesmo depois de a Constituição Europeia entrar em vigor), já não é só uma mera organização internacional de tipo clássico: é mais do que isso. Mas não é ainda, nem vai sê-lo em breve, um Estado Federal: é menos do que isso.

À falta de melhor designação, julgamos poder caracterizá-la como *comunidade supranacional*, uma figura situada a meio caminho entre a organização internacional de tipo clássico e o Estado Federal.

O seu direito derivado, sobretudo quando passível de aplicação directa e automática nas ordens jurídicas internas dos países-membros, não é Direito Internacional nem Direito Constitucional: digamos que é um *tertium genus*★, que poderemos denominar, coerentemente com a ideia de comunidade supranacional, como *direito supranacional*. Está acima do Estado-Nação (daí o carácter *supra--nacional*), mas abaixo do que seria o direito federal de um Estado com essa natureza.

> Em bom rigor, e vistas as coisas num plano estritamente jurídico, o texto básico que está a ser elaborado com o nome de *Constituição Europeia* não deveria chamar-se Constituição (pois não há um Estado soberano europeu), mas antes Tratado da União Europeia ou, numa solução de compromisso, *Tratado Constitucional Europeu*, como chegou a ser defendido por alguns.
>
> Porém, no plano político, é indiscutível que a expressão *Constituição Europeia* tem muito mais carga simbólica e força apelativa, sobretudo do ponto de vista dos "federalistas" – que pretendem encaminhar a UE para se tornar, um dia, num Estado Federal [6] – e dos "funcionalistas" – que desejam, pelo método dos pequenos passos, ir transferindo dos Estados-membros para a UE cada vez mais funções, tarefas e poderes.

---

[6] É o nosso caso: ver Diogo Freitas do Amaral, *Um voto a favor de Maastricht. Razões de uma atitude*, "Editorial Inquérito", Lisboa, 1997.

Não se nos afigura errada, ou incorrecta – como já se tem pretendido entre nós –, a utilização da palavra *Constituição*, porque ela não é privativa dos Estados-soberanos: nos EUA, por ex., todos os Estados-federados (não-soberanos) têm a sua Constituição. Ora, se uma organização não-soberana como essas pode chamar à sua lei fundamental "Constituição", porque não há-de poder fazer o mesmo outra organização, a União Europeia, que também não é um Estado soberano, mas está em muitos aspectos acima deste, dado o princípio do primado do Direito Comunitário europeu sobre o direito nacional de cada país-membro?

BIBLIOGRAFIA

Campos (J. Mota de), *Direito Comunitário*, "Polis", vol. 2, cc. 432-434.
Campos (J. Mota de), e Campos (J. L. Mota de), *Manual de Direito Comunitário*, 4ª ed., "F. Gulbenkian", Lisboa, 2004.
Craig (P.) e Gráinne de Búrca, *EU Law. Text, Cases and Materials*, 3rd ed., "Oxford University Press", 2003.
Megret (J.), Louis (J.V.), Vignes (D.) e Waelbroeck (M.), *Le droit de la Communauté Économique Européenne*, 14 vols., "Université de Bruxelles", Bruxelas, 1970.
Smit (H.) e Herzog (P. E.), *The law of the European Community. A Commentary on the EEC Treaty*, 6 vols., "Mathews Bender", Nova Iorque, 1976-2000.
Stephen Weatherill e Paul Beaumont, *EU Law*, 4th ed., "Penguin Books", 2004.

QUESTIONÁRIO

1 – A União Europeia (antiga CEE) é uma organização ímpar no mundo de hoje ou, diferentemente, corresponde (embora num grau mais avançado de integração) a uma tendência geral para o agrupamento e integração de países vizinhos, por regiões?

2 – Que tem a UE de específico, ou de diferente, em relação às outras organizações internacionais regionais?

3 – A história da integração europeia será, como dizem uns, uma história de sucesso ou, como sustentam outros, uma interminável sucessão de crises?

4 – Olhando para o meio século de vida da UE, quais os três momentos que considera mais importantes, e porquê?

5 – Porque é que a então CEE começou por tratar apenas de assuntos económicos e, hoje, a UE tem já uma moeda única e começa a esboçar uma política externa e de segurança comum (PESC)?

6 – Na UE, o "direito originário" é Direito Internacional ou é Direito Constitucional Europeu?

7 – E o "direito derivado", é ainda Direito Internacional (regional) ou é direito interno de uma organização internacional?
8 – Julgando por aquilo que sabe, foi bom ou não para Portugal ter aderido, em 1985, à então CEE, hoje UE? Porquê?
9 – Portugal perdeu ou ganhou soberania, ao aderir à CEE em 1985?
10 – Se entende que perdeu, como explica que quase todos os países da Europa Ocidental tenham querido fazer parte da UE, e que em 1-5-2004 tenham aderido mais 10 países, quase todos do Leste europeu?
11 – Na actual UE, há uma parte das competências que constituem poderes próprios ou há apenas exercício em comum de soberanias estaduais?
12 – A abolição das alfândegas e das fronteiras, bem como a criação da moeda única, não conferem já carácter federal à UE?
13 – E esse carácter federal não ficará mais acentuado ainda com a existência de uma Constituição da UE?
14 – Como se explica, se não for pela concepção federal, o princípio do primado do Direito Comunitário sobre os direitos nacionais?
15 – Se a ameaça do mega-terrorismo internacional se adensar sobre a Europa, isso acentuará ou diminuirá a tendência para a integração político-militar no seio da UE?

Capítulo 12

A GRANDE DIVISÃO DO DIREITO NACIONAL: DIREITO PÚBLICO E DIREITO PRIVADO

44. Critérios de distinção

Como em tantos outros aspectos da Ciência do Direito, a *summa divisio*★ do Direito nacional do Estado soberano, que distingue entre o direito público e o direito privado, é de origem romana. Ensinava, com efeito, o jurisconsulto Ulpiano:

> *"Publicum jus est quod ad statum rei romanae spectat; privatum, quod ad singulorum utilitatem pertinet"* ([1]).

Dito de outro modo, isto significa o seguinte: o direito público é o que protege os interesses públicos do Estado; o direito privado é o que disciplina os interesses privados dos particulares.

Os romanos faziam, pois, a distinção com base no *critério do interesse*: se o interesse considerado e protegido pela norma jurídica era um interesse público (do Estado ou de um ente público menor), essa norma era de qualificar como sendo de direito público; se, diferentemente, o interesse considerado e protegido pela norma jurídica era um interesse privado (de indivíduos ou entidades parti-

---

([1]) "O direito público é aquele que respeita à República romana; o direito privado é o que importa à utilidade dos particulares". Definição constante do Digesto (D., 1,1,1,2).

culares), então tal norma devia ser qualificada como norma de direito privado.

O critério do interesse. – Este critério – que ainda hoje é perfilhado, como base da referida *summa divisio*, por autores de nomeada (²) – continua a ser correcto e adequado na grande maioria dos casos: por ex., uma norma constitucional sobre o Presidente da República, uma norma administrativa sobre as câmaras municipais, uma norma penal sobre o crime de homicídio, ou uma norma fiscal sobre o imposto automóvel – todas são normas que visam proteger interesses públicos do Estado e, por conseguinte, pertencem ao direito público; já uma norma civil sobre o contrato de compra e venda entre particulares, ou uma norma comercial sobre operações bancárias, ou uma norma laboral sobre o direito dos trabalhadores a férias e feriados – são normas que visam proteger interesses privados de indivíduos ou empresas particulares e, por consequência, fazem parte do direito privado.

Só que, apesar de o critério do interesse ser correcto e adequado na grande maioria dos casos, o certo é que não o é em todos: na verdade, conhecem-se exemplos de normas de direito público que protegem a realização de interesses dos particulares (*v.g.*, as regras do Direito Processual Civil, destinadas a regular os processos que decorrem nos tribunais judiciais para a efectivação de direitos civis ou comerciais pertencentes a indivíduos ou empresas privadas), bem como exemplos de normas de direito privado que visam proteger, na esfera da vida privada dos particulares, certos interesses públicos (*v.g.*, as regras do Direito Civil destinadas a proteger os interesses dos filhos em caso de separação ou divórcio dos pais, ou a regra – também de Direito Civil – segundo a qual, na falta de herdeiros legítimos ou designados por testamento, os bens de qualquer pessoa falecida são atribuídos, a título sucessório, ao Estado). As regras deste

---

(²) Ver, por todos, Marcello Caetano, *Manual de Direito Administrativo*, vol. I, 10ª ed., , reimp., "Almedina", Coimbra, 1997, pp. 49-51.

tipo são consideradas pelos civilistas como normas que, sendo de direito privado, são simultaneamente *normas de interesse e ordem pública* ([3]).

Conclui-se, pois, que o critério do interesse, afinal de contas, não é adequado, só por si, a servir de base à distinção entre direito público e direito privado.

O critério do sujeito. – Vários autores voltaram-se então para outro critério, o *critério do sujeito* das relações jurídicas ([4]): de acordo com tal critério, seriam normas de direito público as que disciplinam relações jurídicas em que ambos os sujeitos, ou pelo menos um deles, fossem sujeitos públicos (o Estado ou os entes públicos menores – autarquias locais, institutos públicos, etc.); e seriam normas de direito privado aquelas em que ambos os sujeitos da relação jurídica fossem sujeitos privados (os indivíduos ou as pessoas colectivas privadas, *v.g.* associações, fundações ou sociedades).

Também este critério do sujeito é verdadeiro na maioria dos casos (por ex., no Direito Constitucional ou no Direito Penal, um dos sujeitos é sempre o Estado, tal como no Direito Civil e no Direito Comercial os sujeitos da relação jurídica são, na maior parte das situações, particulares).

Mas não o é em todos os casos: com efeito, o Estado (e os entes públicos menores) decidem por vezes actuar ao abrigo de normas de Direito Civil – comprando e vendendo, doando ou trocando bens – e, nessas hipóteses, há normas de direito privado que regulam relações jurídicas em que figura como sujeito o próprio Estado (ou um município, uma freguesia, uma universidade pública); são casos em que, apesar de um dos sujeitos ser de carácter público, a norma reguladora da sua actuação é de natureza privada. Por outro lado, e em sentido contrário, há casos em que ambos os sujeitos de uma relação jurídica de direito público são meros parti-

---

([3]) Ver António Menezes Cordeiro, *Tratado de Direito Civil Português*, tomo I, 2ª ed., "Almedina", Coimbra, 2000, p. 29 e segs.

([4]) Isto é, relações dos homens em sociedade, protegidas e reguladas pelo Direito.

culares: é o que sucede, tipicamente, nas relações (de Direito Administrativo) entre os concessionários e os utentes de um serviço público ou de uma obra pública, nas figuras clássicas da sub-concessão e do trespasse da concessão administrativa e, em geral, no exercício privado de funções públicas ([5]).

Também o critério do sujeito não pode, portanto, ser acolhido.

Os critérios combinados do interesse e da qualidade do sujeito. – Na fase actual da Ciência do Direito, a fórmula que parece mais adequada para estabelecer a distinção fundamental entre direito público e direito privado, tomando em conta as críticas formuladas aos dois primeiros critérios, é a da combinação do *critério do interesse*, tal como foi exposto mais acima, com o *critério da qualidade do sujeito*.

Nesta fórmula, toma-se como base da *summa divisio** que estamos a definir o critério do interesse: em princípio, são normas de direito público as que visam proteger um interesse público, e normas de direito privado as que visam proteger um interesse privado.

Mas combina-se semelhante critério – que, como vimos, é só por si insuficiente – com um terceiro critério, até agora ainda não explicado, que é o *critério da qualidade do sujeito*, quer dizer, o critério que atende à qualidade em que os sujeitos, públicos ou privados, intervêm em cada relação jurídica.

Assim: (a) se o Estado, ou um ente público menor, para melhor poder prosseguir um interesse público, intervém em dada relação dotado de *poderes de autoridade* sobre os particulares, numa posição de supremacia jurídica quanto a eles (por ex., para adquirir um terreno de que necessita, o Estado decide expropriá-lo; ora, o poder de expropriar é um poder de autoridade), então, a norma reguladora dessa forma de intervenção é uma norma de direito público; pelo contrário, se o Estado, ou um ente público menor, sempre para melhor prosseguir o interesse público, resolve ser preferível intervir

---

([5]) Ver neste sentido, por todos, Diogo Freitas do Amaral, *Curso de Direito Administrativo*, I, 2ª ed., 1994, p. 36.

despido de quaisquer poderes de autoridade, nos mesmos termos em que o faria um simples cidadão, a norma reguladora dessa forma de intervenção é uma norma de direito privado (por ex., para adquirir outro terreno de que necessita, mas cujo proprietário está disposto a vendê-lo por um preço razoável, não especulativo, o Estado decide comprá-lo, nos termos previstos no Código Civil para o contrato de compra e venda); então, o direito regulador dessa relação é direito privado, pois que o direito de comprar ou vender é um direito subjectivo de carácter privado, não envolve o uso de nenhum poder de autoridade do Estado sobre particulares;

(b) se uma norma de direito privado, como tal destinada a regular situações da vida privada de indivíduos ou pessoas colectivas privadas, visa também conferir protecção a um interesse público (sendo, pois, uma *norma de interesse e ordem pública*), ela continuará a ter carácter privado se não conferir a nenhum dos sujeitos da relação jurídica poderes de autoridade; só se converterá em norma de direito público se, para o fim em vista, tiver de atribuir a um dos sujeitos poderes de autoridade sobre o outro (por ex., as normas do Código Civil que, em caso de separação ou divórcio dos pais, concedem especial protecção aos interesses dos filhos menores – não por estes serem indivíduos com supremacia sobre os pais, mas porque o Estado considera ser de interesse público "assegurar especial protecção às crianças (...) privadas de um ambiente familiar normal" (CRP, art. 69°, n° 2) –, essas normas são, sem dúvida, *normas de interesse e ordem pública*; mas nem por isso deixam de ser normas de direito privado, porque a especial protecção que concedem aos filhos menores não se traduz na atribuição a estes de quaisquer poderes de autoridade sobre os pais).

45. **Definição do direito público e do direito privado**

Das considerações e argumentos explanados até aqui podemos agora extrair a definição, que nos parece mais adequada, dos dois grandes ramos em que se divide o direito nacional de um Estado soberano.

A essa luz, o "direito público" é o *sistema de normas jurídicas que, tendo em vista a prossecução de um interesse colectivo, conferem para esse efeito a um dos sujeitos da relação jurídica poderes de autoridade sobre o outro.*

Diferentemente, o "direito privado" é o *sistema de normas jurídicas que, visando regular a vida privada das pessoas, não conferem a nenhuma delas poderes de autoridade sobre as outras, mesmo quando pretendem proteger um interesse público considerado relevante.*

Podemos assim afirmar que:
– São de direito público todas as normas jurídicas que visem proteger interesses colectivos mediante a atribuição de poderes de autoridade ao sujeito público da relação jurídica sobre o correspondente sujeito privado;
– Não são de direito público, mas antes de direito privado, as normas jurídicas que, mesmo visando incumbir o Estado, ou um ente público menor, da prossecução de interesses colectivos, tratem os sujeitos da relação jurídica em pé de igualdade, não conferindo a nenhum deles poderes de autoridade sobre o outro;
– São de direito privado todas as normas jurídicas que visem regular a compatibilização de interesses privados entre indivíduos ou pessoas colectivas privadas, tratando todos os sujeitos da relação jurídica em plano de igualdade;
– Não se tornam de direito público, antes continuam a ser de direito privado, as chamadas "normas de interesse e ordem pública", contanto que, com vista à protecção de certos interesses colectivos no âmbito da vida privada das pessoas, não confiram a nenhuma delas poderes de autoridade sobre qualquer das outras ([6]).

([6]) Em bom rigor, haveria ainda a considerar o caso mais raro em que as normas de direito público se caracterizam, não já, ou não somente, pela atribuição de poderes de autoridade, mas apenas, ou também, pela imposição de limitações, deveres ou sujeições estabelecidos para a protecção adequada de interesses colectivos: é o que sucede, por ex., com as restrições à contratação pública por ajuste directo (sem concurso) e, em geral, com as limitações impostas pelo Direito

Assim esclarecida, no nosso modo de ver, a *summa divisio* entre direito público e direito privado, é chegado o momento de procurar evidenciar, com algum pormenor, os traços específicos de ambos.

46. Caracteres distintivos dos dois ramos

Vamos proceder ao confronto entre os caracteres distintivos destes grandes ramos do Direito estadual, comparando-os nos seguintes pontos principais:

a) *Fins a prosseguir*: o direito público regula a prossecução de fins de interesse público, ou colectivo (o "bem comum", na linguagem tomista), enquanto o direito privado regula a prossecução de fins de interesse meramente privado ou particular (ainda que algumas das suas normas, como vimos, reflictam preocupação com a defesa do interesse público em certos momentos da vida privada).

> Exemplos de fins de *interesse público ou colectivo*: defesa nacional, diplomacia, segurança interna, justiça, cobrança de impostos, educação, saúde, segurança social, obras públicas, etc.
> Exemplos de fins de *interesse privado ou particular*: orientação da vida individual, organização da vida familiar, propriedade e herança, contratos civis e comerciais, sociedades ou empreendimentos com fim lucrativo, operações de compra e venda de títulos na bolsa de valores, etc.

b) *Meios usados para atingir os fins*: o direito público confere à entidade pública poderes de autoridade sobre os particulares, o que estabelece uma relação de supremacia jurídica entre as entidades públicas e as entidades privadas, que em princípio devem obediência às primeiras, enquanto o direito privado não confere poderes de

---

Financeiro (público) ao manuseamento e dispêndio de dinheiros públicos. Consideramos, no entanto, que essas particularidades não são pedagogicamente aconselháveis para alunos do 1º semestre do 1º ano e melhor serão tratadas nas cadeiras de Direito Administrativo ou de Direito Financeiro (Finanças Públicas).

autoridade, nem posições de supremacia, e coloca todos os sujeitos, no desenvolvimento da sua actividade, em situação de igualdade uns para com os outros.

> Exemplos de *poderes de autoridade pública*: os poderes legislativo, executivo e judicial do Estado; o poder de expropriar e o poder de lançar e cobrar impostos; o poder de prender e punir com penas de prisão e outras; o poder de expulsão de estrangeiros ou apátridas do território nacional (⁷); etc.
> Exemplos de *situações de igualdade privada*: marido e mulher, irmão e irmão, amigo e amigo, sócio e sócio, empresa comercial e banco de negócios, comprador e vendedor, etc. (O princípio da igualdade nas relações de direito privado não exclui que, nalguns casos, o próprio direito privado confira, dentro de determinados limites, certos poderes de supremacia: o poder paternal sobre os filhos menores, o poder hierárquico da empresa sobre os seus trabalhadores, etc. Mas estes poderes, se exprimem uma certa supremacia jurídica, não são poderes de autoridade confiados a entidades públicas: não podem efectivar-se através do uso da força física; se forem desacatados, a situação só se pode recompor num tribunal do Estado);

c) *Sujeitos das relações jurídicas*: no direito público, os sujeitos titulares de direitos e poderes sobre outrem são entidades públicas – *v.g.*, o Estado, as Regiões Autónomas, as autarquias locais, os institutos públicos, as associações públicas –, bem como, por "delegação de poderes", as entidades privadas incumbidas do exercício privado de funções públicas – *v.g.*, as empresas concessionárias, as pessoas colectivas de utilidade pública administrativa (por ex., associações de bombeiros voluntários), etc.

No direito privado, ambos os sujeitos (quer titulares de poderes, quer de deveres) são, por via de regra, indivíduos particulares ou entidades privadas (associações, fundações, sociedades civis ou comerciais), bem como, por razões de eficiência económica ou de celeridade de movimentos, quaisquer entidades públicas que possam, por lei, actuar ao abrigo de normas de direito privado, isto é, despojadas de poderes de autoridade pública.

(⁷) O art. 33°, n° 1, da CRP proíbe a expulsão de *cidadãos portugueses* do território nacional.

Exemplos de *actuações de sujeitos de direito público*: o PR quando nomeia ou demite o Governo, ou quando dissolve o Parlamento; a AR quando aprova as leis gerais do país; os Tribunais quando julgam processos e os decidem por sentença; os Ministros quando deferem ou indeferem requerimentos de particulares; as Câmaras municipais quando aprovam ou rejeitam projectos de obras particulares ou pedidos de loteamento urbano; as autoridades académicas quando concedem ou recusam bolsas de estudo a alunos carenciados, ou quando punem disciplinarmente professores, estudantes ou funcionários por qualquer infracção disciplinar cometida; etc.

Exemplos de *actuações de sujeitos de direito privado*: os actos diários da vida privada dos indivíduos e das famílias; os projectos e actividades das associações e fundações; os negócios e contratos das sociedades civis e comerciais; a compra e venda de terrenos, casas ou empresas; o casamento, a separação e o divórcio; as doações em vida, os testamentos e as partilhas; as empreitadas para construção de obras particulares; a compra quotidiana de objectos de consumo; as ordens de compra ou venda para transacções em bolsa; os empréstimos bancários para habitação; etc.

d) *Extensão dos poderes jurídicos utilizáveis*: no direito público, para respeitar os valores cimeiros do Estado de Direito, da democracia e dos direitos humanos, o Estado e os entes públicos menores estão sujeitos, por um lado, ao *princípio da legalidade* – isto é, devem sempre respeitar a Constituição e todas as leis (CRP, art. 266°, n° 2) – e, por outro, ao *princípio da competência*, ou seja, só podem fazer o que as normas jurídicas lhes permitirem ou impuserem. Assim, *tudo o que não for permitido ou imposto, é proibido*. No direito privado, pelo contrário, só as normas imperativas têm de ser acatadas, podendo as normas dispositivas e supletivas ser afastadas ([8]) e, ainda mais importante, vigora o *princípio da liberdade*, segundo o qual os indivíduos podem escolher livremente os fins a prosseguir e os meios a utilizar na sua vida, e as pessoas colectivas privadas podem também escolher livremente os meios de realização dos seus fins estatutários. Quer dizer: *tudo o que não for proibido, é permitido*.

É claro que o Estado – tal como os entes públicos menores – não pode nunca actuar segundo o *princípio da liberdade*, fundamentalmente por duas razões: porque a liberdade é um atributo natural

---

([8]) Sobre a noção de norma imperativa, dispositiva e supletiva, ver o vol. II deste *Manual*.

dos indivíduos, da pessoa humana, que não existe nos organismos ou entidades colectivas; e porque a limitação dos Poderes Públicos aos fins e meios previamente definidos por lei constitui uma garantia preciosa da liberdade individual, conquistada historicamente contra o absolutismo monárquico, primeiro, e contra o totalitarismo de Estado, depois, como forma de evitar o abuso do poder político sobre os cidadãos.

> Exemplos de aplicação do *princípio da competência atribuída*: podia o Estado abrir à iniciativa privada, em 1990-92, o monopólio que detinha no domínio da televisão? Só quando a lei o permitisse e apenas nos termos por ela previstos. Pode o Estado ou o município de Lisboa criar uma fundação para suportar financeiramente uma grande orquestra sinfónica de prestígio mundial? Só se a lei o permitir e nas condições por ela estabelecidas. Podem as entidades públicas aplicar sanções ou atribuir prémios? Só nos termos da lei. Pode o Governo construir uma 3ª ponte sobre o Tejo, em Lisboa, ou montar um comboio de alta velocidade (TGV) que ligue Lisboa a Paris, via Madrid? Só se, quando e como, a lei o permitir e regular.
>
> Exemplos de aplicação do *princípio da liberdade*: qualquer indivíduo pode pensar e fazer o que quiser, se não violar a lei; pode dizer, escrever e publicar o que lhe apetecer, se não violar a lei; pode ser crente ou não-crente, católico ou de outra confissão religiosa, agnóstico ou ateu, desde que nos seus actos praticados em público não viole nenhuma lei; pode livremente decidir namorar, casar, divorciar-se, voltar a casar, optar por viver em união de facto, como e quando quiser, desde que não infrinja nenhum preceito legal; pode viver onde desejar, viajar dentro do país ou fora dele, e até emigrar ou exilar-se para o estrangeiro, se não violar nenhum preceito legal; pode livremente celebrar os contratos que quiser, se não contiverem cláusulas contrárias à lei, e dispor livremente em testamento, para depois da morte, dos bens não reservados por lei aos seus herdeiros legítimos (filhos, cônjuge, pais, e mais alguns familiares próximos); etc.

e) *Recursos financeiros*: no direito público, o Estado e os entes públicos menores só podem lançar e cobrar os impostos e taxas que a lei previr, nos montantes e prazos definidos na lei; só podem contrair empréstimos, quando autorizados nos termos e dentro dos limites da lei; e só podem realizar as despesas previstas e autorizadas, anualmente, no seu orçamento. No direito privado, diferentemente, os indivíduos e as pessoas colectivas privadas podem angariar toda a espécie de fundos que quiserem (salários, juros, rendas, lucros, negócios, jogo na bolsa, empréstimos pedidos a amigos, e mesmo esmolas dadas por caridade), desde que não ofendam nenhuma proibição legal.

Exemplos da *limitação das finanças públicas*: o Estado e as autarquias locais não podem lançar nem cobrar impostos não previstos na lei, ou em montante superior ao decorrente da lei; não podem endividar-se sem observar os procedimentos, formalidades e limites fixados por lei ([9]); e não podem exceder, num euro que seja, as dotações orçamentais em matéria de despesa pública.

Exemplos da *liberdade das finanças privadas*: cada sujeito privado pode fixar pelos objectos que vender o preço que quiser; pode negociar livremente o seu salário ou a sua pensão de reforma; pode nunca recorrer ao crédito ou endividar-se até aos cabelos (se houver quem continue a emprestar-lhe dinheiro...); e pode fazer do seu património uma gestão prudente, ousada ou ruinosa, conforme melhor lhe aprouver – tudo sob a única condição de não violar nenhuma lei ([10]).

f) *Procedimento jurídico de actuação*: no direito público, o Estado e os entes públicos menores só podem, salvo casos excepcionais, actuar no desempenho das tarefas postas por lei a seu cargo mediante um *procedimento legalmente estabelecido* ("due process of law"), que assume as modalidades principais de procedimento *legislativo* (na Assembleia da República), procedimento *administrativo* (na Administração Pública) e *processo judicial* (nos Tribunais); no direito privado, pelo contrário, os indivíduos não estão sujeitos a quaisquer procedimentos pré-determinados por lei para preparar, tomar ou executar as suas decisões ([11]), e, mesmo as pessoas colectivas privadas, só terão de observar as regras procedimentais públicas se estiverem encarregadas do exercício privado de funções públicas (CPA, art. 2°, n°s 3 e 4) ou se a respectiva administração impuser, no plano interno, a observância de qualquer formalismo.

([9]) Alguns autarcas locais violam com frequência esta regra; se forem apanhados, perderão o mandato e não poderão voltar a candidatar-se.

([10]) Porém, os "comerciantes" e os "gestores de entidades privadas", se fizerem uma gestão ruinosa dos seus patrimónios, podem, como excepção a essa regra, ser acusados de insolvência dolosa ou negligente (arts. 227° e 228° do CP) ou ser condenados pelo crime de administração danosa (art. 235°).

([11]) Isto sem prejuízo de a lei prescrever, por vezes, uma forma especial para certos negócios jurídicos (p. ex., o contrato de compra e venda de um bem imóvel, sob pena de nulidade, há-de fazer-se por escritura pública (art. 875° do CC)). Para além disso, enquanto se não proceder ao registo desse negócio numa Conservatória do Registo Predial, perante terceiros é como se ele não existisse; é essa a única maneira de acautelar os interesses destes.

Exemplos de *procedimento público obrigatório*: o procedimento legislativo no seio da AR é minuciosamente regulado pela Constituição (arts. 161º e 164º a 170º) e pelo Regimento; o procedimento a observar pelos órgãos e agentes da Administração Pública está detalhadamente estabelecido no CPA – Código do Procedimento Administrativo, de 1991; o processo judicial, a observar pelos Tribunais no desempenho da sua missão de julgar, consta de vários códigos, todos extremamente pormenorizados – *v.g.*, Código de Processo Civil (1961), Código de Processo Penal (1987), Código do Processo nos Tribunais Administrativos (2001), Código de Procedimento e de Processo Tributário (1999), Código de Processo do Trabalho (1999), etc. Todas as fases, formalidades e prazos a cumprir, em qualquer destes casos, estão exaustivamente regulados nos referidos diplomas legais, deixando aos juízes uma "liberdade reduzida a zero", quanto ao procedimento a seguir, embora se lhes garanta total independência de julgamento quanto ao conteúdo das sentenças a proferir: como estabelece, categoricamente, o artigo 203º da CRP, "os tribunais são independentes e apenas estão sujeitos à lei".

Exemplos de *ausência de procedimento legal privado*: quanto à actuação dos indivíduos na sua vida pessoal, afectiva e profissional, não há nenhuma lei que a regule; e, mesmo quanto às pessoas colectivas, o regime é idêntico: absoluta ausência de leis procedimentais (com as duas excepções acima referidas).

O contraste é flagrante com o direito público em matéria de celebração de contratos e adjudicação do fornecimento de bens e serviços: para as entidades públicas, a regra é o concurso público (que se desenrola segundo um procedimento longo, complexo e sempre bastante demorado – normalmente mais de um ano, muitas vezes dois ou três); para as entidades privadas, a regra é precisamente a oposta – inexistência de concurso, salvo se o órgão competente decidir abri-lo. Uma empresa privada pode, pois, sem consultar a concorrência, contratar com quem quiser, mesmo que se trate de familiares ou amigos, escolhidos precisamente por essa razão. No sector público, proceder desta forma é ilegal (salvo raríssimas excepções) e pode mesmo constituir crime de corrupção (CP, art. 372º).

g) Controlo jurisdicional da actuação desenvolvida: no direito público, a regra geral (com algumas, poucas, excepções), é que o controlo jurisdicional da actuação do Estado e dos entes públicos menores pertence a tribunais diferentes dos chamados *tribunais comuns*, ou *tribunais judiciais*, ao passo que a estes compete, em regra, a aplicação do direito privado e, também, a do Direito Penal.

Exemplos de tribunais especialmente encarregados da *aplicação do direito público*:
– Direito Administrativo: os tribunais administrativos (CRP, art. 212º);
– Direito Fiscal: os tribunais fiscais (CRP, art. 212º);
– Direito Penal Militar, em tempo de guerra: os tribunais militares (CRP, art. 213º);

– Direito Financeiro: o Tribunal de Contas (CRP, art. 214º).

Como dissemos, o único ramo do direito público substantivo que não levou (por enquanto) à plena especialização jurisdicional é o Direito Penal, que é aplicado pelos tribunais judiciais. Estes também aplicam, obviamente, o Direito Judiciário e o Direito Processual, que são ramos do direito público (v. *infra*).

Exemplos de tribunais especialmente encarregados da *aplicação do direito privado*:
– Direito Civil: os tribunais judiciais (CRP, art. 210º);
– Direito de Menores: os tribunais de menores (art. 83º da LOFTJ);
– Direito da Família: os tribunais de família (arts. 81º e 82º da LOFTJ);
– Direito do Trabalho: os tribunais do trabalho (artº. 85º ss da LOFTJ);
– Direito Comercial: os tribunais judiciais e também os "tribunais de comércio" (art. 89º da LOFTJI);
– Direito Comercial Marítimo: os tribunais marítimos (CRP, art. 209º, nº 2) e art. 90º da LOFTJ;
– Direito Internacional Privado: os tribunais judiciais;
– Pequenos conflitos privados: os "julgados de paz" (CRP, art. 209º, nº 2).

Além destes, a Lei de Organização e Funcionamento dos Tribunais Judiciais prevê ainda outras duas espécies de tribunais em função da matéria: os *tribunais de instrução criminal* (art. 79º) e os *tribunais de execução das penas* (art. 91º), mas estes aplicam Direito Penal, que é um subramo do Direito Público.

Por vezes, a delimitação de fronteiras entre a competência dos tribunais judiciais, por um lado, e a dos tribunais administrativos e fiscais, por outro, revela-se uma operação jurídica delicada e complexa, que em última instância está a cargo, no nosso país, do *Tribunal dos Conflitos*, alto órgão jurisdicional composto por três juízes do Supremo Tribunal de Justiça, por outros três do Supremo Tribunal Administrativo, e presidido pelo presidente do Supremo Tribunal Administrativo, que, no entanto, só vota em caso de empate ([12]).

Na sua jurisprudência, o Tribunal dos Conflitos tem entendido que o critério adequado de delimitação da competência entre as duas ordens de jurisdições é o da distinção entre *gestão pública* e *gestão privada*, a qual – oriunda das leis administrativas e da nossa

---

([12]) CRP, art. 209º, nº 3, Decreto-Lei nº 23185, de 30 de Outubro de 1933, e Decreto-Lei nº 19243, de 16 de Janeiro de 1931.

doutrina administrativa – é moldada (e bem) nos mesmos termos da distinção que fizemos acima entre o direito público e o direito privado ([13]).

47. Interpenetração do direito público com o direito privado

Na maior parte dos casos, é relativamente fácil de fazer, na prática, a distinção entre os dois grandes ramos do Direito estadual que acabámos de traçar em teoria. Mas, por vezes, tal distinção torna-se bastante mais difícil, porque o Direito é unitário e a referida divisão não separa dois compartimentos estanques.

Na verdade, tem havido, sobretudo de meados do séc. XX para cá, dois movimentos de sentido contrário que aproximam, e por vezes sobrepõem, os dois referidos ramos: o primeiro movimento é o da *publicização do direito privado* (aumento do número das normas de interesse e ordem pública, inserção no direito privado de preocupações sociais, influência crescente de opções político-ideológicas, algumas delas assumidas pela própria Constituição, etc.); o segundo movimento é o da *privatização do direito público* (exercício privado de funções públicas, contratualização de muitas relações jurídicas públicas que dantes eram constituídas e reguladas por acto unilateral de autoridade, obrigação constitucional – segundo o n° 1 do artigo 266° da CRP – de a Administração Pública, na prossecução do interesse público, respeitar os "direitos e interesses legalmente protegidos dos cidadãos", etc.).

([13]) Cfr., em especial, os acórdãos do Tribunal de Conflitos de 5-11-81 e 12-1-89, o primeiro publicado no BMJ, n° 311, p. 195, e o segundo publicado em *Acórdãos Doutrinais do Supremo Tribunal Administrativo*, n° 330, p. 845. O Supremo Tribunal Administrativo tem seguido à letra a mesma orientação: v., por ex., os acórdãos publicados por Carlos A. Fernandes Cadilha, *Jurisprudência administrativa escolhida*, "Editora Rei dos Livros", Lisboa, 1999, p. 603 e segs.

Esta dupla aproximação entre o direito público e o direito privado chega mesmo ao ponto extremo de, por vezes, uma mesma actuação de certo sujeito de direito ser conjugadamente regulada, em simultâneo, por normas de direito público e de direito privado. Isso não nos deve levar, contudo (como defendem alguns) a desistir de manter e fazer correctamente a distinção entre os dois ramos, mas, pelo contrário, deve conduzir a não deixar que a justaposição entre um e outro se transforme em confusão, mistura, ou amálgama sem nexo e sem sentido.

Um exemplo recente ajudará a compreender melhor o que pretendemos dizer.

Por influência anglo-saxónica, as décadas de 80 e 90 do século passado assistiram a um forte movimento de *privatização de empresas públicas, de harmonia com a ideologia neo-liberal*, só comparável ao fenómeno inverso (no pós-guerra e, em Portugal, a seguir ao 25 de Abril de 1974) da *nacionalização de empresas privadas, por influência da ideologia socialista*.

As privatizações efectuadas em Portugal obedeceram, como não podia deixar de ser, a uma Lei-Quadro das Privatizações (Lei nº 11/90, de 5 de Abril), que prevê e regula um longo e complexo procedimento que prepara o acto final de transformação de cada empresa pública numa empresa privada.

Esse procedimento preparatório tem natureza pública: é um *procedimento administrativo*, que o Governo e a Administração Pública têm de seguir rigorosamente, fase após fase, do princípio ao fim; mas, no final, o acto jurídico que consuma e formaliza a privatização é a venda pelo Estado a particulares da maioria ou totalidade do capital da empresa. O acto final é, pois, um *contrato civil* de compra e venda. Quer dizer: a privatização de uma empresa pública faz-se, nos termos da lei, *através de um procedimento de direito público que termina com a celebração de um contrato de direito privado*.

Deverá isto levar-nos a confundir, em matéria de privatizações, os dois ramos do Direito? Ou a dizer que, em função do carácter público do procedimento, também o acto final é de natureza pública? Ou, pelo contrário, a sustentar que, em razão do carácter privado do acto final, todo o procedimento sofre uma contaminação privatística?

Pensamos que não. Sob perigo de grave confusão, devemos manter separado aquilo que é distinto: e, portanto, devemos sustentar que, numa operação de privatização, o procedimento que precede o acto final é um procedimento de direito público, e que o acto final é um contrato de direito privado.

Esta postura tem consequências práticas muito importantes: se um particular se sentir lesado pelo Estado com os termos em que decorreu a privatização, e por isso quiser recorrer a tribunal, deve dirigir-se (a) aos tribunais administrativos, se quiser impugnar a validade do procedimento ou de qualquer dos actos ou omissões nele verificados, e (b) aos tribunais judiciais, se quiser impugnar a validade do contrato de compra e venda das acções ou das quotas que representam o capital social da empresa privatizada, ou vícios próprios da coisa vendida.

Querer levar tudo para os tribunais administrativos, ou confiar tudo aos tribunais judiciais, seria não apenas um grave erro teórico, mas também uma séria violação prática da separação entre as duas jurisdições, cuja lógica e razão de ser impõe que se mantenham sempre bem distintas.

BIBLIOGRAFIA

Amaral (Diogo F. do), *Direito Público*, in *Polis*, vol. 2, cc. 543-554.
Hörster (Heinrich H.), *Direito Privado*, in *Polis*, vol. 2, cc. 527-531.
Loughlin (Martin), *The Idea of Public Law*, "Oxford University Press", Oxford, 2003.
Pugliatti (Salvatore), *Diritto pubblico e diritto privato*, in *EdD*, XII, pp. 696-746.
Zanobini (Guido), *Diritto pubblico (diritto moderno)*, in *Novissimo Digesto Italiano*, V, pp. 1021-1023.

QUESTIONÁRIO

1 – Como se explica que, cerca de 20 séculos depois, a distinção romana entre Direito público e Direito privado ainda se mantenha válida, na maioria dos casos?

2 – Porque é que o critério do interesse, só por si, não serve?

3 – E porque é que também não serve a combinação do critério do interesse com o critério do sujeito?

4 – O que é que leva as entidades públicas a actuarem frequentemente segundo o Direito privado?

5 – O que são poderes de autoridade?

6 – Não haverá casos de poderes de autoridade no interior do Direito privado (por ex., o poder paternal dos pais sobre os filhos menores, ou o poder disciplinar das entidades patronais sobre os respectivos trabalhadores)?

7 – Não será uma norma de Direito público a disposição do Código Civil que, por razões morais e de ordem pública, impede em absoluto o casamento entre irmãos?

8 – As farmácias, que em regra são empresas privadas, estão por lei vinculadas a cumprir certas obrigações de serviço público (por ex., os turnos rotativos de noite). Este exemplo, de uma actividade privada regulada pelo Direito público, não põe em cheque a *summa divisio* apresentada neste capítulo?

9 – Como se distingue o "princípio da competência" do "princípio da liberdade"?
10 – Porque é que o Estado (tal como os entes públicos menores) não pode actuar segundo o "princípio da liberdade"?
11 – A distinção tradicional entre "finanças públicas" e "finanças privadas" reflectirá, no campo da economia, a distinção jurídica entre Direito público e Direito privado?
12 – Se uma sociedade comercial decidir abrir um concurso público para escolher o empreiteiro que há-de construir-lhe uma nova fábrica, estará a actuar segundo o Direito público? E se, para o efeito, essa sociedade decidir adoptar como suas as regras do Código do Procedimento Administrativo?
13 – Porque será que, sobretudo desde meados do séc. XX, se verificam em simultâneo os fenómenos da "publicização do Direito privado" e da "privatização do Direito público"?
14 – Será correcto falar em "publicização do Direito privado", ou seria melhor falar na publicização da actividade das entidades privadas?
15 – Será correcto falar em "privatização do Direito público", ou seria melhor falar na privatização da actividade das entidades públicas?

Capítulo 13

RAMOS DO DIREITO PÚBLICO

48. Preliminares

São muitos, e variados, os ramos e sub-ramos do Direito Público. Vamos referir aqui os principais.

Para melhor compreender a matéria deste número, referente aos ramos do Direito Público, tenha-se presente a teoria dos poderes do Estado, de Montesquieu ([1]): o *Poder Legislativo* consiste na faculdade de fazer as leis e compete ao Parlamento (actualmente, também ao Governo); o *Poder Executivo* consiste na faculdade de fazer regulamentos, actos administrativos e contratos administrativos, para a boa execução das leis, e compete ao Governo e aos serviços públicos do Estado, bem como dos entes públicos menores; o *Poder Judicial* consiste na faculdade de julgar, aplicando a lei aos casos concretos, e pertence exclusivamente aos Tribunais. Por influência de Benjamin Constant ([2]), entendemos ser de acrescentar um quarto poder, o *Poder Moderador*, que consiste na faculdade de garantir o equilíbrio entre os outros três e representar a unidade do Estado-Nação, o qual pertence ao Chefe do Estado (o Rei em monarquia e, em república, o Presidente da República).

Segundo a Constituição de 1976, como já acontecia de resto na de 1933, os órgãos do Estado incumbidos de exercer os quatro poderes referidos são denominados *órgãos de soberania*; do ponto de

---

([1]) Cfr. Diogo F. do Amaral, *História das Ideias Políticas*, II, 1998, p. 25 e segs.
([2]) V. *ob. cit*, pp. 94-98.

vista estritamente jurídico, melhor se diria *órgãos do Estado com poderes de soberania*; a primeira fórmula é, contudo, mais sintética e expressiva e, em qualquer caso, é a que se costuma usar.

49. Direito Constitucional

É o *ramo do direito público composto pelo sistema de normas jurídicas que regulam a organização e o funcionamento dos Poderes do Estado, asseguram a protecção efectiva da constitucionalidade das leis e dos direitos fundamentais dos cidadãos, e definem as tarefas essenciais do Estado, bem como os grandes objectivos da governação pública* ([3]).

Resulta da noção dada que as principais matérias reguladas pelo Direito Constitucional são:
– A organização e o funcionamento dos órgãos de soberania;
– A protecção efectiva dos direitos fundamentais dos cidadãos;
– A actuação do Tribunal Constitucional, assim como dos outros tribunais em geral, com vista à fiscalização da constitucionalidade das leis e de outras normas jurídicas;
– A definição das tarefas essenciais do Estado;
– A fixação dos grandes objectivos nas diferentes áreas da governação pública – *v.g.*, política externa e de defesa nacional, polícia, administração pública, regiões autónomas, poder local, política económica, financeira e fiscal, política educativa, cultural, científica e desportiva, e políticas de saúde, de segurança social, de habitação, de urbanismo, de qualidade de vida, etc.

A nossa actual Constituição, de 2 de Abril de 1976 (mas já revista em 1982, 1989, 1992, 1997, 2001 e 2004), comporta um *preâmbulo*, um capítulo inicial sobre *princípios fundamentais*, uma parte

---

([3]) Cfr. Marcello Caetano, *Manual de Ciência Política e Direito Constitucional*, 6ª ed., 2003, p. 41; Jorge Miranda, *Manual de Direito Constitucional*, tomo I, 7ª ed., "Coimbra Editora", Coimbra, 2003, p. 11 e segs.; e J. J. Gomes Canotilho, *Direito Constitucional e Teoria da Constituição*, 7ª ed., "Almedina", Coimbra, 2003, pp. 21-27.

I sobre *direitos e deveres fundamentais*, uma parte II sobre *organização económica*, uma parte III sobre *organização do poder político*, uma parte IV sobre *garantia e revisão da Constituição*, e, a terminar, um conjunto de *disposições finais e transitórias*.

Mas nem todo o Direito Constitucional está contido no diploma intitulado *Constituição*: uma parte significativa dele está dispersa por legislação avulsa, *v.g.* a Lei do Tribunal Constitucional, a Lei da Nacionalidade, o Regimento da Assembleia da República, o Estatuto dos Deputados, o Estatuto do Direito de Oposição, a Lei dos Partidos Políticos, a Lei do Referendo, a Lei eleitoral da Assembleia da República, a Lei do Direito de Petição, etc.

> *Exemplos de questões da vida real a que o Direito Constitucional dá resposta*: deve o Presidente da República, antes de promulgar uma lei da Assembleia da República, certificar-se do cumprimento por esta de todos os trâmites do procedimento legislativo fixados no respectivo Regimento? Pode a Assembleia da República, por lei, revogar decretos-leis emanados pelo Governo sobre matéria que, doutrinária e tradicionalmente, seja reservada ao Poder Executivo? Pode o Governo exercer tutela de mérito sobre os municípios em matéria de urbanismo? Como se efectivam e garantem o direito à saúde e o direito à habitação? Haverá inconstitucionalidade por omissão se o Estado se abstiver de legislar sobre o direito dos reclusos, que cumpram pena de prisão efectiva, a beneficiar do apoio de advogado para garantia do acesso ao Direito?

O problema principal que se discute a respeito do Direito Constitucional – e que aqui interessa conhecer – é o seguinte: será o Direito Constitucional (como pretende a maioria dos constitucionalistas) o fundamento, o critério e o limite de todos os outros ramos do direito, público e privado? Ou será antes, pelo contrário (como sustentam quase todos os não-constitucionalistas), que o Direito Constitucional é um ramo do Direito como os outros ou, quando muito, um *primus inter pares*★?

Segundo a escola estatista-nacionalista do Direito, é claro que o Direito Constitucional tem de prevalecer, quer sobre o Direito Internacional e sobre o Direito Comunitário Europeu, quer sobre todos os restantes ramos do direito estadual interno: a Constituição é a "lei fundamental", a "norma normarum"★, a base única de todo o Direito positivo.

Porém, esta concepção não se nos afigura acertada.

Quanto ao *fundamento*, vimos que a legitimidade da existência dos Estados-Soberanos, bem como a definição dos seus principais direitos e deveres, e ainda a obrigação que têm de respeitar os direitos humanos fundamentais dos seus cidadãos, derivam hoje em dia (pelo menos, desde a Carta da ONU, de 1945, e demais normas internacionais dela decorrentes) do Direito Internacional, cujas normas e princípios gerais ou comuns obrigam e vinculam os Estados, independentemente da vontade destes.

Quanto ao *critério*, é verdade que as Constituições mais modernas – embora não todas – definem grandes orientações sobre as diversas políticas públicas a prosseguir pelo Estado nas mais importantes áreas da governação e, por consequência, funcionam como critério orientador da legislação a produzir pelo Estado, sobretudo nos grandes ramos do direito público (nomeadamente, Direito Administrativo, Direito Penal e Direito Processual Penal, Direito Financeiro e Direito Fiscal). Mas a Constituição nada diz sobre outros ramos do direito público (por ex., Direito de Mera Ordenação Social, Direito Processual Civil ou Direito Processual do Trabalho, Direito da Estrada, Direito da Energia, Direito dos Transportes, Direito das Telecomunicações, etc.); e, mais importante ainda, nada ou quase nada diz sobre os principais ramos do direito privado (Direito Civil, Direito Comercial, Direito Internacional Privado, etc.). É, pois, em larga medida, incorrecta a concepção que vê no Direito Constitucional os grandes princípios, ou as *têtes de chapitre* (⁴), de todos os outros ramos do direito.

Quanto ao Direito Constitucional como *limite* dos demais ramos do direito, quer-se dizer com tal expressão que as normas destes não podem violar as normas constitucionais ou os princípios consignados na Constituição. Isso é verdade quanto aos outros ramos do direito estadual (v. CRP, art. 277°, n° 1) e, bem assim, quanto aos direitos infra-estaduais – cujas normas, apesar de não emanadas pelo

---

(⁴) As "epígrafes dos capítulos".

Estado, podem vir a ser declaradas inconstitucionais se ofenderem a Constituição. Porém, o Direito Constitucional não constitui o limite do conteúdo dos direitos supra-estaduais, públicos ou privados, e nomeadamente não condiciona a validade nem do Direito Internacional, nem do Direito Comunitário Europeu – cujo primado sobre o direito interno dos países-membros da UE abrange também o próprio Direito Constitucional, desde pelo menos 1964, data em que o princípio do primado do Direito Comunitário Europeu foi estabelecido pelo acórdão *Costa/ENEL*, do Tribunal de Justiça das Comunidades Europeias ([5]).

Defendemos, pois, e em síntese, por um lado, a subordinação do Direito Constitucional ao Direito Internacional e ao Direito Comunitário Europeu (v. adiante) e, por outro, a sua qualificação como mero *primus inter pares** relativamente aos restantes ramos do direito estadual.

50. Direito Administrativo

É o ramo do direito público constituído pelo sistema de normas jurídicas que regulam a organização e o funcionamento dos órgãos do Poder Executivo do Estado, bem como dos entes públicos menores, e que asseguram a protecção dos direitos dos particulares face à Administração Pública e desta perante aqueles ([6]).

Resulta da noção dada que as principais matérias reguladas pelo Direito Administrativo são:
– A organização e o funcionamento da Administração Pública (constituída pelo Poder Executivo do Estado e pelos entes públicos

---

([5]) *Proc. 6/64, Costa v. E.N.E.L.*, "Colectânea de Jurisprudência", 1962-1964, p. 549 e segs.

([6]) Cfr. Marcello Caetano, *Manual de Direito Administrativo*, I, 10ª ed., p. 43; e Diogo F. do Amaral, *Curso de Direito Administrativo*, I, 2ª ed., "Almedina", Coimbra, 1994 (reimp.), p. 129 e segs., e 140 e segs..

menores – *v.g.*, Regiões Autónomas, autarquias locais, institutos públicos, empresas públicas e associações públicas);

– A protecção dos direitos dos particulares face à Administração Pública;

– A protecção dos direitos da Administração Pública perante os particulares;

– O regime legal das principais formas jurídicas de actuação da Administração Pública (regulamento, acto administrativo e contrato administrativo);

– O regime jurídico do procedimento administrativo, quer declarativo, quer executivo, e tanto na sua forma comum como nas múltiplas formas especiais existentes;

– O regime jurídico das garantias administrativas (ou graciosas) dos particulares, bem como da responsabilidade civil da Administração por danos causados a particulares.

A *parte geral* do Direito Administrativo ainda compreendia tradicionalmente o regime jurídico do *contencioso administrativo* (protecção dos particulares face à Administração Pública através dos tribunais administrativos, e modo de actuação destes), mas essa matéria entretanto autonomizou-se e constitui hoje o objecto de outro ramo do direito público – o Direito Processual Administrativo (v. *infra*).

Não existe um *Código Administrativo* que sistematize e englobe todo o Direito Administrativo substantivo ou, sequer, a sua parte geral ([7]).

A parte procedimental do Direito Administrativo, bem como as três formas jurídicas de actuação da Administração Pública acima referidas (regulamento, acto administrativo e contrato administrativo), são actualmente reguladas por um importante diploma intitulado *Código do Procedimento Administrativo*, de 1991 (revisto em 1996 e em 2003).

([7]) Sobre o significado dos múltiplos Códigos Administrativos portugueses, ver Marcello Caetano, cit., p. 143, e Diogo Freitas do Amaral, *Curso...*, cit., I, p. 158 e segs.

Outros diplomas importantes são a Lei da Responsabilidade Civil da Administração, actualmente em processo de substituição por outra, pendente na AR; a Lei das Autarquias Locais, a Lei das Finanças Locais, a Lei da Administração directa do Estado, a Lei--quadro dos institutos públicos, o Regime jurídico do sector empresarial do Estado e das Empresas Públicas, o Estatuto das pessoas colectivas de utilidade pública, o Código das Expropriações, o Regime Jurídico das Empreitadas de Obras Públicas, etc.

Exemplos de questões da vida real a que o Direito Administrativo dá resposta: pode o Conselho de Ministros licenciar um canal de televisão privada a um concorrente, e negá-lo a outro, sem fundamentar a sua escolha de forma "clara, coerente e completa"? Pode o Ministro das Finanças conceder o aval do Estado a um empréstimo bancário feito a uma central sindical? Podem os movimentos ecologistas suspender, ou até impedir, a construção de uma obra pública, quer por vícios formais de procedimento, quer por discordarem do local escolhido pelo Governo ou por certa Câmara Municipal para executar a obra? Como se impugna administrativamente a graduação de candidatos num concurso público, por parte dos que se sentirem ilegalmente lesados? Pode um cidadão, cuja propriedade rural e respectiva exploração agrícola foi totalmente destruída pelas cheias de um rio ou de uma ribeira obstruídos por ramos de árvores – não removidos, como manda a lei, pela direcção-geral ou câmara municipal competente – obter do Estado ou do município uma justa indemnização pelos prejuízos sofridos? E uma aluna do Ensino Secundário, que ficou com a face desfeada para sempre, por causa da explosão de um tubo de ensaio numa aula de Química, devido a negligência do professor, pode obter uma indemnização do Estado, ou do professor, quer pelo custo dos tratamentos e operações estéticas que teve de realizar (dano material), quer pelas dores sofridas e pelo desgosto de ter passado a ter uma cara de aspecto repugnante (dano moral)? Pode a Administração Pública, num contrato de empreitada para construção de uma auto-estrada, impor ao empreiteiro cruzamentos, nós rodoviários e pontes, não previstos no projecto inicial? E, se puder, tem o empreiteiro direito a ser pago pelos "trabalhos a mais" realizados? Pode um aluno de uma universidade pública impugnar a pena disciplinar que lhe foi aplicada por ter participado numa greve às aulas ou por ter insultado um professor no meio de uma aula?

A doutrina jurídica costuma discutir muito a questão de saber como se distingue o Direito Administrativo, aqui definido, do Direito Constitucional, caracterizado mais acima ([8]).

([8]) Ver, por todos, Afonso R. Queiró, *Lições de Direito Administrativo* (policopiadas), vol. I, Coimbra, 1976, p. 167 e segs.

Dizem uns que o Direito Constitucional se ocupa dos grandes princípios do direito público, enquanto o Direito Administrativo se ocupa dos seus pequenos pormenores. É uma visão errada e pouco científica: para além de muito vaga, não corresponde de todo à realidade, uma vez que qualquer dos referidos ramos do direito comporta grandes princípios e pequenos pormenores. Por ex., a CRP tem normas que são, manifestamente, de pormenor (art. 129°, n° 2: o PR não carece de autorização parlamentar para se deslocar ao estrangeiro, em viagem sem carácter oficial, por períodos inferiores a 5 dias); enquanto o Direito Administrativo, pelo seu lado, inclui normas que constituem grandes princípios gerais (é o caso do princípio da auto-tutela declarativa e executiva, tradicionalmente conhecido por *"privilégio da execução prévia"*, embora as expressões não sejam inteiramente sinónimas).

Dizem outros que o Direito Constitucional regula a organização do Estado, ao passo que o Direito Administrativo regula a respectiva actividade. Não é mais correcto e adequado este segundo critério do que o primeiro: há normas constitucionais sobre a actividade do Estado (procedimento legislativo, actuação do Governo, processo da jurisdição constitucional) e, inversamente, há normas administrativas sobre a organização do Estado (normas sobre a organização interna dos ministérios, dos institutos públicos, das autarquias locais). Além de que nenhum dos mencionados ramos do direito se ocupa apenas do Estado – ambos regulam, além deste, os entes públicos menores (Regiões Autónomas, autarquias locais, institutos públicos, empresas públicas e associações públicas).

Outros autores, ainda, consideram o Direito Constitucional como um corpo normativo estático, fixo, duradoiro, enquanto o Direito Administrativo seria dinâmico, mutável, em permanente evolução. Tão-pouco nos pode servir este critério que, além de vago e, por isso, difícil de aplicar, é cientificamente incorrecto: por um lado, ambos os ramos do direito aqui comparados têm fases de grande estabilidade e fases de grande instabilidade; por outro lado, o Direito Administrativo tende a ser mais estável e duradoiro, nas suas linhas gerais e principais soluções, do que o Direito Constitucional, sempre directamente vulnerável às transformações e vicissitudes da vida política ([9]).

Quanto a nós, o melhor critério de distinção parece-nos ser o do *objecto*: o Direito Constitucional ocupa-se das matérias constitucionais, enquanto o Direito Administrativo trata das matérias administrativas. Ou seja: (a) o Direito Constitucional tem por objecto a organização e o funcionamento dos poderes do Estado em geral, enquanto o objecto específico do Direito Administrativo é o poder executivo do Estado e dos entes públicos menores; (b) o Direito Constitucional assegura a protecção da constitucionalidade das leis, enquanto o Direito Administrativo garante a protecção da legalidade dos regulamentos, actos administrativos e contratos administrativos; e (c) o Direito Constitucional regula as tarefas políticas e legislativas do Estado, enquanto o Direito Administrativo regula as tarefas executivas e técnicas da Administração Pública, ao serviço da segurança, cultura e bem-estar dos cidadãos ([10]).

51. Direito Penal

É o ramo do direito público constituído pelo sistema de normas jurídicas que qualificam os factos ilícitos de maior gravidade social como crimes e estabelecem para eles as penas tidas por adequadas.

Resulta da noção dada que as principais matérias reguladas pelo Direito Penal são:
— A qualificação dos factos ilícitos de maior gravidade social como crimes;

([9]) Argumento de Forsthoff, mencionado por Afonso R. Queiró, *ob. cit.*, p. 168. Ver, em sentido algo diverso, Gomes Canotilho, *O direito constitucional passa; o direito administrativo passa também*, in *Estudos em homenagem ao Prof. Rogério Soares*, "Coimbra Editora", Coimbra, 2001, pp. 705-722.

([10]) Cfr., sobre a noção de administração pública em sentido material, ou actividade administrativa, Diogo F. do Amaral, *Curso...*, cit., I, pp. 39-41.

– O estabelecimento para cada um deles de uma pena tida por adequada (que pode ser de conteúdo fixo ou variável: por ex., pena de prisão de 5 anos, ou pena de prisão de 8 a 16 anos);
– Escolha do tipo de pena aplicável a cada tipo de crime, dentro do catálogo legal de penas, e da respectiva duração.

O Direito Penal tem uma tripla finalidade: (a) a punição do mal feito à vítima e à Sociedade em geral ([11]); (b) a prevenção geral da criminalidade, pela demonstração de que "o crime não compensa"; (c) a promoção da reinserção social dos condenados, mediante os chamados PIR's – planos individuais de readaptação – e uma boa organização da vida dos reclusos, de modo a prepará-los para retomarem a sua vida em liberdade sem virem a reincidir na prática de crimes.

O nosso Código Penal, de 1982, contém uma *parte geral* (aplicável a todos os crimes), onde se regulam matérias como o regime genérico da lei criminal, do crime, da culpa, das penas e medidas de segurança, etc.; e uma *parte especial*, onde se trata de cada um dos crimes declarados como tais e das respectivas penas.

Esta segunda parte compreende as seguintes categorias de crimes:

(a) crimes contra as pessoas – por ex., homicídio, ofensas à integridade física, rapto, violação, pedofilia, difamação, injúria, violação de correspondência, etc.;

(b) crimes contra o património – por ex., furto, roubo, dano, burla, extorsão, administração danosa, etc.;

(c) crimes contra a paz e a humanidade – por ex., incitamento à guerra, genocídio, discriminação racial ou religiosa, tortura, etc.;

(d) crimes contra a vida em sociedade – por ex., bigamia, subtracção de menor, ultraje por motivo de crença religiosa, profanação de cemitério, fabrico de moeda falsa, terrorismo, etc.; e

---

[11] É habitual ouvir os reclusos, num estabelecimento prisional, dizerem aos seus visitantes: "eu sei muito bem que estou aqui a pagar a minha dívida à Sociedade".

(e) crimes contra o Estado – por ex., traição à Pátria, espionagem, tentativa de derrube do Estado de Direito, crimes eleitorais, desobediência à autoridade, obstrução à justiça, corrupção, etc.

Não se pense, porém, que todo o Direito Penal está contido no Código Penal: há, além deste, numerosa legislação penal avulsa – como, por ex., a lei sobre os crimes contra a saúde pública e a economia nacional; a lei sobre criminalidade informática; a lei sobre a responsabilidade criminal dos titulares dos órgãos políticos; a lei sobre a criminalização do tráfego de droga; etc., etc.

Exemplos de questões da vida real a que o Direito Penal dá resposta: quais as circunstâncias agravantes e atenuantes que habilitam o juiz a fixar uma pena mais pesada ou mais leve para um certo crime, dentro dos limites legais? O nível de educação e a condição económico-social do arguido influenciam a escolha da medida da pena? Ao fim de quantos anos se dá a "prescrição" dos crimes, impedindo na prática a punição dos seus responsáveis, ainda que conhecidos? Que consequências tem o princípio – inscrito na Declaração Universal dos Direitos Humanos (ONU, 1948) – de que "todo o acusado se presume inocente até vir a ser condenado por sentença judicial transitada em julgado" (art. 11º, nº 1)? O Código Penal prevê e pune o crime de "furto de uso de veículos" (utilização ilegal de veículos e sua devolução ao dono em prazo razoável, sem intenção de apropriação definitiva): pode a pena aí prevista ser igualmente aplicada ao "furto de uso" de jóias, ou de máquinas fotográficas, ou de computadores? O que é a culpa do autor de um crime? Quais os graus da culpa? Qual a distinção entre dolo (intenção criminosa) e negligência? Em que casos se pode ser punido por negligência? Será punível a negligência médica? Como resolver a imputação de responsabilidade criminal a vários agentes que alegadamente tenham participado no crime (comparticipação criminosa)? Como distinguir entre autoria e cumplicidade? Deve o crime tentado, mas não consumado, ser punido de forma mais branda do que o crime consumado? Deve a mera tentativa ser punida?

O Direito Penal – como todos os outros ramos do direito público, aliás – é particularmente sensível ao modelo de regime político que vigora no país e aos respectivos princípios constitucionais.

Nos Estados democráticos do nosso tempo, o Direito Penal não tem espírito vingativo, possui preocupações humanitárias (não só em relação às vítimas dos crimes, mas também aos criminosos) e, na dúvida, adopta a regra de que *mais vale não condenar um culpado do que condenar um inocente*: é esse o sentido do princípio tradicional *in dubio pro reo*★. Não é o arguido que tem de demonstrar em tribunal a sua inocência; é a acusação pública que tem de demonstrar que ele é culpado; e, na dúvida, decide-se a favor do arguido.

Pelo contrário, quer nos períodos históricos anteriores ao Iluminismo liberal, quer na actualidade dos Estados ditatoriais, o Direito Penal é vingativo e repressivo, descura a necessidade de preparar a reinserção social dos delinquentes, é desprovido de preocupações humanitárias (tortura e brutalidade policial, "penas cruéis, degradantes ou desumanas", prisão em estabelecimentos sem um mínimo de condições de dignidade e higiene). Na dúvida, todo o acusado está de antemão "programado" para ser condenado, porque os julgamentos são uma farsa. E como o fim principal ou exclusivo das penas é a defesa do próprio regime contra os seus inimigos, sem consideração pelos direitos dos arguidos e dos condenados, não vigora o princípio *nullum crimen sine lege*★, permitindo-se, mesmo, incriminar cidadãos por analogia: a conduta x não está definida na lei como crime, mas a conduta y é semelhante, parecida, próxima e, portanto, aquela também será qualificada como crime. Na dúvida, condena-se o arguido. Vigora, assim, o princípio oposto ao enunciado acima: aqui, *mais vale condenar um inocente do que deixar escapar um culpado*.

Nos regimes totalitários (como foi o caso do nazismo na Alemanha, de 1933 a 1945, ou do comunismo na União soviética, de 1917 a 1989), condenava-se com base em fórmulas vagas de carácter político ("será punido quem não colaborar com as autoridades do Estado", ou "quem puser em perigo a ordem social estabelecida", ou "quem entravar a construção de uma sociedade de tipo *x*". Pode até, nesses regimes, condenar-se alguém a pesadas penas criminais, não por ter praticado um certo facto passado, mas por se considerar provável ou possível a prática de um facto futuro ("serão punidos todos aqueles que não derem garantias de colaborar com as autoridades do país na Revolução em curso"; ou "os que, por actuações remotas ou próximas, não permitam que deles se espere um comportamento conforme aos interesses da Revolução, ou do Regime, ou da Raça, etc." ([12])).

([12]) Ver exemplos em Diogo F. do Amaral, *O Antigo Regime e a Revolução. Memórias Políticas (1941-1975)*, "Bertrand Editora", Lisboa, 1995, p. 317 e segs..

Ao invés, nos regimes democráticos, a tipificação legal dos crimes é rigorosa e estritamente delimitada, proíbe-se a incriminação por analogia, não se pode condenar ninguém por factos futuros e incertos – e o Direito Penal não visa defender o regime e os seus governantes contra os adversários políticos, mas sim, e apenas, defender o Estado e o País contra os comportamentos anti-sociais mais graves. Aqui, o Estado está ao serviço de um Direito Penal norteado pela Justiça; não é o Direito Penal que fica ao serviço do Estado e da sua política norteados por uma ideologia.

52. Direito de Mera Ordenação Social

É o *ramo do direito público composto pelo sistema de normas jurídicas que qualificam certos factos ilícitos de menor gravidade social como 'contra--ordenações' e para elas estabelecem sanções denominadas 'coimas' (isto é, multas em dinheiro)*.

Resulta da noção dada que as principais matérias reguladas pelo Direito de Mera Ordenação Social são:
– A qualificação de certos factos ilícitos de menor gravidade social como *contra-ordenações* (tradicionalmente, dizia-se *transgressões* ou *infracções*, termos já enraizados na linguagem popular, que foi um erro substituir por um neologismo);
– O estabelecimento, para cada um desses factos, de sanções menos graves do que as "penas criminais", e que são multas em dinheiro (que há séculos se chamavam *multas* e que, a nosso ver, foi um erro baptizar com a designação, de sabor medieval e de tonalidade aparentemente grosseira, de *coimas*);
– Redução dos fins desta sanção à punição e à prevenção, e, porque os infractores não são privados da sua liberdade, sem uma finalidade de reinserção social.
O *regime geral das contra-ordenações e das coimas* encontra-se estabelecido no Decreto-Lei nº 433/82, de 27 de Outubro, e posteriores actualizações.

Há numerosa legislação avulsa que sujeita a esse regime geral uma quantidade crescente de infracções às mais diversas normas jurídicas – em matéria de urbanismo, ambiente, comércio, defesa do consumidor, direito da concorrência, etc.

Exemplos de questões da vida real a que o Direito de Mera Ordenação Social dá resposta: que critérios nortearão o legislador a qualificar um acto ilícito merecedor de sanção pecuniária pesada, umas vezes como crime, e outras como mera contra-ordenação? O artigo 291º do Código Penal prevê o crime de condução perigosa de veículo rodoviário. O facto previsto traduz-se em conduzir um veículo na via pública, violando grosseiramente as regras de circulação rodoviária e criando, desse modo, perigo para a vida ou integridade física de outra pessoa (ou para bens patrimoniais alheios de elevado valor). Neste caso é igualmente violada uma regra de circulação rodoviária, sendo tal facto em regra qualificado com contra-ordenação pelo Código da Estrada. Quer isto dizer que o mesmo facto (uma ultrapassagem proibida numa curva perigosa, por exemplo) pode ser, simultaneamente, uma contra-ordenação e um crime. Mas só será um crime se, além de violar a regra do Código da Estrada, se traduzir numa *violação grosseira e perigosa* para certos bens jurídicos pessoais de terceiros.

O artigo 292º do Código Penal considera crime a condução de veículo em via pública se o condutor tiver uma taxa de álcool no sangue igual ou superior a 1,2 g/l. Abaixo desse nível de alcoolemia, o facto é apenas uma contra-ordenação. Vamos supor que alguém bebe uma cerveja e conduz a seguir um automóvel, o que, de acordo com a sua experiência, fará com que fique com um nível de alcoolemia inferior a 1,2 g/l. Durante a condução utiliza um inalador de asma. Mais à frente é mandado parar pela polícia e, realizado o teste habitual, apresenta um valor de 1,4 g/l. Feita a contra-análise vinte minutos depois, mantém-se esse valor. Admitamos que uma cerveja não é suficiente para atingir o valor de 1,2 g/l, a partir do qual o facto é qualificado como crime. E que se suspeita que a ultrapassagem do valor limite naquele caso concreto se deve ao efeito conjugado do álcool e dos gases medicamentosos inalados pelo condutor para neutralizar a crise de asma. Numa situação destas, a dúvida quanto à qualificação do facto como mera contra-ordenação ou como crime resulta de não se saber ao certo qual é a causa do valor de alcoolemia apresentado: se é apenas um efeito do álcool ingerido (nesse caso o facto seria crime) ou se é também resultado do efeito conjugado do medicamento que "confunde" os aparelhos em que o teste se realiza (caso em que não poderia ser considerado crime).

O dono de um cão reside próximo da auto-estrada Lisboa-Cascais. Como não prende o animal, ele acaba por ir para a auto-estrada. Um condutor que vem em excesso de velocidade tenta desviar-se do cão, perde o controlo do carro e embate noutro veículo que circula em condições legais. O cão morre, os veículos ficam danificados e os condutores ficam feridos. Há um ilícito civil: quem é responsável civilmente pelos danos causados? O condutor responderá também por uma contra-ordenação rodoviária? Por um crime de condução perigosa de veículo (art.

291° do CP)? Por crime de dano provocado em veículos (art. 212° do CP)? Por crime de ofensas à integridade física dos condutores (art. 143° e 148° do CP)?

Há na doutrina quem defenda que o Direito de Mera Ordenação Social é um sub-ramo especial do Direito Penal, ou um ramo de Direito Penal especial, sujeito aos mesmos valores e princípios gerais do ramo principal em que se integra, do qual apenas difere por uma questão de grau, por um critério quantitativo e não qualitativo: tratar-se-á, em suma, de um Direito Penal em tom menor, ou de grau secundário, estabelecido por lei para factos ilícitos menos graves do que os crimes, e sancionado por lei com multas pecuniárias, em vez da prisão ou de outra pena não-patrimonial.

Quanto a nós, porém, esta visão teórica não é a mais adequada: o que caracteriza o Direito Penal (e todos os seus sub-ramos ou capítulos especiais) é o binómio crime-pena, definidos por lei para os factos ilícitos de elevada gravidade social. Como se quer reconduzir ao Direito Penal, ou à sua zona de influência, um ramo do direito em que não há crimes, nem penas, nem ilícitos de forte gravidade social? Seria uma contradição lógica.

É certo que alguns preceitos do Decreto-Lei n° 433/82 acusam alguma influência da terminologia e de determinados princípios gerais do Direito Penal: por ex., a referência à culpa do agente (arts. 8° e segs.), à inimputabilidade do infractor (arts. 10° e 11°), à tentativa (art. 12°), etc.

Mas nada disso prova o carácter penal, ou quase-penal, do Direito de Mera Ordenação Social: referências a essas noções também as encontramos, por ex., no *Estatuto Disciplinar dos Funcionários e Agentes da Administração Central, Regional e Local*, de 1979, que ninguém duvida ser um diploma de Direito Administrativo, no qual as sanções disciplinares aplicáveis não têm apenas carácter pecuniário e podem até ser tão graves como certas penas criminais (por ex., a demissão e a aposentação compulsiva de funcionários, com base em infracções graves à disciplina do funcionalismo público).

Para nós, o chamado Direito de Mera Ordenação Social constitui um capítulo – muito importante, sem dúvida – do Direito

Administrativo, configurando o que os administrativistas denominam, correctamente, de *direito administrativo sancionatório* ([13])([14]).

E não se diga, contra este nosso entendimento, que a aplicação do Direito de Mera Ordenação Social aos casos concretos é feita pelos tribunais judiciais (e não pelos tribunais administrativos), sendo que os tribunais judiciais são também – como já sabemos – os tribunais competentes para a aplicação do Direito Penal.

O argumento não colhe, e nem sequer é substancialmente correcto. Na verdade, segundo o referido Decreto-Lei n° 433/82, a abertura das averiguações em relação a cada contra-ordenação, a organização e direcção do respectivo procedimento declarativo, e a tomada da decisão final de aplicação de uma coima – são tudo actos e actividades que pertencem por lei aos órgãos competentes da Administração Pública, e não aos tribunais, como no Direito Penal. Neste, quem julga e aplica uma pena é um tribunal, órgão do Poder Judicial; no Direito de Mera Ordenação Social, quem decide e aplica uma coima é um órgão administrativo, integrado no aparelho do Poder Executivo.

O que sucede é que, a título excepcional, os actos administrativos sancionatórios chamados *coimas* são impugnáveis jurisdicionalmente perante os tribunais judiciais, e não – como seria lógico – perante os tribunais administrativos. Mas esta não é a única excepção, na nossa ordem jurídica, à regra geral da competência da jurisdição administrativa para "dirimir os litígios emergentes das relações jurídicas administrativas" (CRP, art. 212°, n° 3). Assim, por ex., nos processos de expropriação por utilidade pública, os recursos em matéria de fixação do valor da justa indemnização devida são da compe-

---

([13]) Ver, entre outros, E. Garcia de Enterría e T. Ramón Fernández, *Curso de Derecho Administrativo*, II, 8ª ed., "Civitas", Madrid, 2002, p. 163 e segs.; e Ramón Parada, *Derecho Administrativo*, I, 13ª ed., "Marcial Pons", Madrid, 2002, p. 457 e segs.

([14]) No sentido de que o Direito de Mera Ordenação Social não é Direito Penal ver, por último, o acórdão do Supremo Tribunal de Justiça, n° 5/2004, in DR, I-A, n° 144, de 21-6-04.

tência dos tribunais judiciais, apesar de a matéria ser de Direito Administrativo; também a impugnação contenciosa dos actos dos notários e conservadores de registo, que são órgãos da Administração Pública, é feita perante os tribunais judiciais; e, enfim, de um acto de detenção ilegal, ordenado por uma autoridade administrativa (por ex., a Polícia Judiciária), cabe recurso para os tribunais judiciais.

Não se pode qualificar substancialmente os ramos do direito segundo o critério da jurisdição competente para os aplicar, porque na determinação desta se verificam numerosas excepções à regra da tendencial correspondência entre cada ramo do Direito e a entrega da sua aplicação jurisdicional a tribunais especializados na matéria. Isto porque, como bem se compreende, a organização judiciária obedece a muitos outros critérios – históricos, políticos, financeiros, geográficos, de proximidade com as populações, etc. –, que não apenas o da especialização funcional em razão de certas matérias.

Em suma: a aplicação de uma sanção pecuniária por ilícitos sem dignidade penal, feita por autoridades administrativas, mediante um procedimento administrativo, e através de um acto orgânica e materialmente administrativo, regulado por normas organizacionais e procedimentais de Direito Administrativo, faz com que as normas que integram este ramo do Direito, a nosso ver, sejam de Direito Administrativo – ainda que um Direito Administrativo especial. A esta qualificação não obsta a entrega aos tribunais judiciais da competência para conhecer das impugnações contenciosas de tais actos.

53. Direito Financeiro

O Direito Financeiro é o *ramo do direito público constituído pelo sistema de normas jurídicas que regulam a administração dos dinheiros do Estado e dos entes públicos menores, estabelecendo os direitos e garantias das entidades públicas e os direitos dos particulares em matéria de irregularidades cometidas naquela actividade.*

O Direito Financeiro fixa, em suma, as regras a observar por todos os servidores da coisa pública na arrecadação, contabilidade e gasto dos dinheiros dos contribuintes.

É composto por três tipos de normas:

a) As normas que restringem e condicionam, apertadamente, a cobrança e o dispêndio de dinheiros públicos e, bem assim, as normas que submetem todas essas operações a uma previsão *ex ante**, nos orçamentos públicos, e a um registo *ex post**, na contabilidade pública (por ex., a sujeição dos Orçamentos a votação parlamentar e a das Contas Públicas a parecer do Tribunal de Contas);

b) As normas que permitem recuperar os dinheiros desviados ou gastos ilegalmente, bem como sancionar os órgãos e agentes administrativos que tiverem cometido irregularidades financeiras (por ex., a obrigação de *reposição* das quantias despendidas a mais);

c) As normas que conferem aos órgãos e agentes administrativos, tal como aos particulares em geral, o direito de se defenderem das acusações de irregularidade financeira ou de protegerem os seus direitos e interesses legítimos em matéria financeira (por ex., o direito de defesa, perante o Tribunal de Contas, do funcionário acusado de desvio de fundos, ou o direito das câmaras municipais de recorrerem para o plenário do Tribunal de Contas da decisão de recusa de visto a uma certa empreitada de obras públicas).

> Infelizmente, sobretudo por razões históricas, os direitos e garantias dos particulares em geral, em matéria de finanças públicas, não estão ainda suficientemente assegurados na lei portuguesa.
>
> Por exemplo: a câmara municipal de *X* contrata com a empresa *Y* um conjunto de operações de publicidade pelo valor *Z*; enquanto a empresa *Y* executa integralmente, e a contento, o referido contrato, a câmara *X* vê-se impedida de pagar o que deve (a quantia *Z*) por o Tribunal de Contas decidir que a Câmara cometeu uma certa irregularidade financeira (por ex., adjudicou o contrato sem concurso público). A empresa *Y* não pode, no estado actual da nossa legislação, recorrer da decisão do Tribunal de Contas para o respectivo plenário; e por isso acontece frequentemente ficar tempos sem fim à espera do pagamento de *Z*, que lhe é devido. Só pelo recurso aos tribunais é que *Y* poderá (talvez) conseguir, ao fim de muitos anos, obter de *X* o pagamento dos trabalhos que efectivamente prestou.
>
> É uma grave lacuna do nosso Direito Financeiro, a qual – em nosso entender – viola, por omissão, o princípio do Estado de Direito, consagrado na Constituição (CRP, art. 2º).

É habitual distinguir, no objecto de que trata o Direito Financeiro, cinco matérias diferentes, embora intimamente relacionadas entre si: as despesas públicas, as receitas públicas, a dívida pública, os orçamentos públicos, e a contabilidade pública.

Em correspondência, entende-se que o Direito Financeiro se decompõe em cinco grandes capítulos: o direito das despesas públicas, o direito das receitas públicas, o direito da dívida pública, o direito orçamental, e o direito da contabilidade pública.

> *Exemplos de casos da vida real a que o Direito Financeiro dá resposta*: há alguma circunstância excepcional (por ex., calamidade pública) em que um órgão da Administração Pública possa mandar fazer despesas públicas extraordinárias não previstas no orçamento anual da pessoa colectiva que dirige? São necessariamente ilegítimas as taxas que, sem base legal, certas Universidades públicas cobram aos alunos pela revisão de provas escritas ou pelo empréstimo domiciliário de livros da biblioteca? Constituem dívida pública (sujeita ao regime específico desta) as obrigações pecuniárias contraídas pelo Estado em virtude de contratos civis de prestação de serviços (por ex., a encomenda de um projecto de arquitectura, de um parecer jurídico, de um estudo económico)? Em matéria de déficite orçamental, o limite de 3% do PIB, fixado pelo Pacto de Estabilidade e Crescimento, de 1997 (norma de Direito Comunitário Europeu), permite ou não excluir do cálculo os institutos públicos autónomos, podendo por isso circunscrever-se (ou não) ao déficite da administração directa do Estado (*stricto sensu*★)? Consequentemente, é correcto que os governantes anunciem com satisfação que cumpriram o limite dos 3%, se esse limite foi de facto apenas cumprido pela administração directa do Estado, mas foi excedido se a ela somarmos os "fundos e serviços autónomos"? Enfim, se o Tribunal de Contas aplicar uma lei financeira tida por inconstitucional, podem os interessados recorrer da decisão desse tribunal para o Tribunal Constitucional, ao abrigo do n° 1 do artigo 280° da CRP?

O problema mais discutido acerca da natureza do Direito Financeiro é a questão de saber se este ramo do direito público é cientificamente distinto do Direito Administrativo, ou faz parte dele como seu sub-ramo.

Os cultores do Direito Financeiro, ou da Ciência das Finanças Públicas, tendem a sustentar a tese da autonomia científica daquele ([15]);

([15]) V. Teixeira Ribeiro, *Lições de Finanças Públicas*, 5ª edição, refundida e actualizada, 1992, reimpr., 1997, p. 46.

os cultores do Direito Administrativo, pelo contrário, orientam-se no sentido de reconduzir a este, como sub-ramo, o Direito Financeiro, sem embargo de lhe reconhecerem de bom grado a conveniente autonomia pedagógica ([16]).

A nossa posição actual é a seguinte ([17]).

O Direito Financeiro é um sub-ramo do Direito Administrativo, embora tenha plena justificação a sua autonomia pedagógica.

Na verdade, nas suas vertentes de direito das receitas públicas e (em parte) de direito da dívida pública, o Direito Financeiro é constituído por normas que estabelecem poderes de autoridade do Estado e dos entes públicos menores sobre os particulares, bem como deveres, encargos e sujeições destes em relação aos primeiros (por ex., o poder de lançar e cobrar impostos e taxas, que as entidades públicas possuem, e o dever fundamental de os pagar, que recai sobre os cidadãos e as empresas).

Por outro lado, nas suas vertentes de direito das despesas públicas, direito orçamental e direito da contabilidade pública, o Direito Financeiro é constituído por normas que impõem aos entes públicos limitações, restrições e encargos de direito público (por ex., não realizar despesas que não tenham dotação e cabimento orçamental; não agravar *ex post*★ o déficite orçamental previsto e autorizado, *ex ante*★, na Lei do Orçamento; não deixar de contabilizar todas as receitas cobradas e todas as despesas efectuadas, sendo proibida a existência de qualquer "saco azul" para despesas confidenciais; etc.).

Ora, as duas notas mais características do Direito Administrativo – tal como o definimos acima – são, precisamente, a atribuição de poderes de autoridade à Administração Pública, por um lado, e a

---

([16]) V. Marcello Caetano, *Manual*, I, cit., p. 47.
([17]) Temos oscilado: primeiro, na 1ª ed. do *Curso de Direito Administrativo*, p. 167, defendemos que o Direito Financeiro era um capítulo do Direito Administrativo; depois, nos nossos *Sumários de Direito Financeiro*, Lisboa, 2002, p. 7, sustentámos a autonomia do primeiro face ao segundo; hoje, após mais detida reflexão, regressamos à nossa posição inicial, pelas razões indicadas no texto.

sujeição dela a especiais limitações, restrições e encargos de interesse público, por outro (além da atribuição – já se vê – de direitos e garantias aos particulares perante a Administração).

Entendemos, pois, que o Direito Financeiro constitui um sub--ramo do Direito Administrativo.

Não nos convencem, aliás, os argumentos usualmente utilizados em sentido contrário.

Não nos parece procedente o argumento de que no Direito Financeiro há uma forte componente de natureza constitucional, que faltaria no Direito Administrativo: a verdade é que também os grandes princípios orientadores deste último têm hoje a sua sede na Constituição – como de resto sucede, já o dissemos, com a generalidade dos ramos do direito público. Mesmo no plano quantitativo (que é o que menos importa, reconheça-se), a Constituição contém apenas 7 artigos de Direito Financeiro (os arts. 101º a 107º), ao passo que inclui, pelo menos, 40 artigos de Direito Administrativo não-financeiro (os arts. 6º, 83º e 84º, 235º a 262º, e 266º a 276º).

Por outro lado, tão-pouco se nos afigura convincente o argumento de que o Direito Administrativo nasceu e existe para proteger os particulares dos abusos do poder das entidades administrativas, ao passo que o Direito Financeiro teria nascido e existiria hoje para defender as entidades administrativas das irregularidades cometidas contra si próprias pelos particulares que manuseiam dinheiros públicos.

Ao fazer-se essa distinção, esquece-se por completo, de um lado, que o Direito Administrativo não contém apenas normas de protecção dos particulares contra a Administração, mas também normas que protegem esta última contra os abusos e irregularidades, quer dos particulares ao seu serviço (por ex., o Estatuto Disciplinar dos Funcionários), quer dos particulares em geral (é o chamado "direito administrativo sancionatório"); e esquece-se também, de outro lado, que o Direito Financeiro inclui algumas normas de protecção dos direitos e interesses legítimos dos particulares. E mesmo se – como é nosso entendimento – este último tipo de normas escasseiam no nosso Direito Financeiro actual, isso não significa que não devam ser criadas ou que, quando o forem, não devam ser qualificadas como normas de Direito Financeiro.

Em suma, não vemos nenhuma razão válida para excluir o Direito Financeiro do âmbito mais vasto e abrangente do Direito Administrativo, embora com tantas especialidades que se justifica plenamente a sua autonomia pedagógica.

54. Direito Fiscal

O Direito Fiscal é *o ramo do direito público constituído pelo sistema de normas jurídicas que definem os impostos e o respectivo montante a pagar pelos cidadãos e pelas empresas ao Estado e aos entes públicos menores, e que asseguram a protecção dos direitos dos contribuintes perante a Administração tributária, e desta perante eles.*

Vê-se pela definição apresentada que o Direito Fiscal constitui um capítulo do Direito Financeiro (faz parte do direito das receitas públicas) e, como tal, é também, a nosso ver, um sub-ramo do Direito Administrativo, embora as suas particularidades próprias e a sua especial importância prática justifiquem a autonomia pedagógica de que merecidamente goza.

Continua a distinguir-se, no Direito Fiscal, uma parte geral e uma parte especial.

A *parte geral* – quase toda constante da Lei Geral Tributária (Lei nº 398/98, de 17 de Dezembro) – define o imposto e estabelece as regras comuns a todos os impostos, em matéria de liquidação, cobrança, prazos, direitos e deveres dos contribuintes, etc.

A *parte especial* compreende os diplomas que regulam cada um dos impostos vigentes no país – dos quais os mais importantes são, hoje em dia, o Imposto sobre o Rendimento das Pessoas Singulares (IRS), o Imposto sobre o Rendimento das Pessoas Colectivas (IRC), o Imposto sobre o Valor Acrescentado (IVA) e a Contribuição Autárquica (CA), que consiste num imposto sobre prédios rústicos e urbanos.

Exemplos de problemas da vida real a que o Direito Fiscal dá resposta: se *A*, de 65 anos de idade, faz um negócio chorudo em 2003, pelo qual teria de pagar avultada quantia de IRS em 2004, mas morre antes de o imposto lhe ser liquidado, a obrigação fiscal transmite-se ou não aos herdeiros da *A*? Se *B*, português residente em Lisboa, sofre danos consideráveis na sua viatura automóvel, por culpa de terceiro, e este é condenado judicialmente a pagar a *B* uma importante indemnização em dinheiro, será que esta quantia deve ser considerada *rendimento* para o efeito de sobre ela incidir o IRS? Uma fundação de direito privado, sem fins lucrativos, *C*, edita um livro sobre a História dos Descobrimentos portugueses, que se vende muito bem e, abatidos os custos, dá lugar a uma receita líquida de 500 mil euros: será que esta quantia deve ser considerada *lucro* de *C*, para o efeito de sobre ela incidir o IRC, sendo certo que a referida fundação não tem fins lucrativos? Sobre os *direitos de autor* recebidos por quem publicar uma obra literária ou artística não incide o IVA, e a taxa do IRS é reduzida, tudo com vista a proteger especialmente a criação cultural: será que um professor universitário, *D*, convidado a proferir conferências (pagas) noutras escolas e instituições, deve beneficiar, na tributação dessa actividade, do regime especial dos direitos de autor, ou deve incluir as quantias recebidas, como qualquer outro rendimento económico, na sua declaração de IRS? E ainda: um proprietário, *E*, de uma casa com piscina privativa, situada num aldeamento de luxo, deverá pagar a taxa normal de Contribuição Autárquica, ou tem de sofrer um agravamento especial do imposto por a piscina constituir um "sinal exterior de riqueza"? Devem as normas de Direito Fiscal ser interpretadas à luz do princípio da igualdade entre o Estado e o contribuinte, ou antes de harmonia com o princípio *in dubio pro Fisco**?

55. Direito Público da Economia

É o *ramo do direito público constituído pelo sistema de normas jurídicas que disciplinam a intervenção do Estado, e de certos entes públicos menores, no enquadramento e regulação da economia de mercado, de modo a torná-la mais eficiente do ponto de vista económico e mais justa do ponto de vista social.*

É, sobretudo, um capítulo do Direito Administrativo especial, embora receba forte influência do Direito Comunitário Europeu, do Direito Constitucional e do Direito Penal Económico. Goza de autonomia pedagógica e é hoje ensinado praticamente em todas as escolas de Direito.

Consta essencialmente da Constituição (arts. 80º a 100º) e de numerosíssima legislação avulsa, da qual destacamos a lei de delimitação dos sectores económicos, a lei-quadro das privatizações e o projecto de lei-quadro sobre autoridades reguladoras independentes nos domínios económico e financeiro (Projecto de Lei n° 346/IX/2).

Cumpre chamar a atenção para o facto de o Direito Público da Economia comportar uma *parte geral*, que é a usualmente ensinada entre nós, e uma *parte especial*, que ainda está muito longe de ser bem conhecida da nossa doutrina ou de ser ensinada nas nossas universidades.

Principais sub-ramos da parte especial do Direito Público da Economia: Direito da Agricultura, Direito do Comércio, Direito do Turismo, Direito da Indústria, Direito da Energia, Direito dos Transportes, Direito das Telecomunicações, Direito Monetário e Cambial, Direito dos Mercados e Bolsas, Direito da Banca e dos Seguros, Direito das Nacionalizações e Privatizações, Direito do Investimento Estrangeiro, etc., etc. ([18]).

> *Exemplos de questões da vida real a que o Direito Público da Economia dá resposta:* (a) Em que casos, e por que formas, é que o Estado pode nacionalizar uma empresa privada? O acto de nacionalização é um normal acto administrativo, ou é, a título excepcional, um acto político (irrecorrível para os tribunais)? A "justa indemnização" que a CRP manda pagar aos donos de uma empresa nacionalizada tem de ser uma compensação integral dos valores perdidos, ou pode ser apenas uma compensação "razoável" (portanto, parcial) da perda sofrida? (b) A que regime jurídico obedece o processo de privatização de uma empresa pública? Pode ser feita por livre escolha do adquirente, decidida pelo Governo, ou é necessário um concurso público? Se houver vários concorrentes à privatização de uma empresa pública, deve o Governo escolher aquele que oferecer um preço mais alto (beneficiando assim o Erário público) ou atender a outros critérios de interesse geral, como por ex. o da política industrial ou bancária, o da defesa da concorrência e dos consumidores, o da defesa do ambiente, etc.? A escolha controversa de um dos concorrentes pode ser impugnada judicialmente pelos rejeitados? (c) O que são e porque existem as chamadas "entidades reguladoras" (da electricidade, do gás, das telecomunicações, etc.)? Porque é que o Estado, no final do século XX, deixou de se interessar pela produção directa de bens e serviços, através de empresas públicas, e optou claramente

---

([18]) Ver, por todos, André de Laubadère/Pierre Delvolvé, *Droit public économique*, 4ª ed., "Dalloz", Paris, 1986; Rolf Stober, *Allgemeines Wirtschaftsverwaltungsrecht*, 14ª ed., "Kohlhammer", Stuttgart, 2004; Cocozza Francesco, *Diritto pubblico applicato dell'economia*, "Giappichelli", Turim, 2003.

por dar preferência à criação de "entidades reguladoras", encarregadas de fiscalizar as grandes empresas privadas e de, em certos casos, condicionar a sua liberdade de actuação (por ex., autorizando ou não a elevação dos preços pretendida pela empresa?). Poderá o Governo dar ordens e instruções às "entidades reguladoras", que são por lei independentes? E as decisões destas, quando arguidas de ilegalidade, podem ser impugnadas nos tribunais, quer pelos accionistas da empresa que se sintam prejudicados, quer pelos consumidores dos produtos da empresa que se considerem lesados ou insuficientemente protegidos?

Há quem diga que o Direito Público da Economia regula sobretudo os modos de intervenção do Estado na economia de mercado, sendo por isso um ramo do direito "autoritário", que descuida a preocupação "liberal" de garantir os direitos dos particulares frente ao Estado. Tal concepção não é, porém, correcta. Como capítulo que é do Direito Administrativo, o Direito Público da Economia combina articuladamente a atribuição de poderes de autoridade ao Estado com a concessão de direitos e garantias de defesa aos particulares. É certo que, por vezes, vários dos diplomas legais de Direito Público da Economia não prevêem expressamente as correspondentes garantias dos particulares: mas elas existem. É que o Direito Administrativo geral é *direito subsidiário* em relação a todos os seus subramos especiais; e aí onde estes não prevejam de forma explícita as necessárias garantias dos particulares, entra a funcionar o Direito Administrativo geral, com toda a panóplia de garantias que o caracterizam.

56. Direito Judiciário

Depois de termos analisado os mais importantes ramos do direito público que lidam com o Poder Legislativo e com o Poder Executivo, é agora a altura de falar dos que têm a ver com o Poder Judicial.

O primeiro é o "Direito Judiciário", que consiste no *ramo do direito público constituído pelo sistema de normas jurídicas que regulam a organização, a competência e o modo de funcionamento dos tribunais, bem como dos restantes órgãos e serviços do Estado que colaboram permanentemente com o Poder Judicial.*

Ensinado durante anos pelas nossas Faculdades de Direito – e bem –, o Direito Judiciário foi infelizmente suprimido na reforma dos estudos jurídicos de 1945. Nem por isso deixa de ser um ramo do direito cientificamente autónomo ([19]).

A primeira grande opção a fazer pelo Direito Judiciário de qualquer país decorre, em linha recta, da natureza democrática ou ditatorial do regime político aí vigente: se se tratar de uma democracia, os tribunais são independentes do poder político, cabendo aos juízes julgar "segundo a lei e a sua consciência"; se, porém, se tratar de uma ditadura, os juízes serão escolhidos a dedo pelo poder político, e devem julgar segundo as directivas, públicas ou confidenciais, escritas ou verbais, que receberem do Governo ou do partido único, não sendo os tribunais, portanto, órgãos independentes.

Esclarecida essa questão, outra há que tem dividido os países desde a Revolução Francesa até hoje: deverá haver uma só ordem de tribunais para julgar todos os litígios surgidos no país, ou deve haver ordens judiciais diferenciadas em razão da matéria? Concretamente, deve optar-se pela *unidade da jurisdição* (como em Inglaterra) ou pela *dualidade de jurisdições* (como em França) – onde se separam os tribunais judiciais, para um lado, e os tribunais administrativos e fiscais, para o outro? A resposta não é evidente, e depende de considerações históricas, financeiras, políticas, etc. Em Portugal, já experimentámos os dois modelos; mas, actualmente, a CRP opta de forma clara e imperativa pelo modelo dualista (arts. 209°, n° 1, al. b), e 212°).

Outras matérias importantes do Direito Judiciário são o número e a localização dos tribunais, a definição das instâncias de recurso, a fixação das *alçadas* a que haja lugar ([20]), a opção entre o julgamento

---

[19] Ver, por ex., Marcello Caetano, *Manual*, I, p. 55.

[20] A *alçada* é a reserva de casos a certo tribunal em função do valor monetário da causa em apreciação.

por tribunal singular ou por tribunal colectivo, a admissibilidade ou não do *júri* (popular) na apreciação da prova, etc. E ainda, noutro plano, o estatuto jurídico dos juízes ("magistrados judiciais") e dos advogados do Estado ("magistrados do Ministério Público"). Ver, sobre tudo isto, a CRP, arts. 202° a 220°, a Lei Orgânica dos Tribunais Judiciais, bem como o ETAF-Estatuto dos Tribunais Administrativos e Fiscais. Cfr. ainda o Estatuto dos Magistrados Judiciais, a Lei Orgânica do Ministério Público, a Lei Orgânica das Secretarias Judiciais e o Estatuto dos Funcionários de Justiça, o Estatuto da Ordem dos Advogados e o Estatuto dos Solicitadores.

> *Exemplos da vida real a que o Direito Judiciário dá resposta*: é conforme à Constituição, ou não, uma resolução do Conselho de Ministros que aprove instruções dirigidas aos magistrados judiciais no sentido de aplicarem a pena máxima prevista no Código Penal apenas aos chamados "crimes de sangue" e aos "crimes sexuais"? Pode o Ministro da Justiça, por portaria, sem audiência prévia do Conselho Superior da Magistratura e da Procuradoria-Geral da República, agregar as comarcas de Lisboa e Cascais, ou de Braga e Guimarães, para obter maior efi-ciência na administração da justiça? O crime de homicídio doloso (intencional) é julgado por um juiz singular ou por um tribunal colectivo (3 juízes)? Pode um crime de terrorismo ser julgado por um tribunal de júri? Se um determinado juiz proferir uma sentença muito leve sobre certo crime que causou forte alarme social, pode a autoridade competente, como "represália" ou "sanção", e para exemplo dos demais magistrados, decidir a transferência imediata do referido juiz para uma pequena comarca isolada no interior do Alentejo? Caberá recurso para o Supremo Tribunal de Justiça de um acórdão proferido, dentro da respectiva alçada, pela Relação de Coimbra? Pode um juiz desembargador da Relação de Lisboa ser nomeado para juiz conselheiro do Supremo Tribunal de Justiça, sem prévio concurso público, por decreto do Presidente da República, devidamente referendado pelo Primeiro-Ministro e pelo Ministro da Justiça, em virtude de ter "relatado um notabilíssimo acórdão em matéria de punição exemplar do crime de pedofilia"?

57. Direitos Processuais

Os Direitos Processuais são *os ramos do direito público constituídos pelos sistemas de normas jurídicas que regulam os procedimentos jurídicos a seguir em tribunal, nos processos que visem obter do Poder Judicial a administração da justiça.*

Conforme resulta desta definição, um Direito Processual é um sistema de regras que regulam o andamento, do princípio ao fim, de cada processo judicial (processo vem do latim *"procedere"*: andar, avançar, seguir para a frente).

> A tendência moderna tem sido para, salvo raras excepções, fazer corresponder um específico direito processual a cada ramo do direito substantivo e a cada tipo de tribunais especializados:
> – Para aplicar o Direito Constitucional, criou-se o *Tribunal Constitucional*, onde os processos da sua competência se regem pelo *Direito Processual Constitucional*;
> – Para aplicar o Direito Administrativo, existem os *tribunais administrativos*, onde os processos da sua competência se regem pelo *Direito Processual Administrativo*;
> – Para aplicar o Direito Financeiro, existe o *Tribunal de Contas*, onde os processos da sua competência se regem pelo *Direito Processual Financeiro*;
> – Para aplicar o Direito Fiscal, existem os *tribunais fiscais*, onde os processos da sua competência se regem pelo *Direito Processual Fiscal*;
> – Para aplicar o Direito Penal (ou Criminal), existem os *tribunais criminais*, incluídos nos tribunais judiciais ou comuns, onde os processos respectivos se regem pelo *Direito Processual Penal (ou Criminal)*;
> – Para aplicar o Direito Civil (e outros ramos do direito privado), existem os *tribunais cíveis*, também incluídos nos tribunais judiciais ou comuns, onde os processos da sua competência se regem pelo *Direito Processual Civil*;
> – E para aplicar o Direito do Trabalho (que é direito privado especial), existem os *tribunais do trabalho*, onde os processos da sua competência se regem pelo *Direito Processual do Trabalho*.

Qualquer Direito Processual compreende determinadas regras e princípios gerais e, depois, regulamenta matérias como estas: quem tem capacidade e legitimidade para requerer um julgamento?; dentro de que prazos?; qual o tribunal competente para julgar um dado processo?; quais as formas de processo a utilizar conforme os casos: ordinário, sumário, ou sumaríssimo?; acção, recurso, ou providência cautelar?; como há-de o autor apresentar a questão ao tribunal e como dar uma primeira oportunidade à outra parte (réu, demandado, arguido) para responder?; como organizar a troca de argumentos segundo o princípio do contraditório (petição inicial, contestação, réplica, tréplica, etc.)?; como produzir e avaliar a prova (documental, testemunhal, pericial, etc.)?; como proceder à discussão da causa, primeiro sobre as *questões de facto* (os factos alegados ocorreram ou não? que significado têm? como devem ser entendidos os documentos juntos ao processo?) e depois sobre as *questões de direito* (qual a lei aplicável? como interpretá-la? como aplicá-la ao caso concreto? como decidir justamente?)?; enfim, o Direito Processual regula o modo pelo qual o tribunal reúne sozinho e à parte, pondera todos os dados disponíveis, e decide a causa, bem como a forma como a parte vencida poderá, se quiser, recorrer para um tribunal superior e como se processa o recurso interposto. Compete ainda ao Direito Processual regular os termos em que a parte vencedora pode, se a parte vencida não acatar espontaneamente a sentença contra ela proferida, instaurar um *processo executivo*, a fim de conseguir, por intermédio do tribunal, executar a sentença que lhe foi favorável contra quem perdeu a causa, e converter os direitos reconhecidos na sentença em bens reais da vida que a lei afecte à sua própria esfera jurídica (a parte vencedora poderá, assim, obter da parte vencida o pagamento de uma quantia em dinheiro, a entrega de uma coisa, a prestação de um serviço, ou a realização de uma actividade).

Exemplos de problemas da vida real a que os Direitos Processuais dão resposta: (a) No caso do *Direito Processual Civil*: como pôr em tribunal uma acção de divórcio? ou uma acção de despejo? ou uma acção de condenação do devedor a pagar ao credor a quantia em dívida, mais os juros de mora? E como tramitar, da primeira à última fase, tais acções?

(b) No caso do *Direito Processual Penal*: quando e como é que o Ministério Público pode acusar alguém, junto de um tribunal, da prática de um crime? Podem as vítimas constituir-se "assistentes" no processo? Com que poderes e limitações? Em certos crimes (por ex., violação), a promoção do processo pelo MP é livre ou depende da apresentação de queixa por parte da vítima? Quais os poderes e deveres da acusação e da defesa durante o desenrolar do processo? Como se procede à produção da prova? Quaisquer testemunhas podem depor? Quem avalia o seu grau de credibilidade, e com que critérios? Como se elabora e profere a sentença? Quando e para que tribunal superior se pode recorrer dela? Quais os efeitos da condenação e da absolvição?

(c) No caso do *Direito Processual Administrativo*: um funcionário público é objecto de um procedimento disciplinar por corrupção. Pode pedir ao tribunal a suspensão do procedimento? Supondo que lhe é aplicada a pena de "demissão" da função pública (a mais grave de todas): como e em que prazo pode impugná-la? com que fundamentos? Pode invocar apenas irregularidades cometidas no desenrolar do procedimento disciplinar (por ex., não foram ouvidas todas as testemunhas que indicou) ou pode também questionar a justiça da sanção aplicada? Poderá, nomeadamente, alegar que a severa punição que sofreu é desproporcionada em relação à gravidade da infracção cometida? E o tribunal, se lhe der razão, pode substituir-se à autoridade administrativa competente e aplicar uma sanção disciplinar menos grave? Suponhamos que o tribunal, declarando não ter sido cometida qualquer infracção disciplinar, anula a sanção aplicada ao funcionário: tem este direito a ser reintegrado no cargo que ocupava quando foi demitido? E terá direito a receber os vencimentos que, indevidamente, deixou de receber enquanto esteve afastado do lugar?

58. Ramos menores do Direito Público

Estudámos, até agora, os principais ramos do direito público. Há, contudo, muitos outros – já antigos, uns, só recentemente autonomizados, outros. Não podemos analisá-los todos aqui, nem com o mesmo desenvolvimento dos anteriores: vamos por isso limitar-nos a indicar sucintamente os principais.

a) *Direito da Nacionalidade*. – É o *ramo do direito público constituído pelo sistema de normas jurídicas que definem como se adquire, se perde e se readquire a nacionalidade (ou cidadania) portuguesa.*

É um capítulo do Direito Constitucional, mas que não consta da CRP, pois esta delega-o na lei ordinária (CRP, art. 4°).
Consta, essencialmente, da Lei da Nacionalidade (Lei n° 37/81, de 3 de Outubro). Compreende também diversos acordos internacionais de dupla nacionalidade (Brasil, PALOP's, etc.).

b) *Direito Parlamentar*. – É o *ramo do direito público que consiste no sistema de normas jurídicas que regulam a organização e o funcionamento da Assembleia da República.*

É um capítulo do Direito Constitucional, que consta essencialmente, por um lado, da própria Constituição (arts. 147° a 181°) e, por outro, do Regimento da Assembleia da República (Resolução da AR n° 4/93, de 2 de Março, com alterações).

c) *Direito Regional.* – É o *ramo do direito público constituído pelo sistema de normas jurídicas que regulam o regime político-administrativo próprio das Regiões Autónomas dos Açores e da Madeira (bem como, eventualmente, o regime administrativo das futuras regiões continentais).*

É um misto de Direito Constitucional (CRP, arts. 225° a 234°, e 255° a 262°) e de direito político-administrativo (cfr. os Estatutos das Regiões Autónomas dos Açores – Lei n° 39/80, de 5 de Agosto, e da Madeira – Lei n° 13/91, de 5 de Junho. Ver ainda as leis que caducaram pela vitória do "não" no referendo sobre a regionalização do Continente, em 8 de Novembro de 1998: v. *Diário da República*, I-A, n° 294-98, de 22 de Dezembro de 1998, p. 7.080) [21].

d) *Direito Militar.* – É o *ramo do direito público constituído pelo sistema de normas jurídicas que regulam a organização e o funcionamento das Forças Armadas, bem como os poderes destas sobre a pessoa e os bens dos cidadãos, e os direitos e garantias destes face àquelas.*

É um capítulo do Direito Administrativo especial. Consta essencialmente da Constituição (arts. 273° a 276°) e da Lei de Defesa Nacional e das Forças Armadas (Lei n° 29/82, de 11 de Dezembro) [22], bem como de numerosa legislação avulsa [23].

e) *Direito Policial.* – É o *ramo do direito público constituído pelo sistema de normas jurídicas que regulam a organização e o funciona-*

---

[21] Tendo votado nesse referendo menos de metade (48,12%) dos cidadãos eleitores, o *não* à regionalização venceu com 63,52%, contra 36,48% a favor do *sim.*

[22] V. Diogo Freitas do Amaral, *A Lei da Defesa Nacional e das Forças Armadas*, "Coimbra Editora", Coimbra, 1983, e Carlos Blanco de Morais/António Araújo/Alexandra Leitão, *O Direito da Defesa Nacional e das Forças Armadas*, "Edições Cosmo-Instituto de Defesa Nacional", Lisboa, 2000.

[23] Alterada pelas Leis n°s 41/83, de 21 de Dezembro, 111/91 e 113/91, de 29 de Agosto, 18/95, de 13 de Julho, e 3/99, de 18 de Setembro.

mento das forças de segurança interna (polícia), bem como os poderes destas sobre os cidadãos, e os direitos e garantias destes face a elas.

É um capítulo do Direito Administrativo especial.

Consta essencialmente da Constituição (art. 272°) e da Lei de Segurança Interna (Lei n° 20/87, de 12 de Junho, alterada pela Lei n° 8/91, de 1 de Abril), bem como de numerosa legislação avulsa.

f) *Direito Escolar. –* É *o ramo do direito público constituído pelo sistema de normas jurídicas que regulam a organização e o funcionamento das escolas públicas, privadas e cooperativas, bem como os direitos e os deveres dos cidadãos perante o ensino, e os dos professores, estudantes e funcionários perante a escola.*

Consta essencialmente da Constituição (arts. 73° a 77°) e de numerosa legislação avulsa, onde se destacam a *Lei de Bases do Sistema Educativo* (Lei n° 46/86, de 14 de Outubro, com as alterações introduzidas pela Lei n° 115/97, de 19 de Setembro) [24]; o *Regime de autonomia, administração e gestão dos estabelecimentos públicos de educação pré-escolar e dos ensinos básicos e secundário*, a *Lei-Quadro da educação pré-escolar*, a *Lei de autonomia das universidades*, o *Estatuto e autonomia dos estabelecimentos de ensino superior politécnico*; etc. [25].

g) *Direito da Saúde. –* É *o ramo do direito público constituído pelo sistema de normas jurídicas que regulam a organização e o funcionamento das unidades de saúde do Estado e do sector privado, bem como os seus deveres para com os cidadãos e os direitos destes para com aquelas.*

---

[24] Diploma em vias de substituição parlamentar, por iniciativa do Governo.
[25] Há entre nós uma revista de *Educação e Direito*, publicada pela "Associação Portuguesa de Direito da Educação", que iniciou a sua publicação em 1999.

É um capítulo do Direito Administrativo especial.
Consta essencialmente da Constituição (art. 64°) e de numerosa legislação avulsa.

h) *Direito da Informação.* – *É o ramo do direito público constituído pelo sistema de normas jurídicas que regulam a organização e o funcionamento da Comunicação Social, bem como das formas mais recentes de transmissão electrónica de informações, assegurando a intervenção reguladora do Estado e os direitos e garantias dos cidadãos perante ele.*

É um capítulo do Direito Administrativo especial.
Consta basicamente da Constituição (arts. 35° e 38° a 40°) e de numerosa legislação avulsa, designadamente a Lei de Imprensa, a Lei da Televisão, a Lei da Alta Autoridade para a Comunicação Social e o diploma sobre Validade e valor probatório dos documentos electrónicos e assinatura digital [26].

i) *Direito da Habitação Económica.* – *É o ramo do direito público constituído pelo sistema de normas jurídicas que regulam a intervenção do Estado e dos municípios na aquisição de terrenos e construção de habitações a preços módicos, destinadas aos cidadãos mais desfavorecidos, assegurando os direitos destes na repartição dos alojamentos disponíveis e respectiva utilização.*

É um capítulo do Direito Administrativo especial [27].
Consta essencialmente da Constituição (art. 65°) e de numerosa legislação avulsa.

---

[26] V. Maria Eduarda Gonçalves, *Direito da Informação*, "Almedina", Coimbra, 2003.

[27] Claro está que a *habitação em geral*, numa economia de mercado como a nossa, é regulada pelo direito privado e, em particular, pelo Direito Civil e Comercial: contratos de compra e venda, arrendamento, empréstimo, etc. Só a *habitação económica* é regulada pelo direito público e, em especial, pelo Direito Administrativo.

j) *Direito do Urbanismo*. – É o *ramo do direito público constituído pelo sistema de normas jurídicas que regulam a intervenção do Estado e dos municípios no correcto ordenamento físico dos aglomerados urbanos e respectiva expansão.*

É um capítulo do Direito Administrativo especial, que tem vindo a ser autonomizado pedagogicamente, dada a sua crescente importância prática.

Está contido em abundante legislação avulsa, nomeadamente a Lei de Bases da política de ordenamento do território e de urbanismo [28].

l) *Direito Aduaneiro*. – É o *ramo do direito público constituído pelo sistema de normas jurídicas que estabelecem os impostos e taxas cobrados nas alfândegas sobre os bens importados do exterior ou para ele exportados.*

É, em quase todo o mundo, um capítulo do Direito Fiscal.

Contudo, entre nós, este ramo do direito não tem hoje autonomia: dada a nossa integração, em 1 de Janeiro de 1986, na então denominada CEE (hoje, UE-União Europeia), foram abolidas as barreiras alfandegárias entre os países-membros, o que implicou a eliminação pura e simples de todos os impostos e taxas aduaneiras no interior do "mercado único", criado adentro da "Europa sem fronteiras".

É certo que, nas alfândegas de todos os países-membros, continuam a cobrar-se impostos aduaneiros sobre os bens importados dos países não-membros da UE (EUA, Japão, Brasil, PALOP's, etc.). Mas as normas que estabelecem tais impostos já não são normas do direito nacional de cada país-membro: são normas de Direito Comunitário Europeu, que definem uma

---

[28] V. Fernando Alves Correia, *Manual de Direito do Urbanismo*, I, 2ª ed., "Almedina", Coimbra, 2004; idem, *Direito do Ordenamento do Território e do Urbanismo (Legislação Básica)*, 6ª ed., "Almedina", Coimbra, 2004.

tarifa exterior comum, cobrada por igual nas fronteiras dos países-
-membros com terceiros países, e cuja receita, aliás, reverte para
as finanças comunitárias, e não para as de cada Estado-membro.

m) *Direito Estradal*. – É o ramo do direito público constituído
pelo sistema de normas jurídicas que regulam a circulação nas estradas
públicas do país, por forma a garantir a fluidez do tráfico e a segurança
de pessoas e bens, assegurando os poderes de intervenção das autoridades policiais e os direitos dos cidadãos perante elas.

É um capítulo autónomo do Direito Público, que merecia
ser ensinado, no essencial, na escola primária e secundária e, em
profundidade, nas Faculdades de Direito – mas que infelizmente
o não é.

Consta essencialmente do Código da Estrada, aprovado
pelo Decreto-Lei nº 114/94, de 3 de Maio, com alterações
posteriores.

BIBLIOGRAFIA

Direito Constitucional: Jorge Miranda, *Manual de Direito Constitucional*, I, 7ª ed., e II,
5ª ed., 2003; José Joaquim Gomes Canotilho, *Direito Constitucional e Teoria da
Constituição*, 7ª ed., 2003; Marcello Caetano, *Manual de Ciência Política e
Direito Constitucional*, I, 6ª ed., 1972.

Direito Administrativo: Afonso Rodrigues Queiró, *Lições de Direito Administrativo*, I,
1976; Diogo Freitas do Amaral, *Curso de Direito Administrativo*, 2ª ed., 1994;
João Caupers, *Introdução ao Direito Administrativo*, 7ª ed., 2003; Marcello Caetano, *Manual de Direito Administrativo*, I, 10ª ed., 1980, e II, 9ª ed., 1980;
Rogério Soares, *Direito Administrativo*, 1978.

Direito Penal: Claus Roxin, *Problemas fundamentais de Direito Penal*, 3ª ed., 1998;
Eduardo Correia, *Direito Criminal*, I e II, 1971; Manuel Cavaleiro de Fer-
reira, *Lições de Direito Penal – Parte Geral*, I e II, 1992 e 1989; Jorge de
Figueiredo Dias, *Temas Básicos da Doutrina Penal*, 2001; idem, *Texto de Direito
Penal – Doutrina Geral do Crime*, Lições ao 3º ano da Faculdade de Direito
da Universidade de Coimbra, elaboradas com a colaboração de Nuno
Brandão, 2001; idem, *Direito Penal*, Sumários ao Curso Complementar de

1975-1976 sobre as formas especiais do aparecimento da infracção penal, 1976; Teresa Pizarro Beleza, *Direito Penal*, I, 2ª ed., 1984, e II, 1983.

Direito de Mera Ordenação Social: Eduardo Correia, *Direito Penal e Direito de Mera Ordenação Social*, Boletim da Faculdade de Direito, nº 49, 1973, p. 259 segs; Jorge de Figueiredo Dias, *O movimento da descriminalização e o ilícito de mera ordenação social*, CEJ (org.), *Jornadas de Direito Criminal*, I, 1983, p. 315 segs., e *Para uma dogmática do direito penal secundário*, in *Revista de Legislação e Jurisprudência*, nº 116º, 1983-4, p. 263 segs.

Direito Financeiro: António Sousa Franco, *Finanças Públicas e Direito Financeiro*, I e II, 4ª ed., 1992; Diogo Freitas do Amaral, *Sumários de Direito Financeiro – regência no 1º semestre do ano lectivo de 2002/2003 na FDUNL*, 2002; José Joaquim Teixeira Ribeiro, *Lições de Finanças Públicas*, 5ª ed., 1994.

Direito Fiscal: José Casalta Nabais, *Direito Fiscal*, 2ª ed., 2003; José Manuel Cardoso da Costa, *Curso de Direito Fiscal*, 1970; Nuno de Sá Gomes, *Manual de Direito Fiscal*, I, 12ª ed., 2003; Saldanha Sanches, *Manual de Direito Fiscal*, 2ª ed., 2002.

Direito Judiciário: Eduardo Maia Costa, *Algumas propostas para repensar o sistema judiciário português*, in *Revista do Ministério Público*, Ano 20º, nº 80, 1999, pp. 55-65; José Gonçalves da Costa, *O sistema judiciário português*, 1998.

Direito Processual Constitucional: Fernando Alves Correia, *Direito Constitucional – A justiça constitucional*, 2002; Jorge Miranda, *Manual de Direito Constitucional*, VI, 2001; Rui Medeiros, *A Decisão de Inconstitucionalidade*, 1999.

Direito Processual Administrativo: José Carlos Vieira de Andrade, *A Justiça Administrativa*, 5ª ed., 2004; Mário Aroso de Almeida, *O Novo Regime do Processo nos Tribunais Administrativos*, 3ª ed., 2004.

Direito Processual Financeiro: Diogo Freitas do Amaral, *Sumários de Direito Financeiro – regência no 1º semestre do ano lectivo de 2002/2003 na FDUNL*, 2002; Fernando Xarope Silveiro, *O Tribunal de Contas, as sociedades comerciais e os dinheiros públicos – Contributo para o estudo da actividade de controlo financeiro*, 2003.

Direito Processual Fiscal: Helder Martins Leitão, *O Processo de Execução Fiscal*, 2004; Jaime Devesa/Manuel Joaquim Marcelino, *Manual de Execução Fiscal*, 1998; José Carlos Vieira de Andrade, *Direito Administrativo e Fiscal*, 1997.

Direito Processual Penal: António Castanheira Neves, *Sumários de Processo Criminal*, 1968; Frederico Costa Pinto, *Direito Processual Penal*, 1998; Jorge de Figueiredo Dias, *Direito Processual Penal*, 1974, reimpr., 2004, e *Direito Processual Penal*, lições coligidas por Maria João Antunes, 1989; Teresa Pizarro Beleza, *Apontamentos de Direito Processual Penal*, I, II e III, 1992, 1993 e 1995.

Direito Processual Civil: Antunes Varela/J. Miguel Bezerra/Sampaio e Nora, *Manual de Processo Civil*, 1985; João de Castro Mendes, *Direito Processual Civil*, I, II e III, 1997-1999; José Lebre de Freitas, *Introdução ao Processo Civil*, 1996, e *A Acção Declarativa Comum*, 2000; Manuel de Andrade, *Noções elementares de*

Processo Civil, colaboração de J. M. Antunes Varela, 1956; Miguel Teixeira de Sousa, *Introdução ao Processo Civil*, 2000.
Direito Processual do Trabalho: Álvaro Lopes-Cardoso, *Manual de Processo do Trabalho*, I, 2000, e II, 3ª ed., 2002.

QUESTIONÁRIO

1 – Porque é que se afirma no texto não ser verdadeira a tese dos que entendem que a Constituição inclui as epígrafes dos capítulos principais de todos os ramos do Direito?

2 – Será verdadeira a proposição, feita recentemente por alguns constitucionalistas, de que o fundamento jurídico do Estado Português, como Estado soberano, deixará de ser a nossa Constituição para passar a ser, se for aprovada, a Constituição Europeia?

3 – Quem terá razão: os que definem o Direito Administrativo pelos poderes de autoridade que confere ao Estado e aos entes públicos menores, ou os que o definem pelos direitos de que gozam, face àqueles, os particulares?

4 – Será correcto entender o Direito Administrativo como o sistema de normas jurídicas que regulam a organização e o funcionamento da Administração Pública, sem mais?

5 – O Direito Penal terá em vista punir os que forem declarados judicialmente como autores de um crime, ou readaptar estes a uma vida normal e honesta em liberdade, sem cometer novos crimes?

6 – As penas aplicadas ao abrigo do Direito Penal visam também, diz a lei, prevenir a criminalidade: quererá isto dizer que se tem em vista evitar que cada criminoso volte a cometer crimes (prevenção especial), ou evitar que os cidadãos em geral cometam crimes (prevenção geral)?

7 – Atendendo aos argumentos e contra-argumentos apresentados no texto, acha que o Direito de Mera Ordenação Social é um capítulo do Direito Administrativo, ou um capítulo do Direito Penal?

8 – Há ou não razões válidas para fundamentar a autonomia científica do Direito Financeiro?

9 – O que será mais importante no Direito Fiscal: o estabelecimento dos impostos, e respectivo montante, a pagar pelos cidadãos, ou a criação de um sistema eficaz de garantias jurídicas do contribuinte?

10 – Será aceitável, num Estado de Direito democrático, que as normas de Direito Fiscal sejam interpretadas de acordo com o princípio tradicional *in dubio pro Fisco*★?

11 – Há quem diga que o Direito Público da Economia é um capítulo do Direito Administrativo, e há quem conteste essa opinião: que lhe parece?

12 – Não será verdade que o Direito Público da Economia se caracteriza mais pelos poderes de autoridade que confere ao Estado do que pelas garantias jurídicas que proporciona aos cidadãos e às empresas privadas frente ao Estado?
13 – Porque será que, durante o "Estado Novo", se suprimiu o ensino do Direito Judiciário nas Faculdades de Direito?
14 – Será correcto afirmar que os Direitos Processuais não constituem direito substantivo, mas sim direito adjectivo?
15 – Há quem diga que o Direito Processual Civil é democrático, porque assenta na "igualdade das partes", enquanto o Direito Processual Penal é "autoritário", porque confere mais direitos à acusação do que à defesa. Será assim?

Capítulo 14

RAMOS DO DIREITO PRIVADO

59. Ramos principais do Direito Privado

Recordemos a sábia fórmula dos juristas romanos que, como vimos acima, distinguia claramente o direito público do direito privado: *publicum jus est quod ad statum rei romanae spectat; privatum jus est quod ad singulorum utilitatem pertinet.*

O direito privado é, pois, o que corresponde à utilidade dos particulares enquanto tais, ou seja, nas suas relações jurídicas uns com os outros, na sua vida privada – não como cidadãos face ao Estado, não como administrados face à Administração Pública, não como contribuintes face ao Fisco, não como suspeitos face à Justiça, mas como simples particulares em face uns dos outros, na esfera dos assuntos de carácter meramente privado.

Dentro do direito privado há um ramo predominante e mais influente, que é o Direito Civil, o qual forma o direito privado *comum ou geral* – abrange e regula a generalidade das relações jurídicas privadas –; e há alguns ramos complementares, de carácter marcadamente *especial* – que abrangem certas e determinadas relações privadas que, pelas suas particularidades específicas, carecem de normas especiais que as regulem de modo parcialmente diferente do previsto no Direito Civil: é o caso, designadamente, do Direito Comercial, do Direito do Trabalho e, num plano diferente, do Direito Internacional Privado.

60. Direito Civil

O Direito Civil é o *ramo do direito privado constituído pelo sistema de normas jurídicas que regulam a generalidade dos actos e actividades em que se desenvolve a vida privada dos particulares, tanto na sua esfera pessoal como patrimonial* (e ainda, como dissemos a seu tempo, as relações do Estado e dos entes públicos menores com os particulares, nos casos em que os primeiros actuem despidos dos seus poderes de autoridade, como se particulares fossem também).

Provavelmente, o Direito Civil é o mais antigo ramo do direito. E, sem dúvida, trata-se do ramo do direito que foi mais cultivado, trabalhado e construído – em fórmulas minuciosas e lapidares, que ficaram para a posteridade – pelos juristas romanos (e, mais tarde, pelos privatistas europeus). Noções como as de contrato, propriedade, posse, casamento, divórcio, indemnização por perdas e danos, testamento, e tantas outras, foram descobertas, definidas e explicadas em termos tais que ainda hoje são da maior utilidade para todos os juristas e constituem património comum da Ciência do Direito ([1]).

O Direito Civil cobre com o seu manto regulador toda a vida privada dos indivíduos, desde o berço até ao túmulo: o nascimento, a menoridade e os seus problemas, a capacidade plena dos maiores, o casamento, a separação e o divórcio, as uniões de facto, as relações entre cônjuges, as relações entre pais e filhos, os vínculos de parentesco e afinidade, a adopção, os direitos de personalidade, o direito de propriedade e os outros direitos sobre as coisas, os créditos e débitos entre indivíduos, os contratos, testamentos e outros negócios jurídicos, as garantias patrimoniais como a fiança, a hipoteca ou o penhor, a responsabilidade civil por factos ilícitos geradores de danos materiais ou morais para outrem e, enfim, a morte e as suas consequências, como heranças, legados, partilhas, etc. Além disso, o Direito Civil não regula apenas a vida privada dos indivíduos

---

([1]) Ver, por todos, Antunes Varela, *Direito Civil*, "Polis", vol. 2, c. 392 e segs.

enquanto pessoas isoladas: também regula as diferentes fórmulas jurídicas de organização colectiva de grupos de indivíduos que se juntam para prosseguir fins altruístas (associações) ou fins lucrativos (sociedades), bem como os casos de indivíduos que afectam patrimónios valiosos ao serviço de fins de interesse social (fundações).

De tudo isto resulta a habitual distinção entre o Direito Civil de natureza *pessoal* e o Direito Civil de natureza *patrimonial*.

Mas a mais divulgada classificação dos diferentes sectores ou segmentos do Direito Civil é a chamada classificação germânica, por ter origem na Alemanha, e que é a seguinte: Parte geral, Direito das Obrigações, Direito das Coisas (ou Direitos Reais), Direito da Família, e Direito das Sucessões.

É nesta classificação que se inspira o nosso actual Código Civil, de 1966, cuja sistematização é a seguinte:

Livro I – Parte geral
    Título I – Das leis, sua interpretação e aplicação
    Título II – Das relações jurídicas

Livro II – Direito das Obrigações
    Título I – Das obrigações em geral
    Título II – Dos contratos em especial

Livro III – Direito das Coisas
    Título I – Da posse
    Título II – Da propriedade
    Títulos III e IV – [Outros direitos reais]

Livro IV – Direito da Família
    Título I – Disposições gerais
    Título II – Do casamento
    Títulos III – Da filiação
    Título IV e V – [Outros aspectos]

Livro V – Direito das Sucessões
    Título I – Das sucessões em geral
    Título II – Da sucessão legítima
    Título III – Da sucessão legitimária
    Título IV – Da sucessão testamentária

No seu conjunto, o Código Civil de 1966 – por certo, o mais extenso de todos os códigos portugueses – comporta 2334 artigos, quase todos divididos em dois ou mais números, o que atira para cerca de 10 mil as disposições normativas nele contidas.

Quase todos os preceitos constantes do Código Civil são normas de Direito Civil. Mas também as há fora desse Código: há várias leis avulsas que regulam matéria civil, tais como o regime do arrendamento urbano e o regime do arrendamento rural, o regime das cláusulas contratuais gerais, o regime específico de alguns contratos (p. ex., o contrato de *leasing*), vários diplomas que visam proteger de forma mais intensa os consumidores, a lei das uniões de facto e, em geral, muitas disposições de direito substantivo contidas no Código de Processo Civil, nos Códigos do Registo Civil e do Registo Predial, e no Código do Notariado.

A grande importância do Direito Civil – que decorre sobretudo de ele regular a vida privada dos particulares desde o *nascimento* até à *morte*, ou melhor, desde *antes* do nascimento até *depois* da morte – mede-se ainda por três outros índices: (a) porque ele funciona como *direito subsidiário* em relação aos demais ramos do direito privado (isto é, os casos omissos que se verificarem nesses outros ramos são resolvidos, sempre que possível, pela aplicação analógica das normas daquele) e, até, em relação a alguns ramos do direito público (por ex., o Direito Civil é subsidiário do Direito Administrativo, em matéria de contratos administrativos e de responsabilidade civil da Administração); (b) porque a doutrina do Direito Civil influenciou fortemente a elaboração teórica do direito público, que foi bastante mais tardia (por ex., todo o Direito Público beneficiou da teoria geral da lei civil, o Direito Administrativo importou, com adaptações, a teoria geral da relação jurídica civil, e, de um modo geral, foi ao Direito Civil que os demais ramos do direito – inclusive, do direito público – foram buscar os conceitos jurídicos fundamentais: sujeito de direito, direitos e deveres, pessoas singulares e colectivas, propriedade e obrigação, esfera jurídica e património, capacidade e incapacidade jurídicas, contrato, responsabilidade civil, etc.; e, enfim, (c) porque ainda hoje é no Código Civil que se regula a teoria das fontes do direito, público e privado (embora aqui, deve dizer-se, com vários erros de concepção inicial e, hoje, com ideias muito desactualizadas, a carecer de urgente revisão ([2])).

([2]) Ver *infra*, parte III.

Exemplos de problemas da vida real a que o Direito Civil dá resposta: são tantos e tão variados que se torna muito difícil, dentro dos limites deste *Manual*, dar uma ideia, mesmo aproximada, da riqueza e variedade dos problemas e respectivas soluções. Tentaremos uma breve síntese.

a) *Relação jurídica civil.* – Um nascituro (feto que está para nascer) já tem direitos? Quais os efeitos do nascimento com vida? E quais os da morte? O direito ao bom nome e reputação só é protegido em relação às pessoas vivas, ou também o é quanto às pessoas já falecidas? Podem ser publicadas cartas confidenciais recebidas de outrem? Qual o conteúdo e limites do direito à imagem de cada um? Ao fim de quantos anos se considera como morta uma pessoa que desapareceu e de quem não há notícias? Qual a condição jurídica dos menores? E qual a dos doentes mentais, surdos-mudos e cegos? Quem vela pelos seus direitos? Qual o regime jurídico aplicável às associações, fundações e sociedades? Como se pode defender em tribunal uma pessoa que fez uma promessa ou um contrato baseada em erro, ou enganada pela outra parte, ou coagida a dizer ou assinar o que não queria? Um contrato em tudo conforme à lei, mas contrário à moral ou aos bons costumes, é juridicamente válido ou nulo? E que sucede se alguém se aproveita da inexperiência ou necessidade de outrem para obter benefícios excessivos ou injustificados? Como se contam os prazos fixados em dias, semanas, meses ou anos? Em que casos se suspende ou interrompe a contagem de um prazo? O que é o abuso do direito? E o estado de necessidade? E a legítima defesa? Que valor têm, em tribunal, as provas documentais e as provas testemunhais? Que outras provas se podem invocar?

b) *Direito das Obrigações.* – O que é uma obrigação? E uma prestação? E um direito de crédito? O que é um contrato-promessa? E um pacto de preferência? Se um dos contraentes não cumprir, pode o outro recusar-se a cumprir até que o primeiro cumpra? Se as circunstâncias em que as partes fundaram a sua decisão de contratar sofrerem uma alteração imprevista e anormal (grande subida ou queda de preços, grave alteração cambial, interrupção de fornecimentos devido a guerra ou catástrofe natural), pode o devedor ser dispensado de cumprir as suas obrigações contratuais? Pode um amigo ou parente de alguém, na ausência deste, intervir na gestão dos seus negócios por conta dele, sem para tal estar autorizado? Quais as consequências dessa intervenção? Quando, e em que termos, é que uma pessoa tem direito a ser indemnizada pelos prejuízos que lhe foram causados culposamente por outrem? E se não houver culpa do lesante, pode haver, mesmo assim, obrigação de reparar danos causados a outrem? Como se distinguem a fiança, o penhor e a hipoteca? A que regime jurídico estão sujeitos? O que sucede quando o devedor não paga ao credor? Que meios de defesa tem este para usar em tribunal? Como se definem – e que regime jurídico têm – a compra e venda, a doação, o arrendamento, o contrato de trabalho, a prestação de serviços, a procuradoria, o depósito, a empreitada?

c) *Direito das Coisas.* – O que é a posse? Ser possuidor é o mesmo que ser proprietário? O que é a propriedade? Que direitos confere e que limites a condicionam? O que são a compropriedade, o condomínio e a propriedade horizontal? O que é um usufruto: vale mais ou menos do que a nua propriedade? O que é o direito de superfície? E uma servidão de águas, uma servidão de passagem e uma servidão de aqueduto?

d) *Direito da Família*. – Como se distinguem o casamento e a união de facto? Qual a diferença entre o casamento civil e o casamento católico? Com que idade se pode casar? Quais os impedimentos que não permitem o casamento? O que é um casamento com comunhão geral de bens, com mera comunhão de adquiridos, ou com separação de bens? Com que fundamentos se pode obter a separação judicial dos cônjuges ou o divórcio? Porque é que, em certos países, o divórcio por mútuo consentimento é livre e, noutros, só se permite o divórcio em determinados casos e com base em certos fundamentos? Como se prova a paternidade ou a filiação, em caso de dúvida? Porque existiu durante séculos, mas está hoje abolida, a distinção entre filhos legítimos e ilegítimos? O que é o poder paternal? Porque é que, em caso de divórcio, os filhos menores são em regra entregues à guarda da mãe? Haverá excepções a tal regra? Quando e como se pode adoptar uma pessoa como filho? Quais os efeitos jurídicos da adopção, por ex. em matéria de heranças?

e) *Direito das Sucessões*. – Porque será que na Inglaterra e nos EUA qualquer adulto pode, por testamento, dispor de todos os seus bens a favor de quem melhor entender – inclusive, deserdando os filhos –, e noutros países, como Portugal, isso não é possível por força do Código Civil, havendo sempre metade da herança (se houver só um filho) ou dois terços (se houver dois ou mais filhos) reservados a esses familiares do *de cujus**? Deve prevalecer o princípio da liberdade individual ou o princípio da protecção da família? Foi geralmente considerado justo que a reforma do Código Civil, efectuada em 1977 (já após o 25 de Abril), tenha equiparado o cônjuge (não separado ou divorciado) aos filhos do *de cujus* para com estes concorrer em igualdade à herança, já que na versão de 1966 isso não sucedia, o que deixava muitas vezes a mulher viúva desamparada e à mercê da boa ou má vontade dos filhos do casal para prover ao sustento dela: qual das duas soluções será mais equitativa? Se um pretenso amigo de uma pessoa doente conseguir desta, por mentiras, artimanhas ou promessas falsas, um testamento a seu favor, podem os filhos do *de cujus** obter a anulação do testamento em tribunal? Porque será que o Código Civil proíbe qualquer disposição testamentária a favor do médico, do enfermeiro ou do sacerdote que prestarem assistência ao testador, se tal disposição for feita durante a doença deste e ele vier a falecer dela? Dispondo o Código Civil que os militares aquartelados fora do país podem fazer testamento na presença do comandante da unidade a que pertençam e de duas testemunhas, poderá este preceito ser aplicado ao caso dos agentes da GNR em missão de paz no Iraque? Por último, justificar-se-á a regra tradicional de que, na falta de todos os parentes sucessíveis e do cônjuge, seja chamado a suceder na totalidade da herança o Estado? O Estado não está já hipertrofiado, absorvendo em impostos e taxas cerca de metade do PIB? Porque não aproveitar este capítulo do direito sucessório para fortalecer a sociedade civil?

61. Direito Comercial

O Direito Comercial é o *ramo do direito privado constituído pelo sistema de normas jurídicas que regulam o estatuto dos comerciantes e o regime dos actos e actividades de comércio.*

Há, pois, dois grandes sectores do Direito Comercial:

a) O sector *subjectivo* ou *estatutário*: conjunto de normas que estabelecem o estatuto (ou regime) jurídico dos comerciantes, isto é, dos indivíduos ou sociedades que se dedicam, exclusiva ou predominantemente, à actividade comercial;

b) O sector *objectivo* ou *negocial*: conjunto de normas que estabelecem o regime jurídico dos actos e actividades de comércio, ou negócios comerciais (*trade law, business law*).

E o que é que significa a palavra "comercial"? Como se define o comércio?

Etimologicamente, comércio vem do latim – *commertatio mertium* [troca de mercadorias]. Mas juridicamente a actividade comercial não se esgota em actos de troca: inclui também actos de compra, venda, prestação de serviços, transporte de pessoas e bens, telecomunicações, etc.

Do ponto de vista da Ciência Económica, o comércio é apenas a actividade intermediária entre a produção e o consumo, situando-se portanto no sector terciário da economia ("comércio e serviços"). Ora, no plano jurídico, o comércio de que se ocupa o Direito Comercial, se abrange na sua quase totalidade o comércio em sentido económico, vai muito mais longe: abrange também as pescas (que pertencem ao sector primário da economia), a indústria (que constitui o sector secundário da economia) e, ainda, como já dissemos, várias actividades do sector terciário que não são comerciais em sentido económico (banca, serviços diversos, transportes de pessoas e bens), bem como actos e documentos que podem formalizar tanto operações comerciais como negócios jurídicos civis (letras, livranças, cheques, etc.).

É, pois, comércio – em sentido jurídico – tudo o que, e apenas o que, a lei declara ter natureza comercial. Ficam de fora do comércio e, portanto, do Direito Comercial o *artesanato*, a *agricultura* (sem grande lógica, na época actual), e as *profissões liberais* ([3]).

O Direito Comercial nasceu na Idade Média, com o surto da vida social nas cidades e, bem assim, com as trocas comerciais, transportes e empréstimos a juros que se foram desenvolvendo nos grandes centros urbanos, mormente nos principais portos marítimos e fluviais da Europa. Os comerciantes – indivíduos que faziam do comércio a sua vida profissional – sentiram necessidade de se dotar de regras especiais, que em certa medida tinham de ser diferentes (para mais: maior rigor; ou para menos: maior flexibilidade) do que as regras do Direito Civil herdadas da Roma antiga, que era essencialmente uma "sociedade agrária".

Assim nasceu este direito privado especial – primeiro a partir dos usos comerciais, depois consolidado em verdadeiros costumes, e por último vertido em leis nacionais e tratados internacionais. É a chamada *lex mercatoria*★ ou, como também se diz, *consuetudo mercatorium*★.

Como dissemos, o Direito Comercial divide-se fundamentalmente em duas partes: o estatuto dos comerciantes e o regime dos actos e actividades comerciais.

No *estatuto dos comerciantes*, importa distinguir entre os comerciantes em nome individual (indivíduos que trabalham por conta própria) e as sociedades comerciais (sobretudo, sociedades por quotas e sociedades anónimas). Uns e outros estão sujeitos a obrigações especiais – a firma, a escrituração mercantil, o balanço e a prestação de contas anuais, o registo comercial, o instituto da falência, etc.

Quanto ao regime jurídico dos *actos e actividades comerciais*, ele vem regulado no Código Comercial, de 1888 (cfr., em especial, os arts. 2°, 49° e 230°) e em numerosos outros diplomas, de que se destacam, pela sua importância e extensão, o Código das Sociedades

---

([3]) V. Miguel Puppo Correia, *Direito Comercial*, 8ª ed., "Ediforum Edições Jurídicas, Lda.", Lisboa, 2003, p. 33 e segs.

Comerciais, de 1986, e o Código do Mercado de Valores Mobiliários, de 1999.

São, nomeadamente, actos de comércio ou negócios comerciais: a compra para revenda, o reporte, a conta-corrente, o contrato de transporte, as diversas operações bancárias, o contrato de seguro, o contrato de agência, a cessão e a concessão de exploração do estabelecimento comercial, as operações efectuadas em bolsas de valores, etc.

Exemplos de problemas da vida real a que o Direito Comercial dá resposta: o marido ou a mulher, comerciantes, precisam em algum caso da autorização do cônjuge para praticar actos de comércio? Um menor, particularmente dotado, pode ser comerciante? O que distingue o empréstimo civil do empréstimo comercial, o arrendamento civil do arrendamento comercial, ou o penhor civil do penhor mercantil? Que poderes e deveres têm, a mais ou a menos, as sociedades comerciais em contraste com as sociedades civis? Qual o regime de criação, fusão e dissolução das sociedades comerciais? O que distingue uma falência *normal* de uma falência *fraudulenta*? Como se detectam omissões ou falsidades no balanço de uma sociedade comercial, e como se pode reagir contra isso? Quais os direitos das minorias numa sociedade anónima? O que é uma operação de "project finance"? Que protecção acrescida dá ao credor que aceitou uma letra ou uma livrança o facto de o Código do Processo Civil considerar esses documentos como "títulos executivos"? O cliente de um banco comercial, que se serve habitualmente deste para jogar na bolsa, dá uma ordem de compra de determinado lote de acções, cotadas ao preço de x; o banco atrasa-se 24 horas e só compra as referidas acções no dia seguinte, quando o preço já é de $x + y$; pode o cliente exigir do banco que lhe pague o suplemento y, que não teria de ser pago se o banco tivesse agido de imediato, logo que recebeu a ordem de compra?

Existe autonomia e unidade no Direito Comercial? – São dois problemas muito controversos.

Quanto ao primeiro, se é certo que a maioria dos países da Europa continental continua a ter um Código Civil e um Código Comercial (ou vários códigos sobre matéria comercial), acontece que o Código Civil italiano, de 1942, unificou o tratamento dos dois ramos, regulando em conjunto o Direito Civil e o Direito Comercial. Por outro lado, e no plano processual, são os tribunais cíveis que detêm competência para julgar numerosas questões consideradas de Direito Comercial, sem prejuízo de várias delas serem hoje da competência dos Tribunais de Comércio.

Mas, para a maioria dos autores, parece haver boas razões para continuar a manter a autonomia científica do Direito Comercial face ao Direito Civil: as necessidades a que procuram dar resposta são diferentes; o espírito que enforma os dois ramos do direito é distinto; e as soluções que consagram para problemas formalmente idênticos são materialmente diferentes.

Assim, por ex., o Direito Civil tem uma importante parte pessoal, enquanto o Direito Comercial é todo ele de índole patrimonial; o estatuto jurídico dos comerciantes é diverso do dos não--comerciantes; os contratos comerciais têm regime jurídico diferente dos contratos civis; no Direito Civil, para as obrigações plurais, o regime-regra é o da conjunção, diferentemente do que se passa no Direito Comercial, em que o regime é o da solidariedade; as obrigações civis, em regra, não vencem juros, ao passo que as obrigações comerciais os vencem; para os cidadãos comuns existe o registo civil, para os comerciantes, o registo comercial; as obrigações contabilísticas e de escrituração são mais extensas e intensas para as sociedades comerciais do que para os indivíduos ou para as sociedades civis; o regime da falência (para comerciantes) é diferente, em vários pontos, do da insolvência (para os não-comerciantes); etc.

Julgamos, assim, que a autonomia científica do Direito Comercial se justifica plenamente. Além disso, temos vindo a assistir ao alargamento da competência dos Tribunais de Comércio, o que, não sendo um argumento decisivo, aponta no mesmo sentido.

No que toca ao segundo problema – o da unidade ou fragmentação do Direito Comercial –, também as opiniões se dividem bastante. Em Portugal, a maioria das Faculdades de Direito continua a ensinar o Direito Comercial de forma unitária, numa cadeira anual ou em duas cadeiras semestrais seguidas; diferentemente, na elaboração do plano de estudos da Faculdade de Direito da Universidade Nova de Lisboa, prevaleceu a tese da fragmentação – e, assim, não havendo nenhuma disciplina obrigatória de Direito Comercial, o que há são cadeiras distintas de Direito das Sociedades, Títulos de Crédito e Valores Mobiliários, Contratos Civis e Comerciais, Direito Bancário, etc. Está também prevista a criação, logo que possível, das cadeiras de Direito Marítimo e de Direito Aéreo.

62. Direito do Trabalho

O Direito do Trabalho é o *ramo do direito privado constituído pelo sistema de normas jurídicas que regulam as relações individuais de trabalho subordinado, bem como os fenómenos colectivos com elas relacionados.*

Este ramo do direito compreende duas grandes zonas ou sectores:

a) *Direito individual do trabalho*: é constituído pelas normas que regulam o contrato de trabalho, definido pela nossa lei como sendo "aquele pelo qual uma pessoa se obriga, mediante retribuição, a prestar a sua actividade intelectual ou manual a outra pessoa [singular ou colectiva], sob a autoridade e direcção desta" (Cód. Civ., art. 1152º). Quer dizer: o trabalhador, mediante um salário, obriga-se a trabalhar, em permanência, para a entidade patronal, aceitando que esta dirija o seu modo de trabalhar para ela.

> Há uma enorme diferença entre o contrato de trabalho, assim definido, e o contrato de prestação de serviços – como, por ex., a prestação de serviços clínicos por um médico aos seus pacientes, por um advogado aos seus clientes, por um artista ao teatro ou à televisão que o contratam para um certo programa. Com efeito, no contrato de prestação de serviços, não há um vínculo permanente, mas temporário; o prestador de serviços não tem de trabalhar apenas para uma entidade, podendo fazê-lo para várias; e os serviços que presta são exercidos com liberdade e autonomia, não sendo dirigidos por aquele a quem são prestados.
>
> Recentemente, o Supremo Tribunal de Espanha foi chamado a qualificar, do ponto de vista jurídico, os contratos que são celebrados pelas prostitutas no exercício do que se tem chamado a "mais velha profissão do mundo". E concluíu, a nosso ver bem, que importa distinguir duas situações inteiramente diversas: se a prostituta é empregada permanente de um bordel, ou de uma casa de alterne, ela é parte num *contrato de trabalho* com a entidade patronal que a emprega, pertencendo a remuneração paga pelo cliente, em princípio, à entidade patronal, que só deve à sua trabalhadora um salário mensal (salvo acordo em contrário); se a prostituta actua individualmente e por conta própria, celebra um *contrato de prestação de serviços* com cada cliente, proporcionando-lhe uma certa prestação e tendo direito ao respectivo preço. Esta diferenciação de regimes jurídicos tem consequências importantes, quer no plano do Direito Fiscal, quer no do Direito da Segurança Social ([4]).

([4]) Ver a notícia na edição inglesa de *El País*, de 21-1-04, p. 1.

b) *Direito colectivo do trabalho*: é constituído pelas normas que regulam os fenómenos laborais de massa, como a greve, o "lock-out" (⁵), a resolução negociada de conflitos laborais, as convenções colectivas de trabalho, o associativismo sindical e patronal, etc.

Em ambos os casos, tudo gira em torno do fenómeno do "trabalho subordinado": o Direito do Trabalho aplica-se ao que o Direito Fiscal denomina *trabalhadores por conta de outrem*, e não aos chamados *trabalhadores independentes* (agricultores-proprietários, profissionais liberais, *free-lancers*, etc.).

Embora tendo os seus antecedentes na Roma clássica, o moderno Direito do Trabalho, tal como o conhecemos hoje, é um produto da Revolução Industrial e da "questão social" que ela provocou: trata-se de um sistema de normas jurídicas que o Estado faz aprovar para conferir maior protecção aos trabalhadores, que eram ao tempo – e ainda hoje são, em larga medida – a parte mais fraca da relação laboral, já que a entidade patronal dispunha (e dispõe) de muito maior poder económico. Daí que todo o Direito do Trabalho, no mundo ocidental, seja marcado pelo princípio do *favor laboratoris**.

Esta feição "trabalhista", ou pró-trabalhador, mais se acentua num país como o nosso, onde a Revolução de 25 de Abril de 1974 foi feita em nome do socialismo, dizendo o artigo 2º da Constituição de 1976 (na sua redacção original) que "a República Portuguesa é um Estado democrático... que tem por objectivo assegurar a transição para o socialismo mediante a criação de condições para o exercício democrático do poder [do poder político do Estado] pelas classes trabalhadoras [e só por essas]".

(⁵) O *"lock-out"* é um meio de luta dos empresários contra as greves dos trabalhadores, que consiste na cessação temporária da laboração da empresa, enquanto durar a greve, com suspensão do pagamento dos salários e ameaça de despedimento dos trabalhadores. A nossa Constituição admite a greve, mas proíbe o *lock-out* (art. 57º, nºs. 1 e 3).

É claro que este preceito, com esta redacção, já não existe: foi revogado em 1982. Mas o teor literal, o espírito e a tonalidade específica do capítulo sobre "Direitos, liberdades e garantias dos trabalhadores" na Constituição (arts. 53° a 57°), bem como do capítulo sobre "Direitos e deveres económicos" dos cidadãos (arts. 58° a 62°), não deixa dúvidas sobre a consagração plena, na nossa lei fundamental, do *favor laboratoris*★.

Tenha-se em conta as principais epígrafes dos artigos citados: segurança no emprego; comissões de trabalhadores; liberdade sindical; direitos das associações sindicais e contratação colectiva; direito à greve e proibição do *lock-out*; direito ao trabalho; direitos dos trabalhadores; etc. ([6]).

> *Exemplos de problemas da vida real a que o Direito do Trabalho dá resposta*: são todos os que surgem no desenrolar da vida profissional dos trabalhadores, bem como das actividades sindicais e patronais. Quem pode ser trabalhador por conta de outrem? É sempre necessário um período experimental, findo o qual a entidade patronal pode recusar-se a contratar o "estagiário" ou o "aprendiz"? Sendo o contrato de trabalho fonte de um vínculo permanente, como se explica a existência de "contratos a prazo"? Até onde vai o "dever de obediência" do trabalhador, face ao "poder de direcção" da entidade patronal? Quais os limites deste? Em que consiste, e como se garante, o direito ao salário? E que sucede se houver "salários em atraso"? O que é, e que conteúdo e limites tem, o "poder disciplinar" da entidade patronal? Como pode terminar o contrato individual de trabalho, para além do mútuo acordo das partes? São legítimos os despedimentos? Em que casos e com que fundamento? O que deve entender-se por "despedimento com justa causa"? E que sucede quando o trabalhador é despedido "sem justa causa"? Anulado pelo tribunal um despedimento ilegal, tem o trabalhador o direito de ser reintegrado na empresa e no mesmo posto de trabalho? O que é um "despedimento colectivo", e quando pode ter lugar? O que são as "convenções colectivas de trabalho"? Que efeitos têm para quem não as assinou ou aprovou? E o que são as "portarias de regulamentação do trabalho"? O que são "conflitos laborais"? Que formas pacíficas há para os resolver? É absoluto e ilimitado o direito à greve? O que é, durante certas greves nos serviços públicos, a "imposição da garantia dos serviços mínimos"? Quando e como se pode proceder à "requisição civil" de trabalhadores em greve? ([7]).

([6]) Recomenda-se a leitura integral do texto destes artigos da CRP.

([7]) Ver, sobre o Direito do Trabalho, numa perspectiva liberal, Menezes Cordeiro, *Manual de Direito do Trabalho*, "Almedina", Coimbra, 1999, e, numa perspectiva marxista, António Garcia Pereira, *A viragem do século: o "ocaso" ou o*

63. Direito Internacional Privado

O Direito Internacional Privado – também chamado, sobretudo nos países de língua inglesa, Direito dos Conflitos ("*Conflicts of Laws*") – é o *ramo do direito privado constituído pelo sistema de normas jurídicas que, na ausência de regulação directa do conteúdo das relações privadas internacionais, designam as leis competentes (nacionais ou estrangeiras) para regular essas mesmas relações.*

Temos, portanto, aqui, dois tipos de normas reguladoras das relações privadas internacionais:

a) As normas *directamente reguladoras*: perante um dado tipo de relação privada internacional (por ex., o transporte aéreo de passageiros de um país para outro), celebra-se uma convenção internacional que estabelece as normas substantivas que regularão aqueles contratos de transporte aéreo internacional em determinados moldes. Estas normas, constando de uma convenção internacional, são normas de Direito Internacional Público, e obrigam todos os países signatários;

b) As normas *indirectamente reguladoras*, por meio de *remissão* para outras normas: estas é que constituem o Direito Internacional Privado *proprio sensu**, ou o Direito dos Conflitos. São normas que não regulam directamente as situações reais da vida, antes se limitam a designar quais as leis competentes (nacionais ou estrangeiras) para regular tais situações.

<small>Um exemplo ajudará a compreender melhor o problema.
A, nacional de um país cuja lei civil admite o divórcio, casa com *B*, cidadão de um Estado que proíbe o divórcio.</small>

<small>"*renascimento*" *do Direito do Trabalho?* (dissertação de doutoramento inédita), 2001. Cfr. ainda Maria do Rosário Ramalho, *Da autonomia dogmática do Direito do Trabalho*, "Almedina", Coimbra, 2001.</small>

Suponhamos que vieram entretanto viver para Portugal e que *A* propõe contra *B* uma acção de divórcio.

Como é que deve decidir o tribunal português onde a acção é proposta?

Uma resposta possível seria dizer que para o caso é indiferente a nacionalidade de qualquer deles, assim como saber se a lei do país da sua nacionalidade admite ou não o divórcio. Pois não se estaria, de outro modo, a discriminar em razão da nacionalidade, dando ao caso tratamento diferente do que suscitaria um divórcio entre portugueses? É que, nesta hipótese, pareceria à primeira vista lógico aplicar a lei portuguesa e, portanto, procurar a solução nas disposições do CC que regulam o divórcio (arts. 1773° e segs.).

Mas é justamente em situações deste tipo – em que há várias leis (de Estados diferentes) a quererem aplicar-se ao caso – que actuam as normas de conflitos do nosso CC. Este (arts. 52°, n° 1, e 55°, n° 1) começa por determinar que o tribunal português decida a causa segundo a "lei nacional comum" dos cônjuges. Mas, no nosso exemplo, tal não é possível, pois *A* e *B* têm nacionalidades diferentes.

Então, o CC português continua: "não tendo os cônjuges a mesma nacionalidade, é aplicável a lei da sua residência habitual comum". Aqui, sim, o direito português seria aplicável – não por o tribunal onde foi proposta a acção de divórcio ser português, mas por o Direito Internacional Privado português mandar aplicar a lei do lugar de residência habitual comum dos cônjuges, e essa residência ser em Portugal. Se a residência comum fosse em Itália, mas, por qualquer razão, o processo fosse instaurado em Portugal, o tribunal português teria de aplicar a lei italiana.

Compliquemos um pouco mais a nossa hipótese de base: suponhamos que os mesmos *A* e *B* se tinham separado de facto, vivendo *A* em França, sozinho, e a mulher, *B*, em Inglaterra, com as duas filhas do casal. Sendo a acção de divórcio proposta num tribunal português, e não havendo "nacionalidade comum" nem "residência comum", segundo o nosso Direito Internacional Privado seria competente "a lei do país com o qual a vida familiar se acha mais estreitamente conexa". Neste caso, seria bastante claro para o tribunal português que o país com o qual a vida daquela família se acha mais estreitamente ligada é a Inglaterra, por nela viverem a mãe e as duas filhas do casal, enquanto em França vive apenas o marido, sozinho. O *tribunal português* deveria, pois, *por força da lei portuguesa*, decidir o litígio *à luz da lei inglesa*, o que significa que só no caso de esta última admitir como fundamento de divórcio algum facto alegado e provado pelo autor da acção é que o nosso tribunal iria decretar o divórcio.

Isto é assim, não pela vontade de o legislador complicar as coisas, mas precisamente porque ele entende que, na generalidade dos casos, a solução mais justa e adequada se encontra, não pela aplicação da *lex fori*★ (⁸), mas pela aplicação daquela lei estrangeira que tenha *uma conexão mais forte* com a vida ou os interesses das partes.

(⁸) Chama-se "lei do foro" ao direito objectivo vigente no país a que pertence o tribunal onde a causa está a ser julgada.

E compreende-se que assim seja. Se o tribunal português, neste último caso, determinasse a aplicação da lei portuguesa (pelo simples facto de o litígio ter sido trazido perante um tribunal português), estaria a aplicar uma lei que nenhum contacto tinha com a situação concreta: nenhum dos cônjuges era português, e nenhum deles vivia em Portugal.

Não nos podemos esquecer de que o Direito serve para ordenar comportamentos sociais. Ora, se se fosse fazer relevar um fundamento de divórcio previsto na lei portuguesa que as restantes leis em contacto com a situação desconhecessem, estaríamos a sancionar um acto de um dos cônjuges (acto esse relevante face à lei portuguesa) sem que este, no momento em que o praticara, pudesse saber quais as suas consequências. Seria como aplicar uma lei nova a situações jurídicas passadas, isto é, retroactivamente. Repare-se que ele podia perfeitamente estar convencido da licitude do seu comportamento, uma vez que este era lícito perante qualquer das ordens jurídicas que estavam em contacto com a situação.

O Direito Internacional Privado é isto. Serve para *tutelar a natural expectativa dos indivíduos* e para *assegurar a continuidade e unidade da regulamentação das situações jurídicas internacionais* ([9]).

Por essa razão, ao aplicar o direito estrangeiro, o tribunal português não pode "nacionalizá-lo", interpretando-o segundo os critérios interpretativos nacionais. Diz, com efeito, o n° 1 do artigo 23° do nosso CC: "a lei estrangeira é interpretada *dentro do sistema a que pertence* e de acordo com as *regras interpretativas nele fixadas*" (sublinhados nossos). É a renúncia total ao nacionalismo jurídico no vasto campo do Direito Internacional Privado (ressalvado sempre o caso excepcional, e raro, previsto no art. 22° do CC) ([10]).

Mas, então, como proceder se o caso tivesse surgido não em Portugal mas num outro país, por exemplo perante um tribunal francês? Será que então se aplicaria automaticamente a lei francesa?

([9]) Neste sentido, por todos, J. Baptista Machado, *Âmbito de Eficácia e Âmbito de Competência das Leis*, Coimbra, 1970, reimpr., "Almedina", Coimbra, 1998, e *Lições de Direito Internacional Privado*, 2ª ed., Coimbra, 1982, reimpr., "Almedina", Coimbra, 2002.

([10]) Artigo 22° do CC português:

"1. Não são aplicáveis os preceitos da lei estrangeira indicados pela norma de conflitos, quando essa aplicação envolva ofensa dos princípios fundamentais da ordem pública internacional do Estado português.

2. São aplicáveis, neste caso, as normas mais apropriadas da legislação estrangeira competente ou, subsidiariamente, as regras de direito interno português".

O exemplo típico de uma lei estrangeira que ofende a "ordem pública internacional do Estado português" é o da lei de um país muçulmano que permita ao homem ser casado com duas ou mais mulheres: entre nós, isso não só não podia ser reconhecido no plano civil, como constituiria mesmo um crime de bigamia (CP, art. 247°).

Também aí o que o tribunal francês teria de começar por fazer seria encontrar a norma de conflitos francesa que determina a lei aplicável em caso de divórcio. Havendo várias leis a querer aplicar-se – as leis dos países de que cada cônjuge é nacional, e as leis inglesa e francesa, por cada cônjuge aí ter a sua residência habitual –, a norma de conflitos francesa iria decidir qual destas leis em conflito é a lei aplicável, e acabaria por julgar o caso segundo essa lei, que bem poderia não ser a lei francesa.

O Direito Internacional Privado português está basicamente contido no nosso CC (arts. 14º a 65º) – não porque tenha a natureza de Direito Civil, mas porque tradicionalmente as normas de conflitos do Direito Internacional Privado encontram guarida nos códigos civis, que são a principal fonte documental do direito privado de um país ([11]). E o Direito Internacional Privado, sendo internacional pelo objecto de que se ocupa, é direito privado, porque regula relações da vida privada de particulares entre si.

De que "elementos de conexão" se serve o nosso Direito Internacional Privado para procurar a lei mais próxima dos interesses em conflito? De vários:

– A *nacionalidade* das partes;
– A *residência habitual* dos interessados;
– O *lugar* onde ocorreu certo facto;
– A *escolha de certa lei pelas partes* num contrato;
– A *maior proximidade* de certa lei em relação à vida de determinadas pessoas;
– A *situação da coisa*;
– Em casos excepcionais, a *lei do foro* (isto é, em Portugal, o direito português);
– Etc., etc.

O objectivo principal do Direito Internacional Privado não é, como se vê, promover a aplicação preferencial da nossa própria lei,

---

([11]) V., no entanto, a Convenção de Roma de 1980, sobre a lei aplicável às obrigações contratuais, em vigor entre nós desde 1994.

por qualquer preconceito nacionalista, mas, bem diferentemente, procurar encontrar, para cada tipo de situação privada internacional, a lei que melhor puder corresponder às expectativas fundadas das partes em conflito, ou a lei que se mostrar capaz de fornecer uma solução mais justa e adequada para o litígio.

O Direito Internacional Privado – para além do seu requintado aperfeiçoamento lógico-jurídico – reveste-se, muitas vezes, da maior importância prática, podendo levar a conceder ou negar a um determinado indivíduo, sem qualquer razão de ordem pessoal, uma imensa fortuna. Veja-se o que se passou, em Portugal, em meados do século XX, com a herança do famoso milionário de origem arménia, depois naturalizado inglês, Calouste Gulbenkian ([12]).

Este lendário homem de negócios, grande benemérito e prestigiado coleccionador de arte, morreu em 20 de Julho de 1955, em Lisboa, cidade em que passara a residir desde 1942, por causa da guerra, e deixou um testamento, exarado num notário português. Nesse testamento, o referido indivíduo criava, nos termos da lei portuguesa, a "Fundação Calouste Gulbenkian", com sede em Lisboa, como instituição privada, de duração perpétua, com objectivos caritativos, artísticos, científicos e educativos, sem qualquer fim lucrativo.

Calouste Gulbenkian tinha dois filhos – Rita e Nubar. Este último pretendeu contestar a validade do testamento do pai, na parte em que deixava quase toda a sua imensa fortuna à Fundação a que dera o nome. Fizera-o na convicção de que, como cidadão britânico, podia deixar todos os seus bens em testamento a quem muito bem entendesse (v. *supra*, nº 60, última parte, alínea e)), por ser essa uma faculdade concedida pelo direito sucessório inglês aos súbditos britânicos.

Ora, o filho, Nubar Gulbenkian, sustentava que, vivendo o pai em Portugal, e tendo o testamento sido feito e "registado" no nosso país, a lei aplicável à validade do testamento era a lei portuguesa – e esta (então, o CC de 1867, art. 1784º) reservava aos filhos uma parcela, a "legítima paterna", que era de metade dos bens do "*de cujus*"*. Esta parte da herança devia, portanto, na opinião de Nubar, caber-lhe a ele e a sua irmã, e não à Fundação entretanto instituída.

Surgiu assim, em Portugal, um problema de Direito Internacional Privado: a ser proposta uma acção por Nubar (tendo em vista a impugnação do testamento de seu pai), qual era a norma de conflitos portuguesa aplicável? E, segundo essa norma de conflitos, qual era a lei competente para decidir acerca da validade ou invalidade substancial do testamento de Calouste Gulbenkian, cidadão britânico?

([12]) Servimo-nos do relato minucioso da disputa feito pelo Prof. A. Ferrer Correia, in *Contribuição para uma história da Fundação Calouste Gulbenkian*, policop., Lisboa, 1999, agora publicado em *Estudos em homenagem ao Prof. Inocêncio Galvão Telles*, 2002, vol. I, p. 755 e segs.

A resposta à primeira questão era pacífica: de acordo com o entendimento unânime da nossa doutrina de então, a sucessão *mortis causa*★ era regida, perante os tribunais portugueses, pela lei da última nacionalidade do autor da herança. E esta era a nacionalidade britânica.

Portanto, a resposta à segunda pergunta também era fácil de encontrar: ser ou não ser válido o testamento Gulbenkian, poder ou não o famoso milionário deixar quase toda a sua gigantesca fortuna a uma fundação portuguesa (ostentando o nome dele), ter ele ou não o direito de privar os filhos da porção "legítima" que algumas ordens jurídicas reservavam para os seus descendentes, tudo isso eram questões a decidir pela lei inglesa.

Ora – e aqui vem a lume a questão principal –, a lei inglesa consagrava ao tempo (e ainda consagra hoje) a regra da plena liberdade de testar, sem qualquer reserva de partes da herança para os filhos do testador. Nisso, a lei inglesa estava (e está) no polo oposto ao da lei portuguesa, que reserva uma porção da herança – a "legítima" – aos filhos do *de cujus*★.

Nubar Gulbenkian viu, assim, cair por terra a sua esperança de ficar com os milhões do seu pai. Estávamos em Portugal, é certo; o pai tinha cá a sua residência habitual; fizera cá o seu testamento; e este não respeitava o direito sucessório português.

Só que o direito sucessório português não era aplicável ao caso. Aplicável era, sim, o direito sucessório inglês, que permitia e validava por completo o testamento do Sr. Gulbenkian.

A fortuna colossal deste foi, pois, para a Fundação Calouste Gulbenkian, e não para os seus filhos, única e simplesmente por virtude do Direito Internacional Privado português – que declarava competente, no caso, a lei inglesa, e não a lei portuguesa.

Outra teria sido a história (daquela família e da sociedade portuguesa) se Calouste Gulbenkian se tivesse entretanto decidido naturalizar português. Felizmente para nós, continuou sempre cidadão britânico... ([13]).

Pelo caso acabado de narrar, já se pode ficar a fazer uma ideia da importância prática *decisiva* que o Direito Internacional Privado reveste, quando estão em conflito pessoas que – pela sua nacionalidade, ou residência habitual, ou localização dos seus bens, ou por qualquer outro *elemento de conexão* relevante – estejam ligadas a ordens jurídicas de países diferentes. A "globalização" em que vivemos hoje só veio aumentar, extraordinariamente, a aplicação e a importância deste ramo do direito.

([13]) O diferendo que, resumido ao essencial, relatamos no texto não chegou nunca a tribunal, porquanto o conflito foi resolvido por acordo amigável, em 12 de Fevereiro de 1958: cfr. a *ob. cit.*, pp. 44-45.

64. Direito do Comércio Internacional

É o *ramo do direito privado constituído pelo sistema das normas jurídicas que regulam directamente matérias relacionadas com as transacções internacionais de bens, serviços e capitais, bem como das normas de conflitos que declaram a lei competente para reger os contratos e obrigações mercantis de âmbito internacional.*

Se, no plano das suas *fontes*, este ramo do direito provém de fontes de direito internacional e de direito interno, a verdade é que, no campo do seu *objecto*, as normas que o integram são de direito privado – porque regulam relações de particulares na sua vida privada, e não prevêem a intervenção do Estado ou de qualquer ente público menor no exercício de poderes de autoridade.

Tais normas são, umas, de carácter directamente regulador da vida do comércio internacional e, outras, normas de conflitos que se limitam a declarar a lei competente para reger certos aspectos do comércio internacional. Há autores que incluem ainda nas matérias a tratar por este ramo do Direito os problemas relacionados com o recurso a uma jurisdição estadual (regras de determinação da jurisdição competente e efeitos na ordem interna de decisões estrangeiras), as diversas questões suscitadas pela arbitragem internacional e, ainda, o mecanismo de resolução de litígios no âmbito da Organização Mundial do Comércio.

O Direito do Comércio Internacional tem autonomia científica e pedagógica, sendo leccionado como disciplina optativa na Faculdade de Direito da Universidade Nova de Lisboa.

Consta essencialmente de importantes convenções internacionais, tais como as Convenções de Genebra que aprovaram as Leis Uniformes sobre Letras e Livranças (1930) e sobre cheques (1931), ainda sob a égide da Sociedade das Nações; a Convenção das Nações Unidas sobre os contratos de compra e venda internacional de mercadorias, concluída em Viena, em 1980; a Convenção de Roma, de 1980, sobre a lei aplicável às obrigações contratuais; e a Convenção de Nova Iorque relativa ao reconhecimento e execução de sentenças arbitrais estrangeiras (1958), da iniciativa da Câmara do Comércio Internacional.

Além destas, a doutrina ([14]) identifica outras fontes do direito comercial internacional sem carácter vinculativo que integram a chamada *lex mercatoria*, tais como os Princípios UNIDROIT relativos aos contratos comerciais internacionais; as várias leis-modelo aprovadas no âmbito da CNUDCI, além de contratos-tipo forjados por outras entidades de referência (por ex., o contrato-tipo de agência comercial, da Câmara do Comércio Internacional). Esta última é também responsável pelos famosos *Incoterms*.

Eis algumas das organizações mais representativas a que se tem ficado a dever o desenvolvimento científico e a densificação normativa deste ramo do direito:
- a Câmara do Comércio Internacional, fundada em 1919 e sediada em Paris;
- o Instituto para a Unificação do Direito Privado (UNIDROIT), instalado (de novo) em 1940;
- a Comissão das Nações Unidas para o Direito Comercial (CNUDCI/UNCITRAL), criada em 1966;
- mais recentemente, o Centro para o Direito Transnacional (CENTRAL), criado na Universidade de Münster, na Alemanha, em 1998.

65. Ramos menores do Direito Privado

Acabamos de descrever e explicar, nos números anteriores, os principais ramos do direito privado. Mas há outros: não muitos, mas há. Alguns são meras criações artificiais, sobretudo por razões pedagógicas. Outros, porém, gozam de autonomia científica, plena ou limitada. Vamos enumerá-los com brevidade.

([14]) Cfr., por todos, M. Helena Brito, *Direito do Comércio Internacional*, "Almedina", Coimbra, 2004, pp. 50-75 e 97-111.

a) *Direito Matrimonial.* – É o *sub-ramo do direito privado que regula o regime jurídico do casamento, quer à face do Direito Civil, quer à luz do Direito Canónico.*

Não tem autonomia científica. Mas pode ter, e nalgumas escolas de Direito tem, autonomia pedagógica.

Consta, essencialmente, dos artigos 1577° e 1587° a 1795°-D do nosso CC e, bem assim, dos cânones 1055 a 1165 e 1671 a 1707 do Código de Direito Canónico (de 1983). Ver também a Concordata entre Portugal e a Santa Sé, de 1940, artigos XXII a XXV.

b) *Direito do Arrendamento.* – É o *sub-ramo do direito privado que regula o regime jurídico do contrato de arrendamento, seja para fins civis (arrendamento urbano e rural), seja para fins comerciais (arrendamento comercial).*

Não tem autonomia científica. Não costuma ter autonomia pedagógica. Mas o seu estudo aprofundado tem inegável interesse prático ([15]).

Consta essencialmente do CC (arts. 1022° a 1063°), e do Decreto-Lei n° 321-B/90, de 15 de Outubro, com alterações subsequentes.

c) *Direito de Autor.* – É o *ramo do direito privado constituído pelo sistema de normas jurídicas que regulam a propriedade intelectual, ou seja, os direitos dos criadores sobre as suas obras literárias, artísticas ou científicas, bem como os direitos dos artistas que interpretam ou executam aquelas obras.*

Tem autonomia científica e deveria ter autonomia pedagógica. Há quem o considere como parte integrante do Direito

---

([15]) Ver J. Pinto Furtado, *Manual do Arrendamento Urbano*, 3ª ed., "Almedina", Coimbra, 2001.

Civil, e quem o veja mais como um ramo especial, mas diferente, do direito privado ([16]).

Consta basicamente do *Código do Direito de Autor e dos direitos conexos*, aprovado pelo Decreto-Lei n° 63/85, de 14 de Março, o qual foi ratificado com emendas pela Lei n° 45/85, de 17 de Setembro.

d) *Direito da Propriedade Industrial.* – *É o ramo do direito privado constituído pelo sistema de normas jurídicas que atribuem direitos exclusivos aos criadores de modelos originais de utilidade para a indústria, regulando nomeadamente as patentes, as marcas e as denominações de origem.*

Tem autonomia científica e pedagógica. Faz parte, como disciplina optativa, do plano de estudos da Faculdade de Direito da Universidade Nova de Lisboa, onde já tem sido leccionado.

Consta basicamente do *Código da Propriedade Industrial*, aprovado pelo Decreto-Lei n° 36/2003, de 5 de Março.

e) *Direito Marítimo.* – É *o ramo do direito privado constituído pelo sistema de normas que regulam as instituições da marinha mercante e o comércio realizado através da navegação pelo mar* ([17]).

Começou por ser um capítulo do Direito Comercial, mas hoje já tem autonomia científica e pedagógica. Faz parte, como disciplina optativa, do plano de estudos da Faculdade de Direito da Universidade Nova de Lisboa, embora ainda não tenha sido leccionado até hoje.

([16]) Ver J. Oliveira Ascensão, *Direito de Autor e Direitos Conexos*, "Coimbra Editora", Coimbra, 1992.

([17]) Não confundir com o chamado "Direito do Mar", que é um sub-ramo do Direito Internacional Público: v. A. Marques Guedes, *Direito do Mar*, 2ª ed., "Coimbra Editora", Coimbra, pp. 12-13.

O nosso Direito Marítimo não está, infelizmente, codificado. Consta de numerosa legislação avulsa, bem como de diversas convenções internacionais ratificadas por Portugal.

Curiosamente, para aplicar jurisdicionalmente um ramo do direito que tem sido tão descuidado pelo legislador e pela doutrina, existem entre nós os *tribunais marítimos*, previstos pela CRP, artigo 209°, n° 2, e regulados no artigo 90° da Lei de Organização e Funcionamento dos Tribunais Judiciais (Lei n° 3/99, de 13 de Janeiro), que reproduzimos aqui pelo seu interesse informativo:

SUBSECÇÃO VII
Tribunais marítimos

Artigo 90°
Competência

Compete aos tribunais marítimos conhecer das questões relativas a:

a) Indemnizações devidas por danos causados ou sofridos por navios, embarcações e outros engenhos flutuantes, ou resultantes da sua utilização marítima, nos termos gerais de direito;

b) Contratos de construção, reparação, compra e venda de navios, embarcações e outros engenhos flutuantes, desde que destinados ao uso marítimo;

c) Contratos de transporte por via marítima ou contrato de transporte combinado ou multimodal;

d) Contratos de transporte por via fluvial ou por canais, nos limites do quadro I anexo ao Regulamento Geral das Capitanias;

e) Contratos de utilização marítima de navios, embarcações e outros engenhos flutuantes, designadamente os de fretamento e os de locação financeira;

f) Contratos de seguro de navios, embarcações e outros engenhos flutuantes destinados ao uso marítimo e suas cargas;

g) Hipotecas e privilégios sobre navios e embarcações, bem como quaisquer garantias reais sobre engenhos flutuantes e suas cargas;

h) Processos especiais relativos a navios, embarcações, outros engenhos flutuantes e suas cargas;

i) Procedimentos cautelares sobre navios, embarcações e outros engenhos flutuantes, respectiva carga e bancas e outros valores pertinentes aos navios, embarcações e outros engenhos flutuantes, bem como solicitação preliminar à capitania para suster a saída das coisas que constituam objecto de tais procedimentos;

j) Avarias comuns ou avarias particulares, incluindo as que digam respeito a outros engenhos flutuantes destinados ao uso marítimo;

l) Assistência e salvação marítimas;

m) Contratos de reboque e contratos de pilotagem;

n) Remoção de destroços;

o) Responsabilidade civil emergente de poluição do mar e outras águas sob a sua jurisdição;

p) Utilização, perda, achado ou apropriação de aparelhos ou artes de pesca ou de apanhar mariscos, moluscos e plantas marinhas, ferros, aprestos, armas, provisões e mais objectos destinados à navegação ou à pesca, bem como danos produzidos ou sofridos pelo mesmo material;

q) Danos causados nos bens do domínio público marítimo;

r) Propriedade e posse de arrojos e de coisas provenientes ou resultantes das águas do mar ou restos existentes, que jazem nos respectivos solo ou subsolo ou que provenham ou existam nas águas interiores, se concorrer interesse marítimo;

s) Presas;

t) Todas as questões em geral sobre matérias de direito comercial marítimo;

u) Recursos das decisões do capitão do porto proferidas em processo de contra-ordenação marítima.

★

★ ★

f) *Direito Aéreo*. – É o *ramo do direito privado constituído pelo sistema de normas jurídicas que regulam as instituições da aviação comercial e os actos e contratos ligados à navegação aeronáutica.*

Tem autonomia científica, análoga à do Direito Marítimo. Não tem tido autonomia pedagógica, não tendo sido ensinado, até hoje, nas nossas Faculdades de Direito, o que é uma omissão criticável.

Consta fundamentalmente de diplomas nacionais avulsos, de normas comunitárias, e de importantes convenções internacionais, tais como a Convenção sobre a Aviação Civil Internacional, conhecida por Convenção de Chicago (1944), que criou a Organização da Aviação Internacional, ou a Convenção de Varsóvia para a unificação de certas regras relativas ao transporte aéreo internacional (1929), com alterações posteriores, a última das quais introduzida pela Convenção de Montreal (1999), e o Acordo de Chipre (1990).

BIBLIOGRAFIA

Direito Civil: António Menezes Cordeiro, *Tratado de Direito Civil*, I, 2ª ed., II, 2ª ed. e III, 2000-2003; Carlos Ferreira de Almeida, *Contratos*, 2ª ed., 2003; Carlos Mota Pinto, *Teoria Geral do Direito Civil*, com a colaboração de António Pinto Monteiro, 3ª ed., 1985; Inocêncio Galvão Telles, *Teoria Geral do Direito Civil*, Sumários, 1979, e *Manual dos Contratos em Geral*, 2002; José de Oliveira Ascensão, *Direito Civil/Teoria Geral*, I, 2ª ed., II, e III, 1999-2002; Manuel de Andrade, *Teoria Geral da Relação Jurídica*, I e II, 1960; Pires de Lima/ Antunes Varela, *Noções fundamentais do Direito Civil*, 6ª ed., 1965; Antunes Varela, *Direito Civil*, in *Polis*, vol. 2, cc. 392-409.

Direito das Obrigações: Antunes Varela; *Das Obrigações em Geral*, I, 10ª ed., 2000, e II, 7ª ed., 1997; Inocêncio Galvão Telles, *Direito das Obrigações*, 7ª ed., 1997; Manuel de Andrade, *Teoria Geral das Obrigações*, 3ª ed., 1966.

Direito das Coisas: José de Oliveira Ascensão, *Direito Civil – Reais*, 5ª ed., 1993; Luis Carvalho Fernandes, *Lições de Direitos Reais*, 4ª ed., 2003; Manuel Henriques Mesquita, *Direitos Reais*, Sumários das lições ao curso de 1966-1967, 1967; Rui Pinto Duarte, *Curso de Direitos Reais*, 2002.

Direito da Família: Antunes Varela, *Direito da Família*, I, 5ª ed., 1999; Francisco Pereira Coelho/Guilherme de Oliveira, *Curso de Direito da Família*, com a colaboração de Rui Moura Ramos, 3ª ed., 2003; João de Castro Mendes, *Direito da Família*, edição revista por Miguel Teixeira de Sousa, 1990-1991.

Direito das Sucessões: Luís Carvalho Fernandes, *Lições de Direito das Sucessões*, 2ª ed., 2001; Inocêncio Galvão Telles, *Direito das Sucessões – Noções fundamentais*, 6ª ed., 1991; José de Oliveira Ascensão, *Direito Civil – Sucessões*, 5ª ed., 2000; Rabindranath Capelo de Sousa, *Lições de Direito das Sucessões*, I, 4ª ed., 2000, e II, 3ª ed., 2002.

Direito Comercial: António Ferrer Correia, *Lições de Direito Comercial*, 1994; António Menezes Cordeiro, *Manual de Direito Comercial*, 2001; Jorge Manuel Coutinho de Abreu, *Curso de Direito Comercial*, I, 4ª ed., 2003, e II, 2002; Luis Brito Correia, *Direito Comercial*, I, II e III, 1989-2000; Miguel Pupo Correia, *Direito Comercial*, 8ª ed., 2003; Vasco Lobo Xavier, *Direito Comercial*, in *Polis*, vol. 2, cc. 416-428.

Direito do Trabalho: António Menezes Cordeiro, *Manual de Direito do Trabalho*, 1999; António Monteiro Fernandes, *Direito do Trabalho*, 2004; Bernardo da Gama Lobo Xavier, *Curso de Direito do Trabalho*, 1999; José João Abrantes, *Direito do Trabalho (Relatório)*, 2003; Pedro Romano Martinez, *Direito do Trabalho*, 2002.

Direito Internacional Privado: António Ferrer Correia, *Lições de Direito Internacional Privado*, I, 2000; João Baptista Machado, *Lições de Direito Internacional Privado*, 2ª ed., 1982, e *Âmbito de Eficácia e Âmbito de Competência das Leis*, 1970.

Direito do Comércio Internacional: Maria Helena Brito, *Direito do Comércio Internacional*, 2004.

Direito Matrimonial: Diogo Leite de Campos, *A Invenção do Direito Matrimonial*, 1995; José João Gonçalves de Proença, *Relevância do direito matrimonial canónico no ordenamento estadual*, 1955; Mendonça Correia, *O matrimónio canónico-concordatário em Portugal*, 2003; Paulo Olavo Cunha, *O sistema matrimonial português: algumas considerações acerca da coexistência do casamento civil e do casamento católico*, 1993.

Direito do Arrendamento: Jorge Pinto Furtado, *Manual do Arrendamento Urbano*, 3ª ed., 2001.

Direito de Autor: Dário Moura Vicente, *Direito Internacional de Autor*, 2002; José de Oliveira Ascensão, *O ensino do Direito de Autor em Portugal*, 1998, e *Direito de Autor e Direitos Conexos*, 1992; Patrícia Akester, *O Direito de Autor e os desafios da tecnologia digital*, 2004.

Direito da Propriedade Industrial; Carlos Olavo, *Propriedade Industrial*, 1997; José Mota Mata, *Propriedade Industrial*, 2003.

Direito Marítimo: Mário Raposo, *Direito Marítimo*, in *Polis*, vol. 2, cc. 491-494.

Direito Aéreo: Gualdino Rodrigues, *As Fontes Internacionais do Direito Aéreo – A Situação da Legislação sobre a Aviação Civil em Portugal*, 2003.

QUESTIONÁRIO

1 – Porque será que, até à 2ª Guerra Mundial (1939-45), o Direito Civil era por todos considerado um ramo do Direito mais importante do que o Direito Público e, a partir daquele momento histórico, muitos passaram a entender que a situação se inverteu, adquirindo primazia o Direito Público sobre o Direito Civil?

2 – Na visão germânica, a parte geral do Direito Civil baseia-se no critério da "relação jurídica". Não é essa a visão anglo-saxónica do Direito Civil. Qual será a razão desta diferença tão grande?

3 – Ainda segundo a concepção germânica, o Direito das Obrigações desdobra--se numa "parte geral" e nos "contratos em especial". Já no sistema jurídico anglo-saxónico a matéria é dividida em "contracts" (contratos) e "torts" (delitos, isto é, responsabilidade civil extra-contratual). Qual será a orientação preferível?

4 – A matéria dos Direitos Reais – e sobretudo a da propriedade – não pode hoje em dia ser estudada sem o complemento indispensável do Direito do Urbanismo. Será este mais um caso de "publicização do direito privado"?

5 – Como se explica que o Direito da Família, sobretudo no tocante ao casamento e matérias conexas, varie tanto de época para época, de civilização para civilização e, até, de país para país?

6 – Em matéria de Direito das Sucessões, porque será que, dentro da civilização ocidental, de influência greco-romana e cristã, os países germânicos e latinos

protegem mais a família do que a liberdade individual, e os países anglo--saxónicos, inversamente, protegem mais a liberdade individual do que a família?

7 – O que significa a regra do carácter "subsidiário" do Direito Civil em relação a todo o Direito Privado?

8 – O Direito Comercial é um ramo especial em função dos sujeitos ou em função do objecto?

9 – Porque será que a unificação do Direito privado, civil e comercial, ensaiada no direito italiano, não teve eco nos restantes países ocidentais?

10 – Como se explica que, sendo o Direito privado caracterizado, além do mais, pelo princípio da "igualdade das partes", o Direito do Trabalho apareça marcado sobretudo pela desigualdade, com claro favorecimento dos trabalhadores?

11 – O princípio do "favor laboratoris"*, fundado numa opção de política social, não faz do Direito do Trabalho um ramo do Direito público?

12 – Há quem diga que o Direito Internacional Privado nem é internacional, porque é direito estadual, nem é privado, porque, ao delimitar negativamente a competência da lei nacional, substituindo-a na maioria dos casos por leis estrangeiras, está a definir os contornos da soberania do Estado e, portanto, é Direito Público. Concorda?

13 – Parece-lhe bem que, quando a lei nacional remete para uma lei estrangeira, esta deva ser "interpretada dentro do sistema a que pertence e de acordo com as regras interpretativas nele fixadas"?

14 – Concorda com o limite imposto pelo artigo 22º do CC à aplicabilidade da lei estrangeira, "quando essa aplicação envolva ofensa dos princípios fundamentais da ordem pública internacional do Estado português"? Não será um tal limite contrário ao universalismo da Carta da ONU e aos princípios da globalização?

15 – O Direito Comercial Internacional, ramo do Direito cada vez mais importante na vida prática dos nossos dias, deveria ser apenas um capítulo do Direito Internacional Privado ou, pelo contrário, ganha em conter também normas que regulam directamente, de modo uniforme, questões concretas do comércio internacional do tempo presente?

Capítulo 15
RAMOS DO DIREITO MISTOS

66. Alguns ramos do Direito mistos

As necessidades da vida moderna, com a constante intervenção do Estado na actividade económica e social privada, têm levado a que vão emergindo, em número crescente, novos ramos do direito, que têm a particularidade de incorporar, em simultâneo, normas de direito público e normas de direito privado, ou normas de direito estadual e não-estadual, ou normas de direito internacional e de direito nacional.

O jurista, atento às realidades que estuda, não pode ignorar esse fenómeno de justaposição de normas de diferente natureza, a propósito de matérias ou instituições que as aglutinam em torno de institutos próprios e princípios comuns.

Ao contrário do que alguns defendem, isto não torna caduca ou ultrapassada a *summa divisio**, que já conhecemos, entre o direito público e o direito privado: nos ramos de direito mistos, as normas jurídicas deles constantes não são elas próprias mistas, pois que umas continuam a ser de direito público e outras, de direito privado; o ramo do direito a que pertencem é que é misto, porque combina as primeiras com as segundas; mas aquelas e estas não perdem a sua natureza pública ou privada.

Assim, nos ramos mistos, as normas de direito público devem ser interpretadas, e as suas lacunas integradas, de acordo com os princípios gerais do direito público; enquanto as normas de direito privado hão-de ser interpretadas e integradas de harmonia com os princípios gerais do direito privado.

A mencionada *summa divisio* não só não desaparece, como tem de ser mantida sempre presente, para que se não pratiquem distorções metodológicas: paradoxalmente, é nos ramos de direito mistos que ela se torna mais necessária e útil do que nunca.

O mesmo se diga, *mutatis mutandis*★, da distinção entre direito estadual e direitos não-estaduais, bem como da distinção entre direito internacional e direito nacional.

Na impossibilidade de mencionar aqui, mesmo que abreviadamente, todos os ramos do direito mistos que foram surgindo e possuem hoje autonomia científica ou pedagógica, referiremos apenas meia dúzia – aqueles que se nos afiguram de maior importância prática para o jurista do século XXI.

a) *Direito dos Registos e Notariado*. – *É o ramo do direito constituído pelo sistema de normas jurídicas, públicas e privadas, que regulam a organização e o funcionamento dos serviços públicos nacionais destinados a arquivar e dar fé pública a determinadas situações e actos jurídicos de natureza privada que carecem, para protecção de terceiros, de ser dotados de adequada publicidade.*

A actividade dos serviços de Registos e Notariado constitui uma actividade *pública* do Estado, que tem por objecto situações e actos de carácter *privado*: é o que os administrativistas chamam, sugestivamente, a *administração pública do direito privado* (¹) (²).

Este ramo do direito consta, actualmente, dos seguintes diplomas legais:
• Código do Registo Civil (1978);

(¹) Expressão colhida em Zanobini, *Corso di Diritto Amministrativo*, V, 3ª ed., Milão, 1959, p. 297 e segs., que atribui a sua paternidade ao alemão Hänel (1892).

(²) V., por exemplo, J. Mouteira Guerreiro, *Noções de direito registral (predial e comercial)*, 2ª ed., Coimbra, 1994; J. de Seabra Lopes, *Direito dos Registos e do Notariado*, 2ª ed., "Almedina", Coimbra, 2003; e José Carlos Gouveia Rocha, *Manual Teórico e Prático do Notariado*, 4ª ed., "Almedina", Coimbra, 2003.

- Código do Registo Predial (1984);
- Código do Registo Comercial (1986);
- Regime jurídico do Registo Nacional de Pessoas Colectivas (1998);
- Código do Notariado (1995);
- Estatuto do Notariado (2004).

b) *Direito da Segurança Social.* – É *o ramo do direito constituído pelo sistema de normas jurídicas, públicas e privadas, que regulam o sistema de segurança social, com vista à protecção dos indivíduos na doença, velhice, desemprego, e noutras situações de carência económica ou incapacidade para o trabalho.*

É um misto de Direito Administrativo e de Direito Civil, sobretudo de Direito das Obrigações.

A nível internacional, costuma referir-se como fonte deste ramo do direito a Convenção nº 102 da OIT, relativa à norma mínima da Segurança Social, de 1952, a Carta Social Europeia, de 1961, e o Código Europeu de Segurança Social, de 1964, ambos do Conselho da Europa. A nível comunitário, é da maior importância o regime estabelecido no Regulamento CEE 1408/71 do Conselho, de 14 de Junho de 1971, relativo à aplicação dos regimes de segurança social aos trabalhadores assalariados e aos membros da sua família que se deslocam no interior da Comunidade, assim como o da Directiva 98/49/CE, do Conselho, de 29 de Junho de 1998, relativa à salvaguarda dos direitos a pensão complementar dos trabalhadores assalariados e independentes que se deslocam no interior da Comunidade.

Consta basicamente da Constituição (artº 63º), da Lei de Bases da Segurança Social (Lei nº 32/2002, de 20 de Dezembro), bem como de numerosos diplomas complementares.

c) *Direito Agrário.* – É *o ramo do direito constituído pelo sistema de normas jurídicas, públicas e privadas, comunitárias e nacionais, que regulam* o regime jurídico dos agricultores e da agricultura como actividade privada e, bem assim, a intervenção do Estado no ordenamento e incentivo públicos dessa actividade.

Consta basicamente da Constituição (arts. 93° a 98°); do CC (arts. 1121° a 1128°; e 1376° a 1382°; arts. 1447° a 1448, 1453° a 1456° e 1462°; arts. 1528° a 1532° e 1534° a 1542° e arts. 1543° a 1556°, 1558° e 1561° a 1575°); e de legislação comunitária, de que se destaca o Regulamento (CE) n° 2100/94, do Conselho, de 27 de Julho de 1994, relativo ao regime comunitário de protecção das variedades vegetais, o Regulamento (CE) n° 3290/94, do Conselho, de 22 de Dezembro de 1994, relativo às adaptações e medidas transitórias necessárias no sector da agricultura para a execução dos acordos concluídos no âmbito das negociações comerciais multilaterais do «Uruguay Round», e a Directiva n° 98/44/CE, do Parlamento Europeu e do Conselho, de 6 de Julho de 1998, relativa à protecção jurídica das invenções biotecnológicas. Consta também de numerosos diplomas avulsos, tais como os relativos ao Emparcelamento rural, ao Arrendamento rural, aos Baldios, sem esquecer a Lei de Bases do Desenvolvimento Agrário, de 1995.

d) *Direito Bancário.* – *É o ramo do direito constituído pelo sistema de normas jurídicas, públicas e privadas, que regulam as instituições bancárias e financeiras do país, e a sua fiscalização pelo Estado e pelo Banco de Portugal, bem como as operações bancárias e financeiras por aquelas realizadas com os seus clientes.*

É um misto de Direito Administrativo, Direito Comercial e Direito das Obrigações.

Consta basicamente da lei Orgânica do Banco de Portugal, de 1998, do Regime Geral das Instituições de Crédito e Sociedades financeiras, de 1992, e de numerosos outros diplomas.

e) *Direito do Ambiente.* – *É o ramo do direito constituído pelo sistema de normas jurídicas – internacionais, comunitárias e nacionais, públicas e privadas – que regulam a protecção concedida pelas autoridades oficiais à conservação da Natureza e à manutenção e revitalização de um ambiente humano, sadio e ecologicamente equilibrado.*

É um misto de Direito Internacional Público, Direito Comunitário Europeu, Direito Constitucional (art. 66°), Direito Administrativo, Direito Penal e Direito Civil.

Consta de alguns documentos internacionais importantes, de que se destaca a Declaração de Estocolmo sobre o Meio Ambiente Humano, de 1962; a Declaração do Rio sobre Ambiente e Desenvolvimento, de 1992; e o Protocolo de Quioto à Convenção-quadro das Nações Unidas sobre Mudança do Clima, de 1997; de legislação comunitária, desde logo, os arts. 174° a 176° do Tratado de Roma, mas também, p. ex., o Regulamento (CE) n° 1980/2000, do Parlamento Europeu e do Conselho, de 17 de Julho de 2000, relativo a um sistema comunitário revisto de atribuição de rótulo ecológico; o Regulamento (CE) n° 761/2001, do Parlamento Europeu e do Conselho, de 19 de Março de 2001, que permite a participação voluntária de organizações num sistema comunitário de ecogestão e auditoria; a Directiva 97/11/CE, do Conselho, de 3 de Março de 1997, que altera a Directiva 85/337/CEE relativa à avaliação dos efeitos de determinados projectos públicos e privados no ambiente; a Directiva 98/69/CE, do Parlamento Europeu e do Conselho, de 13 de Outubro de 1998, relativa às medidas a tomar contra a poluição do ar pelas emissões provenientes dos veículos a motor e que altera a Directiva 70/220/CEE do Conselho.

A nível nacional, para lá do artigo 66° da CRP, cumpre assinalar a Lei n° 11/87, de 7 de Abril (Lei de Bases do Ambiente) e o Decreto-Lei n° 69/2000, de 3 de Maio (Regime jurídico de avaliação de impacte ambiental).

f) Direito do Consumo. – É o ramo do direito constituído pelo sistema de normas jurídicas, públicas e privadas, que protegem os indivíduos na sua condição de consumidores e, nomeadamente, lhes asseguram o direito à qualidade dos bens e serviços consumidos e à protecção da sua saúde, bem como à proibição de todas as formas de publicidade oculta ou enganosa.

É um misto de Direito Administrativo, Direito Penal e Direito das Obrigações.

É abrangido por um denso caudal de legislação comunitária, a saber: Directiva 84/450/CEE do Conselho, de 10 de Setembro de 1984, relativa à aproximação das disposições legislativas, regulamentares e administrativas dos Estados-Membros em matéria de publicidade enganosa; Directiva 85/374/CEE do Conselho, de 25 de Julho de 1985, relativa à aproximação das disposições legislativas, regulamentares e administrativas dos Estados-Membros em matéria de responsabilidade decorrente dos produtos defeituosos; directiva 85//577/CEE do Conselho, de 20 de Dezembro de 1985, relativa à protecção dos consumidores no caso de contratos negociados fora dos estabelecimentos comerciais; Directiva 87/102/CEE do Conselho, de 22 de Dezembro de 1986, relativa à aproximação das disposições legislativas, regulamentares e administrativas dos Estados--Membros relativas ao crédito ao consumo; Directiva 92/59/CEE do Conselho, de 29 de Junho de 1992, relativa à segurança geral dos produtos; Directiva 93/13/CEE do Conselho, de 5 de Abril de 1993, relativa às cláusulas abusivas nos contratos celebrados com os consumidores; Directiva 94/47/CE do Parlamento Europeu e do Conselho, de 26 de Outubro de 1994, relativa à protecção dos adquirentes quanto a certos aspectos dos contratos de aquisição de um direito de utilização a tempo parcial de bens imóveis; Directiva 97/7/CE do Parlamento Europeu e do Conselho, de 20 de Maio de 1997, relativa à protecção dos consumidores em matéria de contratos à distância; Directiva 97/55/CE do Parlamento Europeu e do Conselho, de 6 de Outubro de 1997, que altera a Directiva 84/450/CEE relativa à publicidade enganosa para incluir publicidade comparativa; Directiva 98/6/CE do Parlamento Europeu e do Conselho, de 16 de Fevereiro de 1998, relativa à defesa dos consumidores em matéria de indicações dos preços dos produtos oferecidos aos consumidores; e directiva 2000/31/CE do Parlamento Europeu e do Conselho, de 8 de Junho de 2000, relativa a certos aspectos legais dos serviços da sociedade de informação, em especial do comércio electrónico, no mercado interno ("Directiva sobre o comércio electrónico").

No âmbito nacional, consta basicamente da Constituição (art. 60°); da Lei n° 24/96, de 31 de Julho (Lei de Defesa do Consumidor); e de vários diplomas sobre compra e venda de bens de consumo, crédito ao consumo, resolução extrajudicial de conflitos de consumo, Código da Publicidade, contratos celebrados à distância e fora do estabelecimento, assinaturas electrónicas, horário de funcionamento dos estabelecimentos comerciais, segurança geral dos produtos, rotulagem, afixação de preços, responsabilidade por produtos defeituosos e comércio electrónico.

67. Direito Desportivo

É o ramo do direito constituído pelo sistema de normas jurídicas – internacionais e nacionais, públicas e privadas, estaduais e não-estaduais – que regulam as actividades desportivas, bem como o seu condicionamento e fiscalização por organismos internacionais privados e pelo Estado.

É um misto de Direito Administrativo, Direito Civil e Direito Comercial, bem como, fora da órbita estadual, de direitos privados supra-estaduais e infra-estaduais.

Consta basicamente da Constituição (art. 79°), da Lei de Bases do Sistema Desportivo, de 1990, e de vários diplomas avulsos sobre Federações Desportivas, regime jurídico das sociedades desportivas, estatuto do dirigente desportivo e, bem assim, dos estatutos e regulamentos das federações desportivas internacionais e nacionais (por ex., a FIFA, a UEFA, a Federação Portuguesa de Futebol, etc.).

O Direito Desportivo constitui um dos melhores exemplos – porventura o mais extenso e complexo – de ordens jurídicas não--estaduais, que o Estado se limita a reconhecer e deixar funcionar livremente, só intervindo de forma muito limitada na parte em que algumas organizações e actividades desportivas possam revestir carácter de utilidade pública (por ex., é o Governo que concede ou retira a determinados clubes desportivos o estatuto de instituições de utilidade pública. A impugnação de jogos, competições ou resultados desportivos e respectivas arbitragens não pode ser feita perante os tribunais do Estado, só pertence à competência dos órgãos disciplinares das *federações desportivas*. Há em cada país, em regra, uma federação por cada modalidade desportiva (futebol, ténis, automobilismo, atletismo, vela, esgrima, equitação, etc., etc.).

BIBLIOGRAFIA

Direito dos Registos e Notariado: Joaquim de Seabra Lopes, *Direito dos Registos e do Notariado*, 2ª ed., 2003; José Carlos Gouveia Rocha, *Manual Teórico e Prático do Notariado*, 4ª ed., 2003; J. Mouteira Guerreiro, *Noções de Direito Registral (predial e comercial)*, 2ª ed., 1994.

Direito da Segurança Social: José Manuel Sérvulo Correia, *Teoria da segurança social*, 1967-1968; Ilídio das Neves, *Direito da Segurança Social*, 1996.

Direito Agrário: *Curso de Direito e Economia Agrários*, 1965; Dimas de Lacerda, *A Constituição e o Direito Agrário: reforma agrária*, 1977; José de Oliveira Ascensão, *Reordenamento agrário e propriedade privada*, 1965.

Direito Bancário: António Menezes Cordeiro, *Manual de Direito Bancário*, 2ª ed., 2001; João Calvão da Silva, *Direito Bancário*, 2001.

Direito do Ambiente: José Manuel Pureza/Catarina Frade, *Direito do Ambiente. I Parte: A ordem ambiental portuguesa*, 2001; Vasco Pereira da Silva, *Verde cor de Direito – Lições de Direito do Ambiente*, 2002.

Direito do Consumo: Carlos Ferreira de Almeida, *Os direitos dos consumidores*, 1982.

Direito Desportivo: *Direito do Desporto*, in *Sub Judice*, nº 8, 1991.

QUESTIONÁRIO

1 – Por que motivos não é hoje em dia possível continuar a distinguir o direito público do direito privado nos exactos termos em que o faziam os juristas romanos?

2 – Como se distingue o Direito Constitucional do Direito Administrativo?

3 – Porque será que a actuação da Polícia de Segurança Pública (PSP) é regulada pelo Direito Administrativo e a actuação da Polícia Judiciária (PJ) se rege pelo CPP?

4 – Como se distingue o Direito Penal do Direito de Mera Ordenação Social?

5 – Será historicamente verdadeira a afirmação de que o Direito Financeiro é mais antigo, na Europa, do que o Direito Constitucional? Porquê?

6 – Porque se terá autonomizado, na prática e no plano pedagógico, o Direito Fiscal em relação ao Direito Administrativo?

7 – Haveria Direito Judiciário, na Europa e em Portugal, antes de o Iluminismo proclamar, e a Revolução Francesa consagrar, o princípio da separação dos poderes?

8 – Qual considera mais adequado, do ponto de vista de uma boa administração da justiça penal: o julgamento por juízes, como na Europa continental, ou o julgamento por um júri de cidadãos, como na Inglaterra e nos EUA?

9 – Procure encontrar a melhor definição de "direito substantivo" e de "direito adjectivo".

10 – Dos vários ramos "menores" de direito público que foram indicados no capítulo 13, não acha que o *Direito Estradal* é aquele cujo ensino mais falta faz num país como Portugal?

11 – Porque será que no CC não há apenas normas de Direito Civil, mas também normas básicas sobre as fontes do direito, normas de Direito Internacional Privado e outras normas de direito privado?

12 – Do Direito da Família fazem parte as numerosas e complexas normas definidoras dos "regimes de bens" no casamento: será correcto, a esta luz, considerar que esse sub-ramo do direito é Direito Civil pessoal, e não também Direito Civil patrimonial?

13 – Quanto ao Direito das Sucessões, na parte em que rejeita o princípio da liberdade absoluta de testar, vigente nos países anglo-saxónicos, e limita fortemente essa liberdade pelo princípio do primado da protecção da família, bem como na parte em que equipara os direitos sucessórios do cônjuge sobrevivo aos dos filhos do *de cujus*, não será, muito mais do que Direito Civil patrimonial, verdadeiro e autêntico Direito Civil pessoal?

14 – O Direito Comercial, na medida em que estabeleça um estatuto jurídico para os comerciantes mais favorável do que o regime-regra dos cidadãos comuns, não poderá ser considerado inconstitucional, por violação do princípio da igualdade dos cidadãos perante a lei, estabelecido no n° 1 do artigo 13° da CRP?

15 – Como se explica, no plano jurídico, e também na perspectiva da sociologia política, que num país capitalista e com uma economia de mercado, como Portugal – onde, segundo a análise marxista, o Direito serve os interesses do capital e proporciona a este a exploração dos trabalhadores –, o Direito do Trabalho (de fonte constitucional) garanta aos trabalhadores o direito à greve e proíba aos empresários o direito ao *"lock-out"*?

16 – Como se explica que, no âmbito do Direito Internacional Privado, os Estados soberanos abdiquem de aplicar as suas próprias leis nacionais e, na grande maioria das situações, substituam estas por leis estrangeiras declaradas competentes e aptas para dar aos diferendos a solução mais justa e adequada? Não será isto uma exagerada e indevida auto-limitação da soberania do Estado-Nação, ou uma prova de que este entrou em declínio?

17 – Não lhe parece estranho que, num país com a história de que Portugal se orgulha, e com a nossa posição geo-estratégica, não se ensine obrigatoriamente nas Faculdades de Direito nem o Direito Internacional do Mar, nem o Direito Comercial Marítimo?

18 – O Direito dos Registos e Notariado sempre foi considerado um ramo do direito "menor", desprezado por quase todas as Faculdades de Direito e pela grande maioria dos seus professores, apesar de muitas das respectivas normas serem de direito privado substantivo e de todas elas condicionarem a eficácia (pelo menos) de alguns dos mais importantes direitos subjectivos dos cidadãos. Como se explicará este aparente paradoxo?

19 – O Direito Sucessório (civil) interessa hoje, na prática, a 10 ou 15 por cento da população portuguesa, ao passo que o Direito da Segurança Social interessa sobremaneira a cerca de 90 por cento da mesma população. Porque será mais ensinado nas Faculdades de Direito o primeiro do que o segundo?

20 – Porque será que o Estado confia aos seus tribunais a competência para julgarem os conflitos jurídicos surgidos das relações de negócios plenamente privadas (Direito Civil, Direito Comercial, Direito Bancário) e delega quase totalmente nas federações desportivas a competência para julgarem os conflitos jurídicos emergentes da actividade desportiva, que movimenta multidões e que a própria lei considera, tantas vezes, ser de utilidade pública?

PARTE III

AS FONTES DO DIREITO

Capítulo 16

OS VÁRIOS SENTIDOS DA EXPRESSÃO "FONTES DO DIREITO"

68. Significado etimológico da palavra "fonte"

Segundo os principais dicionários da língua portuguesa, a palavra *fonte* pode significar: origem, nascente, facto ou lugar donde brota algo de novo, buraco por onde sai algo, causa, matriz, procedência, raiz ou influência ([1]).

Sabendo nós que o Direito é um sistema de normas de conduta social, fácil é concluirmos que as "fontes do Direito" serão, em geral, *as origens, os factos, as raízes de onde procedem as normas jurídicas, bem como as causas que as produzem ou as influências que moldam o seu conteúdo.*

Esta é uma primeira noção, ainda aproximativa, do que deve entender-se – no plano da Ciência do Direito – por "fontes do Direito".

Se procurarmos aprofundar um pouco mais aquela primeira definição, chegaremos à conclusão de que a expressão que começámos a analisar pode ser usada, por juristas e não juristas, em muitos sentidos diferentes. Desses, os primeiros são sentidos extra-jurídicos, e os restantes são sentidos jurídicos.

Averiguemo-los, então.

([1]) V. *Dicionário da Língua Portuguesa Contemporânea*, da Academia das Ciências de Lisboa, "Verbo", Lisboa, 2001, vol. I, p. 1788; J. Almeida Costa e A. Sampaio e Melo, *Dicionário da Língua Portuguesa*, 7ª ed., "Porto Editora", Porto, 1994, p. 851; e *Dicionário de Sinónimos*, pela Tertúlia Edípica, "Porto Editora", Porto, 1992, p. 559.

69. Sentidos extra-jurídicos da expressão "fontes do Direito"

Comecemos pelos sentidos extra-jurídicos, isto é, que não são elaborados e definidos pela Ciência do Direito, muito embora lhe interessem, a título explicativo ou complementar. São eles:

1) *Sentido cultural*. – O Direito é um fenómeno cultural, que está intimamente ligado a cada civilização. É assim, por ex., que se pode falar em Direito ocidental, Direito islâmico, Direito hebraico, Direito hindú, Direito chinês, etc. Cada uma das grandes civilizações – tanto no passado como no presente – produz um sistema jurídico típico, que é característico dessa civilização e se distingue das demais. Sendo assim, a civilização – com os seus elementos históricos, étnicos, culturais, religiosos, intelectuais, etc. – é fonte do respectivo Direito: é a sua origem, a sua raiz, a sua procedência;

2) *Sentido histórico*. – A história é, em sentido análogo, uma fonte do Direito: na verdade, os povos pré-históricos tinham um Direito primitivo; a antiguidade oriental originou o Direito dos grandes impérios orientais; a antiguidade clássica produziu os Direitos grego, hebraico e romano; a Idade Média deu lugar ao chamado Direito medieval (ou, segundo outros, Direito feudal); e assim por diante, até ao Direito democrático e social dos nossos dias. Repare-se que, na história de Roma, por ex., houve o Direito da monarquia inicial, o Direito da República Romana, o Direito do Império Romano, o Direito bizantino, etc. O Direito evolui tanto como a própria História, e ao sabor dela: a História é, pois, no sentido de causa, raiz ou influência, uma importantíssima fonte do Direito;

3) *Sentido económico-social*. – Mesmo sem subscrever a doutrina marxista, segundo a qual o Direito é uma emanação directa de causas económicas e, em especial, do modo de produção vigente em cada tipo de sociedade, seria fechar os olhos à realidade negar que muitas normas jurídicas têm como causa, remota ou próxima, factores

de ordem económico-social: com efeito, se a norma do Código da Estrada que manda circular pela direita não é ditada por influência de qualquer motivo económico ou social, já a norma que restringe a abertura das grandes superfícies comerciais aos Domingos e feriados resultou da poderosa reivindicação dos pequenos e médios comerciantes que, encerrando tradicionalmente aos Domingos, e reforçados pela tradição religiosa, se viam fortemente prejudicados pela concorrência dos hipermercados. De igual modo, as restrições impostas pelo nosso novo Código do Trabalho (2003) a certos direitos dos trabalhadores tiveram origem numa intensa pressão do patronato no sentido de melhorar a produtividade das empresas. Num caso e noutro, a fonte do Direito foi uma causa de natureza económico--social. E muitas outras existem, como a simples leitura dos jornais atesta e a Sociologia Jurídica comprova;

4) *Sentido político*. – No longo prazo, as grandes transformações políticas operam sempre, correlativamente, grandes transformações jurídicas: do Estado Absoluto ao Estado Liberal, deste ao Estado Autoritário ou Totalitário, e deste ao Estado Democrático, o sistema jurídico muda sempre com a mudança do regime político: mas, aqui, a fonte política do Direito confunde-se com a fonte histórica. Contudo, no curto prazo, a criação, modificação ou extinção de normas jurídicas pode resultar directamente de causas ou influências políticas (sem mudança de regime ou de Constituição). É o que sucede, por ex., quando se verifica que foi a extinção do Conselho da Revolução, em 1982, que permitiu a abertura da banca, dos seguros e de outros sectores básicos da economia à iniciativa privada logo em 1984; ou que foi a subida do Partido Socialista ao poder, em 1995, que esteve na origem de uma medida de grande alcance social que foi a criação, em Portugal, do "rendimento mínimo garantido" ([2]); ou que foi da vitória do PSD, depois coligado com o PP, num governo de centro-direita, que brotaram as restrições ao direito de aposentação dos funcionários públicos, como forma (entre ou-

---

([2]) Hoje denominado "rendimento social de inserção".

tras) de estabelecer o perdido equilíbrio das contas públicas. Os programas dos partidos, os resultados das eleições, as reivindicações de *lóbis* públicos e privados, ou as pressões diplomáticas de certos países estrangeiros, são outros tantos factores políticos que originam ou influenciam o conteúdo de um número elevado de normas jurídicas: tais factores são, pois, fontes do direito em sentido político.

Eis as principais fontes do Direito em sentido extra-jurídico, as quais – repita-se, contra a cegueira dos adeptos assépticos de uma "teoria pura do Direito" (como Kelsen e seus seguidores) – não são alheias, indiferentes ou irrelevantes para a Ciência do Direito. O jurista não pode ignorá-las. Como veremos quando estudarmos a matéria da interpretação das leis, só pelo recurso ao conhecimento completo destas fontes extra-jurídicas é possível determinar "as circunstâncias em que a lei foi elaborada" (*occasio legis*★), "as condições específicas do tempo em que é aplicada" (conjuntura da aplicação) e, acima de tudo, apurar a *ratio legis*★, a razão de ser de uma norma, os fins que ela pretende alcançar – aquilo que a nossa lei chama, um tanto vagamente, "o pensamento legislativo" (Cód. Civil, art. 9°, n° 1) ou, noutra fórmula bastante mais enfática, "a intenção inequívoca do legislador" (*id.*, art. 7°, n° 3).

Mas, mais numerosos ainda do que os sentidos extra-jurídicos da expressão *fontes do Direito*, são os seus múltiplos *sentidos jurídicos*. Vejamo-los, agora, um por um.

70. Sentidos jurídicos da expressão "fontes do Direito"

Do estudo e reflexão que fizemos sobre esta matéria resultou uma lista de dez sentidos jurídicos que a expressão *fontes do Direito* pode assumir. São eles:

1) *Sentido consuetudinário.* – Muitas vezes os costumes, os usos, as praxes, influenciam o legislador ordinário que, no todo ou em parte, os converte em leis; ou os tribunais que, de uma ou de outra forma,

se inspiram neles para decidir; ou a Doutrina que, tantas vezes, invoca a favor das suas teses o argumento de que "sempre se entendeu assim", ou que "nunca ninguém se lembrou de sustentar opinião diversa". Em todos esses casos, há uma influência determinante do costume, ou dos usos, ou das praxes, nas fontes produtoras de Direito novo;

2) *Sentido legislativo externo.* – É frequente, e às vezes, positivo, que as normas jurídicas de um dado país sejam retiradas das de outro ou outros ordenamentos ou, no mínimo, por eles claramente influenciadas. É neste sentido, por ex., que se pode afirmar que a *Carta del Lavoro* (1927), de Mussolini, foi a fonte principal do nosso *Estatuto do Trabalho Nacional*, de 1933 ([3]); ou que os códigos civis alemão (1896-1900) e italiano (1942) foram a principal fonte do nosso Código Civil de 1966; ou que as Constituições dos PALOP's, na parte em que adoptam todas um sistema de governo semi-presidencialista, tiveram por fonte imediata a Constituição portuguesa de 1976 (embora não sejam em tudo idênticas entre si, ou cem por cento iguais à nossa);

3) *Sentido legislativo interno.* – Não é só o direito estrangeiro que influencia, por vezes fortemente, o direito nacional: também dentro do mesmo ordenamento jurídico há influências determinantes. Por um lado, há as leis ou códigos *anteriores* que inspiram numerosas soluções de leis ou códigos *novos* (havendo, frequentemente, continuidade). Por outro lado, há ramos do direito que influenciam outros ramos do direito, códigos que influenciam outros códigos, leis avulsas que influenciam outras leis avulsas. Assim, por ex., o Direito Administrativo adoptou primeiro a chamada "teoria da imprevisão" no capítulo dos contratos administrativos, a qual foi posteriormente importada pelo Direito Civil para os contratos civis; em sentido inverso, o regime da responsabilidade extra-contratual da Administração

---

([3]) Cfr. Diogo Freitas do Amaral, *O Antigo Regime e a Revolução. Memórias Políticas (1941-1975)*, ed. "Bertrand-Círculo de Leitores", Lisboa, 1995, p. 59, nota 2.

Pública por actos danosos praticados no desempenho das suas funções de autoridade foi, em larga medida, importado do Direito Civil; o Código do Procedimento Administrativo, de 1991, foi a principal fonte, em matéria procedimental, do Código do Procedimento e Processo Tributário, de 1999; etc.;

4) *Sentido orgânico-institucional.* – O ordenamento jurídico português considera como actos legislativos: as leis, que são actos aprovados pela Assembleia da República; os decretos-leis, que são aprovados pelo Governo; e os decretos legislativos regionais, que são aprovados pelas Assembleias Legislativas Regionais (CRP, art. 112°, n° 1). Daqui se conclui que a fonte orgânico-institucional da lei é a Assembleia da República; a do decreto-lei é o Governo; e a do decreto legislativo regional é uma Assembleia Legislativa Regional (dos Açores ou da Madeira);

5) *Sentido orgânico-individual.* – No caso das assembleias parlamentares, é teórica e praticamente impossível identificar o autor individual de qualquer norma jurídica, por isso mesmo que a autoria é, por definição, colectiva ou colegial. Pode, é claro, conhecer-se o nome do autor do projecto ou proposta de lei: mas não é a mesma coisa. Não é ele que aprova a lei, apenas a propõe: quem a aprova é a assembleia, por voto unânime ou maioritário. Já quanto aos decretos-leis do Governo, ou quanto a certos tratados internacionais, é possível e usual identificar o titular do órgão que politicamente assumiu a iniciativa ou a responsabilidade de um diploma importante. Assim, por ex., fala-se no *Code Napoléon,* porque o primeiro código civil da história moderna foi, em França, orientado e publicado por Napoleão Bonaparte ([4]); tal como se fala no Código Civil de Seabra (1867) ou no Código Civil de Antunes Varela (1966); na Reforma Educativa de Veiga Simão (1973); na Lei Barreto, com

---

([4]) Já antes havia sido elaborado e publicado o Código prussiano, de 1794, mas abrangia todos os ramos do Direito e não apenas o Direito Civil. Não teve grande influência na Europa.

alterações à Reforma Agrária (1977); e, no plano internacional, no *Pacto Briand-Kellog* (1928) ou no *Pacto Ribbentrop-Molotov* (1939);

6) *Sentido autoral*. – Subjectivamente, humanamente, as normas jurídicas têm, por via de regra, um ou vários autores, que estudam e elaboram os respectivos projectos escritos (lei, regulamento, tratado internacional) ou que adoptam certas e determinadas práticas constantes e uniformes (costumes, usos, praxes). Às vezes, os autores não são conhecidos, como sucede no direito consuetudinário e em muita legislação burocrática; de outras vezes, porém, são-no, como sucede habitualmente com os grandes códigos. E como quem elabora um texto destinado a converter-se em Direito objectivo coloca nele as suas ideias, as suas concepções, a sua maneira de pensar e sentir o Direito, as quais em regra passam intactas (ou quase) para os diplomas aprovados pela autoridade competente, o autor ou autores do projecto são, *hoc sensu*, fontes do Direito. Foi o que se passou com o Código Administrativo de 1936-40, da autoria singular do Prof. Marcello Caetano, ou com o Código Civil de 1966, da autoria colectiva dos Profs. Manuel de Andrade, Pires de Lima, Adriano Vaz Serra, Inocêncio Galvão Telles, Manuel Gomes da Silva e João Antunes Varela, este último com intervenção decisiva na reformulação da parte geral do Direito das Obrigações e nas duas revisões ministeriais de que o Código foi objecto. (Mencione-se, por ex., que a concepção do "município" vertida no referido Código Administrativo foi, sem tirar nem pôr, a concepção pessoal do Prof. Marcello Caetano; e que a orientação subjectivista, mas actualista, consagrada pelo citado CC em matéria de interpretação das leis é, ponto por ponto, a orientação pessoal do Prof. Antunes Varela). Por estes exemplos se vê como os autores dos projectos são, tantas vezes, verdadeiras fontes do Direito, pela decisiva influência pessoal que conseguem imprimir aos textos normativos em que o legislador se limita, nesses casos, a pôr a sua chancela de autenticação oficial;

7) *Sentido doutrinal*. – A doutrina jurídica, composta pelos escritos teóricos e teórico-práticos dos docentes, investigadores e espe-

cialistas do Direito ("jurisconsultos"), exerce por vezes uma influência decisiva, através dos seus escritos publicados, no legislador que elabora e aprova normas jurídicas. Por ex., o CC de 1966 foi um produto da doutrina ensinada nas Faculdades de Direito de Coimbra e Lisboa; a doutrina do Prof. Marcello Caetano, entre 1933 e 1974, foi a mais forte influência na legislação de Direito Administrativo publicada durante o Estado Novo. Neste sentido, pelo menos, a doutrina é, inquestionavelmente, uma fonte do Direito;

8) *Sentido jurisprudencial*. – Se a Doutrina, enquanto conjunto de opiniões publicadas ou através de projectos de textos normativos, consegue muitas vezes influenciar decisivamente a produção de direito novo, ou o conteúdo deste, a Jurisprudência, enquanto conjunto de orientações uniformes que se desprendem das sentenças dos tribunais, também exerce uma influência do mesmo género, se bem que menos frequentemente. Por ex., no campo do Direito Fiscal, foi a Jurisprudência que escolheu, de entre os múltiplos critérios propostos pela Doutrina, qual o que devia ser adoptado, em tribunal, para fazer a distinção entre *imposto* e *taxa*; a posterior consagração de tal orientação na Lei Geral Tributária, de 1998, resulta de uma influência determinante da Jurisprudência no legislador e faz dela, portanto, ao menos nesta medida, uma inegável fonte do Direito.

Também no campo do Direito Administrativo, e ainda no tempo do Estado Novo, foi a jurisprudência do Supremo Tribunal Administrativo que, num gesto corajoso e de largo alcance, em 1965, transformou um instituto processual do nosso contencioso administrativo (em matéria de execução de sentenças), de garantia do Governo contra os particulares, em garantia eficaz dos particulares contra o Governo ([5]);

([5]) Ver o assunto detalhadamente explicado em Diogo Freitas do Amaral, *A execução das sentenças dos tribunais administrativos* (1ª ed.), "Edições Ática", Lisboa, 1967, p. 318 e segs.: tratou-se do acórdão do STA-1, de 19-2-65, proferido no *caso Trindade Chagas*.

9) *Sentido jurídico textual.* – O Direito, já o sabemos, é constituído por normas jurídicas. As fontes do Direito não são, portanto, as próprias normas, mas os factos que as criam, ou as instituições que as aprovam, ou os factores que as influenciam. Quanto aos *diplomas*, como envólucro ou forma externa em que as normas jurídicas estão inseridas, são fontes do Direito em sentido textual: por ex., o Código Penal é uma fonte, mas as normas jurídico-penais que ele contém em si mesmo é que constituem Direito. Por conseguinte, os tratados internacionais, as constituições ou os códigos não são normas jurídicas, são textos ou diplomas que contêm no seu âmago normas jurídicas – são, pois, fontes do Direito;

10) *Sentido jurídico-formal.* – Pela sua importância, vamos dedicar-lhe um número separado.

71. Idem: as fontes do Direito em sentido jurídico-formal

Finalmente, de degrau em degrau, chegamos ao último dos sentidos que é possível detectar na linguagem jurídica para a expressão "fonte do Direito".

Trata-se do sentido *jurídico-formal*, isto é, daquele sentido em que a "fonte do Direito" nos surge, não já como causa, origem, raiz ou influência do Direito, mas como *modo de produção ou revelação de normas jurídicas*.

O que importa aqui é, assim, averiguar quais são os tipos de factos jurídicos que têm natureza normativa ou, por outras palavras, quais são os *factos normativos* – aqueles factos da vida real que têm como efeito, no ordenamento de uma certa sociedade, produzir ou revelar as normas de conduta social consideradas obrigatórias para os membros dessa sociedade ([6]).

([6]) Quem primeiro chamou a atenção, entre nós, para a circunstância de as fontes do Direito não serem as normas, mas os factos normativos, foi J. Dias Marques, *Introdução...*, 3ª ed., Lisboa, 1970, p. 197 e segs.

Cumpre sublinhar aqui, e desde já, que, ao contrário do ensinado pela doutrina portuguesa tradicional, não consideramos sinónimas as palavras *produção* e *revelação*; aliás, se o fossem, seria mais correcto utilizar apenas uma delas na definição.

Trata-se, a nosso ver, de duas modalidades de fontes do Direito em sentido jurídico-formal:

a) *Fontes produtoras*: são os factos normativos que estabelecem Direito novo, ou seja, que criam, modificam ou extinguem normas jurídicas (por ex., um costume inovador, uma lei de alteração parcial de outra lei anterior, um novo código que revoga em bloco o código precedente). Tais factos têm natureza *constitutiva*, são inovadores, correspondem ao que os romanos chamavam fontes *juris essendi* [fontes de existência do Direito];

b) *Fontes reveladoras*: são os factos normativos que dão a conhecer pela primeira vez Direito pré-existente, ou seja, que desvendam aos membros da comunidade a existência ou o conteúdo de normas jurídicas já em vigor, mas cuja existência ou conteúdo são ignorados do público (por ex., um "manual dos costumes constitucionais formados desde 1976", ou a explicitação doutrinária de um "princípio geral de direito", ou uma colectânea de jurisprudência significativa). Tais factos têm natureza meramente *declarativa*, não são inovadores, mas complementares da fonte inovadora, e, nessa medida, integram-se nela, passando ambos a formar um todo indissociável. Correspondem ao que os romanos denominavam por fontes *juris cognoscendi* [fontes do conhecimento do Direito].

Adiante voltaremos a esta distinção, que se nos afigura da maior importância.

Por agora, resta-nos sublinhar que é sobretudo neste último sentido – entendidas como *factos normativos* – que as *fontes do Direito* interessam sobremaneira ao jurista, dentro de uma teoria que compete à Ciência do Direito elaborar. Os outros sentidos não são para desprezar – longe disso –, mas este último é o mais importante e o mais útil. É neste sentido que vamos seguidamente tratar, em pormenor, das fontes do Direito.

BIBLIOGRAFIA

Além da bibliografia geral indicada de início, insere-se neste capítulo – de forma concentrada – toda a bibliografia especial sobre fontes do Direito (Parte III):

s.a., *La giurisprudenza per massime e il valore del precedente* (actas), "Cedam", Pádua, 2000.
s.a., *La legge e i diritti* (actas), "Giappichelli", Turim, 2002.
Amaral (D. Freitas do), *Da necessidade de revisão dos artigos 1º a 13º do Código Civil*, in *Themis*, I-1 (2000), p. 3 e ss.
Ascensão (J. Oliveira), *O Direito, Introdução e teoria geral*, 1ª ed., 1978, 11ª ed., 2003.
Bobbio (Norberto), *Consuetudine (teoria generale)*, in *EdD*, IX, pp. 426-443.
Crisafulli (Vezio), *Per la determinazione del concetto dei principi generali del diritto*, in *Studi sui principi generali dell'ordinamento giuridico*, Pisa, 1941.
Cunha (Paulo), *Cadeira de Introdução ao Estudo do Direito*, I, 1946-47.
Gorla (Gino), *Giurisprudenza*, in *EdD*, XIX, pp. 489-510.
Lima (F. Pires de) e Varela (J. M. Antunes), *Noções fundamentais de Direito Civil*, I, 1945.
Machado (J. Baptista), *Introdução ao Direito e ao discurso legitimador*, 1983, 13ª reimp., 2002.
Marques (J. Dias), *Introdução ao Estudo do Direito*, 1960.
Moncada (L. Cabral de), *Lições de Direito Civil (parte geral)*, I, 1931-32.
Mondugno (Franco), *Legge in generale*, in *EdD*, XXIII, pp. 872-904.
Idem, *Appunti dalle lezioni sulle fonti del Diritto*, "Giappichelli", Turim, 2002.
Moreira (Guilherme A.), *Instituições do Direito Civil português*, I – Parte Geral, 1907.
Neves (A. Castanheira), *Fontes do Direito*, in *Digesta*, vol. II, "Coimbra Editora", Coimbra, 1995, p. 7 e ss.
Paresce (Emiro), *Fonte del diritto (filosofia)*, in *EdD*, XVII, pp. 892-924.
Ruggeri (Antonio), *"Itinerari" di una ricerca sul sistema delle fonti*, "Giappichelli", Turim, 2003.
Telles (I. Galvão), *Introdução ao Estudo do Direito*, 1953, 2 vols., 11ª ed., 2001.
Vital (D. Fezas), *Hierarquia das fontes de direito*, separata da Revista da Ordem dos Advogados, ano 3º, 1944.
Waldstein (Wolfgang), *Saggi sul diritto non scritto*, "Cedam", Pádua, 2002.

QUESTIONÁRIO

1 – O que é que distingue as fontes do Direito em sentido jurídico das fontes do Direito em sentidos extra-jurídicos?

2 – Se cada civilização produz o seu Direito, como se explica que no interior da civilização ocidental coexistam dois sistemas jurídicos tão diferentes como o sistema "romano-germânico" e o sistema "anglo-saxónico"?

3 – Karl Marx sustentou a tese de que o Direito é uma emanação, um reflexo, uma super-estrutura correspondente ao sistema ou modo de produção económico existente numa dada sociedade. Hoje nem todos pensam assim, mas reconhece-se que o contributo da análise marxista chamou a atenção para realidades muitas vezes ignoradas ou ocultadas. Há ou não influência directa, e em que medida, do sistema económico na conformação do sistema jurídico?

4 – Toda a mudança de Constituição origina, necessariamente, uma mudança de sistema jurídico?

5 – Qual foi o erro principal de Hans Kelsen na sua "Teoria Pura do Direito"?

6 – Tem ou não importância para o jurista, e qual, o conhecimento rigoroso das fontes extra-jurídicas do Direito? Porquê?

7 – A Doutrina e a Jurisprudência influenciam a criação do Direito legislado? Como?

8 – Será legítimo, num regime democrático, falar no código do Prof. *A* ou na lei do Deputado *B*?

9 – Porque será que as normas do Direito Português contemporâneo são tão influenciadas pelos direitos alemão, italiano e francês?

10 – Desde que começou a fase actual da "globalização", passou a notar-se uma forte influência do direito norte-americano em alguma legislação europeia e portuguesa. Como se explica o fenómeno?

11 – Qual é a diferença jurídica entre um diploma legal, as normas nele contidas e a fonte (jurídico-formal) dessas normas?

12 – O que é um facto normativo?

13 – Porque é que as fontes do Direito não são as próprias normas jurídicas? Não é nessa acepção que o artigo 1.º, n.º 1, do CC, estabelece que "são fontes imediatas do direito as leis e as normas corporativas"?

14 – Qual a distinção entre fontes "produtoras" do direito e fontes "reveladoras" do Direito?

15 – As fontes "produtoras" do Direito não deveriam ser as únicas verdadeiras fontes do Direito? Revelar é criar, originar, dar vida a algo?

Capítulo 17

A TEORIA CLÁSSICA DAS FONTES DO DIREITO E A SUA SUPERAÇÃO

I

A TEORIA CLÁSSICA

72. Apresentação da teoria clássica tal como se afirmou em Portugal

Iniciada com Guilherme Moreira, em 1907, a teoria clássica das fontes do Direito teve como principais expoentes – de 1931 a 1977, um longo período de quase meio século – os Professores de Coimbra Cabral de Moncada, Pires de Lima e Antunes Varela e, bem assim, os Professores de Lisboa Paulo Cunha, Galvão Telles e Dias Marques.

Quais eram, em síntese, os traços mais salientes dessa teoria clássica?

Para começar, deve dizer-se que todos apresentavam como fontes do Direito quatro espécies, e apenas quatro:
– A lei;
– O costume;
– A jurisprudência;
– E a doutrina.

Mas importa notar e acentuar já que essas quatro espécies se reduziam, no fundo, a uma única – a lei. Porque as outras três, ou eram apontadas como tendo mero valor de referência histórica a um passado distante (caso do costume), ou não eram, de todo, consideradas como verdadeiras fontes do Direito em sentido próprio (caso da jurisprudência e da doutrina), pelo que apenas eram mencionadas como fontes num sentido mediato, secundário, ou muito indirecto, porventura mesmo *impróprio*.

Como expressivamente se manifestava, logo em 1931, Cabral de Moncada ([1]):

"Se (...) quisermos enumerar as fontes pela ordem da sua decrescente importância, diremos que as 'fontes' são hoje: 1°, a *lei*; 2°, o *costume*; 3°, a *jurisprudência dos tribunais*; 4°, a *doutrina* (...).

"Isto, para transigir com as noções correntes e as classificações já feitas; porque, se aliás quisermos ser verdadeiramente rigorosos, então teremos de dizer que *a única e verdadeira fonte de todo o direito é hoje a Lei*" (sublinhado nosso).

E explicava deste modo, porque é que as outras três fontes não o eram em bom rigor:

"Não o é o *costume*, porque este tem hoje só a força obrigatória que a lei lhe empresta; não o é a *jurisprudência*, porque esta (...) não obriga os tribunais a julgar em harmonia com as decisões já proferidas; e não o é, enfim, a *Doutrina*, porque nulos são no foro a obrigatoriedade jurídica e o valor dogmático das opiniões dos mais abalisados jurisconsultos que possam existir".

Cabral de Moncada só exceptuava deste total negativismo o caso – para ele, muito excepcional – dos acórdãos do Supremo Tribunal de Justiça uniformizadores de jurisprudência, previstos na

---

([1]) Ver, do autor citado, *Lições de Direito Civil (parte geral)*, vol. I, "Atlântida", Coimbra, 1931-32, pp. 75-76. Os passos transcritos mantêm-se, tal e qual, na 4ª e última edição publicada até hoje, "Almedina", Coimbra, 1995, pp. 81-85.

Reforma do Processo de 1926 (mais tarde crismados de *assentos*), caso em que, dizia, "a jurisprudência dos tribunais, ou seja, a do S.T.J., adquire o valor de fonte de direito" ([2]).

Repare-se que, nos ensinamentos de Cabral de Moncada, figurava logo à cabeça o postulado de que era à lei que competia, não apenas o papel de única fonte formal do Direito, mas também – e antes disso – a função de declarar quais as fontes do Direito admitidas numa certa ordem jurídica, em que termos e com que limites: o costume não seria fonte do direito senão por força da lei; a jurisprudência tão-pouco o seria, salvo num caso excepcional, estabelecido por lei; e a doutrina nunca o seria, pois a lei não lhe conferia tal valor. Este aspecto é importante, pois os críticos da teoria clássica – como veremos – não aceitam tal postulado, e consideram, diferentemente, que o quadro e o regime das fontes do Direito têm outros fundamentos jurídicos, não fazendo qualquer sentido pretender que uma fonte – a lei – afaste ou aceite, por si só, as outras fontes, ou determine em que medida as aceita ou não como relevantes.

A lição de Cabral de Moncada – que citámos por ser a que está formulada em linguagem mais expressiva e sintética – foi seguida ou acompanhada pelos outros adeptos da teoria clássica, com pequenas variantes, que não vale a pena mencionar neste momento.

73. A consagração da teoria clássica pelo Código Civil de 1966

Elaborado em pleno ambiente de predominância da teoria clássica das fontes do Direito, tendo como autores materiais os principais seguidores dela e como fonte orgânico-individual um dos seus mais destacados defensores (Antunes Varela), é lógico e natural que o Código Civil de 1966 tenha consagrado, em toda a sua extensão, a própria teoria clássica – apenas com dois ou três acrescentos e duas ou três omissões.

([2]) *Ob. cit.*, p. 75, e nota 2.

Assim:
— Nos seus artigos 1° a 4°, o CC sentiu-se autorizado a regular, com pretensões de exclusividade, a matéria das fontes do Direito;
— A *lei* aparece, solenemente, como a principal fonte *imediata* do direito (art. 1°);
— Ao lado dela (e em homenagem tardia ao "sistema corporativo" criado pela Constituição de 1933, mas nunca inteiramente concretizado durante o Estado Novo), o CC fala nas *normas corporativas* como fontes imediatas do direito, mas, claro, subordinadas à lei (art. 1°, n°s 2 e 3), pelo que em rigor lhes deveria ter chamado fontes *mediatas*;
— Os artigos 2°, 3° e 4°, por seu turno, enunciam e regulam as fontes *mediatas* do direito, que serão os *assentos* dos tribunais (art. 2°, hoje revogado), os *usos* (art. 3°) e a *equidade* (art. 4°). Mas qualquer destas três modalidades e, bem assim, a das normas corporativas tem uma particularidade comum: todas elas só são reconhecidas como fontes do Direito *porque, e na medida em que, a lei lhes confere esse valor*. Daí tratar-se de fontes *mediatas*, dado que a sua capacidade de produção de normas jurídicas, obrigatórias para os cidadãos, não lhes pertence, não provém delas próprias, antes procede única e exclusivamente da *lei*, que assim se eleva à condição cimeira de *única fonte imediata do Direito*.

> Não podem passar sem reparo alguns erros e omissões deste capítulo I do CC vigente, mesmo dentro do quadro da teoria clássica ([3]):
> — A definição da lei, enquanto fonte do Direito, como *disposição genérica*: já esclarecemos acima que não se deve confundir a *fonte*, acto criador da norma, com a *norma* criada; portanto, a lei como fonte do Direito não é uma disposição genérica, ou um conjunto de disposições genéricas, mas sim o acto jurídico que as produz;
> — O mesmo se diga das *normas corporativas*: sendo normas, não são fontes; provêm de uma fonte que as produz. E, por outro lado, se a sua força jurídica vem da lei, é contraditório considerar as normas corporativas como fontes *imediatas*: deveriam vir qualificadas como fontes *mediatas*;

([3]) V., mais desenvolvidamente, Diogo Freitas do Amaral, *Da necessidade de revisão dos artigos 1° a 13° do Código Civil*, na revista *Themis*, I-1 (2000), p. 9 e segs.

– A redacção do artigo 2° do CC é infeliz, porque fala, no caso dos assentos, em os tribunais poderem "fixar *doutrina*", quando o certo é que, na teoria clássica, a fonte do Direito emanada dos tribunais é a Jurisprudência, chamando-se Doutrina à fonte proveniente dos jurisconsultos, ou cultores da Ciência do Direito. Portanto, nem os tribunais fazem doutrina, nem os jurisconsultos fazem jurisprudência;

– É incorrecto o desconhecimento da existência real e da aplicação efectiva de numerosos *usos*, fora e muito para além dos casos determinados por lei (cfr. o CC, art. 3°);

– E, por último, é bastante controversa a qualificação da *equidade* como fonte do Direito, que não é aceitável (a nosso ver), porquanto a equidade não é um facto produtor ou revelador de normas jurídicas, gerais e abstractas, mas um modo de decisão de casos concretos sem apelo a critérios ou padrões genéricos. A equidade é uma fonte de decisão de casos individuais e concretos, não é uma fonte de normas jurídicas.

Estas, as principais críticas que se podem fazer ao capítulo sobre "fontes do Direito" do Código Civil de 1966, sem pôr em causa os postulados e os dogmas da teoria clássica. É agora o momento de fazer a apreciação crítica global dessa teoria.

II
CRÍTICA DA TEORIA CLÁSSICA

74. Apreciação da teoria clássica

Antes de mais, cumpre dizer que não há nada de mais duvidoso do que as certezas proclamadas pela teoria clássica acerca do postulado de base em que ela assenta – a ideia de que compete à lei, e só à lei, definir o elenco e o regime jurídico das fontes do Direito.

Por que razão há-de ser assim? Se o costume já foi – e para muitos ainda é – fonte do Direito, pode outra fonte do Direito negar que ele o seja, ou impedir que continue a sê-lo? Sobretudo num Estado Democrático, porque é que o costume – *tacitus consensus populi* [consenso tácito do povo] – há-de valer menos do que a lei – que é apenas a manifestação da vontade de um órgão do Estado, eleito pelo povo? Em democracia, o soberano é o povo: o parlamento é apenas um órgão representativo do povo. Porque é que a vontade dos representantes – os deputados – há-de valer mais do que a vontade do mandante e representado – o Povo –, que é o único titular da soberania?

A definição de quais sejam, em cada momento histórico, as fontes do Direito numa dada comunidade não pertence, pois, à competência da lei ou de qualquer outra fonte: pertence, sim, à Ciência do Direito, apoiada na Sociologia Jurídica (que lhe permite saber o que realmente se passa no campo dos factos normativos que logram obter a aceitação da comunidade) ([4]).

([4]) Ver J. Baptista Machado, *Introdução ao Direito...*, cit., p. 153.

Postas as coisas neste pé, tem de concluir-se que as fontes do Direito – na ordem jurídica portuguesa de hoje – são todas aquelas, e apenas aquelas, que a Ciência do Direito definir como tais, baseada nas conclusões que a Sociologia Jurídica lhe fornecer sobre as fontes que realmente existam e sejam acatadas, como tais, pelo povo português.

A essa luz, não temos dúvida em afirmar que a lei é, efectivamente, uma importante fonte do Direito no nosso ordenamento jurídico. Mas também não temos dúvida em declarar que ela não é a única: há mais; há mesmo muitas mais.

Não é ainda o momento de sermos exaustivos (v., *infra*, o cap. 18). Mas, a título meramente exemplificativo, diremos para já o seguinte:

– Desde 1957 que ficou claro, entre nós, que o costume é uma importantíssima fonte do Direito Internacional, com inegável relevância na ordem jurídica interna ([5]);

– Desde 1955 que foi chamada a atenção, em Portugal, para a importância dos costumes constitucionais ([6]) e, desde 1947, pelo menos, para a relevância do costume e da praxe em Direito Administrativo ([7]);

– Desde meados do século XIX que se sabe que existe uma distinção fundamental entre lei e regulamento, aquela emanada do Poder Legislativo, e o outro proveniente do Poder Executivo e de entes públicos menores. Não é, pois, possível reduzir à lei o elenco das fontes escritas traduzidas em actos unilaterais do Poder: o *regulamento* também o é;

– Os juízes, os advogados e, em geral, os práticos do Direito, bem como os juízes dos tribunais arbitrais, sabem muito bem que,

---

([5]) J. M. da Silva Cunha, *Direito Internacional Público*, (1ª ed.), "Edições Ática", Lisboa, 1957, p. 79 e segs.

([6]) Marcello Caetano, *Ciência Política e Direito Constitucional*, (1ª ed.), "Coimbra Editora", Coimbra, 1955, pp. 32-35, 37 e 53.

([7]) Marcello Caetano, *Manual de Direito Administrativo*, 2ª ed., "Coimbra Editora", 1947, pp. 26-27.

em matéria de interpretação e integração de contratos civis e comerciais, bem como no funcionamento de bolsas, feiras e mercados, há que atender com grande frequência aos *usos*, muito para além dos casos a que o artigo 3º do CC se refere, pretendendo ingenuamente limitá-los;

– Enfim, todos os práticos do Direito sabem perfeitamente que uma *jurisprudência uniforme* dos tribunais superiores constitui fonte produtora ou reveladora do Direito, a qual nenhum advogado consciente se atreve a ignorar, sob pena de o cliente que por esse motivo perder um processo poder exigir uma indemnização ao advogado por negligência profissional manifesta. Assim, e independentemente dos casos em que os tribunais superiores possam proferir acórdãos com força obrigatória geral, é visível à luz do dia que a *Jurisprudência* também é, em muitos casos, fonte do Direito (apesar de não vigorar em Portugal o "sistema do precedente judicial vinculativo": v. *infra*);

– As escassas e repetitivas afirmações da teoria clássica sobre a Doutrina deixam muito a desejar, e podem hoje em dia ser consideradas redutoras, infundadas e globalmente ultrapassadas, como veremos adiante.

Por todas estas razões (e outras tantas haveria para referir, o que só faremos no lugar próprio), vê-se de forma muito clara que a teoria clássica é passível de críticas válidas, que podemos resumir assim: assenta num postulado apriorístico que é indefensável; baseia-se apenas numa certa visão das fontes do Direito Civil, ignorando as realidades do Direito Comercial e, em geral, do Direito Público interno e do Direito Internacional; cultiva a idolatria da lei como fonte do Direito, o que só pode ser aceite por quem perfilhar uma concepção estatizante e legalística do Direito – hoje considerada pela maioria dos autores como definitivamente ultrapassada.

Não pretendemos com isto menosprezar ou apoucar a elevada craveira intelectual dos ilustres professores, alguns deles nossos mestres, que perfilharam e ensinaram durante meio século a teoria clássica: fizeram-no com grande competência profissional, coerência intelectual e probidade científica.

Mas o certo é que aprenderam e ensinaram as concepções da sua época.

Hoje os "sinais dos tempos" e as mentalidades predominantes são outras, e é nuns e nas outras que temos de nos inspirar. Temos boas razões para divergir: não temos nenhuma razão para denegrir.

75. Primeiros distanciamentos verificados, entre nós, em relação à teoria clássica

A Constituição portuguesa de 1976, logo na sua versão inicial, deu sinais claros de mudança – o que é natural, dada a profunda mutação política operada em Portugal com o 25 de Abril de 1974. Destaquemos alguns desses sinais: o artigo 8°, n° 1, incorporou automaticamente, na ordem interna portuguesa, "as normas e princípios de direito internacional geral ou comum", acolhendo-se assim, expressamente, como fontes do Direito, o *costume* e os *princípios gerais do direito*; o artigo 58°, n° 4 (hoje, art. 56°, n° 4) reconheceu a figura das "convenções colectivas de trabalho", o que abre a porta à inclusão, no elenco das fontes do Direito, de todos os *contratos normativos*; o artigo 122°, n° 2, alínea g) (hoje, art. 119°, n° 1, al. g)) previu expressamente a possibilidade de a Constituição ou a lei ordinária conferirem força obrigatória geral a decisões judiciais, consagrando assim, numa das suas modalidades, a *jurisprudência* como fonte formal do Direito; enfim, os artigos 202°, 229° e 242° (hoje, arts. 199°, 227° e 241°) atribuíram poder regulamentar ao Governo, aos órgãos de governo próprio das Regiões Autónomas e às assembleias das autarquias locais, demarcando claramente da lei o regulamento como fonte do Direito.

Estava assim aberto o caminho para uma revisão crítica da teoria clássica. Alguém havia de a fazer.

O primeiro professor e jurisconsulto de nomeada a aproveitar a oportunidade foi José de Oliveira Ascensão ([8]). A ele se deve, nomeadamente, a primazia – entre os civilistas – da defesa de posições mais abertas e realistas, tais como: a impugnação do postulado de que é à lei que compete conferir ou negar valor de fonte do Direito aos restantes factos normativos; a defesa da existência e validade do costume como fonte do Direito; a chamada de atenção para as "instruções administrativas" como fonte de *regras internas* no âmbito da Administração Pública; e a admissão explícita da jurisprudência como fonte formal do Direito, não apenas no caso dos assentos e de outras decisões judiciais com força obrigatória geral, mas também – o que foi inovador entre nós – no caso das orientações definidas genericamente por uma jurisprudência uniforme, que aliás acabou por qualificar (menos adequadamente, em nossa opinião: v. *infra*) como costume – o *costume jurisprudencial*. Só em relação aos usos, aos princípios gerais do Direito e à doutrina, Oliveira Ascensão manteve, no essencial, as posições que vinham da teoria clássica.

No seu conjunto, a obra deste autor, no que toca à teoria das fontes do Direito, foi uma forte lufada de ar fresco, que abalou as colunas do templo em que se fechava, a sete chaves, a visão redutora e monolítica da teoria clássica.

É porventura a João Baptista Machado que se deve a implosão da construção que sustentava a teoria clássica.

Ele veio demonstrar que pretender radicar a validade de uma norma no facto (decisão normativa) que a produz é esquecer que os *factos normativos* retiram, também eles, a sua validade do próprio sistema, ou seja, é a este que cabe, através de normas de segundo grau, decidir sobre as suas próprias fontes. Pelo que, se assim é, imputar a validade de uma norma a uma outra norma, dita de segundo

---

([8]) *O Direito. Introdução e teoria geral* (1ª ed.), "Fundação C. Gulbenkian", Lisboa, 1978, p. 215 e segs. O pensamento deste autor sobre fontes do Direito, que já vinha de antes de 1974, tem evoluído: veja-se, por último, a 11ª ed., reimpressão de 2003, p. 239 e segs.

grau, que lhe reconhece validade, é, em última análise, fazer derivar a validade do direito do facto normativo que estabeleceu essa norma de segundo grau. Fundar a validade do direito *posto* num facto, portanto.

Veja-se o exemplo que o ilustre Professor dá nas suas Lições ([9]). "Tomemos a norma fundamental do regime democrático segundo a qual o poder político pertence ao povo e as decisões são tomadas por maioria. Poderá porventura este princípio significar que a legitimidade e validade das decisões se funda no facto "vontade da maioria"? Se sim, temos que admitir como democraticamente legítima e válida a decisão maioritária (ou até unânime) mediante a qual o povo, muito democraticamente e segundo as regras do processo democrático, ponha um termo final a este processo entregando o poder a um chefe. Ora ninguém aceitaria hoje a validade de tal tipo de decisões. O que mostra que a validade se funda em princípios regulativos superiores que transcendem os factos mediante os quais ela se positiva".

Daqui se retiram as duas ideias essenciais do seu pensamento: a de que as *fontes* são metapositivas e a de que as normas jurídicas se fundam em princípios fundamentais de direito a que a positividade está preordenada.

Estes princípios "vinculam o próprio legislador constituinte, como a gramática vincula o uso da linguagem" ([10]). A prova de que tais princípios existem encontra-se no artigo 16º, nº 2, da nossa Constituição, pois a eles se deve conformar a interpretação e integração dos preceitos constitucionais e legais relativos aos direitos fundamentais.

Esta visão metapositiva das fontes ajusta-se bem à concepção jusnaturalista por nós atrás defendida (v. supra, cap. 8).

Um pouco mais tarde, outro contributo de relevo e grande alcance foi dado, numa louvável revisão actualizadora, por um dos mais destacados próceres da teoria clássica – Inocêncio Galvão Telles

---

([9]) *Introdução ao Direito*..., cit., p. 155.
([10]) *Introdução ao Direito*..., cit., pp. 163-164.

– que, tendo voltado às matérias da "Introdução ao Estudo do Direito", passou a defender a existência e a validade do costume como fonte do Direito, mesmo a nível interno, e concedeu a maior atenção às decisões com força obrigatória geral do Tribunal Constitucional e do Supremo Tribunal de Justiça ([11]).

O caminho está doravante aberto para reconstruir em novos moldes a teoria das fontes do Direito: por um lado, lançando um novo olhar, mais actual e abrangente, sobre a tetralogia clássica (lei, costume, jurisprudência e doutrina); por outro, tentando desvendar novos tipos de fontes formais do Direito, alguns dos quais já tivemos ocasião de referir (usos, praxes, regulamentos, instruções administrativas, tratados e convenções internacionais, contratos normativos, decisões que adoptem normas corporativas, princípios gerais de Direito), e outros ainda não referidos até agora (aprovação de normas profissionais e de normas técnicas, comandos orais, etc.).

É, de facto, uma reconstrução completa da teoria das fontes do Direito que almejamos elaborar: se a primeira era clássica, a segunda será mais moderna; se aquela era parcelar e redutora, a que procuraremos erguer assentará numa visão integral; e se a anterior era monolítica e unidimensional (só dando valor à lei), a nossa será multidimensional (admitindo vários tipos de fontes).

Vamos, pois, tentar – com todo o possível rigor, mas também com alguma abertura de espírito e ousadia – delinear uma nova teoria das fontes do Direito.

([11]) V., do autor citado, *Introdução ao Estudo do Direito*, reimpressão da edição de 1952-53 com notas de actualização, Lisboa, 1988, e, por último, 11ª ed., "Coimbra Editora", Coimbra, 2001, pp. 61 e segs.

III

UMA NOVA TEORIA DAS FONTES DO DIREITO

76. Critérios orientadores da nossa teoria

De uma forma sintética, enunciaremos agora os principais critérios orientadores da nova teoria que pretendemos construir.

Definimos "fontes do Direito", em sentido jurídico-formal, como *os modos de produção ou de revelação de normas jurídicas*.

Admitimos, pois, à partida, duas espécies de fontes do Direito em sentido jurídico-formal: as fontes "produtoras" de normas jurídicas (fontes *juris essendi*) e as fontes "reveladoras" de normas jurídicas (fontes *juris cognoscendi*).

As fontes "produtoras" são *factos normativos*, isto é, *factos que criam, modificam ou extinguem normas jurídicas*: é precisa uma lei para criar uma norma jurídica; mas para modificar ou extinguir uma lei em vigor, por ex., é também necessário produzir uma lei – modificativa ou revogatória –, a qual é também um facto normativo e, portanto, um modo de produção de normas jurídicas.

As fontes "reveladoras" tanto podem ser factos normativos (por ex., uma lei interpretativa) como realidades diversas (opiniões, terminologia técnica, regras de certa ciência ou arte): o que as caracteriza é a sua função complementar das normas jurídicas já criadas, mas de per si ininteligíveis sem o concurso destas fontes que as tornam inteligíveis. Por isso, elas asseguram o acesso ao conhecimento do Direito (fontes *juris cognoscendi*).

Uma teoria actualizada das fontes do Direito não pode ser inspirada por critérios nacionalistas (por ex., indicar apenas as fontes do Direito interno português, sem sequer pensar no Direito Internacional ou no Direito Comunitário europeu); ou por critérios reduzidos a um único sector da ordem jurídica (por ex., mencionar somente as fontes do Direito Civil); ou por critérios baseados numa pré-compreensão estatista (por ex., considerando que só o Estado pode gerar Direito, sem atender a tantas outras instâncias produtoras de normas jurídicas, como as das sociedades supra-estaduais e infra-estaduais, públicas e privadas); ou por critérios limitados a uma visão meramente "localizada" do problema (por ex., atendendo apenas ao que se passa hoje no mundo ocidental, sem olhar para o passado, nem para outras civilizações que coexistem com a nossa, por vezes bem perto de nós, como as dos PALOP's); ou, enfim, por critérios orientados por uma visão "escritural" do Direito (por ex., atendendo apenas às fontes do Direito escrito em textos impressos, mas desconsiderando os costumes, os usos, as praxes, os precedentes, as ordens verbais, etc.).

Pelo contrário, a nova teoria das fontes do Direito que cumpre elaborar tem de assentar na totalidade da ordem jurídica, baseada na multiplicidade dos tipos de sociedades humanas e no consequente pluralismo dos seus ordenamentos jurídicos, focalizada numa perspectiva universalista, e atenta às variadas formas, escritas e orais, que o Direito pode assumir e realmente assume.

A nova teoria, na parte que especificamente diz respeito ao Direito estadual, não deve continuar agarrada à concepção setecentista dos poderes do Estado – Poderes Legislativo, Executivo e Judicial –, antes há-de aceitar como normal que esses poderes, no exercício das suas funções próprias, tanto possam praticar actos normativos como tomar decisões individuais e concretas: assim, por ex., o Poder Legislativo não faz hoje apenas leis gerais e abstractas, também aprova leis individuais e leis-medida (concretas); o Poder Executivo não toma hoje apenas decisões individuais e concretas, também elabora regulamentos gerais e abstractos; e o Poder Judicial, por sua vez, tão-pouco se reduz hoje em dia a decidir casos concretos, por sentença com eficácia limitada à questão em julgamento, já que pode legitimamente proferir decisões com força obrigatória geral, as quais são verdadeiros *actos normativos judiciais* ([12]).

Enfim, uma nova teoria das fontes do Direito não pode assentar os seus alicerces apenas na visão estreita do "direito legislado" ou do "direito oficial" (*law in the books*), antes deve, para além disso, inspirar-se na orientação, bem mais rica e autêntica, do realismo jurídico, captando a verdade viva do Direito que se pratica (*law in action*).

Isto não significa – note-se bem – que o Direito legislado e oficial, nomeadamente a Constituição e a lei, não possam conter ou não contenham preceitos e disposições imperativos que regulem aspectos muito relevantes da matéria das fontes do Direito. Claro que contêm – e alguns deles são, até, da maior importância, como a seu tempo veremos. O que pretendemos dizer é que a escola do realismo jurídico não se contenta com o *law in the books* e acrescenta-lhe, ou substitui-lhe, conforme os casos, o *law in action*, que confirmará, suprirá ou corrigirá o primeiro. Já os juristas romanos diziam, com toda a razão, acerca de uma matéria algo semelhante, que *"jus praetorium est quod praetores introduxerunt ajuvandi, vel supplendi, vel corrigendi, juris civilis gratia"* (D., I, I, 7) [o direito pretoriano é aquele que os pretores introduziram a fim de ajudar, suprir, ou corrigir o direito civil].

É, pois, ao mundo da vida real, detectado e descrito pela Sociologia Jurídica, que a Ciência do Direito, despida de um normativismo escritural que se revela demasiado abstracto e estéril, deve ir buscar os dados fundamentais com que tem de construir a nova teoria das fontes do Direito.

Vai ela, muitas vezes, para além do que se encontra escrito nas leis, nos códigos e nas páginas do *Diário da República*? Pois vai. Mas

---

([12]) Neste sentido, expressamente, Marcelo Rebelo de Sousa e Sofia Galvão, *Introdução ao Estudo do Direito*, 5ª ed., "Lex", Lisboa, 2000, pp. 137-142 (esta posição vem já da 1ª ed., Lisboa, 1991, pp. 16-17 e 100-106).

o grande mundo do Direito é muito mais rico, variado e complexo do que o pequeno mundo do direito oficial legislado ([13]).

É oportuno lembrar aqui o sábio ensinamento de Shakespeare, no *Hamlet*:

"*There are more things in Heaven and Earth, Horatio, than are dreamt of in your philosophy*" ([14]).

77. Sequência

Vamos agora enunciar, munidos dos critérios orientadores acima expostos, os tipos de fontes formais do Direito que, no nosso modo de ver, devem ser considerados e incluídos numa teoria pluralista, inspirada nos princípios da escola do realismo jurídico.

Adoptaremos, para o efeito, a ordem seguinte.

Para começar, e a fim de facilitar a tarefa daqueles que pretendam comparar a nossa opinião com a da teoria clássica, trataremos das quatro fontes tradicionalmente estudadas no nosso país – embora, por razões adiante explicadas, não as coloquemos na sequência habitual (caps. 18 a 21).

Depois, ocupar-nos-emos de apresentar e analisar as outras fontes do Direito que consideramos incluídas no sistema de fontes da ordem jurídica portuguesa, pertencentes à modalidade das fontes produtoras do Direito, ou fontes *juris essendi* (cap. 22).

Em terceiro lugar, faremos referência a algumas espécies pertencentes à modalidade das fontes reveladoras do Direito, ou fontes *juris cognoscendi* (cap. 23).

Ao todo, em vez dos 4 tradicionais, o nosso elenco de fontes do Direito incluirá, numa visão integral, 18 tipos de fontes do Direito em sentido jurídico-formal.

([13]) Expressamente neste sentido, Marcello Caetano, no trecho citado *supra*, n.º 26, al. c), e Inocêncio Galvão Telles, *Manual de Direito das Obrigações*, I, "Coimbra Editora", Coimbra, 1957, pp. 95-96 e 100-101.

([14]) William Shakespeare, *Hamlet*, I, V.

A concluir esta parte do presente *Manual*, analisaremos o problema próximo, mas diferente, da hierarquia das fontes do Direito (cap. 24).

78. (Continuação)

As fontes do Direito, segundo a teoria clássica, eram quatro, e por esta ordem: a lei, o costume, a jurisprudência, e a doutrina.

Vamos iniciar por elas o nosso estudo, mas seguiremos uma outra ordem: começaremos pelo *costume*, por ser a fonte mais antiga e genuína, por ser ela ainda hoje muito relevante em muitos países com quem temos relações privilegiadas (v.g., os PALOP's), e por não respeitar apenas ao direito interno ou nacional, mas também – e muito – ao Direito Internacional; depois, falaremos da *lei*, cuja importância é desnecessário encarecer, pois é a fonte actualmente mais utilizada pelo Estado-Nação, designadamente por Portugal, na sua ordem jurídica interna; a seguir, trataremos da *doutrina*, cuja função (como veremos) é indissociável do conhecimento do costume e da lei, mas atinge ainda outras dimensões, como fonte simultaneamente "produtora" e "reveladora" do Direito; e, por último, terminaremos este primeiro conjunto de fontes "clássicas" com a *jurisprudência*, que deve vir em último lugar porque lhe cabe interpretar, integrar e aplicar as normas produzidas ou reveladas pelos três primeiros tipos de fontes – o costume, a lei e a doutrina.

BIBLIOGRAFIA

A bibliografia deste capítulo consta da selecção indicada *supra*, no cap. 16.

QUESTIONÁRIO

1 – A teoria clássica das fontes do Direito proclamou a supremacia absoluta da *lei* sobre todas as outras fontes. Sendo a lei um comando unilateral do Estado,

e tendo passado em 1945 a ser muito mais numerosos os "decretos-leis" do Governo do que as "leis" parlamentares, isso não significará que a teoria clássica das fontes foi uma manifestação lógica e coerente do tipo de "Estado autoritário" que vigorou em Portugal de 1926 até 1974?

2 – E sendo a doutrina jurídica portuguesa, nessa época, sobretudo influenciada pela doutrina italiana do tempo do fascismo de Mussolini, não terá sido esta que marcou profundamente os juristas portugueses, muitos deles porventura sem perceberem em que tipo de ideologia política se filiava a doutrina jurídica que perfilhavam?

3 – E terá sido por acaso que as primeiras críticas à teoria clássica se afirmaram com pujança após o 25 de Abril de 1974?

4 – Por que razões concretas era o costume excluído das fontes actuais do Direito pela teoria clássica?

5 – E por que razões se empenhava tanto a teoria clássica em negar qualquer valor jurídico criativo à Jurisprudência dos tribunais?

6 – Como se explicará que o CC de 1966, elaborado e aprovado predominantemente por jusnaturalistas confessos, tenha suprimido qualquer referência ao Direito Natural, e tenha consagrado o mais completo positivismo estatizante em matéria de fontes do Direito?

7 – Por que razões será a nova teoria das fontes exposta neste *Manual* menos estatizante e mais pluralista do que a teoria clássica?

8 – Concorda com o argumento de que a *lei*, sendo apenas um dos tipos de fontes do Direito, não tem legitimidade para regular unilateralmente todos os outros tipos de fontes? Porquê?

9 – Qual a diferença entre o Direito legislado (*"law in the books"*) e o Direito realmente vivido (*"law in action"*)?

10 – Quem desempenha o papel mais importante na elaboração de uma correcta teoria das fontes do Direito: a Sociologia Jurídica ou a Ciência do Direito?

11 – Se a resposta à pergunta anterior tiver sido "ambas", qual o papel e o peso específico de cada uma delas na tarefa conjunta que desempenham?

12 – Qual o significado filosófico e sociológico da frase de Hamlet citada no texto (nº 76)?

13 – Concorda com a posição de estudar a Jurisprudência apenas depois do Costume, da Lei e da Doutrina?

14 – Terá razão o Professor Baptista Machado em afirmar que ninguém aceitaria hoje a validade da decisão maioritária de entregar o poder a um chefe?

15 – Consegue encontrar algum outro exemplo que exprima a ideia de que a validade do Direito se funda em princípios regulativos superiores?

Capítulo 18

I – O COSTUME

79. Noção e elementos

O "costume" é *a prática habitualmente seguida, desde tempos imemoriais, por todo o Povo, por parte dele, ou por determinadas instituições, ao adoptar certos comportamentos sociais na convicção de que são impostos ou permitidos pelo Direito.*

Os elementos essenciais do costume são, pois:
a) O *corpus**: é a prática habitualmente seguida;
b) A *duração*: é o período de tempo necessário para que o costume seja fonte do Direito. A Lei da Boa Razão (1769, do Marquês de Pombal) exigia 100 anos como duração mínima; mas essa lei foi revogada – como toda a legislação do Estado Absoluto – pela instauração entre nós do Estado Liberal (desde 1820). O requisito actual é o de que o costume, para ser fonte do Direito, tem de durar *desde tempos imemoriais*, isto é, exige-se que a memória dos homens vivos em dado momento não recorde quando começou a prática habitual, antes possa assegurar que todos se lembram de que sempre foi assim;
c) O *animus**: é a convicção, por parte de quem conhece e adopta um costume, de que essa prática habitualmente seguida é imposta ou permitida pelo Direito. Os juristas romanos exprimiam este elemento integrante da noção de costume através da fórmula *opinio juris vel necessitatis* [convicção da obrigatoriedade ou da licitude jurídica de certa prática]. A maioria dos autores fala apenas em

"convicção da obrigatoriedade"; mas isso é incorrecto, pois equivale a esquecer que há costumes que não impõem nenhuma obrigação: apenas permitem, como actividade lícita, uma certa prática. Daí a nossa preferência pela expressão "obrigatoriedade ou licitude".

Esta é a noção actual (e tradicional) do costume como fonte do Direito. Já os juristas romanos diziam que *consuetudinis jus esse putatur id quod voluntate omnium sine lege vetustas comprobavit* ([1]). Ou, na requintada definição do grande jurisconsulto Ulpiano, o costume é o *tacitus consensus populi longa consuetudine inveteratus* ([2]).

O *costume* distingue-se dos meros *usos*, ou *usos sociais*, porque nestes falta o elemento do *animus* – a convicção da obrigatoriedade ou licitude de uma certa prática habitual. Mas, como dissemos (e adiante explicaremos melhor), se há usos sociais que não têm qualquer relevância jurídica – por ex., o dever de cortesia que impõe que toda a carta tenha resposta –, já outros usos sociais podem ser juridicamente relevantes (obrigatórios, lícitos ou, simplesmente, atendíveis).

Tenha-se presente, por último, que para o costume ser fonte do Direito é necessário que a norma jurídica por ele criada seja dotada de uma sanção para o caso de ser violada. Em regra, a sanção não consta da prática habitualmente seguida, mas há casos em que de facto consta (v. *infra*, o que dizemos sobre o "quarto de hora académico"). Na Idade Média, o Rei tinha a faculdade de escolher, de sua livre vontade, qual a sanção a aplicar a quem violasse um costume em vigor. Na maioria dos casos, todavia, era a própria população que, num gesto de justiça popular, escolhia e aplicava, ela mesma, a sanção tida por mais apropriada (morte, prisão, expulsão da cidade ou da aldeia, etc.). A violação de um *costume internacional* permite, de imediato, aplicar qualquer das sanções que o Direito Internacional prevê – diplomáticas, políticas, económicas ou, em último caso, militares.

([1]) Considera-se ser direito consuetudinário aquilo que a antiguidade aprovou, pela vontade de todos, sem intervenção da lei.

([2]) O costume é o consenso tácito do povo arreigado por um longo uso.

80. Espécies de costumes

a) Atendendo ao *tipo de normas* que criam, os costumes podem ser internacionais, constitucionais, administrativos, penais, civis, comerciais, etc.

b) Pelo critério do respectivo *âmbito territorial*, os costumes podem ser:
- *Internacionais*, quando criam normas aplicáveis a toda a comunidade internacional (por ex., *pacta sunt servanda**) ou a parte dela;
- *Nacionais*, quando criam normas aplicáveis a todo o território nacional (por ex., em Democracia, a Oposição que ganha as eleições tem o direito de assumir o Poder);
- *Regionais e locais*, quando criam normas aplicáveis a uma determinada região (por ex., nos Açores e na Madeira, os dias 26 de Dezembro e 2 de Janeiro são há muito feriados, por direito consuetudinário, só recentemente – e escusadamente – consagrado em diploma regional), ou a uma certa localidade (por ex., as tradicionais touradas de Barrancos, com morte do touro);
- *Institucionais*, quando criam normas aplicáveis a certas e determinadas instituições (os costumes constitucionais, os costumes administrativos, os costumes universitários, etc.). Um bom exemplo de costume universitário é o do chamado "quarto de hora académico", que permite começar uma aula ou iniciar um doutoramento até 15 minutos depois da hora oficialmente marcada, ou impõe o início das reuniões dos órgãos universitários ao fim de 15 minutos de espera, marcando-se falta a quem não chegar dentro do quarto de hora de tolerância (a marcação de falta é uma *sanção* que a própria norma consuetudinária prevê).

c) Quanto às *relações entre o costume e a lei*, é habitual na doutrina fazer-se a seguinte distinção:
- Costumes *secundum legem**: são os que se traduzem em práticas conformes ao disposto na lei;
- Costumes *praeter legem**: são os que originam normas que dispõem sobre matéria não regulada por lei, servindo em regra como método de integração das lacunas da lei (v. *infra*, vol. II);
- Costumes *contra legem**: são os que traduzem práticas consuetudinárias opostas ao estabelecido na lei. Foi o caso, durante décadas, das touradas de Barrancos: a lei geral do país proibia os touros de morte, mas em Barrancos, nas festas anuais da vila, realizavam-se touradas com a morte do touro, com toda a população a ver e sem qualquer impedimento ou sanção por parte da GNR, que a tudo assistia passivamente ([3]).

Os costumes *secundum legem* são inofensivos, mas podem ter alguma utilidade interpretativa; os costumes *praeter legem* são muito úteis na tarefa de integração das lacunas da lei; só os costumes *contra legem* levantam problemas jurídicos delicados. Abordá-los-emos um pouco mais à frente.

81. Fundamento jurídico do costume

Descontando aqui os autores – e eram a maioria, na teoria clássica das fontes do Direito – que negavam o facto ou a simples possibilidade de o costume ser fonte do Direito, pelo menos na

---

([3]) O positivismo legalista ainda predominante entre nós não foi capaz de aceitar a vigência daquele costume local *contra legem* e, após várias peripécias, conduziu à aprovação de um (inútil) diploma legal autorizando a "excepção de Barrancos": v. a Lei nº 19/2002, de 31 de Julho.

época actual, encontramos diferentes teorias para explicar o fundamento jurídico do costume, ou seja, do costume como fonte do Direito:

a) *Teoria estatista*: o costume é juridicamente vinculativo apenas na medida em que é querido como tal pela vontade do Estado-Nação (costumes nacionais) ou pela vontade dos diferentes Estados (costumes internacionais);

b) *Teoria pluralista*: o costume é juridicamente vinculativo porque, e na medida em que, é querido pela vontade do Povo (ou dos povos, ou da população local). Era a sábia doutrina de Ulpiano – o costume como *tacitus consensus populi*★.

Por nós, optamos decididamente pela segunda teoria.

Primeiro, porque só ela permite explicar a juridicidade do costume como fonte do Direito nos períodos históricos em que não havia Estado (tribos pré-históricas, pequenas localidades rurais na Idade Média), bem como nos territórios actuais até onde os órgãos e o aparelho do Estado não chegam (cerca de 70 a 80 por cento do ter-ritório em Angola, Moçambique, Guiné-Bissau, S. Tomé e Príncipe, etc., como vimos acima) ([4]).

Segundo, porque mesmo quando há Estado e a acção deste é eficaz e chega a todo o território, o costume tem uma autenticidade social tão grande, tão genuína, tão forte, que a sua legitimidade e autoridade provêm do povo, que o pratica, e não do Estado – que,

---

([4]) Sobre a enorme importância do direito consuetudinário africano, está em curso um interessante e pioneiro projecto de investigação nos PALOP's levado a efeito por uma equipa de professores e alunos da Faculdade de Direito da Universidade Nova de Lisboa. São já frutos desse projecto o artigo de Armando Marques Guedes *et alii*★, *Litígios e pluralismo em Cabo Verde. A organização judiciária e os meios alternativos*, in *Themis*, 3, p. 5 e segs.; e os livros *Litígios e legitimação. Estado, sociedade civil e Direito em S. Tomé e Príncipe*, "Almedina", Coimbra, 2002, e *Pluralismo e legitimação. A edificação jurídica pós-colonial de Angola*, "Almedina", Coimbra, 2003. V. ainda Armando Marques Guedes, *O estudo dos sistemas jurídicos africanos. Estado, Sociedade, Direito e Poder*, "Almedina", Coimbra, 2004.

na maior parte dos casos, o ignora ou, quando tem notícia dele, o tolera (como, durante décadas, nas touradas de Barrancos). A melhor prova de que o costume tem força própria – e não delegada por lei do Estado – reside no facto de, quando as opiniões forçam um "braço de ferro" entre o costume e a lei (sobretudo em casos de costume *contra legem*), o Estado preferir normalmente conformar-se com o costume, legalizando-o. Trata-se de um reconhecimento *ex post**, em que a declaração do Estado não é criadora da norma, mas um simples registo de que ela existe, e, em qualquer caso, não acompanha a vigência da norma consuetudinária *ab initio**, mas apenas a partir do momento em que os mais legalistas querem ver escrito na lei aquilo que a prática já consagrou décadas ou séculos antes.

Terceiro, porque em Democracia o soberano é o povo. Como diz a nossa Constituição, "Portugal é uma República soberana, baseada (...) na vontade popular" (art. 1º); "a soberania, una e indivisível, reside no povo" (art. 3º); "o povo exerce o poder político" (art. 10º); e os tribunais administram a justiça "em nome do povo" (art. 202º, nº 1). Se o próprio povo, por suas mãos, cria Direito, este tem carácter popular originário e constitui uma manifestação de democracia directa. Ora, por definição, a *democracia directa* – em que o poder é exercido pelo seu próprio titular – é sempre mais autêntica do que a *democracia indirecta ou representativa* – na qual o poder é exercido por delegados ou representantes do povo. É o eleitorado, e não os deputados, o dono e senhor do Poder político – e, portanto, do Poder Legislativo.

Concluímos, pois, que o costume como fonte do Direito tem o seu fundamento jurídico na *voluntas populi**, e não na *voluntas legislatoris**, que é secundária em relação à primeira, e dela dependente.

82. Exemplos de costumes como fonte do Direito

Embora não tão numerosos e importantes como o foram no passado, ou como o são ainda hoje quer na Comunidade Internacional, quer em países com largas zonas de predominância dos direitos consuetudinários tribais, é possível dar exemplos actuais – a nível mundial e português – de costumes como fonte do Direito. Assim:

- No Direito Internacional: a regra *pacta sunt servanda*★; o princípio do *mare liberum*★; a norma que confere *direito de passagem* entre um território principal e os "enclaves" situados dentro de território alheio ([5]);
- No Direito Constitucional: para além do caso, bem conhecido, de o Reino Unido ter uma Constituição predominantemente consuetudinária, há a mencionar os casos de costume constitucional existentes nos países com Constituição escrita. O Prof. Jorge Miranda consegue apontar quatro exemplos de costume *contra legem* no direito constitucional português, a saber: a) a desvalorização dos planos; b) a desnecessidade de deliberação para que os projectos e as propostas de lei sejam votados na especialidade em comissão (contra o art. 168°, n° 3); c) a categoria de Ministro de Estado, com precedência sobre os demais Ministros (contra o art. 183°); e d) o aparecimento, como órgão do município autónomo e com proeminência sobre a câmara, do presidente da câmara municipal (contra o art. 150°) ([6]).
- No Direito Administrativo, há numerosos costumes nacionais, regionais, locais e institucionais (por ex., o costume nacional de permitir aos órgãos dirigentes da administração central do Estado, ou dos institutos públicos estaduais, fazer regulamentos para a boa execução das leis, quando nem a Constituição nem a lei os prevejam; ou o costume de reconhecer a todos os órgãos administrativos colegiais o poder de auto-organizar a sua estrutura e funcionamento interno por meio de *regimentos*; ou o costume de conferir amplos poderes de delegação a todos os superiores hierárquicos, em relação aos seus subalternos; os costumes regionais (já citados) em matéria de feriados comumente praticados, no dia seguinte aos dias de Natal, Ano Novo e Páscoa (o mesmo se passa na generalidade dos países europeus); e os costumes municipais e paroquiais sobre as mais diversas matérias, *v.g.* feiras e mercados. Caso especial é o dos variados "costumes universitários", de que já demos o exemplo – de âmbito europeu – do "quarto de hora académico", a que podemos agora acrescentar o do "voto de Minerva" (7), bem como a tradição da "Queima das Fitas", que enquanto as festas duram suspende as aulas e exames);
- No próprio Direito Penal, em regra tão avesso (por boas razões) à admissibilidade do costume como fonte de normas incriminadoras, que se considera deverem ser

---

([5]) O acórdão do Tribunal Internacional de Justiça (Haia), de 12 de Abril de 1960, reconheceu ao Estado Português o *direito de passagem* do território de Goa para os enclaves de Dadrá e Nagar-Aveli, situados no interior do território da então chamada União Indiana, hoje República da Índia. V. *supra*, n° 41.

([6]) V. Jorge Miranda, *Manual de Direito Constitucional*, II, 5ª ed., "Coimbra Editora", Coimbra, 2003, p. 146.

sempre reservadas à lei (*nullum crimen sine lege**), há casos de costume como fonte do Direito: de um lado, a generalidade dos penalistas aceita a legitimidade dos costumes desincriminadores ou desculpabilizadores do agente ([8]); de outro, há normas consuetudinárias incriminadoras no chamado "direito penal humanitário" (por ex., os crimes internacionais contra a Paz ou contra a Humanidade) ([9]);
- Passando agora ao direito privado, são exemplos de costume como fonte do Direito Civil: a tradição, em muitas famílias portuguesas, sobretudo de origem nortenha, de distribuir as jóias da mãe, falecida, apenas pelas filhas e netas, e não por todos os irmãos, incluindo os de sexo masculino, como resulta do CC; a regra que manda fazer "fila de espera" para a compra de bilhetes para espectáculos públicos ([10]); as regras que fixam o volume das pipas de vinho nas várias regiões do país (no Douro, uma pipa tem 550 litros; no Minho, tem 528 litros) ([11]); a norma não escrita segundo a qual um caminho local que esteja, desde tempos imemoriais, no uso directo e imediato do público, transforma tal caminho em bem do domínio público municipal, ainda que originariamente pertencesse em propriedade privada a um qualquer particular ([12]); etc., etc.
- No Direito Comercial, há inúmeros costumes como fontes do Direito, os quais, juntamente com certos princípios gerais e usos do comércio, integram a chamada *lex mercatoria**, cujo nome alternativo é, bem significativamente, *consuetudo mercatorum** ([13]);

([7]) Consiste em, no caso de dúvida ou empate num júri académico, a votação ser desempatada a favor do aluno, na base do mito tradicional de que Minerva, deusa da Sabedoria, desce à terra naquele momento e vota a favor do estudante.

([8]) O já citado caso das touradas de Barrancos configura um caso de costume *contra legem* no âmbito do Direito Penal, pois chegou a levar à descriminalização da prática da morte do touro, ou à sua desculpabilização, nos poucos casos em que o Ministério Público deduziu acusação contra os organizadores do evento ou contra os toureiros que mataram o touro no final da lide.

([9]) A CRP aceita isto mesmo no seu artigo 29°, n° 2: "O disposto no número anterior não impede *a punição*, nos limites da lei interna, por acção ou omissão que no momento da sua prática seja considerada *criminosa segundo os princípios gerais de direito internacional comummente reconhecidos*" (sublinhado nosso), os quais incluem, à cabeça, os costumes gerais ou comuns.

([10]) Exemplo que nos foi apontado pelo Prof. Carlos Ferreira de Almeida.

([11]) Informação oral que colhemos junto de práticos entendidos na matéria.

([12]) V. o acórdão do S.T.J. de 19 de Abril de 1989, no B.M.J., n° 386, p. 121 e segs.

([13]) V. Maria Helena Brito, *Direito do Comércio Internacional*, "Almedina", Coimbra, 2004, p. 111 e segs.

– No Direito do Trabalho, os *costumes laborais* são normalmente aceites como fontes do Direito, apesar da tendência contemporânea para os reproduzir rapidamente em textos legais. Também se cita aqui o *desuso* de múltiplas leis como prova da existência de costumes *contra legem* ([14]);
– Enfim, no Direito da Internet, fala-se recentemente na figura do "costume internético", ou seja, o conjunto de costumes reguladores da utilização da Internet pelos particulares ([15]).

Como se vê pela enumeração apresentada – que não é, de modo nenhum, exaustiva –, não é correcto afirmar que o costume não seja, hoje em dia, fonte do Direito na ordem jurídica internacional ou nacional, ou sequer que apresenta, numa ou noutra, escassa relevância. E os juristas de um país como Portugal, com o nosso passado histórico e a actual participação activa na CPLP, não podem ignorar que a maior parte dos sistemas jurídicos vigentes nos PALOP's tem como principal fonte do Direito o costume.

83. Reconhecimento do costume na lei portuguesa actual

Uma das melhores provas de que o costume é uma fonte primária ou imediata do Direito, em pé de igualdade formal com a lei, está em que – num ambiente doutrinário fortemente hostil ao reconhecimento do costume como fonte, e com um CC que deliberadamente o omite do elenco das fontes do Direito contido no seu capítulo I –, a própria lei reconhece expressamente a relevância jurídica do costume. Tal não era necessário; mas é muito significativo.

Assim, desde logo a Constituição de 1976 faz duas referências indirectas ao costume internacional, que aliás já mencionámos – a

---

([14]) Menezes Cordeiro, *Manual de Direito do Trabalho*, cit., pp. 163-165.

([15]) V. Maria Eduarda Gonçalves, *Direito da Informação*, "Almedina", Coimbra, 2003, p. 139; cfr. Diogo Freitas do Amaral, *Apreciação do relatório sobre Direito da Informação apresentado em provas de agregação pela Profª Maria Eduarda Gonçalves*, in *Estudos de Direito Público e matérias afins*, vol. II, "Almedina", Coimbra, 2004, p. 536.

do artigo 8°, n° 1, e a do artigo 29°, n° 2. Com efeito, não só "as normas e os princípios de direito internacional geral ou comum" compreendem, segundo a opinião unânime da doutrina, normas consuetudinárias [16], como também a qualificação de certas condutas como crimes internacionais não resulta apenas de princípios gerais de direito, mas igualmente de costumes. E resta saber se, ao exigir que tais princípios sejam "comummente reconhecidos", não estará a CRP a admitir apenas, para os efeitos do artigo 29°, n° 2, os princípios gerais de direito de origem consuetudinária ou, pelo menos, reconhecidos por costume *secundum legem*.

Mas a própria lei interna comprova, de forma irrefutável, não apenas que considera o costume como fonte do Direito, mas que o admite nessa qualidade como fonte geradora de normas jurídicas invocáveis pelas partes num processo judicial e obrigatório para o Tribunal, que as deverá aplicar.

Referimo-nos ao artigo 348° do CC [17], que determina o seguinte (no capítulo sobre "provas"):

"Artigo 348°
(Direito consuetudinário, local, ou estrangeiro)

1. Àquele que invocar direito consuetudinário, local ou estrangeiro, compete fazer a prova da sua existência e conteúdo; mas o tribunal deve procurar, oficiosamente, obter o respectivo conhecimento".

Se bem repararmos, o nosso CC – o mesmo que nos artigos 1° a 4° mantém o mais pesado silêncio sobre o costume como fonte

---

[16] V. André Gonçalves Pereira/Fausto de Quadros, *Manual de Direito Internacional Público*, 3ª ed., reimp., "Almedina", Coimbra, 1993, p. 109.

[17] A solução consagrada neste preceito já vigorava na nossa ordem jurídica pelo menos desde 1939, através do artigo 521° do CPC dessa data. Cfr. J. Alberto dos Reis, *Código de Processo Civil anotado*, III, 3ª ed., "Coimbra Editora", Coimbra, 1950, p. 304 e segs.

do Direito – vem agora, no seu artigo 348º, nº 1, sobre as provas em processo judicial, reconhecer:

- Expressamente, que qualquer das partes no processo (*v.g.*, autor e réu) pode invocar, a seu favor, o direito consuetudinário;
- Expressamente, também, que é à parte que invoca a seu favor uma ou mais normas de direito consuetudinário que compete o ónus da prova, isto é, a necessidade de fazer prova da existência ou do conteúdo desse direito;
- Expressamente, ainda, que o tribunal deve obter por si próprio o conhecimento do direito consuetudinário invocado, e que só na impossibilidade de determinar o conteúdo do direito aplicável é que o tribunal deverá recorrer às regras do "direito comum português" (nº 3);
- Implicitamente, e em conclusão, que, se se conseguir fazer a prova da existência e do conteúdo do direito consuetudinário invocado, é este (e não outro) que deve ser aplicado pelo tribunal.

Ou seja: para o CC português, afinal, o costume é fonte do Direito! E com uma única condição: que se consiga, através das partes ou do próprio tribunal, "determinar o conteúdo do direito aplicável" (art. 348º, nº 3).

E o código diz ainda algo mais: se nenhuma das partes tiver invocado direito consuetudinário, cabe ao tribunal averiguar oficiosamente o seu conteúdo, "sempre que [o tribunal] tenha de decidir [o caso] com base no direito consuetudinário". Ou seja: se o tribunal souber, por si próprio, que há um costume directamente aplicável ao caso *sub judice**, deve obrigatoriamente averiguar qual o seu conteúdo, porque tem de decidir o caso com base nessa norma consuetudinária.

Isto quer dizer que *o costume é fonte do Direito nos tribunais portugueses*, não apenas quando a parte interessada o invoque e o prove, mas também – e este é o ponto mais interessante – quando nenhuma das partes o invocar, desde que o tribunal o conheça e consiga determinar o seu conteúdo. O Tribunal tem, pois, tal como em relação à lei, a obrigação de conhecer e aplicar o costume, se prover deste a norma adequada a resolver o caso pendente de julgamento. Vale, portanto, também aqui, para o costume, o princípio *jura novit curia**.

Mas há mais. Atentemos bem no n° 3 deste artigo 348°, preceito recheado de surpresas:

"3. Na impossibilidade de determinar o conteúdo do direito [consuetudinário] aplicável, o tribunal recorrerá às regras do direito comum português".

Que quer esta disposição dizer-nos?

Por um lado, ela vem dizer-nos uma coisa óbvia: se uma das partes invocar, ou o tribunal conhecer, a existência de direito consuetudinário aplicável ao caso *sub judice**, mas for impossível (tanto às partes como ao tribunal) determinar o seu conteúdo, então o tribunal não decidirá o caso por aplicação do direito consuetudinário, mas por aplicação do *"direito comum português"* (entenda-se, neste contexto: por aplicação de outra fonte do Direito adequada, *v.g.* a lei).

Por outro lado, porém, o citado n° 3 do artigo 348° do CC faz-nos saber, implicitamente, uma outra coisa muito mais importante: é que, na hipótese tida em vista pelo artigo 348°, o tribunal só está autorizado a julgar o caso por aplicação da *lei*, se não existir (ou não puder determinar-se o respectivo conteúdo) uma *norma consuetudinária* mais adequada que deva ser aplicada.

Esta regra tem, quanto a nós, a maior importância: à luz da teoria clássica, o costume, ou não era de todo considerado como fonte do Direito, ou só o era quando, e na medida em que, a lei o autorizasse, remetendo para ele; porém, à luz da nossa teoria, e fazendo uma *interpretação actualista* ([18]) do artigo 348° do Código

---

([18]) Sobre o significado desta expressão, v. adiante, vol. II.

Civil, o costume e a lei são – no entendimento da própria lei – duas fontes do Direito primárias, colocadas em pé de igualdade uma com a outra; e se houver duas normas potencialmente aplicáveis, à primeira vista, a um dado caso *sub judice**, o Código Civil ordena ao juiz, não que ignore o costume, nem que dê preferência à lei, mas que – se puder conhecer bem o conteúdo de ambas as normas – aplique ao caso que tem entre mãos aquela das duas normas que se mostrar mais adequada à resolução correcta desse caso.

Em resumo: com base nesta nossa interpretação, o próprio CC de 1966 reconhece o costume como fonte do Direito; equipara o costume e a lei como fontes primárias em pé de igualdade; e, em caso de concurso de normas, não dá preferência à lei sobre o costume, antes manda aplicar aquela das duas normas potencialmente aplicáveis que se mostrar mais adequada à resolução do caso: o tribunal aplicará o costume, "*sempre que (...) tenha de decidir com base no direito consuetudinário*" (nº 2 do art. 348º) (sublinhado nosso).

É, afinal, precisamente isto que afirma, em tese geral, a teoria pluralista das fontes do Direito que adoptamos.

84. O costume como fonte primária do Direito na ordem jurídica portuguesa

Independentemente do que digam ou não a Constituição e o CC a este respeito – e uma vez que a teoria das fontes do Direito, como já explicámos, não é matéria de lei, mas uma questão da alçada da Ciência do Direito –, coloquemos então o problema a esta luz.

Há, a propósito do assunto, duas teorias:

a) A *teoria estatista*: o costume já foi, historicamente, fonte do Direito; foi mesmo a fonte única ou principal, em épocas muito recuadas; mas desde o início do Estado Moderno (séc. XVI) deixou de o ser e, hoje, no Estado Contemporâneo, não o é. A lei é a fonte correspondente, nos planos político e jurídico, à existência e afirmação do Estado soberano: é ela, na fase actual, a *única* fonte primária do Direito. O costume só poderá ser, quando muito – e em raros casos – uma fonte secundária, subordinada à lei: os cidadãos e os tribunais só deverão obediência ao costume se, e na medida em que, ele for mandado observar pela lei (como sucede, por ex., com os artigos 1400° e 1401° do CC, sobre o regime de divisão das águas fruídas em comum, em propriedades rústicas);

b) A *teoria pluralista*: o ordenamento jurídico compreende um conjunto variado de fontes do Direito; a lei não goza, a esse respeito, de nenhum monopólio; o costume pode ser, e é, fonte primária do direito, ainda que, em Portugal e noutros países europeus, o seja hoje em menor medida do que outrora. Mas há outros países, noutras latitudes (por ex., os países da África ao Sul do Saara), em que o costume continua a ser mais importante do que a lei. Em qualquer caso – quer seja no Ocidente industrializado, quer seja no Terceiro Mundo agrário e em vias de desenvolvimento –, as duas fontes primárias coexistem ao lado uma da outra: mais leis do que costumes no primeiro; mais costumes do que leis no segundo; mas, tanto num como noutro, costume e lei são, ambos, fontes do Direito [19].

Pela parte que nos toca – e por tudo quanto já deixámos dito até aqui –, aderimos sem hesitar à segunda teoria. Pelas seguintes razões:

- O costume é pacificamente aceite como fonte do Direito Internacional;
- O costume é a principal fonte do Direito nos países em vias de desenvolvimento, designadamente os da África ao Sul do Saara, incluindo os PALOP's;
- Em Portugal, hoje, a observação da realidade do Direito vivo e praticado mostra a existência, em número apreciável, de diversos costumes, mais no âmbito do direito público do que

---

[19] Já era este o entendimento prevalecente no Direito Romano: *consuetudo parem vim habet ut lex* [o costume tem a mesma força que a lei].

no do direito privado e, dentro deste, mais no seio do Direito Comercial do que no do Direito Civil;
– Numa concepção pluralista do Direito e do Estado, não há apenas um ordenamento jurídico (o do Estado), mas vários outros, tanto supra-estaduais como infra-estaduais. E, mesmo no seio do ordenamento do Estado, não há nem deve haver qualquer monopólio da lei como fonte do Direito, coexistindo com ela o costume e várias outras fontes, que estudaremos mais adiante;
– O costume tem, em princípio (se não ofender a ordem pública nem os direitos fundamentais), maior legitimidade democrática do que a lei, porquanto provém do Povo – único titular da soberania –, enquanto a lei emana dos representantes ou delegados do Povo. Ora, o delegante tem mais autoridade e legitimidade do que o delegado;
– É bom e sadio que o costume seja também fonte do Direito, porque uma verdadeira Democracia tem de ser aberta, plural, tolerante, e por isso respeitadora dos costumes, usos e tradições do seu Povo. O dogma da supremacia absoluta da lei sobre o costume tem um certo sabor anti-democrático e releva de uma concepção elitista do Estado e do Direito, na qual os governantes mandam (são os *leaders*) e os governados apenas obedecem (são os *followers*).

Não é por acaso que, historicamente, na Europa, a prevalência da lei sobre o costume começa com a centralização do poder real, consolida-se com o Estado Absoluto e atinge o seu apogeu com as ditaduras do Estado Autoritário e do Estado Totalitário. As democracias pluralistas olham com respeito e realismo para o costume, contra o qual não têm nenhum preconceito.

Falta, porém, resolver um último problema.

85. O problema da legitimidade do costume *contra legem*

À luz da teoria clássica das fontes do direito, o costume *contra legem* é, por definição, ilegal e absolutamente nulo. Não tem qualquer valor jurídico.

Mas, nos quadros de uma teoria pluralista como a nossa, essa posição axiomática não tem fundamento: a lei não tem poderes para, dogmaticamente, declarar nulo um costume *contra legem*, tal e qual como o costume não tem poderes para, dogmaticamente, declarar nula uma lei destinada a abolir qualquer costume.

O conflito entre a lei e o costume não é, em primeira linha, um conflito jurídico, mas sim um conflito político: é o clássico conflito entre governantes e governados, entre o Poder e os cidadãos, entre a elite dirigente e as massas populares. Umas vezes ganham os de cima, outras vezes saem vencedores os de baixo. Foi sempre assim, e sempre assim será. Quem tiver mais força, ou conseguir maior adesão popular, triunfará.

Esclareça-se desde já, no entanto, que não é legítimo, nem seria historicamente correcto, pensar que a luta popular pela manutenção dos costumes (tradicionais) está sempre do lado *certo*, e que a luta das elites dirigentes pela supremacia das leis (reformadoras ou progressistas) está sempre do lado *errado*. Para dar apenas três exemplos: a vitória da lei nacional contra os costumes locais foi uma conquista positiva da Revolução Francesa, no séc. XVIII; o empenho posto por Costa Cabral na aplicação da lei que mandava enterrar os cadáveres em cemitérios, em vez de isso se fazer dentro das igrejas, como era costume, provocou a revolta da Maria da Fonte (1846), mas era uma política acertada e modernizadora, que acabou por prevalecer; e, enfim, a luta da administração britânica na Índia, a partir de meados do séc. XIX, contra o costume arreigado do "sati" (o costume de a mulher viúva se imolar na pira onde ardem os restos mortais do marido recém-falecido) foi obviamente uma luta moral e politicamente correcta, justa e oportuna [20].

---

[20] Ver Alexis de Tocqueville, *L'Ancien Régime et la Révolution*, 1856; *Actas do Congresso "Maria da Fonte – 150 anos" (1846-1996)*, ed. da Câmara Municipal de

Já, por exemplo, as tentativas de aprovação de legislação do Parlamento Europeu no sentido de proibir as touradas em Espanha e Portugal é, do nosso ponto de vista, uma abusiva tentativa de abolir um costume que nada tem de reprovável e possui relevante interesse artístico e cultural.

Seja como for, a experiência mostra que há leis que conseguem abolir certos costumes e leis que não conseguem eliminá-los; assim como há costumes que se extinguem por não terem força social para resistir à lei (e ao aparelho de Estado que impõe a sua aplicação, se necessário coactivamente) e há costumes que resistem por muito tempo, quase duradoiramente, às leis que visavam acabar com eles, mas que são rejeitadas pela população.

Dito isto, cumpre salientar que nem sempre a opção pelo costume contra a lei, ou pela lei contra o costume, tem de consistir num "braço de ferro" desenvolvido no terreno da luta social ou política, à margem do Direito. O Direito possui critérios para, na maioria dos casos, habilitar os juristas em geral – e os tribunais em especial – a proceder pacificamente a uma tal opção.

É assim que, numa situação como a que serve de base aos dispositivos do já mencionado artigo 348º do CC – isto é, numa situação em que aparentemente sejam aplicáveis a um caso concreto uma norma consuetudinária e uma norma legal, ambas com soluções diferentes para o caso –, os principais critérios a adoptar para optar por uma ou por outra são os seguintes:

a) Se o costume *contra legem* conseguir alcançar o resultado de fazer cair a norma legal em *desuso*, esta tem-se por caducada, e é o costume que prevalece;

b) Se a lei remeter para o costume, ou este remeter para aquela, prevalece a fonte em favor da qual for efectuada a remissão;

c) Se a lei ou o costume forem ilegítimos – por violação de uma norma superior, seja ela internacional ou constitucional –, prevalece a fonte não afectada de ilegitimidade;

Póvoa de Lanhoso, 1996; e *The Columbia History of the World*, ed. por J. A. Garraty e P. Gay, "Harper and Row", Nova Iorque, 1972, reimp. 1981, pp. 947-949.

d) Se o costume e a lei originarem duas normas jurídicas semelhantes na previsão de uma dada situação, terá preferência aquela que melhor se ajustar às circunstâncias específicas do caso concreto;

e) Se uma das duas normas aplicáveis for uma norma geral e a outra for uma norma especial ([21]), prevalece a fonte criadora da norma especial;

f) Se uma das normas for geral ou especial e a outra for excepcional (mas legítima), prevalece a fonte criadora da norma excepcional ([22]);

g) Enfim, em caso de identidade de situações, tipos e circunstâncias, deve prevalecer a fonte criadora da norma que se revelar capaz de proporcionar uma solução mais justa do caso concreto em apreciação (prevalência, em último termo, do *valor-justiça* sobre os demais valores jurídicos) ([23]).

Numa palavra: como se vê, não defendemos, sobre o problema da validade ou nulidade do costume *contra legem*, nenhuma posição apriorística que à partida favoreça sempre o costume contra a lei ou a lei contra o costume. Tudo depende, numa primeira fase, da tentativa de resolver o problema pela aplicação de critérios jurídicos e, se isso se revelar impossível, da força social que, numa segunda fase, o costume for capaz de mostrar para se impor à lei ou, vice-versa, esta for capaz de revelar para se sobrepor ao costume.

BIBLIOGRAFIA

A bibliografia deste capítulo consta da selecção indicada *supra*, no cap. 16.

([21]) e ([22]) V. o significado destas expressões no vol. II.

([23]) Sobre alguns dos critérios aqui enunciados, v. J. Dias Marques, *Introdução...*, 3ª ed., p. 171 e segs.

QUESTIONÁRIO

1 – Como se distingue o costume, enquanto fonte do Direito, de uma norma consuetudinária?
2 – O que são "tempos imemoriais"?
3 – A maior parte dos costumes não serão *normae imperfectae*, por carência de sanção jurídica?
4 – Qual a relevância jurídica, se a tem, do costume *secundum legem*★?
5 – Se o Estado é democrático, assentando na legitimidade eleitoral popular, não poderá aceitar-se, sem problemas, que o fundamento da vinculatividade do costume é a vontade do Estado (a nível nacional) ou a vontade dos Estados (a nível internacional)?
6 – Uma lei que recolhe e reproduz um costume, e passa a ser aplicada como lei, não deverá ser entendida como lei revogatória do dito costume?
7 – Porque será que há, actualmente, no mundo ocidental, mais costumes vigentes no âmbito do Direito Público do que no do Direito Privado?
8 – Porque é que há mais usos e costumes vinculativos no sector do Direito Comercial do que no do Direito Civil?
9 – Porque será que o Direito Penal é, de todos os ramos do Direito, o menos aberto à relevância do costume?
10 – Qual a importância (muita, pouca ou nenhuma) do artigo 348º do CC como prova da admissão do costume como fonte do Direito na ordem jurídica portuguesa actual?
11 – Terá o costume maior legitimidade democrática do que a lei? Se a resposta for positiva, como se explica que nas democracias contemporâneas do mundo ocidental haja muito mais leis em vigor do que costumes?
12 – Quais são, no Estado Contemporâneo, as principais vantagens da lei sobre o costume?
13 – Como se explica, no plano da Teoria Geral do Direito e do Estado, a possível validade e vigência de um costume *contra legem*★?
14 – O costume *contra legem*★ "revoga" a lei que contradiz ou fa-la-á cair em "desuso"?
15 – Será válido o argumento dos que sustentam que o costume é sempre conservador, ou mesmo reaccionário, e a lei é sempre moderna e progressista? Se discorda, procure exemplos comprovativos da sua opinião.

Capítulo 19

II – A LEI

86. **Noção e elementos**

Não podemos definir a lei, enquanto fonte do Direito – porque isso seria errado –, como regra de conduta, ou norma jurídica ou, a exemplo do artigo 1º do CC, como "disposição genérica". Já o dissemos: uma coisa é a fonte de onde nasce o Direito, que é sempre *um facto* jurídico (*ex facto oritur jus**), e outra coisa é o Direito nascido dessa fonte, que é sempre *uma norma ou um conjunto de normas*.

Em português, também se chama lei a certo tipo de normas (será a lei em sentido textual: v. *supra*, nº 70): mas, aí, a palavra lei não está a ser utilizada no sentido de fonte do Direito.

Sendo assim, entendemos que a "lei", como fonte do Direito, é *o acto unilateral do Estado ou de uma Região Autónoma que, de forma escrita e solene, cria, modifica ou extingue normas jurídicas com uma posição hierárquica imediatamente abaixo da Constituição.*

São, pois, elementos da noção de lei:

a) É um *acto jurídico unilateral*: ou seja, é uma manifestação de vontade, produtora de efeitos no mundo do Direito, que provém de um órgão ou conjunto de órgãos que definem por si sós o seu querer, sem acordo ou contrato com quaisquer outras entidades;

b) É um acto *emanado do Estado ou de uma Região Autónoma*: embora tradicionalmente só o Estado pudesse produzir leis, esse poder encontra-se hoje, em parte, descentralizado, cabendo também aos órgãos competentes das Regiões Autónomas – Açores e Madeira (CRP, arts. 112°, n° 1, e 227°, n° 1). Ao limitar as leis aos actos praticados pelos "órgãos *estaduais* competentes" (sublinhado nosso), o artigo 1°, n° 2, do CC continua a dar-nos uma noção que está hoje em dia desajustada da situação real da ordem jurídica portuguesa;

c) É um acto que reveste uma *forma escrita e solene*: isto quer dizer que, para nós, não há leis não-escritas, sejam elas "leis-mentais", que não criam Direito enquanto não forem exteriorizadas por forma jurídica adequada, ou "leis-orais" ([1]), que a nosso ver não são leis, mas ordens de uma autoridade com poder ou autoridade para as dar. A *forma escrita* é essencial ao conceito actual de lei. E também a *forma solene*, isto é, a forma que se desdobra num conjunto de formalidades essenciais que lhe imprimem um carácter específico e enfático (denominação, numeração, fórmula preambular, tipos de assinaturas, modo de publicação, etc.). Sem forma solene de lei, o Parlamento pode aprovar resoluções, votos, e outras espécies de declarações oficiais, mas elas não terão o valor jurídico de lei;

d) É um acto que *cria, modifica ou extingue normas jurídicas*: é isso que faz da lei um acto normativo, ou seja, uma fonte do Direito;

e) É um acto cuja posição hierárquica (na hierarquia das fontes) se situa *imediatamente abaixo da Constituição*: isto significa que, num Estado como o português, não há leis superiores à Constituição (embora possa haver, acima dela, actos de Direito Internacional); que os actos geradores de normas escritas dois ou três graus abaixo da Constituição podem ser regulamentos, instruções, circulares, etc., mas não são leis; e que, no nosso modo de ver, a Constituição não é uma lei, mas uma específica fonte do Direito superior à lei (v., adiante, a explicação desta nossa posição, no cap. 22). Acima da

---

([1]) Cfr. J. Oliveira Ascensão, *O Direito...*, cit., 11ª ed., reimp. de 2003, p. 272.

Constituição, pode haver direito supra-constitucional, mas não lei; abaixo da Constituição, a lei ocupa o primeiro grau imediatamente depois dela, e logo a seguir no escalonamento vertical das fontes infra-constitucionais.

87. A lei como principal fonte primária do actual Direito interno português

Nada do que dissemos atrás sobre o costume pode ser entendido como significando que a lei não é, hoje em dia, num país como o nosso, uma fonte da maior importância; ela é, mesmo – sem sombra de dúvida – *a principal fonte primária do Direito português*.

Nem sempre foi assim na História, e não é assim actualmente em todos os países do Mundo: a primazia da lei no sistema de fontes do Direito é um dado histórica e geograficamente situado. Começou por não ser assim, hoje é-o, amanhã pode deixar de o ser.

> Historicamente, como sabemos, mesmo na Europa, o Direito começou por ser oral e, depois, consuetudinário. Deixando agora de lado a Antiguidade oriental e clássica, a baixa Idade Média dissolveu a coesão do Estado Romano, pulverizou os centros de poder, disseminou as populações, predominantemente rurais, em povoamento disperso e isolado – e deu origem a fontes orais e a costumes locais, que regiam a vida dos povos em pequenas comunidades paroquiais e municipais.
>
> Só com a recepção do Direito Romano – obra da Escola de Bolonha, a partir do século XII –, e com a ininterrupta caminhada para a centralização do poder real, a partir sobretudo do século XIV, começam algumas leis avulsas a surgir na ordem jurídica, embora esta continue a ser predominantemente de base consuetudinária.
>
> É com o nascimento do Estado Moderno, no século XVI – um Estado centralizado, dominado em absoluto pelo poder real, servido por uma significativa burocracia, e bem dotado de metais preciosos e recursos financeiros abundantes [2] – que o primado da lei se afirma e consolida. A lei é, nesta fase, a expressão da vontade suprema do Rei (como o fora, em Roma, da vontade do Imperador). E a monarquia medieval e moderna é uma monarquia de direito divino: o monarca é rei *pela graça de Deus*; por isso, as suas leis têm uma centelha divina: *lex omnis donum Dei est* [toda a lei é um dom de Deus].

---

[2] V. Diogo Freitas do Amaral, *D. Manuel I e a construção do Estado Moderno em Portugal,* "Tenacitas", Coimbra, 2003, pp. 15-18.

A invenção da tipografia (³), capaz de fazer chegar o texto da lei ao conhecimento de todos, nos quatro cantos do país, mais reforça a autoridade da lei escrita. Essa autoridade porém, caracteriza-se por ser uma autoridade transmitida à lei pelo poder do Estado – os soldados do rei, os juízes do rei, os carcereiros do rei –, a quem é extremamente difícil fugir ou desobedecer.

A força e o primado da lei acentuam-se, e atingem um dos seus pontos mais altos, com o Estado Absoluto do século XVIII. Não é por acaso que o Marquês de Pombal – déspota que manda executar, sob pretextos não provados, o Duque de Aveiro e os Marqueses de Távora, para subjugar a nobreza perante o poder real – é o mesmo que promulga a *Lei da Boa Razão* (1769), que procura igualmente, no plano das fontes do Direito, subjugar o costume perante a lei, exigindo-lhe, para que possa ser reconhecido e cumprido, que não seja contrário à lei escrita (do Rei), que dure há mais de 100 anos (até aí bastavam 2 gerações), e que seja conforme à "boa razão" (partilhada pelo monarca com as restantes "Nações civilizadas") (⁴).

Com a Revolução Francesa, e demais revoluções que abriram caminho ao Estado Liberal, a lei muda de autor e de fundamento: passa a ser um acto formal do Parlamento e presume-se que seja a expressão da vontade geral, isto é, da *voluntas populi*★. É a democracia (do povo) a procurar substituir a monocracia (do rei).

Começa aqui a despontar o duplo carácter da lei inerente ao Estado Contemporâneo: como sugestivamente se proclamou na Declaração dos Direitos do Homem e do Cidadão (França, 1789), por um lado, "a lei é a expressão da vontade geral. Todos os cidadãos têm o direito de concorrer para a sua elaboração, pessoalmente ou através dos seus representantes. Ela deve ser igual para todos, tanto quando protege como quando pune" (art. 6º); mas, por outro lado, "todos os cidadãos convocados ou detidos por força de uma lei devem obedecer no mesmo instante: a resistência torna-os culpados" (art. 7º). Assim, o fundamento da lei é democrático; mas a sua imposição forçada é autoritária.

Noutra ordem de ideias, depressa os espíritos mais lúcidos se aperceberam de que, sendo a lei votada pelo Parlamento, e sendo este constituído por uma ou mais centenas de Deputados, a lei era menos a vontade do Povo soberano do que a vontade dos seus representantes eleitos, que muitas vezes não eram mandatários fiéis do seu *dominus*★. Afinal, na transição, que se pretendia directa, da monocracia (governo de um só) para a democracia (governo de todos), havia a meio caminho uma paragem obrigatória numa estação intermédia – a oligarquia (governo de poucos) (⁵).

Rousseau foi o primeiro a compreender este fenómeno de apropriação política do poder soberano do povo pela minoria dirigente que juridicamente o representava, e a criticá-lo. Disse ele: o povo deve votar as leis reunido directamente em

---

(³) Gutenberg, alemão, c.1440.

(⁴) Cfr. Marcello Caetano, *História do Direito Português*, Lisboa, 1941, pp. 300--301.

(⁵) e (⁶) V., sobre estes conceitos, Marcello Caetano, *Manual de Ciência Política e Direito Constitucional*, I, p. 360 e segs.

assembleias compostas por todos os cidadãos, para que a lei seja realmente a expressão da vontade geral; o povo é o soberano; e a soberania não é alienável, nem delegável: "toda a lei que o povo em pessoa não tenha ratificado é nula, e não é lei".

Esta concepção defendia, pois, a *democracia directa*, rejeitando a *democracia representativa* ([6]): "o povo inglês pensa que é livre, no que se engana redondamente: só o é durante a eleição dos membros do Parlamento; mas, logo que os elege, fica seu escravo, e não é nada. Nos curtos momentos da sua liberdade, pelo uso que dela faz, bem merece perdê-la" ([7]).

Com o século XX, as duas grandes guerras mundiais, as crises económicas repetidas, a divulgação das ideias socialistas e o acesso das massas populares ao direito de voto, o Estado Liberal entra em crise, tornando-se impotente: não assegura a paz internacional, não garante a ordem pública interna, não promove o crescimento económico acelerado nem consegue fazer progredir a passos largos a justiça social.

A reacção não se faz esperar: em 1917, os bolcheviques tomam o poder na Rússia, onde constroem um Estado totalitário de esquerda (comunismo), em nome da defesa dos interesses do povo trabalhador; em 1922, os fascistas italianos tomam o poder em Roma; em 1933, os nazis repetem a proeza na Alemanha; e tanto os italianos como os alemães põem de pé um Estado totalitário de direita (fascismo, nazismo).

De novo a lei recua da democracia, e até da oligarquia, para formas modernas de monocracia: já não a monarquia hereditária de direito divino, mas a liderança ditatorial de um chefe carismático alegadamente amado pelas massas populares. A vontade do chefe é a lei (*Führerprinzip* [o princípio do chefe]). A lei já não é a vontade do povo, nem a dos representantes deste, nem tão-pouco a do sucessor natural de uma dinastia hereditária, mas um puro acto de vontade do chefe: manda quem pode, obedece quem deve: *quod principi placuit legis habet vigorem*★. Ou, invertendo a ordem das palavras, tem força de lei aquilo que agrada ao Chefe – mesmo que tal vontade se traduza numa lei imoral, injusta, ou implacável: *dura lex, sed lex*★. A lei, embora dura e implacável, é obrigatória para todos – menos para o Chefe que a impõe aos súbditos: *princeps a legibus solutus*★. O Estado totalitário do século XX regressa, assim, com requintes de acrescida crueldade, ao arbítrio de um só homem no comando das nações, que caracterizara o Estado absoluto do século XVIII e, muito antes, o Império Romano. A lei deixa de ser a vontade de todos, ou de alguns em nome de todos, para ser a vontade (ou o capricho) do ditador. O que a torna menos legítima, mas muito mais eficaz: a administração pública, a polícia, os tribunais e as prisões (em suma, todo o aparelho coactivo do Estado) são postos ao serviço da aplicação efectiva, rigorosa e generalizada da lei.

O fascismo e o nazismo caem em 1945; o comunismo sossobra em 1989; entre nós, o Estado Novo é derrubado em 1974. Terá chegado, afinal, a nova era em que "o povo é quem mais ordena"?

([7]) Jean-Jaques Rousseau, *Du contrat social*, cit., liv. II, cap. 6, e liv. III, cap. 15.

Ainda não. Com a única excepção da Suíça – onde os referendos populares de âmbito nacional são frequentes (entre 1 e 5 por ano, em média (⁸)) e decidem as grandes controvérsias políticas –, as outras nações ocidentais restabelecem a democracia representativa. O Povo é soberano de 4 em 4 anos (ou, nalguns países europeus, de 5 em 5 anos) – mas, nos longos períodos que medeiam entre cada duas eleições legislativas, quem decide é o Parlamento, que aprova as leis, e o Governo, cujas decisões passam a ter, em muitos casos, força de lei (decretos-leis), ou talvez mesmo o Presidente da República ou o Primeiro-Ministro que, como líder do partido ou da coligação maioritária, consegue fazer aprovar a quase totalidade das suas opções pessoais. Da democracia passa-se à oligarquia (agora a dos partidos políticos), e dela à monocracia, desta vez a do Presidente ou Primeiro-Ministro ven-cedor das eleições (o "monarca eleito", como lhe chamou F. W. G. Benemy [autor inglês de nomeada]) (⁹).

O que muda – e profundamente –, na segunda metade do século XX, é a concepção predominante das tarefas essenciais do Estado: nas democracias pluralistas e com o Estado social de Direito, o Poder deve agora preocupar-se em transformar as estruturas económicas, sociais e culturais da sociedade, para fomentar o progresso acelerado e distribuir pelos cidadãos os respectivos benefícios, sob a forma de educação para todos, saúde para todos, segurança social para todos, habitação económica para todos, transportes colectivos baratos para todos – isto é, numa palavra, o *bem-estar* para todos e, em especial, para os mais desfavorecidos. É, de algum modo, a vitória tardia da "justiça colectiva" sonhada por Platão sobre a "justiça individual" teorizada por Aristóteles: este apontava como modelo o homem justo; aquele preconizava como ideal o Estado justo (¹⁰).

Podemos então sumariar, agora, as razões que levaram, em países como o nosso, e na época actual, à primazia da lei como fonte do Direito:

– A lei afirma a sua proeminência com o Estado Moderno;

– O princípio do "Estado ao serviço da lei" equivale a colocar, a favor da aplicação efectiva da lei, todo o aparelho coactivo do Estado (administração pública, polícia, tribunais, prisões);

– Poucos escapam às malhas da lei, porque poucos conseguem subtrair-se ao aparelho coactivo do Estado;

(⁸) Informação da Embaixada da Suíça em Lisboa.

(⁹) In *The elected monarch: the development of the power of the Prime Minister*, London, 1965.

(¹⁰) V. *supra*, n° 21, e Diogo Freitas do Amaral, *História das Ideias Políticas*, I, p. 85 e segs., e 111 e segs.

– Noutro plano, a lei é vista (e aceite) pelos povos como um instrumento eficaz de melhoria das suas condições de vida. O homem medieval não sabia o que isso era: foi o Iluminismo (e em particular o sábio francês Condorcet) que inventou a ideia do progresso humano; Jefferson, norte-americano, reconheceu a cada indivíduo o direito de procurar a sua própria felicidade (*"the pursuit of happiness"*); e Karl Marx teorizou a utopia da justiça social para todos, neste mundo. A lei – mesmo que de origem oligárquica ou monocrática – adquire uma legitimidade nova: ela é, agora, num contexto de promoção activa do desenvolvimento, o instrumento privilegiado do *reformismo progressista* da política contemporânea.

Já não se diz mais *lex servanda est, quandiu dura* [a lei deve ser observada, ainda que dura], mas *lex servanda est, quia justa erga omnes* [a lei deve ser observada, porque traz a justiça para todos].

Qualquer marxista poderia repetir hoje aquilo que afirmou o frade católico S. Tomás de Aquino no século XIII, embora por razões e com fundamentos muito diversos: *lex injusta non est lex*★.

O que nos dá, para concluir, o carácter triplamente ambivalente da lei: no plano da *autoria*, ela é democrática em teoria, mas oligárquica ou monocrática na realidade; no plano do *conteúdo*, ela é igual para todos, mas mais generosa para os menos favorecidos ou mais carenciados; no plano da *eficácia*, a lei é obrigatória para todos, mas é a classe dirigente que a elabora e manda executar, e é o povo que a tem de cumprir, inclusivé pela força se houver alguma resistência.

O contraste com o *costume* não pode ser maior: porque aí são os mesmos aqueles que elaboram e aplicam a norma jurídica, os que a definem e os que a executam. Na lei, diferentemente, poucos são os que a fazem (*the few*), e muitos os que a têm de cumprir (*the many*).

Mas, na Europa, o costume só prevaleceu até finais da Idade Média: a lei – pelo seu fundamento democrático, pelo seu conteúdo progressista, e pela sua eficácia coactiva – tornou-se na principal fonte primária do direito interno do Estado Contemporâneo.

É nessa situação que vivemos hoje.

88. Órgãos legislativos e espécies de leis

De acordo com o n° 1 do artigo 112° da Constituição, "são actos legislativos as leis, os decretos-leis e os decretos legislativos regionais". Correlativamente, são órgãos públicos com competência para legislar – isto é, são órgãos legislativos – a Assembleia da República, que faz as *leis* (art. 161°, al. c)), o Governo, que elabora os *decretos-leis* (art. 198°, n° 1), e as Assembleias Legislativas Regionais, que aprovam os *decretos legislativos regionais* (arts. 227°, n° 1, e 232°, n° 1).

Temos, assim, três espécies de leis, no nosso actual ordenamento jurídico: as *leis parlamentares*, as *leis governamentais*, e as *leis regionais*. Mas, apesar de a Constituição a todas chamar leis, por igual, a verdade é que há uma certa diferenciação entre elas, em razão da matéria que versam:

a) Só as leis parlamentares podem tratar das matérias ditas de "reserva absoluta" de competência legislativa da Assembleia da República (art. 164°);

b) As leis governamentais (decretos-leis) só podem tratar de matérias não reservadas em absoluto pela Constituição à Assembleia da República (art. 198°, n° 1, al. a)), ou de matérias ditas de "reserva relativa" da Assembleia da República, e "mediante autorização desta", chamada *autorização legislativa* (arts. 198°, n° 1, al. b), e 165°);

c) As leis regionais não podem ocupar-se de "matérias reservadas à competência própria dos órgãos de soberania" (leis de interesse nacional), podendo contudo tratar de "matérias de interesse específico para a respectiva região" (art. 227°, n° 1, al. a)) e, bem assim, "desenvolver, em função do interesse específico das regiões", certas "leis de bases" cuja regulamentação é permitida aos órgãos de governo próprio das regiões autónomas (art. 227°, n° 1, al. c)).

Daqui resulta uma certa hierarquia entre as três espécies de leis enunciadas pela Constituição:

– As leis parlamentares podem tratar de todas as matérias susceptíveis de legislação ordinária; os decretos-leis só podem tratar do que não for reservado à Assembleia da República (excepto, nos casos de reserva relativa, se houver autorização legislativa); e os decretos legislativos regionais só podem ocupar-se, em primeira linha, das matérias de interesse especificamente regional;

– São inconstitucionais os decretos legislativos regionais que violarem os "princípios fundamentais das leis gerais da República" (art. 227°, n° 1, al. a)); tal como são inconstitucionais os decretos-leis que invadirem a esfera da competência exclusiva da Assembleia da República (ou, nos casos de reserva relativa, que o façam sem autorização legislativa ou excedendo os limites desta), sendo igualmente vedado aos decretos-leis dispor contra as leis parlamentares que possuam o estatuto especial de *leis orgânicas* (art. 166°, n° 2).

Numa palavra: as leis da Assembleia da República têm primazia sobre as demais leis em função da sua autoria parlamentar e do seu âmbito nacional; os decretos-leis do Governo têm primazia sobre os decretos legislativos regionais quando mereçam a qualificação de "leis gerais da República" e contenham princípios fundamentais do Direito nacional; e, enfim, os decretos legislativos regionais só podem ocupar-se do que for "de interesse específico" para a respectiva região.

Segundo a teoria clássica das fontes do Direito, esta diversidade das leis seria impensável: só o Estado podia fazer leis e, por via de regra, estas deviam emanar do Parlamento. Hoje, porém, no quadro de um ordenamento jurídico descentralizado e com autonomias regionais, o pluralismo das espécies de leis reflecte e espelha, adequadamente, o pluralismo do próprio Estado e da sua ordem jurídica.

89. Lei em sentido formal e lei em sentido material

A "lei em sentido formal" – também chamada "lei formal" – é *aquela lei que reveste a forma externa de uma lei, seja qual for o seu conteúdo.*

A "lei em sentido material" – também denominada "lei material" – é *aquela lei que possui um conteúdo normativo* (isto é, que contém uma ou mais normas gerais e abstractas), *seja qual for a sua forma externa.*

Por via de regra, a grande maioria das leis, em qualquer país, é- -o em ambos os sentidos. Exemplo de lei em sentido simultaneamente formal e material: uma lei da Assembleia da República que disponha, mediante normas gerais e abstractas, sobre a indemnização devida às vítimas de crimes violentos e sobre o adiantamento, pelo Estado, dessa indemnização às vítimas que "incorram em situação de grave carência económica em consequência do crime" ([11]). Trata-se de uma fonte do Direito que reveste a forma externa de lei, e cujo conteúdo tem natureza normativa, consubstanciada em normas de carácter geral e abstracto.

Mas pode acontecer que os dois critérios não coincidam: ou porque uma lei formal não constitui lei em sentido material; ou porque uma lei material não consiste numa lei em sentido formal.

Exemplo de lei formal sem o conteúdo material de lei: uma lei da Assembleia da República que promova um general a marechal, por feitos gloriosos em combate, ou que declare certo cidadão como "benemérito da Pátria", ou que nacionalize ou privatize uma determinada empresa. Trata-se formalmente de uma lei (tem forma de lei), mas não é uma lei em sentido material (porque não contém normas gerais e abstractas, antes contém apenas uma decisão individual e concreta).

Exemplo de lei material sem a forma externa de uma lei formal: é o caso dos decretos-leis, ou dos decretos legislativos regionais, que aprovem regimes jurídicos constituídos por normas gerais e abstractas, dentro da competência legislativa conferida pela Constituição ao Governo, no primeiro caso, ou às Assembleias Legislativas Regionais, no segundo.

Exemplo de "diploma legal" que não é lei nem em sentido formal, nem em sentido material: um decreto-lei do Governo que concede uma alta condecoração nacional a um cidadão estrangeiro, por serviços relevantes prestados a Portugal. Não é uma lei em sen-

---

([11]) Ver, a propósito, o Decreto-Lei n° 423/91, de 30 de Outubro, e a Lei n° 129/99, de 20 de Agosto.

tido formal, porque não é uma "lei" da Assembleia da República; e não é uma lei em sentido material, porque tem conteúdo individual e concreto, não possuindo conteúdo normativo.

Há quem entenda, diferentemente da nossa opinião, que em Portugal, hoje, são leis em sentido formal as leis da Assembleia da República, os decretos-leis do Governo, e os decretos legislativos regionais emanados das Assembleias Legislativas Regionais.
Não concordamos, porém, com tal entendimento.
Por um lado, a distinção entre leis formais e leis materiais tem a ver com o princípio da separação de poderes: só um acto normativo dimanado do Poder Legislativo (Parlamento nacional) deve ser qualificado como lei formal; não assim, os actos normativos do Poder Executivo (Governo) ou de órgãos não-estaduais (os das Regiões Autónomas).
Por outro lado, a forma de lei compreende necessariamente – em nossa opinião – o nome de lei, que é um importante *nomen juris**. Ora, só as leis da Assembleia da República aparecem no *Diário da República* com a designação oficial de *lei*; as leis materiais do Governo têm a designação (e a forma) de *decreto-lei*, e as das Assembleias Legislativas Regionais, a de *decreto legislativo regional*. São, portanto, *decretos*, ainda que com força de lei: formalmente não são *leis*.
Por último, se déssemos a qualificação de lei em sentido formal às três espécies de actos legislativos discriminadas no artigo 112º, nº 1, da Constituição, estaríamos a confundir o critério material com o critério formal, considerando como formais os diplomas que a Constituição enumera como *actos (materialmente) legislativos*: se assim fosse, todas as leis em sentido material seriam também, automaticamente, leis em sentido formal. Uma das principais razões de ser da distinção entre leis formais e leis materiais cairia por terra.

Em suma: são actos materialmente legislativos, ou leis em sentido material, as leis, os decretos-leis, e os decretos legislativos regionais; só são actos formalmente legislativos, ou leis em sentido formal, as leis da Assembleia da República, porque são as únicas que têm o nome e a forma externa de lei.

Qual o interesse teórico e prático desta distinção? – O interesse teórico da distinção reside em ajudar a compreender que, no domínio do Direito (como em tantos outros), há uma grande diferença conceptual entre a forma e o conteúdo de um certo acto (ou de qualquer outra figura): um acto pode ter forma de lei e conteúdo de lei, pode ter forma de lei mas não ter conteúdo de lei, e finalmente pode ter conteúdo de lei sem ter forma de lei. A distinção ajuda-nos a ver mais claramente as diferentes espécies de actos e, portanto, a compreender melhor a realidade que observamos.

O interesse prático da distinção está sobretudo no seguinte: como a nossa Constituição restringe, nos seus artigos 277º e seguintes, a garantia da constitucionalidade dos actos jurídico-públicos, por parte do Tribunal Constitucional, à fiscalização de *normas jurídicas*, segue-se daí, como consequência necessária, que o referido tribunal pode controlar, não só a constitucionalidade das leis em sentido formal e material, como também a das leis em sentido material (pois estas têm conteúdo normativo), mas já não pode controlar a constitucionalidade de leis formais que o não sejam também em sentido material (pois não têm conteúdo normativo, não sendo constituídas por normas jurídicas) ([12]). Assim, uma lei da Assembleia da República que promova um general a marechal, ou declare um cidadão como "benemérito da Pátria", ou conceda uma alta distinção honorífica a um Chefe de Estado estrangeiro, não é passível de controlo de constitucionalidade pelo Tribunal Constitucional, porque não contém qualquer norma jurídica, ou seja, não contém uma regra de conduta formulada em termos gerais e abstractos.

90. Leis avulsas e leis codificadas, ou Códigos

Cumpre agora aludir a uma outra distinção, da maior relevância, entre *leis avulsas* (dantes dizia-se *extravagantes*) e *Códigos*, ou leis codificadas.

"Leis avulsas" são *leis que, normalmente de extensão reduzida, regulam uma matéria delimitada e circunscrita, sem grandes preocupações de apuro científico, e sem a designação formal de código.*

([12]) O nosso Tribunal Constitucional tem tido entendimento diverso, a nosso ver sem razão.

Por seu turno, os "códigos" são *as leis de grande ou média extensão, que regulam todo um ramo do direito ou uma parte importante dele, de modo cientificamente estruturado, e com a designação formal de código* ([13]).

Exemplos de *leis avulsas*: a lei de Defesa Nacional e das Forças Armadas; a lei de autonomia das universidades; a lei do financiamento do ensino superior; etc.
Exemplos de *códigos*: o Código Civil, o Código Penal, o Código da Estrada, etc.

Porque é que certas e determinadas leis apresentam a estrutura científica e recebem o nome oficial de *Código*?

No nosso direito medieval e renascentista, surgiram pela primeira vez em Portugal grandes compilações de normas jurídicas, a que se chamou *ordenações*: assim, as *Ordenações Afonsinas* (de 1446), as *Ordenações Manuelinas* (de 1514) e as *Ordenações Filipinas* (de 1602). Eram já, de certo modo, manifestações de um fenómeno de pré--codificação; mas ainda não eram verdadeiros códigos, pois não ostentavam esse nome, nem obedeciam a uma estrutura cientificamente sistematizada e apurada ([14]). Eram mais colecções ou compilações de leis avulsas do que textos unitários gizados segundo critérios científicos.
Porém, os Códigos propriamente ditos, com este nome e dotados de uma estrutura interna bem articulada e coerente, só surgiram no século XIX, tendo o primeiro sido o *Code Civil* francês, em vigor desde 1804, promulgado por Napoleão Bonaparte, que por isso ficou a ser conhecido também como o *Code Napoleón*.
Em Portugal, o primeiro código com este nome foi o Código Comercial de 1833 (Ferreira Borges); seguiram-se-lhe os Códigos Administrativos de 1836 (Passos Manuel) e de 1842 (Costa Cabral), o Código Penal de 1852 (Levy M. Jordão) e, *the last but not the least*, o Código Civil de 1867 (Visconde de Seabra).
Actualmente, os principais códigos portugueses em vigor são: o Código Civil, de 1966 (Antunes Varela), o Código de Processo Civil, de 1961 (José Alberto dos

---

([13]) Segundo o Prof. Castro Mendes, os códigos eram definidos, no século XIX, pelo conjunto dos "3 ss.": eram diplomas "sintéticos, sistemáticos e scientíficos" (esta última palavra escrevia-se com "sc"). V., do autor, *Introdução ao Estudo do Direito*, ed. "Pedro Ferreira", Lisboa, 1994, p. 111.

([14]) As nossas *Ordenações* inspiraram-se, na sua estrutura e sistematização, nas *Decretais* do papa Gregório IX (1227-1241), também elas divididas, como as primeiras, em 5 livros (informação oral prestada pelo Prof. António Manuel Hespanha).

Reis/Antunes Varela), o Código Penal, de 1982 (Eduardo Correia), o Código de Processo Penal, de 1987 (Figueiredo Dias), o Código do Procedimento Administrativo, de 1991 (Rui Machete/Freitas do Amaral), e o Código de Processo nos Tribunais Administrativos, de 2002 (Freitas do Amaral/Aroso de Almeida). Podem mencionar-se ainda o Código das Sociedades Comerciais (1986) e o Código do Trabalho (2003).

Porque apareceram os primeiros códigos – e tantos – a partir do início do séc. XIX? Basicamente, em consequência do chamado "movimento codificador" ([15]).

Este movimento – inspirado sobretudo pelos ideais racionalistas do Iluminismo e corporizado, em França, pelo *Code Napoléon* de 1804 e, na Alemanha, pelo célebre texto de Thibaut (professor da Universidade de Heidelberg), *Da necessidade de um Direito civil para a Alemanha*, 1814 – caracterizou-se pela afirmação dos seguintes axiomas:

a) O Direito é um produto da Razão humana;

b) Como tal, deve ser lógico, claro, bem ordenado, compreensível e igual para todos;

c) Os costumes, sobretudo locais, são incertos, difíceis de conhecer e, muitas vezes, contraditórios, pelo que não produzem um Direito aceitável;

d) As leis avulsas são heterogéneas, contraditórias, promulgadas em épocas diferentes e por legisladores diversos e, portanto, não obedecem a um pensamento unitário, coerente, racional, que é indispensável em qualquer diploma legal, por razões de justiça e segurança ou certeza jurídica;

e) Os direitos medieval, renascentista e absolutista exacerbavam o poder do Estado, reduzindo a pouco os direitos individuais de cada um, ao passo que o novo direito do Estado Liberal, saído da Revolução Francesa e das revoluções congéneres que se propagaram na Europa, deve respeitar os direitos humanos, solenemente proclamados, em 26 de Agosto de 1789, na *Déclaration des Droits de l'Homme et du Citoyen*;

f) Logo, o direito post-revolucionário, para respeitar a Justiça, a Segurança e os Direitos Humanos, deve ser expresso em códigos

---

([15]) Ver, por todos, Inocêncio Galvão Telles, *Introdução...*, cit., I, p. 197 e segs.

racionais, científicos e inteligíveis, redigidos em preceitos iguais para todos os cidadãos. Como dizia expressamente (e de forma premonitória) o artigo 85º da Constituição francesa de 1793, "le code des lois civiles et criminelles est uniforme pour toute la République".

A esta corrente se opôs a *escola histórica do Direito*, representada por outro grande jurista alemão, Savigny (igualmente professor em Heidelberg), que também em 1814 respondeu a Thibaut com um texto intitulado *A vocação do nosso tempo para a legislação e jurisprudência*. Para este autor, o Direito não era um produto lógico da Razão, mas sim um produto espontâneo da História. A lei e, por maioria de razão, os códigos são instrumentos estáticos, fixados no tempo, e por isso mortos. Os usos e costumes é que evoluem com as necessidades e aspirações sociais, exprimindo o direito vivo adequado aos seres humanos em cada época da sua evolução. Codificar o direito seria cristalizá-lo: seria (diremos nós) fazer uma fotografia parada no tempo, em vez de um filme a desenrolar-se à medida das transformações exigidas pela sociedade.

A polémica foi viva e ainda hoje continua. Na Europa continental, o racionalismo codificador triunfou; mas na Inglaterra (e nos seus antigos domínios e colónias) prevalece o fascínio pela evolução histórica, pela Constituição não-escrita, pela falta de códigos, e pelo primado do *common law* [direito comum], constituído por normas consuetudinárias recolhidas, mantidas e interpretadas pela jurisprudência dos tribunais, também eles imersos no respeito costumeiro dos precedentes vindos do passado.

Numa mesma civilização – a chamada *civilização ocidental*, de origem greco-romana e cristã –, coexistem estes dois sistemas jurídicos tão diferentes na sua filosofia de base: *o sistema romano-germânico*, baseado na lei e nos códigos, interpretados pela doutrina dos jurisconsultos; e o *sistema anglo-saxónico*, baseado na jurisprudência dos tribunais, mesmo quando só aplicam a lei ([16]). Isso não impede a

---

([16]) V. Carlos Ferreira de Almeida, *Introdução ao Direito Comparado*, 2ª ed., "Almedina", Coimbra, 1998, sobretudo p. 143 e segs.

Inglaterra de conviver – com alguma incomodidade, reconheça-se – com a França e a Alemanha, no seio da União Europeia.

Em Portugal, a codificação do Direito foi bem recebida e veio para ficar. Há inúmera legislação avulsa, é certo. Mas os grandes ramos do Direito público e privado estão codificados, em boa parte; e ainda bem.

91. Regime jurídico da lei como fonte do Direito

Vamos agora passar em revista, de forma abreviada, os principais aspectos do regime jurídico a que a lei, como fonte do Direito, está sujeita.

Iniciativa da lei. – Na Assembleia da República, a iniciativa de desencadear o processo tendente à aprovação de uma lei cabe (a) ao Governo, mediante *propostas de lei*; (b) aos Deputados e aos Grupos Parlamentares, mediante *projectos de lei*; (c) às Assembleias Legislativas Regionais, mediante *propostas de lei*; e (d) a grupos de cidadãos eleitores, mediante *projectos de lei*. Neste caso, os projectos terão de ser subscritos por um mínimo de 35 mil cidadãos eleitores [17] (CRP, art. 167º).

Os casos das alíneas (a) e (b) constituem os modos tradicionais de apresentar iniciativas legislativas; o caso da alínea (c) é uma decorrência da autonomia regional dos Açores e da Madeira, no quadro da unidade nacional; e o da alínea (d) é um exemplo – tal como o referendo – de *democracia participativa* (CRP, art. 2º).

Note-se que, para evitar o agravamento do déficite orçamental – tentação permanente das assembleias parlamentares –, os n.os 2 e 3 do artigo 167º da Constituição proíbem a todas as entidades com direito de iniciativa legislativa (com excepção do Governo) que apresentem quaisquer propostas ou projectos de lei "que envolvam,

---

[17] Ver art. 6º, nº 1, da Lei nº 17/2003, de 4 de Junho.

no ano económico em curso, aumento das despesas ou diminuição das receitas do Estado previstas no Orçamento". Os Deputados e Grupos Parlamentares podem apresentar esse tipo de propostas *durante a discussão do Orçamento* para o ano seguinte, mas não fora dela, ou seja, a meio da execução de um Orçamento aprovado.

Elaboração. – A discussão dos projectos e propostas de lei admitidos compreende sempre um *debate na generalidade* (justifica-se a iniciativa? é oportuna? vai no bom sentido?) e um *debate na especialidade* (capítulo por capítulo, artigo por artigo, solução por solução) (CRP, art. 168°, n° 1).

A discussão pode ser *fechada*, se nela participam apenas os Deputados (e eventualmente o Governo), ou *aberta*, se for decidido ouvir organizações ou personalidades que, pelas suas competências e experiência, possam esclarecer e melhorar o trabalho da Assembleia.

Aprovação. – Uma vez terminado o trabalho de discussão de qualquer projecto ou proposta de lei, no plenário ou em comissão, segue-se a votação. Cada iniciativa legislativa dá sempre lugar, no mínimo, a 3 votações – uma *votação na generalidade* (que admite a passagem do texto à fase seguinte, ou o mata logo à nascença); uma *votação na especialidade* (feita artigo a artigo, e que pode ser entregue à comissão especializada em razão da matéria); e uma *votação final global* (que resulta na *aprovação* ou *rejeição* da proposta ou projecto de lei em causa, e que tem de ser feita sempre no plenário da Assembleia (CRP, art. 168°, n°s 1 a 3)).

Promulgação. – É o acto solene do Presidente da República pelo qual este converte em *lei* uma proposta ou projecto aprovado na Assembleia da República.

A promulgação não é obrigatória, tendo o Presidente da República *direito de veto* (CRP, art. 136°). Se tal direito for exercido, o Presidente deve reenviar o texto em causa à Assembleia da República, "solicitando nova apreciação do diploma, em mensagem fundamentada" (art. 136°, n° 1). Reapreciado o diploma e os motivos invocados pelo Presidente da República para recusar a promulgação, pode o veto – na generalidade dos casos – ser superado pela Assembleia da República, mediante uma segunda aprovação global que confirme a primeira, "por maioria absoluta [mais de metade] dos Deputados em efectividade de funções" (n° 2); nestes casos, se o diploma for reconfirmado, o Presidente tem o dever jurídico de promulgar.

Porém, se estiverem em causa matérias de especial importância ou particular melindre – por ex., relações externas, limites entre os sectores de propriedade dos meios de produção, legislação eleitoral e, em geral, diplomas que revistam a forma de *lei orgânica* (art. 166°, n° 2) –, o veto presidencial só é superável se a Assembleia da República confirmar a primeira aprovação do diploma por "maioria de dois terços dos Deputados presentes, desde que superior à maioria absoluta dos Deputados em efectividade de funções" (art. 136°, n° 3) [18].

É também nesta fase da promulgação que o Presidente da República pode, se assim o entender, "requerer ao Tribunal Constitucional a apreciação preventiva da constitucionalidade de normas constantes de leis" da Assembleia da República (CRP, art. 134°, al. g)).

A falta de promulgação pelo Presidente da República de uma lei da Assembleia da República (bem como de um decreto-lei do Governo) implica a *inexistência jurídica* do diploma (art. 137°). Isto significa que a lei só existe, para o mundo do Direito, com a prática do acto de promulgação; sem este, a lei será inexistente, não produzindo quaisquer efeitos jurídicos e, nomeadamente, não obrigando ninguém.

---

[18] Foi o que sucedeu, por ex., em 1982, aquando da aprovação da Lei de Defesa Nacional e das Forças Armadas: houve um veto presidencial, mas este foi superado por uma maioria superior a dois terços do número total de Deputados (obtida com os votos dos partidos da maioria governamental e do principal partido da Oposição). Cfr. Diogo Freitas do Amaral, *A Lei de Defesa Nacional e das Forças Armadas (textos, discursos e trabalhos preparatórios)*, "Coimbra Editora", Coimbra, 1983, pp. 483 e 367.

Referenda. – A promulgação presidencial das leis parlamentares e dos decretos-leis do Governo tem de ser obrigatoriamente sujeita à *referenda* do Governo, acto pelo qual o Primeiro-Ministro e os Ministros competentes em razão da matéria se solidarizam politicamente com a produção normativa contida na lei ou no decreto-lei. "A falta de referenda [nos casos em que seja exigida pela Constituição] determina a inexistência jurídica do acto" (CRP, art. 140°, n° 2).

A falta de referenda e a falta de promulgação têm, pois, consequências idênticas.

Publicação. – O artigo 119°, n° 1, da Constituição estabelece que todos os actos legislativos por ela previstos (leis, decretos-leis e decretos legislativos regionais) têm de ser "publicados no jornal oficial" do Estado Português, que se chama *Diário da República*. Isto para que tais actos possam ser conhecidos (e, portanto, acatados) por todos os seus destinatários.

A falta de publicação de qualquer desses actos no *Diário da República* não determina a respectiva *inexistência*, mas sim a sua *ineficácia* (CRP, art. 119°, n° 2). Em Direito, "ineficácia" significa *incapacidade de produzir os efeitos jurídicos pretendidos*: uma lei devidamente promulgada e referendada, mas não publicada (ou enquanto não for publicada) existe, pode ser válida, mas é ineficaz: não produz efeitos, é como se estivesse suspensa, não é obrigatória. Só com a publicação as leis adquirem a sua eficácia, passando a obrigar os respectivos destinatários.

Validade e invalidade. – As leis, como qualquer acto jurídico, podem ser *válidas*, se forem conformes a todas as normas jurídicas que regem a sua autoria, elaboração e conteúdo, ou *inválidas*, se nalgum desses aspectos violarem qualquer das referidas normas.

A invalidade de uma lei pode revestir, pelo menos, duas modalidades: a *inconstitucionalidade* (se a norma violada for a Constituição) e a *ilegalidade* (se a norma violada for uma lei de grau hierárquico superior: por ex., uma *lei-orgânica* ou uma *lei geral da República*).

A fiscalização da constitucionalidade e da legalidade das leis, dos decretos-leis e dos decretos legislativos regionais compete sobretudo, em último termo, ao Tribunal Constitucional (CRP, arts. 277° e segs.).

Este alto órgão jurisdicional do nosso sistema jurídico pode (abstraindo agora dos casos de "ilegalidade") proferir três tipos de decisões:

a) Pronúncia de inconstitucionalidade da norma, em sede de fiscalização preventiva abstracta ([19]);
b) Decisão de inconstitucionalidade da norma, com efeitos limitados ao caso concreto em que surgiu o problema (fiscalização sucessiva concreta);
c) Declaração de inconstitucionalidade da norma, com força obrigatória geral (fiscalização abstracta sucessiva): nesta hipótese, a decisão não produz efeitos apenas num dado caso concreto, mas é imperativa para todos os casos idênticos que surjam de futuro. É quase como se o tribunal *revogasse* ou impedisse a vigência daquela norma. Adiante voltaremos a este tipo de decisões (*infra*, n° 107).

Início da vigência da lei. – Já sabemos que, nos termos do n° 2 do artigo 119° da Constituição, uma lei ou decreto-lei não publicados no *Diário da República* são actos juridicamente ineficazes. O mesmo diz, acertadamente, desde 1966, o artigo 5°, n° 1, do Código Civil: "a lei só se torna obrigatória depois de publicada no jornal oficial". Não podia ser de outro modo: como pretender a obediência dos cidadãos a uma lei não publicada, quer dizer, desconhecida de todos?

([19]) No nosso sistema jurídico, o Tribunal Constitucional nunca declara que uma norma *é constitucional*; limita-se, por uma questão de cautela, a declarar que *a mesma não é inconstitucional*. Ou seja: o tribunal diz apenas que, com base nos motivos alegados por quem considerava a norma inconstitucional, não vê razões para declarar a inconstitucionalidade. Mas deixa sempre aberta a porta para que, em casos futuros, com novos argumentos, ou à luz de perspectivas diferentes, o tribunal possa (sem se contradizer) vir a declarar a mesma norma como inconstitucional.

Mas não basta a *publicação* para que a lei entre logo em vigor, isto é, se torne eficaz (cfr. o art. 5º, nº 2, do CC). Há aqui três hipóteses a considerar:

a) A lei contém uma disposição em que declara: "esta lei entra imediatamente em vigor". Neste caso, o início da vigência da lei dá-se (no direito português actual) às zero horas do dia seguinte ao da publicação da lei no *Diário da República*: se ela foi publicada, com esse preceito, aos 24 de Janeiro de um dado ano, entrará em vigor em 25 de Janeiro [20];

b) A lei contém uma disposição que fixa o dia da sua entrada em vigor, ou o prazo após o qual ela entrará em vigor – prazo de *vacatio legis*★: nesta hipótese, atender-se-á ao que a própria lei dispuser sobre o assunto;

c) A lei nada diz sobre a sua entrada em vigor: neste caso, aplica-se a *vacatio legis* supletiva, estabelecida na Lei nº 74/98, de 11 de Novembro, a qual dispõe que, no silêncio da própria lei, esta entrará em vigor nos prazos seguintes, a contar da sua publicação:

– No Continente, no prazo de 5 dias;
– Nos Açores e na Madeira, no prazo de 15 dias;
– No estrangeiro, no prazo de 30 dias.

No cômputo destes prazos, ou dos que cada lei nova decidir fixar, deve observar-se o disposto no artigo 279º do Código Civil [21] [22].

---

[20] Neste sentido, ver o artigo 2º da Lei nº 74/98, de 11 de Novembro.

[21] Conforme entende Inocêncio Galvão Telles, *ob. cit.*, I, p. 79.

[22] Texto completo do art. 279º: "À fixação do termo são aplicáveis, em caso de dúvida, as seguintes regras: a) Se o termo se referir ao princípio, meio ou fim do mês, entende-se como tal, respectivamente, o primeiro dia, o dia 15 e o último dia do mês; se for fixado no princípio, meio ou fim do ano, entende-se, respectivamente, o primeiro dia do ano, o dia 30 de Junho e o dia 31 de Dezembro; b) Na contagem de qualquer prazo não se inclui o dia, nem a hora, se o prazo for de horas, em que ocorrer o evento a partir do qual o prazo começa a correr; c) O prazo fixado em semanas, meses ou anos, a contar de certa data, termina às 24 horas do dia que corresponda, dentro da última semana, mês ou ano, a essa data; mas, se no último mês não existir dia correspondente, o prazo finda no último dia

Cessação da vigência da lei. – As leis não são eternas: como todos os seres dotados de vida própria, nascem, transformam-se e morrem. À morte da lei chama-se, em Direito, *cessação da vigência*: a lei deixa de estar em vigor.

Há quatro modos principais de cessação da vigência de uma lei:

a) *Suspensão da lei*. – Uma lei pode ser suspensa por outra lei, ou por uma fonte hierarquicamente superior. Neste caso, ela deixará de vigorar *enquanto estiver suspensa*. Se foi suspensa por certo prazo (por ex., 1 ano), a lei retomará automaticamente a sua vigência uma vez decorrido esse prazo; se foi suspensa *sine die*★, a lei só voltará a vigorar se uma nova lei vier repô-la em vigor;

b) *Caducidade da lei*. – Por vezes, uma lei "destina-se a ter vigência temporária" (art. 7º, nº 1, do CC), ou porque ela própria fixa um prazo findo o qual deixará automaticamente de vigorar (por ex., é instituído por lei um determinado regime experimental "por 3 anos", ou um regime excepcional para os "próximos 18 meses"). Nestes casos, expirado o prazo fixado na lei, esta cessa a sua vigência: *caduca*.

De outras vezes, a lei não fixa nenhum prazo para a sua vigência, mas declara-se aplicável apenas *enquanto durar uma certa situação*, por natureza *temporária* – uma guerra, uma calamidade pública, uma epidemia. Quando a situação temporária terminar, a lei deixará de vigorar. É também um caso de *caducidade* ([23]).

---

desse mês; d) É havido, respectivamente, como prazo de uma ou duas semanas o designado por oito ou quinze dias, sendo havido como prazo de um ou dois dias o designado por 24 ou 48 horas; e) O prazo que termine em domingo ou dia feriado transfere-se para o primeiro dia útil; aos domingos e dias feriados são equiparadas as férias judiciais, se o acto sujeito a prazo tiver de ser praticado em juízo."

([23]) Foi o que se passou em Portugal com a Lei Orgânica nº 2/2004, de 12 de Maio, que estabeleceu o regime temporário da organização da ordem pública e da justiça, no contexto extraordinário da fase final do Campeonato Europeu de Futebol Euro 2004, através de adaptações na organização e funcionamento dos

Pergunta-se, por vezes, se o *desuso* de uma certa lei é um caso de caducidade ou de revogação. Entendemos que não é uma coisa nem outra; por isso o tratamos separadamente;

c) *Desuso*. – É a situação em que a lei deixa de se aplicar, porque ninguém a aplica, porque cai no esquecimento geral, ou porque se formou um costume *contra legem* que tomou o lugar da lei e a substituiu. A lei perde eficácia jurídica porque perdeu a sua eficácia social: extinguiu-se paulatinamente e definhou. *Caiu em desuso*;

d) *Revogação*. – É o modo mais frequente de cessação da vigência de uma lei. A "revogação" consiste no *acto pelo qual uma dada lei, posterior, ou uma fonte do Direito hierarquicamente superior, extingue os efeitos de uma lei até aí em vigor*.

A revogação pode ter eficácia sobre o passado (eficácia retroactiva): extingue a lei como se ela nunca tivesse existido, eliminando todos ou parte dos efeitos que ela entretanto produziu. Ou pode ter eficácia apenas para o futuro (eficácia ultra-activa): extingue a lei com efeitos a partir do momento revogatório, mas conserva e respeita os efeitos produzidos enquanto a lei esteve em vigor. Na dúvida, é esta segunda modalidade de revogação que deve ser considerada, pois – em princípio – as leis não têm efeitos retroactivos, só dispõem para o futuro (CC, art. 12º, nº 1).

Há três tipos de revogação das leis:

a) *Revogação expressa*. – A lei *b* vem declarar, no seu último artigo: "fica revogada a lei *a*". A declaração da vontade revogatória

---

tribunais; na forma sumária de processo penal; no tipo de medidas de coacção, introduzindo a medida de interdição de acesso a recintos desportivos; e no regime de afastamento de estrangeiros do território nacional, entre muitas outras. É certo que a própria lei fixava um termo inicial e um termo final para a sua vigência (de 1 de Junho a 11 de Julho de 2004 (art. 1º, nº 1)), mas ainda que o não fizesse, sempre se deveria entender que o regime nela previsto apenas vigorava para efeitos e no contexto do Euro 2004, findo o qual ela não poderia senão caducar.

foi expressa, quer dizer, foi tornada explícita pelo órgão legislativo com competência para revogar;

b) *Revogação tácita parcelar*. – Suponhamos agora que a lei *b*, sem nada dizer sobre a lei *a*, estabelece um regime jurídico incompatível com o da lei *a*: há aqui "incompatabilidade entre as novas disposições e as regras precedentes" (CC, art. 7º, nº 2). O artigo *x* é incompatível com o artigo *a*, ou os artigos *x, y, z* são incompatíveis com os artigos *a, b, c*: nestes casos, a incompatibilidade provoca a revogação dos preceitos antigos, porque se presume que os novos são mais ajustados às necessidades que a nova lei visa satisfazer. Como diziam os romanos: *lex posterior priori derogat* [a lei posterior revoga a lei anterior] ([24]). Tenha-se, entretanto, presente que "a revogação tácita [parcelar], pela sua própria natureza, só actua na estrita medida da incompatibilidade ou contraditoriedade. (...) É frequente o legislador intervir apenas para retocar num ou noutro ponto a lei, que no resto subsiste" ([25]);

c) *Revogação tácita global*. – A terceira e última hipótese a considerar é a de o legislador substituir em bloco toda uma regulamentação jurídica anterior, mas sem o afirmar expressamente. Como diz o Código Civil, "a revogação pode resultar (...) da circunstância de a nova lei regular toda a matéria da lei anterior" (art. 7º, nº 2), mas sem a revogar expressamente. *Quid juris**? Nestes casos, entende a Ciência do Direito – e desse entendimento se faz eco o CC – que, havendo o propósito de efectuar uma *revogação em bloco*, as disposições contidas no conjunto normativo revogado devem considerar--se, todas, e uma a uma, revogadas. Por ex.: é publicado um novo CC; por hipótese, ele não contém nenhuma norma de revogação expressa do código anterior; mas quem faz um novo código sobre

---

([24]) Não confundir esta regra com uma outra, que estudaremos a propósito da teoria da norma jurídica, segundo a qual "a lei geral posterior não revoga a lei especial anterior": v. *infra*, vol. II.

([25]) Inocêncio Galvão Telles, *Introdução...*, I, cit., p. 110.

certa matéria quer que ele substitua na íntegra o velho código; não faria sentido (e seria praticamente impossível) obrigar os juristas a comparar, um a um, os artigos do código novo com os artigos correspondentes do código velho, para salvar da revogação global deste alguns preceitos isolados que, por hipótese, o novo código não tivesse substituído por qualquer norma incompatível. A revogação em bloco é uma revogação global: todos os preceitos da lei antiga ficam revogados pela lei nova, independentemente da averiguação, e da demonstração, caso a caso, de uma eventual incompatibilidade específica. Pode até acontecer que um artigo do novo código (sobre a "idade mínima para casar", por ex.), seja exactamente igual ao preceito que no código anterior regulava tal matéria: em caso de revo-gação tácita global, como todas as disposições da lei antiga se consideram revogadas em bloco, quem precisar de aplicar a norma sobre "idade mínima para casar" tem de invocar a do código novo, não pode continuar a citar a do velho; esta foi revogada, já não está em vigor. Só a nova norma vigora sobre tal matéria.

Isto é assim em termos gerais. Pode, no entanto, haver excepções à doutrina acabada de expor. Suponhamos que, amanhã, é publicado um novo CC que, ao contrário daquele que está actualmente em vigor, não inclui nenhum preceito em matéria de Direito Internacional Privado; e suponhamos ainda que sobre esta matéria não é publicada nenhuma lei nova. Entendemos que, para evitar que se abra uma lacuna do tamanho de todo um ramo do Direito, devem considerar-se como continuando em vigor (até uma nova regulamentação ser publicada) as disposições contidas no código revogado sobre Direito Internacional Privado. Esta nossa opinião tem apoio textual na letra do nº 2 do artigo 7º do Código Civil: aí se descreve a figura da *revogação tácita global* como sendo aquela em que se dá "a circunstância de a nova lei regular *toda a matéria* da lei anterior" (sublinhado nosso). Pois bem: na hipótese que figurámos, afinal de contas, a lei nova não veio regular toda a matéria da lei anterior, mas apenas a maior parte dela; deixou por regular uma outra parte, bem delimitada; na falta de uma nova lei reguladora desta parte mais pequena, e para evitar um enorme vazio legal, não pode entender-se que o novo código tenha querido revogar a parte do velho código relativa ao Direito Internacional Privado. Bem vistas as coisas, o que parecia ser uma *revogação global* não o era: era apenas uma *revogação parcial*, ainda que muito extensa. Nesse caso, a matéria da lei anterior que não for regulada pela lei nova não pode ser considerada como matéria que a lei nova pretendeu regular: e, portanto, tal matéria não foi revogada ([26]).

Quer dizer: nos casos que à primeira vista pareçam ser de revogação em bloco, ou revogação tácita global, cumpre fazer sempre uma averiguação prévia sobre a questão de saber se tal revogação é mesmo global, ou é apenas parcial, ainda que muito extensa (porventura, quase-global).

92. O dever de obediência à lei

O Direito – já o dissemos – existe para ser obedecido: não é uma obra de arte para deleite espiritual dos fruidores culturais, é um sistema de comandos que pretendem dirigir os comportamentos humanos com vista à obtenção de determinados resultados práticos.

Portanto, é inerente à ideia de Direito a noção de obediência ao Direito: todos os homens que vivem em sociedade têm o dever de obedecer ao Direito.

No caso do costume, este dever não tem de ser enunciado explicitamente: no costume, a conjunção do *corpus* com o *animus* faz com que cada conduta humana conforme ao costume seja, simultaneamente, criação e aplicação do Direito. Cada acto colectivo de produção da norma consuetudinária é, também, de per si, um acto

---

([26]) Na nossa dissertação de doutoramento, de 1967, que foi apresentada durante a *vacatio legis* do Código Civil de 1966, fizemos aplicação destes princípios, num caso que respeitava a normas sobre responsabilidade civil extra-contratual da Administração Pública e que, por isso, não considerámos abrangidas pela revogação em bloco do Código Civil anterior, de 1867: cfr. Diogo Freitas do Amaral, *A execução das sentenças dos tribunais administrativos*, 1ª ed., "Ática", Lisboa, 1967, p. 158, nota 1.

colectivo de obediência a essa norma. É, pois, desnecessário que, no costume, se proclame de forma expressa e autónoma o dever de obediência ao Direito. Por definição, ou não há obediência colectiva – e não há costume –, ou há costume – e então há obediência colectiva.

Podem ocorrer, é certo, casos de desobediência individual: mas o grupo social gerador do costume encarregar-se-á de aplicar aos indivíduos responsáveis as sanções adequadas.

Diferentemente se passam as coisas com a lei.

Porque das duas, uma: se a lei é fruto de um poder absoluto ou ditatorial, o povo está submetido a uma situação de opressão, e só pela propaganda e pela força física será levado a obedecer às leis, sobretudo às leis injustas, que serão provavelmente em grande número; se, diferentemente, a lei é produzida por uma fonte democrática, mas em sistema de democracia representativa, a lei emana do Parlamento e, neste, do partido ou coligação maioritários e, nestes, do líder político do conjunto, o Primeiro-Ministro. Há, pois, distinção entre governantes e governados, entre o Poder político e os cidadãos, entre a elite dirigente e o Povo soberano.

É certo que, entre uns e outros, existe um vínculo de "representação política". Mas o conceito de representação pressupõe sempre diferenciação de sujeitos e alteridade: titulares e delegados; representados e representantes; mandantes e mandatários. E as leis que uns fazem podem não ser bem compreendidas ou bem aceites pelos seus destinatários – os cidadãos.

Por isso mesmo, e ao contrário do que acontece no caso do costume, a lei tem de se ocupar do problema da obediência; tem de velar pela sua própria respeitabilidade; tem de criar mecanismos para se conseguir impor aos seus destinatários.

Numa palavra: *a lei tem de estabelecer o dever de obedecer à lei.*

É o que, em termos expressivos, ainda que incompletos, procura dizer-nos o artigo 6.º do CC quando determina:

"A ignorância ou má interpretação da lei não justifica a falta do seu cumprimento, nem isenta as pessoas das sanções nela estabelecidas".

Os antigos diziam o mesmo de forma mais sintética: *ignorantia legis non excusat* [a ignorância da lei não é desculpa] ou, em bom português clássico, *a ignorância da lei não aproveita a ninguém*.

Há, pois, o dever de obedecer às leis; e ele é tão intenso que nem sequer exclui do seu âmbito os que porventura puderem alegar e provar que não conheciam o preceito legal (e que, portanto, o violaram sem querer).

E como se estabelece na nossa ordem jurídica positiva o dever de obediência à lei? Por três formas distintas, mas complementares: primeira, através da imposição desse dever a todos os cidadãos; segunda, mediante a imposição do mesmo dever às autoridades administrativas; e terceira, por meio da imposição de idêntico dever aos tribunais, que o mesmo é dizer, aos juízes que os compõem.

Vejamos estas três formas, uma a uma:

a) *O dever de obediência do cidadão comum*: é o que resulta expressamente do citado artigo 6º do CC. Todo o cidadão tem o dever de obedecer à lei; para isso, tem de a conhecer, e tem de a interpretar correctamente, para ficar a saber o que ela lhe impõe que faça ou deixe de fazer. Ora, ou isto acontece assim, tal e qual, e o cidadão será um honesto cumpridor das leis do seu país, ou não acontece; e, se não acontece, ou é por má fé (obviamente indesculpável) ou é de boa fé; se for de boa fé que o cidadão não cumpre ou viola a lei, a causa será a ignorância da lei, ou a má interpretação dela. Pode o cidadão comum, homem honesto, um *bonus pater familias*★, quando acusado – perante a polícia ou um tribunal – de ter violado a lei, alegar em sua defesa que desconhecia aquela lei, ou que a interpretou ao contrário do que devia? Não pode: "a ignorância ou má interpretação da lei não justifica a falta do seu cumprimento". O bom cidadão cometeu, pois, um facto ilícito [27]. Poderá ele, ao menos, alegar que, estando de boa fé, não teve má intenção e,

---

[27] Em Direito Civil, porém, o "erro de direito" pode ser relevante para certos efeitos.

portanto, beneficiar de uma causa de exclusão da culpa? Não pode: "a ignorância ou má interpretação da lei (...) não isenta as pessoas das sanções nela estabelecidas". O bom cidadão – que não é formado em Direito, que não conhece o artigo 6º do CC e não tem posses para consultar um advogado – será sancionado por ter violado a lei: pode sofrer uma pena disciplinar, ou ter de pagar uma multa ou, mesmo, nos casos mais graves, ir parar à prisão... Platão diria, aqui, que todo o homem comum faz um contrato com *As Leis*, nos termos do qual, em troca de todos os benefícios que elas lhe proporcionam, ele promete obedecer-lhes sempre e em todas as circunstâncias. É o dever de obediência à lei. *Dura lex sed lex**;

b) *O dever de obediência das autoridades administrativas*: como nem todos os cidadãos são pessoas honestas e de boa fé, e mesmo os que o são nem sempre conhecem a lei ou a interpretam bem, ela vai criar um segundo mecanismo para conseguir fazer-se obedecer. Trata-se de impor a todas as autoridades administrativas – a começar pelo Governo, órgão máximo do Poder Executivo – o dever de assegurar "a boa execução das leis" e a obrigação de "defender a legalidade democrática" (CRP, art. 199º, als. c) e f)). Em especial quanto à polícia – que dispõe da "força pública" –, a própria Constituição lhe determina que defenda "a legalidade democrática" e que saiba "garantir a segurança interna", embora no respeito pelos "direitos dos cidadãos" (art. 272º, n.º 1). O mandato que a ordem jurídica transmite às autoridades administrativas em geral, e ao Governo e à polícia em especial, não podia ser mais claro: fazer respeitar as leis. E o que acontece a quem desobedecer às autoridades? Responde-nos o artigo 348º do CP: "quem faltar à obediência devida a ordem ou mandato legítimos (...) emanados de autoridade ou funcionário competente" comete o crime de *desobediência à autoridade pública*, pelo qual poderá ser punido com pena de prisão até 2 anos, ou com pena de multa até 240 dias. É uma garantia adicional do dever de obediência à lei;

c) *O dever de obediência dos juízes*: diz a Constituição que "os tribunais (...) estão sujeitos à lei" (art. 203º). E o CC acrescenta, no seu artigo 8º:

"1. O tribunal não pode abster-se de julgar, invocando a falta ou obscuridade da lei, ou alegando dúvida insanável acerca dos factos em litígio.
2. O dever de obediência à lei não pode ser afastado, sob pretexto de ser injusto ou imoral o conteúdo do preceito legislativo. (...)".

Do nº 1 deste artigo resulta a proibição da *denegação de justiça*: o tribunal tem o dever de julgar os casos que são submetidos à sua jurisdição.

O nº 2 é mais intrigante: será mesmo verdade que os juízes – todos os juízes de todos os tribunais portugueses – têm o dever de obedecer a todas as leis, mesmo aquelas que porventura eles considerem, no seu critério pessoal, como leis injustas ou como leis imorais?

A escola do *positivismo* responderá: é assim mesmo. Se a lei é injusta ou imoral, isso é um problema filosófico ou político, não é um problema jurídico. Há que obedecer.

Mas, dentro da perspectiva *jusnaturalista* em que nos colocamos, essa resposta não é convincente, nem satisfatória. Em princípio, a lei injusta e a lei imoral são contrárias ao Direito Natural e, portanto, são ilegítimas. Não devem ser aplicadas pelos tribunais.

Mas, mesmo sob o ponto de vista positivista, uma lei que fira de modo grosseiro e intolerável o valor supremo da Justiça, ou a moral humanista laica que o nosso Direito recebe em tantos casos, pode ser contestada, com o argumento de que viola o *princípio do Estado de Direito democrático*, proclamado no artigo 2º da Constituição, e é, por conseguinte, uma lei materialmente inconstitucional. Sem sair dos quadros do direito positivo, e sem ter de incentivar os juízes a violarem o seu dever de obediência à lei, é possível – pelo menos nos casos-limite, e esses são os que mais interessam – alegar a inconstitucionalidade de leis injustas ou imorais e, portanto, não as aplicar. É que, de harmonia com o artigo 204º da Constituição, "nos feitos [processos] submetidos a julgamento, não podem os tribunais aplicar normas que infrinjam o disposto na Constituição ou *os princípios nela consignados*" (sublinhado nosso). Ora, o princípio do *Estado de Direito democrático* está consignado no artigo 2º da Constituição e inclui, segundo a melhor doutrina, pelo menos a protecção do valor-justiça ([28]).

93. O problema do declínio da lei como fonte do Direito

Apenas duas breves palavras sobre este problema, que para uns tem clara resposta positiva, e para outros merece não menos clara resposta negativa. Quanto a nós, porém, a resposta correcta tem de ser matizada.

Por um lado, há inegavelmente factores que diminuem a força ou o âmbito de aplicação da lei como fonte do Direito: o aumento constante da produção de normas internacionais e comunitárias reduz, por cima, a esfera própria da lei estadual; a criação de regiões autónomas, a descentralização da administração pública, um poder local autónomo, e a normatividade própria de inúmeras comunidades infra-estaduais, limitam, por baixo, a capacidade reguladora da lei estadual. Até o CC de 1966 – que não pode ser acusado de minimizar o valor da lei como fonte do Direito – sentiu necessidade de acrescentar à lei, no elenco das fontes imediatas, as *normas corporativas*, numa inesperada abertura ao pluralismo jurídico extra-estadual e, portanto, infra-legal. Se a tudo isto acrescentarmos uma nova visão do costume, dos usos, das praxes, e de outras fontes do Direito interno não reconduzíveis à lei (v. *infra*), poderemos facilmente aperceber-nos de que, se a lei não está em declínio, entrou pelo menos

---

([28]) Ver, neste sentido, Jorge Miranda, *Manual de Direito Constitucional*, IV, 3ª ed., 2000, p. 195 e segs., e J. J. Gomes Canotilho, *Direito Constitucional e Teoria da Constituição*, 7ª ed., 2004, p. 245.

em forte concorrência com outras fontes do Direito, que lhe roubaram o monopólio, ou quase-monopólio, de que desfrutava durante o Estado napoleónico.

Por outro lado – e em sentido inverso –, há provas que julgamos irrefutáveis da enorme vitalidade jurídica da lei nos dias de hoje. Sem falar aqui da posição cimeira da Constituição (porque a não consideramos lei: v. *infra*), poderemos argumentar com os grandes códigos em que se traduzem quase todos os principais ramos do Direito; com as tão importantes (mas ainda tão mal conhecidas) *leis gerais da República*; com o facto de uma grande parte das normas de Direito Comunitário europeu, derivado, constarem de *directivas*, que carecem de ser transpostas para a ordem interna por meio de lei (*rectius**: decreto-lei); e ainda com o facto de ser através de leis e decretos-leis que o moderno Estado Social executa as suas exigentes tarefas de promoção do crescimento económico e redistribuição da riqueza com fins de solidariedade e justiça social. Em todas estas áreas não há declínio da lei, e praticamente não há concorrência: caminha-se a passos largos para um quase-monopólio.

Em resumo e conclusão: na época histórica que estamos a viver, vigora um amplo e pujante pluralismo jurídico, que se traduz, além do mais, numa vasta multiplicidade de fontes do Direito, internacionais, comunitárias e internas. Mas seria errado vaticinar o declínio da lei, porque, se há domínios onde ela viu diminuir o seu espaço vital, outros há em que a respectiva esfera de influência cresceu enormemente.

Se o costume é mais genuíno, a lei é mais forte; se o costume é mais conservador, a lei é mais progressiva; se o costume capta melhor o espírito do povo miúdo, a lei exprime mais adequadamente a energia reformadora e desenvolvimentista da elite dirigente.

Ambos são essenciais ao Direito; ambos fazem parte da natureza das coisas.

BIBLIOGRAFIA

A bibliografia deste capítulo consta da selecção indicada *supra*, no cap. 16.

QUESTIONÁRIO

1 – Qual é, de um ponto de vista quantitativo, a principal fonte primária do actual Direito português: o costume ou a lei? Porquê?
2 – Rousseau sustentava que toda a lei votada apenas pelos deputados no Parlamento era nula, e não era lei. Concorda?
3 – Independentemente da sua resposta à pergunta anterior, concorda que a lei votada pelos representantes eleitos do Povo (deputados) é um produto da oligarquia governante e não um produto democrático?
4 – Aceita ou não, no todo ou em parte, a máxima tomista *lex injusta non est lex**? Porquê?
5 – Quem pode fazer leis, segundo a CRP?
6 – Imagine mais três exemplos de leis formais que não sejam leis materiais.
7 – Dê mais três exemplos de leis materiais que não sejam leis formais.
8 – Porque será que os defensores da codificação do Direito foram iluministas, ou inspirados por eles?
9 – Considera válido algum dos argumentos invocados pela "escola histórica do Direito" para combater a legitimidade ou as vantagens da codificação?
10 – Há quem diga que, no nosso sistema constitucional, a promulgação das leis pelo Presidente da República não faz deste um co-autor da lei, mas uma espécie de notário qualificado que apõe à lei parlamentar a chancela da autenticidade. Concorda?
11 – Porque é que o desuso não constitui uma forma de caducidade ou de revogação da lei?
12 – A lei tem legitimidade democrática para impor o dever de todos lhe obedecerem? Não seria mais correcto que tal dever fosse estabelecido pela Constituição?
13 – Considera moral e justo o princípio de que "a ignorância da lei não aproveita a ninguém"?
14 – Mesmo que seja possível impugnar, a título de inconstitucionalidade, a lei injusta, o mesmo não poderá, em regra, suceder com a lei imoral. Qual a defesa jurídica existente contra esta?
15 – Não será pura habilidade da classe política negar o fenómeno do declínio da lei como fonte do Direito?

Capítulo 20

III – A DOUTRINA

94. Noção, elementos e funções

A "Doutrina", enquanto fonte do Direito, pode ser definida como *o conjunto das noções, teorias e opiniões, formuladas por escrito pelos teóricos da Ciência do Direito ("jurisperitos"), que dão a conhecer aos juristas práticos, aos estudantes e aos cidadãos comuns o conteúdo e significado de um certo ordenamento jurídico, e influenciam os Poderes legislativo e judicial no exercício das respectivas funções.*

Constituem elementos desta noção:

a) *Um conjunto de noções, teorias e opiniões*: a Doutrina jurídica consta do vasto volume de obras escritas em que se contém a chamada Ciência do Direito. Mas a Doutrina não são os tratados, manuais, lições, monografias, artigos de revista e anotações ou comentários: a Doutrina é o conteúdo científico desses trabalhos. É, pois, o conjunto das noções, teorias e opiniões formuladas pelos especialistas em matéria de Ciência do Direito. As noções, os conceitos, e as teorias formam a parte da *ciência pura*; as opiniões sobre a forma de resolver casos concretos da vida real constituem *ciência aplicada*; ambas têm natureza científica [1];

---

[1] Sobre a distinção, I. Galvão Telles, *Introdução...*, I, p. 140.

b) *A autoria dessas noções, teorias e opiniões pelos teóricos da Ciência do Direito, ou "jurisperitos"*: a Doutrina são os ensinamentos fornecidos pelos teóricos do Direito aos práticos do Direito. Consideram-se "teóricos do Direito" os *professores* de Direito, que ensinam, os *escritores* de Direito, que investigam e publicam os resultados do seu estudo, e os *jurisconsultos*, que em pareceres técnicos se pronunciam sobre a aplicação do Direito aos casos concretos da vida real ([2]);

c) *A Doutrina é elaborada pelos teóricos do Direito para ser utilizada pelos práticos do Direito*: é um erro pensar que os teóricos trabalham uns para os outros, encerrados numa torre de marfim, enquanto os práticos são deixados à sua sorte, abandonados pelos primeiros. Não: a teoria serve para esclarecer e orientar a prática; como costuma dizer-se, "não há nada mais prático do que uma boa teoria". Consideramos práticos do Direito, por um lado, os técnicos jurídicos da Administração Pública, que têm de ajudar a respeitar e cumprir, na preparação das decisões desta, o princípio da legalidade; por outro, os profissionais do foro – como os juízes, os magistrados do Ministério Público e os advogados; e, por outro lado ainda, os restantes juristas práticos – notários, conservadores dos registos, juristas de empresa, solicitadores, etc. É para estes práticos do Direito que a Doutrina directamente trabalha, para os auxiliar – e de certo modo guiar – na interpretação e aplicação das normas jurídicas. Indirectamente, através dos juristas práticos, a Doutrina trabalha também para todos os cidadãos em geral – que, como vimos, têm o dever de conhecer e interpretar bem as leis, mas que só o podem fazer com a ajuda técnica de um jurista prático;

d) *A Doutrina dá a conhecer aos práticos o conteúdo e significado de um certo ordenamento jurídico positivo e, bem assim, influencia os Poderes legislativo e judicial no exercício das respectivas funções*: junto dos práticos,

---

([2]) Sobre esta tripartição dos juristas teóricos, ver Marcello Caetano, *Manual de Direito Administrativo*, I, cit., p. 121.

a Doutrina "transmite e informa" sobre o Direito vigente; junto do Poder Legislativo, prepara e pressiona – sendo a maior parte das vezes ouvida – no sentido das reformas legislativas tidas por necessárias e oportunas; e junto do Poder Judicial, a Doutrina pronuncia-se emitindo parecer sobre a melhor forma de aplicar o Direito aos casos concretos, conseguindo frequentemente ser seguida pelos tribunais nas decisões que tomam (³).

Acrescente-se, por último, que o importantíssimo papel desempenhado pela Doutrina no nosso sistema jurídico tanto pode ser exercido *por forma individual* (por ex., a influência dominante de um professor ou tratadista em certo ramo do Direito) como *por forma colectiva* (por ex., quando se diz que "a doutrina é unânime neste ponto", ou que "é pacífica", ou que "a doutrina sempre entendeu que...", etc.). No segundo caso, estamos perante o que na Idade Média se começou a chamar – e ainda hoje se chama – a *communis opinio doctorum*★.

95. A rejeição da Doutrina como fonte do Direito pela teoria clássica; crítica

Como já deixámos entrevisto, a teoria clássica das fontes do Direito sempre rejeitou, categoricamente e sem excepções, que a Doutrina fosse, nos tempos actuais, uma fonte imediata do Direito.

Decerto que se explicava que nem sempre foi assim, pois durante o Império Romano alguns juristas mais famosos receberam do imperador o poder de elaborar respostas a certas questões em curso de julgamento nos tribunais, que eram vinculativas para o juiz da causa: era o *jus publice respondendi*★; e na Idade Média, em toda a Europa e também entre nós, por força das *Ordenações*, era corrente

---

(³) Sobre esta tripla função da Doutrina, em países pertencentes ao sistema romano-germânico, ver Carlos Ferreira de Almeida, *Introdução ao Direito Comparado*, cit., p. 57.

basear-se uma decisão judicial na *communis opinio doctorum*★, ou nas opiniões deste ou daquele tratadista famoso.

Mas sempre a teoria clássica arredou qualquer semelhança entre o que se passava nesses períodos históricos e a actualidade. Hoje em dia, nenhum jurisconsulto, por mais famoso que fosse, teria *autoridade legal* para vincular qualquer tribunal às suas opiniões ou pareceres. Por consequência, a Doutrina não seria, de todo em todo, fonte do Direito.

Ora, esta visão redutora – quase se diria niilista – acerca da Doutrina não nos parece correcta.

Desde logo, impressiona bastante, contra ela, o facto de os cultores do Direito Comparado serem unânimes em pôr em destaque o papel fundamental da Doutrina como fonte do Direito, nos sistemas ocidentais de tipo romano-germânico, em contraste com o papel fundamental da Jurisprudência (dos tribunais), nos sistemas anglo-saxónicos ([4]). Será que os olhos dos comparatistas nos vêem melhor a nós próprios do que os jurisperitos nacionais, designadamente os portugueses?

Em segundo lugar, parece inegável – e a teoria clássica não o negava – a *influência decisiva* da Doutrina (ou, como se usa dizer, "da melhor Doutrina") junto do legislador e dos tribunais. Quem prepara as leis? Quem faz os códigos? São, muitas vezes, os professores das Faculdades de Direito. E quem dá pareceres jurídicos que, em grande número de casos, convence os juízes a decidir de uma certa maneira e não de outra? Os professores de Direito e, em menor número, alguns advogados que também exercem a parecerística. Há, pois, uma enorme e decisiva influência, *de facto*, da Doutrina na elaboração e na aplicação do Direito: ela é, assim, pelo menos, uma fonte jurídica em sentido material (v. *supra*, n° 70).

Em terceiro lugar, cumpre indagar, com mais detença e profundidade, se a Doutrina não será, em caso nenhum, uma fonte do

---

([4]) Ver, por todos, Carlos Ferreira de Almeida, *ob. cit.*, pp. 57, 95 e 97, 120 e 128, e 143 e segs.

Direito em sentido jurídico-formal. Entendemos que o é, embora de modo limitado. Faremos a nossa demonstração em dois momentos, começando por ver se a Doutrina será, nalgum caso, uma fonte *juris essendi* e, depois, indagando em que circunstâncias e por que formas ela poderá ser uma fonte *juris cognoscendi*.

96. A Doutrina como fonte "juris essendi"

Há três situações, pelo menos, em que – no nosso modo de ver – a Doutrina funciona como fonte *juris essendi*, ou seja, como modo de produção de novas normas jurídicas.

a) *A elaboração de "princípios gerais de Direito"*

Neste primeiro grupo de situações, é a Doutrina que elabora um princípio geral de Direito.

Nem sempre é assim, note-se: há muitos casos em que os princípios gerais de Direito vêm expressamente consignados na Constituição (por ex., o princípio do Estado de Direito democrático, no art. 2º; o princípio da igualdade, no art. 13º; ou os princípios da justiça e da boa fé da Administração Pública, no art. 266º, nº 2) ou estão formulados na lei ordinária (por ex., o princípio da colaboração da Administração com os particulares, no art. 7º do CPA; ou o princípio da autonomia da vontade nos contratos, consagrado no art. 405º do CC).

Mas há outros tipos de casos em que a elaboração e formulação de um princípio geral do Direito (ou ainda de um princípio geral do Direito Público, ou de um princípio geral do Direito Privado) pertence exclusivamente, do princípio ao fim, à Doutrina. Esta começa por analisar todos os preceitos legais em que aflora uma mesma ideia-directriz, caracteriza-a e testa-a como denominador comum e critério inspirador desse conjunto de preceitos e, depois, por indução, formula sinteticamente o princípio ou máxima que condensa, numa só palavra ou numa breve expressão, o valor fundamental que preside a todo o conjunto de normas analisadas: é isto a construção doutrinária de um princípio geral do Direito. Seja-nos lícito dar aqui um exemplo passado connosco.

> Ao estudarmos a organização administrativa portuguesa, no nosso *Curso de Direito Administrativo*, vol. I, tivemos de reflectir sobre o modo de organização e funcionamento do Governo. E, analisando as normas de direito público reguladoras do estatuto e das competências ministeriais, concluímos, por indução, que se podia afirmar, a esse respeito, um princípio geral de direito público: o *princípio da igualdade dos Ministros* (com a única excepção do Ministro das Finanças, que tem poderes de controlo da despesa pública sobre todos os outros ministérios). Este princípio foi por nós elaborado e enunciado em 1986, na 1ª edição da obra citada, p. 229; pouco depois, foi o mesmo princípio afirmado (com citação da nossa autoria) pelo Prof. Jorge Miranda, e começou a generalizar-se.

Ora bem: na medida em que os princípios gerais do Direito são fontes normativas, e criam Direito vigente (cfr., no plano internacional, o art. 38°, n° 1, al. c), do Estatuto do Tribunal Internacional de Justiça – Haia), nos casos em que a sua elaboração e formulação pertença exclusivamente à Doutrina, afigura-se-nos que esta não pode deixar de ser considerada como fonte *juris essendi*.

b) *A decisão legislativa ou judicial-normativa tomada por mera remissão para um texto doutrinal*

Neste segundo tipo de situações, não há *apenas* uma *inspiração* do legislador ou do juiz em opiniões ou propostas formuladas pela Doutrina. Não. O legislador recebe um anteprojecto de lei, elaborado por um ou mais jurisperitos, e converte-o *tal e qual* em lei ou decreto-lei. Ou então o juiz, para explicar os motivos da sua decisão, em vez de apresentar uma fundamentação própria, devidamente explanada e desenvolvida, faz uma pura e simples remissão para certa teoria, ou interpretação, ou conceito, de um jurisperito prestigiado, ou para a *communis opinio*, ou doutrina unânime, sobre certa questão de direito.

Nestes casos, houve mais do que mera influência ou inspiração doutrinal: houve, sim, uma apropriação do texto doutrinal pela decisão legislativa ou jurisprudencial. O legislador ou o juiz fizeram sua a opinião doutrinal – e tão sua a fizeram que, remetendo para ela, se consideraram dispensados de apresentar a sua própria fundamentação. Quem quiser interpretar o sentido e alcance da lei ou da sentença elaboradas dessa maneira terá de consultar o anteprojecto legislativo ou a obra doutrinal que o órgão competente para decidir fez seus.

Dir-se-á que, nestes casos, a Doutrina não é fonte do Direito, porque a *decisão* de adoptar ou não o anteprojecto, ou a decisão de julgar de certo modo, por remissão para uma opinião alheia, foram decisões do legislador ou do juiz – e, portanto, a fonte do Direito foi a lei ou a jurisprudência, e não a Doutrina.

Não concordamos.

Em qualquer decisão, há sempre pelo menos dois momentos: o momento intelectivo (análise, ponderação, definição de certo conteúdo) e o momento volitivo (vontade, escolha, opção).

Ora bem: nos exemplos apontados, se é certo que o momento volitivo foi do Poder Legislativo, no primeiro caso, e do Poder Judicial, no segundo, não é menos certo que o momento intelectivo não emanou desses poderes do Estado, mas da Doutrina: porque o órgão decidente nada explicou, nada fundamentou, e apenas incorporou trabalho alheio.

Sendo assim, a lei (no primeiro exemplo) e a sentença judicial (no segundo exemplo) foram decisões incompletas, parcelares, lacunosas, e portanto carecidas de integração pela inclusão nelas de elementos essenciais constantes de outros textos, os textos doutrinais. Os órgãos decidentes tomaram, na verdade, a decisão; mas esta era vazia; quem lhe forneceu o conteúdo foi a Doutrina.

O facto normativo gerador de Direito é, aqui, um facto complexo, constituído pela integração complementar de dois actos simples: a proposta ou o acto opiniativo da Doutrina, e a decisão, com o mesmo conteúdo, do órgão competente para decidir. Parafraseando uma concepção desenvolvida noutro contexto, poderemos dizer aqui que a lei ou a sentença dadas como exemplo formam, em conjunto com a Doutrina, um "facto normativo de formação complexa" (⁵).

Em conclusão: se o acto que serve de fonte do Direito carece de fundamentação e de decisão (A + B), e se a primeira é fornecida pela entidade *x*, só a segunda provindo da entidade *y*, então, porque o acto normativo só está completo com A + B, esse facto é praticado em co-autoria, e A funciona como fonte integradora de B. A exemplo do que o CC estabelece sobre a lei interpretativa – esta "integra-se na lei interpretada" (art. 13°, n° 1) –, também aqui o texto doutrinal se integra na decisão geradora de Direito, completando-a, pelo que ficam a constituir os dois "uma só carne": A partilha da natureza de B.

> Exemplifiquemos com três casos bem conhecidos:
> – Ninguém duvidará de que a doutrina do Prof. Marcello Caetano sobre Direito Administrativo, durante o Estado Novo, foi, *hoc sensu**, uma fonte do Direito, em conjunção com a lei e com a jurisprudência do Supremo Tribunal Administrativo;
> – O mesmo se diga, *mutatis mutandis**, da doutrina do Prof. Manuel de Andrade sobre Teoria Geral da Relação Jurídica;
> – *Ibidem*, quanto à doutrina do Prof. Ferrer Correia e do Prof. Raul Ventura sobre sociedades comerciais.

Em casos deste tipo, a Doutrina funciona – no nosso modo de ver – como fonte *juris essendi*.

c) *A Doutrina, ou Ciência do Direito, como fonte integradora de conceitos utilizados pela lei, mas não definidos por ela*

Este é o terceiro e último tipo de situações – porventura, o mais interessante – em que, no nosso entender, a Doutrina não pode deixar de ser considerada como fonte *juris essendi*, isto é, como modo de produção de normas jurídicas.

(⁵) Concepção de Isabel de Magalhães Collaço, a propósito da Jurisprudência como fonte do Direito, que transpomos no texto para a Doutrina: cfr. o relato da referida concepção em Carlos Ferreira de Almeida, *ob. cit.*, p. 53.

A lei, bem como várias outras fontes do Direito, sobretudo as escritas, utilizam, com grande frequência, conceitos que não definem:

(1) *Conceitos naturalísticos*: dia, noite, amanhecer, entardecer, depressa, devagar, horizontal, vertical, inclinado, subida, descida, seco, molhado, escorregadio, etc.;

(2) *Conceitos jurídicos puros*: sujeito de direito, coisa, facto jurídico, contrato, relação jurídica, direito subjectivo, interesse legalmente protegido, expectativa, dever jurídico, ónus, encargo, sujeição, poder-dever, pessoa colectiva, órgão, competência, serviço público, etc.;

(3) *Conceitos jurídico-valorativos*: perigo, culpa, censurabilidade, imputabilidade ou inimputabilidade, causalidade adequada, comportamento exigível em face das circunstâncias, etc.;

(4) *Conceitos não-jurídicos*: nascimento com vida, momento exacto da morte, anomalia psíquica incurável (conceitos próprios da Medicina); higiene e salubridade de uma habitação, segurança da construção, edifício que ameaça ruína (conceitos próprios da Engenharia Civil); soma, subtracção, multiplicação, divisão, percentagem, raiz quadrada (conceitos próprios da Matemática); etc., etc.

Ora bem: os conceitos referidos em (1) e em (3) são ou devem ser preenchidos, integrados e definidos com base na experiência e conhecimentos do juiz; quanto aos conceitos indicados em (2) e (4), eles só podem ser preenchidos, integrados e definidos mediante o recurso ao léxico e às regras próprias da Ciência de que se tratar: em (2), é a Ciência do Direito; em (4), serão as várias Ciências que auxiliam o Direito a regular a vida do homem em sociedade, nomeadamente (nos exemplos apontados) a Medicina, a Engenharia Civil, e a Matemática. Muitas outras poderiam ser citadas. Trataremos destes casos (4) mais adiante (*infra*, n° 153).

Concentremo-nos, por agora, nos casos (2) – os conceitos jurídicos puros.

Abstendo-se o legislador de definir esses conceitos – e entendendo a Doutrina, unanimemente, que a lei não o deve fazer, porque é à Ciência do Direito que compete definir os conceitos jurídicos, sendo a tarefa do legislador tão-só a de elaborar regras de conduta social –, segue-se logicamente que, sempre que numa norma legal for utilizado um conceito jurídico puro, este deve ser entendido, pelo órgão de aplicação do Direito (*maxime*, o juiz), com o sentido ou significado que lhe for dado pela Ciência do Direito da sua época.

Dois exemplos – um extraído de uma norma de direito público, outro de uma disposição de direito privado – ajudarão a entender o que pretendemos dizer:

(a) Primeiro exemplo: tomemos o artigo 39° do CPA, que diz assim:

"1. O órgão delegante ou subdelegante pode emitir directivas ou instruções vinculativas para o delegado ou subdelegado sobre o modo como devem ser exercidos os poderes delegados ou subdelegados.

2. O órgão delegante ou subdelegante tem o poder de avocar, bem como o poder de revogar os actos praticados pelo delegado ou subdelegado ao abrigo da delegação ou subdelegação".

Uma norma destas é dificilmente inteligível para o cidadão comum, ou mesmo para o jurista prático, se pelo recurso à Doutrina (neste caso, aos manuais e lições de Direito Administrativo, ou aos CPA's anotados), não se obtiver o esclarecimento de, pelo menos, questões como as seguintes:

– O que são a delegação de poderes e a subdelegação de poderes?
– O que é um delegante e um delegado?
– O que é um subdelegante e um subdelegado?
– Como se distinguem as directivas das instruções?
– O que é avocar?
– O que é revogar?
– O que são actos praticados ao abrigo de uma delegação ou de uma subdelegação?

Tudo isto pode ser esclarecido mediante o recurso à Doutrina; nada disto pode tornar-se inteligível se não for através do recurso à Doutrina. Ela – e só ela – detém a chave da descodificação desta linguagem cifrada.

III – A Doutrina

(b) Segundo exemplo: consideremos agora o artigo 722º do CC, que estabelece, quanto à "transmissão dos bens hipotecados", na secção dedicada à "hipoteca", o seguinte:

"O direito de expurgação é extensivo ao doador ou aos seus herdeiros, relativamente aos bens hipotecados pelo donatário que venham ao poder daqueles em consequência da revogação da liberalidade por ingratidão do donatário, ou da sua redução por inoficiosidade".

Eis aqui outra norma legal que é praticamente impossível de entender para o cidadão comum, e bastante difícil para o jurista prático, se não for através do recurso à Doutrina (neste caso, aos manuais e lições de Direito das Obrigações, ou aos CC's anotados), para procurar esclarecer, no mínimo, as seguintes questões:

– O que é o direito de expurgação da hipoteca?
– O que é um doador e um donatário?
– Como e porque se alarga o direito de expurgação ao doador e aos seus herdeiros?
– O que é a revogação de uma liberalidade?
– O que é a ingratidão do donatário?
– O que é a redução por inoficiosidade? ([6]).

De novo afirmamos: tudo isto pode ser esclarecido mediante o recurso à Doutrina; nada disto pode tornar-se inteligível se não for através do recurso à Doutrina. Ela – e só ela – detém a chave da descodificação desta linguagem cifrada.

O recurso à Doutrina, de que aqui falamos, não tem em vista *interpretar* o preceito em causa, não se confundindo, portanto, com a interpretação das leis: com efeito, não visa determinar o sentido e o alcance das disposições citadas, tentando compreender a sua finalidade ou razão de ser, os aspectos históricos e sistemáticos a ter em conta, e concluir se se impõe proceder a alguma forma de interpretação extensiva ou restritiva dessas disposições. O recurso à Doutrina de que falamos agora visa, tão-somente, e bem antes disso, perceber o significado dos conceitos jurídicos puros utilizados pela lei, mas não definidos por ela, ou seja, descodificar a mensagem cifrada.

([6]) Poderiam dar-se muitos outros exemplos, fora do âmbito do preceito legal indicado no texto: as noções de negócio jurídico, nexo de causalidade, culpa ou boa fé – são tudo conceitos que a lei utiliza, mas não define.

Só a Doutrina possui esse código, ou a chave dessa cifra: foi com base no léxico ou vocabulário dos conceitos jurídicos puros, formulados pela Doutrina, que o legislador pôde redigir os preceitos pela forma hermética por que os redigiu; e é com base no mesmo léxico ou vocabulário, constante da Doutrina, que o jurista prático – juiz, notário, advogado – poderá entender o que se pretende dizer de forma tão misteriosa e impenetrável.

Ora, também aqui – como nas situações expostas na alínea b) deste número – a decisão normativa pertence à lei, mas a compreensão do seu conteúdo literal compete à Doutrina. É esta a detentora dos conceitos, das definições, da terminologia científica do Direito. E se, para entender um conceito médico ou aritmético utilizado pela lei, é indispensável recorrer à Medicina ou à Matemática, também aqui – exactamente pelas mesmas razões e nos mesmos termos – é necessário recorrer à Ciência do Direito para compreender um conceito jurídico puro.

A lei, por si só, é um acto normativo incompleto, nestes casos: há que completá-lo com as noções fornecidas pela Doutrina, que se integram no conteúdo da lei e fazem corpo com ela. A Doutrina é necessária para integrar a letra do texto legal, para fazer a sua *exegese* (leitura, comentário, interpretação literal). Tal como a Bíblia carece da *exegese bíblica*, o Direito também carece de uma *exegese jurídica* ([7]).

E a Doutrina, ao proporcionar essa exegese e, através dela, o entendimento dos conceitos jurídicos puros utilizados na lei, é um complemento indissociável da própria lei: uma sem a outra nada vale. Por isso afirmamos que a Doutrina é, nestes casos, fonte do Direito – e fonte *juris essendi*, porque a lei, sem o concurso descodificador da Doutrina, é ininteligível e, portanto, inaplicável. É o recurso à Doutrina que a torna inteligível e aplicável, dando-lhe vida. Sem o recurso à Doutrina, nestes casos, a lei é um nado-morto; é a Dou-

---

([7]) O chamado *método exegético* é muito criticado, com razão, porque sustenta ser suficiente a exegese para interpretar e aplicar correctamente um texto legal; nada há, porém, contra a exegese como primeira abordagem à compreensão da letra da lei. V., no vol. II, o capítulo sobre a interpretação da norma jurídica.

trina que lhe insufla o ar necessário nos pulmões para que a lei respire e viva. É nessa medida, e apenas nessa medida, que a Doutrina é aqui considerada como fonte produtora do Direito.

97. A Doutrina como fonte "juris cognoscendi"

Até aqui, falámos da Doutrina como *modo de produção* do Direito; agora vamos tratá-la como *modo de revelação* do Direito, isto é, como modo de dar a conhecer aos cidadãos de um país (e aos seus juristas em particular) a existência e o conteúdo de normas jurídicas que, embora pré-existentes, não são do conhecimento público.

Referimo-nos, naturalmente, apenas a normas jurídicas cuja fonte ou cujo texto não careça de publicação no *Diário da República* (CRP, art. 119°) ou em qualquer outro "boletim oficial" adequadamente exigido para a sua divulgação no seio da comunidade – salvo se, embora publicadas, tiverem caído no mais completo esquecimento e forem de certo modo "redescobertas" pela Doutrina.

Estão na situação referida, pelo menos, os casos de revelação pela Doutrina da existência ou do conteúdo de:

a) Costumes que se encontrem em vigor;

b) Leis que se encontrem no esquecimento geral, mas que não devam considerar-se como tendo caído em desuso;

c) Correntes jurisprudenciais uniformes, ou amplamente maioritárias, não mencionadas como tais pela própria jurisprudência (v. *infra*, n° 111);

d) Noções, teorias e opiniões doutrinárias que constituam fontes *juris essendi*, no sentido acima exposto, mas que se encontrem esquecidas e careçam de ser redescobertas para se tornarem operativas;

e) Outras fontes do Direito – das que adiante estudaremos (v. o capítulo 22) –, que sejam trazidas ao conhecimento público pela Doutrina, como, por ex., os usos juridicamente atendíveis, o direito local, os direitos corporativos, as decisões que aprovem normas técnicas juridicamente relevantes, etc., etc.

98. Será legítimo o recurso à doutrina jurídica estrangeira?

O problema foi levantado por Marcello Caetano, em termos restritos ao Direito Administrativo, mas pode e deve ser generalizado (⁸).

Entendemos, sem hesitar, que a resposta é positiva, e corresponde, aliás, ao que a Doutrina portuguesa faz sistematicamente. Porque a doutrina estrangeira é, por definição, muito mais abundante e variada do que a nacional e é, por vezes, mais profunda ou mais avançada no estádio da investigação científica em que se encontra.

O recurso à doutrina estrangeira era admitido por Marcello Caetano em termos apertados e sempre "com a maior cautela" (⁹).

Primeiro, o ilustre professor entendia que tal recurso "só é lícito depois de esgotadas as pesquisas na literatura pátria". Entendemos, diferentemente, que é legítimo e salutar o recurso paralelo e simultâneo às doutrinas nacional e estrangeira.

Segundo, o citado autor considerava que só eram invocáveis em Portugal princípios ou soluções formulados na doutrina estrangeira quando fossem do mesmo tipo os sistemas jurídicos português e da nação cuja doutrina se pretende utilizar. Concordamos em boa parte com esta restrição, mas achamos que ela deve ser entendida *cum grano salis**: Portugal pertence ao sistema jurídico romano-germânico; são portanto de acolher favoravelmente os contributos das doutrinas dos países que integram o mesmo sistema, a saber, a França, a Alemanha, a Itália, a Espanha, a Bélgica, a Suíça e a Áustria, bem como o Brasil, a Argentina, o México (para só citar os países de língua mais acessível). Mas não há nenhum mal, antes pelo contrário, em procurar ver como certo problema é tratado e resolvido nos países do outro sistema ocidental existente, isto é, o sistema anglo-saxónico (*v.g.*, a Inglaterra e os Estados Unidos da América): sob o manto de uma terminologia e de uma técnica jurídica muito diferentes das nossas, é habitual que os grandes princípios e as soluções

---

(⁸) Marcello Caetano, *Manual de Direito Administrativo*, I, 10ª ed., pp. 126-127.
(⁹) *Ob. cit.*, p. 127.

normativas consagradas tenham grande proximidade com os nossos (por ex., no sector do Direito Administrativo, a despeito de enormes diferenças formais, há uma grande afinidade substancial entre a nossa teoria da ilegalidade dos actos administrativos e a teoria inglesa das decisões tomadas *ultra vires*). O que importa é conhecer bem, para não cair em armadilhas, as semelhanças e as diferenças entre o sistema romano-germânico e o sistema anglo-saxónico ([10]).

Terceiro, sustentava Marcello Caetano que o recurso à doutrina estrangeira, para ser legítimo, dependia ainda da condição de os princípios ou soluções estrangeiras não repugnarem ao sistema jurídico português. Isto ainda hoje é, em princípio, assim: o próprio Direito estrangeiro, se for indicado como competente por uma norma de conflitos portuguesa, não é aplicável em Portugal – segundo o artigo 22º, nº 1, do CC – "quando essa aplicação envolva ofensa dos princípios fundamentais da ordem pública internacional do Estado português", ou seja, do núcleo essencial de valores jurídico-culturais que enformam o espírito do nosso sistema jurídico. O mesmo deve entender-se, *mutatis mutandis*★, da doutrina estrangeira. Cumpre, todavia, fazer uma ressalva importante: é que, havendo hoje uma protecção jurídica internacional dos Direitos Humanos, de cujas convenções Portugal é parte, não pode opor-se entre nós qualquer reserva de ordem pública – como sucedia nos tempos do Estado Novo – aos princípios e soluções da doutrina estrangeira que forem mais avançados ou mais aperfeiçoados do que os nossos em matéria de reconhecimento e protecção efectiva de todos os Direitos Humanos internacionalmente proclamados e garantidos. Não é outro, aliás, o sentido do preceituado no artigo 16º, nº 2, da nossa Constituição, quando determina: "Os preceitos constitucionais e legais relativos aos direitos fundamentais [direitos humanos] devem ser interpretados e integrados de harmonia com a Declaração Universal dos Direitos do Homem".

([10]) Ver, sobre essas semelhanças e diferenças, Carlos Ferreira de Almeida, *ob. cit.*, pp. 143-150.

Quer dizer: durante o Estado Novo (uma ditadura conservadora), o nosso país reservava-se o direito de recusar a aplicação em Portugal de normas e doutrinas que fossem mais atrasadas, ou mais avançadas, do que as do nosso direito positivo; hoje em dia, em plena democracia, Portugal arroga-se o direito de se opor a normas e doutrinas mais atrasadas – ou mais restritivas – do que as nossas, mas acolhe de braços abertos todas quantas vão mais longe, ou protejam mais amplamente, os direitos humanos dos cidadãos portugueses.

A doutrina estrangeira tem sido, e deve ser, cada vez mais, um factor de modernização e de progresso do Direito nacional.

BIBLIOGRAFIA

A bibliografia deste capítulo consta da selecção indicada *supra*, no cap. 16.

QUESTIONÁRIO

1 – A Doutrina, enquanto fonte do Direito, é constituída por tratados, manuais e artigos de revista, ou por noções, teorias e opiniões? Porquê?
2 – Como se articulam, no mundo do Direito, a teoria e a prática?
3 – O que é, hoje, a *communis opinio doctorum*? Funciona em algum caso como fonte do Direito?
4 – Porque será que, actualmente, nenhum jurisperito goza de *jus publice respondendi*?
5 – Como se distinguem os professores, os escritores e os jurisconsultos?
6 – Pode a Doutrina criar, inteiramente de novo, um princípio geral do Direito?
7 – Porque é que, quando uma lei ou uma decisão judicial remetem para um dado segmento da Doutrina e se apropriam dele, se diz que a Doutrina é fonte do Direito?
8 – Quando só a Doutrina (jurídica) pode tornar inteligíveis determinados preceitos legais, estaremos perante a Doutrina como fonte do Direito ou como instrumento de interpretação da lei?
9 – Nos casos referidos no número anterior, a Doutrina funciona como fonte do Direito ou como elemento auxiliar do jurista prático, em pé de igualdade com os dicionários da língua portuguesa que ajudam o aplicador do Direito a encontrar o sentido literal dos conceitos de tipo (1) referidos no texto?
10 – O que é a exegese jurídica?

11 – Será correcto considerar a doutrina como fonte *juris cognoscendi* quando ela descobre ou revela costumes, leis ou jurisprudência? Não serão estas últimas, nesse caso, as verdadeiras fontes do Direito?

12 – É habitual o recurso, pelos juristas portugueses, à Doutrina estrangeira (sobretudo, a doutrina europeia continental): será legítima essa prática? E será útil?

13 – Será conveniente deixar o recurso à doutrina estrangeira apenas para depois de esgotada a análise da doutrina nacional?

14 – Poderá a Ciência do Direito portuguesa recorrer ao contributo da doutrina jurídica anglo-saxónica, apesar de o nosso Direito se integrar na família romano-germânica? Porquê?

15 – Concorda com a tese daqueles que defendem que o auxílio da doutrina estrangeira deve ser sempre limitado pela condição de os princípios ou soluções aí encontrados não repugnarem ao sistema jurídico português? E como se apura o espírito do nosso sistema jurídico?

Capítulo 21

IV – A JURISPRUDÊNCIA

99. Sentidos correntes da palavra "jurisprudência"

Num sentido usado antigamente, mas hoje de todo ultrapassado entre nós, a palavra "jurisprudência" era sinónimo de *Ciência do Direito*; e, em correspondência com tal significado, os juristas teóricos, cultores da referida ciência, eram denominados *jurisprudentes*. Mas este significado caíu em desuso, ao menos em Portugal, e não temos aqui de nos preocupar com ele.

No seu sentido actual, a Jurisprudência é algo que tem a ver com os Tribunais, ou com os juízes, e a respectiva actividade: não é por mero acaso que ainda hoje muitas das novas leis remetem a decisão de questões jurídicas delicadas para o *prudente arbítrio do juiz*. A prudência (não apenas feita de cautela, mas de equilibrada ponderação dos interesses em jogo, numa dada situação conflituosa) é um elemento essencial da actividade judicial – e, em geral, de toda a actividade dos juristas.

Será correcto, então, definir a "jurisprudência" como *o conjunto das decisões dos tribunais*? Este significado é muito usado entre nós nos dias de hoje: diz-se, por ex., que a jurisprudência do Tribunal Constitucional é muito ou pouco criativa; ou que a jurisprudência do Supremo Tribunal de Justiça está bem ou mal uniformizada; ou, enfim, que a jurisprudência do Supremo Tribunal Administrativo, segundo uma certa opinião crítica, tende a favorecer os particulares em matéria de contencioso administrativo, mas beneficia quase sempre o Fisco em matéria de contencioso tributário.

Nesta acepção, entendida como o conjunto das decisões dos tribunais, a palavra *jurisprudência* faz todo o sentido, e tem a maior importância teórica e utilidade prática.

Só que ela, só por si, não nos revela se a jurisprudência deve ou não deve ser considerada como fonte do Direito.

Para isso, vamos começar por travar contacto com as principais concepções teóricas que têm sido e são defendidas sobre a matéria, no seio da Ciência do Direito. Depois, apresentaremos a nossa própria posição.

100. Poderá a jurisprudência ser fonte do Direito?

Antes de examinar a fundo a questão enunciada, convém dar um esclarecimento importante.

Como se sabe, as decisões judiciais versam, em regra, sobre casos concretos da vida real – A matou B ou não? C deve 1000 a D ou não? O indeferimento, pela câmara municipal de X, do requerimento apresentado por E, foi legal ou ilegal?

Em regra, também, e precisamente porque o objecto do processo é um caso concreto, a sentença proferida pelo tribunal sobre esse caso só vincula as partes que compareceram em juízo (A e B, ou C e D, ou X e E). Não tem força obrigatória para casos idênticos no futuro.

Mas, sob este aspecto, há no mundo ocidental dois princípios inteiramente opostos:

a) Nos países pertencentes ao *sistema romano-germânico* – entre os quais Portugal –, a decisão judicial de um caso concreto não constitui precedente obrigatório para o julgamento de casos idênticos no futuro, quer surjam perante o mesmo tribunal, quer perante tribunais inferiores ao que decidiu primeiro. É o *princípio da liberdade de decisão judicial*;

b) Nos países pertencentes ao *sistema anglo-saxónico* – por ex., Grã-Bretanha, Estados Unidos da América, Canadá –, a decisão judicial de um caso concreto vincula os tribunais a decidir os casos idênticos que apareçam no futuro da mesma maneira: os tribunais superiores estão vinculados pelas suas próprias decisões; e os tribunais inferiores estão vinculados pelas decisões dos tribunais superiores. É o *princípio do precedente judicial obrigatório* ([1]).

([1]) Cfr. Rupert Cross, *Precedent in English Law*, 2ª ed., "Clarendon Press", Oxford, 1968, p. 102 e segs.; Carlos Ferreira de Almeida, *Introdução ao Direito Comparado*, ob. cit., pp. 53 e segs., e 97 e segs..

Sem poder entrar aqui a discutir as vantagens dos dois sistemas – sendo que, quanto a nós, o segundo é muito mais capaz de contribuir para a certeza e previsibilidade do Direito e, portanto, para a paz social e para a boa marcha da economia –, importa frisar que o problema que vamos equacionar e discutir a seguir se situa no âmbito do primeiro sistema, que é o vigente em Portugal.

O que vamos averiguar é, por conseguinte, se num país onde vigora o princípio da liberdade de decisão judicial (e não o do precedente judicial obrigatório), a Jurisprudência pode ser, apesar disso, fonte do Direito.

Respondendo à pergunta, há três grupos de teorias que se pronunciam abertamente sobre o tema:

(a) A Jurisprudência nunca é fonte do Direito;
(b) A Jurisprudência é sempre fonte do Direito;
(c) A Jurisprudência, na generalidade dos casos, pode ser uma actividade criativa de soluções jurídicas concretas, mas não é fonte do Direito, embora o seja, sem qualquer dúvida, em certas situações especiais e bem definidas.

(a) A primeira concepção, totalmente negativista, teve já defensores no Direito Romano, que diziam: *"non exemplis, sed legibus, judicandum est"* [deve julgar-se de acordo com as leis e não segundo os exemplos da jurisprudência]; e, também, *"optima lex quae minima relinquit ad arbitrium judicis; optimus judex qui minimum sibi"* [óptima é a lei que pouco deixa ao arbítrio do juiz; óptimo é o juiz que pouco assume para si próprio].

Esta concepção atingiu o auge do prestígio com Montesquieu, no célebre tratado *De l'esprit des lois* (séc. XVIII), onde sustenta, de acordo com a sua teoria dos três poderes do Estado, que a feitura das leis deve ser reservada ao Poder Legislativo, cabendo ao Poder Judicial, não a tarefa (alheia) de fazer novas leis, ou corrigir as existentes, mas apenas a sua própria tarefa, que é a de aplicar a lei aos casos concretos trazidos a julgamento. Nesta ordem de ideias, Montesquieu considerava o Poder Judicial como um poder neutro, mecânico, automático, que devia funcionar como mero escravo da lei. E explicava: *"les juges de la nation ne sont que la bouche qui prononce les paroles de la loi; des êtres inanimés qui n'en peuvent modérer ni la force ni la rigueur"* [os juízes da nação são apenas a boca que pronuncia as palavras da lei; seres inanimados que não podem moderar nem a força nem o rigor das leis] (²).

Ainda hoje esta doutrina tem muitos seguidores, nomeadamente os adeptos da teoria clássica das fontes do Direito, que a formulam assim: na esmagadora maioria dos casos, que constituem a regra, o juiz limita-se a aplicar a lei geral e abstracta aos casos concretos (por ex.: a lei diz que é proibido matar, sob pena de x anos de prisão; o Ministério Público prova em tribunal que Manuel matou Francisco; o juiz nada mais tem a fazer do que, aplicando aquela lei a este caso concreto, condenar Manuel a x anos de prisão).

Só que as coisas não são assim tão simples. Mesmo no exemplo dado, que parece óbvio, há uma margem de livre decisão que a lei confere ao juiz: segundo o artigo 131º do nosso CP, "quem matar outra pessoa é punido com pena de prisão de 8 a 16 anos"; ora, quem opta por aplicar uma pena de 8 anos, ou uma pena de 16 anos, ou uma qualquer pena intermédia entre esses valores mínimo e máximo, é o juiz, segundo os seus próprios critérios, que não estão indicados com precisão na lei.

Por outro lado, a interpretação da lei pode ser controversa: quem escolhe uma das interpretações possíveis, em detrimento das demais, é o juiz, que não o faz segundo directivas pormenorizadamente traçadas pela lei. E se a lei tiver lacunas (casos omissos) quem as integra, por critérios próprios, é o juiz.

Enfim, o próprio apuramento dos factos, a avaliação das provas, a ponderação da credibilidade (ou falta dela) das testemunhas, tudo são decisões do juiz: a acusação, representada pelo Ministério Público, tenta provar que Manuel matou Francisco; mas quem decide, por sentença, se o primeiro matou ou não o segundo, é o juiz, não é a lei nem a acusação.

O juiz não é, pois, em caso nenhum, um simples autómato que, qual gramofone ou CD, se limita a pronunciar oralmente as palavras escritas no texto da lei. As suas funções vão muito para além disso e,

---

(²) Montesquieu, *De l'Esprit des Lois*, Genève, 1747; edição moderna, *Montesquieu, Oeuvres complètes*, "Du Seuil", Paris, 1964, p. 589.

inúmeras vezes, têm *natureza criativa*. A noção de Jurisprudência não equivale à ideia mecânica de mera aplicação da lei. Há que investigar tudo quanto nela se compreende, para além da aplicação da lei, e é bem possível que, em tal investigação, se descubram situações típicas em que a Jurisprudência pode ser, ou é, fonte do Direito.

(b) A segunda concepção situa-se no polo oposto e vê na Jurisprudência, sempre e em todos os casos, uma fonte do Direito. Mais: alguns dos autores que a perfilham vão mesmo ao ponto de declarar, alto e bom som, que a Jurisprudência é *a fonte do Direito por excelência*, acima da lei e do costume. É o caso, nomeadamente, da "escola realista americana", que teve como principal epígono o juiz Holmes, do Supremo Tribunal Federal (Oliver Wendel Holmes: 1841-1935).

Segundo o juiz Holmes, a lei e o costume são incertos, cheios de lacunas, sujeitos às interpretações mais díspares; e a sua aplicação a cada caso concreto depende das circunstâncias específicas do caso, da personalidade do autor e do réu, da boa ou má prestação das testemunhas, do facto aleatório de se terem encontrado ou não provas documentais decisivas, da melhor ou pior actuação dos advogados e, sobretudo, da inteligência, competência jurídica e bom senso do juiz, para não falar dos seus próprios preconceitos religiosos, políticos, raciais ou de classe. De modo que olhar para a lei ou para o costume é olhar para o desconhecido: só quando o juiz decidir é que se fica a saber, ao certo, o que é o Direito sobre aquela questão discutida no tribunal. Os tribunais – não os costumes ou as leis – são a única verdadeira fonte do Direito.

Ficou célebre o seguinte trecho de Holmes, publicado num artigo da prestigiada *Harvard Law Review*, em 1897, com o título "The Path of the Law" ["O caminho do Direito"], em que o autor se coloca na perspectiva com que o Direito é olhado por um criminoso (*"the bad man"*) que aguarda julgamento:

"Tomemos então a questão fundamental: em que é que consiste o Direito? O leitor encontrará alguns juristas que lhe dirão que o Direito é algo diferente daquilo que é decidido pelos tribunais de Massachusetts ou de Inglaterra, que ele é um sistema da razão, que é uma dedução de princípios da moral, ou de axiomas reconhecidos, ou qualquer outra coisa, que pode coincidir ou não com as decisões judiciais. Mas, se adoptarmos o ponto de vista do nosso "homem mau", concluiremos que ele não se importa minimamente com os axiomas ou com as deduções, porque o que ele de facto quer mesmo saber é o que os tribunais de Massachusetts ou da Inglaterra provavelmente lhe farão no julgamento. Eu penso tal e qual como ele. *O que eu entendo é que as Leis são as profecias sobre o que os tribunais farão na realidade*, e nada mais ambicioso do que isso" (sublinhado nosso) ([3]).

Esta concepção – e tudo o mais que Holmes disse a propósito na época – teve a maior influência nos Estados Unidos (e não só), na primeira metade do século XX. Houve até um outro conceituado professor de Direito, Jerome Frank, americano, que comparou a doutrina de Holmes à revolução de Copérnico na astronomia global: "a concepção do 'homem mau' de Holmes fará, mais cedo ou mais tarde, todas as pessoas compreender que o centro do mundo jurídico não são as normas, mas as decisões específicas dos tribunais (...) nos processos concretos que vão julgando" ([4]). Passava-se, assim, do *legal-made law* [Direito feito pelas leis] para o *judge-made law* [Direito feito pelos juízes].

Quanto a nós, porém, a concepção formulada por Holmes não é mais acertada do que a de Montesquieu: onde esta peca por defeito, aquela peca por excesso.

É claro que – já o dissemos – o trabalho dos tribunais é muito importante, não apenas na tarefa de aplicação da lei ao caso concreto, mas também nas diversas tarefas *criativas* que lhe incumbem –

([3]) Citado por J. M. Kelly, *A short History of Western Legal Theory*, cit., pp. 365--366.

([4]) Também citado por J. M. Kelly, *ibidem*, pp. 366-367.

quer em matéria de direito (*v.g.*, escolha entre interpretações contraditórias, integração de lacunas, preenchimento de normas indeterminadas e de conceitos vagos, exercício de poderes discricionários eufemisticamente denominados como "prudente arbítrio do julgador"), quer até em matéria de facto (*v.g.*, ponderação da credibilidade das testemunhas, avaliação do valor probatório dos documentos, elaboração da decisão de facto).

Mas daí até considerar que a jurisprudência dos tribunais é a única verdadeira fonte do Direito, e que as leis não são mais do que meras "profecias sobre o que os tribunais farão na realidade", vai uma enorme distância que não pode legitimamente percorrer-se. Por três razões fundamentais.

Primeira: é profundamente errado reduzir o Direito, ou o mundo do Direito, ao que se passa nos tribunais. A verdade é que, em todos os ramos do Direito, sem excepção, a esmagadora maioria das normas jurídicas em vigor é espontaneamente acatada pelos cidadãos, e só uma reduzida minoria de casos são levados a julgamento em tribunal: por ex., houve cerca de 2 300 homicídios no ano de 2002 em Portugal, o que significa, em números aproximados, que a lei que proíbe matar foi cumprida espontaneamente nesse ano por 9.997.700 cidadãos! Percentagem de cidadãos levados a julgamento em tribunal sobre o total da população portuguesa: 0,023%! O mesmo poderíamos dizer dos contratos cumpridos e não cumpridos, dos impostos pagos e não pagos, das normas do Código da Estrada acatadas ou infringidas, etc. Será que alguém estará convencido de que são as decisões dos tribunais – e não a lei – que leva a generalidade dos cidadãos a circular pela direita em Portugal, ou pela esquerda em Inglaterra e Moçambique?

Segunda: se o Direito tivesse como fonte única ou predominante a jurisprudência dos tribunais, não seria menos incerto e inseguro do que, segundo Holmes, o é quando imputado à lei e ao costume. Na verdade, as decisões judiciais sobre cada questão de direito são, de início, numerosas e contraditórias e só muito lentamente vão sendo uniformizadas e adquirindo os caracteres da certeza e previsibilidade que todo o Direito tem de ter. Tanto o costume como a lei, e sobretudo esta, são apesar de tudo muito mais certos e previsíveis do que a jurisprudência dos tribunais, nomeadamente os de 1ª instância.

Terceira: as leis não são meras "profecias" do que os tribunais provavelmente farão na realidade, como com algum humor (ou desdém?) afirmou Holmes. Por dois motivos: por um lado, as leis obrigam os cidadãos e os tribunais. Uns e outros têm o dever jurídico de as cumprir, dentro e fora do tribunal. Quando o fazem, não estão a confirmar a veracidade de uma profecia, estão sim a cumprir um dever jurídico. Por outro lado, se as leis fossem de facto "profecias" acerca do comportamento decisório dos tribunais, na generalidade dos casos estes cumpririam ou realizariam a profecia – e o fenómeno era exactamente idêntico ao da obediência à lei. Mas se os tribunais, pelas mais diversas razões, decidirem num sentido diferente do que aparentemente resulta da lei, então esta foi uma profecia que saíu falsa, e não se lhe pode em rigor chamar "profecia". O que Holmes devia ter escrito, no contexto das suas opiniões, era provavelmente que as leis eram "enigmas" ou "charadas", que os tribunais resolveriam ou não de acordo com a chave das respostas certas.

Oliver Wendell Holmes foi, ao que parece, um grande juiz – e teve o imenso mérito de chamar a atenção para a enorme importância, negada por Montesquieu e tantos outros, do papel dos tribunais na aplicação e realização prática do Direito. Mas exagerou ao reduzir praticamente a zero a importância do costume e da lei como fontes primárias do Direito, e ao exaltar, de forma excessiva e não rigorosa, o papel da Jurisprudência.

(c) Enfim, a terceira concepção – segundo a qual, recorde-se, a Jurisprudência não é, na generalidade dos casos, fonte do Direito, mas é-o em certas hipóteses especiais e bem definidas – corresponde precisamente àquela que defendemos.

Vamos já de seguida explicar o duplo aspecto (negativo e positivo) da concepção por nós sustentada.

101. **A jurisprudência na decisão dos casos concretos levados a tribunal**

Os tribunais existem, primacialmente, para julgar casos concretos – processos, litígios, conflitos de interesses – ora entre o Estado (ou algum ente público menor) e um particular; ora entre dois entes públicos entre si (por ex., Estado e município); ora entre dois ou mais particulares entre si.

Uma decisão de um caso concreto não constitui jurisprudência: uma andorinha não faz a Primavera.

Mas um conjunto de decisões sobre casos idênticos – todos do mesmo género – já constitui, num primeiro sentido, jurisprudência (como, por ex., quando se fala da jurisprudência portuguesa sobre arrendamento urbano, ou sobre cheques sem cobertura, ou sobre o crime de corrupção).

E o conjunto das decisões dos tribunais – todas as decisões de todos os tribunais portugueses – constitui jurisprudência num segundo sentido (como, por ex., quando se diz que a jurisprudência portuguesa é demasiado legalista, ou depende demasiado da Doutrina, ou é em geral bastante sensata, etc.).

É perfeitamente legítimo, e bastante útil, o uso da palavra *jurisprudência* nestes dois sentidos acabados de referir: usada desse modo, a palavra permite exprimir o conhecimento dos práticos, ou dos teóricos, ou de uns e outros, sobre as grandes orientações seguidas pelos tribunais, quer em geral, na sua actividade jurisdicional típica do Poder Judicial, quer em especial, a propósito de um certo ramo do Direito, ou de parte dele, ou de figuras jurídicas e institutos concretos em torno dos quais se vá tecendo uma malha mais ou menos extensa de orientações, de tendências ou, pelo contrário, de grandes divisões e contradições.

Mas ainda não é no primeiro nem no segundo sentido da palavra que nos interessa estudar, neste capítulo, a jurisprudência, porque, em qualquer desses sentidos, a jurisprudência não é, nem pode ser considerada como sendo, fonte do Direito. E não o é, nem pode ser, por duas ordens de razões.

Por um lado, uma decisão judicial típica é um acto que aplica uma norma geral e abstracta a um caso concreto, porquanto a função principal dos tribunais é aplicar o Direito existente, não é (em regra) criar Direito novo. A função do Estado que os tribunais desempenham chama-se função jurisdicional: e a palavra jurisdicional provém, etimologicamente, do latim *juris dicere*, ou seja, *dizer o Direito*, declarar qual a norma aplicável e aplicá-la, conforme tem sublinhado Oliveira Ascensão. Por via de regra, os tribunais são *órgãos de aplicação do Direito* – e não *órgãos de criação do Direito*.

Ora, um acto que aplica o Direito existente, não criando Direito novo, não pode ser considerado, sob pena de contradição insanável, como fonte do Direito. E o que se diz de uma sentença judicial vale também para o conjunto das decisões dos tribunais: elas não são produtoras ou reveladoras de Direito novo; são, em regra, decisões de aplicação do Direito criado e revelado por outros órgãos ou entidades.

Isto não quer dizer, de modo nenhum, que a sentença judicial que decide um caso concreto – civil, penal ou administrativo – não possa ter, ou não tenha, muitas vezes, um certo grau de *criatividade* jurídica: é o que sucede, por ex., quando os tribunais, em vez de aplicarem uma lei existente ao caso *sub judice**, integram as lacunas da lei – preenchendo os casos omissos com normas que não constam da lei, ou não foram feitas para aquele tipo de situações da vida real –; ou quando concretizam, com ampla margem de actuação autónoma, os chamados "conceitos vagos ou indeterminados"; ou, enfim, quando usam o "prudente arbítrio do juiz", em casos em que a lei não fornece o critério da decisão e este é livremente formulado pelo juiz.

Mas ser criativo na busca de soluções jurídicas para casos concretos não é equivalente a ser criador de normas jurídicas gerais e abstractas.

Por outro lado – e ao contrário do que sucede em Inglaterra e, em menor medida, nos EUA ([5]) –, em Portugal, como na generali-

---

([5]) Cfr. Carlos Ferreira de Almeida, *Introdução ao Direito Comparado*, cit., pp. 97 e segs., e 128.

dade dos países pertencentes ao sistema romano-germânico, a decisão judicial concreta não constitui *precedente obrigatório* para futuras decisões, do mesmo tribunal ou de outros, ainda que hierarquicamente inferiores, e isto é assim, mesmo que os casos sejam idênticos e hajam de ser julgados por aplicação da mesma norma jurídica. Porquê? Porque, segundo a Constituição, "os tribunais são independentes e apenas estão sujeitos à lei" (art. 203º) ou, como também é usual dizer-se, porque os juízes são independentes e só devem obediência à lei e à sua consciência. Isto não quer dizer que uma decisão especialmente bem fundamentada e convincente, sobretudo se vinda de um tribunal superior, não tenha – em grande número de casos – uma particular "força persuasiva" (Ferreira de Almeida), que pode, aliás, ser intelectualmente persuasiva (por dizer o que diz), hierarquicamente persuasiva (por vir de quem vem), ou ambas as coisas em simultâneo. Mas ser *persuasivo* não é o mesmo que ser *obrigatório*. Ora o "precedente persuasivo" não é um precedente obrigatório. Portanto, a decisão que funciona como precedente persuasivo, só por si, não é fonte do Direito.

A jurisprudência, enquanto conjunto de decisões concretas proferidas pelos tribunais, não é, pois, em regra, fonte do Direito. Não haverá, contudo, casos especiais em que o seja? Não haverá um terceiro sentido para a palavra *"jurisprudência"*? É esse o problema, bastante interessante, que importa analisar e esclarecer nas páginas que se seguem.

Para tentar evitar confusões, escrevemos normalmente *jurisprudência* (com minúscula inicial) para significar o conjunto das decisões concretas dos tribunais não produtoras de normas jurídicas, e *Jurisprudência* (com maiúscula inicial) para significar os casos em que uma ou mais decisões dos tribunais sejam, legitimamente, à face da nossa ordem jurídica, verdadeira e genuína fonte do Direito, isto é, sejam criadoras ou reveladoras de normas jurídicas gerais e abstractas, obrigatórias para os seus destinatários – como vamos ver que, por vezes, acontece.

102. A Jurisprudência como fonte do Direito: noção e elementos

À luz do que foi dito e explicado no número anterior, podemos agora definir a "Jurisprudência" como a *parcela específica da actividade dos tribunais que consiste nas decisões dotadas de força obrigatória geral ou que constituam correntes uniformes de interpretação ou integração de uma dada norma jurídica.*

São, pois, três os elementos essenciais desta noção:

a) A Jurisprudência é uma *parcela específica da actividade dos tribunais*: isto quer dizer duas coisas: que só consideramos Jurisprudência (*hoc sensu*) a actividade dos tribunais, o que nos leva a excluir do conceito, quer a chamada "jurisprudência administrativa ou burocrática", quer a jurisprudência como sinónimo de Doutrina, ou Ciência do Direito. E, por outro lado, que, para nós, só constitui Jurisprudência uma parte da actividade dos tribunais (e não toda ela) – precisamente aquela parte, ou parcela, em que a actividade dos tribunais é fonte do Direito (e não mera aplicação do Direito existente);

b) A Jurisprudência é fonte do Direito nos casos em que os tribunais profiram *decisões dotadas de força obrigatória geral*: ou seja, decisões judiciais que revistam carácter *normativo* (normas gerais e abstractas) e *obrigatório* para todos os cidadãos ou, pelo menos, para uma categoria genericamente delimitada deles;

c) A Jurisprudência é também fonte do Direito nos casos em que os tribunais profiram *decisões que constituam correntes uniformes de interpretação ou integração de uma mesma norma jurídica*: se há decisões divergentes e, portanto, "contradição de julgados", não há fonte de Direito – não é criada ou revelada nenhuma norma jurídica; mas se um conjunto de decisões sucessivas, que se repetem e porventura se citam umas às outras, dando sempre a mesma interpretação a uma certa norma jurídica, ou integrando as suas lacunas sempre do mesmo modo, formam uma "corrente jurisprudencial uniforme", isto é, um número significativo de decisões que em sucessão contínua caminham todas no mesmo sentido, em uníssono, como um só rio da nascente até à foz, então está aí, bem à luz do dia, um facto criador ou revelador de uma norma jurídica geral e abstracta que todos se sentem levados a cumprir.

103. A negação da autonomia teórica da qualificação da Jurisprudência como fonte do Direito

Vê-se, pelo que acabamos de dizer, que há dois tipos ou modalidades de Jurisprudência, entendida como fonte do Direito: a *decisão judicial com força obrigatória geral*, aparentemente semelhante à *lei*, e a *corrente jurisprudencial uniforme*, aparentemente semelhante ao *costume*.

Isto tem levado uma boa parte dos autores a sustentar que, tudo visto e ponderado, a Jurisprudência não é afinal, no plano conceptual, uma fonte do Direito autónoma – no primeiro caso, porque a decisão com força obrigatória geral, sendo um acto unilateral do Estado criador de normas jurídicas, é afinal uma verdadeira *lei*; no segundo caso, porque a corrente jurisprudencial uniforme, sendo uma prática habitual e constante adoptada em termos de obrigatoriedade, é afinal um verdadeiro *costume*.

Nos dois tipos de casos, não seria, pois, a Jurisprudência que seria uma espécie autónoma de fonte do Direito, mas sim, e apenas, a lei e o costume – uma lei e um costume de origem judicial ([6]).

([6]) Ver, quanto ao primeiro tipo de casos, Benjamin N. Cardozo, *The nature of the Judicial Process*, "Yale University Press", New Haven, 1921, e John H. Ely, *Another such victory: constitutional theory and pratice in a world where Courts are no different from Legislatures*, in *Virginia Law Review*, 77, 1991; e Cristina Queiroz, *Interpretação constitucional e poder judicial*, "Coimbra Editora", Coimbra, 2000; o próprio Gomes Canotilho, para retratar teoricamente a decisão judicial com força obrigatória geral, afirma que ela é dotada de "força de lei". Quanto ao segundo tipo, expressamente, J. Oliveira Ascensão, *O Direito...*, cit., p. 314 e segs.

Note-se que este entendimento não é semelhante ao da teoria clássica: para esta, a Jurisprudência nunca seria uma fonte autónoma do Direito porque, em se tratando de decisões com força obrigatória geral, esta força provinha da lei, e a fonte do Direito era por isso a lei; e, em se estando perante uma corrente jurisprudencial uniforme, esta não vinculava ninguém e, a todo o momento, podiam surgir decisões que a contrariassem, sem por isso serem inválidas, logo não havia criação de Direito.

O pensamento mais moderno exposto acima é diferente: não negando que, nas duas hipóteses típicas referidas haja verdadeiras fontes do Direito, proclama que as decisões judiciais com força obrigatória geral são, elas mesmas, verdadeiras *leis*, pelo que a fonte do Direito que elas corporizam não é a Jurisprudência, mas a Lei (Cristina Queiroz); e que as correntes jurisprudenciais uniformes, sendo também fontes do Direito, têm natureza consuetudinária, pelo que a fonte do Direito que nelas se afirma não é a Jurisprudência, mas o Costume – um "costume jurisprudencial" (Oliveira Ascensão).

104. Crítica: razão de ser da autonomização conceptual da Jurisprudência como fonte do Direito

Discordamos, porém, destas concepções.

As decisões judiciais com força obrigatória geral não são leis: primeiro, porque não provêm do Poder Legislativo, mas do Poder Judicial; segundo, porque não têm nem a designação oficial nem a forma solene da lei; e, terceiro, porque qualificá-las como leis só porque têm carácter normativo e obrigatório é regressar à teoria clássica e aceitar o pressuposto (erróneo) de que todo o acto criador de normas gerais e abstractas que sejam obrigatórias é uma lei. A forma correcta de colocar a questão é a inversa: todo o acto normativo e obrigatório é fonte do Direito, mas só será lei se for organicamente da autoria do Poder Legislativo e formalmente revestir a forma solene de lei.

Por seu turno, as correntes jurisprudenciais uniformes não são costumes: porque a repetição sucessiva, em sentenças que se seguem umas às outras, de uma mesma maneira de interpretar uma certa norma jurídica, ou de integrar uma dada lacuna, não é fruto de nenhuma *opinio juris vel necessitatis**; os tribunais não aderem às decisões anteriores por estarem convictos de terem a *obrigação* de o fazer; aderem porque *concordam voluntariamente* com o conteúdo e os fundamentos das decisões anteriores. Não há aqui nenhum costume, portanto.

O que há é uma outra fonte do Direito, que não é lei nem costume, mas que é distinta de ambas — a Jurisprudência, caracterizada como modo *sui generis* de produção ou revelação de normas jurídicas, que não tem carácter legislativo nem consuetudinário, mas é tipicamente "jurisprudencial", isto é, consiste na repetição maciça de decisões idênticas por adesão voluntária ao conteúdo das anteriores.

> Note-se que, ao considerarmos a Jurisprudência como fonte do Direito *autónoma* (isto é, distinta do costume, da lei e da doutrina), não estamos a pretender dizer que os Tribunais possam tomar decisões *contra legem**: os Tribunais estão subordinados à lei e, mais amplamente, a todo o Direito objectivo. O que queremos dizer é que, em certos casos (v. *infra*), há decisões judiciais que, sem violarem o Direito existente, criam Direito novo. São decisões *praeter legem**.

105. A Jurisprudência como fonte "juris essendi" e como fonte "juris cognoscendi"

Para a teoria clássica (*v.g.*, Cabral de Moncada), a Jurisprudência só podia ser considerada como fonte do Direito — e, mesmo assim, não por autoridade própria, mas tão-somente por força da lei — nos casos em que esta, a lei, concedesse a um tribunal superior o poder de proferir "assentos" com força obrigatória geral. E dentro desta categoria, havia a distinguir dois grupos de hipóteses: (a) havendo contradição de julgados, "sobre a mesma questão de direito e no domínio da mesma legislação", o Supremo Tribunal de Justiça podia escolher, de entre duas interpretações divergentes da lei, qual a que considerava mais correcta, e impô-la para o futuro; (b) havendo contradição de julgados sobre o modo de integrar uma lacuna da lei, o Supremo Tribunal de Justiça podia optar pela melhor forma de integração, e torná-la obrigatória.

Em (a), o assento equivalia a uma *lei interpretativa*, isto é, a uma lei que vem decidir uma dúvida de interpretação de outra lei anterior e, por consequência, não criava direito novo, apenas declarava qual a melhor interpretação do direito pré-existente; só em (b) é que, na falta de lei, e tratando-se de um caso omisso na legislação, o tribunal fazia realmente obra criadora – "o tribunal pode então inovar e, como a sua inovação fará lei para o futuro", estaríamos de facto perante uma hipótese em que a Jurisprudência seria uma "verdadeira e insofismável fonte imediata, inovadora e criadora do direito" (⁷).

Apesar das nossas divergências de fundo em relação à teoria clássica das fontes do Direito, já oportunamente explanadas mais atrás, pensamos que esta distinção feita por Cabral de Moncada, entre *jurisprudência interpretativa* e *jurisprudência integradora*, tem virtualidades muito relevantes que permitem utilizá-la no contexto, bem diferente, da nossa própria teoria. Na verdade – e seja qual for a norma jurídica que é objecto da Jurisprudência (costume, lei, tratado internacional, regulamento, norma corporativa, etc.) –, o tribunal, umas vezes, interpreta a norma aplicável; outras vezes, na falta de uma norma aplicável, integra uma lacuna do ordenamento jurídico. E isto é assim, quer estejamos perante uma decisão com força obrigatória geral, quer se trate antes de um conjunto sucessivo de decisões que constituam uma corrente jurisprudencial uniforme.

(⁷) Cabral de Moncada, *Lições de Direito Civil*, cit., I, p. 109 e segs., em especial pp. 111-112.

Nestes termos, e aplicando a fecunda distinção formulada por Cabral de Moncada à nossa própria visão das coisas nesta matéria, diremos:

a) Nas decisões judiciais com força obrigatória geral que declarem a inconstitucionalidade ou a ilegalidade de uma norma em vigor, anulando-a ou declarando-a nula, a Jurisprudência extingue uma norma jurídica e, portanto, tem carácter inovador e criativo: é uma fonte "juris essendi" [8];

b) Nas decisões judiciais com força obrigatória geral (ou eficácia equivalente) que uniformizem o modo de interpretação de uma norma vigente, optando entre duas ou mais interpretações possíveis, não há produção de Direito, mas mera revelação de qual o verdadeiro conteúdo do Direito já existente: a Jurisprudência é aqui uma fonte "juris cognoscendi";

c) Nas decisões judiciais com força obrigatória geral (ou eficácia equivalente) que uniformizem o modo de integração de uma lacuna do ordenamento, optando entre dois ou mais modos possíveis de integração, há uma verdadeira e genuína produção de Direito novo: há aqui uma fonte "juris essendi";

d) O mesmo se deve dizer, em termos semelhantes, das correntes jurisprudenciais uniformes: se forem meramente interpretativas, serão fontes "juris cognoscendi"; se forem integradoras, e portanto criadoras, serão fontes "juris essendi".

---

[8] O facto de o artigo 282º, nº 1, da Constituição estabelecer que "a declaração da inconstitucionalidade ou ilegalidade com força obrigatória geral [feita pelo Tribunal Constitucional] (...) determina a repristinação [recolocação em vigor] das normas que ela [a norma inconstitucional ou ilegal], eventualmente, haja revogado", mais reforça a natureza *produtora de direito novo* destas decisões: não só extinguem uma norma existente (efeito negativo) como também repõem em vigor as normas que a precediam e que ela revogou (efeito positivo, ou "reconstrutivo").

106. Situações típicas em que a Jurisprudência é fonte do Direito: (A) Os "assentos"

Faz parte da natureza das coisas que as centenas de tribunais existentes num país como o nosso, constituídos por mais de um milhar de juízes, profiram decisões contraditórias, ainda que esteja em causa resolver "a mesma questão de direito", à luz da "mesma legislação". Às vezes, até o mesmo tribunal, ou o mesmo juiz, pode entrar – consciente ou inconscientemente – em contradição de julgados.

Dados os gravíssimos inconvenientes deste fenómeno para os cidadãos, que carecem de poder contar com um Direito certo e previsível, e com a sua aplicação uniforme pelos tribunais, desde cedo se sentiu, em Portugal, a conveniência – melhor: a necessidade imperiosa – de criar mecanismos legais orientados para a uniformização da jurisprudência.

O primeiro instituto que se conhece, na história do nosso Direito, criado com essa precisa finalidade, foi o das *façanhas* medievais, que eram os "juízos tomados sobre algum facto notável e duvidoso, que por autoridade de quem os fez e dos que os aprovaram, ficavam servindo como de aresto, para se imitarem e seguirem como lei, quando outra vez acontecerem" ([9]).

Seguiu-se-lhe, já na época do Renascimento, o instituto dos "assentos da Casa da Suplicação" (o mais alto tribunal régio da época), criado por alvará de 10 de Dezembro de 1518, assinado por D. Manuel I – o grande artífice, no plano jurídico, do Estado Moderno em Portugal ([10]) –, que o fez depois incluir nas suas *Ordenações Manuelinas* (livro V, tít. 58, § 1), de onde passou mais tarde para as *Ordenações Filipinas* (liv. I. tít. 5, § 5). Os assentos da Casa da Suplicação visavam, justamente, em caso de dúvida ou contradição na interpretação de algum preceito legal, "fixar" a interpretação tida por mais adequada, com força imperativa para futuros casos idênticos ([11]).

([9]) A. da Palma Carlos, *Direito Processual Civil*, III, 1961, p. 202.

([10]) V. Diogo Freitas do Amaral, *D. Manuel I e a construção do Estado Moderno em Portugal*, "Tenacitas", Coimbra, 2003.

([11]) M. J. de Almeida Costa, *História do Direito Português*, 2ª ed., Coimbra, 1992, p. 296 e segs; e António P. Barbas Homem, *Judex perfectus. Função jurisdicional e estatuto judicial em Portugal: 1640-1820*, "Almedina", Coimbra, 2003, p. 292 e segs..

A mesma ideia veio a ser retomada, já em pleno século XX, na Reforma do Processo de 1926 e, depois, consagrada por várias décadas no Código de Processo Civil de 1939. Aqui se dizia que "se, no domínio da mesma legislação, o Supremo Tribunal de Justiça proferir dois acórdãos que, relativamente à mesma questão fundamental de direito, assentem sobre soluções opostas, pode recorrer-se para o tribunal pleno do acórdão proferido em último lugar" (art. 763°); percorridos os trâmites legais, o Supremo, em plenário, optava pela interpretação da lei que lhe parecesse melhor, proferindo um *assento* – ou seja, um acórdão de uniformização de jurisprudência. Qual o valor destes assentos? Respondia o n° 2 do artigo 769° do mesmo código: "a doutrina assente pelo acórdão que resolva o conflito de jurisprudência é obrigatória para todos os tribunais" e, portanto, indirectamente, para toda a administração pública e para todos os cidadãos.

Apesar das várias controvérsias que o instituto dos assentos suscitou entre nós, ele consolidou-se e chegou incólume até 25 de Abril de 1974, já depois de elevado à categoria de fonte (mediata) do direito pelo CC de 1966 (art. 2°), que aliás ampliou a eficácia dos *assentos*, transformando-os de decisões obrigatórias para *todos os tribunais*, em decisões com *força obrigatória geral* (i.e., para todos os cidadãos).

A Constituição de 1976 nada fez ou disse que pudesse pôr em dúvida a continuidade do instituto, que, aliás, a profunda revisão do CC levada a efeito em 1977 também deixou intacto.

Mas em 1982, aquando da 1ª Revisão Constitucional sofrida pelo texto de 1976, apareceu um novo artigo 115° (sobre "actos normativos"), cujo n° 5 veio estatuir:

"*Nenhuma lei pode* criar outras categorias de actos legislativos ou *conferir a actos de outra natureza o poder de, com eficácia externa, interpretar, integrar,* modificar, suspender ou revogar *qualquer dos seus preceitos*" ([12]).

Esta disposição – que visava sobretudo proibir a prática, que vinha do Estado Novo, de os decretos-leis permitirem ao Governo que, por portaria, suspendesse ou modificasse preceitos legais e, por despacho, interpretasse "autenticamente" a lei – não teve a intenção, em nosso entender, de proibir os assentos, ainda que dotados de "força obrigatória geral", dado que a mesma CRP manteve, no artigo 122°, n° 1, al. g), a previsão expressa de decisões de quaisquer tribunais "a que a lei confira força obrigatória geral".

Tal expressão, claríssima (e que já vinha do texto inicial da CRP, de 1976), visava manifestamente dar cobertura constitucional aos assentos previstos no artigo 2° do CC – até pelo uso de idêntica terminologia: decisões judiciais "com força obrigatória geral" –, e alargar amplamente a possibilidade de a lei, assim autorizada pela Constituição, conferir às decisões de quaisquer tribunais força obrigatória geral.

Pois bem, o que aconteceu foi algo surrealista: aí onde a Constituição dava um sinal bem visível de querer manter a figura dos assentos, tal como prevista e

---

([12]) Sublinhado nosso.

regulada no CC, e até de permitir a ampliação do número de casos de decisões com força obrigatória geral a "outros tribunais" (para além do Tribunal Constitucional), a doutrina, a jurisprudência e até o legislador ordinário começaram a defender entendimentos cada vez mais restritivos que, salvo o devido respeito, consideramos manifestamente inconstitucionais e profundamente inconvenientes, do ponto de vista da necessidade imperiosa de assegurar a existência de uma jurisprudência uniforme no nosso país.

Foi o que sucedeu, logo em 1983, ano em que alguma doutrina começou, de forma intensa e aprofundada, a contestar a legitimidade constitucional e a utilidade jurídica dos *assentos*, sobretudo com o estudo de Castanheira Neves, *O instituto dos assentos e a função jurídica dos Supremos Tribunais*, Coimbra, 1983.

Dez anos volvidos, as ideias contestatárias do instituto já haviam feito o seu caminho e o Tribunal Constitucional, por acórdão de 7 de Dezembro de 1993, decidiu "julgar inconstitucional a norma do artigo 2° do Código Civil, na parte em que atribui aos tribunais competência para fixar doutrina com força obrigatória geral, por violação do disposto no artigo 115° da Constituição" (acórdão do T.C. n° 810/93).

Foi, a nosso ver, um acórdão bastante infeliz: em vez de se estribar na letra inequívoca do artigo 122°, n° 1, alínea g), da Constituição, para daí partir para uma interpretação restritiva do artigo 115°, n° 5, o acórdão ignorou o primeiro dos preceitos citados e fez uma interpretação lata do segundo, declarando inconstitucional (embora só *em parte*) o artigo 2° do CC.

Agravando mais as coisas, o legislador ordinário – que não leu com a devida atenção o referido acórdão n° 810/93 –, em vez de se limitar a expurgar a parte do artigo 2° declarada inconstitucional, salvando a parte restante (que ainda era muito útil), resolveu ser "mais papista que o Papa" e revogou *in totum** o artigo 2° do CC (cfr. o Dec.-Lei n° 329-A/95, de 12 de Dezembro, que entrou em vigor em 1 de Janeiro de 1997). Não estava obrigado a fazê-lo ([13]); e havia muitas e boas razões para não o fazer. Mas fê-lo.

E assim morreu – ao fim de 500 anos de relevantes serviços prestados ao País e à causa de um Direito certo e seguro – o instituto dos *assentos*.

Em nossa opinião, mais cedo ou mais tarde (e quanto mais cedo melhor), haverá que ressuscitá-lo. Não só a Constituição não o proíbe, como é um alto imperativo de política da Justiça que se reforcem – em vez de se enfraquecerem – os mecanismos capazes

---

([13]) Ver, neste sentido, e cheios de razão, Inocêncio Galvão Telles, *Introdução...*, cit., I, p. 89 e segs., e A. Menezes Cordeiro, *Da inconstitucionalidade da revogação dos assentos*, in Jorge Miranda (org.), *Perspectivas constitucionais*, I, 1996, p. 799 e segs..

de contribuir para a existência, em Portugal, de uma jurisprudência uniforme. É, aliás, esse o sentido que se extrai do artigo 8°, n° 3, do CC ([14]), bem como do princípio do Estado de Direito, consignado no artigo 2° da CRP ([15]).

Uma das fortes causas da séria crise da Justiça que se verifica actualmente em Portugal (v. o vol. II deste *Manual*) reside, sem qualquer dúvida, na mais desconcertante incerteza em que vivem os cidadãos em geral, e os juristas em particular, como consequência da falta de uma jurisprudência uniforme no âmbito do nosso Poder Judicial e, em especial, ao nível dos tribunais de 2ª instância e dos Supremos Tribunais.

Veremos, dentro em pouco, que as novas soluções gizadas pelo legislador, no âmbito do processo civil e do processo penal, para fazer face ao vazio criado pela abolição dos assentos, são meros paliativos que não resolvem o problema de fundo – um problema tão inteligentemente compreendido e solucionado, no princípio do século XVI, pelo rei D. Manuel I, quando criou os assentos da Casa da Suplicação ([16]).

([14]) "Nas decisões que proferir, o julgador terá em consideração todos os casos que mereçam tratamento análogo, a fim de obter uma interpretação e aplicação uniformes do direito".

([15]) Gomes Canotilho, *Direito Constitucional e Teoria da Constituição*, cit., 7ª ed., p. 257 e segs..

([16]) Contrariando a lei em vigor, o Supremo Tribunal de Justiça tem feito publicar no *Diário da República*, de forma intermitente e segundo critérios que nos escapam, alguns "acórdãos de uniformização de jurisprudência" a que, já depois de abolidos por completo os assentos, dá o nome oficial de... *assentos!* Ver, por ex., os Assentos n°s 1/97, de 18 de Outubro, 1/2001, de 20 de Abril, 2/2001, de 14 de Novembro, 1/2002, de 21 de Maio, 1/2003, de 25 de Janeiro, 2/2003, de 30 de Janeiro. O mais curioso e estranho é que, simultaneamente, o S.T.J. também faz publicar "acórdãos de uniformização de jurisprudência", com numeração separada da dos "assentos"!

107. Idem: (B) Os "acórdãos com força obrigatória geral"

Já sabemos que os assentos, enquanto existiram, eram acórdãos com força obrigatória geral, pelo menos a partir do CC de 1966 (art. 2º). Deixaram de o ser em 1993.

Mas continua a haver casos em que existem acórdãos com força obrigatória geral, a par de casos em que eles poderão existir, se o legislador tiver a lucidez e a coragem de aproveitar a faculdade que lhe é conferida, explicitamente, pelo artigo 119º, nº 1, alínea g), da CRP. Deixemos agora este aspecto, e concentremo-nos no primeiro.

Quais são, actualmente, nos termos da CRP ou da lei ordinária, os acórdãos com força obrigatória geral que efectivamente podem ser, e são, proferidos? São os seguintes:

(a) *A cargo do Tribunal Constitucional*:
   (1) Pronúncia de inconstitucionalidade, com força obrigatória geral, em processos de fiscalização abstracta preventiva (CRP, arts. 278º e 279º);
   (2) Declaração de inconstitucionalidade, com força obrigatória geral, em processos de fiscalização abstracta sucessiva (art. 281º, nº 1, al. a));
   (3) Declaração de inconstitucionalidade, com força obrigatória geral, de qualquer norma que tenha sido julgada inconstitucional, pelo próprio Tribunal Constitucional, em pelo menos três casos concretos (art. 281º, nº 3) [17];

---

[17] Nestes casos, estamos perante um "acórdão uniformizador de jurisprudência, com força obrigatória geral". Só não é um assento *"stricto sensu"*★, porque neste a uniformização tem como pressuposto a existência prévia de uma contradição de julgados, ao passo que nos casos do artigo 281º, nº 3, da CRP, o pressuposto é a pré-existência de uma corrente jurisprudencial uniforme, que ao fim de três decisões idênticas se pretende consolidar formalmente através de uma

(4) Declaração de ilegalidade, com força obrigatória geral, em processos de fiscalização abstracta sucessiva da legalidade de normas (art. 281º, nº 1, als. b), c) e d)) ([18]);

(5) Declaração de ilegalidade, com força obrigatória geral, de qualquer norma que tenha sido julgada ilegal, pelo próprio Tribunal Constitucional, em pelo menos três casos concretos (art. 281º, nº 3) ([19]).

(b) *A cargo do Supremo Tribunal Administrativo* ([20]):

(6) Declaração de ilegalidade, com força obrigatória geral, de qualquer norma violadora de disposições genéricas de Direito Administrativo, em processo administrativo de impugnação de normas instaurado pelo Ministério Público (CPTA, arts. 72º, 73º, nº 3, e 76º);

(7) Declaração de ilegalidade, com força obrigatória geral, de qualquer norma violadora de disposições genéricas de Direito Administrativo, em processo

---

declaração com força obrigatória geral para o futuro. Mas não temos qualquer relutância em chamar a estes acórdãos *assentos "lato sensu"*★.

([18]) Trata-se de casos em que uma norma de grau hierárquico inferior viola uma lei de grau hierárquico superior e, por isso, fica afectada de *ilegalidade*. Há sobretudo duas hipóteses em que esses casos são fiscalizados pelo Tribunal Constitucional: a hipótese da violação, por normas legais de valor simples, de "leis de valor reforçado" (art. 281º, nº 1, al. b)); e a hipótese da violação, por normas de âmbito nacional ou regional, da divisão de poderes vertical existente entre os órgãos de soberania (nacionais) e os órgãos de governo próprio das Regiões Autónomas (regionais), quer sejam os órgãos regionais a violar as leis gerais da República (al. c)), quer sejam os órgãos nacionais a violar os direitos de uma Região Autónoma (al. d)).

([19]) Vale aqui, *ipsis verbis*★, o que dissemos na nota 17.

([20]) Estas situações estão contempladas no CPTA, de 2002, que só entrou em vigor em 1 de Janeiro de 2004.

administrativo de impugnação de normas anteriormente julgadas ilegais, por qualquer tribunal, em pelo menos três casos concretos (por iniciativa do particular lesado ou do Ministério Público) (*idem*, arts. 72°, 73°, n°s 1 e 4, e 76°).

Note-se que as situações (6) e (7) constituem, tanto quanto sabemos, os primeiros casos em que o legislador ordinário – aliás, em lei aprovada por unanimidade na Assembleia da República – usa da faculdade conferida pelo artigo 119°, n° 1, alínea g), da Constituição, estabelecendo corajosamente novas aplicações da noção de "decisão judicial com força obrigatória geral", fora dos domínios tradicionais em que ela se movia até agora.

(*NB*: A matéria deste número, pelo seu alto grau de tecnicidade, não será aprofundada aqui: remetemo-la para as cadeiras de Direito Constitucional e Direito Processual Administrativo).

108. Idem: (C) Os "acórdãos uniformizadores de jurisprudência"

Quer por influência dos ensinamentos convictos de Castanheira Neves, em 1983, quer por força da histórica (mas infeliz) decisão do Tribunal Constitucional, de 1993 – e reconhecendo-se de todos os lados, em qualquer caso, a necessidade imperiosa de criar mecanismos eficazes que assegurassem a uniformização efectiva da jurisprudência, sobretudo do Supremo Tribunal de Justiça –, o legislador ordinário criou, de então até hoje, os seguinte institutos "uniformizadores da jurisprudência":

(1) Em 1987, o "recurso para uniformização de jurisprudência" em processo penal (CPP, actuais arts. 437° e segs.);

(2) Na mesma data, a nova figura do "recurso obrigatório do Ministério Público de decisões judiciais proferidas

contra jurisprudência fixada pelo S.T.J." (*idem*, actual art. 446°);
(3) A figura, igualmente nova, do "recurso no interesse da unidade do Direito", destinado a actualizar, sempre que necessário, jurisprudência já fixada (*idem*, actual art. 447°);
(4) Em 1995, mas entrando em vigor apenas no início de 1997, as figuras da "revista ampliada" e do "agravo ampliado" (CPC, arts. 732°-A e 732°-B, bem como art. 762°, n° 3);
(5) Enfim, em 2002, mas entrando em vigor somente no princípio de 2004, a criação – pela primeira vez no nosso Direito – de um autêntico "recurso para uniformização de jurisprudência" no âmbito do processo contencioso administrativo (CPTA, art. 152°).

Ora, cabe perguntar: o que haverá de comum entre todos estes institutos, criados pelo legislador ordinário em diferentes códigos de direito processual?

Resumindo o essencial, diremos que:
– Em todos eles, a finalidade a alcançar é "assegurar a uniformidade da jurisprudência" (CPC, art. 732°-A, n° 1);
– Em todos eles, a lei exprime um forte respeito pela "jurisprudência anteriormente firmada" (CPP, art. 437°, n° 2), a ponto de, num deles, se estipular a não admissão do recurso "se a orientação perfilhada no acórdão impugnado estiver de acordo com a jurisprudência mais recentemente consolidada do Supremo Tribunal Administrativo" (CPTA, art. 152°, n° 3) e, noutro, se determinar que "o Ministério Público recorre obrigatoriamente de quaisquer decisões proferidas contra jurisprudência fixada pelo Supremo Tribunal de Justiça" (CPP, art. 446°, n° 1);
– Todos eles levam os Supremos Tribunais para quem se recorre a proferir, se for caso disso, um *acórdão de uniformização de jurisprudência* (AUJ);

– O recurso é, salvo no caso especial do artigo 447° do CPP, sempre interposto com base em contradição de julgados;
– O recurso é interposto por iniciativa da parte interessada ou do Ministério Público, salvo em dois casos em que compete exclusivamente a este último (CPP, arts. 446° e 447°);
– Estes recursos, para terem maiores probabilidades de conduzir a uma decisão ponderada e acertada, e para gozarem de maior autoridade persuasiva, são julgados por um número especialmente elevado de juízes;
– Os AUJ são todos publicados na 1ª série-A do *Diário da República*, tal como as leis e os tratados internacionais e, num dos códigos, os AUJ são enviados a todos os tribunais da Relação (2ª instância), para que não passem despercebidos (CPP, art. 444°).

Como se vê, o legislador ordinário – erradamente convencido de que não pode voltar a instituir os *assentos*, por disso se julgar impedido pela Constituição – desdobra-se em múltiplas fórmulas imaginativas para conseguir satisfazer "a necessidade de uniformização da jurisprudência". Consegui-lo-á? É o que vamos examinar daqui a pouco.

> Antes de passar adiante, não queremos deixar de inserir aqui uma nota crítica em relação à forma como o Supremo Tribunal de Justiça denomina e faz publicar os seus AUJ ou, se se preferir, à forma como o Diário da República denomina e publica os AUJ daquele tribunal supremo.
> A designação só pode e deve ser uma – a de "acórdãos de uniformização de jurisprudência" (AUJ).
> Porém, não é isto que se verifica na prática.
> Já vimos (*supra*, n° 106) que alguns AUJ aparecem no boletim oficial designados, ilegalmente, como *assentos*.
> Noutros casos, os AUJ surgem denominados como *acórdãos*, o que é pouco esclarecedor porque nem todos os "acórdãos" são "acórdãos de uniformização de jurisprudência" (ver, por ex., os Acórdãos n° 1/2001, de 15 de Maio, n° 1/2002, de 5 de Novembro, n° 1/2003, de 27 de Fevereiro, n° 5/2003, de 24 de Setembro, e n°s 1 a 6/2004, de 7, 12 e 13 de Maio, de 21 de Junho e de 14 de Julho).
> E, finalmente, num terceiro grupo de casos, os AUJ vêm oficialmente designados como *jurisprudências*, o que é um erro técnico, para além de evidente mau gosto

(cfr., por ex., a Jurisprudência n° 1/2001, de 5 de Janeiro, a Jurisprudência n° 1/ /2002, de 24 de Janeiro, a Jurisprudência n° 7/2002, de 18 de Dezembro, a Jurisprudência n° 1/2004, de 20 de Novembro de 2003, etc.).

Não será possível que o Supremo Tribunal de Justiça e a Imprensa Nacional- -Casa da Moeda (que edita o *Diário da República*) se ponham rapidamente de acordo – e de uma vez por todas – sobre a mais que necessária "uniformização da terminologia" em matéria de "uniformização da jurisprudência"?

109. Idem (continuação): eficácia jurídica dos "acórdãos uniformizadores de jurisprudência"

Já atrás sublinhámos que o legislador toma uma série de medidas para tentar garantir, na ausência de assentos com força obrigatória geral, que os AUJ consigam "assegurar a uniformidade da jurisprudência", como expressivamente declara o CPC, que considera uma tal uniformidade ou uniformização como verdadeira "necessidade" (arts. 732°-A, n° 1, e 732°-B, n° 1).

Porém, na ausência de *força obrigatória geral dos AUJ* – isto é, na sua falta de carácter normativo e de imperatividade –, qual é a verdadeira eficácia dessas decisões judiciais?

O CPC, desde a sua revisão de 1995, e o mais recente CPTA, de 2002, nada dizem a tal respeito. Confiam, decerto, em que o número alargado de juízes que intervêm no julgamento do recurso, bem como a publicação dos AUJ na 1ª série-A do *Diário da República*, a par e par com as leis, os decretos-leis e os acórdãos com força obrigatória geral do Tribunal Constitucional, serão factores suficientes para produzir o desejado *efeito persuasivo* dos AUJ sobre todos os tribunais.

Diferentemente, o legislador do CPP preferiu usar uma fórmula "nua e crua": no "recurso para fixação de jurisprudência", "*a decisão que resolver o conflito* [entre acórdãos contraditórios] *não constitui jurisprudência obrigatória para os tribunais judiciais* (...)" (art. 445°, n° 3) (sublinhado nosso).

Perguntar-se-á: mas então, qual a utilidade de um AUJ? O mesmo legislador responde através de dois preceitos que visam assegurar um certo grau, ainda que não muito elevado, de uniformidade da jurisprudência:

– Os tribunais judiciais "devem fundamentar as divergências relativas à jurisprudência fixada" (art. 445°, n° 3);
– O Ministério Público "recorre obrigatoriamente de quaisquer decisões proferidas contra jurisprudência fixada" (art. 446°, n° 1).

Quer dizer, no regime especialmente estabelecido para o processo penal, a situação é a seguinte: o AUJ não é obrigatório para ninguém; mas quem decidir de modo diferente do aí "fixado", tem o dever de explicitar os motivos da sua divergência; e sabe de antemão que da sua "rebeldia" haverá recurso do Ministério Público para o tribunal supremo que uniformizou a jurisprudência, havendo forte probabilidade de o Supremo manter a orientação fixada no AUJ e, portanto, revogar ou substituir a decisão "rebelde".

Que pensar de tudo isto?

A primeira observação a formular é que a prática forense demonstra serem constantes e repetidas as rebeldias dos tribunais de 2ª e 1ª instância contra os AUJ do Supremo Tribunal de Justiça. É claro que, em recurso das decisões rebeldes, o Supremo pode sempre fazer valer a sua autoridade e manter a orientação definida no anterior AUJ. Algumas vezes o tem feito: mas não é garantido que o faça e, de facto, nem sempre o faz.

O efeito persuasivo dos AUJ pouco ou nada vale contra o espírito fortemente individualista e indisciplinado dos portugueses em geral, e dos nossos juízes em especial.

O único remédio eficaz para esta situação altamente inconveniente será, pois, o da restauração urgente do instituto dos *assentos com força obrigatória geral* – e não apenas no âmbito do Supremo Tribunal de Justiça, mas também no de todos os restantes tribunais de grau hierárquico mais elevado. Essa é a nossa opinião *de jure condendo*★.

Até que esse momento de lucidez ocorra no nosso país – quanto tempo será preciso esperar por um novo D. Manuel I? –, cremos que é possível, no plano *de jure condito**, construir um sistema um pouco mais eficaz de garantias da necessária uniformidade da jurisprudência. Isto, claro, partindo do postulado de que esse é um valor – o valor de uma jurisprudência uniforme – que é exigido pela própria ideia de Direito e pelo princípio constitucional do Estado de Direito, que tem como corolário a existência de um Direito certo e previsível e, por conseguinte, a de uma jurisprudência uniforme, pelo menos ao nível dos supremos tribunais.

Quais, então, as nossas propostas? Resumi-las-emos em sete pontos:

(1) Não havendo, por enquanto, assentos com força obrigatória geral, o disposto na primeira parte do nº 3 do artigo 445º do CPP tem, infelizmente, de valer, *por analogia*, para todos os AUJ de qualquer tribunal supremo ("a decisão que resolver o conflito não constitui jurisprudência obrigatória para os tribunais");

(2) Mas, dado o valor cimeiro da necessidade de uma jurisprudência uniforme, e à luz do dever legal que impende sobre cada juiz de para ela contribuir com as suas decisões (CC, art. 8º, nº 3), deve fazer-se uma *interpretação restritiva* do citado artigo 445º, nº 3, primeira parte, do CPP, nos termos seguintes: embora os AUJ não sejam obrigatórios, é dever individual de cada juiz, imposto pelo CC, contribuir para o acatamento de todos os AUJ, salvo casos verdadeiramente excepcionais, fundados em razões muito sérias e novas, isto é, não ponderadas e rejeitadas pelo próprio AUJ que for desacatado;

(3) O dever de fundamentar as decisões judiciais que ignorem um AUJ deve ser alargado, por *interpretação extensiva* do artigo 445º, nº 3, *in fine**, do CPP, a todos os outros casos de divergência de decisões judiciais com algum AUJ, v.g. no âmbito do CPC e do CPTA;

(4) Se a fundamentação dos actos administrativos, para ser aceite como legal, deve ser "clara, coerente e completa", considerando-se como inexistente toda a fundamentação que for "obscura, contraditória ou insuficiente" (CPA, art. 125º, nº 2) ([21]), então há-de entender-se, *por maioria de razão*, que os mesmos requisitos devem ser exigidos quanto à fundamentação das divergências de qualquer tribunal com um AUJ, que são bem mais graves do que as ocorridas entre actos correntes da Administração Pública;

(5) Se o tribunal *a quo*★ não cumprir o dever de fundamentar a sua divergência em relação a um AUJ, o tribunal *ad quem*★ deverá limitar-se, por *aplicação analógica* do nº 3 do artigo 446º do CPP, a reafirmar a sua orientação previamente fixada no AUJ em causa, sem mais considerações, uma vez que não há novos argumentos a considerar e é inútil repetir os já apresentados e conhecidos;

(6) O artigo 446º, nº 1, do CPP, que estabelece o dever de o Ministério Público recorrer obrigatoriamente de quaisquer decisões judiciais que contrariem um AUJ, deve ser objecto de *aplicação analógica* aos casos idênticos ocorridos no âmbito do processo civil e do processo contencioso administrativo;

(7) As divergências de um juiz em relação aos AUJ – quando ocorram demasiadas vezes, ou não sejam fundamentadas, ou sejam mal fundamentadas – deveriam influenciar negativamente a classificação de serviço desse juiz, no âmbito das inspecções aos magistrados judiciais (desenvolvidas sob a superintendência do Conselho Superior da Magistratura e do Conselho Superior dos Tribunais Administrativos e Fiscais).

Temos consciência de que estas propostas de solução *de jure condito*, mesmo se aceites e aplicadas em bloco e por sistema, nunca

---

([21]) Cfr. Diogo Freitas do Amaral, *Curso de Direito Administrativo*, cit., II, pp. 348-356 e, em especial, nota 629.

produzirão resultados tão positivos como os que se obteriam pela restauração dos *assentos*. Mas trata-se das soluções possíveis, na situação actual do nosso direito positivo: mais vale um pássaro na mão do que dois a voar.

Qual é, então, afinal de contas, o valor jurídico de um AUJ?

Não é uma decisão com força obrigatória para os outros tribunais; não é um precedente vinculativo; mas é mais do que um precedente meramente persuasivo, já que na decisão intervém um número elevado de juízes conselheiros, e que ela é publicada na 1ª série-A do *Diário da República*.

Consideramo-lo como uma *promessa pública de auto-vinculação do tribunal*: o mínimo que se pode esperar de um Supremo Tribunal que profere um AUJ é que se comprometa a manter, ele próprio, a orientação aí fixada.

Três corolários brotam desta qualificação:

a) O tribunal vincula-se – salvo nos casos do artigo 447º do CPP, aplicado directamente ou por analogia – a manter para o futuro a orientação por si fixada no AUJ;

b) O tribunal compromete-se – de novo com a ressalva do artigo 447º do CPP – a revogar todas as decisões de tribunais inferiores que perante ele sejam impugnadas, se contrariarem (sem fundamentos muito sérios e novos, quer dizer, não anteriormente ponderados) a orientação fixada num AUJ;

c) Os cidadãos em geral – e os advogados em especial – podem contar com a observância do precedente nos actos jurídicos que praticam ou aconselham. Os advogados não podem ser responsabilizados por má prática profissional se basearem a sua actuação na orientação definida por um AUJ.

Só assim os Tribunais Supremos afirmarão, e poderão manter, a sua autoridade "suprema"; e só assim se garantirá aos cidadãos um mínimo de segurança, certeza e previsibilidade do Direito, que são indispensáveis à vida jurídica e essenciais ao princípio constitucional do Estado de Direito (CRP, art. 2º).

110. Idem: (D) Os "acórdãos de actualização de jurisprudência uniformizada"

No domínio do processo civil, o artigo 769º do Código de 1939 previa a hipótese de um assento do Supremo Tribunal de Justiça vir a ser substituído por outro, contendo uma jurisprudência mais actual, se a maioria dos juízes assim o entendesse.

Essa possibilidade desapareceu com a entrada em vigor do novo Código de 1961.

Hoje, porém, é no domínio do processo penal que o respectivo código, desde 1987, admite, no artigo 447º, nº 2, o seguinte:

> "Sempre que tiver razões para crer que uma jurisprudência fixada está ultrapassada, o Procurador-Geral da República pode interpor recurso do acórdão que firmou essa jurisprudência no sentido do seu reexame. Nas alegações o Procurador-Geral da República indica logo as razões e o sentido em que a jurisprudência anteriormente fixada deve ser modificada".

Parece-nos acertada esta ideia, de poder recorrer-se de um AUJ para o Supremo Tribunal de Justiça, a fim de, caso a jurisprudência fixada em certo momento se encontrar desactualizada, o Supremo poder actualizá-la, através de um novo AUJ, que revogará e substituirá, para o futuro, o AUJ anterior.

De acordo com o nº 3 do mesmo artigo 447º do CPP, nestes casos, "a decisão que resolver o conflito não tem eficácia no processo em que o recurso tiver sido interposto", o que se justifica para não frustrar as legítimas expectativas das partes, que contavam com a estabilidade do AUJ em vigor: é o que no direito inglês se designa por "princípio do *stare decisis*★".

O disposto nos nºs 2 e 3 do artigo 447º do CPP permite conciliar, de forma equilibrada, o interesse na existência de uma jurisprudência uniforme com o interesse na não estagnação dessa jurisprudência e, portanto, na possibilidade da sua actualização.

Por isso chamamos a estas decisões judiciais "acórdãos de actualização de jurisprudência uniformizada".

Não vemos nenhuma razão pela qual este mecanismo actualizador deva ficar confinado ao processo penal: pelo contrário, entendemos que deve ser generalizado a todos os outros tipos de processo (civil, administrativo, tributário, laboral, etc.).

Por isso sustentamos a *aplicação analógica* deste artigo 447° do CPP a todos os casos em que, noutros ramos de Direito Processual, seja conveniente proceder à actualização da jurisprudência fixada por um AUJ. A legitimidade para recorrer será também aí, apenas, do Procurador-Geral da República.

111. Idem: (E) As "correntes jurisprudenciais uniformes"

Até aqui, todas as situações de Jurisprudência como fonte do Direito que estudámos tinham isto de comum: eram situações em que a fonte do Direito era uma única decisão judicial (assento, acórdão com força obrigatória geral, AUJ, etc.).

Diferentemente, a quinta e última situação que vamos analisar pressupõe uma multiplicidade de decisões judiciais: é preciso que um número significativo de decisões – todas com o mesmo objecto (a mesma questão de direito) e com o mesmo conteúdo (a mesma interpretação ou integração de uma norma jurídica) – se repitam no tempo, até se formar uma certa *corrente jurisprudencial uniforme*.

Tal como no costume, em que a prática repetida de uma mesma conduta, prolongando-se no tempo, produz uma norma jurídica, também aqui é a repetição constante de decisões judiciais, que resolvem uma dada questão de direito da mesma maneira, que constitui fonte do Direito. Como resulta do atrás exposto (*supra*, n° 105), a fonte será "juris cognoscendi" se a corrente jurispudencial uniforme tiver natureza *interpretativa*, e será "juris essendi" se ela tiver natureza *integradora* de uma lacuna jurídica.

Já sabemos (v. *supra*, n° 104) que estas correntes jurisprudenciais uniformes não são costumes, pois quem toma as sucessivas decisões judiciais, todas no mesmo sentido, não o faz na convicção de estar a cumprir uma obrigação, mas antes no pressuposto de que voluntariamente concorda com o conteúdo e os fundamentos das decisões anteriores.

Importa recordar aqui o disposto no n° 3 do artigo 8° do CC: o juiz deve, em cada caso, contribuir para se "obter uma interpretação e aplicação uniformes do direito". Há aqui, pois, um *dever jurídico*, ainda que imperfeito, por se achar desprovido de sanção.

Quantas decisões são necessárias para se poder dizer que está formada uma corrente jurisprudencial uniforme que constitua fonte do Direito? Embora a fixação de um número certo tenha sempre algo de arbitrário, podemos adiantar que, em nossa opinião, esse número nunca poderá ser inferior a três decisões judiciais idênticas, pois é com base no número de três que o Tribunal Constitucional pode proferir um acórdão com força obrigatória geral, declarando a inconstitucionalidade de uma norma já por ele julgada inconstitucional em três casos concretos (CRP, art. 281°, n° 3). O mesmo sucede quanto à declaração com força obrigatória geral da ilegalidade de uma norma de Direito Administrativo, por parte do Supremo Tribunal Administrativo, quando essa norma já tenha sido desaplicada, por qualquer tribunal, em três casos concretos (CPTA, art. 73°, n° 1). Parece, pois, poder inferir-se destas disposições uma espécie de presunção (ilidível) de inconstitucionalidade, ou de ilegalidade, após três decisões sucessivas nesse sentido.

Não custa extrapolar para o caso das correntes jurisprudenciais uniformes a ideia básica de que, após três decisões judiciais com o mesmo objecto e conteúdo, se está diante de uma presunção de existência de uma orientação genérica com força obrigatória geral – e, portanto, já existe norma jurídica com o mesmo objecto e conteúdo.

E o que é que caracteriza então, especificamente, esta outra fonte do Direito – a Jurisprudência –, na sua modalidade de "corrente jurisprudencial uniforme"?

A nosso ver, caracterizam-na três traços típicos:

a) A proveniência do Poder Judicial;

b) A formação de um facto jurídico complexo de trato sucessivo, consistente na repetição de decisões com idênticos objecto e conteúdo ([22]);

c) O fundamento jurídico dessa prática reiterada, não na convicção da sua obrigatoriedade, própria do costume, nem na sua força imperativa, como na lei, mas num juízo intelectual autónomo de cada juiz, ou de um colectivo de juízes, no sentido da sua adesão voluntária a um certo tipo de decisão, tida por cientificamente correcta e adequadamente fundamentada, à luz de um dever jurídico (imperfeito).

Tal como, a respeito da Doutrina, se fala, desde há séculos, na *communis opinio doctorum**, também aqui poderemos falar – em sentido figurado – numa espécie de *communis opinio judiciorum**.

Não se trata de vinculação dos juízes a um precedente, ou a uma decisão com força obrigatória geral, mas de um fenómeno *sui generis** de adesão intelectual de uns aos argumentos intelectuais de outros. Os romanos diriam que a força normativa das correntes jurisprudenciais uniformes deriva, não do *consensus** do costume, nem da *potestas** da lei, nem da *auctoritas** da doutrina, mas do *exemplum** da Jurisprudência ([23]).

É isto que, precisamente, caracteriza e distingue, no nosso modo de ver, a Jurisprudência como fonte do Direito – nesta última modalidade das "correntes jurisprudenciais uniformes" –, e que a torna diferente do costume, da lei e da doutrina.

> Um jurista francês de grande prestígio, François Terré, faz uma análise psico-sociológica dos fundamentos da Jurisprudência como fonte do Direito, procurando apurar "por que estranha alquimia" as sentenças dos tribunais, que são decisões individuais e concretas, podem transformar-se em normas jurídicas, gerais e abstractas. E conclui com uma resposta dupla:

([22]) V. Inocêncio Galvão Telles, *Teoria geral do fenómeno jurídico sucessório*, Lisboa, 1944, p. 12.

([23]) Ruy e Martim de Albuquerque, *Lições de História do Direito Português*, I, 10ª ed., pp. 239-242, 289 e segs., e 801 e segs. V. também Alvaro d'Ors, *Una introducción al estudio del Derecho*, "Rialp", Madrid, 1963, p. 73 e segs..

– Há aí uma lei de *imitação*: o que o tribunal supremo decidir, os outros tribunais decidirão na mesma;
– E há também uma lei de *continuidade*: o que o tribunal supremo decidiu no passado, ele próprio decidirá no futuro ([24]).

Pela nossa parte, não negamos que um tribunal tenda a manter uma certa *continuidade* nas suas decisões que versem sobre os mesmos problemas, até porque sabe muito bem o valor que a certeza e a previsibilidade do Direito têm para todos os cidadãos.

Já quanto à conformação dos tribunais inferiores com as decisões dos tribunais supremos, porém, recusamos que se trate de um fenómeno psicológico de *imitação*: julgamos que o que se passa é, antes, um fenómeno intelectual de *adesão*: se uma decisão judicial é justa, equilibrada, ponderada, e, para mais, se encontra bem fundamentada e expressa de forma convincente, porque não aderir a ela? Só pelo prazer de ser original? Este gosto, de raiz individualista, é frontalmente contrariado pelo disposto no nº 3 do artigo 8º do nosso CC, já várias vezes citado, segundo o qual, "nas decisões que proferir, o julgador terá em consideração todos os casos que mereçam tratamento análogo, a fim de obter uma interpretação e aplicação uniformes do direito".

Há, pois, pelo menos em Portugal, um dever jurídico (ainda que imperfeito), que impende sobre cada juiz, no sentido de contribuir – em toda a medida do possível – para a formação e manutenção de uma jurisprudência uniforme.

É claro – resta dizê-lo – que "cada corrente jurisprudencial uniforme" só o é, e só se mantém, enquanto não começarem a aparecer decisões judiciais sobre o mesmo objecto que a contrariem, adoptando conteúdos divergentes. É o fenómeno que os franceses denominam de *"revirement de jurisprudence"* [reviravolta de jurisprudência] ([25]).

Mas a possibilidade de mutações normativas não é privativa da Jurisprudência: também existe no costume, na doutrina e – sobretudo – na lei. Sempre que uma lei que diz *A* é revogada por outra lei que sobre o mesmo assunto diz *B*, a mutação dá-se e, em geral, a evolução é para melhor (lei mais actual, mais justa, mais progressiva). O mesmo acontece, *mutatis mutandis*★, com a Jurisprudência. Não há-se ser por isso que lhe devemos negar a natureza de fonte do

---

([24]) Cfr. François Terré, *Introduction générale au Droit*, 3ª ed., "Dalloz", Paris, 1996, pp. 214-215.
([25]) V. François Terré, *ob. cit.*, pp. 215 e 399-401.

Direito: o legislador, ao fazer uma lei, não fica obrigado a mantê-la para sempre, nem impedido de a revogar: porque havia de impor-se a regra da imutabilidade ao juiz? (²⁶).

BIBLIOGRAFIA

A bibliografia deste capítulo consta da selecção indicada *supra*, no cap. 16.

QUESTIONÁRIO

1 – No plano teórico, de que condições depende poder a Jurisprudência ser considerada como fonte do Direito?

2 – Porque será que no direito anglo-saxónico vigora o "princípio do precedente judicial obrigatório" e no direito romano-germânico (*v.g.*, no direito português) vigora o tão diferente "princípio da liberdade de decisão judicial"? Qual deles acha preferível?

3 – Não haverá nada de verdadeiro na concepção de Montesquieu sobre o poder judicial?

4 – Não haverá nada de verdadeiro na concepção de Holmes sobre a relação entre a lei e a sentença judicial?

5 – Porque é que a criatividade judicial na elaboração de uma sentença sobre um caso concreto não constitui produção de Direito novo?

6 – Não terão razão os autores que, reconhecendo embora eficácia produtora de Direito novo, em certos casos, à Jurisprudência, acabam por lhe negar a qualificação de fonte conceptualmente autónoma do Direito, por a reconduzirem, nesses casos, à lei ou ao costume?

7 – Como se distinguem as situações em que a Jurisprudência pode ser uma fonte *juris essendi* das situações em que ela só pode ser qualificada como fonte *juris cognoscendi*?

(²⁶) Sobre as dificuldades e soluções da eventual *retroactividade* implicada por uma reviravolta de jurisprudência, ver François Terré, *ob. cit.*, pp. 400-401. Nos EUA (e muito bem), as mutações bruscas de jurisprudência só produzem efeitos para o futuro: v. C. Monly, *Le revirement pour l'avenir*, in "Juris-Classeur Périodique", 1994, I, p. 3776. Cfr. também a flexibilização do princípio *stare decisis*★, operada em Inglaterra pela Câmara dos Lordes, em R. Cross, *Precedent in English Law*, 2ª ed., cit., pp. 107-108.

8 – O que eram os "assentos"? Quando foram abolidos entre nós?
9 – Foi boa ou má a decisão de abolir os "assentos" em Portugal? Porquê?
10 – Se uma nova lei ordinária restaurar o instituto dos "assentos", tal lei poderá ser arguida de inconstitucionalidade?
11 – O que são os "acórdãos com força obrigatória geral"?
12 – O que são os "acórdãos uniformizadores de jurisprudência"? Serão suficientemente eficazes? Em que diferem dos assentos?
13 – O que são os "acórdãos de actualização de jurisprudência uniformizada"? Como se distinguem dos mencionados na pergunta n° 12?
14 – O que é uma "corrente jurisprudencial uniforme"? O respectivo fundamento jurídico será a adesão voluntária de cada juiz a decisões judiciais alheias, ou o cumprimento do dever jurídico estabelecido pelo artigo 8°, n° 3, do CC?
15 – Se as correntes jurisprudenciais uniformes forem de considerar como fontes do Direito, isso equivalerá à importação para o Continente europeu do princípio britânico do precedente judicial obrigatório? Se entender que não, qual é a diferença que continua a separar os dois sistemas?

Capítulo 22

OUTRAS FONTES PRODUTORAS DE DIREITO ("JURIS ESSENDI")

V – A GUERRA E A REVOLUÇÃO

112. A guerra

A guerra, sobretudo nos tempos modernos, é frequentemente fonte do Direito, no sentido de que a vitória do inimigo e ocupante estrangeiro produz, automaticamente – com a tomada da capital do país vencido, ou com a sua libertação pela derrota do regime que exercia o Poder – uma imediata alteração político-jurídica: todo o ordenamento jurídico vigente, sobretudo constitucional, é substituído por uma nova ordem, ou pela restauração da velha ordem que estivera suspensa. Não se trata, portanto, apenas de uma fonte em sentido político: a guerra – tal como a revolução, de que falaremos a seguir – produz direito novo e revoga o direito anterior. É, pois, uma fonte formal do Direito.

Júlio César, que derrotou e ocupou, em nome da República Romana, quase toda a Europa (além do Egipto e de outros territórios no Médio Oriente), instaurou automaticamente a *pax romana*★ e a *lex romana*★, substituindo assim um direito novo aos direitos próprios dos povos romanizados.

Napoleão fez o mesmo e "levou os princípios da Revolução Francesa na ponta das baionetas".

Hitler repetiu a proeza, conseguindo instaurar, nos territórios militarmente ocupados após a respectiva derrota, governos colaboracionistas e regimes autoritários ou totalitários de direita (França, nomeadamente).

Staline reproduziu o fenómeno, quando ocupou a Europa de Leste (Polónia, Hungria, Tchecoslováquia, etc.).

E, já mais próximo do nosso tempo, os EUA liderados pelo Presidente Bush impuseram, ou tentaram impor, uma nova ordem jurídico-política no Afeganistão e, depois, no Iraque.

A guerra, ou melhor, *a guerra vitoriosa* é, pois, uma importante fonte do Direito, que aliás tem carácter repentino e global: não muda apenas uma ou outra lei, antes substitui a velha ordem jurídica por uma nova ordem destinada a consolidar-se.

113. A revolução

Tal como a guerra, também a revolução muda, não apenas o pessoal dirigente que ocupava o Poder, mas o próprio regime político, económico e social, e a ordem jurídica como um todo.

Foi assim com a Revolução Francesa, em 1789 – limitação (e depois abolição) do poder real, transferência do centro de decisão para a Assembleia Nacional, abolição dos privilégios da Nobreza e do Clero, reforma agrária, proclamação da "Declaração dos Direitos do Homem e do Cidadão", etc. O Antigo Regime caíu: tinha nascido o Estado Liberal. Era já outro o ordenamento jurídico em vigor.

O mesmo se passou, ainda que com conteúdo muito diferente, na Revolução russa de 1917 – tomada do Poder pela força, destituição do Governo em funções, atribuição de "todo o poder aos sovietes", paz separada com a Alemanha, reforma agrária segundo o princípio "a terra a quem a trabalha", controlo operário na banca, na grande indústria e nos transportes colectivos, decapitação da hierarquia militar e entrega do poder nas Forças Armadas aos "comités de soldados e marinheiros", etc. De uma assentada, foram abolidos o regime czarista e a "democracia burguesa". Instaurou-se um regime soviético de partido único, assente na "ditadura do proletariado". O Direito mudou, em 180 graus, de sentido e de conteúdo.

Em Portugal, com a Revolução de 25 de Abril de 1974, logo nessa data, à noite, foi anunciado ao país o "Programa do MFA – Movimento das Forças Armadas", que mudava toda a "ideia de Direito" própria do Estado Novo, prometendo e iniciando um regime político democrático.

Dias depois, a Lei nº 3/74, de 14 de Maio, aprovou uma "mini-Constituição provisória", que perdurou quase dois anos até à nova Constituição da República Portuguesa, de 2 de Abril de 1976.

Não houve nenhum vazio jurídico: derrubados e detidos os chefes de Estado e de Governo do regime deposto, na tarde de 25 de Abril, logo ao começo da noite os novos titulares do Poder político se deram a conhecer ao país e comunicaram a todos os portugueses as regras e princípios fundamentais do novo regime instaurado.

É assim em todas as revoluções, que não são, pois, apenas factos políticos, mas também fontes do Direito.

Como escreve Jorge Miranda:

"Como fenómeno político e social, *nenhuma revolução deixa de ser um fenómeno eminentemente jurídico*. A ruptura da ordem até então vigente dá-se porque uma nova ordem ou um novo fundamento de validade se impõe através de critérios e valores que se substituem aos que até então tinham prevalecido. É um novo projecto, um novo ideal ou, na conhecida expressão de Georges Burdeau, uma nova ideia de Direito que suscita a adesão ou o consentimento e que, assim, *confere legitimidade ao próprio acto revolucionário e vai desencadear manifestações normativas mais ou menos extensas e profundas*" (sublinhados nossos) ([1]).

([1]) Jorge Miranda, *A Constituição de 1976. Formação, estrutura, princípios fundamentais*, "Livraria Petrony", Lisboa, 1978, p. 41 e nota 1, onde se cita, entre outros, o estudo fundamental de Santi Romano, *L'instaurazione di fatto di un ordinamento costituzionale e la sua legittimazione*, in *Scritti Minori*, I, Milão, 1950, p. 107 e segs. V. ainda Castanheira Neves, *A Revolução e o Direito*, Lisboa, 1976, reproduzido em

Tal como a guerra, a revolução é, pois, também, um facto normativo de carácter repentino e global: não há apenas mudança desta ou daquela norma, mas mutação total do ordenamento jurídico.

VI – OS TRATADOS E OUTROS ACORDOS INTERNACIONAIS

114. Os tratados internacionais

De entre o vasto conjunto do que alguns chamam, genericamente, *convenções internacionais*, sobressaem como fonte mais importante, mais solene e de maior significado, os tratados.

Consideramos "tratados internacionais" *os acordos de vontades celebrados entre Estados soberanos, devidamente aprovados pelos parlamentos nacionais e ratificados pelos respectivos Chefes de Estado, e que, de forma escrita e solene, criam, modificam ou extinguem normas de Direito Internacional.*

São elementos desta noção:

a) O carácter contratual dos tratados: são acordos de vontades criadores de efeitos jurídicos;

b) A sua celebração entre Estados soberanos: o tratado é fonte de direito inter-estadual. Um acordo entre duas organizações internacionais, ou entre uma delas e um ou mais Estados, será certamente uma *convenção internacional "lato sensu*★*"*, mas não é um tratado;

c) A aprovação parlamentar e a ratificação régia ou presidencial: por aqui se distinguem os tratados de outros acordos internacionais, que não carecem de aprovação parlamentar ou de ratificação. *Mutatis mutandis*★, a ratificação está para os tratados como a promulgação está para as leis;

Digesta, I, "Coimbra Editora", Coimbra, 1995, p. 51 e segs., bem como Miguel Galvão Teles, *A revolução portuguesa e a teoria das fontes de direito*, in Mário Baptista Coelho (coord.), *Portugal. O sistema político e constitucional 1974-1987*, ICS, Lisboa, 1989, p. 561 e segs.

A regra, em Portugal, como na generalidade dos outros países, consiste em dividir por três fases, e por três órgãos, o procedimento de elaboração dos tratados internacionais:
– A *negociação* e o *ajuste* do tratado competem ao Governo (CRP, art. 197°, n° 1, al. b));
– A *aprovação política global*, sem poder introduzir emendas (é um sim ou um não), pertence ao Parlamento, entre nós Assembleia da República (art. 161°, al. i));
– E a *ratificação* (que finaliza o procedimento interno de elaboração, e vale perante os restantes países como compromisso do Estado Português) compete ao Presidente da República (art. 135°, al. b)).

d) A forma escrita e solene: não há tratados internacionais verbais, e todos revestem uma forma externa de carácter solene, que os distingue das restantes convenções internacionais;

e) A criação, modificação ou extinção de normas de Direito Internacional: é esta natureza normativa que faz dos tratados fontes do Direito – e fontes produtoras de direito novo, ou "juris essendi", salvo quando tenham conteúdo meramente interpretativo.

Exemplos de tratados internacionais:
– A Aliança Luso-Britânica, que vem do séc. XIV e se mantém em vigor;
– A Carta da ONU – Organização das Nações Unidas, de 1945;
– O Estatuto do Tribunal Internacional de Justiça, de 1945;
– As Convenções de Genebra, sobre a humanização da guerra, de 1949;
– A Convenção de Viena para a Protecção da Camada do Ozono, de 1985;
– O Tratado Luso-Espanhol de Amizade e Não Agressão, de 1939;
– O Tratado de Amizade, Cooperação e Consulta entre Portugal e o Brasil, de 2000;
– Etc., etc.

115. Os outros acordos internacionais

Como já demos a entender, há outros contratos normativos internacionais, além dos tratados, que são pelo menos os seguintes (usualmente denominados "acordos em forma simplificada"):

a) Os acordos internacionais, aprovados pelos parlamentos nacionais, mas não *ratificados* – e apenas *assinados* – pelo Chefe do Estado (v. a CRP, art. 134°, al. b));

b) Os *acordos inter-governamentais*, aprovados apenas pelos governos dos países que deles sejam partes, sobre matérias que não pertençam à competência reservada dos parlamentos nacionais (CRP, art. 197°, n° 1, al. c));
c) Os acordos entre organizações internacionais, ou entre algumas delas e um ou mais Estados.

Exemplos de acordos em forma simplificada celebrados nos últimos anos por Portugal com outros países:
– Acordo sobre Supressão de Vistos no âmbito da CPLP (Dec° n° 8/2001, de 6 de Fevereiro);
– Acordo de Cooperação entre Portugal e a Rússia no domínio do Combate à Criminalidade (Dec° n° 36/2001, de 14 de Setembro);
– Acordo de Cooperação entre Portugal e S. Tomé e Príncipe no domínio das Pescas (Dec° n° 45/2001, de 25 de Outubro);
– Aprovação do "Protocolo de Quioto" à Convenção-Quadro da ONU sobre alterações climáticas (Dec° n° 7/2002, de 25 de Março);
– Protocolo de Cooperação no domínio do Desporto entre Portugal e a Região Administrativa Especial de Macau (Dec° n° 17/2002, de 30 de Abril);
– Acordo entre Portugal e a República Democrática de Timor-Leste sobre a Promoção e Protecção recíprocas de Investimentos (Dec° n° 20/2003, de 3 de Maio);
– Acordo entre Portugal e o Brasil sobre a Facilitação da Circulação de Pessoas (Dec° n° 43/2003, de 24 de Setembro).

Em todos estes casos há, na base, um contrato internacional de carácter normativo, que por isso é fonte do Direito.

116. Terão os tratados valor e força de lei?

Do ponto de vista terminológico e jurídico, a questão está, no nosso modo de ver, mal posta: o que interessa saber não é se, na ordem jurídica portuguesa, os tratados regularmente celebrados têm "valor e força de lei", mas sim se têm "valor e força de fonte do Direito" – porque, como sabemos, a lei não é a única fonte do Direito; e o que na pergunta feita se pretende saber é, no fundo, se os tratados são fonte de normas jurídicas que obriguem, em Portugal, os cidadãos portugueses.

A resposta correcta à pergunta, tal como costuma ser formulada, é, pois, dupla: não, os tratados não têm valor e força de lei; sim, os tratados têm, entre nós, valor e força de fonte do Direito.

Costumam os defensores da teoria clássica acrescentar: mas, então, os tratados – uma vez regularmente aprovados e promulgados pelos órgãos de soberania portugueses – passam a constituir *parte integrante do direito português*.

A resposta também tem de ser ambivalente: não, os tratados (ou melhor: as normas jurídicas criadas pelos tratados) não constituem *direito português*; mas constituem *Direito Internacional* que vigora na *ordem jurídica portuguesa*.

Na verdade – e tal como vimos suceder com o direito privado estrangeiro, chamado a ser aplicado em Portugal por uma norma de conflitos nossa, que mantém, nesse caso, o *estatuto de direito estrangeiro*, ainda que vigente na ordem jurídica portuguesa (*supra*, n° 63), as normas de Direito Internacional, que constem de tratado validamente celebrado e regularmente incorporado na ordem jurídica portuguesa, não perdem o seu *estatuto de normas de Direito Internacional*, e devem por isso ser interpretadas, integradas e aplicadas de harmonia com as regras próprias do Direito Internacional sobre interpretação, integração e aplicação das suas próprias normas.

Assim, os tratados e outros acordos internacionais, a que Portugal se tiver vinculado na esfera internacional, "vigoram na ordem interna" (CRP, art. 8°, n° 2), mas vigoram na sua qualidade de fontes normativas internacionais – e não como leis ou regulamentos portugueses, que na realidade nunca foram, nem passam a ser.

Consequência directa desta concepção é que as decisões da nossa Assembleia da República que aprovem um tratado internacional não revestem a forma de *lei*, mas a de *resolução* (CRP, art. 166°); e são *decretos* (não decretos-leis) os actos do Governo que aprovam acordos internacionais em forma simplificada (Lei n° 74/98, de 11 de Novembro, art. 14°, n° 1, al. b)).

A razão é fácil de entender: é que, quando a Assembleia da República ou o Governo aprovam um tratado, ou um acordo internacional em forma simplificada, não estão *ipso facto*★ a converter o tratado internacional em lei interna, ou o acordo simplificado em regulamento interno: estão, sim, a declarar a vontade do Estado Português de que aqueles actos adquiram um título jurídico de relevância na ordem jurídica interna, sem perderem a sua qualidade intrínseca de actos internacionais. (Quando o dono de casa abre a porta a um casal amigo para vir jantar, ou passar as férias, não está a transformar esse casal em membro da sua família: está apenas a deixá-lo entrar na *sua* casa, mantendo eles a *respectiva* qualidade de amigos).

Esta concepção – impossível de entender à luz da teoria clássica, que só aceitava a vigência na ordem interna de direito nacional – faz todo o sentido numa visão pluralista das fontes do Direito, para a qual não custa aceitar que parcelas de ordenamentos estrangeiros ou internacionais possam vigorar, em dados termos, na ordem jurídica nacional.

Daqui se conclui que a ordem jurídica nacional não é homogénea: para além de conter um grande número de normas de origem ou fonte nacional (que são, de resto, a maioria), também compreende um número considerável de normas de Direito Internacional e, ainda, de outros direitos externos (o direito privado estrangeiro convocado pelas normas de conflitos do país, o Direito Canónico, os direitos internos próprios de organizações privadas internacionais, etc.).

E se uma lei posterior contiver uma norma que viole um tratado internacional? *Quid juris**? Prevalece o tratado ou a lei? Este é já um problema diferente – um problema de hierarquia das fontes do Direito –, que só abordaremos mais à frente (*infra*, cap. 24).

VII – OS ACTOS NORMATIVOS DA UNIÃO EUROPEIA

117. Panorama das fontes comunitárias

Já atrás referimos a distinção, que é fundamental, entre o direito comunitário *original* e o direito comunitário *derivado*. O primeiro é constituído por tratados e, por isso, aplica-se-lhe tudo quanto na secção anterior dissemos acerca dos tratados como fonte do Direito.

Aqui vamos apenas tratar do *direito derivado*, o qual é produzido pelos órgãos próprios da União Europeia (UE). Diz, a propósito, o artigo 249° do Tratado de Roma:

"Para o desempenho das suas atribuições e nos termos do presente Tratado, o Parlamento Europeu em conjunto com o Conselho, o Conselho e a Comissão adoptam regulamentos e directivas, tomam decisões e formulam recomendações ou pareceres.

O regulamento tem carácter geral. É obrigatório em todos os seus elementos e directamente aplicável em todos os Estados-Membros.

A directiva vincula o Estado-Membro destinatário quanto ao resultado a alcançar, deixando, no entanto, às instâncias nacionais a competência quanto à forma e aos meios.

A decisão é obrigatória em todos os seus elementos para os destinatários que designar.

As recomendações e os pareceres não são vinculativos".

Para ver exemplos das várias espécies de fontes comunitárias, cfr. *supra*, n° 42.

Temos, assim, três grupos de fontes do Direito Comunitário Europeu derivado:
 a) Os *regulamentos* e as *decisões* são actos normativos obrigatórios para todos os seus destinatários, e directamente aplicáveis dentro das ordens jurídicas dos Estados Membros;

b) As *directivas* vinculam em parte os países destinatários, mas pressupõem – em regra – que estes, por acto normativo interno, façam a respectiva *integração e transposição* para a sua ordem jurídica nacional;

c) Enfim, as recomendações e os pareceres não são vinculativos e, como tal, não produzem Direito *stricto sensu**: são apenas *soft-law* (v. *supra*, n° 11, al. c)).

118. Regulamentos e decisões

Deixemos de parte os actos referidos em c).

Quanto aos mencionados em a), eles são "directamente aplicáveis [na ordem jurídica interna] em qualquer Estado Membro". O fundamento jurídico desta penetração vertical automática dos *regulamentos* e das *decisões* comunitários na ordem interna dos Estados membros está, quanto a Portugal, na norma habilitadora do artigo 8°, n° 3, da CRP, que reza assim:

> "As normas emanadas das organizações internacionais de que Portugal seja parte *vigoram directamente na ordem interna, desde que tal se encontre estabelecido nos respectivos tratados constitutivos* (...)" (sublinhado nosso).

Não há, portanto, qualquer dúvida possível em relação à aplicação directa e à força obrigatória geral, na ordem jurídica portuguesa, dos *regulamentos* e das *decisões* dos órgãos comunitários competentes.

119. O caso especial das directivas

Vejamos agora o problema, mais complexo, das *directivas*.

De acordo com o disposto no citado artigo 249° do Tratado de Roma, as *directivas* são actos normativos incompletos – e por isso precisam de ser completados, ou integrados – e carecem de transposição (integradora) para a ordem jurídica interna, por intermédio de uma fonte nacional. No caso português, a transposição das directivas comunitárias para a ordem jurídica interna faz-se por meio de *lei* ou de *decreto-lei* (CRP, art. 112°, n° 9), conforme o respectivo conteúdo verse, ou não, matéria reservada à competência exclusiva da Assembleia da República.

Havendo um acto específico de *transposição*, considera-se que a directiva comunitária foi transformada em fonte de direito interno (lei ou decreto-lei), pelo que, se este houver de ser invocado por qualquer particular a seu favor, a invocação deve reportar-se ao acto de direito interno e não à directiva propriamente dita ([2]). Aqui a fonte do Direito é nacional, não é comunitária.

Mas importa sublinhar que há pelo menos duas situações em que uma directiva pode ter "efeito directo" na ordem jurídica interna de um Estado Membro, enquanto fonte comunitária, não-nacional:

a) Se a directiva fixar um determinado prazo para a sua transposição e este não for cumprido, os interessados poderão invocar a seu favor a directiva em causa contra o Estado que se encontra em falta;

b) Se a directiva for efectivamente transposta para a ordem jurídica nacional, mas a transposição for incorrecta – quer por ser incompleta, quer por violar a letra ou o espírito da directiva –, então prevalece, na ordem interna, a própria directiva sobre o acto nacional de transposição ([3]).

([2]) V. o acórdão de 15-7-82, *Felicitas Rickmers-Linie KG & Co. versus Finanzamt für Verkehrssteuern*, cit. por M. Gorjão-Henriques, *Direito Comunitário*, 2ª ed., "Almedina", Coimbra, 2003, p. 239 e nota 116.

([3]) Sobre a primeira modalidade, ver o Acórdão *Pubblico Ministero v. Tullio Ratti*, Proc. n° 148/78, Colect. Jurispr., 1979, p. 1629 e segs. V. também Acórdão *Van Duyn v. Home Office*, Proc. n° 41/74, Colect. Jurispr., 1974, p. 567 e segs.; sobre a segunda, Acórdão *Von Colson and Kamann v. Land Nordrhein-Westfalen*, Proc. n° 14/83, Colect. Jurispr., 1984, p. 1891 e segs.

Ora bem: se uma directiva oportuna e correctamente transposta se transforma em fonte nacional (ainda que de origem comunitária), já nos dois casos especiais acabados de apontar é a própria directiva que se torna aplicável na ordem interna, funcionando, pois, nessa medida, como fonte comunitária produtora de direito vigente na ordem jurídica portuguesa: nestes casos, por força de uma fonte externa, o Direito Comunitário Europeu ingressa automaticamente – sem necessidade de incorporação específica – na ordem jurídica portuguesa, como se a *directiva* fosse, para este efeito, um *regulamento* comunitário, directamente aplicável na ordem interna.

Saber se os regulamentos, as directivas e as decisões da UE são fontes de valor hierárquico superior ou inferior ao das leis portuguesas, é uma questão de hierarquia das fontes do Direito, que só abordaremos adiante (*infra*, cap. 24).

O novo *Tratado que estabelece uma Constituição para a Europa*, que será assinado pelos Chefes de Estado e de Governo a 29 de Outubro de 2004 em Roma e posteriormente submetido a ratificação por cada um dos Estados-Membros de acordo com as respectivas normas constitucionais, só então entrando em vigor, no seu artigo I-33°, procede a uma revisão terminológica dos actos jurídicos da União Europeia, chamando ao regulamento lei europeia, à directiva lei-quadro europeia e à decisão, decisão europeia. Entre eles surge ainda uma outra figura – o regulamento europeu – que, em certos casos, pode gozar de efeito directo.

Artigo I-33°
(Actos jurídicos da União)

1. Para exercerem as competências da União, as instituições utilizam como instrumentos jurídicos, em conformidade com a Parte III, a lei europeia, a lei quadro-europeia, o regulamento europeu, a decisão europeia, as recomendações e os pareceres.

A lei europeia é um acto legislativo de carácter geral. É obrigatória em todos os seus elementos e directamente aplicável em todos os Estados-Membros.

A lei-quadro é um acto legislativo que vincula o Estado-Membro destinatário quanto ao resultado a alcançar, deixando, no entanto, às instâncias nacionais a competência quanto à escolha da forma e dos meios.

O regulamento europeu é um acto não legislativo de carácter geral destinado a dar execução aos actos legislativos e a certas disposições da Constituição. Tanto pode ser obrigatório em todos os seus elementos e directamente aplicável em todos os Estados-Membros como pode vincular o Estado-Membro destinatário quanto ao resultado a alcançar, deixando, no entanto, às instâncias nacionais a competência quanto à escolha da forma e dos meios.

A decisão europeia é um acto não legislativo obrigatório em todos os seus elementos. Quando designa destinatários, só é obrigatória para estes.

As recomendações e os pareceres não têm efeito vinculativo.

VIII – A CONSTITUIÇÃO

120. Noção e elementos

Todos estamos habituados a ouvir falar da Constituição como norma, ou mesmo como lei: ela seria a primeira de todas as leis, a *norma normarum** ou, como dizem os alemães, a *Grundgesetz* [a lei fundamental].

Há, no entanto, que fazer aqui algumas distinções e precisões:
– Uma coisa é a Constituição como norma jurídica, ou como conjunto de normas jurídicas; outra coisa, bem diferente, é a Constituição como fonte do Direito: aqui a Constituição é um acto normativo, um acto produtor de normas, e não a própria norma ou normas por ele criadas;
– Por outro lado, uma coisa é ver a Constituição como fonte de normas jurídicas, o que está certo; outra coisa, muito diversa, é considerar a Constituição como *lei*, ou *acto legislativo*, o que a nosso ver está errado. Na verdade, a Constituição está acima da lei, e tem natureza jurídica diferente da da lei.

Assim, definimos "Constituição" como *o acto normativo praticado pelo Povo soberano, directa ou indirectamente, e que aprova a norma fundamental e suprema do Estado, entendido como comunidade dos cidadãos.*

Principais elementos desta definição:
a) A Constituição, no contexto das fontes do Direito, é um acto normativo – isto é, um acto produtor de uma norma ou de

um conjunto de normas jurídicas –, e não a própria norma ou conjunto de normas a que também se dá o nome de Constituição;

b) Quem pratica o acto, quem faz a Constituição, é o Povo no exercício da sua soberania, ou seja, o Povo soberano. Pode fazê-lo directamente, através do costume ou de um referendo, ou indirectamente, através de deputados especialmente eleitos para formarem uma "Assembleia Constituinte": mas é sempre o Povo soberano que é o autor jurídico da Constituição;

c) O acto normativo em que a Constituição se traduz consiste na *aprovação* daquela que passará a ser a *norma fundamental e suprema do Estado*. Não se pense que há repetição ou tautologia na qualificação da norma como fundamental e suprema: *fundamental* quer dizer que ela serve de fundamento de validade à existência do Estado e das leis e outros actos jurídicos por ele praticados, bem como por todas as restantes entidades públicas (CRP, art. 3º, nº 3); *suprema* significa que a Constituição está hierarquicamente colocada acima de todos os outros actos normativos do Estado e infra-estaduais;

d) Quando se define a Constituição como acto produtor da norma fundamental e suprema do Estado, não se está a empregar esta última palavra no sentido de Estado-aparelho (ou "aparelho de Estado"), nem no sentido de Estado-poder (i.e., os órgãos que exercem poder coactivo sobre os cidadãos), mas sim no sentido de Estado-Comunidade, ou seja, o Estado como comunidade ou colectividade de todos os cidadãos de um dado país (por ex., o Estado português, o Estado francês, o Estado alemão, etc.).

121. Autonomia conceptual da Constituição face à lei, enquanto fontes do Direito distintas

Já vimos que para muitos autores – a grande maioria –, a Constituição é uma lei; uma lei especial, mais importante, dotada de um regime jurídico privilegiado em comparação com as outras leis; mas, em todo o caso, uma lei.

Não podemos concordar.

Há, é certo, bastantes semelhanças (pelo menos aparentes) entre a Constituição escrita e a lei: ambas constam de texto escrito, ambas revestem forma solene, ambas são actos normativos praticados pelo Estado.

Por outro lado, é evidente que, se nos fecharmos no quadro acanhado das quatro fontes do Direito enumeradas e admitidas pela teoria clássica, a Constituição tem de ser considerada como lei, uma vez que, muito obviamente, não é costume (salvo em Inglaterra), nem doutrina, nem jurisprudência.

Mas as semelhanças, reais ou aparentes, não devem esconder--nos a verdadeira realidade; e já vimos que o quadro das fontes segundo a teoria clássica é demasiado pequeno e estreito para abarcar toda a realidade.

Quais são, então, as principais diferenças entre a Constituição e a lei, que nos impedem de reconduzir a primeira à segunda? São sete, a saber:

1) A Constituição tanto pode ser fonte de normas escritas como de normas consuetudinárias. A lei é sempre um acto que reveste a forma escrita: se fosse de origem consuetudinária, seria costume, não seria lei;

2) A Constituição provém do Estado-Comunidade, é um contrato social que os cidadãos celebram entre si. A lei é um comando unilateral imposto pelo Estado-Poder aos cidadãos;

3) A Constituição é elaborada, por via de regra, por um órgão *sui generis*, especialmente eleito para esse único fim – a Assembleia Constituinte. Diferentemente, a lei é elaborada por um parlamento de fins múltiplos e de duração não limitada em função de uma única tarefa específica;

4) A Constituição e a lei são ambas promulgadas pelo Presidente da República. Mas, enquanto a lei pode ser por ele vetada, a Constituição nunca pode ser objecto do veto presidencial (que é um mecanismo típico do Estado-Poder, e por isso não pode sobrepor-se à vontade soberana do Estado-Comunidade);

5) A Constituição tem por conteúdo definir a forma do Estado (federal, regional, unitário), a forma do governo (Monarquia, República), o tipo de regime político (ditadura, democracia) e o catálogo dos direitos fundamentais dos cidadãos. A lei não pode ter esse conteúdo tão nobre e elevado, apenas pode disciplinar aspectos secundários do regime de algumas dessas matérias (por ex., as leis eleitorais);

6) A Constituição é hierarquicamente superior à lei, em todos os casos e sob todas as formas. A lei contrária à Constituição é inválida, a Constituição contrária à lei é válida e destrói a lei;

7) A Constituição estabelece e assegura a fiscalização da conformidade das leis com ela própria. O contrário não existe, nem faria qualquer sentido.

Temos, pois, que – no quadro de uma teoria pluralista das fontes do Direito – a Constituição não é uma lei, mas uma fonte autónoma, única, *sui generis*★.

Mesmo as chamadas "leis de revisão constitucional" não são, em bom rigor, leis – mas antes *emendas constitucionais*, como correctamente são qualificadas nos Estados Unidos da América e no Brasil. A prova de que não são leis, mesmo no plano jurídico-formal, é que (tal como acontece com a própria Constituição originária) o Presidente da República não dispõe, quanto a elas, do direito de veto, que pode exercer em relação a qualquer lei ([4]), discutindo-se, além disso, na doutrina, se é admissível a fiscalização preventiva de uma lei de revisão pelo Tribunal Constitucional ([5]).

([4]) Neste sentido, Jorge Miranda, *Manual de Direito Constitucional*, II, 5ª ed., 2003, p. 191.
([5]) V. J. J. Gomes Canotilho, *Direito Constitucional e Teoria da Constituição*, 7ª ed., 2003, p. 1077.

IX – OS PRINCÍPIOS GERAIS DE DIREITO

122. Noção e elementos

O nosso Código Civil, de 1966, não menciona – à luz dos cânones da teoria clássica – os "princípios gerais de Direito", que são uma figura consagrada desde há muito no plano dos conceitos jurídicos fundamentais: não o faz quando trata das fontes do Direito (arts. 1º a 4º), nem sequer a propósito da integração das lacunas da lei (art. 10º), embora lhes faça uma alusão velada e parcial no artigo 22º, nº 2.

Já a nossa Constituição, de 1976, sem tratar *ex professo** do tema – o que, aliás, não lhe cabia fazer –, menciona a figura em diversas passagens (arts. 6º, 7º, 8º, 12º e segs., 204º, 227º, nº 1, al. a), e 266º, nº 2).

Enfim, o artigo 38º, nº 1, alínea c), do Estatuto do Tribunal Internacional de Justiça, de 1945, não tem dúvidas em proclamar, com todas as letras, no elenco das fontes do Direito Internacional, "os princípios gerais de Direito".

É esta, a nosso ver, a posição correcta.

Consideramos que os "princípios gerais de Direito" são *as máximas ou fórmulas, enunciadas de forma condensada, que exprimem as grandes orientações e valores que caracterizam uma dada ordem jurídica, ou um certo ramo ou subramo do Direito.*

São elementos essenciais desta noção:
a) Os princípios gerais de Direito são em regra *máximas*, isto é, aforismos, adágios ou brocardos (⁶) (por ex., *in dubio pro reo**), ou meras *fórmulas*, isto é, conceitos expressos por simples palavras (por ex., *princípio da justiça, princípio da igualdade, princípio da boa fé*);

(⁶) A palavra *brocardo*, sinónimo de máxima, adágio ou aforismo, vem do nome do jurista alemão do século XII, Burckhard.

b) São enunciados de forma condensada ou sintética: não constituem frases longas, ou raciocínios complexos, ou concatenações de argumentos, antes se traduzem numa frase curta (*in dubio pro reo**) ou em duas ou três palavras conhecidas (*princípio da igualdade*);

c) Os princípios gerais de Direito têm por conteúdo a expressão das *grandes orientações e valores* que caracterizam uma dada ordem jurídica no seu conjunto (por ex., o *princípio da plenitude da ordem jurídica*, ou o *princípio do Estado de Direito Democrático*), ou um certo ramo ou subramo do Direito (por ex., o nosso Direito Público obedece ao *princípio da separação dos poderes*, ou o nosso Direito Privado consagra o *princípio da autonomia da vontade contratual*, ou o nosso Direito Administrativo perfilha o *princípio da descentralização*).

Como melhor veremos daqui a pouco, os princípios gerais de Direito têm carácter normativo: enunciam valores ou orientações que se transformam em normas jurídicas. Não devem, pois, ser confundidos com certos outros tipos de aforismos, adágios ou brocardos jurídicos – que interessam sobremaneira ao mundo do Direito e aos juristas, mas que não têm carácter normativo, isto é, que não constituem regras de conduta para a vida dos homens em sociedade. É o caso, por ex., de um grande número de brocardos romanos que chegaram até nós sobre os conceitos de Direito, Justiça ou Equidade (v. *supra*, n°s 2 e 5), ou que exprimem noções e proposições próprias da Ciência do Direito (por ex., *Hominum causa omne jus constitutum est* [todo o Direito é criado por causa do Homem], ou *consuetudo est optima legum interpres* [o costume é a melhor forma de interpretar as leis]).

Aqui só nos interessa tratar dos princípios gerais de Direito enquanto fontes do Direito, ou seja, enquanto factos produtores ou reveladores de normas jurídicas. Os restantes aforismos, adágios ou brocardos jurídicos, embora interessantes e úteis ao jurista, não se integram na matéria que estamos agora a estudar.

123. Distinção entre princípios e regras

Já dissemos que os princípios gerais de Direito são, quanto a nós, fontes do Direito. Daí resulta que a distinção entre princípios e regras tem um ponto de partida claro e inatacável: os princípios são a fonte geradora de regras; as regras são o produto dimanado dos princípios. Estes são a causa; aquelas são o efeito.

Mas a doutrina jurídica tem-se afadigado em ir mais longe, até porque o artigo 204° da Constituição distingue expressamente entre as "disposições constitucionais" (regras jurídicas contidas na Constituição) e os "princípios nela consignados" ([7]).

O critério que se nos afigura tendencialmente preferível é o indicado por Esser ([8]): os princípios são fórmulas com um reduzido grau de determinabilidade, que por isso carecem, para ser aplicados, da mediação do legislador ou do juiz; as regras possuem um maior grau de determinabilidade, pelo que são susceptíveis de aplicação imediata – segundo a lógica do "ou tudo ou nada" (Dworkin) ([9]).

É claro que, como melhor se compreenderá a seguir, esta necessidade de distinção entre princípios e regras não se coloca a respeito daquele tipo de princípios que denominamos como princípios-norma, em que o princípio é, ele próprio, uma norma de conduta bem determinada e precisa (v. *infra*, n° 124, al. c)).

([7]) Para maiores desenvolvimentos, v. J. J. Gomes Canotilho, *Direito Constitucional...*, cit., 7ª ed., pp. 1159-1162, e Jorge Miranda, *Manual de Direito Constitucional*, II, 5ª ed., 2003, p. 250.

([8]) J. Esser, *Grundsatz und Norm in der richterlichen Fortbildung des Privatrechts*, 4ª ed., 1990, p. 51.

([9]) "Rules are applicable in an all-or-nothing fashion". V. R. Dworkin, *Taking Rights seriously*, "Harvard University Press", Cambridge, Massachusetts, 1977, p. 24.

124. Forma, funções e estrutura dos princípios gerais de Direito

É possível e conveniente proceder a várias classificações dos princípios gerais de Direito. Assim:

a) Quanto à sua *forma*, há princípios que se encontram enunciados de modo *expresso* (por ex., o princípio do Estado de Direito Democrático, no art. 2º da CRP; o princípio do efeito útil dos tratados, no art. 44º da Convenção de Viena sobre o Direito dos Tratados entre Estados (1969); ou o princípio de que só um tribunal judicial pode condenar alguém a uma pena criminal, no art. 8º do CPP). Outros, porém, não estão expressamente formulados, e têm de ser *deduzidos* de valores superiores (o princípio da presunção da inocência do arguido) ou *induzidos* a partir de várias disposições legais parcelares (o princípio da igualdade dos Ministros, dentro de um qualquer governo);

b) Quanto à sua *função*, convém distinguir, com Crisafulli ([10]), entre a função *programática*, *a função interpretativa* e *a função integradora* dos princípios gerais de Direito: a primeira consiste na função geradora de normas jurídicas (por ex., o princípio da boa fé, assim laconicamente enunciado no art. 266º, nº 2, da CRP, dá origem às normas do art. 6º-A do CPA, que concretizam os vários deveres de actuação da Administração Pública segundo o princípio da boa fé); a segunda consiste na função auxiliar da interpretação das leis (por ex., o princípio do *favor laboratoris** leva a interpretar certas normas de Direito do Trabalho da maneira que for mais favorável ao trabalhador – art. 4º do Cód. do Trab.); a terceira, enfim, consiste na função que os princípios gerais de Direito desempenham como meios de integração das lacunas da lei (por ex., na ausência de lei

---

([10]) V. Crisafulli, *Per la determinazione del concetto dei principi generali del diritto*, in *Studi sui principi generali dell'ordinamento giuridico*, Pisa, 1941, p. 246 e segs.

reguladora do modo de exercício de um certo direito fundamental, o caso omisso será preenchido pelo recurso aos princípios consignados na Declaração Universal dos Direitos do Homem – CRP, art. 16º, nº 2). Pela parte que nos toca, acrescentamos à trilogia de Crisafulli uma quarta função, que é a *função invalidante* dos princípios gerais de Direito: pelo menos na medida em que se trate de princípios *expressos* (num tratado internacional, na Constituição ou na lei), tais princípios, quando violados por uma norma ou acto jurídico de grau hierárquico inferior, tornam essa norma ou esse acto inválidos (respectivamente, sob a forma de invalidade internacional, inconstitucionalidade ou ilegalidade).

c) Por último, e quanto à sua *estrutura*, propomos que os princípios gerais de Direito sejam classificados em três grupos:

(1) – Os *princípios-valor*, que apenas referem um valor jurídico superior, de onde podem brotar diversas normas jurídicas, por dedução (por ex., o "princípio da justiça" ou o "princípio da boa fé");

(2) – Os *princípios-norma*, cujo enunciado contém em si mesmo uma norma jurídica directamente aplicável (por ex., *in dubio pro reo*★);

(3) – E os *princípios-síntese*, que revelam, por indução, uma directriz contida em várias normas de conduta (por ex., o "princípio da igualdade dos Ministros").

Esta última classificação ajuda a compreender o sentido e alcance dos princípios gerais de Direito como fontes do Direito: os princípios dos dois primeiros grupos (princípios-valor e princípios--norma) constituem fontes *juris essendi*, porque são produtores de normas jurídicas; os do terceiro grupo, na medida em que apenas nos dão a conhecer, em síntese, o significado ou a orientação de normas já existentes, das quais são extraídos por indução, constituem fontes *juris cognoscendi*.

125. O desdobramento funcional dos princípios gerais de Direito

Uma característica essencial dos princípios gerais de Direito, que decorre do seu carácter sintético ou condensado, consiste na possibilidade do desdobramento de cada princípio em diversos corolários, ou sub-princípios, que dele se extraem por dedução.

Esses corolários ou sub-princípios têm a mesma natureza e valor jurídico do que o princípio básico do qual são extraídos: também eles são princípios gerais de Direito; também eles constituem fontes do Direito.

Tomemos como exemplo o *princípio da separação dos poderes* (Direito Constitucional).

Em si mesmo, ele significa – desde Montesquieu, que o formulou, e da Revolução Francesa, que o consagrou – que os vários poderes do Estado devem ser repartidos por órgãos diferentes, para impedir a concentração do Poder: assim, o Poder Legislativo pertence ao Parlamento, o Poder Executivo ao Governo (e aos serviços e organismos sob sua tutela ou superintendência), e o Poder Judicial aos Tribunais.

Ora, este princípio, bastante claro na sua formulação básica, é susceptível de ser desdobrado, por via dedutiva, em diversos corolários, que nele se contêm implícitos, a saber:
– O sub-princípio da não intervenção do Parlamento nas matérias reservadas ao Governo ou aos Tribunais;
– O sub-princípio da não intervenção do Governo nas matérias reservadas ao Parlamento ou aos Tribunais;
– O sub-princípio da não intervenção dos Tribunais nas matérias reservadas ao Parlamento ou ao Governo.

Este último sub-princípio, por sua vez, tem dois importantíssimos corolários (ou sub-sub-princípios), no plano do controlo da actividade da Administração Pública (Poder Executivo) pelos Tribunais (Poder Judicial):
– Os tribunais competentes podem fiscalizar a *justiça* e a *legalidade* da actuação administrativa;
– Mas esses tribunais não podem fiscalizar o *mérito* (conveniência e oportunidade) da actuação administrativa, pois este aspecto é matéria reservada ao Poder Executivo, na qual o Poder Judicial não deve interferir, e ao qual não deve substituir-se.

Estes dois sub-sub-princípios encontram-se consagrados – e criteriosamente redigidos – no recente CPTA, cujo artigo 3°, n° 1, determina:

"No respeito pelo princípio da separação (...) dos poderes, os tribunais administrativos julgam do cumprimento pela Administração das normas e princípios jurídicos que a vinculam, e não da conveniência ou oportunidade da sua actuação".

Este corolário do princípio da separação dos poderes é reafirmado pelo mesmo Código, no seu artigo 71°, n° 2, a propósito da hipótese de condenação da Administração, por um tribunal, à prática de um acto juridicamente devido:

"Quando a emissão do acto pretendido [pelo particular] envolva a *formulação de valorações próprias do exercício da função administrativa* [pelo Poder Executivo] e a apreciação do caso concreto não permita identificar apenas uma solução como legalmente possível, *o tribunal não pode determinar o conteúdo do acto a praticar, mas deve explicitar as vinculações a observar pela Administração na emissão do acto devido*" (sublinhados nossos) ([11]).

Dissemos acima que os sub-princípios partilham da mesma natureza que os próprios princípios gerais de Direito. Isso quer dizer que também eles são fontes do Direito, por um lado, e, por outro, que também eles desempenham, como os primeiros, as funções programática, interpretativa, integradora e invalidante reconhecidas àqueles.

126. Carecerão os princípios gerais de Direito de ser reconhecidos pela Doutrina ou pela Jurisprudência?

Esta é uma interrogação importante que se coloca a propósito da existência e eficácia dos princípios gerais de Direito, enquanto fontes do Direito.

É claro que, se estivermos perante princípios expressamente consagrados em normas escritas (tratados, Constituição, leis ordinárias), o problema não chega verdadeiramente a pôr-se: os princípios aí explicitados têm o valor e a força jurídica do tratado, da Consti-

---

([11]) Para maiores desenvolvimentos, v. Diogo Freitas do Amaral, *Curso de Direito Administrativo*, II, cit., p. 73 e segs.

tuição ou da lei que os acolhe – e, portanto, não carecem de qualquer reconhecimento posterior por parte da Doutrina ou da Jurisprudência.

Já o mesmo se não pode dizer dos princípios implícitos, porque esses – para se afirmarem no mundo do Direito – têm de ser formulados e aceites pela Doutrina e, também, reconhecidos como tais pela Jurisprudência.

Se o forem por ambas estas fontes, ou até somente pela segunda, a sua vigência e eficácia na ordem jurídica, como fontes do Direito, fica automaticamente garantida.

Se, no entanto, algum princípio geral do Direito for apenas formulado pela Doutrina, mas vier a ser expressamente rejeitado pela Jurisprudência (nas situações em que esta é, ela própria, fonte do Direito), então esse princípio – continuando a valer como princípio de carácter doutrinário – não pode ser reconhecido como princípio eficaz (e obrigatório) na ordem jurídica portuguesa. Gera Direito válido, mas não produz Direito eficaz.

127. Espécies e exemplos de princípios gerais de Direito

Há uma última classificação dos princípios gerais de Direito, que se pode e costuma fazer, e que é a seguinte:

– Princípios gerais de Direito;
– Princípios gerais de Direito Público e princípios gerais de Direito Privado;
– Princípios gerais de cada ramo do Direito Público;
– Princípios gerais de cada ramo do Direito Privado;
– Princípios gerais de cada ramo misto do Direito.

Quanto aos princípios gerais do Direito Público, e aos dos respectivos ramos, quanto aos princípios gerais do Direito Privado, e aos dos respectivos ramos, e quanto aos princípios gerais dos ramos mistos do Direito, não há nada de especial a referir: todos esses ramos e sub-ramos têm os seus princípios gerais.

O que são, no entanto, os princípios gerais do Direito – não já enquanto género que abrange todas as outras espécies, mas enquanto espécie diferente das demais?

Temos para nós que se trata dos princípios gerais do Direito Comum, ou seja, daquele segmento da ordem jurídica que constitui o tronco basilar do Direito, a que pertencem alguns princípios que são válidos para todos os ramos do Direito e que, nomeadamente, são comuns ao Direito Público, ao Direito Privado e aos ramos mistos do Direito.

Vamos, de seguida, dar alguns exemplos – apenas alguns – de princípios gerais pertencentes às várias espécies acabadas de diferenciar.

Exemplos:
1) *Princípios gerais de Direito*
   - *Pacta sunt servanda*★
   - *Dura lex sed lex*★
   - *Ex facto oritur jus*★
   - *Ignorantia juris neminem excusat*★
   - *Jura novit curia*★
   - *Necessitas non habet legem*★
   - *Qui jure suo utitur neminem laedit*★
   - *Summum jus, summa injuria*★
   - Princípio da plenitude da ordem jurídica
   - Princípio do acesso ao Direito
   - Princípio da proibição da denegação de justiça
   - Princípio da não retroactividade das leis
   - Princípio do Estado de Direito
   - Princípio da boa fé

2) *Princípios gerais do Direito Público*
   - Princípio da constitucionalidade
   - Princípio da unidade do Estado
   - Princípio da competência

2-a) *Princípios gerais de Direito Constitucional*
   - Princípio da democracia
   - Princípio republicano
   - Princípio do respeito pelos Direitos Fundamentais
   - Princípio da solidariedade social
   - Princípio da separação e interdependência dos poderes

- Princípio da fiscalização judicial da constitucionalidade das leis
- *Salus populi suprema lex*★

2-b) *Princípios gerais de Direito Administrativo*
- Princípio da prossecução do interesse público
- Princípio da legalidade
- Princípio do respeito pelos direitos e interesses legítimos dos particulares
- Princípio da justiça
- Princípio da imparcialidade
- Princípio da cooperação entre a Administração e os particulares
- Princípio da auto-tutela declarativa e executiva da Administração
- Princípio da autonomia local

2-c) *Princípios gerais de Direito Penal e Processual Penal*
- *Nullum crimen sine lege*★
- *Nulla poena sine lege*★
- *Non bis in idem*★
- *In dubio pro reo*★

2-d) *Princípios gerais de Direito Fiscal*
- *In dubio pro Fiscum*★([12])
- *Solve et repete*★
- *Fiscus sempre locuples*★

3) *Princípios gerais do Direito Civil e Processual Civil*
- Princípio da autonomia da vontade
- *Quis tacet consentire videtur*★
- *Ubi commoda, ibi incommoda*★
- *Ad impossibilia nemo tenetur*★
- *Accessorium principale sequitur*★
- Princípio do contraditório
- Princípio da igualdade de armas
- *Nemo judex in re sua*★
- *Res judicata pro veritate habetur*★

4) *Princípios gerais do Direito do Ambiente*
- Princípio do equilíbrio (harmonizar as políticas económicas com as políticas ambientais de forma equilibrada, para garantir o desenvolvimento sustentável)

([12]) A doutrina e a jurisprudência já não aceitam, hoje em dia, este princípio; mas a prática das autoridades tributárias continua inspirada sistematicamente por ele.

- Princípio da prevenção (mais vale prevenir do que remediar os danos ambientais)
- Princípio do poluidor-pagador (quem poluir o ambiente deve pagar a respectiva recuperação e os danos causados a terceiros)
- Princípio da precaução (não praticar um comportamento que possa, eventualmente, ser nocivo).

X – O REGULAMENTO ADMINISTRATIVO

128. Noção e elementos

Umas vezes o regulamento administrativo aparece definido como um certo tipo de norma jurídica; outras vezes, como uma certa espécie de acto produtor de normas jurídicas. Já sabemos, pelo que ficou dito atrás, que é a segunda perspectiva que nos interessa aqui considerar. A primeira só é adequada à teoria das normas jurídicas, que não nos ocupa nesta parte do nosso curso.

Enquanto fonte do Direito, o "regulamento administrativo" é *o acto unilateral do Estado, ou de outra entidade pública ou privada habilitada a exercer o Poder Executivo, que, de forma escrita e solene, cria, modifica ou extingue normas jurídicas hierarquicamente subordinadas à lei.*

São elementos desta definição:

a) O regulamento administrativo é *um acto unilateral*: é, pois, uma manifestação de vontade de um único autor, não havendo na sua génese qualquer modalidade de bilateralismo ou multilateralismo, próprios dos contratos;

b) É um acto praticado *pelo Estado*, ou por qualquer outro *ente público menor* ou, ainda, por qualquer *entidade privada para tanto especialmente habilitada* pela Constituição ou pela lei;

c) É um acto praticado *no exercício do Poder Executivo*, ou seja, no desempenho de um poder público de autoridade administrativa;

d) Reveste *forma escrita e solene*: já sabemos o que isto quer dizer;

e) É um *acto normativo*: isto significa que cria, modifica ou extingue normas jurídicas;

f) Mas não quaisquer normas jurídicas: apenas aquelas que se situem no *escalão hierárquico inferior ao da lei*. Portanto, as leis são superiores aos regulamentos; os regulamentos são subordinados às leis. Consequência prática imediata: uma lei que seja contrária a um regulamento revoga-o; um regulamento que seja contrário a uma lei é um regulamento ilegal e, como tal, pode ser anulado pelos tribunais competentes [13].

129. Espécies e exemplos de regulamentos administrativos

a) Quanto ao seu âmbito de aplicação, os regulamentos podem ser *centrais*, quando emanam do Governo para se aplicarem a todo o território nacional ou, pelo menos, a todo o território continental: é o caso dos *decretos regulamentares*, das *resoluções do Conselho de Ministros* que tenham carácter normativo, das *portarias ministeriais* com idêntico carácter, dos *despachos normativos*, etc. Podem ser *regionais*, se emanarem de um dos Governos Regionais existentes – dos Açores ou da Madeira –, quer para regulamentar a *legislação regional*, quer para regulamentar as *leis nacionais* que não reservem aos órgãos de soberania a respectiva regulamentação (CRP, art. 227°, n° 1, al. d)): são os chamados *decretos regulamentares regionais* (cfr. os Estatutos dos Açores, art. 61°, n° 1, e da Madeira, art. 70°, n° 1). Podem ser *locais*, quando emanarem dos órgãos próprios das autarquias locais, *v.g.*

---

[13] Sobre o regulamento administrativo, ver Diogo Freitas do Amaral, *Curso de Direito Administrativo*, cit., II, p. 151 e segs.; Marcello Caetano, *Manual de Direito Administrativo*, cit., I, p. 95 e segs.; Afonso R. Queiró, *Teoria dos regulamentos*, in "Revista de Direito e Estudos Sociais", ano XXVII, p. 1 e segs., agora coligido em *Estudos de Direito Público*, vol. II, tomo I, Coimbra, 2000, p. 213 e segs.; e J. C. Vieira de Andrade, *O ordenamento jurídico administrativo português*, in *Contencioso Administrativo*, "Livraria Cruz", Braga, 1986, p. 33 e segs.

as assembleias municipais e as assembleias de freguesia, para vigorarem apenas no território municipal ou paroquial. E podem ser *institucionais*, quando emanem dos órgãos competentes de institutos públicos (por ex., o regulamento curricular e pedagógico de uma Faculdade de Direito) ou de associações públicas (por ex., o regulamento deontológico e disciplinar de uma Ordem profissional);

b) Quanto às relações existentes entre regulamento e lei, há que distinguir duas espécies de regulamentos administrativos: os regulamentos complementares ou de execução, e os regulamentos independentes ou autónomos.

Como a própria designação sugere, os "regulamentos complementares ou de execução" são aqueles que desenvolvem ou aprofundam a disciplina jurídica constante de uma lei. E, nessa medida, completam-na, viabilizando a sua aplicação aos casos concretos.

Suponhamos que uma lei estabelece que os alunos economicamente desfavorecidos poderão beneficiar de bolsas de estudo a conceder pelos Serviços Sociais da Universidade, nos termos que estes, mediante regulamento, venham a definir. É evidente que aquela norma só poderá ter efectiva aplicação aos casos concretos da vida real após a elaboração de um regulamento complementar, que estabeleça as condições em que os interessados podem usufruir de tais benefícios, os montantes das bolsas a atribuir, o elenco dos documentos que hão-de acompanhar o pedido da bolsa, etc..

Esta tarefa de pormenorização, de detalhe e de complemento do comando legislativo é que caracteriza os regulamentos complementares ou de execução.

Como se está a ver, estes regulamentos são o desenvolvimento, operado por via administrativa, da previsão legislativa, tornando possível a aplicação do comando primário às situações concretas da vida – tornando, no fundo, possível a prática dos actos administrativos individuais e concretos que são o seu natural seguimento.

Os regulamentos independentes ou autónomos são, diferentemente, aqueles que os órgãos administrativos elaboram no exercício da sua competência, para assegurar a realização das suas atribuições específicas, sem cuidar de desenvolver ou completar nenhuma lei em especial.

É o que se passa, por exemplo, com os regulamentos que as autarquias locais podem elaborar no âmbito da prossecução das suas atribuições, exemplificativamente enunciadas no artigo 13°, n° 1, da Lei n° 159/99, de 14 de Setembro, competência regulamentar essa com assento constitucional (CRP, art. 241°).

Tais regulamentos não vêm, assim, complementar qualquer lei anterior, eventualmente carecida de regulamentação por via administrativa: a sua missão é, antes, estabelecer autonomamente a disciplina jurídica que há-de pautar a realização das atribuições específicas cometidas pelo legislador aos entes públicos considerados.

Os regulamentos independentes são, afinal de contas, expressão da autonomia com que a lei quer distinguir certas entidades públicas, confiando na sua capacidade de autodeterminação e no melhor conhecimento que normalmente possuem acerca da realidade com que têm de lidar.

Os mais antigos regulamentos autónomos ou independentes do nosso Direito são as *posturas municipais* – já existentes no período medieval, desde o século XIII –, e que podem ocupar-se de quaisquer assuntos das atribuições do município não regulados por lei. São especialmente conhecidas as *posturas de trânsito*, em que as autoridades municipais definem, com grande pormenor, para cada cidade ou vila do concelho, quais as ruas e avenidas abertas ao uso público, quais as de sentido único, quais as de circulação proibida, quais os locais de estacionamento livre, pago ou interdito, etc.

<blockquote>
Alguns exemplos de decretos regulamentares do Governo:
- O Dec. Reg. n° 10/2001, de 7 de Junho, do Ministério da Juventude e do Desporto, que aprova o Regulamento das Condições Técnicas e de Segurança dos Estádios;
- O Dec. Reg. n° 9/2002, de 1 de Março, do Ministério do Ambiente, que aprova o Plano da Bacia Hidrográfica do Mondego;
- O Dec. Reg. n° 22/2002, de 2 de Abril, do Ministério da Economia, que regula os chamados "conjuntos turísticos";
</blockquote>

– O Dec. Reg. n° 40/2002, de 1 de Agosto, do Ministério da Economia, que cria a "área de reserva geológica para calcários, argilas e areias", em Pataias (Alcobaça);

– O Dec. Reg. n° 10/2003, de 28 de Abril, do Ministério da Saúde, que aprova as Condições Gerais dos Contratos de Gestão para o estabelecimento de Parcerias em Saúde [14].

130. Fundamento jurídico do poder regulamentar

Segundo a teoria clássica, só poderiam fazer regulamentos administrativos as entidades para tanto habilitadas pela Constituição ou pela lei. E como a lei era a única fonte do Direito admitida – pelo menos, a título principal –, o poder de fazer regulamentos era concebido como uma espécie de poder delegado pelo legislador nas autoridades administrativas. Ainda hoje a doutrina anglo-saxónica se faz eco desta concepção, qualificando os regulamentos administrativos como "legislação delegada" (*delegated legislation*) [15].

Na realidade, a grande maioria das entidades públicas (ou, excepcionalmente, privadas) que gozam do poder regulamentar recebe essa faculdade jurídica da Constituição ou da lei. Há, no entanto, casos em que não é assim: há casos em que, apesar de nenhum preceito constitucional ou legal conferir poder regulamentar, ele existe, é exercido como tal, e não é contestado por ninguém. Os principais casos desse tipo são os seguintes:

a) *Regulamentos internos da Administração pública*: abrangem apenas os funcionários subalternos de um dado superior hierárquico, e têm por fundamento a própria hierarquia administrativa;

---

[14] Sobre a matéria deste número, ver Diogo Freitas do Amaral, *Curso de Direito Administrativo*, II, cit., p. 151 e segs.. Sobre as posturas municipais, em especial, cfr. Marcello Caetano, *Manual de Direito Administrativo*, I, cit., pp. 101-103, e o estudo histórico aí citado, na nota (1) da p. 101.

[15] Ver, por ex., H. W. R. Wade/C. F. Forsyth, *Administrative Law*, 9ª ed., "Oxford Univesity Press", 2004, pp. 857-904, e P. P. Craig, *Administrative Law*, 5ª ed., "Sweet & Maxwell", 2003, p. 367 e segs.

b) *Regulamentos de utilização dos serviços públicos pelos particulares*: abrangem os utentes de cada serviço (escola, universidade, hospital, biblioteca, museu) e fundam-se no poder de gestão do serviço pelos seus dirigentes, face às "relações especiais de poder" em que se acham os utentes;

c) *Regulamentos de funcionamento dos órgãos colegiais* (tradicionalmente designados por "regimentos"): abrangem os membros do órgão colegial em causa, e têm por fundamento um irrecusável poder de auto-organização da instituição ([16]).

Estes casos – e outros poderiam descobrir-se – mostram bem como uma teoria moderna das fontes do Direito, baseada na observação realista dos factos, tais como nos são revelados pela Sociologia Jurídica, não pode deixar de conceder um lugar ao sol a realidades que não cabem nos esquemas mentais demasiado acanhados de certos teóricos, mas pululam à vista desarmada de quem tiver olhos para ver o que se passa à sua volta. "There are many more things on Earth...".

131. Distinção entre o regulamento administrativo e a lei

Como se distinguem entre si a lei e o regulamento administrativo? E que importância prática tem o saber fazer essa distinção?

Critérios da distinção. – Vários foram sendo, ao longo das últimas décadas, os critérios propostos pela doutrina para fazer a distinção, e deles vamos dar aqui uma breve notícia.

Um primeiro critério, de que partia a escola clássica francesa (Carré de Malberg), assenta na diferença entre princípios e pormenores – à lei caberia a formulação dos princípios, ao regulamento a disciplina dos pormenores. Mas o critério é vago, pois não permite

---

([16]) Ver o nosso *Curso...*, cit., I, pp. 628-629, e II, pp. 176-177.

traçar com rigor a distinção entre princípios e pormenores; além de que, como é bom de ver, nada impede que haja pormenores numa lei e princípios num regulamento.

Um segundo critério – inicialmente utilizado pela escola alemã de Direito Público e, entre nós, sustentado por Marcello Caetano –, reconhecendo haver algumas afinidades no plano material entre o regulamento e a lei, considera possível distingui-los porque ao regulamento falta a *novidade,* que é característica da lei. Os regulamentos complementares ou de execução são, caracteristicamente, normas secundárias que completam ou desenvolvem leis anteriores, sem as quais não podem ser elaborados; e os regulamentos independentes ou autónomos, embora não se destinem a regulamentar determinada lei em especial, são feitos para a "boa execução das leis" em geral, isto é, visam a "dinamização da ordem legislativa" no seu conjunto.

Mas este critério encerra também uma dificuldade – precisamente, a dos regulamentos independentes ou autónomos. Estes não pressupõem na sua base nenhuma lei, a não ser a lei de habilitação. E, ao contrário do que dizia Marcello Caetano, não se destinam à boa execução das leis já existentes, nem à dinamização da ordem legislativa: são eles próprios inovadores, criam direito; tão inovadores que, no âmbito da administração autónoma, podem ser diferentes, e contraditórios, de município para município (é o caso, já referido, das posturas de trânsito). Não se consegue, em suma, encontrar qualquer nota material distintiva do regulamento independente face à lei.

Um terceiro critério baseia-se nos factores formais e orgânicos. Tanto a lei como o regulamento são materialmente actos criadores de normas jurídicas; a diferença vem da diferente posição hierárquica dos órgãos de onde emanam e, consequentemente, do diferente valor formal de uma e de outro (a lei pode revogar o regulamento; o regulamento não pode revogar a lei e, se a contrariar, é ilegal).

Quanto a nós, entendemos, hoje, à luz dos dados relevantes de análise, que é este último o critério correcto.

A nossa Constituição (diferentemente, por ex., da Constituição francesa de 1958) não fornece qualquer critério de definição da fronteira material entre o domínio legislativo e o domínio regulamentar.

Sabemos que há assuntos que, por força da Constituição, são necessariamente matéria reservada à lei formal, de modo absoluto ou relativo (CRP, arts. 164° e 165°). Mas, fora desse domínio reservado, nada nos diz a Constituição sobre a distinção entre matéria de lei e matéria de regulamento.

Só pelos aspectos orgânicos e formais é, pois, possível estabelecer a destrinça entre lei e regulamento. Portanto, é lei todo o acto que provenha de um órgão com competência legislativa e que assuma a forma de lei, ainda que o seu alcance seja estritamente individual ou contenha disposições de carácter regulamentar ([17]); é regulamento todo o acto dimanado de um órgão com competência regulamentar e que revista a forma de regulamento, ainda que seja independente ou autónomo e, por conseguinte, inovador ([18]).

Importância da distinção. – A utilidade prática da distinção entre lei e regulamento cifra-se basicamente em três pontos:

a) *Fundamento jurídico*: a lei, em regra, baseia-se unicamente na Constituição; o regulamento só será válido se uma *lei de habilitação* atribuir competência para a sua emissão (cfr. art. 112°, n° 7, da CRP);

b) *Ilegalidade*: em regra, uma lei contrária a outra lei revoga-a, ou então coexistem ambas na ordem jurídica, com diversos domínios de aplicação; um regulamento contrário a uma lei é ilegal;

([17]) A favor também da ideia da consagração na nossa Constituição de um conceito formal de lei, v., entre outros, Marcelo Rebelo de Sousa, *O Valor Jurídico do Acto Inconstitucional*, I, Lisboa, 1988, p. 309, remetendo para outros lugares de obras suas e para outros autores; Gomes Canotilho e Vital Moreira, *Constituição...*, p. 502; e Rui Medeiros, *Ensaio sobre a Responsabilidade Civil do Estado por Actos Legislativos*, "Almedina" Coimbra, 1992, p. 17 e segs.

([18]) Já neste sentido, cfr. Marques Guedes, *O processo burocrático*, in *Cadernos de Ciência e Técnica Fiscal*, Lisboa, 1969, p. 51.

c) *Impugnação contenciosa*: em regra, a lei só pode ser impugnada contenciosamente com fundamento em inconstitucionalidade; o regulamento ilegal é, em regra, impugnável contenciosamente junto dos tribunais administrativos com fundamento em ilegalidade.

132. O regulamento administrativo como fonte do Direito

Já dissemos que, segundo a teoria clássica, o regulamento administrativo não era tido como fonte do Direito: significativamente, o artigo 1º do CC conferia dignidade de fonte imediata às "normas corporativas" – que eram em número mais reduzido do que os "regulamentos" –, mas sobre estes nada dizia.

Para nós, contudo, o regulamento administrativo é, inegavelmente, uma importantíssima fonte do Direito.

Quanto aos regulamentos autónomos ou independentes, eles não executam nenhuma lei em especial: inovam, estabelecem uma disciplina jurídica aí onde nem a lei nem qualquer outra fonte regulavam a matéria. Se determinada questão ou assunto passa a ser objecto de regulação jurídica, em contraste com o vazio jurídico em que até aí se encontravam, ao regulamento isso se deve. O regulamento criou direito novo. É, pois, uma fonte "juris essendi".

Quanto aos regulamentos complementares ou de execução, há que distinguir: se se limitam a repetir, sem tirar nem pôr, as normas legais (como tantas vezes acontece), não são fontes do Direito; mas, fora desses casos, quer interpretem "oficialmente" a lei, quer integrem uma sua lacuna, quer desenvolvam, concretizem ou completem aspectos incipientes ou vagamente tratados na lei, não há dúvida de que trazem algo de novo; trazem valor acrescentado ao ordenamento jurídico; são um *quid novum*★. Merecem, pois – contra o entendimento tradicional – ser qualificados como fontes do Direito. De acordo com o critério já várias vezes utilizado até aqui, se forem meramente interpretativos, serão fontes "juris cognoscendi"; mas se forem integradores de lacunas ou concretizadores de normas vagas, serão fontes "juris essendi".

Não são, é claro, fontes do mesmo nível da lei; encontram-se colocados um grau hierárquico mais abaixo; mas nem por isso deixam de ser fontes do Direito – pois não há só Direito de nível legal: há-o supra-legal (o costume internacional geral ou comum, o tratado internacional, a Constituição) e há-o infra-legal (o regulamento, e outras espécies que estudaremos nos números seguintes).

XI – AS PRAXES ADMINISTRATIVAS

133. Noção e elementos

As "praxes administrativas" são *os modos habituais de resolver certas questões que se colocam com frequência à Administração pública (Estado e entes públicos menores) e que esta decide de forma idêntica porque é usual proceder assim.*

São elementos desta noção:
a) A *prática constante* de decisão de certas questões de forma idêntica;
b) O âmbito *administrativo* da praxe: estas praxes situam-se no seio da Administração Pública, isto é, do Estado e dos entes públicos menores;
c) O *carácter usual* da decisão de forma idêntica do mesmo tipo de questões: assemelha-se, por isso mesmo, ao *corpus*★ do costume.

Alguns exemplos: a prática habitual de arquivar todos os documentos produzidos ou recebidos pela Administração, em "dossiês" separados por assuntos; a prática de convocar os particulares para prestar declarações perante um organismo oficial sem especificar em que qualidade são chamados e qual o assunto de que se vai tratar; a prática de fazer intervalos de um quarto de hora entre cada duas aulas, para descanso dos alunos – o chamado "quarto de hora académico"; etc.

134. Natureza jurídica das praxes

O problema teórico que se põe aqui é o de saber se há nas praxes administrativas o elemento *animus*★ – sendo elas autênticos costumes –, ou se não há – sendo as mesmas meros usos sociais.

Marcello Caetano, prestando homenagem à teoria clássica, negava o carácter de fonte do Direito às praxes administrativas, considerando-as simples "rotina dos serviços", "desprovidas da *opinio juris vel necessitatis* característica do costume" ([19]).

A verdade, porém, é que, em muitos casos, a rotina dos serviços está tão arreigada que os funcionários a seguem na convicção de que têm o dever de proceder desse modo.

Actualmente, e desde 1977, existe uma lei que regula esta matéria (foi primeiro o Dec.-Lei nº 256-A/77, de 17 de Junho, art. 1º, e é hoje o art. 124º, nº 1, al. d), do CPA), estabelecendo o seguinte para todos os órgãos e agentes administrativos:

"(...) Devem ser fundamentados os actos administrativos que, total ou parcialmente (...), decidam de modo diferente da prática habitualmente seguida na resolução de casos semelhantes, ou na interpretação e aplicação dos mesmos princípios ou preceitos legais (...)".

Se a decisão contrária à praxe administrativa não for fundamentada, ou não o for de modo "claro, coerente e suficiente", é considerada ilegal – e, como tal, é anulável pelo tribunal competente, a pedido do particular lesado com a decisão tomada (arts. 124º e 125º, nº 2).

Em princípio, portanto, sempre que houver uma praxe administrativa – "prática habitualmente seguida na resolução de casos semelhantes, ou na interpretação e aplicação dos mesmos princípios ou preceitos legais" –, ela é obrigatória para a Administração

---

([19]) *Manual*..., cit., I, pp. 81-83.

pública, quer porque se formou a respeito dela um costume *proprio sensu**, quer porque a lei a manda continuar a observar.

Excepcionalmente – e se não houver costume –, a Administração poderá mudar de critério, desde que saiba fundamentar tal mudança de forma "clara, coerente e suficiente" (CPA). Se o não fizer, ou se o fizer de modo insatisfatório, prevalece a obrigação de fidelidade à praxe administrativa.

Esta é, assim, na grande maioria dos casos, uma fonte do Direito – "juris cognoscendi" se tiver por objecto a interpretação de uma norma jurídica, e "juris essendi" se versar sobre a integração de uma lacuna do ordenamento jurídico.

XII – OS USOS SOCIAIS

135. Noção e elementos; exemplos

Já acima apresentámos, noutro contexto (*supra*, n° 23), a noção de "usos sociais" e a indicação dos seus elementos.

E demos exemplos de alguns que não são relevantes para o Direito, e de outros que o são.

Assim como, no âmbito do sector público, são muitas vezes juridicamente relevantes as praxes administrativas – conforme acabamos de ver –, assim também, no campo do sector privado, há numerosos usos juridicamente relevantes – usos civis, usos comerciais, usos laborais.

Sobre os primeiros, veja-se os exemplos dados acima, no n° 23, b).

Sobre os segundos, veja-se os referidos nos seguintes artigos do Código Comercial: 95° (necessidade dos letreiros *usuais* para significar a abertura ao público de loja ou armazém), 232°, §1° (remuneração do mandato comercial segundo os *usos da praça*), 248° (denominação de um gerente de comércio consoante os *usos comerciais*),

269° (responsabilidade do comissário, salvo facto ou *uso* contrários), e 539° (local de entrega das fazendas descarregadas, conforme for *o estilo do porto*). A lei uniforme relativa às letras e livranças (1936) fala, por sua vez, em *usos do lugar* para se determinar o valor da moeda estrangeira em que for feito o pagamento (art. 41°).

Como se vê, as designações específicas são muito variadas; mas genericamente trata-se sempre de *usos comerciais*, que são as práticas habituais dos comerciantes no exercício do seu comércio.

Enfim, o novo Código do Trabalho (2003) considera como fontes específicas do Direito do Trabalho, além da lei, do contrato individual e da regulamentação colectiva do trabalho, também "os usos laborais que não contrariem o princípio da boa fé".

Esta última redacção é mais correcta do que a do CC, porque não faz depender a atendibilidade dos usos de uma remissão legal expressa: os usos aplicam-se quando existirem e forem aplicáveis, independentemente de cobertura por uma remissão legal expressa [20].

136. Natureza dos usos juridicamente relevantes

Serão os usos – civis, comerciais, laborais – fontes do Direito?

Não obsta a que o sejam o velho e estafado argumento de que os usos só são atendíveis *se e quando* a lei o determinar, pelo que aí a fonte do Direito será a lei e não os usos. Tal argumento não colhe: primeiro, porque há inúmeros casos em que as autoridades administrativas e os tribunais atendem os usos vigentes fora das situações em que a lei para eles especificamente remete; e, segundo, porque, mesmo nos casos em que exista remissão legal para os usos, a fonte do Direito são os usos e não a lei.

---

[20] Uma recolha abundante dos usos civis, comerciais e laborais mais frequentes em Portugal daria um excelente trabalho de Sociologia Jurídica, que em vários aspectos poderia ser muito revelador e enriquecer sobremaneira, não apenas o conhecimento do Direito Civil, do Direito Comercial e do Direito do Trabalho, mas também o conteúdo da própria teoria das fontes do Direito.

Na verdade, em tais casos, a solução jurídica dada ao caso concreto será ditada pelo conteúdo dos usos aplicáveis, e não pela lei – a norma aplicada para resolver o litígio é a que decorre dos usos, não é uma norma proveniente da lei.

Não se deve confundir, pois, o título jurídico em que se funda a relevância de uma fonte não-estadual no ordenamento estadual, com a natureza da fonte reguladora dos casos concretos *sub judice*.

Também no domínio das convenções internacionais, uma coisa é o título jurídico que lhes confere relevância na ordem interna (em regra, a aprovação parlamentar e a ratificação do Chefe do Estado), e outra coisa é o tratado internacional como fonte do Direito, da qual emanam as normas jurídicas internacionais aplicáveis.

No caso dos tratados internacionais, a fonte do Direito é o tratado, não a sua aprovação ou ratificação, nem a norma constitucional que as prevê; assim também, no caso dos usos, a fonte do Direito são os próprios usos, e não a lei que porventura permite ou prevê a sua relevância.

Dito isto, importa ir um pouco mais fundo e indagar: serão os usos uma fonte autónoma do Direito, ou reconduzir-se-ão ao costume?

Se os usos fossem destituídos de *animus*, e as práticas em que consistem estivessem desprovidas da *opinio juris vel necessitatis*, estaríamos sem dúvida em presença de uma fonte diferente do costume, a qual, de resto, para ser vinculativa, careceria do selo da imperatividade conferido por lei ou pela vontade das partes (contrato).

A verdade, porém, é que – como já dissemos – os usos juridicamente relevantes o são por sua própria autoridade, e não por força da lei ou de contrato: mesmo nos casos em que a lei não remeta para eles, nem as partes o tenham feito nos seus contratos, eles aplicam-se por força própria – porque são o uso do lugar, ou o estilo do porto, ou o uso da praça. É assim que se faz: por isso assim se deve continuar a fazer. É esse o direito aplicável. É dos usos que vem a solução para o caso concreto em disputa, porque tal solução não está prevista na lei nem no contrato.

Existe, pois, uma arreigada convicção – naquele local, ou naquele sector de actividade, ou naquela profissão – de que a conduta justa e equilibrada é a que resulta dos usos. São estes que a impõem como obrigatória, ou que a permitem como lícita. Há, pois, *opinio juris vel necessitatis*. Assim, os usos, quando juridicamente relevantes, são costumes.

Seria completamente artificial – e psicologicamente inexacto – pretender que os usos dos homens de negócios, ou de determinadas praças comerciais, ou deste ou daquele porto marítimo, são adoptados e mantidos pelos interessados, anos a fio, apenas por rotina, sem qualquer convicção de que estão a proceder de acordo com o que o direito lhes permite ou impõe. Assim como seria ainda mais artificial pretender que os autores e destinatários desses usos os praticam ou lhes obedecem apenas porque há normas legais que o permitem! A lei remete para uma realidade sociológica pré-existente; não é esta que se forma ao abrigo de uma anterior lei de autorização.

Por consequência, a fonte do Direito, aqui, é o costume [21].

XIII – AS CONVENÇÕES COLECTIVAS DE TRABALHO

137. Noção e elementos

As "convenções colectivas de trabalho" são *contratos de direito privado, celebrados entre associações patronais e sindicais, com vista à criação, modificação ou extinção de normas jurídicas reguladoras de relações laborais.*

---

[21] No mesmo sentido, Carlos Ferreira de Almeida, *Contratos*, I, 2ª ed., "Almedina", Coimbra, 2003, pp. 58-61.

São elementos desta noção:

a) As convenções colectivas de trabalho têm carácter *contratual*: ao contrário do costume, que é um facto jurídico colectivo, e da lei ou do regulamento, que são actos jurídicos unilaterais, as referidas convenções, tal como os tratados e outros acordos internacionais, são contratos, isto é, acordos de vontades, entre duas ou mais partes, produtores de efeitos jurídicos;

b) As convenções colectivas de trabalho são contratos *de direito privado*: são celebradas entre dois ou mais sujeitos de direito privado, no exercício da sua autonomia da vontade, colocados em pé de igualdade jurídica uns com os outros, sem que qualquer deles exerça sobre os demais algum poder de autoridade pública. (É o primeiro tipo de fonte do Direito, das que temos vindo a estudar, que não envolve a produção de normas jurídicas por entidades públicas: veremos que não é o único);

c) As partes, numa convenção colectiva de trabalho, são *associações representativas de classes profissionais*: de um lado, as associações *patronais* – que representam os patrões, ou empresários, ou empregadores – e, do outro, as associações *sindicais* – que representam os trabalhadores por conta de outrem. É entre estes e aqueles que se estabelecem, como já sabemos, as relações laborais, decorrentes, *v.g.*, de um contrato individual de trabalho;

d) As convenções colectivas de trabalho têm *carácter normativo*: criam, modificam ou extinguem verdadeiras normas jurídicas, gerais e abstractas, que ficam a vincular todos os indivíduos representados pelas associações signatárias das convenções;

e) As normas jurídicas produzidas pelas convenções colectivas de trabalho são *normas laborais*: são normas que têm por objecto regular as relações de trabalho, ou relações laborais, entre empregadores e trabalhadores, e que vinculam, não apenas as partes de cada convenção, mas também os empregadores inscritos nas associações patronais signatárias, assim como todos os trabalhadores que sejam membros das associações sindicais outorgantes (v. Cód. Trab., art. 552°, n° 1).

As referidas "convenções colectivas de trabalho" vêm expressamente indicadas como fontes do Direito nos artigos 1º e 2º do Código do Trabalho, aprovado pela Lei nº 99/2003, de 27 de Agosto.

138. Espécies

O próprio Código do Trabalho, no seu artigo 2º, nº 3, faz uma classificação das convenções colectivas de trabalho em três espécies:

a) *Contratos colectivos de trabalho*: são as convenções celebradas entre associações sindicais e associações patronais;

b) *Acordos colectivos de trabalho*: são as convenções celebradas entre associações sindicais e uma pluralidade de empregadores para diferentes empresas;

c) *Acordos de empresa*: são as convenções celebradas entre associações sindicais e um empregador para uma empresa ou para um estabelecimento.

Exemplo do tipo a): CCT Associação Nacional de Serviços de Limpeza a Seco, Lavandaria e Tinturaria e a Federação dos Sindicatos dos Trabalhadores de Serviços, BTE 8/2004;
Exemplo do tipo b): ACT Caixas de Crédito Agrícola Mútuo e o Sindicato dos Bancários do Norte e Outros, BTE 45/2003;
Exemplos do tipo c): AE Saint Gobain Glass Portugal, SA, e a Federação dos Sindicatos das Indústrias de Cerâmica, Cimento e Vidro de Portugal, BTE 5/2004.

139. As convenções colectivas de trabalho como fontes do Direito

Nenhuma dúvida pode subsistir, nos quadros de uma teoria pluralista das fontes do Direito, de que as convenções colectivas de trabalho são uma dessas fontes. Porquanto são modos de produção de normas jurídicas gerais e abstractas, vinculativas para uma pluralidade não identificada de destinatários.

Não obsta à sua qualificação como fontes do Direito a circunstância de não serem leis, pois já sabemos que a lei não é a única fonte do Direito.

Não obsta, tão-pouco, a tal qualificação a circunstância de serem contratos, em vez de actos unilaterais: também os tratados internacionais são contratos, e nem por isso deixam de ser unanimemente considerados como fontes do Direito.

E não obsta, por último, à sua qualificação como fontes do Direito a circunstância de serem factos normativos praticados por entidades privadas: não há nenhuma razão que imponha a restrição do conceito de fonte do Direito a uma autoria por um sujeito de natureza pública. As normas criadas por associações internacionais de direito privado (*v.g.*, uniões e federações desportivas internacionais) também provêm de uma fonte privada; a Doutrina é uma fonte de carácter privado; e o mesmo se passa, como veremos adiante, com muitos actos de aprovação de normas corporativas, de normas profissionais e de normas técnicas.

Só uma concepção estatista do Direito é que restringe este ao Direito estadual e se recusa a admitir a evidência – de que há numerosos ordenamentos jurídicos privados, quer supra-estaduais, quer infra-estaduais, constituídos por normas produzidas por fontes do Direito.

As *convenções colectivas de trabalho*, como qualquer outro contrato normativo, são pois fontes do Direito. E, na medida em que produzem normas jurídicas, não se limitando a revelá-las, devem ser consideradas como fontes *juris essendi* ([22]).

([22]) Sobre as "convenções colectivas de trabalho" ver, entre outros, António Menezes Cordeiro, *Manual de Direito do Trabalho*, reimpr., "Almedina", Coimbra, 1999, p. 172; António Monteiro Fernandes, *Direito do Trabalho*, 12ª ed., "Almedina", Coimbra, 2004, p. 110 e segs.; Bernardo da Gama Lobo Xavier, *Curso de Direito do Trabalho*, reimpr., "Verbo", Lisboa, 1999, p. 251; e Pedro Romano Martinez, *Direito do Trabalho*, "Almedina", Coimbra, 2002, reimpr. 2004, p. 186.

XIV – A ADOPÇÃO DE NORMAS CORPORATIVAS

140. Recapitulação

Já mais atrás dissemos o que são actualmente, em nosso entender, as "normas corporativas": são *aquelas que estabelecem os estatutos, a organização e a disciplina interna das entidades privadas supra ou infraestaduais*.

Ficam, portanto, excluídas do presente capítulo as decisões aprovadoras de normas emanadas de quaisquer *corporações ou entidades públicas*: Forças Armadas, forças de segurança, universidades públicas, etc. Porque estas, ou são reguladas, de fora, por leis estaduais, ou o são, por dentro, mediante regulamentos administrativos. Não estão, pois, em qualquer caso, sujeitas a normas corporativas hoc sensu★.

Mas, abrangendo as decisões aprovadoras de normas emanadas de todas as "corporações" privadas, a noção cobre:

a) Por um lado, os estatutos e os regulamentos internos das organizações privadas internacionais, como, por ex., as grandes federações desportivas mundiais (a FIFA, a UEFA, etc.);

b) Por outro lado, os estatutos e os regulamentos internos das organizações privadas nacionais, tenham ou não tenham personalidade jurídica, a saber:

1) Organizações privadas *com personalidade jurídica*: as associações, fundações e sociedades (CC, arts. 167° e ss., 185° e ss., e 980° e ss.);

2) Organizações privadas *sem personalidade jurídica*, mas de forte cunho institucional: as associações não personalizadas (CC, arts. 195° e ss.), as comissões especiais para obras ou melhoramentos (*idem*, arts. 199° e ss.), as assembleias de condóminos (*idem*, arts. 1430° e ss.), as famílias (CRP, art. 36°), as

comissões de trabalhadores nas empresas (*idem*, art. 54º), as organizações de moradores (*idem*, arts. 263º a 265º), etc.

Todas estas organizações privadas podem ter os seus *estatutos* e elaborar os seus *regulamentos internos* (por ex., o CC refere-se expressamente ao "regulamento do condomínio" (arts. 1424º, nº 2, e 1429º-A).

Em algumas destas organizações, o direito interno aprovado e aplicável é, em regra, direito oral (v. *infra*, neste capítulo, o § XVII) – é o que se passa normalmente com as associações não personalizadas, com as comissões especiais e, sobretudo, com as famílias. Não é de excluir, todavia, que, em certas famílias mais numerosas, os pais (ou alguém por eles) afixem nos lugares próprios certas regras escritas mínimas aplicáveis a todos (higiene, limpeza, horas de levantar e deitar, das refeições, dos recreios, etc.).

Noutras, porém, o mais frequente é haver produção de normas escritas internas, o que sucede habitualmente nas organizações privadas internacionais, nas nacionais com personalidade jurídica e, quanto às não personalizadas, pelo menos nas assembleias de condóminos, nas comissões de trabalhadores e nas organizações de moradores.

141. A adopção de normas corporativas como fonte do Direito

Todas as decisões aprovadoras de normas corporativas como as acima enunciadas são, a nosso ver, inquestionavelmente, fontes do Direito. E, na generalidade dos casos, fontes *juris essendi* (salvo se forem meramente interpretativas, caso em que possuirão natureza de fontes *juris cognoscendi*).

Isto, claro, era impensável nos quadros da teoria clássica, e ainda hoje o é dentro de uma acanhada visão estatista – ou estatocêntrica – do Direito. Mas, no contexto de uma teoria pluralista das fontes, reconhecer valor jurídico ao direito interno das diferentes comunidades infra-estaduais é tudo quanto há de mais natural e de mais realista. Toda a sociedade ou corporação gera o seu direito regulador e disciplinar interno (*ubi societas, ibi jus**), para poder organizar-se e funcionar em termos de boa ordenação e com garantias de justiça, certeza e previsibilidade.

E estas normas têm carácter jurídico porque, além do mais, prevêem normalmente sanções para os destinatários que as não cumpram: por ex., interdição de um campo desportivo se nele tiver havido cenas de violência, suspensão dos direitos dos associados ou sua expulsão em caso de violação dos deveres estatutários, afastamento dos beneficiários de uma instituição prestadora de bens ou serviços a terceiros se estes não cumprirem as contrapartidas a que se obrigam, impugnação de deliberações tidas por contrárias ao direito aplicável, fixação de sanções pecuniárias para as infracções cometidas (*v.g.*, CC, art. 1434°, n° 1), privação de direitos ou regalias usualmente concedidas (por ex., na família, é frequente que os pais sancionem os filhos com mau aproveitamento escolar com a proibição de ir ao cinema, ou ao futebol, ou a festas em casa de amigos, etc.).

Nenhuma dúvida, portanto, de que estas normas constituem verdadeiro Direito, embora infra-estadual, e de que, por consequência, as decisões que as criam, modificam ou extinguem são fontes do Direito.

O que aí não há é direito estadual: mas há direito; e este é, por via de regra, um direito vigente, efectivo, forte, e assistido de protecção sancionatória eficaz.

Isso não quer dizer – é claro – que tal direito, quando pertinazmente desobedecido, possa pedir sempre o auxílio da protecção coactiva do Estado. Umas vezes pode, outras não.

Tratando-se do direito interno de entidades reconhecidas expressamente pelo direito estadual – associações, fundações, sociedades, condomínios, etc. –, parece dever entender-se que os indivíduos lesados por violações das normas corporativas aplicáveis no seio de tais entidades podem legitimamente pedir e obter dos tribunais estaduais a "tutela jurisdicional efectiva" que um Estado de Direito deve assegurar a todos os seus cidadãos (CRP, art. 20°).

Já, por exemplo, no tocante às famílias, é mais que duvidoso que o seu eventual direito interno seja passível de um qualquer apoio externo conferido pelos tribunais do Estado. A isso se opõe, nomeadamente, o princípio da autonomia plena da vida familiar e o princípio da reserva da intimidade da vida privada (CC, art. 80°). Entende-se, nos países democráticos ocidentais – e bem – que o Estado deve intervir o menos possível na vida interna da família.

Isto não significa, porém, que o direito privativo de cada família não seja genuíno direito: significa apenas que não é direito estadual e que o Estado não participa na realização forçada desse tipo especial de direito corporativo.

O fenómeno não é único: também o Direito Canónico é verdadeiro direito interno da Igreja Católica e, todavia, nos países onde vigora o princípio da separação entre a Igreja e o Estado (CRP, art. 41°, n° 4), os órgãos dirigentes da Igreja Católica não podem, em regra, obter dos tribunais do Estado qualquer forma de protecção coactiva relacionada com o incumprimento de normas do Código de Direito Canónico. Também aqui existe um direito corporativo vigente e eficaz, dotado das suas próprias sanções específicas – mas estas não podem ser efectivadas através da intervenção da polícia do Estado ou dos tribunais estaduais, porque se entende que o Estado não deve interferir nos assuntos internos das comunidades com vida própria e autónoma, em princípio auto-suficientes [23].

142. Disposições legais sobre o valor jurídico das normas corporativas

O nosso CC, de 1966, elaborado nos moldes da teoria clássica das fontes do Direito – e, portanto, consagrando a concepção do

---

[23] No sentido de que certas normas jurídicas podem constituir verdadeiro direito, mas não disporem da assistência coactiva do Estado no caso de serem violadas, ver J. Oliveira Ascensão, *ob. cit.*, pp. 261-263.

monopólio e supremacia absoluta da lei no quadro das fontes – não resistiu à tentação de, por duas vezes, regular *por lei* o valor jurídico das normas corporativas:

a) O primeiro caso é o do artigo 1º, nº 3: "as normas corporativas não podem contrariar as disposições legais de carácter imperativo";
b) O segundo é o do artigo 3º, nº 2: "as normas corporativas prevalecem sobre os usos".

Em nosso entender, estas normas legais deviam ter sido evitadas, porque são, em regra, juridicamente ineficazes.

Quanto à primeira, é evidente, para nós, que as normas corporativas – devido à sua força e autenticidade próprias – podem contrariar, e muitas vezes contrariam, as disposições legais de carácter imperativo. E se nenhum membro da "corporação" onde isso acontecer se queixar a qualquer órgão do Estado – que é o que se passa na grande maioria dos casos –, a norma corporativa em causa, não só contrariou uma norma legal imperativa, como prevaleceu sobre ela.

Se – em casos que costumam ser raros – algum membro da "corporação" levar o conflito para fora da instituição, e recorrer aos tribunais do Estado, aí, sim, a norma legal prevalecerá sobre a norma corporativa que a contrarie – e esta será desaplicada, ou mesmo anulada.

Quanto ao preceito da alínea b), a sua ineficácia é total. Porque, como vimos, os usos sociais ou são juridicamente irrelevantes – e então o problema não se põe –, ou são juridicamente relevantes e obrigatórios – e nesse caso são verdadeiros *costumes*. Ora, como costumes, têm um valor jurídico idêntico ao da lei – e, por conseguinte, superior ao das normas corporativas.

Entendemos, pois, que o nº 2 do artigo 3º é uma norma que deve ter-se por não escrita, que o mesmo é dizer, deve ser objecto de uma *interpretação abrogante* (v. *infra*, vol. II). Em regra, são os usos que prevalecem sobre as normas corporativas – se consistirem em costumes contrários a estas –, e não o contrário.

XV – A ADOPÇÃO DE NORMAS PROFISSIONAIS

143. Recapitulação

Deixámos dada, noutro capítulo, a nossa definição de "normas profissionais": são *as regras de conduta aprovadas por organismos reguladores de certas profissões, que visam disciplinar o comportamento ético, deontológico e contratual dos indivíduos habilitados a exercer essas profissões* (v. supra, n° 24).

A existência destas normas provém da consagração, no moderno Estado democrático de Direito, do fenómeno da *auto-regulação profissional*, ou seja, da entrega pelo Estado às associações profissionais – ou do reconhecimento a estas – do direito de serem elas próprias a regular o exercício da actividade profissional dos seus membros ([24]).

São vários os tipos de organismos que podem aprovar e fazer aplicar normas profissionais:

a) As associações públicas, *v.g.* as ordens profissionais, relativamente aos respectivos membros;

b) Os institutos públicos dotados de funções de regulação profissional, relativamente aos cidadãos ou entidades por eles fiscalizados;

c) As associações sindicais e patronais, relativamente aos seus filiados;

d) As empresas, relativamente aos seus trabalhadores;

e) Em geral, todas as pessoas colectivas privadas, relativamente aos indivíduos que para elas trabalham ou a quem prestam serviços.

É claro que nestes vários casos não há apenas auto-regulação profissional (ela existe nos casos das alíneas a) e c)): também há hetero-regulação, que pode ser pública (caso da al. b)) ou privada (caso das alíneas d) e e)).

([24]) Vital Moreira, *Administração autónoma e associações públicas*, "Coimbra Editora", Coimbra, reimp., 2003.

144. A adopção de normas profissionais como fonte do Direito

As "normas profissionais", quando obrigatórias para os seus destinatários, são normas jurídicas. Portanto, os actos de aprovação dessas normas – praticados pelos organismos para o efeito competentes – são actos normativos. São, pois, fontes do Direito.

Se os organismos habilitados a regular o exercício profissional de certas actividades são pessoas colectivas públicas, as normas profissionais por eles aprovadas são, em regra, regulamentos administrativos. Se, pelo contrário, tais organismos são pessoas colectivas privadas, as normas profissionais por eles aprovadas são uma espécie das já referidas "normas corporativas".

Concluímos, assim, que as "normas profissionais" não têm autonomia conceptual; não constituem um género próprio; são apenas uma espécie, delimitada *ratione materiae*★, de outros géneros – *v.g.*, os regulamentos administrativos ou as normas corporativas. O que as unifica é o seu objecto: sejam públicas ou privadas, todas têm por objecto a regulação, em termos vinculativos, do exercício da actividade profissional dos seus destinatários.

Se forem violadas por estes, eles sofrerão as respectivas consequências jurídicas: sanções penais, disciplinares, ou civis (obrigação de indemnizar danos, rescisão de contratos, pagamento de multas, etc.).

Não constituem fontes do Direito, por não darem origem a verdadeiras normas jurídicas, as regras profissionais não vinculativas ou não obrigatórias, tais como os "códigos de boa conduta", os "manuais de boas práticas", as "recomendações" ou "conselhos", etc. Nestes casos, não estamos perante Direito *stricto sensu*★: trata-se apenas de *soft-law* (v. *supra*).

XVI – A ADOPÇÃO DE NORMAS TÉCNICAS

145. Recapitulação

Já acima tivemos a ocasião de falar das "normas técnicas": definimo-las então (*supra*, n° 24) como *regras de conduta estabelecidas no âmbito das várias ciências, artes e ofícios, acerca do modo correcto de proceder para evitar acidentes ou para produzir bens ou serviços de qualidade*.

E demos alguns exemplos: as normas técnicas da engenharia, da medicina, da navegação marítima e aérea, etc., etc.

De facto, nos tempos que correm, este tipo de normas tem-se desenvolvido imenso, a ponto de se poder dizer – sem exagero – que elas se contam por dezenas ou centenas de milhares, nos mais variados sectores da actividade humana.

E não são menos importantes, ou menos obrigatórias, do que as normas jurídicas *proprio sensu**: para além de poderem estar incluídas nas cláusulas de um contrato – e de por isso a sua violação originar, em regra, responsabilidade civil contratual –, as referidas normas técnicas são, normalmente, *standards* de conduta obrigatória dos agentes incumbidos de as aplicar na sua actividade profissional e, quando violadas – por dolo, erro grosseiro, ignorância, esquecimento ou desatenção –, constituem fonte de responsabilidade civil ou, mesmo, de responsabilidade criminal.

Considere-se, por exemplo, a seguinte norma, aplicável a actos ilícitos praticados por órgãos ou agentes da Administração pública no desempenho das suas funções, dos quais resultem danos indemnizáveis para qualquer particular:

"Para os efeitos deste diploma, consideram-se ilícitos os actos jurídicos que violem as normas legais e regulamentares ou os princípios gerais aplicáveis e os actos materiais que infrinjam essas normas e princípios *ou ainda as regras de ordem técnica e de prudência comum que devam ser tidas em consideração*" (sublinhado nosso) (25).

Repare-se bem: o acto é ilícito – e portanto gerador de responsabilidade civil (obrigação de indemnizar os danos por ele causados) – se violar "as regras de ordem técnica que devam ser tidas em consideração", ou seja, que sejam declaradas, ou se declarem elas próprias, aplicáveis à regulamentação técnica da actividade exercida.

Não existe no CC uma disposição idêntica a esta, que acabamos de citar. Mas, em nossa opinião, este preceito – que é uma norma de Direito Administrativo – é aplicável por analogia no âmbito do direito privado, bem como nos restantes ramos do direito público. É, pois, comum a toda a ordem jurídica: a violação culposa – por um acto material e, por extensão, por qualquer acto jurídico – de uma norma técnica que seja aplicável gera sempre responsabilidade civil perante o lesado.

O mesmo poderemos dizer, *mutatis mutandis*★, no âmbito do Direito Penal: a prática de um crime, quando resultante da violação culposa de alguma norma técnica aplicável, integra necessariamente a noção de dolo (intenção) ou mera culpa (negligência) e, portanto, gera responsabilidade penal, isto é, sujeição à pena criminal que a lei determinar para aquele tipo de crime (v. o art. 277°, n° 1, al. a), do CP) (26).

Verifica-se, assim, que a violação das normas técnicas aplicáveis é causa de consequências jurídicas negativas para o profissional que não as cumprir com o zelo e a diligência exigíveis. As normas técnicas são, pois, normas juridicamente relevantes (27). A sua apro-

---

(25) Artigo 6° do Decreto-Lei n° 48051, de 21 de Novembro de 1967.

(26) V. Rui Patrício, *Erro sobre regras legais, regulamentares ou técnicas nos crimes de perigo comum no actual direito português*, "AAFDL", Lisboa, 2000, p. 250 e segs., e do mesmo A., *Apontamentos sobre um crime de perigo comum e concreto complexo*, in *Revista do Ministério Público*, n° 81, 2000, p. 91 e segs.

(27) V. Carlos Ferreira de Almeida, *Direitos dos Consumidores*, Coimbra, 1982, pp. 108-112.

vação pode constituir, em nosso entender, fonte do Direito. Vamos ver em que termos.

> A melhor prova de que as *normas técnicas* são diferentes do Direito, mas por este recebidas para serem aplicadas na resolução de *questões jurídicas*, é o facto de em todas as leis processuais se prever e regular o recurso pelo tribunal ao depoimento de *peritos* para esclarecerem os juízes acerca da resolução de questões técnicas, não cobertas pelo princípio *jura novit curia** (ver os artigos 388° e 389° do CC, bem como os artigos 568° e segs. do CPC).

Para melhor compreendermos e podermos resolver os problemas jurídicos que a este respeito se colocam, convém fazer aqui uma distinção que se impõe:
– De um lado, estão as normas técnicas cobertas por fontes do Direito como tal reconhecidas;
– Do outro lado, encontram-se as normas técnicas emitidas a descoberto de qualquer fonte do Direito como tal reconhecida.

Trataremos de umas e outras em números distintos.

146. Relevância jurídica das normas técnicas cobertas por fontes do Direito como tal reconhecidas

São múltiplos e variados os casos-tipos em que uma fonte do Direito como tal reconhecida – *v.g.*, a lei, o regulamento, o tratado internacional ou a directiva europeia – contém normas técnicas ou remete para elas, ficando assim a relevância jurídica destas coberta por uma fonte do Direito distinta da mera aprovação da norma técnica em causa.

Enunciemos os principais casos-tipo:

(1) *Normas técnicas constantes de tratados ou acordos internacionais.* – São muito numerosos os exemplos desta categoria (saúde, trabalho, ambiente, telecomunicações, navegação marítima, navegação aérea,

correspondência postal internacional, etc.).Veja-se, por ex., o "Acordo de Transporte Marítimo entre a Comunidade Europeia e os seus Estados-membros, por um lado, e o Governo da República Popular da China, por outro", assinado em Bruxelas em 6 de Dezembro de 2002 (Dec. n° 1/2004, de 8 de Janeiro);

(2) *Normas técnicas internacionais emanadas por organizações internacionais de que Portugal é membro.* – É uma situação bastante frequente. Verifica-se, por ex., com as "recomendações" da UPU-*União Postal Universal* (fundada em Berna, Suíça, em 1874), da ICAO-*International Civil Aviation Organisation* (fundada em Montreal, Canadá, em 1944) e da ITU-*International Telecomunication Union* (fundada em Paris, em 1865, tendo adoptado a presente denominação em 1934). Note-se que algumas das recomendações técnicas destas organizações não são vinculativas, mas grande parte delas é "obrigatória" para os Estados-membros;

(3) *Regulamentos técnicos da UE imediatamente vinculativos para os Estados-membros.* – Também são bastante numerosos os exemplos pertencentes a esta categoria. A título de exemplo, veja-se o Regulamento (CE) n° 2287/2003 do Conselho, de 19 de Dezembro de 2003, que fixa, para 2004, em relação a determinadas unidades populacionais de peixes ou grupos de unidades populacionais de peixes, as possibilidades de pesca e as condições associadas aplicáveis nas águas comunitárias e, para os navios de pesca comunitários, nas águas em que são necessárias, diversas limitações das capturas.

(4) *Transposição, por lei ou decreto-lei, de directivas da UE de conteúdo técnico.* – São também em número avultado, e crescente. Ver, por ex., o Decreto-Lei n° 155/2003, de 17 de Julho, que transpõe para a ordem jurídica portuguesa a Directiva n° 2002/35/CE, da Comissão, de 25 de Abril de 2002, que estabelece um regime de segurança harmonizado para os navios de pesca de comprimento igual ou superior a 24 metros (85 páginas);

(5) *Remissão, por normas jurídicas nacionais, para normas técnicas internacionais.* – É uma situação menos frequente, mas que também se verifica em número apreciável de casos. Ver, por ex., o Decreto--Lei nº 17-A/2004, de 16 de Janeiro, que aprova o regime geral de licenciamento do pessoal da aeronáutica civil: neste diploma, são frequentes as remissões para os JAR-*Joint Aviation Requirements*, normas técnicas relativas à segurança e exploração de aeronaves, as quais são aprovadas pelas JAA-*Joint Aviation Authorities*, organismos associados à CEAC-*Conferência Europeia de Aviação Civil*, responsável pela elaboração dos referidos JAR;

(6) *Normas técnicas nacionais, emitidas por ordens profissionais, de harmonia com resoluções internacionais.* – É um caso-tipo pouco frequente, mas de que existem algumas espécies. Ver, por ex., a "Declaração da Ordem dos Médicos", de 1 de Setembro de 1994, publicada no *Diário da República* I-B, nº 235, de 11 de Outubro de 1994 (ao abrigo do artigo 12º da Lei nº 12/93, de 22 de Abril, e de harmonia com as resoluções da OMS – *Organização Mundial de Saúde*), acerca dos critérios que definem a *morte* de um ser humano, entendida como *morte cerebral*.

> De acordo com a referida Declaração, para o estabelecimento do diagnóstico da *morte cerebral* é necessário que se verifiquem diversas condições prévias e requisitos – entre os quais o "estado de coma", a "ausência de respiração espontânea", a "total ausência de certos reflexos do tronco cerebral", e a "realização da prova de apneia, confirmativa da ausência de respiração espontânea".
> A verificação oficial da morte cerebral depende da realização, no mínimo, de dois conjuntos de provas com intervalo adequado (em regra, 6 horas), por dois médicos especialistas, um dos quais exterior à unidade ou serviço em que o doente esteja internado.
> Nenhum dos médicos que executa as provas da morte cerebral pode pertencer a equipas envolvidas no transplante de órgãos ou tecidos (a fim de evitar "facilitismo" ou "pressa" na declaração da morte).

(7) *Normas técnicas nacionais aprovadas por um diploma legal português.* – É porventura o caso mais frequente. Ver, entre muitos outros, o Decreto-Lei nº 38 382, de 7 de Agosto de 1951 (Regulamento Geral das Edificações Urbanas), o Decreto-Lei nº 235/83, de 31 de

Maio (Regulamento de Segurança e Acções para Estruturas de Edifícios e Pontes) ou o Decreto-Lei nº 40/90, de 6 de Fevereiro (Regulamento das Características de Comportamento Térmico dos Edifícios);

(8) *Normas técnicas nacionais ou internacionais aprovadas por decisão de um instituto público estadual português.* – É também uma modalidade bastante frequente, nomeadamente no campo das chamadas *normas de qualidade,* aprovadas pelo IPA – *Instituto Português de Qualidade* (Dec.-Lei nº 140/2004, de 8 de Junho). Ver, por ex., a norma EN ISO 14937, homologada em 25-3-03, sobre *esterilização dos produtos de cuidados de saúde;* a norma EN 12183, homologada em 10-4-03, sobre *cadeiras de rodas de propulsão manual*; e a norma EN 980, homologada em 31-10-03, sobre *símbolos gráficos para utilização na rotulagem dos dispositivos médicos.* Estas três normas são traduções oficiais, pelo IPQ, de normas aprovadas pelo CEN-*Comité Europeu de Normalização,* organismo misto que actua sob mandato da Comissão Europeia (órgão da UE) e da Associação Europeia de Comércio Livre (EFTA). Este organismo, por sua vez, faz parte da ISO-*International Organization for Standardization,* com sede na Suíça, que tem natureza jurídica mista, pois é constituído por institutos públicos nacionais e por associações profissionais privadas [28].

Estes, os principais casos-tipo que importava mencionar, no que toca à relevância jurídica (inegável) de certas normas técnicas, por se encontrarem cobertas por fontes do Direito como tal reconhecidas – *v.g.,* tratado ou acordo internacional, acto normativo de uma organização internacional, diploma legal português, ou acto de homologação praticado por entidade pública nacional para tanto habilitada por lei.

Mais complexos e mais difíceis de resolver são os casos-tipo em que tal cobertura não existe. Vamos examiná-los.

---

[28] Cfr. http://www.iso.ch/iso/en/aboutiso/introduction/index.html.

147. O problema da relevância jurídica das normas técnicas emitidas a descoberto de qualquer fonte do Direito como tal reconhecida

Importa desde logo começar por colocar uma questão prévia: existem casos deste tipo? Só se existirem é que faz sentido discutir se tais normas técnicas são ou não juridicamente relevantes e, se o forem, determinar qual o fundamento ou título jurídico dessa relevância.

Vejamos, pois.

Não temos a pretensão de ter conseguido, na investigação a que procedemos, esgotar os casos-tipo que existem e deverão ser considerados. Estamos ainda a desbravar um terreno que é virgem em Portugal. Para já, encontrámos três casos-tipo, que vamos expor, mas há certamente muitos mais: agradecemos aos leitores que os conheçam o favor de no-los indicarem ([29]).

(1) *Sistema de atribuição de "nomes de domínio" da Internet e respectivas regras de funcionamento.* – Como se sabe, a Internet "não é nada mais do que um protocolo comum de comunicação e um sistema comum de denominação e endereçamento para interligar entre si computadores e redes autonomamente administrados" ([30]); ela é "um único espaço global de endereços" que comunicam entre si ([31]). Sendo assim, alguém tem de receber os pedidos de acesso a essa rede mundial e atribuir um nome e um endereço específico a cada utilizador. Esse "alguém" foi inicialmente a IANA-*Internet Assigned Numbers Authority* (criada em 1988), e é hoje a ICANN-

---

([29]) Para o e.mail<diogo.fdoamaral@mail.telepac.pt>, ou para o fax 21-356.13.66.

([30]) Miguel Pupo Correia, *Nomes de domínio da Internet: conflitualidade com as marcas e normas comerciais*, 2002, inédito, que cita Muller (Milton), *Technology and institutional innovation: Internet domain names*, in *International Journal of Communications Law and Policy*, <www.ijcl.org>,5, Summer 2000, p. 5.

([31]) Blasco (Andrés), *Internet*, in *Cuadernos del Senado*, série minor, 1, Madrid, 1999, p. 115.

-*Internet Corporation for Assigned Names and Numbers* (criada em 1998), pessoa colectiva privada com sede na Califórnia. A entidade representante da ICANN em Portugal, para o efeito referido, é a "FCCN-*Fundação para a Computação Científica Nacional*" (1991). Estas organizações são entidades privadas, e a sua criação não decorre de qualquer tratado ou acordo internacional, quanto à primeira, nem de qualquer lei ou decreto-lei, quanto à segunda; há apenas documentos oficiais (resoluções do Conselho de Ministros) que reconhecem, de passagem, que a tarefa da gestão da Internet no espaço português ("pt") tem estado a cargo da FCCN (^{32}). Contudo, as normas técnicas emanadas, quer pela ICANN, quer pela FCCN, são efectivamente aplicadas: em regra são acatadas espontaneamente por todos – apesar de não terem qualquer cobertura em diploma jurídico internacional ou nacional – e devem ser consideradas como juridicamente obrigatórias para os seus destinatários (v. adiante) (^{33});

(2) *Normas internacionais de relato financeiro ("base primária de contabilidade")*. – A contabilidade, como é sabido, começou por ser um conjunto de regras técnicas enunciadas em manuais escolares pelos contabilistas mais reputados. A pouco e pouco, muitas dessas regras foram sendo convertidas em normas jurídicas de carácter nacional (ver, por ex., o Dec.-Lei n°410/89, de 21 de Novembro, que aprova as normas sobre o POC-*Plano Oficial de Contabilidade*). Enfim, começaram a aparecer importantíssimas regras internacionais de contabilidade, emitidas pelo IASB-*International Accounting Standards Board*, com sede em Londres. Este organismo, de carácter privado, tem como delegada em Portugal a "Ordem dos Revisores Oficiais

---

(^{32}) Cfr. as resoluções n°s 69/97 (DR, I-A, 5-5-97), 94/99 (DR, I-A, 25-8-99) e 110/2000 (DR, I-A, 22-8-00), citadas por Pedro Gonçalves, *Disciplina administrativa da Internet*, policop., Coimbra, 2002.

(^{33}) V. a última versão, actualizada (1-6-03), das "Regras da FCCN" sobre o registo nacional de nomes de domínio na Internet em <http://www.fccn.pt/DNS/Regras>.

de Contas". Acaba de ser publicada por ambos, em 2003, a "Norma Internacional de Relato Financeiro 1", que versa sobre a "Adopção Pela Primeira Vez das Normas Internacionais de Relato Financeiro" (Londres-Lisboa, 2003, 126 págs.). Esta norma, tal como os "Reporting Standards", os "Accounting Standards", as "IFRIC Interpretations", etc., todas da autoria do referido IASB, de Londres, são normas técnicas efectivamente aplicadas, que em regra são acatadas espontaneamente por todos – apesar de não terem qualquer cobertura em diploma jurídico internacional ou nacional –, e devem ser consideradas como juridicamente obrigatórias para os seus destinatários (v. adiante);

(3) *Normas técnicas constantes de manuais elaborados por especialistas, organismos profissionais ou sociedades científicas reputados.* – Sucede na contabilidade, como na engenharia civil, naval ou aeronáutica: muitas das normas técnicas por que se guia a actividade dos profissionais do sector não têm cobertura "oficial" em qualquer diploma nacional ou internacional de carácter jurídico, antes provêm apenas de profissionais ou associações que gozam de elevada reputação e, por isso, tais normas são genericamente acatadas. Foi o que sucedeu, por ex., no caso da "obra hidráulica Beliche-Eta de Tavira" (anos 90 do séc. XX), em que a questão de saber quais os ensaios a realizar, após a conclusão da obra pública em causa, para garantir a qualidade e segurança dos tubos de adução da água, foi decidida, com a plena aceitação de ambas as partes em conflito, por aplicação, por um tribunal arbitral, das *Normas y manuales del Instituto Eduardo Torroja de la Construcción y del Cemento ("normas Torroja")* [34]. Também neste tipo de casos, tal como em (1) e (2), as normas técnicas referidas são efectivamente aplicadas, em regra são acatadas espontaneamente por todos – apesar de não terem qualquer cobertura em diploma jurí-

---

[34] V. Diogo Freitas do Amaral, Fausto de Quadros e José Carlos Vieira de Andrade, *Aspectos jurídicos da empreitada de obras públicas. Decisão arbitral sobre a obra hidráulica Beliche-Eta de Tavira*, "Almedina", Coimbra, 2002, p. 280 e segs., em especial p. 295.

dico internacional ou nacional –, e devem ser consideradas como juridicamente obrigatórias para os seus destinatários (v. adiante).

Os casos existem, pois. *Quid juris?**

Relevância jurídica destas normas técnicas. – Há quem se coloque numa posição negativista extrema, e diga: tais normas técnicas, precisamente porque não têm cobertura em qualquer acto jurídico normativo que constitua fonte do Direito como tal reconhecida, não são juridicamente relevantes. Para o Direito, não existem. E, portanto, de duas, uma: ou são espontaneamente acatadas como meras "recomendações" – e não há nada a opor a isso –, ou são violadas – e uma tal violação não constitui acto ilícito, é irrelevante para o Direito, logo não pode originar a aplicação de qualquer sanção jurídica, nomeadamente em tribunal.

Discordamos frontalmente desta opinião. Por três razões fundamentais.

Primeira: semelhante entendimento fecha os olhos à realidade e, impregnado da concepção estatista do Direito, só quer ver fenómenos juridicamente relevantes aí onde uma lei produzida pelo Estado os regule e valore. Ora, a realidade é muito mais viva e complexa do que isso, e mostra-nos constantemente (se soubermos olhar à nossa volta, com os olhos bem abertos, isto é, com "olhos de ver") que há muitos outros ordenamentos jurídicos, ou juridicamente relevantes, para além do ordenamento estadual.

Segunda: estas normas técnicas que temos vindo a estudar prestam um serviço inestimável à regulamentação ordenadora da vida social, levando mais longe e aprofundando as exigências de segurança, qualidade e fiabilidade da grande maioria das actividades económicas e profissionais levadas a cabo nas sociedades humanas modernas. Não as reconhecer, fechar-lhes os olhos, declará-las juridicamente irrelevantes, seria o mesmo que lançar a incerteza onde existe segurança, defeitos e fraudes onde existe qualidade, dúvida e desconfiança onde existe fiabilidade. Seria, numa palavra, um enorme retrocesso social.

Terceira: como se pretende negar toda e qualquer relevância jurídica às normas técnicas se é o próprio Estado – entre nós, mediante o Decreto-Lei nº 48051, de 21 de Novembro de 1967 – que considera ilícita, e geradora de responsabilidade civil, a violação das "normas técnicas que devam ser tidas em consideração"? Seria, na verdade, ser "mais papista que o Papa".

Temos, pois, para nós, que as normas técnicas "que devam ser tidas em consideração" são juridicamente relevantes.

Tudo está em saber como – ou seja, com que fundamento e em que termos.

Termos e fundamento da relevância jurídica das normas técnicas não cobertas por qualquer fonte do Direito como tal reconhecida. – Comecemos pelo problema do fundamento: como se explica a relevância jurídica das normas técnicas "a descoberto"? Com que base são relevantes? Qual o fundamento dessa relevância?

Têm sido apresentadas três teses: o fundamento jurídico seria (a) um costume internacional, (b) um princípio geral do direito, ou (c) o consenso dos interessados.

Discordamos das três.

Não nos parece existir aqui um costume internacional (a): porque, para existir um costume internacional, é normalmente considerado indispensável que esse costume seja como tal reconhecido, quer pela doutrina, quer pela jurisprudência internacionais. Ora, tanto quanto sabemos, nem aquela nem esta se pronunciam *ex professo*★ no sentido da existência de qualquer costume legitimador, ou conferidor de relevância jurídica, às normas técnicas emitidas a descoberto.

Tão-pouco nos parece haver aqui um princípio geral do Direito (b): porque nunca o vimos formulado, igualmente, nem na doutrina nem na jurisprudência.

E que dizer, por último, da tese do consenso (c)? É a opinião defendida por uma jurista italiana que estudou minuciosamente o tema ([35]).

([35]) Fiammeta Salmoni, *Le norme techniche*, 2001, cit..

Mas que coisa é o consenso? Ou estamos no interior de uma pessoa colectiva – e então o consenso não é mais do que o voto unânime dos membros do órgão competente: é uma aprovação por unanimidade –, ou estamos no plano de uma multiplicidade de indivíduos ou de organizações que aceitam em conjunto determinadas normas técnicas – e nesse caso o que existe é um costume ou um uso juridicamente relevante. Em qualquer das hipóteses, o *consenso* não constitui, de per si, uma fonte autónoma do Direito.

Como resolver, então, o problema?

Em nosso entender, o problema do fundamento ou título de relevância, na ordem jurídica estadual, de normas técnicas emitidas "a descoberto", sem base em nenhuma fonte do Direito como tal reconhecida, é um problema que (ao que supomos) nunca foi tratado entre nós – nem pela doutrina, nem pela jurisprudência, nem (por isso mesmo) pela lei. É um problema ignorado pelo legislador: este não o conhece e, portanto, não o regula. É, pois, um caso omisso, uma lacuna.

Mas é uma lacuna que tem de ser preenchida com base no Direito estadual – pois se trata de apurar como e em que termos é que este admite (ou não) a vigência e a obrigatoriedade de normas técnicas produzidas fora do seu ordenamento.

A pergunta a fazer é, portanto, a seguinte: como preencher esta lacuna à face do Direito estadual português? Não sendo viável fazê--lo por recurso à analogia ou aos princípios gerais do Direito, resta--nos o método estabelecido, como *ultima ratio*★, no n° 3 do artigo 10° do CC:

"Na falta de caso análogo [e acrescentamos nós: ou de princípios gerais do Direito aplicáveis], a situação é resolvida segundo a norma que o próprio intérprete criaria, se houvesse de legislar dentro do espírito do sistema" ([36]).

([36]) Sobre este método específico de integração das lacunas da lei, v. o vol. II deste *Manual*.

Qual é, neste contexto e para este efeito, o "espírito do sistema"? Queremos crer que é possível surpreendê-lo, por um lado, no Decreto-Lei n° 48051, que aponta claramente no sentido da relevância jurídica, no ordenamento estadual, das normas técnicas que devam ser tidas em consideração; e, por outro, no artigo 8°, n°s 2 e 3, da CRP, que dispõem em certos termos sobre a vigência, na ordem interna portuguesa, de normas internacionais subscritas por Portugal ou emanadas de organizações de que Portugal seja parte.

A norma que, à luz dessa inspiração, nos propomos elaborar, como se fôramos o legislador, é então a seguinte:

"1. Os actos jurídicos que aprovem normas técnicas, emanadas validamente de organizações nacionais ou internacionais, públicas ou privadas, de que façam parte indivíduos ou entes colectivos portugueses, representativos do sector da actividade a que respeitam, vigoram na ordem jurídica do Estado Português, quando tal se encontre estabelecido nos respectivos estatutos, actos constitutivos ou regulamentos internos, sempre que tais normas sejam reconhecidas por contrato ou sejam, ou devam ser, do conhecimento efectivo dos operadores que as têm de aplicar.

2. Igualmente vigoram na ordem jurídica do Estado Português as normas técnicas contidas em manuais, instruções ou outros textos da autoria de indivíduos ou equipas de elevada reputação científica ou técnica, nacionais ou estrangeiros, sobre sectores específicos da actividade económica ou profissional, desde que se prove serem, ou deverem ser, do conhecimento efectivo dos operadores portugueses do sector em causa e ser usual a observância entre eles das referidas normas.

3. Nos casos referidos nos números anteriores, as normas técnicas aplicáveis só relevam como normas juridicamente obrigatórias se assumirem carácter vinculativo, como expressão de um específico dever de agir ou não agir, não consistindo em simples informações, recomendações ou conselhos".

Se esta proposta for aceite pela nossa jurisprudência, os tribunais portugueses aplicarão, quando for caso disso, as normas técnicas invocadas pelas partes, nos termos e com os limites aqui previstos, devendo considerá-las juridicamente relevantes para todos os efeitos e, nomeadamente, para o apuramento da responsabilidade civil, disciplinar, financeira, contra-ordenacional ou penal que no caso couber.

XVII – AS DECLARAÇÕES POLÍTICAS ORAIS

148. Apresentação do tema

Os partidários do "direito puro", expurgado de influências extra-jurídicas, têm a maior dificuldade – para não dizer impossibilidade – em conceber e aceitar que uma mera declaração política oral, proveniente de um líder respeitado, possa ser fonte do Direito.

No entanto, o problema precisa de ser examinado sem preconceitos. Oliveira Ascensão, mais uma vez inovador, afirma claramente que "a lei pode em abstracto ser oral. Numa comunidade de âmbito restrito, imagina-se que o chefe decrete oralmente as regras da vida social; e em qualquer caso assim teve de acontecer antes do aparecimento da escrita" [37].

Para este autor, como se vê, o direito oral pode ocorrer em duas circunstâncias: (a) nas comunidades primitivas, antes de aparecer a escrita, e (b) em comunidades actuais restritas, onde o chefe decreta oralmente regras jurídicas. Em ambas, a fonte do Direito será a lei.

Por nós, saudamos esta abertura à realidade, mas vamos mais longe: entendemos que há vários outros casos em que certas declarações políticas orais podem ser fontes do Direito; mas não as consideramos como leis, porque para nós a lei é sempre um acto praticado sob forma escrita. São, em nossa opinião, fontes do Direito, sim, mas distintas da lei – são uma categoria diferente, *sui generis**, de fontes.

---

[37] J. Oliveira Ascensão, O Direito..., cit., 11ª ed., 2003, p. 272.

Aceitamos as duas situações típicas referenciadas por Oliveira Ascensão. E não são, na actualidade, tão raras como se pode pensar, se tivermos em conta – como já foi dito – que na generalidade dos países africanos (e não só) cerca de 70 a 80 por cento da respectiva população vive em pequenas comunidades tribais, sob a direcção de autoridades tradicionais, em larga medida sujeita ao direito consuetudinário e, a par deste, contando também, em quantidade apreciável, com os *decretos orais* dos chefes tribais que, quando revistam carácter geral e abstracto, têm natureza normativa e, por isso, são fontes do Direito.

Mas olhemos para nós próprios: observemos a realidade dos países mais desenvolvidos. Também aqui o mesmo fenómeno existe. Não acompanhamos, pois, Oliveira Ascensão quando, aceitando o contraste total entre as pequenas comunidades tradicionais (do Terceiro Mundo) e as "ordens jurídicas modernas" – designadamente, ocidentais – afirma que, nestas, "a forma escrita tornou-se essencial". Não haveria, pois, por ex., na Europa dos nossos dias, casos de direito oral.

Vamos ver que não é bem assim. As situações não são frequentes, mas afigura-se-nos que existem, e não podem ser ignoradas.

149. Exemplos de declarações políticas orais com força jurídica própria

Comecemos por relatar, sinteticamente, alguns casos históricos, nem todos com o mesmo significado, mas todos importantes para o nosso estudo.

a) Em Janeiro-Fevereiro de 1960, um motim civil e militar eclode em Argel, como forma de protesto contra a política de autodeterminação das colónias anunciada por De Gaulle, já então Presidente da República da França. O general apela ao restabelecimento da ordem, em 25 de Janeiro, pela rádio: mas não é escutado. Os amotinados entrincheiram-se em edifícios públicos e tentam cativar a população muçulmana para uma insurreição geral. De Gaulle, a 29, faz uma vibrante alocução radiofónica e televisiva em Paris e declara:

"Nenhum militar poderá, sob pena de falta grave, associar-se por qualquer movimento, mesmo passivamente, à insurreição. Afinal, a ordem pública tem de ser restabelecida. Os meios a empregar para fazer cumprir as leis poderão ser de várias espécies. Mas o vosso dever é atingir tal resultado. É essa a ordem que vos dei; é essa a ordem que vos dou hoje" [38].

A insurreição na Argélia terminará dois dias mais tarde: a palavra oral de De Gaulle foi, à segunda vez, prontamente obedecida.

b) Em Fevereiro e Março de 1961, elementos do MPLA atacam, em Luanda, instalações militares e policiais. Como represália, nos dias seguintes, as forças portuguesas massacram mais de três mil civis "indígenas". Em Março, os movimentos de libertação angolanos atacam colonos portugueses no norte de Angola, fazendo um número elevado de mortos e feridos. Começa o "terrorismo" em Angola.

O chefe do Governo, Oliveira Salazar, reage em 13 de Abril de 1961, assumindo também o cargo de Ministro da Defesa, e proferindo uma breve mas incisiva alocução, pela rádio e televisão, que a imprensa sintetizará assim na manhã seguinte: "Para Angola, rapidamente e em força!" [39].

Sem qualquer lei escrita, sem uma declaração de guerra, ou estado de sítio, ou mero estado de emergência, o país é imediatamente mobilizado para a guerra: partem contingentes militares de avião e em navios mercantes fretados, alonga-se o período de prestação do serviço militar, os oficiais dos quadros permanentes fazem várias comissões em África, o teatro das operações estende-se de Angola à Guiné (1963) e a Moçambique (1964), e só para a criação de um imposto extraordinário para custear o esforço de guerra se recorre à forma clássica da lei parlamentar.

A "guerra do Ultramar" durará 13 anos consecutivos: na sua origem, apenas uma frase dita oralmente, em dois segundos, pelo chefe todo-poderoso.

c) Escassos dias depois, em 22 de Abril de 1961, quatro prestigiados generais franceses com altas posições de comando na Argélia revoltam-se, tomam o Poder na capital local, e ameaçam vir fazer o mesmo a Paris. O Presidente De Gaulle aparece na noite de 23, fardado, na televisão. Condena vivamente o "pronunciamento militar". E, assumindo os "poderes excepcionais" do artigo 16º da Constituição francesa de 1958 – que lhe permite, em situações graves, "tomar as medidas exigidas pelas circunstâncias" –, faz ouvir a sua voz de comando, plena de autoridade:

"Em nome da França, ordeno que todos os meios, digo todos os meios, sejam empregados para barrar o caminho por todo o lado a esses homens, até à sua neutralização. Proíbo a todos os Franceses e, em primeiro lugar, a todos

---

[38] Charles de Gaulle, *Discours et Messages*, III, *Avec le Renouveau: 1958-1962*, "Plon", Paris, 1971, p. 166.

[39] Oliveira Salazar, *Discursos e notas políticas, VI 1959-1966*, "Coimbra Editora", Coimbra, 1967, pp. 123-124.

os militares que obedeçam a qualquer das ordens deles (...). O futuro dos usurpadores não pode ser outro senão o que lhes é destinado pelo rigor das leis" ([40]).

Seguem-se as medidas excepcionais tomadas pelo Presidente da República, incluindo a ocupação militar dos aeroportos de Paris e arredores para impedir o ataque aéreo dos revoltosos de Argel. O Conselho de Ministros decreta o "estado de emergência". São abertos processos-crime contra os chefes da revolta. Algumas liberdades públicas são, temporariamente, suspensas. O poder legislativo do Parlamento fica provisoriamente limitado, para não interferir com as medidas presidenciais tomadas ao abrigo do artigo 16º da Constituição.

A tentativa de golpe de Estado, desencadeada na Argélia em 22 de Abril, termina com a derrota dos revoltosos na noite de 25 para 26 de Abril: as ordens verbais de De Gaulle serão obedecidas em pouco mais de 24 horas ([41]).

d) Em 23 de Fevereiro de 1981, uma tentativa de golpe de Estado militar contra a Democracia, em Madrid, leva o coronel António Tejero e as suas tropas da "Guardia Civil" a cercar e invadir o Parlamento espanhol e, no próprio hemiciclo, a sequestrar os deputados e o Governo, que ali se encontrava presente. O objectivo é o regresso a uma ditadura como a do Generalíssimo Franco. As Forças Armadas hesitam e dividem-se. É então que o Rei Juán Carlos telefona, um a um, a todos os generais comandantes das regiões militares de Espanha, bem como aos que chefiam as unidades de elite, exigindo-lhes obediência total à Constituição e à legalidade democrática. As suas ordens orais são acatadas. O golpe de Tejero afunda-se em dois dias. A Democracia espanhola, com apenas 5 anos de vida, consolida-se definitivamente e, com ela, a própria Monarquia, pelo papel decisivo que desempenhou na defesa da Constituição e das instituições vigentes.

e) Em 11 de Setembro de 2001, dois aviões suicidas, pilotados por militantes fanáticos da Al-Qaeda, às ordens de Ossama bin Laden, destroem de surpresa e por completo as "twin towers" de Nova Iorque; outro avião ataca e danifica parte do Pentágono, em Washington; um quarto avião, onde os passageiros conseguem controlar os assaltantes, despenha-se no solo. Pela primeira vez na história, os Estados Unidos da América são objecto de um grande ataque no seu próprio território continental. Inicia-se a fase do "mega-terrorismo internacional". O Presidente George W. Bush, no dia seguinte, declara oralmente que a América está em guerra contra todos os movimentos terroristas que a ameacem e contra todos os países que lhes dêem guarida ou apoio. O Conselho de Segurança da ONU aprova uma intervenção militar americana no Afeganistão, contra o regime dos "talibãs", protectores e aliados da "Al-Qaeda". O Congresso aprova diversas leis anti-terroristas, algumas delas com significativa restrição dos direitos fundamentais dos americanos e dos estrangeiros residentes ou em trânsito nos EUA.

([40]) Charles de Gaulle, *ob. cit.*, pp. 306-308.
([41]) *Idem, idem*, p. 310.

O apoio da esmagadora maioria da opinião pública faz do Presidente Bush, naquele primeiro momento, uma espécie de herói nacional. Tudo vai mudar, na América e no resto do mundo. Na origem dessa mudança, uma curta frase dita oralmente pelo Presidente: *"America is at war against terrorism!"*

150. Caracterização dos vários casos referidos

Que conclusões tirar destes cinco casos, todos ocorridos no último meio século?

À primeira vista, todos eles são idênticos – em situações de emergência, provocadas por ataques armados contra um país ou contra a sua forma de Estado ou de governo, o líder máximo no Poder não cede à rebelião ou à agressão e toma medidas para as combater, defendendo com vigor o *status quo**, e ordenando a todos os cidadãos – em especial às forças militares e de segurança – que se mantenham fiéis, não adiram à causa dos atacantes e defendam as instituições vigentes.

Porém, numa análise mais fina, há que distinguir três situações diferentes:

1) Num primeiro grupo de casos, o responsável máximo pela defesa do Estado limita-se a *condenar* politicamente os ataques ou as revoltas, exigindo a todos *obediência* ao Direito vigente (caso do General De Gaulle no motim argelino de 1960 e do Rei Juán Carlos na tentativa de golpe militar de 1981);

2) Num segundo grupo de casos, o líder político principal, além das declarações e atitudes descritas em 1), declara que o País está em guerra e manda avançar as Forças Armadas para os locais onde grassa a rebelião ou onde se acolhem os agressores (caso de Oliveira Salazar em 1961 e de George W. Bush em 2001);

3) Num terceiro grupo de casos, o Chefe do Estado ou do Governo, além das declarações e atitudes descritas em 1) e 2), invoca o "estado de emergência" em que se encontra o País, ou uma região

dele, assume legitimamente poderes excepcionais de intervenção e, no uso destes, decreta todas as medidas "exigidas pelas circunstâncias", a fim de restabelecer a normalidade institucional (caso do General De Gaulle face à revolta dos quatro generais franceses na Argélia, em 1961).

Vamos ver que a qualificação destes tipos de situações, à luz da teoria das fontes do Direito, não é a mesma.

151. As declarações políticas orais como fontes do Direito

Já sabemos o que é necessário para que quaisquer factos impositivos de comandos imperativos para os cidadãos de um país, ou de uma sua região, possam ser qualificados como fontes do Direito: é indispensável que tais factos sejam *factos normativos*, isto é, factos que criem, modifiquem ou extingam normas jurídicas gerais e abstractas.

À luz desta noção, as declarações e atitudes referidas na alínea 1) do número anterior não podem ser consideradas como fontes do Direito: com efeito, limitam-se a exprimir a condenação pública dos actos ilícitos praticados pelos revoltosos – o que é um acto político opiniativo, não uma fonte de normas gerais e abstractas –, bem como a exigir dos cidadãos em geral, e dos militares e agentes das forças de segurança em particular, que obedeçam ao Poder instituído e à legalidade vigente – o que são actos políticos ou administrativos visando a plena execução das leis, e não a alteração ou substituição destas. Não há, pois, criação de Direito.

No pólo oposto, estão as declarações e atitudes acima referidas na alínea 3), em que é invocado um "estado de emergência", são assumidos, de acordo com a Constituição, "poderes excepcionais" e, em consequência, são tomadas todas as medidas "exigidas pelas circunstâncias". Estas medidas são adoptadas dentro da legitimidade constitucional, e podem revestir duas modalidades principais: ou são medidas individuais e concretas (uma decisão, uma ordem, uma proibição dirigidas a esta ou àquela pessoa) – e nesse caso não há criação de normas jurídicas –, ou são medidas gerais e abstractas, destinadas a todos os cidadãos, ou a uma parte deles delimitada por meio de categorias abstractas – e nesse caso há criação de normas jurídicas propriamente ditas. Aqui, as declarações políticas orais são, indubitavelmente, fontes do Direito, legitimadas pela Constituição.

Mais problemático é o grupo de casos intermédio, mencionado na alínea 2): porque aí, sem invocação de qualquer "estado de emergência", nem assunção legal de "poderes excepcionais", o líder político máximo coloca o país em guerra – contra outro país, ou contra movimentos rebeldes dentro do seu próprio país –, e daí extrai consequências que, em muitos aspectos, se traduzem na criação ou modificação de normas gerais e abstractas.

Esta situação da alínea 2) carece de ser analisada em dois planos – o plano da qualificação das medidas tomadas como sendo, ou não, fontes do Direito, e o plano da legitimidade dessas medidas.

Quanto ao primeiro plano, vale aqui o que dissemos acima para o grupo 3) – isto é, haverá ou não fonte do Direito consoante haja ou não criação, modificação ou extinção de normas jurídicas gerais e abstractas. Na medida em que a declaração política oral implique, de per si, a mobilização militar dos cidadãos, o início de operações armadas em que passa a ser legítimo matar, ou a restrição genérica de certos direitos fundamentais, há inequivocamente carácter normativo – pelo que tais declarações orais são fontes do Direito.

No plano da legitimidade, entende a Ciência do Direito (a nosso ver, bem) que – mesmo sendo declarado o "estado de sítio" ou o "estado de emergência", ou não se tendo recorrido (o que hoje é muito raro) à "declaração de guerra" formal – os países e os governos têm o direito de se defender, se necessário pelas armas, contra as agressões ou rebeliões de que sejam alvo.

O fundamento jurídico da legitimidade de tais actuações pode ser, quer o direito de legítima defesa (art. 51º da Carta da ONU e art. 32º do CP), quer o chamado "estado de necessidade" (actuação sob o domínio de um perigo iminente e actual, que obrigue a sacrificar certos valores ou direitos, para garantir a salvaguarda de valores ou direitos tidos por mais valiosos).

O "estado de necessidade" prescinde da observância das leis em vigor e permite passar por cima delas (*necessitas non habet legem*★ ou, então, *salus populi suprema lex*★), desculpabiliza certos crimes cometidos em "estado de necessidade desculpante" (CP, art. 35°), e valida os actos ilegais da Administração Pública, "desde que os seus resultados não pudessem ter sido alcançados de outro modo" (CPA, art. 3°, n° 2).

Há, assim, nos domínios constitucional, administrativo, civil e penal, um verdadeiro "Direito da Necessidade" (*Notrecht*), que legitima, a título excepcional, actuações que em circunstâncias normais seriam consideradas ilícitas face ao Direito.

As declarações políticas orais devem ser, por conseguinte, a nosso ver, qualificadas como fontes legítimas do Direito, desde que:

a) Sejam proferidas pela autoridade competente em situações de legítima defesa ou de estado de necessidade;

b) Tenham carácter normativo, ou seja, revistam a natureza de actos de criação, modificação ou extinção de normas gerais e abstractas.

BIBLIOGRAFIA

A bibliografia deste capítulo consta da selecção indicada *supra*, no cap. 16.

QUESTIONÁRIO

1 – Porque é que a guerra e a revolução, quando vitoriosas, são fontes do Direito?

2 – Como se distinguem, enquanto fontes do Direito, os tratados dos outros acordos internacionais?

3 – Os tratados, quando regularmente aprovados e ratificados, não terão "força de lei"?

4 – As "directivas" da União Europeia são ou não fontes do Direito vigente na ordem jurídica portuguesa?
5 – Não seria preferível manter a noção tradicional de que a Constituição é uma lei, embora a mais elevada hierarquicamente e a mais importante substancialmente?
6 – Como se distingue um "princípio" de uma "regra"?
7 – Em que diferem entre si os princípios-valor, os princípios-norma, e os princípios-síntese?
8 – Como se distingue o regulamento da lei?
9 – Os regulamentos independentes ou autónomos serão leis em sentido material?
10 – As praxes administrativas são costumes ou não? E os usos sociais?
11 – Os regulamentos internos da GNR e da PSP serão normas corporativas?
12 – Os "códigos de boa conduta" aprovados por organismos profissionais não serão nunca fontes do Direito?
13 – Quanto às normas técnicas, não poderá considerar-se haver um princípio geral de Direito segundo o qual devem ser tidas por juridicamente relevantes, quando aplicáveis?
14 – Será aceitável considerar como fonte do Direito a adopção de normas técnicas contidas em manuais, instruções ou outros textos científicos? Se se exige que a sua observância pelos profissionais do sector seja usual, a fonte do Direito não será aqui o uso ou costume?
15 – De que requisitos depende, afinal, a qualificação como fonte do Direito de uma "declaração política oral"? Estas declarações não serão todas "ordens administrativas" de exigência de obediência às leis em vigor – e, portanto, actos sem carácter normativo?

Capítulo 23

OUTRAS FONTES REVELADORAS DE DIREITO ("JURIS COGNOSCENDI")

152. Preliminares

Já acima encontrámos várias fontes, não produtoras, mas reveladoras do Direito (fontes "juris cognoscendi"): em determinadas situações, vimos ser esse o caso da doutrina, da jurisprudência, dos princípios gerais de Direito, etc.

Em particular, tivemos a oportunidade de verificar como a Doutrina – isto é, a Ciência do Direito – pode contribuir decisivamente para a revelação do sentido literal de determinadas normas jurídicas, ininteligíveis por si mesmas ou com a mera ajuda de um dicionário da língua portuguesa.

Pois bem: o mesmo acontece, como vamos ver agora, com as outras ciências em geral e, em especial, com a Matemática, a Engenharia, a Medicina, a Contabilidade, etc.

153. As ciências não jurídicas como fontes reveladoras do Direito

Com bastante frequência, o legislador ordinário aprova e faz publicar normas jurídicas de conteúdo técnico; também acontece – como já vimos (*supra*, n° 147) – que há normas técnicas emitidas "a descoberto" de qualquer fonte do Direito como tal reconhecida e que ganham relevância na ordem jurídica estadual como normas obrigatórias.

Nestes casos, acontece quase sempre que as regras de conduta impostas estão redigidas através do emprego de numerosas expressões técnicas, que só pelo recurso à terminologia de uma dada ciência podem ser decifradas e tornar-se inteligíveis para o jurista e, em particular, para o juiz.

Há quem entenda que estas ciências indispensáveis à compreensão do Direito não são fontes *juris cognoscendi*, mas meros instrumentos auxiliares da aplicação do Direito. Não é essa a nossa opinião: se uma norma jurídica de conteúdo técnico só pode ser entendida e "decifrada" por intermédio do contributo decisivo de uma certa ciência, esta torna-se um meio necessário do *conhecimento* do Direito, e não apenas da sua *aplicação*. É para compreender e explicar essas normas jurídicas – e não apenas para aplicá-las – que se torna imperativo o recurso às ciências auxiliares do Direito. Estas auxiliam a *revelá-lo*, e não somente a aplicá-lo. Portanto, são fontes.

Vejamos alguns exemplos:

(1) *Matemática*. – Não falando já na contagem dos prazos legais, que implica óbvias operações de aritmética, há numerosas disposições de direito público e de direito privado que só são inteligíveis e aplicáveis mediante o recurso à Matemática.

Exemplos tirados do Direito Público: um profissional liberal que trabalhe por conta própria tem de cobrar ao cliente 19% de IVA sobre os seus honorários, e o cliente tem de reter na fonte 20% de IRS sobre os mesmos, que depois entregará directamente ao Fisco; no cálculo anual do IRS do mesmo profissional são deduzidas certas despesas funcionais com o seu escritório, além de deduções à colecta por cada filho menor, despesas de saúde, etc. Tudo isto envolve operações matemáticas, não reguladas pelo Direito, mas por este tornadas indispensáveis.

Exemplos tirados do Direito Privado: os casos mais frequentes são os cálculos dos juros em empréstimos bancários e de percentagens diversas em contratos patrimoniais. Mas também os há, por ex., no Direito das Sucessões: se António morre sem testamento e sem filhos, mas deixa vivos a sua mulher e os seus pais, por força do artigo 2142°, n° 1, do CC, "ao cônjuge pertencerão duas terças partes e aos ascendentes uma terça parte da herança"; se os pais estiverem judicialmente separados, haverá que fazer uma operação aritmética que dará ao cônjuge 2/3 da herança e a cada um dos pais do *de cujus*★ 1/6 da mesma herança (1/3 a dividir por 2). Complicando um pouco mais: para calcular *a legítima* (parte indisponível pelo testador) dos herdeiros legitimários (cônjuge, descendentes e ascendentes do *de cujus*), nos termos dos artigos 2162° e 2163° do CC, haverá que (a) somar o valor de todos os bens da herança, (b) subtrair o valor dos bens doados a outrem pelo *de cujus*, bem como as despesas sujeitas a colação e as dívidas da herança, (c) não subtrair o valor dos bens que não sejam objecto de colação, e (d) prescindir dos encargos impostos sobre a legítima contra a vontade do herdeiro ou herdeiros; e se, porventura, o *de cujus* tiver feito liberalidades (donativos) que ofendam a legítima dos herdeiros legitimários, estes poderão obter em tribunal a redução das liberalidades indevidas ("inoficiosas"), "em tanto quanto for necessário para que a legítima seja preenchida" (arts. 2168° e 2169°).

Como se vê, tudo operações aritméticas que não são reguladas pelo Direito, mas pela Matemática.

(2) *Engenharia*. – O Direito Administrativo faz constante apelo às regras da Engenharia, sobretudo na parte em que disciplina as actividades de construção civil (edifícios públicos e privados).

Exemplos: O RGEU-Regulamento Geral das Edificações Urbanas, de 1951, dispõe sobre espessura das paredes (art. 25° e tabela anexa), pavimentos e coberturas (arts. 35° e segs.), escadas e ascensores (arts. 45° e segs.), salubridade dos terrenos (arts. 53° e segs.), altura exterior das edificações (arts. 58° e segs.), área dos compartimentos interiores (arts. 65° e segs.), instalações sanitárias e esgotos (arts. 83° e segs.), abastecimento de água potável (arts. 101° e segs.), evacuação de fumos e gases (arts. 108° e segs.), alojamento de animais (arts. 115° e segs.), solidez das edificações (arts. 128° e segs.), segurança contra incêndios (arts. 140° e segs.), etc.

Um exemplo bastante mais complexo é o do Regulamento das Características de Comportamento Térmico dos Edifícios (aprovado pelo Dec.-Lei n° 40/90, de 6 de Fevereiro), que, logo nos seu artigo 5°, com o fim de "limitação das necessidades nominais de aquecimento" de um edifício, estabelece o seguinte limite "por metro quadrado de área útil de pavimento":

$$N_1 = \left\{ \frac{1,3 KfrAf + KhrAh + KenvAenv}{Ap} + 0,34 Pd \right\} (0,024).GD(KWh/m^2.a$$

Como se vê, não estamos aqui, manifestamente, no campo da Ciência do Direito..., mas no da Engenharia – e, no entanto, o conteúdo e o sentido que esta conferir àquela fórmula é juridicamente obrigatório!

(3) *Medicina*. – Já atrás citámos (*supra*, n° 146) a Declaração da Ordem dos Médicos sobre os pressupostos e requisitos de verificação da morte cerebral (1994). Reparemos no seguinte parágrafo dessa declaração:

"O diagnóstico de morte cerebral implica a ausência na totalidade dos seguintes reflexos do tronco cerebral:
    a) Reflexos fotomotores com pupilas de diâmetro fixo;
    b) Reflexos oculocefálicos;
    c) Reflexos oculovestibulares;
    d) Reflexos corneopalpebrais;
    e) Reflexo faríngeo".

Se um dia, em tribunal, se discutir o resultado destes exames ou testes, estabelecer clara e rigorosamente a diferença entre "reflexos oculocefálicos" e "reflexos oculovestibulares", por ex., é algo que não pode ser feito com base na Ciência do Direito, ou na cultura geral, ou na experiência comum de advogados e juízes – mas apenas com base na Ciência Médica e, muito em particular, com base nos conhecimentos especializados de neurologistas ou de neurocirurgiões.

(4) *Contabilidade*. – É também muito frequente que o Direito remeta para as regras próprias da Contabilidade, que começou por ser uma simples técnica ensinada em estabelecimentos secundários, e hoje é considerada como uma verdadeira ciência ensinada nas universidades. Há numerosas normas jurídicas que só são inteligíveis e aplicáveis mediante o recurso aos conceitos, à terminologia e às regras específicas da Contabilidade.

Exemplo: consideremos o disposto no artigo 33º do Código Comercial (de 1888):

> "O livro de inventário e balanços ([1]) começará pelo arrolamento de todo o activo e passivo do comerciante, fixando a diferença entre aquele e este, o capital com que entra em comércio, e servirá para nele se lançarem, dentro dos prazos legais, os balanços a que tem de proceder".

Perguntas a que só um perito contabilista (ou um jurista com sólidos conhecimentos de contabilidade) saberá responder com exactidão: qual a diferença entre um *inventário* e um *balanço*? O que deve incluir-se no *activo* de um património? E no respectivo *passivo*? O apuramento do saldo entre um e outro é meramente aritmético ou envolve operações contabilísticas adicionais? E como se escritura o *capital* de uma empresa na respectiva contabilidade? Que elementos integram a noção de capital, e quais as realidades que ficam de fora dela?

Em relação ao *activo*, em especial, muitas são as dúvidas que se suscitam: deve incorporar apenas bens actuais ou também os crédi-

---

([1]) O primeiro dos livros "indispensáveis a qualquer comerciante" – art. 31º.

tos não vencidos? E integra ou não os créditos de cobrança duvidosa? E as provisões? E as reservas? E os resultados transitados?

Tudo questões a que a Contabilidade, e não o Direito, dá resposta.

Os exemplos que ficam apontados são suficientes para demonstrar o nosso ponto de vista: as ciências não jurídicas, na medida em que sejam instrumento indispensável ao conhecimento completo e adequado das normas jurídicas, devem ser consideradas como fontes reveladoras do Direito (fontes "juris cognoscendi").

BIBLIOGRAFIA

A bibliografia deste capítulo consta da selecção indicada *supra*, no cap. 16.

QUESTIONÁRIO

1 – Resuma, por favor, todos os casos em que nos capítulos anteriores se apontaram fontes "juris cognoscendi" e faça a respectiva lista.
2 – As ciências apontadas neste capítulo como fontes reveladoras do Direito sê--lo-ão na realidade ou, pelo contrário, não passarão de ciências auxiliares da Ciência do Direito, cuja função será apenas a de – como qualquer dicionário de uma língua – indicar o significado literal de uma palavra ou conceito utilizado pela norma jurídica, para o efeito de viabilizar a interpretação desta?
3 – Em consequência da resposta à pergunta anterior, o capítulo 23 deste *Manual* não deveria ser, pura e simplesmente, suprimido?

Capítulo 24

A HIERARQUIA DAS FONTES

154. O problema da hierarquia das fontes

De que se trata aqui, afinal?
Trata-se de apurar se as várias fontes do Direito (que acabámos de estudar) se encontram todas em pé de igualdade – *paridade das fontes* – ou se, diferentemente, há entre elas uma ordenação vertical, estando umas acima de outras e as segundas abaixo das primeiras – *hierarquia das fontes*. A hierarquia, em Direito, consiste precisamente na relação vertical entre uma entidade superior e uma entidade inferior ou subalterna – hierarquia das fontes, hierarquia dos tribunais, hierarquia dos funcionários públicos, etc.

No nosso país, como na generalidade dos países, há casos de *paridade* das fontes (lei e costume, lei e decreto-lei) e há casos, que são a maioria, de *hierarquia* das fontes (Constituição acima da lei reforçada, lei reforçada acima da lei simples, lei simples acima do regulamento administrativo).

A opção por um ou por outro destes modelos tem importantíssimas consequências práticas:

– Se duas fontes estão em relação de paridade, qualquer delas pode sobrepor-se à outra e revogá-la. Por ex., o costume pode revogar a lei, tal como a lei pode revogar o costume; a lei pode revogar o decreto-lei, tal como o decreto-lei pode revogar a lei; o regulamento posterior pode revogar o regulamento anterior;

– Se, porém, duas fontes estão em relação de hierarquia, só a fonte superior pode revogar a inferior. Esta, por seu turno, não só não pode revogar aquela, como deve necessariamente acatá-la. E, se a fonte inferior entrar, indevidamente, em contradição com a fonte superior, passa a constituir um acto ilícito – isto é, contrário ao Direito – e, em consequência disso, torna-se *inválida* (nula ou anulável) ou *ineficaz* (não produz efeitos). Por ex., se uma lei violar a Constituição, é inconstitucional e pode, conforme os casos, ser declarada nula, anulada ou desaplicada; o mesmo se passa, *mutatis mutandis*★, no caso de um regulamento administrativo ser contrário a uma lei: torna-se em regulamento ilegal e pode ser declarado nulo, anulado ou desaplicado.

Sublinhada a importância do problema, vejamos então em que termos é que ele se coloca.

155. O problema à luz da teoria clássica

Regressando à nossa já conhecida teoria clássica das fontes do Direito, importa dizer que, também aqui – no problema da hierarquia das fontes –, ela tinha posições próprias e específicas, que o tempo e os progressos da Ciência do Direito se encarregaram de ultrapassar ou infirmar.

Em resumo, podemos dizer que, para a teoria clássica, o problema se punha nos seguintes termos:

a) As fontes internacionais não eram, de todo em todo, consideradas;

b) De entre as fontes nacionais, só a lei – pelos motivos que atrás expusemos – era tida em conta;

c) Consequentemente, não havia um problema de "hierarquia das fontes do Direito", mas tão-somente um problema de "hierarquia das leis";

d) No plano da hierarquia das leis, a ordenação vertical era fácil de estabelecer: 1°, a lei constitucional; 2°, a lei ordinária; e 3°, o regulamento administrativo (¹).

Ora, esta construção não pode hoje aceitar-se, quer por ser demasiado simplista e redutora, quer por assentar em pressupostos que têm de considerar-se errados ou ultrapassados. Com efeito:

a) Quer as fontes de Direito Internacional, quer as de Direito Comunitário Europeu, são fontes do Direito com relevância jurídica directa na ordem interna portuguesa;
b) Há muitas outras fontes do Direito, válidas e actuantes, para além da lei. O problema a tratar é, portanto, um problema de "hierarquia das fontes", e não um simples problema de "hierarquia das leis";
c) As dificuldades maiores, que importa resolver neste contexto, não são as da hierarquia das fontes nacionais (porquanto não oferece dúvidas a ninguém a sequência vertical "Constituição – lei ordinária – regulamento administrativo"), mas sim as da hierarquia entre as fontes internacionais, comunitárias e nacionais.

156. A teoria neo-clássica: um constitucionalismo nacionalista

Após o 25 de Abril de 1974, a implantação da Democracia e do Estado de Direito trouxe de imediato para o primeiro plano das preocupações dos juristas a Constituição; e o estabelecimento da fiscalização judicial da constitucionalidade das leis (e outras normas jurídicas) obrigou a encarar a Constituição com a maior atenção e seriedade.

(¹) Ver, por todos, Fezas Vital, *Hierarquia das fontes de Direito*, Lisboa, separata da "Revista da Ordem dos Advogados", ano 3°, 1944, pp. 16-19, e Marcello Caetano, *Manual de Direito Administrativo*, cit., I, p. 88 e segs.

Esse desenvolvimento foi em si mesmo muito positivo – e levou ao crescimento exponencial dos estudos científicos de Direito Constitucional, que têm beneficiado imenso a ciência jurídica portuguesa.

Mas toda a medalha tem o seu reverso. E o justificado acréscimo de importância da Constituição levou a generalidade dos constitucionalistas a, por um lado, exagerarem o valor e o significado da Constituição – como se acima dela não houvesse, nem pudesse haver, outras fontes do Direito – e, por outro lado, a hipertrofiarem essa fonte nacional em detrimento, ou com subalternização, das fontes internacionais e comunitárias – como se estas não existissem e não fossem, pelo menos em alguns casos, superiores à Constituição.

Assistiu-se, assim, nos últimos trinta anos, no nosso país, a este fenómeno paradoxal: juristas que repudiam o "nacionalismo político" defendem, com todo o vigor, formas várias de "nacionalismo jurídico"; e juristas que, no campo do Direito Internacional, proclamam o "primado" deste sobre o direito nacional chegam ao terreno do Direito Constitucional e, aí, defendem com o maior vigor a "prevalência" da Constituição sobre o Direito Internacional.

Cremos sinceramente ter chegado o momento de reexaminar este problema, sem preconceitos nacionalistas, afirmando as seguintes proposições, ainda que controversas:

a) Há que ser coerente com a doutrina do primado do Direito Internacional sobre o direito nacional, e extrair daí a conclusão de que a primeira espécie de fontes do Direito, na hierarquia das fontes, é a das fontes do Direito Internacional;

b) Igual coerência se exige com a realidade jurídica incontestada que vigora na UE – União Europeia, e daí retirar a regra do primado do Direito Comunitário Europeu sobre o direito nacional;

c) Há que ser realista e aceitar que a guerra e a revolução, quando vitoriosas, revogam ou impõem Constituições, e são por conseguinte fontes de grau superior ao da Constituição;

d) Em contrapartida, não há que hesitar na aceitação da ideia corrente de que a Constituição é a fonte suprema do Direito nacional.

Explicaremos e procuraremos justificar estas proposições nos números que se seguem.

157. A nossa teoria: a) As fontes internacionais

Em primeiro lugar, e no topo da hierarquia, vêm as fontes do Direito Internacional. Todas elas: costume, tratado, princípios gerais, jurisprudência, etc.

Para melhor compreendermos esta afirmação, convém referir que, entre os cultores do Direito Internacional, há quatro posições teóricas sobre as relações entre esse direito e o direito interno:

a) O dualismo com primado do direito interno;
b) O dualismo com primado do Direito Internacional;
c) O monismo com primado do Direito interno;
d) E o monismo com primado do Direito Internacional [2].

Não nos interessa agora discutir aqui a opção entre dualismo e monismo: o problema será tratado na cadeira de Direito Internacional Público. O que interessa é que hoje praticamente toda a doutrina, incluindo a portuguesa, defende o sistema do *primado do Direito Internacional* – com o argumento, cheio de razão, de que afirmar o primado do direito interno sobre o Direito Internacional equivaleria a negar a existência deste. De facto, se se admitir que qualquer país pode validamente, por meio de uma lei nacional, sobrepor esta aos seus compromissos internacionais, é claro que o valor deles fica reduzido a zero.

E não se diga que haveria uma maneira de conciliar a soberania plena dos Estados com o respeito integral do Direito Internacional, a qual consistiria em considerar o Estado responsável internacionalmente, perante os outros Estados, pelo respeito dos seus compromissos internacionais, mas declará-lo livre, ao mesmo tempo,

---

[2] Ver, por todos, J. Silva Cunha, *Direito Internacional Público*, "Ática", Lisboa, 1957, pp. 18-28, e André Gonçalves Pereira e Fausto de Quadros, *Manual de Direito Internacional Público*, 3ª ed., "Almedina", Coimbra, p. 81 e segs.

de impor soluções diferentes aos seus cidadãos, por meio de uma lei interna – que seria válida na ordem interna, mas ilícita na ordem internacional.

Esta concepção é esquizofrénica. Permitiria a um Estado agir com dupla personalidade: para fora diria uma coisa, para dentro diria o seu contrário. Nem a ditadura do "Estado Novo" foi tão longe: o artigo 4º da Constituição de 1933 (até à revisão de 1971) declarava expressamente que a soberania do Estado Português se reconhecia *limitada*, na ordem internacional, pelas "convenções ou tratados livremente celebrados" e pelo "direito consuetudinário livremente aceite". Repare-se bem: mesmo em ditadura fortemente nacionalista, o Direito Internacional *limitava a soberania do Estado*. O que queria isto dizer? Obviamente, que o Estado não podia violar, na ordem interna, os compromissos que aceitasse na ordem internacional: se assim não fosse, a soberania do Estado não estaria limitada pelo Direito Internacional!

Ora, um Estado de Direito democrático não pode cometer a ousadia de ser mais nacionalista, ou soberanista, do que uma ditadura que exacerbava o nacionalismo! Não se pode ser contra o nacionalismo *político* e ser a favor do nacionalismo *jurídico*! Não se pode proclamar, em teoria, o primado do Direito Internacional sobre o direito interno – e cultivar, na prática, o primado do direito interno sobre o Direito Internacional.

E o que é que justifica, do ponto de vista da Ciência do Direito, o princípio do primado do Direito Internacional? Três razões fundamentais:

- Se não se aceitar o primado do Direito Internacional, cai-se automaticamente na prática do primado do direito interno; e isso faz desaparecer o próprio Direito Internacional; ora, este é indispensável à manutenção da paz e da segurança internacionais; logo, há que proclamar em teoria, e aceitar na prática, o princípio do primado do Direito Internacional;
- O Direito Internacional visa garantir e efectivar o bem--comum da Humanidade; os direitos nacionais visam apenas garantir e efectivar o bem-comum de cada nação; ora, por definição, o bem-comum universal, o de toda a Humanidade, é superior ao bem-comum de cada uma das 200 nações independentes que existem à face da Terra; portanto, o Direito Internacional – sob pena da sua subordinação aos interesses particulares deste ou daquele país – tem de prevalecer sobre os direitos nacionais;

– Se não se aceitar e exigir o respeito do primado do Direito Internacional, cair-se-á automaticamente no reino da hipocrisia, da má-fé e da incerteza das situações jurídicas, porquanto qualquer Estado poderá comprometer-se perante os demais a fazer *A* e, dentro das suas fronteiras, fazer *B*, ou vincular-se internacionalmente a não fazer *C* e fazê-lo livremente na ordem interna. O Estado é uno e não pode ter duas faces, como Janus: para ser e agir como pessoa de bem, o Estado só pode ter uma palavra – se promete, cumpre; se não quer ou não pode cumprir, não promete.

Dito isto, vejamos o que declara o nosso direito positivo sobre a matéria.

Importa distinguir, para o efeito, entre o Direito Internacional comum ou geral e o Direito Internacional particular ou especial.

Quanto ao primeiro, entendem os internacionalistas que ele é obrigatório, automaticamente, para todos os países: constituem-no os costumes universais, os grandes princípios gerais por todos aceites, o chamado *jus cogens*★, por natureza imperativo. A nossa Constituição também assim o considera, felizmente: segundo o nº 1 do seu artigo 8º, "as normas e os princípios de direito internacional geral ou comum fazem parte integrante do direito português" ([3]).

Quanto ao Direito Internacional particular ou especial – que é o resultante de tratados e outros acordos –, a sua recepção é automática na nossa ordem jurídica: diz o nº 2 do mesmo artigo 8º da CRP que "as normas constantes de convenções internacionais regularmente ratificadas ou aprovadas vigoram na ordem interna após a sua publicação oficial e enquanto vincularem internacionalmente o Estado Português".

A soberania nacional pode exercer-se aqui, livremente, de várias maneiras: ou não subscrevendo o tratado, ou não o ratificando, ou ratificando-o com reservas (isto é, exceptuando algumas cláusulas,

---

([3]) Cfr. André Gonçalves Pereira e Fausto de Quadros, *ob. cit.*, p. 116 e segs.

que expressamente se rejeitam). Mas, a partir do momento em que a vinculação do Estado esteja concluída, o tratado "vigora na ordem interna".

Parece, assim, que tudo está bem, e de acordo com os princípios. Não é, porém, o caso. Porque a mesma Constituição, eivada do que chamámos "constitucionalismo nacionalista", prevê em vários dos seus preceitos que o nosso Tribunal Constitucional possa *declarar inconstitucionais* (e, portanto, invalidar ou tornar ineficazes) *normas internacionais contrárias à Constituição* (v. os arts. 227°, n° 2, 278°, n° 1, e 280°, n° 3).

Cá está, na prática, o primado do Direito Internacional a ser posto em causa pelo princípio oposto – o do primado do direito interno sobre o Direito Internacional!

Serão legítimas, à luz do Direito Internacional, estas cláusulas da Constituição portuguesa?

A doutrina tem fortes dúvidas: veja-se as hesitações de André Gonçalves Pereira e Fausto de Quadros ([4]) e a proposta, sensata, de Jorge Miranda, no sentido de que todas essas cláusulas sejam substituídas por uma única forma de fiscalização preventiva abstracta da constitucionalidade dos tratados, antes da sua ratificação pelo Estado Português ([5]).

Quanto a nós, as referidas cláusulas constitucionais são ilegítimas à face do Direito Internacional. Por duas razões:
- Primeiro, porque permitem ao Estado Português ofender um dos princípios gerais mais antigos e mais sólidos do Direito Internacional: o princípio *pacta sunt servanda*★;
- Segundo, porque tais cláusulas violam frontalmente os artigos 26° e 27° da Convenção de Viena sobre o Direito dos Tratados (1969), que estabelecem o seguinte:

([4]) *Ob. cit.*, p. 119 e segs.
([5]) *Manual de Direito Constitucional*, tomo VI, "Coimbra Editora", Coimbra, 2001, pp. 167-168.

Art. 26º
(Pacta sunt servanda)

Todo o tratado em vigor vincula as partes e deve ser por elas executado de boa fé.

Art. 27º
(Direito interno e observância dos tratados)

Uma parte não pode invocar as disposições do seu direito interno para justificar a não execução de um tratado (...).

Ora, temos para nós – na companhia de uma grande parte da doutrina internacionalista – que tanto o princípio *pacta sunt servanda* como os artigos 26º e 27º da Convenção de Viena constituem *jus cogens** e, nessa medida, fazem parte do Direito Internacional geral ou comum, que se sobrepõe às constituições dos Estados.

Deste modo, e em conclusão, as cláusulas da CRP acima referidas devem ter-se por *inválidas* ou, talvez melhor, *ineficazes* – e, como tais, devem ser desaplicadas pelos tribunais portugueses, em obediência ao princípio do primado do Direito Internacional sobre o direito interno.

158. Idem: b) As fontes comunitárias europeias

Depois das fontes do Direito Internacional, importa considerar as fontes comunitárias europeias.

O problema reveste, aqui, três dimensões: primeira, a das fontes do direito comunitário originário; segunda, a da relação entre as fontes do direito comunitário derivado e a lei interna; e terceira – só recentemente discutida entre nós, embora já exista há cerca de três décadas –, a da relação entre o direito comunitário derivado e a Constituição nacional.

Quanto à primeira dimensão, ela não origina qualquer problema difícil de resolver, porquanto o direito comunitário originário, como já dissemos atrás, é formado por tratados e, nessa medida, constitui verdadeiro Direito Internacional. Pertence, portanto, ao primeiro escalão da hierarquia das fontes, estudado no número anterior. Tudo o que aí dissemos acerca do Direito Internacional resultante de tratados tem aqui inteira aplicação.

A segunda dimensão – relação entre o direito comunitário derivado e a lei – tão-pouco suscita qualquer dificuldade de monta: por um lado, há vários e bons argumentos de Direito Constitucional que apontam no sentido do primado do Direito Comunitário Europeu sobre a lei interna ([6]); por outro, porque assim o exige a lógica da integração de carácter supranacional que preside ao ordenamento jurídico da UE, o qual ficaria reduzido a zero se qualquer dos países-membros pudesse, por lei nacional, eximir-se ao cumprimento de regulamentos ou directivas comunitárias: por isso, o primado do Direito Comunitário sobre o direito interno dos países-membros tem sido apelidado de "exigência existencial" do Direito Comunitário (Pierre Pescatore): ou há primado, ou não há Direito Comunitário ([7]). Na verdade, se um ou mais Estados-membros pudessem, por lei nacional, revogar, desaplicar ou interpretar à sua maneira uma norma de Direito Comunitário, a ordem jurídica comunitária deixaria de ser uniforme, e comum a todos os Estados-membros: nessa medida, deixaria de existir enquanto tal ([8]).

Esta noção do primado do Direito Comunitário Europeu sobre os direitos nacionais dos países-membros foi clara e categoricamente afirmada pelo Tribunal de Justiça das Comunidades Europeias, em 1964, no caso *Costa/ENEL*. Posteriormente, foi mantida, sem qualquer margem para dúvidas, noutros casos – e reafirmada solenemente em 1978, no caso *Simmenthal*, com o apoio da doutrina dominante ([9]).

([6]) Ver, por todos, Jorge Miranda, *Curso de Direito Internacional Público*, cit., pp. 167-168.

([7]) Citado em André Gonçalves Perreira e Fausto de Quadros, *Manual de Direito Internacional Público*, cit., pp. 124-125.

([8]) *Idem, idem*, p. 125.

([9]) V. *idem, idem*, p. 127.

Ora, sendo a jurisprudência do Tribunal de Justiça das Comunidades Europeias uma fonte essencial e primária do Direito Comunitário – cujos acórdãos são, também eles, obrigatórios para os órgãos legislativos e judiciais dos países-membros –, segue-se daí que o princípio do primado do Direito Comunitário faz parte integrante, não apenas da ordem jurídica comunitária, mas também das ordens jurídicas nacionais de cada um dos países membros, incluindo Portugal. (Note-se que, quando Portugal aderiu, em 1985, à então CEE, já estava em vigor a jurisprudência *Simmenthal*, que vinha de 1978). Isto tem a seguinte consequência prática: se uma lei da nossa Assembleia da República, ou um decreto-lei do nosso Governo, contrariar qualquer norma de Direito Comunitário derivado em vigor, aquela lei ou este decreto-lei serão inválidos e inaplicáveis, prevalecendo – em qualquer tribunal, comunitário ou nacional – a norma comunitária. Não há, a este respeito, nenhuma dúvida.

Já quanto à terceira dimensão acima enunciada – a da relação entre o Direito Comunitário derivado e a Constituição nacional de um Estado-membro –, a doutrina está dividida: entre nós, por ex., André Gonçalves Pereira e Fausto de Quadros afirmam convictamente que o princípio do primado do Direito Comunitário abrange a prevalência deste sobre o próprio Direito Constitucional ([10]), enquanto Jorge Miranda defende, não menos convictamente, que o primado do Direito Comunitário não se aplica às Constituições e que, portanto, estas prevalecem sobre o Direito Comunitário derivado ([11]).

O problema ganhou inesperada acuidade quando se conheceu, em 2003, o Projecto de Constituição Europeia, em cujo artigo 10º se recolhe – sem tirar nem pôr – a jurisprudência *Simmenthal* ([12]) ([13]).

([10]) André Gonçalves Pereira e Fausto de Quadros, *ob. cit.*, p. 130 e segs.
([11]) Jorge Miranda, *ob. cit.*, pp. 160-166.
([12]) "Projecto de Tratado que estabelece uma Constituição para a Europa", artigo 10º (Direito da União):
1. A Constituição e o direito adoptado pelas instituições da União no exer-

Tanto bastou para que, numa aliança espúria entre nacionalistas exacerbados e juristas teoricamente adeptos do primado do Direito Internacional, se avolumasse uma forte onda de críticas ao artigo 10º do Projecto, em que alguns quiseram ver uma grave violação da Constituição Portuguesa, e outros, mais radicais, o fim da existência de Portugal como País soberano e independente!

Por nós, não vemos razões para tão exagerado alarmismo – pois não foi livre, consciente e voluntária a adesão de Portugal à CEE, decidida pelo nosso Estado-soberano, com a plena consciência do princípio do primado do Direito Comunitário, o qual, desde 1964 e 1978, expressamente proclamava a prevalência desse direito sobre as Constituições dos Estados-membros?

As razões para que o primado do Direito Comunitário abranja e envolva também a prevalência sobre o Direito Constitucional são três:

– Em primeiro lugar, a mesma "exigência existencial" que está na base do princípio do primado, isto é, a necessidade de coerência e uniformidade da ordem jurídica comunitária para que a UE seja, e se mantenha, uma Comunidade Supranacional com a sua própria ordem jurídica, unitária e isenta de contradições internas;

– Em segundo lugar, a necessidade, muito pragmática mas muito realista, de impedir que qualquer país-membro possa privilegiar os seus cidadãos nacionais, atentando contra a igualdade de todos os

---

cício das competências que lhe são atribuídas primam sobre o direito dos Estados--Membros.
2. Os Estados-Membros tomam todas as medidas gerais ou específicas necessárias para garantir a execução das obrigações decorrentes da Constituição ou resultantes dos actos das instituições da União."

([13]) Entretanto, após o debate que teve lugar, os governos dos países membros chegaram a acordo sobre a seguinte redacção simplificada:
Artigo I-6º
Direito da União
A Constituição e o direito adoptado pelas instituições da União, no exercício das competências que lhe são atribuídas, primam sobre o direito dos Estados--Membros.

cidadãos europeus da UE, através do simples expediente de uma emenda constitucional que contrarie qualquer norma comunitária anterior ([14]);

– Em terceiro lugar, porque a jurisprudência *Simmenthal* existe e forma hoje uma "corrente jurisprudencial uniforme", e esta, como sabemos, é fonte produtora de Direito ([15]).

O problema acabou por se simplificar com a nossa 6ª Revisão Constitucional (Lei Constitucional nº 1/2004, de 24 de Julho), que veio estabelecer o seguinte, no novo nº 4 do artigo 8º:

> "As disposições dos tratados que regem a União Europeia e as normas emanadas das suas instituições, no exercício das respectivas competências, são aplicáveis na ordem interna, nos termos definidos pelo direito da União, com respeito pelos princípios fundamentais do Estado de direito democrático".

O primado do Direito Comunitário, mesmo derivado, sobre todo o direito interno português, mesmo constitucional, fica pois expressamente acolhido na nossa Constituição – que, ao fazê-lo, mais não faz, de resto, do que reconhecer um princípio já vigente, há décadas, na ordem jurídica comunitária, e pacificamente aceite por todos os outros Estados-membros!

Quanto à ressalva, aí feita, dos "princípios fundamentais do Estado de Direito democrático", não deixa de ser um tanto ou quanto ridícula – como se Portugal pudesse, nessa matéria, dar lições de democracia à Europa... Trata-se, no fundo, de uma decla-

---

([14]) Aceitariam os nossos nacionalistas que a Espanha, por ex., pudesse validamente introduzir na sua Constituição uma norma que impedisse os cidadãos portugueses, ou todos os estrangeiros, de aceder à propriedade de certas terras, empresas ou habitações em território espanhol? Seria a destruição da União Europeia, tal como existe.

([15]) Ver, neste sentido, Diogo Freitas do Amaral e Nuno Piçarra, *Parecer*, inédito, de 12-11-03.

ração *política* para acalmar os nacionalistas mais ansiosos – mas cujo alcance *jurídico* é insignificante, pois os princípios fundamentais do Estado de Direito democrático – todos eles – já enformavam o Direito Comunitário Europeu quando Portugal ainda era uma ditadura...

159. Idem: c) A guerra e a revolução

Já vimos que a guerra e a revolução são fontes produtoras de Direito ("juris essendi"). O lugar delas, no escalonamento vertical da hierarquia das fontes, é o terceiro – abaixo das fontes internacionais e comunitárias, mas acima da Constituição.

Estão abaixo das duas primeiras porque, sendo a guerra e a revolução fenómenos que, nas suas implicações, produzem efeitos nacionais, elas não afectam em nada (pelo menos de forma directa e imediata) o Direito Internacional ou o Direito Comunitário Europeu. Se amanhã, por ex., houvesse uma mudança de regime na Hungria, isso em nada alteraria, quer o Direito Internacional, quer o Direito Comunitário Europeu. Quando muito, se ali fosse instaurada uma ditadura, a Hungria podia ser suspensa ou expulsa da UE: mas, se isso acontecesse, seria uma consequência do primado do Direito Comunitário (que exige o carácter democrático dos países--membros da UE) sobre o direito interno do país em causa.

A guerra e a revolução, por outro lado, estão acima da Constituição, no quadro das fontes do Direito, porque levam normalmente a suspendê-la ou a revogá-la e a substituí-la por outra. Não é a Constituição que se sobrepõe às guerras e revoluções: pelo contrário, estas é que logram, quando vitoriosas, mudar as Constituições.

Foi assim em Portugal, por ex., com as revoluções de 1820, 1910, 1926 e 1974.

160. d) A Constituição

Eis que, finalmente, nos surge a Constituição nacional, ou estadual. As três primeiras categorias de fontes ficam acima dela; todas as outras ficam abaixo.

Ela é, não o fundamento de todo o Direito aplicável no país, mas o fundamento de todo o Direito ordinário, ou infra-constitucional, aí aplicável. O que é imenso.

161. e) O Direito ordinário, ou infra-constitucional

Todo o restante direito estadual interno – a que costuma chamar-se "direito ordinário" – é direito infra-constitucional, isto é, está hierarquicamente abaixo da Constituição, o que significa que não pode revogá-la, mas pode ser por ela revogado, e que, se a violar, fica ferido de inconstitucionalidade, podendo por consequência ser declarado nulo, anulado ou desaplicado, conforme os casos.

Na categoria do Direito ordinário, há numerosos escalões e graus hierárquicos:

1°, a lei e o costume (em paridade);
2°, os regulamentos e praxes administrativas (em paridade);
3°, as demais fontes "juris essendi";
4°, as fontes "juris cognoscendi".

Não vamos entrar aqui em pormenores sobre as várias espécies de Direito ordinário: elas são habitualmente estudadas noutras cadeiras do curso de Direito, *v.g.* o Direito Constitucional, o Direito Administrativo, o Direito Civil, o Direito Comercial e o Direito do Trabalho. Para lá remetemos, pois.

BIBLIOGRAFIA

A bibliografia deste capítulo consta da selecção indicada *supra*, no cap. 16.

QUESTIONÁRIO

1 – Em que consiste o problema da hierarquia das fontes do Direito?
2 – Qual o regime jurídico aplicável à situação de paridade das fontes?
3 – E qual o regime jurídico próprio das situações de hierarquia das fontes: quando uma norma resultante de uma dada fonte viola outra norma emanada de uma fonte superior, quais são as consequências jurídicas possíveis dessa contradição?
4 – Qual era a teoria clássica sobre o problema da hierarquia das fontes?
5 – Como pode ser criticada?
6 – E o que defende a teoria neo-clássica?
7 – Como pode ser criticada?
8 – Como se justifica que o primeiro grau na hierarquia das fontes seja ocupado pelo Direito Internacional?
9 – O que é o princípio do primado do Direito Internacional?
10 – Supondo exacta e justificada a posição exposta na pergunta n° 8, como se pode conciliar o primado do Direito Internacional com a soberania dos Estados, que deve poder aceitar ou recusar, livremente, a aprovação e ratificação de qualquer tratado internacional?
11 – Porque é que a soberania dos Estados não pode prevalecer nunca sobre as normas e os princípios do Direito Internacional comum ou geral?
12 – Os preceitos da CRP que permitem declarar inconstitucionais normas de Direito Internacional que vinculem o Estado português serão legítimas?
13 – E se o não forem, *quid juris*★?
14 – O princípio do primado do Direito Comunitário Europeu sobre o direito interno de cada país membro da UE abrange ou não as Constituições nacionais?
15 – Porque é que a Constituição prevalece sobre todo o restante direito interno do país a que respeita?

PARTE IV
A VIDA DO DIREITO

Capítulo 25

A VIDA DO DIREITO

I

A AUTORIDADE PÚBLICA

162. O Estado ao serviço do Direito

Concentremos agora as nossas atenções sobre o Direito nacional, ou estadual. Esse Direito precisa do Estado para se impor, com eficácia, aos cidadãos: o Estado fica, assim, ao serviço do Direito.

Na concepção tradicional, o estudante do curso de Direito só é colocado perante dois poderes do Estado – o legislativo e o judicial; a lei e o juiz; a lei que formula comandos para serem obedecidos, e o juiz que aplica a lei aos casos concretos que sejam levados a tribunal para julgamento.

E não há dúvida de que esses dois poderes do Estado têm imenso a ver com a vida do Direito – o primeiro formula-o; o segundo aplica-o, tornando-o efectivo e eficaz.

Mas uma visão integral do fenómeno jurídico, que tenha em vista abarcar e descrever a vida quotidiana do Direito, não pode esquecer o outro dos poderes do Estado que tradicionalmente é omitido – o Poder Executivo, constituído pelo Governo e pela Administração Pública dele dependente, ou por ele orientada ou fiscalizada.

É ao Poder Executivo que compete *governar o país*, por um lado, e, por outro, fazer funcionar de modo regular e contínuo a Administração Pública, isto é, o conjunto de organismos e funcionários incumbidos por lei de assegurar o desempenho das funções públicas de segurança, cultura e bem-estar ([1]).

Actualmente, o Direito (estadual) não vive apenas, como noutras épocas mais recuadas, das normas jurídicas e dos tribunais, mas também de um enorme aparelho administrativo – cerca de 6 mil pessoas colectivas públicas e de 700 mil funcionários públicos ([2]) –, que leva a cabo as principais tarefas assumidas como "missões de serviço público" pelo Estado.

> Tenha-se presente, a propósito, o artigo 9º da CRP, que enuncia as "tarefas fundamentais do Estado":
> "a) Garantir a independência nacional (...);
> b) Garantir os direitos e liberdades fundamentais (...);
> a) Defender a democracia política (...);
> b) Promover o bem-estar e a qualidade de vida do povo (...);
> c) Proteger e valorizar o património cultural (...) e defender a natureza e o ambiente (...);
> d) Assegurar o ensino [aos portugueses] e defender (...) a língua portuguesa;
> e) Promover o desenvolvimento harmonioso de todo o território nacional (...);
> f) Promover a igualdade entre homens e mulheres".

Se a tarefa da alínea a) vem do tempo de D. Afonso Henriques, e as das alíneas b) e c) vêm do liberalismo oitocentista, as restantes tarefas, das alíneas d) a h), consubstanciam o chamado *Estado democrático social*, fazendo deste um enorme aparelho burocrático encarregado de promover – além da "democracia política" – também a "democracia económica, social e cultural" (CRP, art. 2º), com vista a impulsionar o progresso sustentável do país, a caminho da "construção de uma sociedade livre, justa e solidária" (CRP, art. 1º).

([1]) Sobre o conceito e as funções da Administração Pública, ver Diogo Freitas do Amaral, *Curso de Direito Administrativo*, cit., I, p. 29 e segs.

([2]) *Idem, idem*, p. 37. Actualizámos os números em relação à estimativa de há dez anos atrás.

No campo da democracia política, são funções essenciais do Poder Executivo e, em especial, do Governo (CRP, art. 199º):

– Defender a legalidade democrática;
– Garantir a segurança e tranquilidade públicas;
– Fazer os regulamentos necessários à boa execução das leis.

No campo da democracia económica, social e cultural, compete ao Poder Executivo e, em especial, ao Governo (v. o mesmo artigo da CRP):

– Elaborar e fazer executar os planos económicos, bem como o Orçamento do Estado e o da Segurança Social;
– Garantir o funcionamento dos serviços públicos essenciais;
– Promover o desenvolvimento económico, social e cultural, através da satisfação das necessidades colectivas.

Vê-se, pois, que nos nossos dias o Direito não visa apenas assegurar a independência nacional e a paz social, como na Idade Média; nem visa somente garantir, além disso, a ordem pública e a defesa da liberdade e da propriedade, como no Estado Liberal; mas também, simultaneamente com essas tarefas, contribuir para promover o progresso e o desenvolvimento do país, ajudando a construir uma sociedade economicamente mais próspera e socialmente mais justa.

A lei e os tribunais colaboram nessa actividade, mas seriam incapazes, por si sós, de a executar sozinhos: carecem da contribuição, vasta e decisiva, da Administração Pública.

Esta, por seu turno, actua, na prossecução dos seus fins, por três modos diversos:

a) *O serviço público*: o Estado (e os entes públicos menores) chamam a si, directamente, a realização do bem-comum, quer em regime de monopólio (diplomacia, Forças Armadas, impostos), quer em colaboração ou concorrência com as entidades privadas (hospitais, escolas, casas para habitação);

b) *A polícia*: o Estado (e alguns entes públicos menores) exercem funções de vigilância e fiscalização das actividades privadas, bem como de prevenção da criminalidade e das ofensas à lei (CRP, art. 272°);

c) *O fomento*: o Estado (e os entes públicos menores) apoiam, incentivam e estimulam as actividades privadas, favorecendo as que sejam de interesse geral e melhor possam concorrer para o desenvolvimento acelerado do país ([3]).

Na Monarquia Absoluta, tal como no Estado Totalitário do século XX, estas múltiplas tarefas eram desempenhadas sob as ordens do Rei, do Chefe ou do Partido único, sem grandes (ou nenhumas) preocupações jurídicas.

Porém, no actual Estado de Direito democrático, todas as tarefas a cargo do Poder Executivo têm uma dupla envolvente jurídica, que ao mesmo tempo as fundamenta e condiciona:

– Por um lado, "os órgãos e agentes administrativos estão subordinados à Constituição e à lei (...), no exercício das suas funções" (CRP, art. 266°, n° 2);
– Por outro lado, "a Administração Pública [deve actuar] no respeito pelos direitos (...) dos cidadãos" (*idem, idem*, n° 1).

O Poder Executivo – de quem depende, em larga medida, a prosperidade, o bem-estar e a qualidade de vida dos cidadãos – está, assim, todo ele, subordinado, quer ao Direito objectivo do país, quer aos direitos subjectivos dos cidadãos.

O Poder, a autoridade social, não podem viver sem o Direito ou contra o Direito. O Direito (estadual), por seu turno, carece deles para viver e conseguir impor-se.

([3]) Sobre esta classificação tripartida dos modos da acção administrativa ver, por todos, F. Garrido Falla, *Tratado de Derecho Administrativo*, vol. II, 7ª ed., Madrid, 1985, pp. 160-163.

Este, o primeiro aspecto da vida do Direito.

Vejamos agora como se posicionam o Homem perante o Direito, e o Direito perante o Homem.

II
O HOMEM PERANTE O DIREITO

163. Preliminares

O Homem pode assumir – e assume, diariamente – uma de duas atitudes perante o Direito: ou o acata e coopera com ele, ou o desacata e se revolta contra ele.

Temos, pois, duas atitudes fundamentais, e diametralmente opostas – a do Homem em colaboração com o Direito, e a do Homem em rebelião com o Direito ([4]).

Vamos estudar uma e outra.

Antes, porém, temos de aludir a um tema prévio a esse – o das actividades humanas juridicamente irrelevantes, ou seja, o do Homem indiferente ao Direito e livre das suas regras.

164. O Homem livre das malhas do Direito

O Direito regula múltiplas actividades humanas, quer no campo das relações entre o indivíduo e o Estado (Direito Público), quer no terreno das relações dos indivíduos entre si como particulares (Direito Privado). E o Direito fá-lo porque, e sempre que, estão em

---

([4]) Esta distinção, a nosso ver muito feliz e fecunda, é da autoria de Inocêncio Galvão Telles, *Introdução ao Estudo do Direito*, cit., vol. I, p. 315 e segs., e vol. II, p. 9 e segs.

causa valores jurídicos fundamentais a regular e a proteger – nomeadamente, a justiça, a segurança e os direitos humanos.

Mas, quando não esteja em causa nenhum destes valores, o Direito não intervém e a actividade humana deixa de ser regulada pelo Direito (fica livre do Direito: *rechtsfrei*).

É esse o domínio do que poderemos chamar a "liberdade natural do Homem" – *liberdade*, porque ele é livre de fazer o que bem lhe aprouver (desde que não viole nenhuma norma jurídica), e *natural*, porque não resulta de uma concessão ou permissão específica do Direito (é permitido fazer *x* ou não fazer *y*), mas sim da condição natural de liberdade que é inerente a todos os Homens. Recorde-se a célebre concepção do Iluminismo do século XVIII, ainda hoje plenamente válida, de que "todos os Homens nascem e permanecem livres e iguais" (art. 1º da Declaração dos Direitos do Homem e do Cidadão", França, 1789, muito semelhante, neste ponto, ao § 2º da Declaração de Independência dos E.U.A., de 1776).

Neste sentido, a liberdade natural do Homem é *a faculdade, decorrente do Direito Natural, de a pessoa humana auto-determinar a sua conduta, em certas zonas da vida individual e social, sem qualquer condicionamento ou regulação pelo Poder político ou pelo Direito positivo* (⁵).

Ao abrigo da sua liberdade natural, o indivíduo pratica ou deixa de praticar os actos que entender. E sobre eles o Direito não se pronuncia: nem os qualifica como lícitos (permitidos por uma norma jurídica), nem como ilícitos (proibidos pela norma); considera-os como *actos livres*, juridicamente *irrelevantes*.

> Todos conhecemos e praticamos, quotidianamente, centenas de actos livres, *hoc sensu**: levantar cedo ou tarde; tomar café, leite ou sumo de fruta ao pequeno almoço; pôr gravata ou não pôr (no caso dos homens), vestir saia ou calças (no caso das mulheres); comparecer ao emprego ou faltar (em dia de tolerância de ponto); ir ao cinema ou ficar em casa à noite; ler ou ouvir música, fazer jardinagem ou *bricolage*; passar o fim de semana em casa, na praia ou no campo; reunir-se ou não

---

(⁵) Cfr. Marcello Caetano, *Manual de Ciência Política e Direito Constitucional*, tomo I, 6ª ed., Lisboa, 1972, p. 306 e segs.

com os amigos, escolher livremente onde e como passar as férias de Verão; viajar ao estrangeiro ou não e, em caso afirmativo, escolher o lugar ou lugares a visitar; trocar ou não trocar de carro; namorar ou não namorar e, em caso afirmativo, decidir com quem; etc., etc.

Note-se bem que estes actos naturalmente livres só são indiferentes ao Direito se com eles a pessoa não violar nenhuma norma jurídica; se o fizer, o acto já interessará ao Direito e será, em princípio, um acto ilícito – faltar ao emprego em dia de trabalho sem justificação para a falta, viajar para o estrangeiro sem passaporte ou bilhete de identidade, deitar o lixo do jardim para o terreno do vizinho, etc.

Por outro lado, se o exercício da liberdade natural não é uma dádiva do Direito positivo, nem é regulado por ele, já os actos de terceiros que limitem, prejudiquem ou impeçam o exercício autónomo da liberdade natural são proibidos pelo Direito e, como tal, são actos ilícitos, que até podem ser crimes (ameaça, rapto, abuso sexual, etc.: v. CP, art. 153º e segs.).

Passemos agora ao mundo do Direito, isto é, ao mundo dos actos humanos que o Direito regula, quer para os permitir, quer para os impor, quer para os proibir.

165. O Homem em colaboração com o Direito

Há duas formas de o Homem acatar o Direito e colaborar com ele:

a) Através do exercício de um *direito subjectivo*: é a prática de *actos lícitos*;
b) Através do cumprimento de um *dever jurídico*: é a prática de *actos devidos*.

(a) *Os actos lícitos.* – O "acto lícito" é, pois, *todo o acto humano que, no exercício de um direito subjectivo, expressa uma atitude de acatamento do Direito.*

Exemplos: o acto de votar, no exercício do direito de voto; o acto de celebrar um contrato civil ou comercial, no exercício do direito de contratar; o acto de dispor acerca do destino dos próprios bens para depois da morte, no exercício do direito de fazer testamento; etc.

A grande distinção a fazer, no plano jurídico, entre os actos lícitos é a seguinte:

a) Actos unilaterais privados;
b) Actos bilaterais privados;
c) Actos unilaterais públicos;
d) Actos bilaterais públicos.

Os actos humanos são privados ou públicos, consoante sejam regulados pelo Direito Privado ou pelo Direito Público. E são unilaterais ou bilaterais, conforme a respectiva autoria pertença a um só sujeito de direito ou a dois ou mais, com interesses diferentes mas conjugados pelo mesmo acto.

> Exemplos:
> (a) *Actos unilaterais privados*: o testamento; a proposta de contratar; a ordem de transferência ou de venda de um bem próprio dada ao banco onde esse bem se encontra depositado;
>
> (b) *Actos bilaterais privados*: todos os contratos de direito privado (civis, comerciais ou de trabalho), por ex.: compra e venda, doação, arrendamento, empreitada, etc. Nestes contratos privados, existe a chamada *autonomia da vontade*: "dentro dos limites da lei, as partes têm a faculdade de fixar livremente o conteúdo dos contratos, celebrar contratos diferentes dos previstos neste código, ou incluir nestes as cláusulas que lhes aprouver" (CC, art. 405°, n° 1).
> Podemos aqui distinguir dois grandes tipos de contratos privados:
> – Os *contratos morais* (casamento, separação, divórcio por mútuo consentimento, etc.), que não versam primacialmente sobre matérias de carácter pecuniário;
> – Os *contratos económicos* (compra e venda, doação, partilha, etc.), que versam, principalmente, sobre matérias de carácter pecuniário;
>
> (c) *Actos unilaterais públicos*: são, em regra, as decisões de autoridade praticadas pelo Estado (ou pelos entes públicos menores) com efeitos jurídicos específicos

sobre os particulares. Por ex., uma ordem policial, uma expropriação por utilidade pública, a liquidação de um imposto ([6]) (*actos imperativos*); ou uma autorização policial, uma licença de construção de uma casa, ou uma concessão de instalação de um posto de abastecimento de combustíveis numa estrada (*actos permissivos*);

(d) *Actos bilaterais públicos*: são os chamados "contratos de direito público", que existem sobretudo no âmbito do Direito Administrativo. Por ex., provimento num cargo público, empreitada de obras públicas, concessão de serviços públicos, etc. Note-se que, nos contratos públicos, a margem de autonomia da vontade é bastante inferior à existente nos contratos privados, porquanto o Estado (ou um ente público menor) está limitado pelos fins de interesse público e, em regra, por normas materiais que pré-determinam a maioria das cláusulas contratuais a estipular; ainda assim, alguma autonomia estipulatória existe sempre, *v.g.* quanto ao preço a pagar ao contraente particular e quanto aos prazos a cumprir por este.

Em resumo, são características específicas dos *actos lícitos*:

a) São actos permitidos pelo Direito;
b) Se não violarem a lei, são actos válidos e, por isso, podem produzir os seus efeitos típicos, determinados por lei ou queridos pelas partes;
c) Os direitos e deveres deles decorrentes podem ser efectivados em tribunal;
d) Se tais actos, ou os direitos deles emergentes, forem contrariados ou prejudicados por terceiros de forma ilícita, estes sofrerão as sanções previstas na lei.

Numa palavra, o *acto lícito* é permitido e protegido por lei.

(b) *Os actos devidos*. — O "acto devido" é *todo o acto humano que, no cumprimento de um dever jurídico, expressa uma atitude de acatamento do Direito.*

Exemplos: a contagem dos votos pelos membros de uma mesa eleitoral; o pagamento de propinas por alunos do ensino superior; o

---

([6]) A "liquidação" do imposto não é o respectivo pagamento pelo contribuinte ao Estado, mas a decisão deste que fixa o montante a pagar pelo contribuinte e o intima a fazê-lo.

pagamento de uma dívida resultante de um empréstimo bancário contraído para aquisição de casa própria; etc.

Também os actos devidos, tal como os actos lícitos, podem ser unilaterais ou bilaterais, e privados ou públicos. Os critérios destas distinções são os mesmos que expusemos acima.

> Exemplos:
>
> (a) *Actos unilaterais privados*: o pagamento de uma dívida emergente de um contrato privado; o cumprimento da obrigação de indemnizar um terceiro lesado pela actuação ilícita de alguém; a realização, por um banco, da transferência ou da venda de um bem ordenadas pelo respectivo proprietário;
>
> (b) *Actos bilaterais privados*: a celebração de contratos em virtude de contrato-promessa anterior; a celebração de contratos de venda ao público por empresas privadas que por lei não possam recusar-se a fazê-lo (por ex., farmácias); a venda de uma coisa pelo seu proprietário a alguém que seja titular de um direito de preferência (CC, art. 414º);
>
> (c) *Actos unilaterais públicos*: a oferta de lugares a um utente de um serviço público (por ex., transporte colectivo) que, nos termos da lei, tenha direito a ser admitido; a emissão de licenças de construção de moradias, em cumprimento de anterior contrato de loteamento urbano; a rectificação de qualquer erro de cálculo ou de escrita que tenha sido cometido no conteúdo de um acto administrativo ou de um acto tributário;
>
> (d) *Actos bilaterais públicos*: a celebração de contratos administrativos ou fiscais que hajam de ser celebrados por força da lei, ou de contrato anterior, ou da adjudicação definitiva efectuada no termo de um procedimento administrativo de concurso público.

Em síntese, são características específicas dos *actos devidos*:

a) São actos impostos pelo Direito;

b) Se não violarem a lei, e se corresponderem plenamente ao conteúdo do dever que se propõem cumprir, são actos válidos e, por isso, podem produzir os seus efeitos típicos, nomeadamente a extinção do dever jurídico que obrigou a praticá-los;

c) Se não forem praticados, ou se o não forem nos termos, condições e prazos pré-determinados, o seu cumprimento pode ser exigido em tribunal, que, se o não-cumprimento se mantiver, poderá aplicar as sanções correspondentes;

d) Se o credor que tiver direito a beneficiar da prática do acto devido não aceitar a prestação que lhe é oferecida por inteiro, ou não praticar os actos necessários ao cumprimento do dever jurídico estabelecido, torna-se responsável pela sua "falta de colaboração", o que exonera o devedor da responsabilidade pelo não-cumprimento (CC, arts. 813° e segs.).

Numa palavra, o *acto devido* é imposto e protegido por lei.

166. O Homem em rebelião com o Direito

Se, como já várias vezes dissemos, os Homens, na sua vida em sociedade, cumprem e acatam o Direito na grande maioria dos casos, há contudo situações – ainda que minoritárias – em que eles violam o Direito, ofendendo as suas normas, ignorando os seus princípios, ou espezinhando os seus valores. É a atitude do Homem em rebelião com o Direito.

Há várias formas diferentes de o Homem violar o Direito positivo:

a) Um indivíduo ofende uma regra do Código Civil, que regula as suas relações privadas com os outros indivíduos, enquanto particulares; são violadas normas de Direito Civil – temos o *ilícito civil*;

b) Um cidadão comum comete uma transgressão às normas de uma postura municipal de trânsito, um funcionário público falta ao respeito devido ao seu superior hierárquico, ou dois alunos de uma Universidade pública envolvem-se numa briga e danificam um computador da escola posto à sua disposição; são violadas normas de Direito Administrativo – temos o *ilícito administrativo*;

c) Um contribuinte esquece-se de fazer na data fixada por lei a declaração dos seus rendimentos para efeitos de IRS, ou faz uma declaração intencionalmente omissa para não pagar um imposto elevado, ou pura e simplesmente não paga no prazo legal o imposto que tem a obrigação de pagar; são violadas normas de Direito Fiscal – temos o *ilícito fiscal*;

d) Uma empresa comete infracções ambientais, outra viola a legislação urbanística, e uma terceira atenta sem grande gravidade contra a saúde pública; se a legislação violada qualificar tais infracções como "contra-ordenações", sujeitas à aplicação de uma "coima", são violadas normas do Direito de Mera Ordenação Social – temos o *ilícito contra-ordenacional*;

e) Um indivíduo perigoso mata um seu inimigo pessoal, outro rouba à mão armada uma residência particular, um terceiro viola uma outra pessoa; são cometidos, respectivamente, os crimes de homicídio, roubo e violação; são ofendidas normas de Direito Penal – temos o *ilícito penal*.

Há, pois, basicamente, cinco categorias de actos ilícitos que o Homem pode cometer em rebelião com o Direito ([7]).

A distinção entre eles não está, ontologicamente, na diferença material das condutas ilícitas: os alunos universitários em briga que danificam um computador da escola cometem, com a mesma conduta, dois ilícitos diferentes (e cumuláveis) – um ilícito administrativo, por mau comportamento escolar, e um ilícito civil, por danificação de coisa alheia; e o assaltante da residência particular também comete dois ilícitos – um ilícito civil, pelos prejuízos que causar ao dono da casa, e um ilícito penal, pela prática do crime de roubo.

A distinção das várias categorias de ilícitos tem uma dupla base: o ramo do Direito cujas normas tenham sido violadas; e o tipo de sanção que a lei determinar para a ofensa ao Direito que tiver sido cometida.

Assim, por ex.:

– O *ilícito civil* caracteriza-se pela violação de uma norma de Direito Civil e pela sujeição do transgressor a uma sanção de tipo civil (*v.g.*, obrigação de restituir, de reparar, de indemnizar);

([7]) Em boa verdade, ainda há mais categorias, mas é desnecessário estudá-las nesta cadeira: é o caso, por ex., do ilícito *financeiro*, do ilícito *aduaneiro*, do ilícito *marítimo*, etc., etc.

– O *ilícito administrativo* caracteriza-se pela violação de uma norma de Direito Administrativo e pela sujeição do transgressor a uma sanção de tipo administrativo (*v.g.*, apreensão de bens, multa, pena disciplinar);

– O *ilícito fiscal* caracteriza-se pela violação de uma norma de Direito Fiscal e pela sujeição do transgressor a uma sanção de tipo fiscal (*v.g.*, multa, agravamento do imposto, juros de mora);

– O *ilícito contra-ordenacional* caracteriza-se pela violação de uma norma de Direito de Mera Ordenação Social e pela sujeição do transgressor a uma sanção de tipo contra-ordenacional (coima);

– O *ilícito penal*, enfim, que é de todos o mais grave, caracteriza-se pela violação de uma norma de Direito Penal (prática de um crime) e pela sujeição do transgressor a uma sanção de tipo penal, que é o tipo de sanção mais grave que a Ordem Jurídica estabelece (nomeadamente, a pena de prisão, a de prestação de trabalho a favor da comunidade, ou a de multa) ([8]).

O Direito positivo tem, como sabemos, carácter sancionatório: a norma jurídica comina uma ou mais sanções para quem a violar. É por isso que o Direito é imperativo, obrigatório, vinculativo para os cidadãos.

Há, no entanto, casos excepcionais em que certas normas não prevêem qualquer sanção para a respectiva violação: será que perdem automaticamente, por isso, o seu carácter jurídico?

Por ex., nos termos do artigo 136º, nº 1, da CRP, o Presidente da República dispõe do prazo máximo de 20 dias para promulgar uma lei aprovada na Assembleia da República: mas, se o Presidente se atrasar, e exceder esse prazo, não há nenhuma sanção prevista que lhe possa ser aplicável. *Quid juris*★?

Os romanos chamavam a estas normas sem sanção *leges imperfectae*★: eram à mesma leis, mas eram imperfeitas, não tinham sanção.

([8]) Mais graves ainda, de gravidade extrema, são a pena de morte e a de prisão perpétua, nos países onde vigorem. Não é, felizmente, o caso em Portugal (CRP, arts. 24º, nº 2, e 30º, nº 1).

Nada obsta a que retenhamos a mesma nomenclatura: chamar-lhes--emos "normas imperfeitas". Sublinhe-se, contudo, que o facto de não serem dotadas de sanção não significa que não sejam obrigatórias e que a respectiva violação não seja um *acto ilícito*. É mais um caso de *soft-law*, cuja noção estudámos atrás (*supra*, n° 11, al. c)). Trata-se, de toda a maneira, de casos raros e excepcionais.

Em síntese, são características específicas dos *actos ilícitos*:

a) São actos proibidos pelo Direito;

b) São, em regra, actos inválidos, que podem não produzir, ou não produzem mesmo, os efeitos típicos pretendidos pelos seus autores;

c) A sua prática desencadeia, em regra, a sujeição do agente a sanções;

d) A aplicação dessas sanções, nuns casos, pode ser feita pelas autoridades administrativas, mas com recurso para os tribunais (caso das sanções administrativas, fiscais, e contra-ordenacionais) e, noutros casos, é da competência exclusiva dos tribunais (caso da maioria das sanções civis e da totalidade das sanções penais).

Numa palavra, o *acto ilícito* é proibido e sancionado por lei.

III

O DIREITO PERANTE O HOMEM

167. **Preliminares**

Tal como a Religião, e talvez por influência dela, o Direito valora as condutas humanas. E valora-as positivamente, se as aprova (actos lícitos, actos devidos), ou valora-as negativamente, se as reprova (actos ilícitos).

Diferente é, porém, o peso das consequências de uma valoração positiva ou negativa, no plano da Religião e no plano do Direito: no primeiro, segundo as concepções da fé, uma vida exemplar conduz ao paraíso, uma vida pecaminosa conduz ao inferno; no Direito, é mais acentuada a componente sancionatória, ao passo que é relativamente diminuta a componente premial.

Esta diferença é fácil de entender: é que a Religião pretende fazer dos Homens pessoas virtuosas, pelo que tem de lhes prometer, se o forem, uma vida de eterna felicidade (ainda que só depois da morte), enquanto o Direito não visa promover a virtude entre os Homens, mas apenas evitar a desordem, o caos, a anarquia, procurando garantir a justiça, a segurança e os direitos humanos, pelo que lhe interessa mais sancionar os transgressores do que premiar os virtuosos.

Seja como for, também o Direito comporta, para aplicar aos Homens, um sistema de prémios e um sistema de sanções. O primeiro está muito menos desenvolvido do que o segundo, mas existe e merece ser conhecido.

Vamos estudar, de seguida, os dois sistemas.

168. O Direito e o seu sistema de prémios ("direito premial")

a) Comecemos pelos prémios concedidos pelo Estado.

Os mais conhecidos de todos são a *atribuição de condecorações* aos cidadãos que mais se tenham destacado nos sectores de actividade em que se movem. O Presidente da República é, segundo a Constituição, o "grão-mestre das ordens honoríficas portuguesas" (art. 134º, al. i)).

Conforme reza o artigo 1º da Lei Orgânica das Ordens Honoríficas Portuguesas, aprovada pelo Decreto-Lei nº 414-A/86, de 15 de Dezembro, "as ordens honoríficas destinam-se a distinguir, em vida ou a título póstumo, os cidadãos portugueses que se notabilizarem por méritos pessoais, por feitos cívicos ou militares, ou por serviços prestados ao País" (n° 1). Os estrangeiros também podem ser agraciados, "de harmonia com os usos internacionais" (n° 2).

As ordens honoríficas portuguesas são as seguintes (art. 2°):
I) Antigas ordens militares:
   a) Da Torre e Espada;
   b) De Cristo;
   c) De Avis;
   d) De Santiago da Espada;

II) Ordens nacionais:
   a) Do Infante D. Henrique;
   b) Da Liberdade;

III) Ordens de mérito civil:
   a) Do Mérito;
   b) Da Instrução Pública;
   c) Do Mérito Agrícola e Industrial.

Os graus das ordens honoríficas são, por ordem ascendente (art. 13°):
   Cavaleiro ou Dama (ou, nalguns casos, Medalha);
   Oficial;
   Comendador;
   Grande-Oficial;
   Grã-Cruz.

A referida Lei Orgânica especifica as finalidades e particularidades de cada ordem honorífica (arts. 3° a 11°).

A concessão de todos os graus de qualquer das ordens honoríficas nacionais é da exclusiva competência do Presidente da República (art. 17°, n° 1), podendo ser feita por sua própria iniciativa ou sob proposta de outrem, nomeadamente do Governo (art. 18°).

Também a Assembleia da República pode aprovar *votos de louvor* a determinados cidadãos, vivos ou falecidos, bem como, segundo a tradição, declarar um ou mais cidadãos como *beneméritos da Pátria*.

O Governo pode *conceder a nacionalidade portuguesa* a cidadãos estrangeiros, designadamente por relevantes serviços prestados a Portugal. Pode *promover*, a título excepcional, um oficial general ao posto de Marechal. E pode conceder ao cônjuge viúvo de um cidadão que tenha prestado altos serviços ao País uma *pensão (mensal) de sobrevivência*.

Tanto nas Forças Armadas como no funcionalismo civil, os elementos que se destaquem por serviços distintos podem ser objecto de *louvor* escrito e publicado em boletim oficial. E cumpre não esquecer que existe, na função pública civil e militar, ao lado das promoções por antiguidade (a maioria), a figura da *promoção por mérito*.

Há ainda a considerar, no conjunto da Administração Pública, os *prémios de assiduidade, dedicação e produtividade*; e, no que toca em particular ao sistema educativo público, os *prémios escolares* e as *bolsas de mérito*.

Enfim, no âmbito do sistema prisional, há todo um vasto e diversificado "direito premial" (que deveria ser reforçado) para incentivar o bom comportamento dos reclusos e a sua adesão empenhada aos objectivos de reinserção social que caracterizam a execução da pena de prisão (saídas precárias, trabalho parcial no exterior do estabelecimento prisional e, sobretudo, possível concessão do regime de liberdade condicional após cumprida, de forma "meritória", metade da pena de prisão).

b) Também as autarquias locais e alguns institutos públicos possuem o seu "direito premial".

Recordem-se, quanto às primeiras, as diferentes medalhas, títulos, e diplomas que podem conceder aos seus munícipes – nomeadamente, a *Medalha de Ouro da Cidade* e o título de *Cidadão Honorário*.

Quanto aos segundos, e olhando em especial para as Universidades, mencione-se o direito que a lei lhes dá (e que é usado com relativa frequência) de concederem a personalidades ilustres o título de *Doutor "honoris causa"*.

c) No sector privado, e de acordo com o respectivo direito infra-estadual, também há prémios de reconhecido prestígio que visam galardoar os cidadãos que mais se tiverem destacado em determinados sectores de actividade – *v.g.*, o "Prémio Gulbenkian da Ciência" (Fundação Gulbenkian), o "Prémio Pessoa" (semanário "Expresso"), o "Prémio Nacional de Arquitectura" (Ordem dos Arquitectos), e tantos outros.

Não esquecer, a nível mundial, os "Prémios Nobel", anuais (Fundação Alfred Nobel).

d) Duas palavras finais para chamar a atenção para o seguinte: nem todas as vantagens, honoríficas ou pecuniárias, atribuídas a cidadãos ou empresas pelo seu mérito específico, se enquadram na noção de *prémio*. Esta pressupõe o reconhecimento por serviços prestados no passado. Há atribuições de vantagens que, pelo contrário, visam criar condições para actuar com êxito no futuro: bolsas de estudo para bons estudantes sem meios financeiros para custear os estudos, isenções fiscais para empresas promissoras com projectos de interesse para o país, incentivos económicos do Estado a actividades prioritárias nos sectores agrícola e industrial (CRP, arts. 97° e 100°), etc. Não se trata aqui de "direito premial", mas da acti-vidade administrativa de "fomento", já explicada acima (*supra*, n° 162).

169. O Direito e o seu sistema de sanções ("direito sancionatório")

A eficácia da função reguladora, directiva e pacificadora do Direito depende muito – como já explicámos – da ameaça e, se for caso disso, da efectiva aplicação de *sanções* aos sujeitos de direito que violem as normas jurídicas.

Conceito de sanção. – O que é uma sanção?

A "sanção" é uma *consequência negativa, mais grave do que a situação anterior à prática do acto ilícito, que é estabelecida pela norma jurídica para quem violar o Direito, e que pode, em último termo, ser imposta ao transgressor por um tribunal.*

A sanção é, antes de mais, uma consequência negativa estabelecida para os transgressores. Estes têm de sentir, para haver sanção, uma dor ou sofrimento, moral ou económico, por terem cometido um acto ilícito.

A sanção tem de colocar o transgressor em situação mais grave do que aquela em que se encontrava antes de praticar o acto ilícito: só assim pode funcionar como desincentivo à violação do Direito. Se um indivíduo precisa urgentemente de 500 euros e os furta, a sanção – mesmo que seja só uma multa em dinheiro – tem de ser sempre consideravelmente superior a essa quantia; caso contrário, o ladrão poderia concluir serenamente que o crime compensa...

A sanção é sempre imposta por uma norma jurídica, mas esta pode ser diferente da norma violada: por ex., são os artigos 1302º e 1315º do CC que conferem e protegem o direito de propriedade privada, mas são os artigos 203º e seguintes do CP que punem com a pena de prisão o crime de furto e os demais "crimes contra a propriedade".

Enfim, é essencial que a sanção, se tal for necessário, possa, em último termo, ser imposta ao transgressor por um tribunal. Primeiro, porque os tribunais são os últimos garantes do respeito pelo Direito (CRP, art. 202º); segundo, porque só os tribunais dispõem, em caso de conflito de interesses não resolvido por acordo, dos meios coactivos indispensáveis para efectivar a coercibilidade do Direito estadual e, desse modo, para garantir a sua eficácia; e terceiro, porque sanções não aplicáveis pelos tribunais também as há na Religião e na Moral, mas só no Direito é que a sanção é susceptível de ser tornada efectiva judicialmente.

Espécies de sanções, quanto ao objecto. – Há muitas e variadas classificações de sanções. Estudaremos aqui apenas as principais.

Atendendo ao critério do objecto sobre que incidem, há três categorias de sanções:

a) As sanções sobre *pessoas*;
b) As sanções sobre *bens*;
c) As sanções sobre *actos jurídicos*.

As primeiras (a) são *aquelas que incidem sobre os agentes responsáveis pelo ilícito cometido.*

Por ex.: o aluno suspenso fica, ele próprio, impedido de assistir às aulas por um certo número de dias; o funcionário público demitido é expulso dos quadros de pessoal do Estado ou de um ente público menor; o condenado à pena de prisão é pessoalmente encarcerado num estabelecimento prisional; etc. ([9]).

As segundas (b) são *aquelas que incidem sobre os bens da pessoa que cometeu o acto ilícito.*

Por ex.: quem culposamente provoca danos a terceiro tem a obrigação de indemnizar esses danos, desembolsando do seu património o montante correspondente; quem comete uma contra-ordenação tem de pagar a respectiva "coima", que é uma quantia em dinheiro; quem, para cometer um roubo, fabricar ou se servir de ferramentas especiais que tornem possível ou facilitem a prática do crime, além de ser condenado por este, vê o tribunal declarar perdidos a favor do Estado todos os bens que tenham servido para praticar o crime, designadamente se houver sério risco de poderem ser utilizados para cometer novos crimes (CP, art. 109°); etc.

As terceiras (c) são *aquelas que incidem sobre os actos ilícitos praticados pelo transgressor, retirando-lhes, no todo ou em parte, valor jurídico efectivo.*

Por ex.: um contrato civil cujo objecto seja ilegal (venda de bens declarados por lei fora do comércio) é fulminado pelo CC com a sanção da nulidade (art. 280°, n° 1), isto é, não produz quaisquer efeitos jurídicos, é como se nunca tivesse existido; o testamento feito por homem casado (não separado nem divorciado) a favor da mulher com quem cometeu adultério, ou vice-versa, é nulo (CC, art. 2196°); a licença de construção de uma casa emitida por alvará do Presidente da Câmara em termos parcialmente mais favoráveis ao proprietário do terreno do que os que haviam sido

---

([9]) É claro que a pena de morte, nos países que a admitem, também é uma sanção sobre a pessoa do condenado.

aprovados em reunião da Câmara Municipal é anulável (CPA, arts. 135º e 136º), isto é, pode vir a ser anulada em tribunal a pedido de quem tiver legitimidade para tanto (*v.g.*, um vizinho prejudicado ou o Ministério Público); etc.

Espécies de sanções, quanto à função. – Segundo o critério da função desempenhada pela sanção, também há três categorias principais a mencionar:

a) As sanções com função *compulsiva*;
b) As sanções com função *reparadora*;
c) As sanções com função *destrutiva*.

As primeiras (a) são *aquelas que, após a violação do Direito, visam forçar o transgressor a cumprir, ainda que tardiamente, o dever jurídico que ele não acatou* ([10]).

Por ex.: a condenação do devedor a restituir ao proprietário o automóvel que lhe emprestou e que o primeiro tarda em devolver; a condenação judicial do contribuinte a pagar a parte do imposto que pagou a menos; e, em geral, as chamadas "medidas compulsórias" (originárias do direito francês: *astreintes*), por força das quais uma pessoa, singular ou colectiva, é condenada judicialmente a pagar um tanto por cada dia de atraso no cumprimento do dever jurídico que lhe incumbe e que não cumpriu no prazo devido (CC, art. 829º-A; CPTA, arts. 3º, nº 2, 44º, 108º, nº 2, e 169º).

As segundas (b) são *aquelas que, na impossibilidade de se conseguir o cumprimento da lei violada, impõem ao transgressor um dever ou uma sujeição destinados a compensar ou retribuir o mal produzido.*

([10]) Estas "sanções compulsivas" não se confundem com as chamadas "medidas preventivas", que são as medidas jurídicas tomadas, antes de qualquer violação do Direito, com o fim de procurar evitar que tal violação venha a produzir danos irreparáveis: por ex., suspensão da execução de um acto ou contrato, arresto (congelamento de bens), prisão preventiva, etc.

Por ex.: a pena de prisão aplicada a um homicida, pois que já é impossível para ele, naquele caso, cumprir a obrigação de não matar; a indemnização por danos morais (*v.g.*, sofrimentos graves resultantes de um acidente de automóvel), imposta como compensação do mal que se provocou e que já não se pode eliminar; a conversão em reparação pecuniária do dever, não cumprido, de um pianista dar um concerto num certo festival a que faltou sem justificação; etc.

As terceiras (c) são *aquelas que consistem na decisão de eliminar um acto jurídico ou um objecto que a lei pretende ver destruídos* ([11]).

Por ex.: a sanção da nulidade, ou a da anulabilidade, aplicáveis a actos jurídicos, de direito público ou de direito privado, que violem a lei; a ordem de abater animais portadores de doença infecto-contagiosa grave, ou de queimar a droga apreendida pela polícia numa operação dirigida contra o tráfego de estupefacientes; a decisão judicial de mandar destruir os instrumentos do crime, já declarados pelo tribunal perdidos para o Estado (CP, art. 109°, n° 3); etc.

Diga-se, a terminar, que não há nenhuma correspondência entre os tipos de sanções e os vários ramos do Direito: qualquer destes utiliza, conforme os casos, os diferentes tipos de sanções. Por ex.: o Direito Penal, que através da pena de prisão parece confiar mais nas sanções sobre as pessoas, também utiliza – e mais até do que a prisão – a pena de multa, que é uma sanção sobre bens. E tanto o Direito Público como o Direito Privado utilizam frequentemente as sanções destrutivas sobre actos jurídicos.

A escolha da sanção a aplicar em consequência de um acto ilícito é uma opção livre do legislador, embora – sobretudo no Direito Penal – seja muito influenciada pela tradição histórico-jurídica, pelo sentimento jurídico colectivo, e pela mentalidade dominante.

([11]) Note-se que, nos países onde ainda vigora a pena de morte, esse tipo de sanção cairá nesta categoria, que aí deverá ser redigida assim: "decisão de eliminar um acto jurídico, uma pessoa ou um objecto que a lei pretende ver destruídos".

BIBLIOGRAFIA

Amaral (Diogo Freitas do), *Curso de Direito Administrativo*, vol. I, 2ª ed., "Almedina", Coimbra, 1994, p. 29 e segs.
Beleza (Teresa P.), *Direito Penal*, I, 2ª ed., "AAFDL", Lisboa, 1984.
Caetano (Marcello), *Manual de Ciência Política e Direito Constitucional*, tomo I, 6ª ed., Lisboa, 1972, reimp. 2003, pp. 306-309.
Silva (João Calvão da), *Cumprimento e sanção pecuniária compulsória*, 4ª ed., "Almedina", Coimbra, 2002.
Soares (Rogério E.), *Interesse público, legalidade e mérito*, Coimbra, 1955, pp. 1-41.
Telles (I. Galvão), *Direito das Obrigações*, 7ª ed., "Coimbra Editora", Coimbra, 1997.
Varela (J. M. Antunes), *Das Obrigações em geral*, "Almedina", Coimbra, vol. I, 10ª ed., 2000, e vol. II, 7ª ed., 1997.

QUESTIONÁRIO

1 – Porque é que, dantes, o estudo da teoria geral do Direito se fazia com base no binómio "lei-juiz", e actualmente tem de fazer-se com base no trinómio "lei-administração pública-juiz"?

2 – Que justificação tem, num sistema de economia de mercado, a actividade administrativa de "fomento"?

3 – Quando o artigo 27º, nº 1, da CRP proclama que "todos têm direito à liberdade", a liberdade individual não ficará toda abrangida e coberta pelo Direito, de tal modo que não haja lugar para a chamada "liberdade natural" e para actos livres que não sejam actos lícitos, expressamente permitidos pelo Direito?

4 – Pode um mesmo acto ser lícito, porque permitido pela lei, e ilícito, por conter uma cláusula ofensiva de um preceito legal?

5 – Porque será que, nalguns actos lícitos (por ex., a generalidade dos contratos), as partes têm o direito de estipular as cláusulas que quiserem, confirmando livremente o conteúdo do acto, enquanto noutros actos lícitos (por ex., o contrato de casamento, salvo em matéria de regime de bens) a liberdade de estipulação não existe, tendo as partes de aceitar ou rejeitar em bloco o conteúdo pré-determinado por lei?

6 – O não-exercício de um direito será um acto lícito? E a renúncia a um direito?

7 – Poderá a lei dispensar certas categorias de pessoas ou empresas da prática de actos devidos? (Pense-se, por ex., na lei que concede isenções fiscais a empresas de qualidade dedicadas ao turismo).

8 – Se o credor pode legitimamente renunciar ao seu direito de crédito, perdoando a dívida, como se compreende que ele tenha, por lei, o dever de colaborar com o devedor no cumprimento dos deveres deste para consigo?

9 – Porque é que um crime, mesmo de homicídio, praticado por um indivíduo inimputável (menor de 16 anos ou doente mental), não é um acto punível?

10 – Parece-lhe que, em Direito Penal, a inimputabilidade deve ser considerada como causa de exclusão da ilicitude (e portanto o acto será lícito) ou como causa de exclusão da culpa (e portanto o acto será ilícito, mas não punível por falta de culpa do agente)?

11 – Atendendo ao número de actos ilícitos que, apesar de tudo, são cometidos anualmente em cada país, não seria benéfico, para a concretização efectiva do primado do Direito na vida em sociedade, acentuar e desenvolver bastante mais o chamado "direito premial"?

12 – Porque é que a concessão de bolsas de estudo para estudantes não é, por via de regra, um prémio?

13 – Suponha que as duas partes num contrato concordam em que, por violação de um preceito legal, ele foi nulo, e assim o declaram, celebrando outro diferente. O facto de não terem ido a tribunal, e de a nulidade não ter sido judicialmente decretada, retira a esta o carácter de sanção?

14 – A proibição do exercício de um cargo público, ou de uma actividade privada que dependa de um diploma público, pode ser uma sanção acessória decretada pelo tribunal em consequência da prática de um crime grave. Essa sanção será pessoal, por impedir o condenado de exercer a sua profissão, ou patrimonial, por privá-lo do salário mensal certo que auferia?

15 – Nos países cujo sistema penal inclua a pena de prisão perpétua, esta deverá ser qualificada como sanção reparadora (punição do crime para pagar a dívida à Sociedade) ou destrutiva (privar para sempre certo indivíduo da sua liberdade e, portanto, de algum modo, destruí-lo como pessoa humana)?

Fim do volume I

GLOSSÁRIO DE EXPRESSÕES LATINAS

A quo: (tribunal ou autoridade) de quem se recorre; momento inicial de um prazo.
Ab initio: desde o início.
Accessorium principale sequitur: o acessório segue o principal.
Ad hoc: para isto; para este efeito.
Ad impossibilia nemo tenetur: ninguém é obrigado a fazer o impossível.
Ad quem: (tribunal ou autoridade) para quem se recorre; momento final de um prazo.
Animus: ânimo; espírito; intenção.
Auctoritas: autoridade.

Bonus pater familias: o bom pai de família; o bom cidadão.

Communis opinio doctorum: a opinião comum dos doutores.
Communis opinio judiciorum: a opinião comum dos juízes.
Consensus: consenso.
Consuetudo: costume.
Consuetudo mercatorum: o costume dos comerciantes.
Contra legem: contra a lei.
Corpus: corpo; substância.
Cum grano salis: com um grão de sal; com flexibilidade.

De cujus: acerca do qual; o falecido.
De jure condendo: sobre o direito a constituir.
De jure condito: sobre o direito constituído (vigente).
Dominus: dono; senhor; titular.
Dura lex sed lex: a lei é dura mas é a lei.

Et alii: e outros.
Ex aequo et bono: segundo a equidade (e o bem).
Ex ante: desde antes; antes de.

Exceptis excipiendis: exceptuando o que deva ser exceptuado.
Exemplum: exemplo; demonstração.
Ex facto oritur jus: do facto nasce o direito.
Ex post: posteriormente; depois de.
Ex professo: de propósito; de modo especial.

Favor laboratoris: a favor do trabalhador; favorecer o trabalhador.
Fiscus semper locuples: o Fisco é sempre solvente.

Hoc sensu: neste sentido; neste último sentido.
Homo modernus: o homem moderno.

Ibidem: duas vezes o mesmo.
Idem: o mesmo.
Ignorantia juris neminem excusat: a ignorância do Direito não desculpa ninguém.
In dubio pro Fiscum: na dúvida, (decida-se) a favor do Fisco.
In dubio pro reo: na dúvida, (decida-se) a favor do réu.
In fine: no fim; na parte final.
In totum: no todo; na totalidade.
Ipsis verbis: pelas mesmas palavras.
Ipso facto: por esse mesmo facto.

Jura novit curia: o tribunal conhece o Direito (os direitos).
Juris cognoscendi: (modo de) conhecer o Direito.
Juris essendi: (modo de) criar o Direito.
Jus cogens: direito plenamente imperativo.
Jus publice respondendi: o direito público de responder (a consultas jurídicas).

Lato sensu: em sentido lato (ou amplo).
Leges artis: as leis da arte; as regras da profissão.
Lex aeterna: a lei eterna.
Lex divina: a lei divina.
Lex fori: a lei do foro.
Lex humana: a lei humana.
Lex imperfecta: lei imperfeita (plural: *leges imperfectae*).
Lex injusta non est lex: a lei injusta não é lei.
Lex mercatoria: lei comercial; lei dos comerciantes.
Lex naturalis: a lei natural; o direito natural.
Lex romana: o Direito Romano.

Mare liberum: mar livre; liberdade dos mares.

Maxime: sobretudo; principalmente.
Mortis causa: por causa da morte.
Mutatis mutandis: mudando o que deva ser mudado.

Necessitas non habet legem: a necessidade não tem lei.
Nemo judex in re sua: não se pode ser juiz em causa própria.
Nomen juris: nome legal; nome de uma figura ou instituto jurídico.
Non bis in idem: duas vezes pelo mesmo, não; não se pode ser punido duas vezes pelo mesmo crime.
Norma normarum: a norma das normas; a lei fundamental.
Nulla poena sine lege: não há pena sem lei.
Nullum crimen sine lege: não há crime sem lei; só a lei pode declarar certo facto como crime.

Occasio legis: a ocasião da lei; circunstâncias específicas do momento em que a lei foi feita.
Opinio juris vel necessitatis: convicção da obrigatoriedade ou licitude de um comportamento.

Pacta sunt servanda: os pactos (contratos) devem ser cumpridos.
Passim: aqui e ali; em vários locais.
Pax romana: a paz imposta ou negociada por Roma.
Potestas: poder.
Praeter legem: para além da lei.
Primus inter pares: o primeiro entre iguais.
Princeps a legibus solutus: o príncipe (está) solto da lei; o príncipe não deve obediência à lei.
Proprio sensu: em sentido próprio ou rigoroso; propriamente dito.

Qua tale: como tal.
Qui jure suo utitur neminem laedit: quem exerce o seu direito não prejudica ninguém.
Quid juris?: qual a solução dada pelo Direito?
Quid novum: algo de novo; coisa nova.
Quis tacet consentire videtur: quem cala consente.
Quod principi placuit, legis habet vigorem: o que agrada ao Príncipe tem força de lei.

Ratio legis: a razão de ser da lei; a finalidade da lei.
Ratione materiae: em razão da matéria.
Rectius: melhor.
Res judicata pro veritate habetur: o caso julgado equivale à própria verdade.

Salus populi suprema lex: a salvação do povo é a lei suprema.
Secundum legis: segundo a lei; de acordo com a lei.
Sine die: sem prazo; por período indeterminado.
Solve et repete: paga e recebe; paga primeiro (o imposto) e, se ele for ilegal, recebe depois a sua devolução.
Stare decisis: manter o decidido; respeitar o precedente.
Status quo: a situação actual; o presente estado de coisas.
Stricto sensu: em sentido estrito (ou restrito).
Sub judice: sob o juiz; caso pendente de decisão judicial.
Sui generis: de um género próprio; diferente do resto.
Summa divisio: grande divisão; divisão principal.
Summum jus, summa injuria: o excesso do Direito provoca grande injustiça.
Suum cuique tribuere: dar a cada um o que é seu.

Tacitus consensus populi: o consenso tácito do povo.
Tertium genus: um terceiro género (diferente de dois já conhecidos).

Ubi commoda ibi incommoda: quem tem as vantagens (de algo) deve suportar os respectivos encargos.
Ubi homo ibi societas: onde está o homem há uma sociedade.
Ubi societas ibi jus: onde há uma sociedade há Direito.
Ultima ratio: última razão; em último caso.

Vacatio legis: dispensa da lei; período que decorre entre a publicação da lei e a sua entrada em vigor (a lei está como que suspensa).
Verbi gratia (v.g.): por exemplo.
Versus (v.): contra.
Vis coactiva: força coactiva ou coerciva.
Vis directiva: força directiva ou orientadora.
Voluntas legislatoris: a vontade do legislador.
Voluntas populi: a vontade do povo.

ÍNDICE

	Pág.
Prefácio	7
Plano da obra	11
Abreviaturas	13
Bibliografia Geral	15

Parte I
CONCEITO DE DIREITO

Capítulo 1 – A vida do Homem em sociedade
1. Observações preliminares 23
2. Características da vida humana em sociedade 26
3. O que seria a vida dos homens em sociedade sem uma autoridade social? 28
4. Idem: apreciação crítica das doutrinas expostas. A nossa opinião 36
5. Sociedade e Direito 39
6. Primeira noção (aproximada) de Direito 43

Capítulo 2 – Definição de Direito
7. Os três sentidos da palavra Direito 45
8. Algumas definições de Direito 47
9. O carácter sistemático do Direito 50
10. Os fins do Direito 53
11. A obrigatoriedade do Direito. O problema da sua coercibilidade 59
12. Definição de Direito 65

Capítulo 3 – Características do Direito
13. Preliminares 69
14. Características do Direito, em geral 69
15. Características do Direito estadual 80
16. Características dos Direitos não-estaduais 87
17. Características do Direito estadual português em vigor 92

Capítulo 4 – Direito, Religião e Moral
18. Preliminares 97
19. Direito e Religião 98
20. Direito e Moral 103

Capítulo 5 – Direito, Justiça e Equidade
21. Direito e Justiça 115
22. Direito e Equidade 125

Capítulo 6 – Direito, usos sociais, e normas técnicas e profissionais
23. Direito e usos sociais 137
24. Direito, normas técnicas e normas profissionais 140

Capítulo 7 – Direito e Economia, Sociologia, e Política
25. Direito e Economia 147
26. Direito e Sociologia 154
27. Direito e Política 159

Capítulo 8 – O problema do Direito Natural
28. Em que consiste o problema 165
29. Origem do problema: Antígona e Sócrates 167
30. As várias fases de afirmação do jusnaturalismo 172
31. A fase da contestação do jusnaturalismo: o positivismo 184
32. O confronto entre as duas concepções: o debate Fuller-Hart (séc. XX) ... 189
33. Situação actual do problema 193
34. Cont.; refutação dos principais argumentos positivistas 201
35. Uma concepção mais ampla do Direito 204
36. Apontamento final 204
37. Nota complementar: o Direito Natural e a "xaría" muçulmana 207

Parte II
OS RAMOS DO DIREITO

Capítulo 9 – Preliminares
38. Conceito e espécies de ramos do Direito 215

Capítulo 10 – O Direito Internacional
39. Conceito de Direito Internacional 219
40. Distinção entre Direito Internacional e direitos nacionais 219
41. Será o Direito Internacional verdadeiro Direito? 223

Capítulo 11 – O Direito Comunitário Europeu
42. Conceito, história e âmbito 235
43. Será o Direito Comunitário Europeu ainda uma parcela do Direito Internacional ou já um novo Direito Constitucional? 241

Capítulo 12 – A grande divisão do direito nacional: Direito público e Direito privado
44. Critérios de distinção 247
45. Definição do direito público e do direito privado 251
46. Caracteres distintivos dos dois ramos 253
47. Interpenetração do direito público com o direito privado 260

Capítulo 13 – Ramos do Direito Público
48. Preliminares 265
49. Direito Constitucional 266
50. Direito Administrativo 269
51. Direito Penal 273
52. Direito de Mera Ordenação Social 277
53. Direito Financeiro 281
54. Direito Fiscal 286
55. Direito Público da Economia 287
56. Direito Judiciário 289
57. Direitos Processuais 291
58. Ramos menores do Direito Público 294

Capítulo 14 – Ramos do Direito Privado
59. Ramos principais do Direito Privado 303
60. Direito Civil 304
61. Direito Comercial 309
62. Direito do Trabalho 313
63. Direito Internacional Privado 316
64. Direito do Comércio Internacional 322
65. Ramos menores do Direito Privado 323

Capítulo 15 – Ramos do Direito mistos
66. Alguns ramos do Direito mistos 331
67. Direito Desportivo 337

Parte III
AS FONTES DO DIREITO

Capítulo 16 – Os vários sentidos da expressão "fontes do Direito"

68. Significado etimológico da palavra "fonte" 343
69. Sentidos extra-jurídicos da expressão "fontes do Direito" 344
70. Sentidos jurídicos da expressão "fontes do Direito" 346
71. Idem: as fontes do Direito em sentido jurídico-formal 351

Capítulo 17 – A teoria clássica das fontes do Direito e a sua superação

I
A teoria clássica

72. Apresentação da teoria clássica tal como se afirmou em Portugal 355
73. A consagração da teoria clássica pelo Código Civil de 1966 357

II
Crítica da teoria clássica

74. Apreciação da teoria clássica 360
75. Primeiros distanciamentos verificados, entre nós, em relação à teoria clássica 363

III
Uma nova teoria das fontes do Direito

76. Critérios orientadores da nossa teoria 367
77. Sequência 370
78. (Continuação) 371

Capítulo 18 – I – O Costume

79. Noção e elementos 373
80. Espécies de costumes 375
81. Fundamento jurídico do costume 376
82. Exemplos de costumes como fonte do Direito 378
83. Reconhecimento do costume na lei portuguesa actual 381
84. O costume como fonte primária do Direito na ordem jurídica portuguesa 385
85. O problema da legitimidade do costume *contra legem* 388

Capítulo 19 – II – A Lei
86. Noção e elementos 393
87. A lei como principal fonte primária do actual direito interno português 395
88. Órgãos legislativos e espécies de leis 400
89. Lei em sentido formal e lei em sentido material 401
90. Leis avulsas e leis codificadas, ou Códigos 404
91. Regime jurídico da lei como fonte do Direito 408
92. O dever de obediência à lei 418
93. O problema do declínio da lei como fonte do Direito 423

Capítulo 20 – III – A Doutrina
94. Noção, elementos e funções 427
95. A rejeição da Doutrina como fonte do Direito pela teoria clássica; crítica 429
96. A Doutrina como fonte "juris essendi" 431
97. A Doutrina como fonte "juris cognoscendi" 439
98. Será legítimo o recurso à doutrina jurídica estrangeira? ... 440

Capítulo 21 – IV – A Jurisprudência
99. Sentidos correntes da palavra "jurisprudência" 445
100. Poderá a jurisprudência ser fonte do Direito? 446
101. A jurisprudência na decisão dos casos concretos levados a tribunal ... 453
102. A Jurisprudência como fonte do Direito: noção e elementos 456
103. A negação da autonomia teórica da qualificação da Jurisprudência como fonte do Direito 457
104. Crítica: razão de ser da autonomização conceptual da Jurisprudência como fonte do Direito 458
105. A Jurisprudência como fonte "juris essendi" e como fonte "juris cognoscendi" 459
106. Situações típicas em que a Jurisprudência é fonte do Direito: (A) Os "assentos" 462
107. Idem: (B) Os "acórdãos com força obrigatória geral" 466
108. Idem: (C) Os "acórdãos uniformizadores de jurisprudência" 468
109. Idem (continuação): eficácia jurídica dos "acórdãos uniformizadores de jurisprudência" 471
110. Idem: (D) Os "acórdãos de actualização de jurisprudência uniformizada" 476
111. Idem: (E) As "correntes jurisprudenciais uniformes" 477

Capítulo 22 – Outras fontes produtoras de Direito ("juris essendi")

V – A guerra e a revolução

112. A guerra	483
113. A revolução	484

VI – Os tratados e outros acordos internacionais

114. Os tratados internacionais	486
115. Os outros acordos internacionais	487
116. Terão os tratados valor e força de lei?	488

VII – Os actos normativos da União Europeia

117. Panorama das fontes comunitárias	491
118. Regulamentos e decisões	492
119. O caso especial das directivas	492

VIII – A Constituição

120. Noção e elementos	495
121. Autonomia conceptual da Constituição face à lei, enquanto fontes do Direito distintas	496

IX – Os princípios gerais de Direito

122. Noção e elementos	499
123. Distinção entre princípios e regras	501
124. Forma, funções e estrutura dos princípios gerais de Direito	502
125. O desdobramento funcional dos princípios gerais de Direito	504
126. Carecerão os princípios gerais de Direito de ser reconhecidos pela Doutrina ou pela Jurisprudência?	505
127. Espécies e exemplos de princípios gerais de Direito	506

X – O regulamento administrativo

128. Noção e elementos	509
129. Espécies e exemplos de regulamentos administrativos	510
130. Fundamento jurídico do poder regulamentar	513
131. Distinção entre o regulamento administrativo e a lei	514
132. O regulamento administrativo como fonte do Direito	517

XI – As praxes administrativas

133. Noção e elementos 518
134. Natureza jurídica das praxes 519

XII – Os usos sociais

135. Noção e elementos; exemplos 520
136. Natureza dos usos juridicamente relevantes 521

XIII – As convenções colectivas de trabalho

137. Noção e elementos 523
138. Espécies 525
139. As convenções colectivas de trabalho como fontes do Direito 525

XIV – A adopção de normas corporativas

140. Recapitulação 527
141. A adopção de normas corporativas como fonte do Direito 528
142. Disposições legais sobre o valor jurídico das normas corporativas 530

XV – A adopção de normas profissionais

143. Recapitulação 532
144. A adopção de normas profissionais como fonte do Direito 533

XVI – A adopção de normas técnicas

145. Recapitulação 534
146. Relevância jurídica das normas técnicas cobertas por fontes do Direito como tal reconhecidas 536
147. O problema da relevância jurídica das normas técnicas emitidas a descoberto de qualquer fonte do Direito como tal reconhecida 540

XVII – As declarações políticas orais

148. Apresentação do tema 547
149. Exemplos de declarações políticas orais com força jurídica própria ... 548
150. Caracterização dos vários casos referidos 551
151. As declarações políticas orais como fontes do Direito 552

Capítulo 23 – Outras fontes reveladoras de Direito ("juris cognoscendi")
152. Preliminares 557
153. As ciências não jurídicas como fontes reveladoras do Direito 557

Capítulo 24 – A hierarquia das fontes
154. O problema da hierarquia das fontes 563
155. O problema à luz da teoria clássica 564
156. A teoria neo-clássica: um constitucionalismo nacionalista 565
157. A nossa teoria: a) As fontes internacionais 567
158. Idem: b) As fontes comunitárias europeias 571
159. Idem: c) A guerra e a revolução 576
160. Idem: d) A Constituição 577
161. Idem: e) O Direito ordinário, ou infra-constitucional 577

Parte IV
A VIDA DO DIREITO

Capítulo 25 – A vida do Direito

I
A autoridade pública

162. O Estado ao serviço do Direito 581

II
O Homem perante o Direito

163. Preliminares 585
164. O Homem livre das malhas do Direito 585
165. O Homem em colaboração com o Direito 587
166. O Homem em rebelião com o Direito 591

III
O Direito perante o Homem

167. Preliminares 594
168. O Direito e o seu sistema de prémios ("direito premial") 595
169. O Direito e o seu sistema de sanções ("direito sancionatório") 598

Glossário de expressões latinas 605

Índice 609